CHARLATANS

# シャルラタン

## 歴史と諧謔の仕掛人たち

Histoire satirique et charlatans dans la société française

蔵持不三也

新評論

# シャルラタン

歴史と諧謔の仕掛人たち

目次

## 第三章　シャルラタン芸人たち　115

## 第七章　シャルラタンの変容　311

# シャルラタン

## 歴史と諧謔の仕掛人たち

《われわれの始祖がこの地の楽園に降りるやいなや、あるシャルラタンの訪問を受けた。このシャルラタンこそ、ほかならぬサタンであった》

（ギュメ『シャルラタン全史』、ナント、一八九一年）

《手品師、曲芸師、万能薬売りの見物にも赴いて、彼らの身振りや手真似やら、ちょろまかしやら、とんぼがえりやら、大口上を述べる様などを眺めていたが、特にピカルディー国はショニーの香具師たちに目をつけた。と申すのも、この国の連中は、生まれつきおしゃべりで、青猿話の大風呂敷を拡げる名人たちだったからである》

（フランソワ・ラブレー『第一之書ガルガンチュワ物語』「第二四章　雨天の折にガルガンチュワは時間をいかに用いたか」、渡辺一夫訳、岩波文庫、一九七三年）

# 序章

一六三三年五月のある日、南仏ラングドック地方の中心都市モンペリエに、一人の男に率いられた一団が、馬車に大きな荷を積んでやってくる。いずれも見かけない顔である。イタリア語訛りのきついオック語も気にかかる。いったい彼らは何者か。――そういえば、前年九月、この町を拠点とする大貴族モンモランシ公アンリ二世が、地方総督でありながら、リシュリュー枢機卿の追い落としを図り、国王軍と戦って敗れ、処刑されている。とすれば、一帯を徘徊する傭兵くずれや残党とも思えるが、武器は携えていない。女たちの顔もある。むろん王侯の入市にしては、伴連れや衣装がいかにも貧弱すぎる。あるいはモンモランシ軍を一蹴した手柄で、九月に地方総督に就任するとの噂しきりだったアリュアン伯の先触れか。それとも、南仏プロテスタントの牙城だったこの町に、カトリックの苛酷な迫害を逃れてやってきた者たちか。

そんな住民たちの好奇と猜疑の眼差しを避けるかのように、彼らはただちにセネシャル裁判所に出頭し、指導者らしき男の名で、裁判長補佐ド・トランケールに一通の申請書を提出する。そこにはおおむね次のようなことが記されていた(1)。

私ことフランチェスコ・フォッサと、オペラトゥールであり、販売人でもあるその兄弟と一同は、国王陛下の許しを得て、王国のいくつもの都市で行っておりますように、油脂や軟膏、精(エッセンス)その他の薬剤・治療薬を小売し、必要とあらば、痛む歯を抜いて、しかるべき薬も調合したいと願っております。つきましては、この地の広場に舞台を設け、薬を売るだけでなく、国王陛下からの許可に従って、楽器を演奏し、飛んだり跳ねたりの技も披露したいと考えております。そして、何びとといえどわれわれを邪魔することなく、もしもの場合には、これに厳正なる裁きを下さるよう、お願い申し上げます。

申請書に記された男の名前からして、彼らがイタリアからの一行であるのは明白だが、それにしても、売薬商と抜歯人、さらに芸人という組み合わせはいささか奇妙である。だが、フォッサは、申請に当たって、国王ルイ十三世の署名が入った二通の免状を提出している。一通は一六二二年にアヴィニヨンで、もう一通は一六二六年にパリで交付されたもので、そこには「ミラノの医師」と明記されているではないか。しかも、彼らは二年前にもモンペリエで「営業許可」の王令を受けている。裁判長補佐としても、申請を拒むいわれはなかった。いやそれどころか、「公衆の益になる」と、これを積極的に評価し、認可しているのである。

こうして一行は、モンペリエで当時もっとも賑やかだったペイルー広場に舞台をこしらえ、おそらくは他の渡り芸人（旅芸人）(2)たちとともに、イタリア語まじりのオック語による巧みな口上と、イタリア仕込みの面白おかしい笑劇《ファルス》（後述）とによって客を集め、売薬と抜歯を行った。はたしてその結果がどうなったかはわからない。問題を起こして裁判沙汰になったという記録も、少なくとも筆者がモンペリエの市立古文書館や、同市にあるエロー県立古文書館で調べた限りでは見当たらない。

しかし、モンペリエといえば、パリやイタリアのサレルノと並んで、当時最高の医学部が置かれていた町である。十三世紀には、それまで信奉されてきたガレノス流医学に初めて異を唱え、独自の切断術や皮膚科学などを創案するとともに、アヴィケンナに遡るボローニャの医学をフランスに移植したとされる、ノルマン人の外科医アンリ・ド・モンドヴィル（一二六〇?―一三二〇。美麗王フィリップ四世の侍医）(3)や、十四世紀中葉に中世最大の医学書とされる『大外科学』を著して、ヘルニアや白内障の治療法、さらには眼鏡の効用などを説き、ペスト罹

モンペリエ大学医学部とサン=ピエール教会（筆者撮影）

患者の隔離を最初に提唱したともされるギ・ド・ショーリアック（一三〇〇頃―六八。アヴィニヨンの教皇クレメンス六世のお抱え外科医）、さらには、一五九四年に九四葉の解剖図からなる大著『解剖学入門』を発表した、骨学の大家バルテルミィ・カブロルなど、まさに時代を代表する医師・医学者たちを教授陣に迎えている。

また、一五三〇年代には、後述するように、あのノストラダムスや稀代の飽食・カルナヴァル的作家ラブレーも、ここの医学部で共に一時期学んでいる。加えて、医者ではなかったが、ローマ巡礼時に黒死病患者を癒したとの伝承によって、とくにペストの治療聖人として広く信仰を集めた聖ロック（一三〇〇―五〇頃）も、この町で生まれている。[4]

それだけではない。早くも一二五二年には、二〇人ほどの外科医＝理髪師《バルビエ》からなる結社が、おそらくフランスで最初期に組織され、休日や労働時間（！）、施術場所に関する就業規則や徒弟の昇進などを定めた規約すら編まれているのだ。いや、すでに一〇八八年にこうした規約ができていたとする説もある。[5] 施術具といったところで、せいぜい剃刀と鋏と鉗子程度しかなかったにもかかわらず、である。そして一五九三年には、医学部のあるサン＝ピエール教会

19世紀初頭のモンペリエ大学医学部と教会。パリ、国立図書館蔵

の西側に、薬草研究用の植物園も開園している。

その医学都市モンペリエに乗りこんでの怪しげなフォッサの医業。しかも、一世紀以上前の話ではあるが、一五二六年には、ジャン・ラフォンなる自称医者の軟膏売りが医学部から告発され、手足に火のついた小枝をつけられたまま、ロバに乗せられて、シャリヴァリよろしく、市中引き回しの罰を受けている。(6) さらに一五三三年には、モンペリエ近郊のラットの女性施療者が、正式な免状をもつ外科医の手助けで毒を盛ったとされ、ついには魔女として断罪されている。十六世紀中葉には、医学部発行になる医師免状の偽造が横行し、大きな社会問題ともなっていた。(7) つまり、「医学都市」とは、これら不届きな攪拌者たちから、正統医学を制度的かつ倫理的に堅守しようとしていた都市の謂だったのだ。

十六世紀末の数年間、三八歳違いの異母兄フェリクス同様、モンペリエに医学を学びにやってきてラングドック地方の貴重な生活誌を遺し、同名の父や異母兄の亡き後、プラッター家を継いだトマス・プラッター（一五七四－一六二八）は、その自伝にこう書いている。(8)

同様に、放浪医者のみならず、軟膏やテリアカ（後述）の商人たちが、この町（モンペリエ）で（薬を）売ったり、（医業を）営むのも禁じられている。こうした禁令は、（同市の）大学から厳格な認可を得ていない他所者の医師にも及んでいる。（……）もしもぐりの医者や違法な軟膏売りが見つかった場合、医師や学生たちは……これをロバに後向きに乗せて尻尾を手綱代わりに摑ませ、人々の野次や叫びの中を町じゅう引き回してもよく、人々はこの違法者の頭からつま先まで汚泥や汚物を塗りたくる。一五九五年十二月十九日の事件がまさにそれだった。われわれはもぐり医者をロバに乗せるべく解剖室に閉じ込めた。だが、その妻があちこち走り回って、われわれが夫を解体してしまうと叫んだため、町の一画に動揺が生じ、やむなくわれわれは彼を解放したのだった。（括弧内蔵持・以下の引用文についても同様）

パリのシャルラタン。18世紀、ケルン、ドイツ歯科医連盟蔵

これによれば、もぐりの医者や調剤師は、ロバに乗せての引き回しという、しばしば村や町の若者たちが、姦通者や極端な年齢差のある再婚者に対して行っていた、シャリヴァリ的制裁を受けていたことになる。はたしてフォッサたちは、こうしたモンペリエの事情を知っていたのかいなかったのか。大胆不敵といえばそれまでだが、ともあれフォッサは国王から医師の免状を得ている。いったい彼はいかなる手段によってそれを手に入れたのか。それよりも、彼の薬や抜歯術は本当に確かなものだったのか。実際のところは分からない（分かっているのはただ、一六五〇年に、彼がフランス中部のディジョンにも姿を現していることだけである）[9]。

だが、まさにそうした虚実皮膜の間を鵺《ぬえ》のようにうごめくところに、フランス語で一般に**シャルラタン**（Charlatan）と総称される、彼らいかさま師たちの本領があったのだ。トリックスター性にフリークさを重ね合わせて身につけた彼らは、独特の遊行精神によって定住的・安定的な社会に闖入し、日常性と正統性を攪拌してその危うさを露呈させ、世事と演技と言語遊戯とにとくに長けた例外的人物たちを除いて、多くがまたいずこともなく去っていく。そして、新たな地で騙りと道化と痴愚の技法に人々の怒りや笑いや涙を結びつけ、そこに自らの生を刻んだ。

興味深いことに、今日、偽薬でもそれを用いる者の心のありようで、しかるべき効力を発揮するという、いわゆる「プラシーボ効果」(10)が唱えられるようになっている。人間の心の不思議がなせる業となるのだろうが、あるいは彼らシャルラタンは、現代医学に先駆けて、その効果を応用(?)したともいえるかもしれない。いや、彼らの口上それ自体が、すでにして偽薬の効果を何ほどか帯びていたのではないか――。埒のない言葉はさておくとして、まさに彼らは詐欺師といえば詐欺師であり、異能者といえば異能者でもあった。改めて指摘するまでもなく、そんな彼らの中にあって、異能と詐欺とはほとんど同義だったからだ。

法は違犯するためにあるとは、「呪われた思想家」ジョルジュ・バタイユ一流のアフォリズムだが、こうして彼らシャルラタンたちは、中世以来、いわば違法と遵法の、日常と非日常の、正統と異形の、そしてむろん正気と狂気の境界を際限なく拡大して引き寄せ、祭りの場や市で、さらには公道や広場で、それをしばしば見世物仕立てで演出した。すなわち、引き連れてきた芸人たちに客寄せ芝居《バラード》を演じさせた彼らは、仮設舞台の上でその多分にいかがわしい医術や薬学を見世物化した。そして病人や怪我人を役者にまつりあげ、さらに人々の侮蔑や嘲笑を格好の台本として、社会と秩序を自らのしたたかな、時にはグロテスクなまでのイマジネールのうちにからめとった。からめとって、過不足なく近代を祝祭化し、戯画化したのだ。

それだけではない。こうした《対抗文化《カウンター・カルチャー》》――文化を支配的なものと民衆的なものとに二分して、ややもすれば両者間の不断の相互作用を看過してしまう、この言葉のもつ楽観主義には十分留意しなければならない――の担い手とでもいうべきシャルラタンたちの存在は、彼らを排除し、あるいは彼らと明確な一線を画そうとする正統医師や調剤師ないし薬剤師たち[11]の動きを助長し、結果的に医学や薬学のさらなる精緻化や制度化を、つまり近代化を促した。この動きは、フランス革命後の支配イデオロギーとも合致し、その封じこめ政策によって、シャルラタンたちはフランス社会の表舞台から急速に後退していく。だが、それは決してシャルラタニズムの終焉[12]を意味するものではなかった。たとえば、ゲリスールと呼ばれる民間治療師《メドゥシヌ・ポピュレール》[13]たちである。イエスやアキレウスを遠い時代の祖型とし、何ほどか神秘性ないし隠秘性を帯びた民間医療の世界を構築していた彼らは、なるほど派手なパフォーマンスや想像力を駆使した口上とはまるで埒外の存在であり、往々にしてすぐれてシャーマニスティックないし呪医的な存在ではあったが、《患者》の幻想と期待とをないまぜにしたその治療・調剤行為こそ、まさにシャルラタンの異形性を受け継ぐものだった。

一方、しばしば彼らシャルラタンに引き連れられ、その客寄せ芝居を演じていた芸人集団――むろんその中には、あのコメディア・デラルテのイタリア人役者たちも多数いた――は、各地を巡りながら、モリエールらの専業的な一座とは異なる形で、笑劇や喜劇・悲喜劇、あるいは近代のボードヴィルなどに代表される、民衆演劇の基盤とそれに対する人々の関心を確実に醸成していった。とりわけ十三世紀の北仏ピカルディー地方の寸劇『小僧と盲者』や、対話形式のファブリオーなどを祖型とするという笑劇は、十五世紀以降、しばしばカルナヴァルをはじめとする祝祭や結婚式、定期市、さらには王侯貴顕の入市儀礼などの余興として流行した。事実、後述するように、十六世紀末から十七世紀前葉にかけて、フランスではかなりの数の笑劇役者が現れ、彼らを中心に大市演劇が隆盛し、[14]古典演劇も大きな展開をみせるようにもなった。[15]パリのメッカは、シャルラタンと同じポン＝ヌフ橋。いわばここが、彼ら笑劇役者たちの花舞台だった。

ところで、これら民衆芝居の役者たちの中には、シャルラタン上がりも少なからずいた。いや、シャルラタンたちの独特のパフォーマンス自体が、すでにして芝居だったともいえる。こうして彼らは、しばしば演じさせる者と演じる者双方の世界に身を置きながら、国王の庇護を受けた正統演劇の世界にすら、少なからぬ影響と作品とを提供した。さらにいえば、そんな彼らの存在が、文学作品に題材を提供しただけでなく、すぐれて反体制的ないし諧謔的な、いわゆる《シャルラタン文学》そのものを生み出してもいった。後述するように、その中には、ほかならぬシャルラタン自身が編んだラブレー的著作もある。絵画や音楽、さらによりわれわれの時代に近くなると、映画もまた、しばしばシャルラタンに題材を求めるようになる。(16)

だが、十九世紀以降、シャルラタンの負性のイメージは最終的に変貌を遂げる。かつて正統が異形ないし非正統を断罪し、排除する対象として存在していたはずのそれは、反転して社会に内在する正統のシャルラタン性を告発する言説を提供するようになる。つまり、《本物》のシャルラタンが姿を消すのとほとんど軌を一にして、シャルラタンを排斥してきた側の真っ只中に、ほかならぬシャルラタンとして有徴化ないし記号化される者たちが産み出されていくのだ。シャルラタン医師、シャルラタン政治家、シャルラタン教育者……。そして、怪しげな謳い文句によって市場に氾濫する現代のダイエット食品や医薬（部外）品。面妖なことに、シャルラタン自身の虚構的構図が、近代を越えて現代までを突き動かしているのである。シャルラタン現象。あえて一言でいえばそうなるだろう。本書はまさにそこにこだわる。

しかし、このいかにもシャルラタン的な口上を言挙げして始めるにしても、次のことだけは断っておかなければならない――。もとよりこうした社会的メカニズムの中で、悲惨な生涯を送った、あるいは送らなければならなかった不幸なシャルラタンは、資料にこそ出てこないが、明らかに夥しい数にのぼるだろう。一般的な職業のように、社会的かつ制度的な承認と庇護の対象となる、ギルド的な組合なり結社なりを組織しなかった彼らは、たとえ自業自得の結果だとしても、ごく例外的な人物たちを除いて、トリックスターゆえの負性の刻印を押された、いわば社会的な弱者だった。中にはいわれなくシャルラタンの《汚名》を受けたまま、社会から放逐された者すらいたはずだ。スケープゴートを作り上げるのが、古来からの社会の習性だとしても、そのことの意味は決して小さくはない。こうした歴史の暗部を念頭に置きつつ、本書はそんな弱者たちが、ほかならぬ近代社会をしたたかに、そして逞しく攪拌した点に焦点を当てようとするものである。はたしてそれが彼らの復権につながるかどうかは定かでないが、少なくとも他者性がじつは自者性と補完的なかかわりのうちにこそあるという、歴史の論理だけは決して忘れてはなるまい。

第一章

# シャルラタンとは何か

## 言説の中のシャルラタン

まず、フォッサとほぼ同時代の証言からみていこう。一六一八年から十数年間、パリで赫々たる名声をかちえた「シャルラタン王」タバラン（本書第二章参照）らに捧げられた小冊子で、題名は『シャルラタンの起源や習俗、詐欺、詐称についての陳述』[1]。匿名の著者（I.D.P.M.O.D.R.）の本名はジャン・デュレ（一五六三―一六二九）。別名ジャン・デゴリとも呼ばれた国王侍医である。一六二二年にパリのドゥニ・ラングロワなる書肆から刊行されたこの書は、シャルラタン批判が主調となっている。以下は、その冒頭部である。

> したがって私は、この一文を草するにあたり、何よりもまず、シャルラタンが扱う粉薬や練り薬、膏薬、油といった薬を買い求めることは、きわめて危険な過ちだと指摘したい。
>
> 通常、こうした薬が人体に害を与え、時には命さえ奪ったりもするから、というだけではない。それはさらに霊魂の重要性や救済をも害するからなのだ。
>
> 最初に、私はシャルラタン（ciarlatan）という語を、イタリア人がサルティンバンコ（saltimbanco）と呼ぶ者たち、大道芸人《バトゥルール》、道化《ブフォン》、口上（呼び）売り《バンドゥール・ドゥ・バガテル》、さらに広くは公共の広場で、台の上に乗り、あるいは地面に立ったり馬にまたがったまま、夥しい偽りの確約を並べて言葉巧みに薬の効能を称え、さらに無数の驚異譚を語りながら、しかじかの疾患を治すために調合された内服薬や軟膏、油脂、粉末を売る、他のすべての者たちを指すものとして理解している。

薬、（仮設）舞台、芸人、口上……。ここには明らかにシャルラタン一般を規定する外的要素が列挙されている。そして、これにいかがわしさという内的要素を加えれば、シャルラタンのほぼ全貌を語ることになる。著者はそう言うのである。では、シャルラタン側はどう弁明しているのか。筆者が知るかぎり、この種の資料は極端に少ないが、枢機卿マザランの蔵書をもとに創設されたフランス最古の公共図書館である、セーヌ河岸のマザラン図書館には、一七二六年の刊行になる珍しいシャルラタン礼賛書がある。著者と目されているのはルイ・コクレほか二名。文中では女性シャルラタンと自称しているが、むろんこれは座興にすぎない。ただ、その口調には堂々として、悠揚迫らぬものがある。(2)

諸氏は、私（オルヴィエタン売りではない）がシャルラタン稼業を営む者であること、そして女性の中に女神がいるとするなら、まさに私がそれであり、さもなければ女神などいない、ということが分かったはずである。また、諸氏の淑女たちがどれほど魅力を備えているといっても、私の手助けなしには、せっかくの魅力も空しいものとなる。いや、それだけでなく、これら死すべき美女たちが大悪魔のように見えてくる、ということについても、いずれ理解するはずである。（中略）さらに諸氏は、富裕者たちが私の数多くの同類に取り囲まれていることを知っておいた方がよい。これら取り巻きのうち、ある者は敵ないし嫉妬深い者と呼ばれ、またある者は、裁判官や行政官、弁護士、検察官、公証人などと呼ばれていることも知っておいた方がよい。こうした者たちは、ひたすら富裕者の財産を奪おうとし、あるいは、少なくとも富裕者を貧しくしようと企んでいる。（中略）私は死の恐怖を打ち砕き、狂気に由来する思いこみの病をすべて癒し、あらゆる薬の名声を一蹴して、小川の水を万病に効く唯一無二の薬にしてみせよう。さらに、現実離れしていて有害な一切の快楽を廃し、それを健康維持に役立つものに変えよう。

自分が女神であり、「小川の水」を万能薬にしてみせるとは、いささか奇矯が過ぎる物言いかもしれないが、社会の指導的立場にある者も、じつはシャルラタンと同類だとする諧謔精神は、人間みな自らの内に愚性を抱くとする『愚者の船』で披瀝した、あのゼバスチャン・ブラントのそれ（後出）と通底する。

十八世紀後葉のフランス啓蒙時代を代表する著作といえば、ディドロとダランベールの編になる、あの『百科全書あるいは科学、芸術、技術の理論的辞典』（一七五一－五七年）がただちに挙げられるが、そこにはシャルラタンについてこう記されている(3)。

　この種の人間は、教育もなければ原理・原則もなく、大学でしかるべき資格も得ていないにもかかわらず、自分の秘法は万事に効くと称して内・外科の医業を営んでいる。これらの者たちと、経験の光によって照らされた医師とはきちんと区別しなければならない。真の経験に基づく医術は、まことに尊敬すべきものであるが、シャルラタンのそれは、ひたすら侮蔑に値する。

まさに蒙を啓こうとする一文である。しかし、ここに挙げた程度のことなら、いや、それ以上のことを当時の人間ならほとんどだれもが知っていた。なぜなら、彼ら市井の人々は、いったいに啓蒙家以上にシャルラタンとより身近に接していたからだ。接しながら、彼らは時にシャルラタンのいかさま性を告発し、時にはそれを愉しんだりもした。より正鵠を期していえば、《いかさま》であれ《ペテン》であれ、それは行為なり事物なりを巡る、《する方》と《される方》との関係や意識のあり方によって規定されるものであり、結果的にそう呼ばれこそすれ、端《はな》からのいかさま師やペテン師はいなかったのだ。

シャルラタン医者についていえば、富裕者はいざしらず、まともな医師にかかれなかった貧しい民衆にとって、たとえどれほど怪しげな代物ではあっても、なけなしの財布をはたいて購える安価な、だが蠱惑的な言葉に包まれた薬は、快癒の夢を十全に育んでくれるものだった。しばしばシャルラタンの活動を禁ずる通達や条例が出されたにもかかわらず、また、啓蒙時代以前から、時に魔女と同一視され、そのシャルラタニズムが俗信として断罪されてもいたにもかかわらず[4]、彼らが民衆の視野から容易に姿を消さなかった理由の一端がここにある。

もとより正統をもって任ずる医師たちにとってみれば、シャルラタンとはつねに排除されなければならない存在だった。たとえば、ルイ十六世が生まれる三か月前の一七五四年五月、国王ルイ十五世の侍医だったジュルダン・ド・ペルランは、オルレアン大公の侍医に宛てた長大な（四八頁！）書簡の中で、性病について触れながら、シャルラタンとその同類のことをこう難じている[5]。

いつの時代でも、あえて偶像を攻撃し、破壊しようとするのは……危機と対決し、危険を冒すことにほかなりません。この偶像は、単なる幻想ないし誤った先入観にすぎませんが、シャルラタンやアンピリック（後述）ないし「謎めいた者たち」が、たえず社会の中でなしている際限のない悪を通じて、かなり恐ろしいものとなっています。わたしがひたすら批判してやまないのは、まさにこうした手合いです。と申しますのも、彼らが医学を悪用しているということを、大きな苦痛なしでは正視できないからなのです。

さらに、一七七五年にエディンバラ大学医学部教授のウィリアム・バチャン（一七二九－一八〇五）が著し、五年後にはモンペリエ大学医学部教授のＪ・Ｄ・デュプラニルが仏訳した『家庭医学』（全五巻）にも、民間医療者としてのシャルラタンに対し、正統医学の遵奉者からの次のような非難がなされている[6]。

このシャルラタンという語は、人々を寄せ集め、国々を巡って薬などを売る者のみならず、半可通の知識を振りかざしたり、その知識をひたすら民衆の信じやすさや善意を悪用することだけに向ける、ペテン師の謂でもある。

何しろ臨床試験などという発想のなかった時代の医学である。経験主義を標榜する正統医師といったところで、しかじかの医薬の薬効と、それによる疾病の真の快癒とを《科学的に》実証することなどほとんど不可能に近かった。してみれば、「半可通」の知識を振り回すとの批判は、ある程度正統医師にもあてはまるのではないか。事実、ヴォルテールは『哲学事典』（一七六四年）の中でこう言っている。[7]

科学はシャルラタンなしにはほとんど存在しえない。誰もが自分の考えを受け入れさせようとするからである。狡猾な学者は天使のような学者を凌駕しようとし、考えの深い学者はただ一人君臨しようとする。それぞれが物理学や形而上学やスコラ神学に独自の体系をうちたて、自分の商品を引き立たせるのだ。あなた方（学者たち）には、その商品を褒めそやす仲介人や信じてくれる愚か者たち、さらに支えてくれる庇護者がいる。（中略）言葉を実物の代わりとし、自分が信じてもいないことを他人に信じさせようとする。それ以上巧みなシャルラタン的手口などいったい存在するものなのか。

正統の中のシャルラタン的体質。いずれ明らかになるように、ヴォルテールの辛辣かつ諧謔的な言葉をそのまま敷衍していけば、社会の偽善的なありようにまで至る。シャルラタンを攻撃する刃が、攻撃する側へと反転する。ことほどさように、ヴォルテールの箴言には、同じ啓蒙主義に立つ『百科全書』派とは異なり、物事を表裏合わせて考え、そこから社会の本質に迫るという論法が克明にみてとれる。

ともあれ、後述するように、たとえばパリの中心部ともいうべきシテ島で、いや、より正鵠を期していえば、人の蝟集が見られるところならほとんどどこででも、タバランをはじめとするシャルラタンたちは、万能薬を売り、抜歯などの施術を行い、時には巨万の富と名声とを得た。ロンドンでも、バチャンの医書が刊行される十五年前の一七六〇年、ドミニチェティなるイタリア人のシャルラタン医者が、怪しげな薬や医学的知識を振りかざして金持ちたちの絶大な信を獲得し、これによって巻き上げた巨額な金を注ぎこんで、ロンドン市内のチェルシーに広大な邸宅を建ててもいる[8]。

おそらくバチャンとデュプラニルが告発しているのは、そんなシャルラタンの身の丈を超えた盛業と、正統ならざる者がもついかがわしさにほかならないのだ。たしかにこれが当時のシャルラタンの現実であり、ヴォルテールなどごく一部の識者を除く一般的なシャルラタン理解でもあった。こうした理解のありようは、しかしシャルラタンの全貌を捉えきれていない。それほどまでにシャルラタンとは多様な存在だった。すでにみておいたように、同義語が数多くあるのも、それを端的に物語っている。

定説によれば、シャルラタン（charlatant, ciarlatan, sarlatan）の語源とされるイタリア語のチャルラターノ（ciarlatano）は、イタリア中部ウンブリア地方の伯爵領スポレートのチェッレート村（Cerreto di Spoleto）に由来する、チェッレターノ（cerretano「詐欺師、ほら吹き」）から派生したものだという[9]。中世に、この村が薬の行商人や香具師《やし》を多く出したことによる。アナル派の文化史家として、また民衆本研究の第一人者としてわが国でもつとに知られているロジェ・シャルティエによれば、十七世紀中葉のパリで、『放浪者もしくは他人の懐をあてに世間を渡り歩く者どもの企みといかさまの特徴とその物語』なる題名の廉価本、すなわち青（表紙）本（本書第八章参照）が刊行されているが、それは十五世紀のラテン語写本『放浪者の鑑もしくはチェッレート出身の詐欺師たちについて』を翻訳・翻案したものだという[10]。おそらく後者は、ウルビーノ出身の助任司祭で神学・法学者でもあったテセオ・ピーニが、一四八四年ないし八六年に著した『香具師の鑑』のことだろう。

さらにいえば、一六二一年に初版が刊行されて以来、十八世紀初頭まで版を重ねた、イタリア人ドミニコ会士R・フリアノーロ、本名G・デ・ノビーリの『放浪者。物乞いと詐欺師の懲罰』、通称『放浪者の書』もまた、この『放浪者の鑑』を種本としている。ちなみに、一九八七年にケルンで出版された『放浪者の書』の共編者ハイナー・ベーンケによれば、ヴァティカン図書館で後者を発見し、これら二書の関係を一九七三年に同じ題名の自著で明らかにした、イタリアの文化史家ピエロ・カンポレージは、ピーニの書に登場する放浪者《チェッレターニ》（Cerretani）を、中世の徒党集団「あべこべ（不正）の群れ」と断定しているという。[11] こうした指摘をよしとすれば、シャルラタンとは放浪者や詐欺師の謂ともなる。

ちなみに、《正統》シャルラタンのタバランは、この語の由来を、「物真似する者」を指す、ギリシア語のケイロノモイ（**keironómoi**）やラテン語のゲスティクラトーレス（**gesticulatores**）、ルディオネス（**ludiones**）と結びつけているが、[12] むろんこれは《職業》としての系譜であり、語源ではない。

シャルラタンの文献初出は、プルタルコスの翻訳者として知られるジャック・アミヨ（一五一三―九三）が、一五六七年に著した『著名人たちの生涯』[13] とされる。だが、フランドルの医師コルネイユ・バット（一四四九―一五一七）が、弟子ブルゴーニュ公アドルフの教育用に編んだ『世界点描』に出ているとする説もある。[14] しかし、当然のことながら、フランス国内ですべて同一表記が用いられてきたわけではなく、地方によって多少なりと変異がみられる。いつからそうなったかは不明だが、たとえば西部のサントンジュ地方ではシェルレタン（**cherletan**）、南西部のベアルネ地方ではシャルラター（**charlatâ**）、カタロニア地方ではハルロター（**xarlotá**）、スイスと国境を接する東部のサヴォワ地方ではシャルラタン（**çharlatan**）、南部のアヴェイロン地方ではショルロトン（**chorloton**）、さらにイタリアと接するニース一帯ではチャルラタン（**ciarlatan**）と呼ばれていたという。[15] また、南仏のアヴィニヨンを中心とするヴォークリューズ地方では、山地サン＝ロマネの住民たちを――おそらくはその騒々しい話し方や声から――シャルラタンと呼んでいたとする説もある。[16]

このようにみてくれば、シャルラタンなる語とそのイメージが、発音のニュアンスと時代の前後を捨象して考えれば、ほぼフランス全土で用いられていたことが分かる。だが、それはおそらく当初からつねに負の意味を帯びていた。[17] 同様の事情はラテン語圏のみならず、英語やドイツ語についてもいえる。すなわち、**charlatan** なる語は、いずれも「いかさま師、山師」を指すquack（-doctor, -medicine）やMarktschreierと同義に用いられてきた。英語にはさらに、前述したイタリア語のsaltimbancoに由来するmountebankもある。

事実、フランス中部ポワティエ生まれの文学者で、生地の商人頭（市長）もつとめた出版業者のギヨーム・ブシェ（一五二六―一六〇六）は、フランソワ・ラブレーの弟子たちを相手に見立てた対話の書『レ・セレ』（一五八四年）で、「ローマ法が（……）きちんと遵守されていれば、偽医者《アンピリック》やシャルラタンはこれほどはびこったりはしなかっただろう」と嘆いている。魔女弾劾でも勇名を馳せたあのジャン・ボダン（一五三〇―九六）もまた、近代の国家・主権論を方向づけ、ロックやルソー、カントらにも大きな影響を与えたとされる『共和政六書』、いわゆる『国家論』（一五八三年）のフランス人の体質に関する一節の中で、シャルラタンを次のように登場させている[18]。

> つまり、すべての偉大な雄弁家や立法者、法律家、歴史家、詩人、道化師、シャルラタン（sarlatan）、さらに巧みな弁舌と美辞麗句によって人々の心を誘惑する者たちは、（フランス社会の）ほぼ中ほどに位置するのである。

さらに、フランドルの領主で外交官・文学者としても名声を博し、カルヴァンにも近かったフィリップ・ヴァン・マルニクス（一五四八―九八）も、一五九九年にプロヴァンスの立場から著わした『キリスト教と教皇絶対主義との差異表』で、シャルラタンを詐欺師と同一視している。言語の社会的用法を通して習俗や信仰、思考などの展開を研究し、フランス最初の歴史家ともいわれる人文主義者のエティエンヌ・パキエ（パスキエ、一五二九―一六一五）もまた、死後一世紀以上経った一七二三年の刊行になる『書簡集』で、「宮廷シャルラタン」の無知さ加減を嘲笑っている。

| 1536年 | charlatan「シャルラタン」 |
|---|---|
| 1560年頃 | シャルラタニゼ charlataniser「シャルラタンのように偽る」 |
| 1571年 | シャルラタヌリ charlatanerie「シャルラタンのような手口、騙り」 |
| 1573年頃 | シャルラタネ charlataner「シャルラタンを営む」 |
| 1575年 | シャルラトゥリ charlaterie「シャルラタンの手口、話」 |
| 1576年 | サルラタン sarlatan「シャルラタン」 |
| 1580年 | シャルルタニスク charletanisque「シャルラタンに由来する」 |
| 1586年 | サルラタヌリ sarlatanerie「シャルラタンの話」 |
| 16世紀末 | シャルラテ charlater「シャルラタンを営む」 |
| 1718年 | シャルラタネスク charlatanesque「シャルラタンに関わる」 |
| 1732年 | シャルラトゥヌ charlatene「女性シャルラタン」 |
| 1750年 | シャルラタニズム charlatanisme「シャルラタン的気質、言動」 |

では、派生語はどうか。きわめて興味深いことに、特定集団ないし人物を指す名称として、シャルラタンはほかに例がないほど多様な派生語を有している。それらをW・フォン・ヴァルトブルクの『フランス語源辞典』に依って文献初出順に並べれば、おおむね上表のようになるだろう（一部筆者修正・補足）[19]。

　これら派生語の具体的ないし辞書的な字義は、「シャルラタン」の部分を「山師、いかさま、詐欺、詐称、欺瞞、駄弁」といった意味に置きかえれば容易に得られるだろう。さらに地方語における派生語を加えれば、このリストはおそらく何倍にも膨れ上がるはずである。語彙自体の広域的な拡散性については、彼らが諸国を経巡ったということで理解できるとしても、これほどの造語力はいったい何に由来するのか。何を意味するのか。また、なぜ十七世紀の造語がない、もしくは極端に乏しいのか[20]。今は疑問として指摘するほかないが、現代フランス語におけるシャルラタンのネガティヴな字義は、こうして十六世紀後葉にはほぼ完璧にできあがっていたことになる。

　たとえば、神学者でありながら世界を旅し、カトリーヌ・ド・メディシスの宮廷司祭もつとめたアンドレ・テヴェ（一五〇二―九〇）は、その見聞をまとめた一五七一年の『世界地誌』で、「これら蛮人たちは、あなたがたを、シャルラタヌリ……ないしそれと同類の迷信で翻弄している」とし、悪魔神学で一家を成し、詩人ロンサールとも終生親交を保ったピエール・ル・ロワイエ（一五五〇―一六三四）は、一六〇八年の『亡霊たちの言葉と歴史』の中で、「彼らはあらゆるごまかしとシャルラタヌリを駆使しても、奇蹟の奇の字すら産み出せない」と書いている。

もとより、これら知識人たちがシャルラタンに対して抱いていた負性のイメージが、一般民衆のそれとどこまで符合するかは定かでない。ただ、その《商い》のありようや他所者であるという条件に加えて、時代の知識人たちのこうした言説が、シャルラタンをしてしばしば民衆の蔑視の対象に仕立て上げたことは間違いないだろう。にもかかわらず、民衆は、いや、時には行政当局や正統医師・調剤（薬剤）師、つまり、後述するように、しかるべき手続きを経て正式な免状を得た者たちすらも、彼らを受け入れ、その技術や知識を評価している。排除しつつ受容する。このパラドックスはどう解釈すべきなのか。どうやらそこには、社会悪などという通り一遍の言葉では了解しきれないものがある。だが、これについては後段で縷々検討するとして、ここでは取り急ぎシャルラタンの類型と同義語をみておこう。

## シャルラタンの類型

歴史的・職能的にみて、シャルラタンはおそらく次の三通りに大別できる。

A　「医術」を行う者

i　抜歯人

ii　ヘルニア医者

iii　その他

B　「医薬品」を商う者

i　オルヴィエタン売り

ii　テリアカ売り

iii　その他

すでに指摘しておいたように、A、B両者はいずれも正式な免状ないし鑑札と一定した店舗をもたず、あくまでも渡りを旨とする点で共通している。時にはまた、一人でA、B双方を兼ねたり、あるいは旅芸人たちと一座を組むこともある。さらに、Bでは、単独ないし数人一緒に各種の薬（内服薬、軟膏、万能薬）を扱う場合もある。その限りにおいて、両者は必ずしも截然と分かれるものではなく、そうした融通無碍さが、シャルラタンのもう一つの特徴をなしていた。

ところで、『ラルース百科事典』や『プティ・ロベール辞典』などは、シャルラタンの範疇に、今もなお民間医療の世界で看過しえぬ役割を担っている、いわゆるゲリスールを加えている。だが、これはいささか正確さに欠ける。本書第八章以降で詳しくみるように、たしかに接骨師や心霊術師や催眠術師などがゲリスールと呼ばれ、AやBのシャルラタン同様、無免許で医療・売薬行為を行っていたことに間違いはないが、シャルラタンとゲリスールの同一視は、卑見によれば、「治療する者」を意味する後者の呼称が侮蔑的なものへと格下げになる十八世紀以降、つまり、ごく大雑把にいってAやBが歴史の舞台から姿を消しつつあった、もしくはそうなった後にすぎない。それまでゲリスールは、シャルラタン同様、つねに正統医学の外側に存在しながら、その来歴や施療対象、行動様式は明らかにシャルラタンとは一線を画していた。

さらにいえば、ゲリスールには、シャルラタンのように各地を遍歴する専門職のみならず、村や町に定住し、一般に他に生業をもつ者もいた。いや、少なからぬ民俗資料からする限り、実際には後者の方が圧倒的に多かった。したがって、以下の論述において、単に「シャルラタン」とのみ記す場合はAおよびBを指すものとし、ゲリスールとは区別したい。

こうした多様な存在であってみれば、シャルラタンの同義・類義語は実際のところかなりの数にのぼる。そのごく一部を、文献初出順――必ずしも当該用語の出現時期を意味するわけではない――に並べていけば次のようになる。

1 伝統的なネガティヴ・イメージに由来する呼称（詐欺師、いかさま師など）
i トロンプール（trompeur）：十三世紀。字義は「嘘つき、ほら吹き」。
ii フロドゥール（fraudeur）：一三六一年。「不正行為者」。
iii アンポストゥール（imposteur）：一五三〇年代。「中傷者、偽善者」。

2 医・薬術に由来する呼称（いかさま医者・いんちき薬売り）
i テリアクール（thériaqueur）：一一七五年。字義は「テリアカ売り」。
ii アンピリック（empirique）：一三一四年。「経験に頼る医者、民間医療医」。
iii オペラトゥール（opérateur）：一三七〇年。「職人」。「外科医」を指すこともある。現義は「オペレーター、操作者」など。

3 パフォーマンスに由来する呼称（ほら吹き、ペテン師、道化役者）
i ジョングルール（jongleur）：十二世紀。字義は「駄弁・冗談好きな者、道化師」。
ii バトゥルール（bateleur）：十三世紀。「大道芸人、奇術師、道化師、軽業師」。
iii イストリオン（historion）：一五四五年。「道化役者、物真似師、軽業師」。
iv サルタンバンク（saltimbanque）：一五六〇年。「台に飛び乗る者、道化師、曲芸師」。

技を見せるジョングルールたち。13世紀のミニアチュールより。オックスフォード大学図書館蔵

v　パラディスト（paradiste）：一八三六年。「パラード（客寄せ芝居）芸人」。現義は「サーカスや見世物で口上を行う者」。

vi　ボニマントゥール（bonimenteur）：十九世紀末。「ボニマン（口上）師」。

まず、何よりも指摘しておかなければならないのは、既知の初出時期からみる限り、そのほとんどが「シャルラタン」以前から使われていたものと思われる、これら同義・類似語のそれぞれが、さらに数多くの同義・類似語を有しており、ただでさえ必ずしも截然としていない《業種》間の違いを、さらに複雑なものにしているということである。たとえば、文献初出がもっとも早いとされるジョングルールについていえば、トゥールーズの名門貴族に生まれ、若くして同市の参事会筆頭参事となりながら、弁護士の職を棄てて文学者の道を選んだジャン・ド・パラプラ（一六五〇―一七二二）は、その戯曲集の序文で、これを「コメディアン」と同一視している。パラプラによれば、一二九五年には、端麗王フィリップ四世が、当時名声を誇っていた遍歴楽師出身の役者ジャン・シャルミヨンを、「ジョングル

芝居小屋の軽業師バトゥルールと観客たち。作者不詳版画、16世紀。パリ、国立図書館蔵

ールの王」に任ずる公開状を出しているともいう。[21]

また、中世史家のエドモン・ファレルは、ジョングルールとは、シャルラタンやテリアクールのほか、今日でもヨーロッパ各地の広場や祭りの場などでしばしばその芸が見られる火吐き芸人や動物遣い、物真似師、踊り手、曲芸師、奇術師、降霊術師、各種占い師らの謂であったとしている。つまり、彼の分類によれば、大道芸人のほとんどがジョングルールということになる。[22]そういえば、しばしばトゥルヴェールやトゥルバドゥールといった北・南仏の吟遊詩人の傍らで、軽業などの芸を披露していた者もジョングルールと呼ばれていた。

一方、パリの文学者協会編になる『科学、文学、芸術百科全書』は、バトゥルールを「明確に規定された性格をもたないジョングルール」であり、「奇術師や動物遣い」あるいは「道化師」と同義であったともしている。そして、彼らはトゥールーズやオルレアンなどで組合を組織し、中世におけるテアトル・コミックの重要な一翼を担った旅芸人だったとも指摘している。[23] これに対し、フランス版職人尽しの代表的著作ともいえる『十三世紀以降のパリで営まれてきた技芸・職人・職業歴史事典』の中で、アルフレッド・フランクランはバトゥルールを、サルタンバンクのほかに、各種曲芸・軽業師や動物・猛獣遣い、占星術師、棒使い、水飲み芸人、カード占い師、木馬芸人、手相見、百面相師、曲馬師、呪術師、髭女、怪力男、水占い師、人形遣い、マーモット遣い、矮人、夢占い師、道化師、偽医者、奇術師、腹話術師といった大道芸人の総称だとしている。彼はまた、このバトゥルールたちが、大道だけでなく、国王の面前でもその芸を披露した事例(一三八〇、八一、八七年ほか)を紹介している。[24]

オペラトゥール=シャルラタンに関しては、いずれ十七、十八世紀のパリや地方で大いに気を吐いた何人もの実例を紹介しつつ、詳細に検討するので今は省くが、このようにみてくれれば、一概にシャルラタンとその同族とはいっても、職種の内容はきわめて多岐にわたっていたことが分かる。しかも、それぞれの呼称は必ずしも明確に区別されていたわけではなく、史料によっては、しばしば同一人物に異なる呼称が用いられたりしてもいる。つまり、同じシャルラタンが、コンテクストに応じて、あるいはより恣意的に、オペラトゥールやサルタンバンク、さらにはバトゥルールなどと呼ばれているのだ。

こうした呼称の互換性ないし曖昧さは、公共の広場や定期市、大市、祝祭、領主館、時には王宮の広場に登場して、笑いや拍手と引き換えに何がしかのテラ銭を稼いでいた遊芸人たちが、簡単な類型化なり概念化では収まりきらないほど多様だったことをつとに物語る。そして、この多様な遊芸世界の伝統の中で、大道医者ないし薬売りとしてのシャルラタンもまた、しばしば行動を共にしていた大道芸人と同一視されていた。

それにしても、中世から近世にかけて、西欧社会はなぜこれほど夥しい漂泊者たちを生み出したのか。度重なる戦乱や悪疫、凶作など、おそらく理由はいくつも考えられるだろう。だが、それらは多分に帰納的なものであり、あくまでも枠組み以上の意味をもちえない。その真の理由を突き止めようとすれば、いうまでもなく個別的な事例を探るほかはないはずだ。筆者はかつて西欧社会が時代の最大のパーソナリティとして、古代にイエスを、中世には道化を生んだと指摘したことがあるが[25]、たしかに中世の西欧世界は、古代より伝わる道化=遊芸の伝統を際限なく拡大したともいえるだろう。

ところで、前記リストのうち、1は人格一般にかかわるもので、シャルラタンの修飾辞的に用いられたが、必ずしも実際のシャルラタンにのみ使われたものではない。したがって、本書の考察からは外れる。3はいうまでもなく見世物の世界に頻出する語彙で、シャルラタンと遊芸人たちとの密接な関係を示す。丹念に探していけば、こうした語彙や語義はもっとあれこれ出てくるのだろう。しかし、以上列挙しただけでも、たかだか二通りの類型をとるにすぎないシャルラタンが、フランスの言語文化の中で、じつに多様な意味を担わされてきたことは十分理解できるはずだ。

いずれこれらの同義・類義語は、シャルラタンという一つの語と概念に収斂ないし包括されていくが、ともあれこの事実は、伝統的な社会の中で、シャルラタンや別の言葉で呼ばれていたその同類たちが、民衆にとってきわめて身近な存在であったということのみならず、非定住者に対する蔑視や疎外、迫害といった社会的な負性のイマジネールの裏側で、自らに託されたいわば祝祭的なトリックスターとしての役割を、見事に演じきっていたことを物語るものではないか。少なくともそこに、ひたすら否定され、断罪されるべき者としての受動的なシャルラタン像はない。

本書「序章」で述べたように、もとより彼らは社会の周縁に生きた。生きざるをえなかった。だが、それと同時に、近代のグロテスク・リアリズム（ミハイル・バフチーン）を、しばしば騙しの技法で、そう、祝祭が本来的に帯びているような、人々に日常では抱けないひとときの幻想や夢や愉悦を演出してみせる、独特の言葉や所作で超克した。あるいは超克しようとした。近代が排斥したはずの中世的、というよりもむしろすぐれて古代的な作法によって、理性と節制、そして法と知とからなる近代の体系にあくことなく侵犯した。侵犯して、時には近代的体系が払拭しえなかった中世的・古代的部位を浮き彫りにした。彼らのしたたかさがもつ真の意味は、おそらくここにあるのではないか。このことを確認するため、そろそろ具体的な事例を検討する作業に入らなければならない。それには、どうしてもパリのポン=ヌフ橋を訪れる必要がある。

第二章

# シャルラタン列伝

# 晴れ舞台ポン=ヌフ

お前は、シャルラタンや巾着切り、
はたまた偽兵士たちの約束の場所か、
軟膏や湿布薬売りたちが商売する
常打ちの芝居小屋たるポン=ヌフよ。
お前の上には抜歯人もいる。
古着屋や本屋、衒学者たちもいる。
新曲の歌い手や女衒《ぜげん》たち、
陰の商売の親方も、
オペラトゥールや科学者も、
さらには錬金術の医者たちや
若鶏を売る者たちもいる。

ある男が言う。
——ムッシュー、あんたの病にとても効く、
いい薬を持ってまさ。
(一度でも神は俺を助けたか!)
いいですかい、ムッシュー、

ポン=ヌフ橋。左手はアンリ四世の騎馬像、正面はサマリテーヌ百貨店。ドーフィネ広場は右手奥（筆者撮影）

この薬、飲み方は簡単で、
麝香や琥珀の匂いがします。
水銀からこしらえたもので、
さすがのアンブロワーズ・パレ様*も
こんな薬つくったこともない。
別の男が言う。
――たったの一スー**にしては、ムッシュー、
このシャンソン、なかなかに面白い。
（……）

*一五〇九－九〇。「外科学の父」とされるフランスの外科医
**最小通貨単位

後述するル・プティとともに十七世紀の諷刺詩人を代表する、だが、同様に生涯が謎に包まれているベルトないしベルトーは、一六五二年に発表した『バーレスク詩によるパリの町』の中で、当時流行していた卑俗文体《ビュルレスク》を駆使して、パリの心臓部とでも呼ぶべきポン=ヌフ橋の風景をこう描いている(1)。アンリ三世下の一五七八年五月に着工、

ドーフィネ広場側から望むポン=ヌフ橋。右岸前方はルーヴル宮、左岸のドーム状屋根を有する建物はフランス学士院。S・デッラ・ベッラ作エッチング、1646年、パリ、国立図書館蔵

アンリ四世下の一六〇六年七月に竣工したこの石橋は、(2)セーヌ川にかかっている現存の橋の中で最古の歴史を有しているにもかかわらず、なおも「新橋」と呼ばれている。中の島であるシテ島をセーヌ両岸と結ぶ橋で、橋上家屋がなく、しかも歩道を備えていたため、完成当初から多くの人々が足繁く行き交う場となっていた。一六一四年八月には、四年前の五月に狂信的なカトリック教徒カヴァイヤックに暗殺されたアンリ四世の騎馬像が、橋の中ほどの西側半月堡（張り出し部）に、当初高等法院を向いた形で据えられた。制作地のトスカーナ地方リヴォルノから、水運によってパリに運ばれたこれは、一五九二年、中断していた橋の建設工事を再開した国王の英断を称えるためのものだった（この像は一七九二年、革命政府の手で解体されたのち、一八一八年にルイ十八世によって再建されている）。

以後、全長二七〇メートルあまりのポン=ヌフ橋は、パリの、いや、フランス全体の重要な歴史的事件の舞台となる。たとえば一六一〇年六月、ルーヴル宮を発ったアンリ四世の葬列が、ここを通ってノートル=ダム大聖堂での葬儀に向かっている。また、幼いルイ十

三世の摂政だった母后マリー・ド・メディシスの格別の寵愛をよいことに、放蕩三昧に明け暮れて周囲の反撥を買い、ついにルーヴル宮で暗殺されたフィレンツェ生まれの山師アンクル侯爵、本名コンチーノ・コンチーニの遺体は、まさにこの橋の上で民衆に凌辱・解体され、その肉片の一部が騎馬像の下で焼かれ、食べられたという（一六一七年四月）。さらに、十七世紀中葉のフロンドの乱ではここが主戦場となり、一七二一年十一月にグレーヴ広場（現パリ市庁舎前広場）で車裂刑に処された稀代の大泥棒ルイ・ドミニク・カルトゥーシュが、妻グランド・ジャンヌトン以下、三六六人もの手下とともに盗みや殺人を繰り返し、その冷血さと残虐さでパリ市民、とくに富裕者たちを恐怖の底に突き落とした舞台の一つもここだった(3)。

ポン＝ヌフ橋は、むろん革命時にもパリ市民に重要な舞台を提供している。事実、一七八八年八月二六日、新税の導入を図った財務総監ロメニ・ド・ブリエンヌに反対する多くのパリ市民がここに集まり、カルナヴァルの人形焼殺《マヌカン》よろしく、彼の人形を焼いている。その三日後には、叛徒と化した彼らは橋のたもとにあった衛兵詰所を燃やし、国王軍の銃弾を浴びて多くの血を流している。翌一七八九年の七月十四日には、武装した革命軍が数門の大砲とともにここで堂々の行進を繰り広げ、勇躍バスティーユ牢獄へと向かっていった。数日後には、民衆動員を告げる砲音もこの橋の上で鳴らされた。また、一七九二年七月二二日にはパリ市内の八か所に募兵登録所が設営されたが、そのうちの一つがポン＝ヌフ橋に置かれた。そして三日間のうちに、ポン＝ヌフ橋と最高裁判所の間に位置するドーフィネ広場の登録所と合わせて、計二二二二名もの義勇兵が登録をすませ、この橋の名を冠した部隊が編成されてもいる。ナポレオンの即位式を祝う行列（一八〇四年十二月）や、ルイ十八世のパリ入市儀礼（一八一五年七月）も、やはりここで営まれている(4)。

こうした歴史的事件の一方で、ポン＝ヌフ橋はジャック・コロをはじめとする、多くの画家たちに画想を与えただけでなく、庶民の生活が色濃く展開される場でもあった。橋上での組立て式露店設営が正式に認められるようになるのは、リシュリュー実権下の一六四〇年頃だが、実際にはそれ以前から、本章冒頭に掲げた詩に謳われているように、きわめて雑多な立売り人が見られた。加えて、花売りや野菜・果物売りはもとより、キリスト受難劇に代表される聖史劇（らしきもの？）を演ずる役者たち、のちに《ポン＝ヌフ》と呼ばれるようになる卑猥な歌を得意とする歌い手、いささか変わったところでは、砒素の入った箱を抱え、竿の先にネズミの死骸を数珠状に吊して、「猫いらず」と叫ぶ殺鼠剤売りらの姿もあった。[5] パリでもっとも繁盛していたというインク屋も露店を出していた。さらに、後述するような抜歯人もいた。

むろん治安当局としては、そうした《ポン＝ヌフ商い》を認めていたわけではなかった。後代の記録となるが、たとえば一七二一年二月には、ポン＝ヌフ橋やグレーヴ広場、ノートル＝ダム大聖堂周辺を含む市内全域の橋や河岸での果物売りが禁止され、違反者には五〇〇リーヴルの罰金が科せられている。[6] また、二年後の一七二三年十一月には、同橋に露店を出していた数人の物売りが同様の罰金刑を受けている。[7] だが、そんな規制もものかは、やがて橋の下のセーヌ河岸にも貧民や細民たちが住みつき、ポン＝ヌフ周辺は首都でもっとも賑やかな一角となる。シャルラタン＝オペラトゥールたちにとってもまた、ここは文字通り晴れ舞台となった。

## パフォーマー・シャルラタン

前述したアンクル侯爵の遺骸が引き千切られた翌一六一八年のある金曜日、このポン＝ヌフ橋とドーフィネ広場の間に、市民たちの時ならぬ人垣ができる。突然、そこに仮設の舞台が建ったのだ。むろん、急ごしらえの代物であってみれば、セーヌ右岸の中央市場《レ・アル》界隈のモーコンセイユ通り（現エティエンヌ＝マルセル通り）にあり、当時、パリで唯一の常設劇場だったオテル・ド・ブルゴーニュ座（後述）のような豪華さとはまるで無縁。屋根はなく、とりたててセットらしきものも見当たらず、ただ板敷きの舞台に後幕を張っただけの粗末な、つまり大道芝居用のいかにもありふれたバラック風《劇場》だった。だが、物見高いパリっ子たちにしてみれば、建物の様子より、これから何が始まるかという期待と、そこに人が集まること自体に関心があった。もしかすると、全盛期を迎えていたオテル・ド・ブルゴーニュ座の笑劇役者たちが、特別興行でも行うのか。

そんな見物人たちの期待と好奇心が十分高まるのを見届けるようにして、ようやく開演の運びとなる。時間は午後。まずはヴィオルとレベッカ（中世からルネサンス期にかけて用いられた三弦の擦弦楽器）の演奏である。あるいは、コメディー＝イタリエンヌ（コメディア・デラルテを指すフランス語の通称。字義は「イタリア喜劇」）(8)の役者たちによる、ロマン・コミック調の客寄せ芝居が演じられたかもしれない。ともあれ、お世辞にも上手いとはいえない弦楽器の音に促されるかのように、やがて金ぴかの衣装に身を包んだ男がひとり、長い髪を揺らしながら、舞台に姿を現す。パリっ子たちには初見参だが、男が立派な白髭を撫でながら仰々しく名乗った名前はモンドール（Mondor ないし Montdor）。意味は「金の山」（Mont d'Or）である。一説に、国王の解毒医で、医学博士の免状ももっていた、あるいはそう自称していたという(9)。

さて、お立会い。かくも賑々しくまかりこしましたる僕《やつがれ》こそ、名はモンドールにて、生まれはウンブリアの名高きチェッレート。サレルノの大学にて医学と薬学を修め、かたじけなくも医業の免状を得て諸国を巡り、ここもと持参いたしましたる天下の妙薬オルヴィエタンにて、上は国王・諸侯から、下は庶民にいたるまで、あまたの病人をたちどころに治し、恥ずかしながら、当代きっての名医として望外の名声をほしいままにしております。このたび、念願かなって初めて都パリに上り、皆様方に、いかなる難病も退ける奇蹟の妙薬をとくと知っていただきたく、神もご照覧あれ、法外なる安価にてお頒けする次第。とは申せ、何分にも稀少な霊薬。わが一族にのみ代々伝わる秘薬中の秘薬であれば、無尽蔵にあるそこらのものとはわけが違う。売り切れれば、もとよりそれまで。早い者勝ちと思し召せ。得て天国、得ざれば地獄、見るだけなら煉獄の試練！　いずれをよしとするかは、皆様方の心一つ。さてこそ、お立会い……。

「モロカン（モロッコ人）」と呼ばれる召使に命じて、舞台の袖に恭しく置かれた長持風の薬箱から、評判の高い万能薬オルヴィエタン（オルヴィエターノ）を取り出し、自慢の髭を撫でながら、おそらくモンドールはこんな口上で見物人の好奇心と買い気を誘ったことだろう。オルヴィエタンはドーフィネ通りの角、太陽の看板がかかっている店でも売られていたが、この頃、オルヴィエタン売りはシャルラタンの別称となっていた。[10]

ちなみに、モンドールの口上に登場するサレルノの医学校といえば、他のいかなる医学校よりもアラビア医学の伝統を継承し、すでに十一世紀後葉には薬学が医学から独立して教えられていた。したがって、シャルラタンにとって、その最高学府に学んだということが――真偽のほどはさておき――、秘薬や手柄話と同等の意味を帯びていたのだ。

そんなオルヴィエタン売りの客寄せ芝居を描いた十七世紀の版画（左頁）には、プルチネルラやブリガンティーネ、盲者といった、コメディア・デラルテの役どころによる笑劇が描かれている。スカッパモンテ役のオルヴィエタン売りが、盛んに観衆に訴えかけている舞台右袖には、彼が携えてきた霊薬の効能書きが掲げられている。それによれば、「あらゆる類いの毒、有毒動物や狂犬による咬傷、ペスト、毒虫、天然痘（疱瘡）その他の疾病」に効能があるという。だが、モンドールの霊薬は、さらに脳のぼやけや眩暈、万病のもとである悪気、癲癇、激しい差しこみ、歯痛、船酔いなどにも効力を発揮したという。[11]

時代は十八世紀中葉となるが、このオルヴィエタン売りについて、フランスの近代バレエを確立したとされる舞踏家兼演出家のジャン・ジョルジュ・ノヴェール（一七二七―一八一〇）は、『百科全書』とほぼ時期を同じくして出版した『ダンスとバレエに関する書簡』（一七六〇年）の中で、次のようなうがった見方をしている。[12]「道化師とオルヴィエタン売りたちは、彼らが扱うバルサム（芳香性植物樹脂）軟膏より、自らが演ずるバレエの方に大きな期待を寄せている。彼らはまさにアントルシャ（空中で両足を繰り返し交差する動作）によって、民衆の目

オルヴィエタン売り。17世紀の版画。パリ、カルナヴァレ博物館蔵

を引きつけている。そして、薬の売上げは、彼らのパフォーマンスの多寡に応じて増減するのだ」。

周知のように、ノヴェールはダンスをして「情熱と習俗・慣行の生きた絵画」と定義し、バレエのダンサーたちに歴史や音楽はもとより、神話や解剖学まで学べと唱えている。そこには、啓蒙時代の知の行方が垣間見られるが、はたしてシャルラタンの芸人たちが実際にアントルシャらしき芸を披露していたのか、それとも彼らの大仰な所作を象徴的にそう見立てたのか、そこのところは分からない。ただ、少なくともこの《ダンス・ダクシオン（激しく動くダンス）》の提唱者は、オルヴィエタン売りの客寄せ役者が繰り広げる演技のうちに、バレエの技法にも通じる特徴を見抜いていた。つまり、これら役者たちは、バレエ・ダンスの演出法を借用していた。彼はそう言うのである。

ところで、問題のオルヴィエタンは、正統医者を毛嫌いしていたにもかかわらず、いや、それゆえにこそ好んで作品に医師やオペラトゥールをとりあげたモリエールが(13)、一六六五年、ヴェルサイユの国王のために五日で仕上げたとされる喜劇『恋は医者』にも、父親が恋煩いの娘に飲ませる貴重な「万金丹」として登場する(14)。同様の趣向は、他の喜劇作家たちにもしばしばみられるが、とくにモリエールは若い時分、オルヴィエタン売りや後述するバリーの一座に加わった経験があるだけに――ル・ブーランジェ・ド・シャルセの説が正しいなら(15)――、シャルラタン=オペラトゥールの商う薬とその諧謔性に、人並み以上の知識と関心とを有していたはずである。とすれば、彼が持ち前の知識と関心を作劇の中に皮肉たっぷりに用いたとしても、何ら不思議はないだろう。

そのあたりの詮索はさておき、この「万能薬」は、イタリア中部の古都オルヴィエト出身のクリストファ・コントゥギによって考案され(16)（ルーピ・ドルヴィエトなる人物が発明したとする説もある）、一六〇〇年頃、売薬シャルラタンのヒエロニムス・フェランティ（後述）によって、初めてフランスに持ち込まれたという。呼称はむろん考案者の出身地にちなむ。

だが、ローマではじつはそれよりかなり以前から用いられていた。また、十六世紀後葉にパリ大学医学部が編んだ局方処方書『コデックス・メディカメンタリウス』には、冒頭に、並質と上質二種のオルヴィエタンの紹介があり、前者は三四通り、後者は二五通りの成分からなると記されている(17)。成分の少ない方が上質とはいささか解せない話だが、のちに上質のそれは二七通りに増えている。『コデックス』にはまた、この薬はシャルラタンによって考案された神秘的ないし正体不明な代物であるだけに、かえって病人たちの評判を呼んでいる。それゆえにこそ、組成の内容を明らかにし、安定したものにしなければならないともある。のちにこれは上質と並質を問わずインチキ薬の代名詞になるのだが、その成分のうちでもっとも重要なのは、古びたテリアカと、心臓・肝臓をつけたままます《ママ》り潰した毒蛇の粉末だったという。[18]

ところで、セレウコス朝アンティオコス三世の侍医団が、前二一二四年頃に考案したとされるテリアカ（thériaque）は、それ自体からして長い歴史を有する解毒剤であり、オルヴィエタンやミトリダテスと並ぶ当時の三大解毒剤だった。亡命先のエジプトでスルタンの侍医もつとめたコルドバ出身のユダヤ人哲学者マイモニデス（一一三五－一二〇四）も、この解毒剤の効能に着目しているが、[19] たとえば一五七三年にニコラ・オヴェルなるパリの調剤師が編んだ、『一般的・個別的疑問を含むテリアカ・ミトリダテス論』には、次のように説明されている。[20]

（……）ここで取り上げる解毒剤はテリアカ（theriace）と呼ばれるもので、名称は、ギリシア語で「野獣」や「猛獣」ないし「害獣」を意味するテーリオン（thêríon）に由来する。（中略）数種の薬草と毒蛇の肉から調合されたこの有名な治療薬は、飲みこんだり、噛まれたり、あるいは刺されたりして体内に入りこんだ毒を制するのに優れた効き目を有している。

一説には、この万能解毒剤にはマムシや松脂、さらに先史時代の洞窟で壁画の顔料としても用いられたオークル土など、六〇種以上もの成分が含まれており、調合してから四年後に効能が現れ、十二年後にそれが尽きるという。[21] 一方、十七世紀のフランスを代表する調剤師で科学者でもあったニコラ・レメリ（一六四五－一七一五）が、一六九七年に著した『世界薬局方（Pharmacopée universelle）』によれば、テリアカとは、（乾燥させて粉末にした）有毒のクサリヘビや麻薬に七〇種の薬草を加え、これを蜂蜜と良質なワインでトローチ状にしたものだともいう。[22]

テリアカはまた、長寿の「霊薬」にも用いられた。たとえば、十八世紀のパリに現れたスウェーデン人医師のイヴルーによれば、彼が作った霊薬を白ワインや紅茶、コーヒー、ティザン（ハーブティー）、粥などとともに毎日七粒服用したおかげで、母親は一〇七歳、父親は一一二歳、曾祖父は一三〇歳まで長生きしたという。本人もまた一〇四歳の長寿を全うしたとされるが、他界後にその書類の中から見つかった処方には、二オンスのアロエや二グロスの白ハラタケ（菌類）、レヴァント地方産のサフラン二グロスなどに、二グロスのテリアカを加えると記されていたという(23)。

スウェーデン人でありながらフランス風（！）の名前といい、一族の享年といい、もとよりこれはシャルラタン的口上に属する。だが、解毒剤としてのテリアカが長寿薬の成分にもなっていたとする多分に幻想的なフォークロアには、当時の人々がこの薬に託した、じつに素朴な、それだけに必死な願いがみてとれるではないか。

ちなみに、ミトリダテスとは、ブドウの種を砕いてミルトとワインなどに混ぜ、熱湯で丸一日溶かす。そして糊状になるまで煮こんだ蜂蜜を加え、さらに溶けた樹脂を混ぜ合わせて作った薬だという(24)。これだけでどこまで解毒効果が得られるのか、いささか胡散臭い話ではあるが、面白いのはその来歴である。呼称は、前一二一年から約六〇年間、小アジアに覇を唱えた、ポントス王ミトリダテス六世に由来する。彼は、毒殺から我が身を守るため、毎日少しずつ毒を服して耐毒性をつけていった。そのため、前六六年、ローマの将軍ポンペイウスに敗れ、クリミア半島に逃れて娘たちともども服毒自殺を図ったが、王のみはすでに毒が効かない体となっていて望みを達せず、最終的に家来ないし解放奴隷に命じて首を斬らせたという。毒の量を次第に増して耐性を得る、あの十九世紀に考案されたホメオパシックなミトリダート法（mithridatism）とは、まさにこの故事に倣った療法にほかならない。

錬金術に精通していた、十七世紀のパリの医師ピエール＝マルタン・ド・ラ・マルティニエール（一六三四－七六?）は、その『解毒剤論』において、オルヴィエタンはテリアカより優れ、テリアカはミトリダテスより優れ

テリアカの調合。H・ブルンスヴィック『蒸留の書』(ストラスブール、1537年)所収版画、国立ベテスダ医学図書館蔵

ているが、それはミトリダテスの効能を何ら否定するものではないとしている。(25)はたして実際はどうだったのか、もとよりそれを追証するわけにはいかないが、ともあれここでは、これら三大解毒剤が、一種の信仰に近い形で重視されていたことと、それがシャルラタンのみならず、正統を名乗る医師によっても一般に用いられていたことを確認しておこう。

調剤師オヴェルはさらに、当時の医師たちがテリアカを水溶液にしたテリアカ水を好んで治療に用いていると もしているが、その実効のほどはどうだったのか。しかし、言葉の魔力で聴衆の想像力を喚起し、それを巧みに期待へと変容させて商いをするシャルラタンであってみれば、薬の効能などむしろ二の次だった。してみれば、前述したモンドールの実際の口上は、筆者の平板な想像力を越え、もっときらびやかな言葉をあれこれ連ねていたはずだ。何しろ彼は、「シャルラタンの王」タバランの紛れもない師であり、タバランの兄だともいう。(26)口をついて出る言葉に澱みや躊躇などありえようもない。

そして毎週金曜日ともなれば、後述するように、モンドールはタバラン作の問答劇や笑劇で客を集め、それを秘薬の売上げに確実につなげた。こうした売薬の技法は、モンドールの独創ではなく、すでに以前から各地でシャルラタンが大なり小なり繰り広げていた。だが、モンドールはこの見世物を首都でもっとも殷賑をきわめる場所で、(27)間違いなく一個の「芸」にまで高めた。もとよりそれには、一六二〇年前後からモンドールの片腕として従っていたタバランの異能が大いに、いや決定的にものをいったことだろう。しかし、著作の中で、不遜にも「ドーフィネ大学」ないし「イル・ド・パレ（シテ島）大学」の博士にして教授を名乗りながら、タバランは師にはあくまでも従順だった。その心を彼一流の戦略的感性によって一編のソネットに仕上げ、それを畏敬すべき師に捧げている。(28)

清水や激流の流れを見たければ、

聳え立つ岩や山に登ればよい。
源がたちどころにわかるはず。
水はことごとく丘の高みから下りてくる。
ライン、ポー、そして砂を含んだローヌの大河も、
すべて山地から流れを引き出し、
源泉はアルプスまで遡る。
師よ、あなたはまさに黄金の山《モン・ドール》であり、
その宝を流してくれる雄弁が、
無数の運河を経てわれわれの魂の中で蒸留する。
黄金の山とは、まことに言い得て妙である。あなたがまとった徳性が、
われわれのうちに、かくも聖なる炎を産んでくれるからだ。

モンドールの名前を引き寄せての、いかにも大袈裟な賛辞である。それはタバランの師に対する傾倒ぶりを端的に物語るが、これとても口上。謳いあげる対象が、薬から生身の人間に替わっただけともいえる。

ところで、モンドールと時期を同じくして、パリにはオルヴィエタン売りで名を馳せたシャルラタンがもうひとりいた。名前はデシデリオ・デ・コンブ。イタリア人だという彼もまた、ポン=ヌフ橋のたもとやドーフィネ広場ないしドーフィネ通りに舞台を仮設し、専属の道化役者バロン・ド・グラトゥラール(グラトゥラール男爵)らによる笑劇と、ナポリ訛りの口上とによってかなりの客を集めていた。観衆が勝手に差し出す毒薬を飲みこんだ後、自慢のテリアカを服してたちどころに回復するという離れ業もやってのけた。むろん、一般人が「毒薬」をもっているわけもなく、そこには手品師擬《もど》きの仕掛けがあったはずだが、それについてはいずれ述べる。

ドーフィネ広場に仮設した舞台上のモンドール（右）とタバラン。17世紀の版画。パリ、国立図書館蔵

このモンドールの商売敵についても多くは分かっていない。ただ、タバランはその著の中で、師とデ・コンブとを比較して、両者の資質の違いを次のように指摘している。(29)

「モンドールは（……）機知に富み、多少とも識字力を備えている。望むなら、もっと誇らしい仕事につくこともできただろう。礼儀作法を弁えてもいる。（……）対するに、デ・コンブは粗野丸出しで、読み書きもできず、まともな話さえできない。その話を少しでも聞けば、彼がもっとも無知なシャルラタンであり、もっとも厚顔な嘘つきだと分かる」（傍点蔵持）。

シャルラタンがシャルラタンをいかさま師と断ずる。近親憎悪といえなくもないが、これもまたきわめてシャルラタン的所業といえるのだろう。それにしても、「もっと誇らしい仕事」という文言は気にかかる。タバランはシャルラタンの生業を一種の賤業とみなしていたのだろうか。この疑問はひとまず措くことにして、ここではこうして弟子から望外の賛辞を奉られたモンドールの素性を調べなければならない。

## 「金の山」モンドールの素性

ありていにいえば、モンドールはイタリア人などではなく、フィリップ・ジラールを本名とするれっきとしたフランス人だった。本書序詞にみるように、ラブレーはフランス北部ピカルディー地方を、大風呂敷を広げるおしゃべりなシャルラタンを輩出する地としている。真偽のほどはさておくとして、一説によれば、モンドールはタバランとも目される弟のアントワーヌ同様、フランス東部のロレーヌ地方、もしくは生粋のパリ生まれだったともいう。にもかかわらず、フランス人の彼はなぜイタリア人と名乗ったのか。詳細は不明だが、おそらく当時、オルヴィエタンをはじめとする「名薬」の多くが、イタリア産とされていたからではないか。加えてサレルノ大学医学部の名声も依然健在だった。彼はこうして出自を偽ることで、怪しげな薬の正統性を打ち出した。商品のいかがわしさを言葉の魔力で払拭した。まさにこれは、シャルラタン薬売りのきわめて典型的な手法といえる。

では、医者の免許は本当か。これについては、パリの公証人記録保存所に保管されている一通の結婚契約書に記載がある。[30] 作成日は一六二〇年九月五日。新郎は公証人を父とするノルマンディー出身のユーグ・ゲリュ（表記はQuéru）で、自称年齢は三八歳。当時、笑劇役者ゴルティエ＝ガルギユと悲劇役者フレシェルという二つの芸名で知られていた人物だが（第三章参照）、生年はたしか一五七三ないし七四年前後だったはず。とすれば、どうみても八、九歳（！）はサバを読んでいたことになる。新婦は、「オペラトゥール」のアントワーヌ・ジラールと再婚した、ヴィットーリア・ビアンカの娘アレオノール（Aléonor）・サロモン。アントワーヌからすれば義理の娘、モンドールからすれば、当然義妹の娘ということになる。娘の実父、つまりビアンカの亡夫はポンペ・サロモンといい、イタリア出身の蒸留酒販売人だった。[31] 彼は一六〇〇年に不倫の相手から告発されるなど、行動と倫理観にいささか問題があったようだが、それはさておき、この義妹の娘の結婚契約書に、モンドールは本名のフィリップ・ジラールではなく、芸名で証人署名をし、「アレオノールの母方の伯父にして内科医」と添え書きしているのだ（弟のアントワーヌは、本名による証人署名のみ）。

一方、十六世紀から十八世紀にかけてパリで繰り広げられた祝祭や遊戯、見世物などを概観した名著『往昔のパリ』の中で、ヴィクトル・フルネルは、ゴルティエ＝ガルギユとアリエノール（Aliénor）の娘マリの洗礼記録（一六二七年五月十八日）に、「サン＝バルテルミ教区の内科医」モンドールの名が記されているとする、オーギュスト・ジャルの説を紹介している。[32] ジャルが挙げているこの洗礼記録は筆者未見の史料だが、ゴルティエ＝ガルギユの別れた妻が、じつはアントワーヌ・ジラールとビアンカとの間にもうけられた娘レオノール（Léonor）だったとするフルネルの説は、前述した結婚契約書の記述からして、疑わしいものといわざるをえない。ちなみに、この娘はのちに貴族と再婚したという。[33]

筆者の知る限り、モンドールを医者だとする証拠はこれだけである。いや、マリとその弟ジャンの洗礼記録にある代母が、それぞれ「外科医の妻」と記されているところからすれば、彼が正統な外科医と緊密な人間関係を有していたと考えられなくもない。しかし、長期間行動をともにし、おそらくその最大の理解者だったタバランがいみじくも記しているように、モンドールは辛うじて読み書きができる程度だった。そんな愛弟子の証言からすれば、とても医者とは思えない。もし彼が真に医者だとすれば、タバランが言うように、「もっと誇らしい仕事」についていたはずである。こうして素性を偽るのがシャルラタンの常套だったとすれば、彼は紛れもなくシャルラタンだった。

それにしても、モンドールはじめ一部のシャルラタンたちは、なぜ首都の真中で白昼堂々と商いを営むことができたのか。十七世紀にパリで医業を営んでいたジャン・ベルニエによれば、疫病、とくにペスト罹患者を収容するためサン＝ルイ施療院の創設を認めた国王の公開状が出されて三か月後の一六〇七年八月には、ドゥラストルなる偽医者に対する高等法院の判決が下り、その薬のうち、良質なものはパリ最古の救貧院である慈善院《オテル＝デュ》（字義は「神の館」に、残りはすべて焼却処分に付されたという。さらに一年後の一六〇八年八月にも同様の判決があり、ゴンディ通りにあるドゥラストルの家の真向かいに住むピエール・パランの商う薬も、「藁と三束の薪」で燃やされている。[34] モンドールがパリで活動を開始した一六一八年の五月にも、一六一一年三月に続いて、独占的な外科医＝理髪師組合の特権と権威とを守るため、もぐりの医者の、つまりシャルラタンの活動を禁ずる王令が出され、違反者には罰金と治療具の没収という措置がとられている。[35] ことほどさように、シャルラタンは規制の対象となっていた。

## シャルラタン批判

同様の禁令は枚挙に暇もないほど出されているが、シャルラタンに対する批判もまた数多くみられた。こうした批判については、すでに前章において縷々紹介しておいたが、その中でとくに有名なものとしては、ノルマンディー地方の領主家に生まれた医師で、十七世紀初頭最大の諷刺家とも謳われたトマ・ソネ・ド・クルヴァル（一五七七－一六二七）が、一六一〇年にパリで著した論駁書『シャルラタンと偽医者に対する揶揄』がある。もともとこれは、一六〇〇年頃、王宮の中庭に仮設した舞台の上で、太い金の首飾りを見せびらかしながら、火傷用の軟膏を売っていたシニョール・イエロニモ、すなわちオルヴィエタンをフランスに最初に持ちこんだとされる、ヒエロニムス・フェランティを指弾するためのものだった。[36]

オテル・ド・ブルゴーニュ座の道化役者ガリネッテ・ラ・ガリナ（ガリヌ）や、四人のヴァイオリン弾きを客寄せに擁していたこのイタリア出身のシャルラタンは、集まった観衆を前にしてロウソクで手を焼き、さも大げさに痛がりながら患部に軟膏を塗る。そして二時間後、全快した患部を見せるというパフォーマンスで評判をとっていた。彼はまた、モンドールより一〇数年前にポン＝ヌフに進出してもいる。そこでは、評判の「火傷芸」

に加えて、鳩尾《みぞおち》に数度にわたって剣を突き刺し、傷口に軟膏を塗って、翌日、癒合したその傷口を観衆に確かめさせて薬を売りつけるという、新手の趣向を披露してもいる[37]。

ソネは言っている。「実際のところ、医術の正統かつ忠実な運用は、健康を保ち、長寿を保証する。ところが、シャルラタヌリ（いい加減さ）と無知と埒の無さとに溢れた医術の不当にして誤った運用は、人体をもはや取り返しのつかないほど危険な状態に追い込むのである」[38]。そして、「フランス国民へ」と題した次のような諧謔詩をしたためてもいる（4、5、6節省略）[39]。

1
厚顔無恥な詐欺師たるこれら愚かなシャルラタンたちが、
人々をたえず欺くことを座視してはならない。
彼らは甘言を弄して諸君の財産を引き寄せ、
コキュトス（冥界を流れる嘆きの川）の水を浴びせるのだ。

2
これら狡猾な似非《えせ》科学者たち、このおしゃべりなトリアクル（幻想動物）たちは、
いかなる病も治せると偽る。
だが、これら害毒を流す者たちの最大の秘密は、
財布から錬金術をひねり出すことにある。

3
（彼らの）証明書は全部が全部値打がなく、
でたらめで取るにたらず、ガラクタで吹けば飛ぶような代物である。
これら食わせ者たちは、
彼らの陰謀を知らない愚かな民をしばしば騙す。

こうしたソネの批判は、しかしさまざまな法的規制と同様に、決してシャルラタンの活動を終息させるには至らなかった。いや、それどころか、十二年後に著されるタバランの有名な反論を引き出すための契機となったのだ。近世史家のアンリ・シュルブレも言っている。「ソネ・ド・クルヴァルの諷刺はシャルラタンに脅威を与えず、人々にその蒙を理解させることもできなかった。（シャルラタンに対する）彼らの信頼は、むしろ十七世紀を通じて日増しに高まっていった。それはまさにフランス全体がこれら偽医者に侵された世紀であり、一部の偽医者はこの治療者という職業のお陰で、かなりたやすく財をなすことができた」[40]。そして、モンドールについていえば、彼はこうして得た蓄財によって、弟ともども、ついに領地と領主の称号を手に入れるまでになるのである。

しかし、このことはシャルラタンの活動が社会的・政治的に公認されたという事実を意味しない。国王付きオペラトゥールでもあった外科医（？）のポル・ブルなど[41]、ごく少数を除いて、一般に彼らの生業はなおも規制の対象となっており、人々の猜疑心と好奇心を煽ってやまない賤業だった。

では、モンドールの場合はどうだったか。おそらく彼のシャルラタン稼業を可能にしたのは、「国王の解毒医」という肩書きだった。所詮はそれとても偽称だったはずだが、あるいは彼は、他の多くのシャルラタン同様、何かしらそれを偽証する書状らしきものを携えていたはずである。携えながら、彼は規制の網を巧みに潜り抜けた。その限りにおいて、彼は権威を利用した。いや、利用しつつ、これを嘲笑った。権威の諧謔化と脱聖化。あるいはそうもいえるだろう。弟子タバランはモンドールの間近にいて、まさにそんな処世の術も学んだに違いない。

## 「シャルラタン王」タバラン

ニコラ・ボワロー、通称ボワロー＝デプレオー（一六三六―一七一一）といえば、モリエールやラ・フォンテーヌ、ラシーヌとも親交があった、十七世紀のフランスを代表する辛口の諷刺家として知られる。その彼をして「アポロンが扮した」とまで言わしめたタバランの素性は、しかし明らかに師を凌いだ活躍ぶりほど分かっていない。たとえば生地をパリやナポリないしミラノ、はてはルーマニアとする説もあるが、いずれも推測の域を出ない。生年についても、『ロベール人名事典』と『ロベール仏和大辞典』(小学館刊)は一五八四年で一致しているが、面妖なことに、没年は前者では一六六〇年、後者では一六三三年となっている。『十七世紀フランス文学事典』もまた一六三三年没説を採っている。[42] 一方、フランス演劇史の泰斗ジョルジュ・モングレディヤンによれば、この没年は一六二六年だったという。[43]

また、パリの公証人記録保存所には、一六〇二年四月にミラノ出身のフォルミチャ・プロヴァイなる軽業師・役者と二年間共同で興行し、利益は折半、違約の場合には五〇エキュの罰金を相手に支払うとする、アントワーヌ・ジラール名義の契約書が残っているという。[44] もしこのアントワーヌがタバランだったとすれば、一六〇二年当時、彼はまだ十八歳(!)。にもかかわらず、興行契約書を結ぶという発想。あのモリエールですら、《盛名劇団》を旗揚げしたのは二一歳だったことからすれば、かなり早熟だったことになる。しかもそこには、「ルーアン出身のジルなる若者を一人前の芸人に仕立て上げる」との一文もあるのだ。はたしてタバランは、その時点ですでにそれほどの芸人だったのか。

ここでもまた、タバランの出自が問題となる。演劇史家ジャック・シュレによれば、タバランと兄モンドールの一座は一六一八年から一六一九年の冬、ブロワ宮にいた皇太后マリー・ド・メディシスの前で笑劇を演じ、その薦めもあって、パリに進出したという。[45] この記述は、モンドールたちがすでに一六一八年からポン゠ヌフ橋やドーフィネ広場で活動を始めたとする、前節の指摘と明らかに齟齬をきたす。残念ながら、シュレはその根拠となる出典を明示しておらず、筆者としても真偽を確かめる術はないが、これからの考察をより効果的に進めるため、取り急ぎここで一座の顔ぶれを確認しておこう。それには実際の作品における役柄をみるにしくはない。たとえば、一六二六年以前に書かれた笑劇『二匹の豚』。粗筋は以下のようなものである――。

老いたピファニュは若いイザベルを妻に迎えることになり、挙式の準備を従僕のタバランに命ずる。若い時分、放蕩三昧に明け暮れていたもうひとりの老人リュカは、自分との離別を望んでいた妻フランシスキーヌから、警吏たちが彼を捕まえに戸口まで来ていると言われ、妻の奸計によって袋の中に身を隠す。やがて、そのフランシスキーヌのもとに、昔、自分を辱めた隊長ロドモンの従者フリトランが鶏を携えてやって来る。主人の挨拶代わりだという。ところが彼女は、それを喜ぶどころか、むしろ逆に意趣返しをしようとして、戸口にいる警吏たちに見つかれば醜聞になるとフリトランを脅し、隊長の身代わりとばかりに彼もまた別の袋の中に入れてしまう。

復讐心にかられたフランシスキーヌは、こうして男たちを閉じ込めた二つの袋を、いっそ川に放り込もうかとも考えたが、あまりにも悪辣すぎると思い直す。そんな彼女のもとに、ピファニュの従僕タバランが精肉店への道を尋ねにやって来る。婚宴用の肉を買うためだと知った彼女は、二つの袋に豚が入っており、よければこれを安価で譲るともちかける。むろん、タバランに異存はない。早速、それを主人の家に持ち帰り、包丁片手に袋を開けると、何とそこには人間の言葉で命乞いをする豚（！）がいた。逃げ惑うリュカやフリトランと、その料理の素材を追いかけるタバランたち……。

他愛のない筋書きとお定まりのどたばた劇。まさにこれは笑劇の典型ともいえる作品だが、シュレの推測では、ここでの配役は次のようだったという(46)。

ピファニュ……………アントワーヌ・ジラール
タバラン…………………ジャン・サロモン
リュカ……………………フィリップ・ジラール（モンドール）
フランシスキーヌ…ビアンカ（アントワーヌの妻、サロモンの前妻？）
イザベル…………………レオノール（ビアンカの娘）

フリトラン………他の座員
ロドモン（登場せず）

この登場人物からすれば、モンドール＝タバラン一座は少なくとも六人の役者を擁していたことになる。確証はないものの、（ア）レオノールの夫ゴルティエ＝ガルギユもまた、オテル・ド・ブルゴーニュ座の看板を張る以前の一時期、あるいは座員として一座に加わっていたかもしれない。ともあれこうした配役は、もとより必ずしもつねに一定していたわけではなく、作品と登場人物、さらに座員の出入りによって替わっていたはずだ。事実、やはり一六二六年以前の作である『インドへの旅』では、リュカとロドモンとタバランの三人だけが登場する。そこでアントワーヌが演じているロドモン（Rodomont）とは、いうまでもなくモンドール（Montdor）のアナグラムだが、それを演ずるのはモンドール本人ではなく、アントワーヌとなっている。タバラン役はサロモン、リュカ役はモンドールがそれぞれ演じた。

だとすれば、役者であり、作家でもあったタバランとは、ジャン・サロモンとアントワーヌ・ジラールのいずれかということになる。これについて、先学たちの意見は真っ二つに分かれている。中には、「タバラン」を一座の名称だったとするG・フォレスティエの説すらある。(47) この説に従えば、タバランはアントワーヌとサロモンのいずれでもないということになるが、現実にタバラン作の笑劇が残されている以上、さほど説得力のある説とはいえない。また、『二匹の豚』に登場するピファニュの台詞に、イタリア語とスペイン語、さらにカタラン語が入り混じっているところから、作家タバランをイタリア人のビアンカを妻とするアントワーヌに見立てる説もある。つまり、アントワーヌはイタリア語はもとより、スペイン語についても、兄同様、よく知っていたからというのだ。(48) しかし一方で、サロモンにそうした語学力がなかったとする資料は、今のところ見当たらない。

この疑問についてはいずれ再検討するが、ことほどさように タバランは正体の知れない人物だった。しかし、シャルラタン文学（後述）の金字塔ともいうべき『ファンタジアや対話、逆説、あけすけさ、出会い、笑話、諸概念などを含む、タバラン著作の世界的目録』（一六二二年）[49]という、いかにも人を食った題名の書を読む限り、彼はきわめて該博な知識の持ち主であり、その文章表現力もなかなかのものであることが分かる。にもかかわらず、彼はあえて自分の正体を隠そうとしていた。より適切にいえば、正体隠しを遊ぼうとしていたとすら思えるのだ。

## 「タバラン」解読

たとえば彼の芸名 Tabarin である。この名称は、一般に騎士が鎧の上にまとった陣中着ないしマント（tabart）に由来するとされるが[50]、問題なしとしない。何よりもタバラン自身、「タバラン的ファンタジア。Tabarin の語源と古さについて」と題された小文の中で、酔狂にも語源とされるいくつかの語を取り上げ、それぞれに論評を加えているのである。その内容を要約すれば、ほぼ次の六点に帰着する[51]。

①ラテン語の taberna「小屋・露店」ないしフランス語の table à vin「ワイン・テーブル」：語形の類似から。一般に、この語は「飲食店」を意味する taverne と結びつけられているが、たしかにタバランの特徴は飽食性にある。

②ラテン語の tabes「脊椎の腐敗・疫病」：タバランがその軟膏や飲み薬でこれらさまざまな病を治したところから。

③ギリシア語の ταῦρος（タウーロス。ラテン語の taūros「雄牛」）：タバランが角のついた帽子をかぶり、牛の鳴き声を真似ていたことから。ただ、エウスタキオ管（耳管）などの発見者である、十六世紀イタリアの解

剖学者バルトロメオ・エウスタキオによれば、taūros は、「雄牛」だけではなく、陰嚢周辺の身体部位も指しているという。

④ラテン語の Tabæ Tabarum「タバエ・タバルス」：プリニウスの『博物誌』（七七年）第五部第二七章（?）にあるカリア地方（小アジア南西沿岸部）の都市名から。この古代都市はトロイアの逃亡兵タバリノス（Tabarinos）が建設したもので、ストラボンによれば、タウルス（Taurus）山近郊に位置するという。

⑤ギリシア語の ταῦρος ないし ταυροσφάγο（タウロスファゴ）：バッカス神の古称。この神がタバランの親友であるところから。タバランは自分の肖像画やメダイユにバッカス神の姿を刻んでいたという。

⑥ラテン語のタバルニ（Tabarni）ないしタバリニ（Tabarini）：エウクセイノス・ポントス（黒海）沿岸に住んでいた人々の呼称から。命名者は、ストラボンやパウサニアスに言及があるという、サトゥルヌスの子孫タバルム（Tabarum）。自らの名を後世にとどめるための命名だった。後一世紀の地理学者で、三巻からなる『世界地誌』を著したヒスパニア出身のポンピニウス・メラによれば、このタバルニないしタバリニと呼ばれた人々は、当時なおも存在していたという。

自ら選んだはずの芸名の由来を、タバランはこうしてまるで他人事でもあるかのように語る。語りながら、最終的にどれを出自としているか明言しない。それにしても、ここでもまたギリシア・ローマの著作家や神話を引き寄せた、該博な知識を披瀝しながらの自信たっぷりな語り口。読みようによっては、この小文はまさにそうした知識を開陳するための所業とも思える。正確なところは不明だが、この系譜を巡る口舌もまた、彼の口上に誇らしげに登場したに違いない。ここにもまた、語り手である自分を客体化して論じるという、すぐれてタバラン的な論法が駆使されている。とはいえ、われわれとしてはむろんそんなタバラン的遊戯ないしファンタジアにとらわれてはならない。Tabarin という語それ自体が、じつは十六世紀の年代記者で、ギュイエンヌの地方総督

『タバラン著作集』（1858年版）口絵。前列右がタバラン

もつとめたブレーズ・ド・モンリュク（一五〇〇頃－七七）の『断簡集』（一五七〇年）に、「道化」を意味するものとしてすでに初出していたからだ。

　前述した小文に言及こそないが、いやむしろないがゆえに、明らかに彼はこちらを採った。つまり、自ら道化と名乗ることで、正体を隠した。隠して、それまでの自分と訣別し、犯罪と紙一重のシャルラタンの世界に身を投じようとした。徹頭徹尾道化を演じようとした。自らの過去から一切の意味を奪い、トリックスターとしての自分に意味を与えようとした。あるいはそこに、人文主義者ゼバスチャン・ブラントが一四九四年にストラスブールで刊行した諧謔の書『愚者（阿呆）の船』の顰みに倣って、すべての人間は道化とする裏返された平等のアイロニーを仕掛けた。そうとも考えられるのである。そのかぎりにおいて、のちに「道化・悪ふざけ」を指す語として造られたタバリナド（tabarinade）とは、タバランの諧謔精神を忠実に受け継いだものといえるのではないか。

さて、最初のうち文字通りモンドールに兄事していたタバランは、遅くとも一六一八年頃までには、舞台で道化役を演じ、問答芝居の相方をつとめるまでになっていた。そんな彼の出で立ちは、編者未詳の『タバラン著作集』(一六二七年)の口絵に見られるように、マントにゆったりとした幅広のズボン、それに司教帽に似た奇妙な形の帽子。加えて、ネプチューンの三叉の矛を思わせる髭を蓄え、腰には木剣を下げていたという。時に山高帽のようなものもかぶったようだが、いずれにせよ彼は、帽子に一つの重要なメッセージを仮託していた。フランス国立図書館(旧館)には、彼の舞台を描いた版画が何点か保存されているが、そのうちの一葉には、舞台の後幕に次のような文言が記されている。読みようによっては、挑戦的とも愚弄的ともとれる内容である。

世界はシャルラタンの山にすぎない。
タバランがその帽子を振りかざすように、
われらもまた頭を働かせよう。
各人が自らの役を演じ、
タバランより深く考える。
こうして彼よりシャルラタン的となる者は、
さてお立会い、神の祝福を得ることができる。アーメン。

だが、このあまりにも過剰すぎる自信ないし傲岸さは、改めて指摘するまでもなく、多くの反撥を買った。これについては、たとえば一六一九年の彼の書簡形式によるシャルラタン反批判文[52]が能弁に語っている。まず、そこからみていこう。いささか長い引用になるが、タバランの姿勢が明確に示されている以上、必要箇所まで割愛するわけにはいかない。

二日ほど前、自らの技術を実際に一般人に用いている者たちに対し、某氏が勝手な中傷文を著しています。たとえこの者たちが、中傷文に記された通りだとしましても、あるいはまた、彼らがその敵に憎しみを掻き立てているとしましても、私としては民衆に奉仕するという本質的な望みに突き動かされており、より大きな好奇心を満足させ、人の体の苦しみを軽減することができるようなものすべてを求めかつ認識するため、いかなる刻苦勉励も苦痛も仕事も決して惜しんだことがありません。かかる私であってみますれば、いかなる場合においても、自分に中傷や非難が向けられるのは不快の極みであり、私は私の薬を求める人々を欺いたり、裏切ったりする意図をまったく持ち合わせておりません。それどころか、自由に言わせてもらえるなら、私に向けられる賛辞のみならず、私の薬から比類のない恩恵を受けた無数の人々からの日々の感謝にすら、含羞の思いに駆られています。私にとって、それは悪口に対する弁明となるはずです。『シャルラタンたちの（露見した）欺瞞』と題された書が、悪意をもってひとつの目的のためだけに刊行されたことは知っています。その目的とは、私が諸氏から身の丈を越えて賜っている友情を失わせようとするところにあります。しかしながら、私が一切の欺瞞とは無縁であることを知っていただければ、諸氏におかれてはこの無礼を咎め、それが嫉妬に、つまりあからさまかつ意図的な妬みによるものだということを理解して下さると信じてやみません。そして私としましても、もし神意に適いますなら、かかる嫉妬と闘い、全力をあげて諸氏のご厚情に仕え、すべてを諸氏に捧げてきました善人に期待されるすべてのことに対し、精一杯お役に立つ所存です。

文中の「諸氏」が具体的にだれを指しているかは不明である。だが、「某氏」が前述した『シャルラタンと偽医者に対する揶揄』の著者トマ・ソネであることは間違いない。彼が一六一〇年の前作を改稿した『シャルラタンたちの露見したさまざまな欺瞞』(53)を、一六一九年に発表しているからである(「欺瞞」が単数と複数とになっているが、基本的な力点は同じである)。ともあれタバランは、こうしてシャルラタン一般に向けられたはずの批判を自分に引き寄せる。引き寄せて、彼はこれに反撃を加える。つまり、医者や調剤師らの批判は、民衆が自分とその薬に大いなる期待と賛辞を寄せていることに対する、埒もない「中傷」や「嫉妬」だと断じているのだ。自信と誇りと尊大さ。彼を「シャルラタン王」に仕立てたすぐれて諧謔的なイマジネールは、まさにこの本来的に分かち難い三つの心に支えられていた。

一方、前章でとりあげたデゴリの『シャルラタンの起源や習俗、詐欺、詐称についての陳述』(一六二二年)は、タバランとデ・コンブへの「献辞」こそあるが、内容的にはソネのシャルラタン批判を継承したものといえる。彼は書いている。(54)

それゆえ、(おお、無知なる民衆よ)美徳が詐欺師を求めておらず、タバランも必要としていないことを知らなければならない。医学は美徳である。そんな医学をおどけて切り売りしようとするのは、医学を汚すことであり、汚れを蔓延させることでもある。さらにいえば、その破滅にもつながるのだ。医学は野卑な称賛とは徹頭徹尾無縁であり、吝嗇さを排斥しつつ、きわめて重要な存在としてある。そして、喜劇や歌やヴァイオリンを無用としながら、自ら光り輝き、黄金や宝石以上の豊かさを保っているのだ。

デゴリはまたシャルラタンの騙しの技法について、こうも述べている。(55)

(……)シャルラタンのもうひとつのごまかしは、次のような手口からなる。すなわち、舞台に上る一、二時間前、彼らは舞台に一番近い薬局に駆け込み、砒素化合物を数粒選んで、使いを寄越したらこれを渡してくれるよう、薬局主に頼む。こうしておいて、いよいよ彼らは舞台に立ち、自分たちの扱う薬がどれほど優れた解毒剤であるかを自慢し、褒めそやす。それから彼らは下僕ないし助手の一人を薬局に遣わし、予め選んでおいた毒薬を持ってこさせる。そして、見物人の目が集まる舞台の上で、詐欺師は薬箱の蓋に氷砂糖をいくつか綺麗に並べ、それを手にとって見物人たちに見せてから、口に入れる。この氷砂糖は（外見が）毒薬とかなり似ているため、見物人は本物の毒薬を飲んだと勘違いしてしまう。そこで詐欺師は偽物の毒消しを呑む。これを見て、見物人たちは称賛と驚きを禁じえず、ハンカチーフや手袋にお金を包んで、先を争うようにして投げる。こうして投げ銭が十二分にたまると、シャルラタンは背後のタピストリーの陰に退き、なおも貧しい者たちの無知と愚かしさを愚弄して大笑いするのだ……。

はたしてタバランやデ・コンブをはじめとする売薬シャルラタンが、こうした騙しの手法をどこまで駆使していたのかは分からない。この明らかな挑戦に対して、はたしてタバランらがどのような反撃を加えたのかを示す資料も、残念ながら見当たらない。ともあれ、同様の批判は、とくに医者や調剤師たちから数多く出されたに違いない。だが、モンドールとともに、ポン＝ヌフ橋ないしドーフィネ広場の舞台に立って、パリの市民はもとより、貴族やブルジョワたちの関心すら引き付けたとされるタバランにとって、もはやいかなる批判も負け犬の遠吠え以上の意味をもたなかった。何よりも彼には、そうした批判を相手に堂々と反論を展開できるだけの素養と機知とがあった。いわば彼は、当時のシャルラタン一般が有する知の体系と騙り＝語りの技法を文学にまで止揚した著述家であり、権威社会に対する批評家でもあったのだ――一流であったかどうかはともかく。彼の歴史的名声は、まさにそこに起因していた。少なくともそれは、単にシャルラタンとしての振舞いにのみ基づく名声ではなかった。

## タバラン・ワールド

師モンドール（フィリップ・ジラール）を仮想対話の相手として延々と展開する『問答集』は、そんな彼の名声を決定づけた著述といえる。全文は一六二二年にパリの書肆ド・ソマヴィユから刊行され、一六三二年（リヨン）まで七版を数えた『邂逅・質問・要求全集および他のタバラン著作集』[56]に収録されているが、問答の一部は、実際にドーフィネ広場の舞台にかけられたはずだ。その構成はほぼ一貫していた。まずタバランが師にさまざまな問いをぶつけて謹直かつ正統的な言葉を引き出し、これをタバランが、しばしば卑近な喩えと当意即妙な機知によってやりこめる。つまり、権威=師と服従=弟子とが綾なす一種の社会劇を通して、逆さまの知的=言語世界ないし《コムニタス》（ヴィクター・ターナー）を現出するという、すぐれてカルナヴァル的筋書きになっていたのだ。たとえば『問答集』の第一問「最高の医者とはだれか。いかにして病を診断するか」において、タバランと師は次のようなやりとりをしている[57]。

師：最高の医者とは、ものの本質を完全に知りぬいている者たち、その特性や組成、構造を弁えている者たち、さらにその気質を知り、そこから自らの考察を立ち上げ、健康にとって何が相応しいかを判断する者たちをいう。私の理解では、理論をもつ者たちはきわめて優れており、理論に基づいて実践と経験を積む者たちは、もろもろの疾病や、己の治療において起きるかもしれない事故に関してより完璧な考えを抱いているところから、最高の医者と思える。医術の本質全体は、まさに経験のうちにあると心得よ。

タバラン：では、先生はどのようにして病気や病人を見分けるのですか？

師：それには、往診して（病人の）脈をとり、体のどこが不調かを尋ね、顔色を判断し、尿を調べ、食欲の有無などを確かめるのだ。

「治療において起きるかもしれない事故」とは、いかにも時代を示す文言だが、こうした師の言説全体は、中世的医学の桎梏を外れ、近代医学の基本的理論・実践とかなり符合している。このことは、いうまでもなく著者タバランの医学的意識が、単なる偽医者としてのシャルラタンの域を越えて、すでにそこまで進んでいたという事実を示している。いわば彼は、中世と近代という二通りの医術を自らのうちに共存させ、これを演劇的に、時にはまた儀礼的に操作しながら、社会的なトリックスターたろうとしていた。その限りにおいて、彼は、正気と狂気の接点で振舞う道化と同じように、まさに両義的な存在だったともいえる。

さて、戯作者としてのタバランは、これに続けてかなり奇抜な論理を役者タバランに吐かせる。「最高の医者」とは樽からワインを小分けにして取り出す「トヌリエ」(字義は「樽職人」)だというのだ。わけを訊かれて、タバランは答える。

トヌリエがワイン樽を調べる際には、中のワインが白いとか、明るいとか、悪臭がするとか、箍《たが》が壊れているかどうかなど尋ねたりはしません。病は内側からでしか分かりませんが、トヌリエは内部を観察するだけです。そのため、彼は樽の上方にある栓を開き、中に鼻を入れます。それから両手で両方の樽底を叩くと、内側から気が立ちあがり、樽の上部から出てきます。こうしてトヌリエはワインの出来不出来を判別するのです。

最高の医者とは、まさにこのトヌリエのように、自らの感性と経験とによって病状を判断できる者でなければならない。著者タバランはそう主張するのである。正統医師を演ずる師の高邁な説を卑近な喩えによって覆す。

そこに立ち現れるのは、ほくそえむ弟子タバランの姿であり、正統医学の権威を足蹴にして聳え立つ、著者タバランの勝ち誇った顔である。もとよりモンドールが、実際に同様の問いかけをされてどう答えるかは不明だが、少なくともこの「師」の役どころは、こうしてつねに揶揄の対象となる権威の象徴としてあった。そこでは師が蒙昧な存在として描かれ、機知に長けた弟子が、むしろ理を説く者に転位している。主客の逆転と正統の脱聖化。『問答集』の主調と醍醐味はまさにここにある。もはやそこにシャルラタン的世界がもつ危うげなイマジネールはない。いや、むしろ正統をシャルラタン的なものとして有徴化してさえいるともいえる。

　尊敬おくあたわざるモンドールを、あえて問答の相手として登場させた所以は、おそらくそのあたりにあるのだろう。さらに、タバランはそんな問答を舞台にかけ、見物人たちに披露した。それを見て、見物人たちはモンドール演じる師を嘲笑い、自分たちと同じ目の高さにある民衆精神の化身タバランを賛美し、やんやの喝采を送ったことだろう。稀代のシャルラタン・タバランは、まことに稀代の演出家であり、卓抜した戦略家でもあった。加えて、タバランは、ラブレーにも匹敵する広大無辺な知性と想像力とで、どれほどまつろわぬ世界でも一気にからめとって馴化する、あくまでも天衣無縫な感性の持ち主でもあった。たとえば、彼が一六二三年に刊行した小冊子『一六二一年用のタバランの世界的年玉』には、そうした「タバラン・ワールド」の真骨頂が克明にみてとれる。[58] 誤植ないし誤記——意図的か——と造語が目立つテクストは、正直筆者の手に余るが、以下であえてその全文を試訳しておこう。

　一年四分の三と半年の間、ガラス製の小梁に乗り、わが黄緑色の上着を羅針盤とし、道化杖を「ヤコブの杖」（手品師の使う棒杖）に、丸い帽子を天球儀に、さらに裏返したシャツを帆にして全世界を経巡って、私は乗馬靴を履き、拍車をつけたまま、日の出の太陽からさほど遠くはない富裕者諸島《フォルチュネ》（カナリア諸島）に辿り着いた。そしてこの地で、珍妙かつ奇想天外《シュペルリコカンシューズ》な品々を数多く見つけた。一六二一年の元日に私が親友たちと分かち合いたいと思ったのが、まさにこれらの品々である。まず、自らの髭をより巧みに整えるため、縮れ毛に尋常ならざる関心を寄せる最上層の着飾った廷臣たちに対する年玉として、ポリュフェモス（ポセイドンの息子で、オデュッセウスを貪ろうとして逆に盲目にされた単眼の巨人族キュクロペスのひとり）がその鬘を梳くのに用いていた、大きな梳き鋏と熊手を与える。

パン屋たちには、ケレス（豊饒の女神）によって創られ、開発されたシチリア島からの戦利品一〇点を与える。ただし、彼らがこの戦利品をこちらに引き寄せることができればの話である。

詩人たちには、金羊毛（イアソンをはじめとする英雄たちが、アルゴー船を駆ってコルキス国に赴き、手に入れた金色の羊の皮衣）やヘスペリデスのリンゴ（大地の女神ガイアがゼウスとの聖婚の祝いにヘラに贈った金色のリンゴで、ヘスペリデスとは、そのリンゴが植えられた園を竜のラドンとともに守るニンフ「ヘスペリスたち」を指す）、ダナエの露（アルゴス王女ダナエに交わろうとして、ゼウスが変身した黄金の雨。やがてダナエは英雄ペルセウスを生む）、クレオパトラの二粒の真珠、ユピテルのネクタル（不老不死の聖酒）が入った九本の酒瓶などを与える。

彫刻家たちには、メネラオス（スパルタ王。絶世の美女とされる妻ヘレネをトロイア王パリスに奪われたことが、トロイア戦争の発端となる）の宮殿の黄金と象牙を、

吝嗇家たちには、ティグラン大王（前一世紀のアルメニア王）やミトリダテス王の黄金とミダス王（小アジアのフリギア王。手に触れる物すべてを黄金に変える力を授かったが、食べ物まで黄金となってしまったという）の宝物を、

宝石細工職人たちには、真珠を散りばめたスカウルスのワイン陳列棚、バッカス神女たちの鼻を飾るルビー、サン＝アドリアン岩山で採れるダイヤモンドを、

古着屋たちには、アグリッピナの黄金のマント、シラクサのディオニュシウスがユピテルの神像から剝ぎ取った深紅のマント、パンタローネの着衣の賃借料を、

刀剣研ぎ師たちには、巨人ブリュイエの七ピエ半（約二・四メートル）もある長剣、ゴリアテのバルサム、ヘラクレスの大槌、さらに恐ろしいゴルゴンの頭がついたヘラクレスの盾を与える。

外科医たちには、解剖用の蚤の死骸を、

舗石叩き人たちには、鉄の靴底と月の滴を、

馬匹商たちには、ポン=トデメル（パリ北西部ウール県）のブイユ山伝馬とアルカディアのロバを、

夜回りの触れ役たちには、ステントール（『イーリアス』に登場する五〇人分の大声の持ち主で、トロイア戦争で活躍した）の声、ポンタリテーヌの殴り書きされた紙、ロベック橋、アメリヌの部屋、古い轆轤《ろくろ》などを、

粉屋たちには、コードベックの収納庫を、

種屋たちには、地中の小麦三〇ミュイ（約五万五〇〇〇リットル）、地上の小麦三〇ミュイ、納屋の小麦三〇ミュイ、革袋入りの小麦三〇ミュイ、さらに抵当に入ったパン屋の遺産や菓子職人のシナモンを与える。

ワイン濾し具がかなりの評判を呼んでいる、ヤフェト（ヤペテとも。ノアの第三子）の子孫たる食堂主たちには、カナリア・ワイン五〇〇ミュイ、太いセルヴラ・ソーセージ一本、パスタとソーセージとハムとアンドゥイユを各一袋、および同様の蒸し料理を、

染物屋たちには、これから一〇年間、クロワゼやサン=トゥアンの港で積まれるブラジルスオウノキ（マメ科の植物で、材から赤色染料が抽出できる）を、

ヴェロレたち（?）には、インド伝来の木、リムーザン産のプラム、カルダンのコウライウグイス、ガルグイユ（樋嘴《ひはし》）のブイロープと繭糸を、

皮鞣し職人たちには、サーブル島産の牛皮とブーヴルーユの鞣し粉を、

若い弁護士たちには、弁護をしくじって負けたいくつかの訴訟事件と、諦めた訴訟書類一〇点あまりを、

ガラス屋やガラス職人たちには、粘土と羊歯《しだ》でこしらえた船一〇〇隻を、

鏡製造職人たちには、北国のガラスや水晶と、一月一日の今日から三月末まで作られる鏡を、

船頭たちには、メートル・ギヨームがあの世から舞い戻ってくるのを防ぐため、カロン（ギリシア神話に登場する冥界の川アケロンの渡し守）の小舟を与える。

内科医たちには、三ないし四タラントの処方箋と飾り立てた（往診用の）ロバ、勉強用のエスクレク（?）、フォリオ版（二つ折り版）のガレノスの医書、体内の変化を診断するためのリンクス水入りのガラス瓶を、

大工たちには、パオニーの古いブナの木やダイダロスの迷宮の彫像を、

相場師たちには、聖シメオンの革袋（サン＝シメオンの手品用前掛け袋）を、

手袋製造職人たちには、手袋を堅く締めるためのロビネット（?）の黒色顔料を、

香水商たちには、シバの香りとプティ＝プレ島にたくさんみられるアロエや琥珀を、

哲学者たちには、アリストテレスに関する新しい注釈とその創造的思考の補足を、

論理家たちには、彼らの学校でなおも読まれていない人物についての論考を、

蠟燭製造職人たちには、外科医たちが解剖学の遺体に残す脂肪を、

樽作り職人たちには、パルドン（?）の陣地に生える木とミヴェ（?）の柳を、

靴直し職人たちには、蜘蛛が夏に紡ぐ巣糸と、この町の立派な家々のグレス（?）を、

地誌家たちには、テヴェ（一五〇二―九二。アングレーム出身のフランシスコ会士で、パレスチナからブラジルまでを踏査した大旅行家。一五五四年刊の『レヴァント地方の宇宙形態論』などの著作がある）とミュンスター（一四八九―一五五二。ドイツの神学者・宇宙形態論者。フランシスコ会士で、宗教改革に参画。主著に一五四四年刊の『コスモグラフィア・ウニヴェルサリス』）の宇宙形態論を、

数学者たちには、アルキメデスの装置や、アルキタス（前四三〇―前三四八。トレント出身のピタゴラス派哲学者・数学者・政治家。立方体の倍積問題の解法を発見したとされる）とアベルの発案を、

占星術師たちには、ガラスの天球と水晶のコンパス、ホロスコープを作成するための技術書、新しいシリンダー、さらに月明かりの下で篩《ふるい》にかける星の感化力が入ったガラス瓶を、

ロザリオの製造・販売人たちには、シャルロ（死刑執行人の意。パリの死刑執行人を代々つとめてきたサムソン家にシャルル、愛称シャルロの名が多かったところから）が剝ぎ取る馬の骨格のすべての骨と、セーヌ川でとれる珊瑚とを、

サン゠ニゲーズの羅紗製造人たちには、アマドやセヴィリヤのすべての羊毛と、六エーカーの西洋ヨモギ、二〇樽分のムーランの油を、

羅紗の縮充工たちには、サムソンの力を、

羊毛の梳毛工たちには、新鮮なバターの腕を、

錬金術師たちには、脳髄を活性化するため、精錬粉に関する基本書と一オンスの水銀液、さらに炭や水銀、砒素、硫黄、アルモニアック塩、石黄などを、

マフ（筒型の両手防寒具）の毛皮商たちには、彼らが走りながら摑まえられる狐のすべての尾と、七五歳のウサギのプラッシュ（毛足の長いパイル織物）を、

窓ガラス売りたちには、透明な海を、

大酒のみたちには、オルフェウスが地獄からエウリュディケを引き上げるのに用いた綱を、

機織り工たちには、シュリ王国で織られる糸を、

メリヤス製造人たちには、オスマン・トルコ帝国のターバンとガレメルのかぶり物を、

耕作者たちには、ユーグ王の黄金の有輪犂を、

画家たちには、アペレス（前四世紀の小アジア出身の画家。アレクサンドロス大王の遠征にも参加している）やゼウクシス（前四世紀。リュカニア生まれのギリシア人画家で、多くの主題を神話に求め、アテネとイタリアで活動した）、

さらにパラシオス（前五世紀。エフェソス出身。古代ギリシア最大の画家とされる。神話的主題を好み、光と影を用いたその画法は後世に大きな影響を与えた）の古い作品が詰まった長持ちを、
鍵職人たちには、鍛冶神ウルカヌスの仕事場と鎚を、
リボンやブレード（テープ状の縁飾り）などの織工たちには、景気づけのため、鼻に気、手に大麦を与える。
漁師には、戦神マルスとシプリス（アフロディーテの美称）が漁《と》れる湖を、
石膏練り工たちには、モンマルトルの丘の（石灰岩からなる）両側面を、
抜歯人たちには、見せかけの色布や綬を作るため、冥界の入り口を守る番犬ケルベロス（三つの頭に蛇の尾を有していた）の三つの口にある歯を与える。
立派な兵士たちには、アキレウスの七重の盾とミネルヴァの矛を、
縄・綱職人たちには、カーポ＝ベルデ島の猿の尾すべてと蝸牛の繊毛を、
釘職人や蹄鉄工たちには、朝日の向こうにある鉄鉱山を、
鉛加工職人たちには、サント＝カテリーヌ山の麓にある鉛の鉱山を、
弩《いしゆみ》の射手たちには、アメリカ人のそれと同様、魚の歯でこしらえたラゴ（？）の矢を、
火起こしたちには、二輪車一〇〇台分の生木と一〇〇キンタル（約一〇トン）の雪を与え、これらに硫黄を染みこませて、硫黄不足をかこつエトナ山へと赴かせる。
楽師たちには、文字譜《タブラチュア》の書と、獣たちを踊らせるためのロビン式フルートを与え、
建築家たちには、緑柱石の定規と琥珀のコンパスを、
芥子《からし》製造者たちには、彼らの芥子を称えるためのパン神のフルートと、その樽を運ぶための商業神メルクリウスの杖カドゥケウスを、
算術家たちには、ピタゴラスの数字を、

森番たちには、ロバに鼻輪がはめられるよう、リュビー（ノルマンディー地方の女神ミューズ。「気まぐれ、酔狂」の意も）の鉄船一〇〇隻を、
両替商たちには、その儲けのために、ヨハネの宝物とガルガンチュアの風車の臼三六基を、
羊皮紙製造人たちには、イングランドでこれから二〇年間に捕まえられる狼のすべての毛皮を、
調剤師たちには、ディオスコリデース（一世紀に活躍したギリシアの医師。薬草の効用や成分、調合などに関する論考をものしている）の薬草を、
羽根細工師たちには、アレクサンドロスの愛馬ブケファラスの羽根飾りとパオニア（パンノニア？）の駝鳥の尾すべてを、
ワインの仲買人たちには、変人の気まぐれから生まれる性的幻想のすべてを、
飾り紐作りたちには、肥えたロジェール（？）の尻を隠すために必要なだけの皮を、
時計職人たちには、七惑星に関する理論を、
香料師たちには、アラビアのすべての薬を、
仕立て師たちには、ペルシアの君主《スルタン》がまとうローブの模倣品一着を、
帽子屋たちには、メルクリウスの帽子を、
針職人たちには、その視力を保たせるため、それぞれに眼鏡を与える。
指物師たちには、エフェソスにあるディアナ神殿の扉を、
ミョウバン鞣し工たちには、ノートル＝ダムのおしゃべり女たちに食べられる雌羊のすべての皮を、
ベルト業者たちには、パンタグリュエルの古い剣差しを、
オーヴェルニュの製紙業者たちには、パリとルーアンの慈善院に収容されている、貧者たちの着古した下着全部を（かつてはぼろくずなどから紙をつくっていた）、

ロースト精肉商たちには、テジフォホネス（?）の串焼きを、
金銀細工師たちには、大アンティゴノスの食器を、
料理人たちには、ラダマンテ（?）の鍋を、
毛の紐を欲しがる者たちには、パリの宮廷人たちの剃髪《トンスラ》を、
臓物商たちには、エンマムシ（甲虫類）の腸を、
鋳掛け屋や精錬工たちには、ダナエが閉じこめられた青銅の塔や、雄ラバの首につり下げるためのジョルジュ・ダンボワズ（一四六〇―一五一〇。十五世紀末、ルイ十二世のもとで枢機卿・宰相をつとめる）の鈴を、
刃物屋たちには、アクタイオン（テーバイの若い狩人。女神アルテミスの水浴姿を覗き見して女神の怒りを買い、鹿に変えられ、愛犬に食い殺された）の角を、
無知な者たちには、ミダス王の耳を、
解体屋たちには、サムソンの顎を、
企画者たちには、ファエトン（太陽神ヘリオスの息子）が駆る太陽の車を、
酢の製造人たちには、烈婦の怒りと膀胱を、
検察官たちには、キケロとサント＝クロワの雄弁を、
御者たちには、フォイボス（太陽神アポロンへの献称で、「輝ける者」の意）の馬たちを、
トランプ製造者たちには、貴婦人たちの頬に現れるエンジムシ（エンジ色染料が抽出できる昆虫）を、
卸売商たちには、善良な女性たちがわが国で冬に営む露店全体を、
漂白職人たちには、これから先、彼らのがらくたを漂白するために降ってくるすべての雪を、
魚商たちには、この冬とれるであろうすべての鯖を、
そして、女性たちには、ヘレネ（ゼウスとレダの娘で、スパルタ王妃。前述のようにトロイア戦争の原因となる絶

世の美女）の眼差しとミネルヴァの甘言、ヴィーナスの魅力と優しさ、ユノー（「若い女性の生命力」を語源とする女性と誕生の女神で、ローマ帝国の庇護者）の富、アマルティア（望む物が何でも出てくるというその豊饒の角《コルヌコピアイ》でゼウスに乳を与えた雌山羊）の愛撫を与える。

また、老女たちには、彼女たちのハーディ・ガーディ（擦弦楽器）が引き裂かれる際に新しいものを用意するため、老衰や寄生虫、あるいは他の畜疫で死ぬようになる馬の全死骸の歯を、

宮廷仕えの小姓たちには、その主人の面影やロドモンの身振り、プラトンのイデア、ピタゴラスの不可分割体《アトム》、ブリュスカンビユの想像力を、

フランスの各都市には、人々がその統治者に捧げるべき服従と尊敬、自分が攻撃の対象になるかもしれない不安、さらに、国王の怒りが死の触れ役になるという記憶を、

そして最後に、忠実なフランス人たちには、国王のために流すべき血と、国王の祭壇に捧げるべき敬愛、さらに国王のために殺さなければならない生命を与える。

少なからぬ訳語に疑問符をつけた、完成訳にはほど遠い訳文である。小姓たちに与えるという、ロドモン（前述）の「身振り」やブリュスカンビユ（次章参照）の「想像力」など、具体的に何を意味するのか判断に困る記述も少なくない。だが、このまことに身の程知らずの拙訳からだけでも、「タバラン・ワールド」の広がりは十分に確認できるはずだ。詳細な解読は他日を期すほかないが、取り急ぎここでは以下の点を指摘するにとどめておこう。タバランは、あらゆる人々にこうして惜しみなく年玉を与える、いわば神話的な「王」のイメージを創り上げ、実際の「客」に祝福を与える、寛大にして慈愛に満ちた、シャルラタン王としての自分のイメージをそれに重ね合わせようとしたのではないか。おそらくこうした仕掛けは、中世フランスやイングランドにおいて、例の瘰癧癒しの国王按手《ロワイヤル・タッチ》（本書第八章参照）ともども、着衣の切れ端を民衆に分かち与える行為、つまり稜威の分

与が、国王即位儀礼の重要な一部となっていたことと無縁ではなかっただろう。

興味深いことに、タバランはまた一六二三年にパリで著された、フランス初の悪漢小説《ロマン・ピカレスク》にも登場している。小説の題名は『今世紀の一部の者たちにみられる数々の欺瞞や繊細さ、不快感、愚行およびその他の悪が素朴なまでに表された、フランシオンの滑稽物語』（一六三六年版、全十二巻）。著者は、ルイ十三世下のフランス社会を独特の諷刺感覚で描き出した、パリ生まれの作家シャルル・ソレル（一六〇〇頃―七四）。著者の前口上によれば、この物語はもともと数年前に他界したある高位の騎士が書き下ろしたものだというが、そこではリュート（擦弦楽器）によって病を治すとされていたフランシオンなる牧童が、治療を求めにやってきた農民を前にして、次のように高言する箇所がある。「私はフランス各地の町に出没するあの高名なタバラン以上に知者であり、オペラトゥールというよりは、むしろ医者に近いのだ」[59]。

名医（？）であることを宣するのに、タバランを準拠枠として引き合いに出す。それは、改めて指摘するまでもなく、当時、彼が知識人の間でも看過しえぬシャルラタン＝オペラトゥールだったということを端的に示している。だが、牧童が実際に治療・売薬を行うことはもとより許されず、だとすれば――著者の意図はともあれ――、フランシオン自身、シャルラタンないしその同類にほかならなかった。それは、主人公フランシオンの次のような言葉からも明らかである。「私は騎士道のために兵士たちを治し、神の名誉のために貧者たちを、そして金のために金持ちの商人たちを治す。（……）あなたがたは何かほかにこれといった薬がないか尋ねておられる。もっています。美肌用のクリームを。それは雪のように白く、バルサムや麝香のように芳香を発します。（……）傷によく効く軟膏ももっています。だれか怪我した者がいれば、たちどころに治してみせます。私は医者ではなく、博士でも哲学者でもありません。しかしながら、私の軟膏は哲学者や博士や医者に決してひけをとるものではありません。経験は知識に勝り、実践は理論以上のものです」[60]。

おそらく、引用文中の「私」をシャルラタンと置きかえれば、これもまたシャルラタン現象のすぐれて文学的な紹介ということになるが、謹愨《きんかく》さとは無縁なこうした矜高自大な言葉遣いは、シャルラタン独特の口上を彷彿とさせる。何よりもそこには、正統なるものが紡いでやまない風景に開き直った、一種の諧謔精神が克明にみてとれるからだ。

## タバランとは誰か

こうして才気煥発な書をものし、他人の小説にまでその名が登場するようになったタバランは、しかし『問答集』を編んだ三年後、つまり一六二五年に引退する。なぜか。ここでわれわれは前述の疑問に立ち返らなければならなくなる。もしタバランがアントワーヌ・ジラールだったとすれば、体調にその原因のひとつがあったとも考えられる。彼が翌年に他界しているからである。あるいはまた、一座を率いる座長ですら、まともな財産が辛うじて舞台衣装ぐらいだった当時において、(61)もはや引退しても困らないだけの蓄財がなされていたためだったかもしれない。真偽のほどは定かでないが、一六二三年から二四年にかけて改訂版が出された前記『問答集』や『世界的目録』が、じつに二万部も売れたとする説もある。(62)

事実とすれば、当時としてはまさに前代未聞の出来事といえる。たしかに、これらの作品を含む彼の著作集やその増補版は、前述したように幾度となく版を重ねている。一〇年間のシャルラタン稼業で五万エキュ（十五万リーヴル）も蓄財したドゥニ・レスコほどではないまでも、売薬に加えて、著書もまたタバラン（とモンドール）にそれなりの儲けをもたらしたことだろう。それは、前記公証人記録にあるように、一六二三年三月、彼がモンドールとともに、シャンパーニュ地方のシャントコック教区にあるクルドレとフレティの領主ル・フェーヴルから、領主館や耕地、封・陪臣封、裁判権、さらにクレリーの小川に据えられた水車などを購入する契約を結んでいることからも分かる。しかも同年十一月には、その購入額一万リーヴルが全額決済されているのだ。(63)

ただし、この売買契約書の中に記されているのは、タバランやモンドールではなく、フィリップ・ド・モンドールとアントワーヌ・ジラールという名前である。彼らは売り手同様、ドーフィネ広場を有する「イル・ド・パレ（字義は「裁判所の島」）」と呼ばれていたシテ島に住んでおり、いずれも「パリの富裕市民」と記載されている。(64) その限りにおいて、兄弟はシテ島ないし首都の「上流社会」に属していたとも考えられるのだ。そこには功なり名を遂げたシャルラタンとしての彼らの姿がみてとれる。

こうしてモンドールとともに「クルドレとフレティの領主」となったアントワーヌ・ジラールだったが、前述したように一六二六年（モングレディヤン説）に世を去る。その悲しみゆえか、翌年、モンドールは弟と分有していた領地や建物のすべてを、「自らの愛情と友情の証しとして」、亡き弟の未亡人ビアンカに寄贈するとの証書を作成している。フィリップ・ド・モンドールの代理人としてシャトレ裁判所にこの贈与登録を行ったのが、「平貴族《エキュエ》（爵位をもたない下級貴族）にしてフレティ領主」の肩書きを有するジャン・サロモンだった。(65)

一六三三年、そのサロモンが死去し（一六三四年没との説もある）、ゴルティエ＝ガルギユ、さらにはモンドールの妻までが相次いで世を去ると、「クルドレとフレティの領主」ビアンカもまた、同年、まるで彼らと申し合わせでもあったかのように他界してしまう。何しろ資産家のことである。葬儀にはじつに総勢三七名の聖職者が立ち会ったという。(66) あとに残された娘アレオノールと息子（後述）にもそれなりの遺産が舞い込んだはずだが、詳細は不明である。

ここまでみてきて、ようやくわれわれは残しておいた疑問に立ち戻ることができる。タバランとは兄モンドールとともに一座を率いていた弟のアントワーヌ・ジラールなのか、それともタバラン役を十八番としていたジャン・サロモンなのかという、演劇史家の間ですら意見が分かれている問題である。門外漢の筆者には正直荷の重すぎる問いではあるが、これに関する資料としては、『タバラン全集』（一六二二年）冒頭の書簡体献辞がある。むろん、モンドールに捧げられたもので、そこには書き手の名前がA・Gというイニシャルで記されているのだ。

アントワーヌ・ジラールのイニシャルである。その限りにおいて、一連のタバラン文学はこのアントワーヌの手になるはずだが、じつはそう簡単ではない。通説によれば、「タバラン」の没年は一六三三年、つまりアントワーヌが死んで七年後とされているからだ。事実、演劇史家のギュスタヴ・アヴァンタンも、タバランの死を一六三〇年以降に置いて、アントワーヌ・ジラール＝タバラン説を結果的に否定している。(67)

タバランの死因に関しても、暴飲説などいろいろあるが、もっとも広まっているのは、蓄財してパリを離れ、「田園」に移り住んだにもかかわらず、贅沢三昧の生活が隣人たちの妬みを買い、一六三三年八月以前、彼らの誘いに乗って狩りにでかけ、その一人に言いがかりをつけられてついに刺殺されたという説である。(68)とすれば、ここでのタバランとは、さらに三〇年以上生存しているモンドールでは当然ありえず、結果的にジャン・サロモンかそれ以外の人物となる。

そこで問題となるのが、サロモンの「平貴族にしてフレティ領主」という肩書きである。この肩書きが、一六二七年、モンドールからビアンカ未亡人への財産贈与証書に用いられていたことは、すでにみておいた通りである。はたして彼はいつ平貴族となったのか。詳細は不明だが、ビアンカが彼と再々婚したとすれば、決してありえない話ではない。だが、この問題は、前記シャントコックの教会記録簿にある、次のような記述によっていささか厄介なものとなる。「一六二八年一月二三日、フランソワ・ペルティエが洗礼を受けた。（……）代父は平貴族にしてフレティ領主のフランソワ・サロモン（Salomum）」。(69)

ここに言うフランソワ・サロモンとは、ゴルティエ＝ガルギユと結婚したアリエノールないしアレオノールの兄弟、つまりビアンカの初婚の相手ポンペ・サロモンの息子である。事実、アリエノールの結婚契約書にその名が「兄弟」と明記されている。だとすれば、彼は母親の生存中にすでにその領地――もともと義理の亡父アントワーヌ・ジラールと義理の伯父モンドールのものだった領地――を受け継いでいたことになる。より正鵠を期していえば、母の新夫ジャン・サロモンと共同領主になったとすべきだろう。前述した一六二七年の財産贈与証書におけるジャン・サロモンの肩書きは、まさにそのことを示している。換言すれば、ビアンカはモンドールから亡夫の所領を遺贈されて間もなく、息子と新夫に領地の一部ないしすべてを託したことになる。

そして一六三三年、義父ジャンと実母ビアンカとが相次いで他界すると、フランソワが母の領地全部を相続する。それを端的に示すのが、シャントコックの教会記録簿である。すなわち、一六三四年六月一〇日の洗礼式記録にもフランソワ・サロモンの名が見られるが、そこでの肩書きは「クルドワ（＝クルドレ）とフレティの領主にして平貴族」となっているのだ。ただ、これだけの所領を手にしたフランソワが、その後どのような生涯を送ったかは定かでない。確かなのは、彼がシャルラタン稼業とはまったく無縁だったということである。

本題に戻ろう。以上の考察を仮説としてまとめれば、次のようになるだろう。タバランは二人（！）いた。座長モンドールの弟で、笑劇の作家兼役者であり、「タバラン」の名で一連の著作を残したアントワーヌ・ジラールと、彼亡き後、タバランを襲名したジャン・サロモンの二人である。興味深いことに、この二人はビアンカの再婚相手と再々婚相手。ここでビアンカの存在が一気に重みを増してくるが、ことジャン・サロモンについて言えば、前述の伝承を信ずれば、運命の一六三三年、自分の領地で殺されてしまう。下手人は、おそらく成り上がり者の来住を喜ばなかった「領民」たち。シャルラタンのパフォーマンスを、いわば「芸」の域にまで高めたタバランの最期としては、いかにも無残なものだった。

ともあれ、ポン＝ヌフとドーフィネ広場は、こうして「シャルラタンの王」を失う。タバラン一座の名声は、この二人の死後、急速に色褪せていった。たしかにそれはシャルラタンたちだけでなく、パリ市民にとっても大きな痛手となった。タバランが彼らの不平不満のまたとない代弁者であり、口上と笑劇と多少とも怪しげな薬によって非日常の夢をつないでくれる、まれに見るトリックスターでもあったからである。そして、肉親の情によって、ようやく手に入れた領地を義妹に譲ったモンドールにとっても、相方の死は大きな打撃となった。

たしかに彼は、モリエールの問題作『詐欺師』が発表された一六六七年に引退するまで、パリや地方でパデルなる男を代役に立てて笑劇を上演し、おそらく薬も売り続けた。次にみるバリーの息子アリゾンが、一種の自伝小説の中で語っているところによれば、オテル・ド・ブルゴーニュ座によってもっとも良質な主題を奪われてしまったモンドールに残されたのは、すっかり意気消沈した一座と再婚相手のイギリス人妻、それに彼女との間にもうけた息子フィランドルだけだったという。(71)

没年は不明だが、死後、彼の遺体は妻や愛娘、弟アントワーヌ、さらにはゴルティエ＝ガルギユ一族が眠るシテ島のサン＝バルテルミ墓地に埋葬されたという。おそらく最期は寂しいものだったろう。偉大な弟子の死によって失った客は、二度と戻ってはこなかったからだ。(72) モンドールにとってみれば、「金の山《モンドール》」とは、まさにタバラン自身にほかならなかった。たとえそれが、実弟のアントワーヌであれ、ジャン・サロモンだったとしてもである。

一方、モンドールの息子フィランドルは、ジャン＝バティスト・モンシェングルの芸名で、父から譲り受けた旅回り一座を率いることになるが、その活動も一六六七年に終わった。(73)

## 教皇のオペラトゥール・バリー

パリのシャルラタン、とりわけポン＝ヌフ橋とドーフィネ広場を拠点として活動していたシャルラタンのうち、ジル・バリーは一風変わった経歴の持ち主だった。フランス演劇史に名前こそ残していないとはいえ、彼こそはモンドールもタバランも味わったことのない栄誉、つまり時のローマ教皇に拝謁する（！）という栄誉に浴した唯一のシャルラタンだったのである。

『往昔のパリ』の著者ヴィクトル・フルネルによれば、バリーは十七世紀初頭、おそらくは一六〇九年頃からパリで活動を開始したという。(74) モンドールやタバランの登場より、一〇年あまり前ということになる。長い髭に短く刈りこんだ髪、金ボタンのついた黒繻子の修道服をまとった大柄な彼もまた、解毒薬オルヴィエタンで客を集めた。口上によれば、バリーはシャム（タイの旧称）で神経性の仙痛に罹っていた白象を治し、大モンゴルを天然痘から救い、インカでは、帝国最後の王アタワルパ（一五〇〇頃―三〇）が子供だった時分、その歯十一本と両足の魚の目十五個を引きぬいてやったという。

さらに、自慢の秘薬として、白髪を黒くして、洗礼証明書を反故にする日本伝来（！）の回春剤バルサム、肌を鏡のように滑らかにするペルー産クリーム、目鼻立ちをくっきりさせるペルー産軟膏、目を大きくし、口元を引き締めて鼻をくっきりと目立たせる中国製エキスなどがあるともしている。この口上、じつは彼を主人公（メルキセデック・バリー）とするカルトン・ダンクール（次章参照）の笑劇『オペラトゥール・バリー』（一七〇二年）でのプロローグの台詞。(75) 真偽のほどは分からないが、一説に、ルイ絶対王政末期の風俗を喜劇的に取り上げ、貴族の色事師を描いた『当世騎士気質』（一六八六年）などで知られるダンクールは、晩年のバリーに会い、本人の口から直接聞いたことを書き記したのだという。(76) ただ、『オペラトゥール・バリー』自体は、一七〇二年にパリのコメディー＝フランセーズ座で初演されていることが分かっている。

バリーは生涯何度かローマを訪れている。最後の、そしてもっとも重要な訪問は、ローマがペストに見舞われ、怯えた枢機卿たちがこぞって教皇庁から逃げ出す準備をしている最中だった。バリーは自分の解毒剤の効用を、さながら神から言葉を得たかのように、じつに巧みに即位したばかりの教皇や枢機卿たちに説き、安心して都にとどまるよう勧めた。そして、ナボナ広場に舞台を仮設し、ローマ市民たちにも口上よろしくオルヴィエタンを売った。その甲斐あってか、ペストは何とか二週間でローマを過ぎた。偉大なオペラトゥールの奇蹟。ローマは全市をあげて彼を称え、教皇に選ばれたばかりのイノケンティウス十世もまた、そんなバリーの功績に報いるため、ガリレイが他界して二年後の一六四四年に、大きな純金製のメダイユを鋳して贈った。

このメダイユの表にはバリーの肖像が、裏には次のような銘文が刻まれていたという。「INNOCENTIUS

DECIMUS BARRIDO, URBIS SANATORI ANNO SALUTIS 1644（イノケンティウス十世バリーに与えん。癒されしローマ。救いの年一六四四）」[77]。

残念ながら、筆者はこのエピソードを裏打ちしてくれる資料を見つけておらず、肝心のメダイユも実見していない。フルネルもまたその所在を明示していない。ただ、これほど猖獗をきわめたイタリアのペスト禍は、一六四四年以前では一六二九年から三一年にかけてのものしかない。とりわけ被害が甚大だったのは一六三〇年で、フランスおよび地中海諸国の広濶なペスト史をものしたジャン＝ノエル・ビラバンによれば、この年、ペストはヴェネツィアやミラノ、トリノなどをはじめとして、四〇あまりの都市で猛威をふるったという[78]。

ところで、一六四四年といえば、パリでは後述するように演劇史の上で看過しえぬ出来事が起きている。すなわち、この年の一月一日、アンリ三世の息子で、ルイ十三世の弟だったガストン・ドルレアンの庇護のもとで、ジャン＝バティスト・コクラン（のちのモリエール）と、彼を弁護士への道から演劇人のそれへと転向させた、マドレーヌ・ベジャール（一六一八—七二）率いる「盛名劇団（イリュストル＝テアトル）」が、パリ左岸のメテイエ室内掌球場で旗揚げ興行を行い、同月十五日には、パリ右岸ヴィエイユ・デュ・タンプル通りの室内掌球場に併設されていた、木造のマレ座が火事に遭っているのだ[79]。

弱冠二二歳のモリエールにとって、ライヴァルたるマレ座の火災は興行成績を上げる格好の僥倖ともいえた。しかし、実際には、国王を後ろ盾とするオテル・ド・ブルゴーニュ座や、一〇月に復興なったマレ座との競合に敗れ、多大な借財をこしらえてしまう。そこで彼は、同年末、セーヌ河岸のケ・デ・セレスタン通りにある、クロワ＝ノワール室内掌球場（一五九五年創設）へ移転する。失地回復を狙ったぎりぎりの戦略だったが、それもまた不首尾に終わる。そして一六四五年八月、債権者に訴えられたモリエールは、債務不履行で投獄されてしまう。幸い獄中生活は数日間だけですんだ。だが、年末、彼はさながらパリを追われるようにして、仲間ともども、以後十三年間にわたる地方巡業に出るのだった。

このあたりの事情については後述することにして、バリーがローマ市民をペストから救ったことで教皇からメダイユを授かったとすれば、少なくともそれは一〇年以上も前の功績に対する評価に基づくものではないか。フルネルの年代特定には、しばしば多少なりと混乱がみられるが、ともあれこうして教皇から最大級の名誉を与えられた（？）バリーは、やがてモリーニとコロンビーナという二人のローマ娘を伴って永遠の都を離れ、帰国の途につく。だが、直接パリには戻らず、北仏カルヴァドス地方のファレーズで催される、有名なギブレの大市を訪れる。

いつからそうなったか不明だが、一行の中には、彼があるエジプト女性との間にもうけた息子の姿もあった。名前はトリヴラン。だが、おそらくこれは本名ではない。そのイタリア名トリヴェリーノとは、アルレッキーノほど知られてはいないが、やはりコメディア・デラルテに登場するトリックスターの名にほかならなかったからだ。また、モリエールの『恋は医者』（前述）では、トリヴランはオルヴィエタン売りのシャルラタンの配下として、台詞こそないものの、幕間に登場して、スカラムーシュとともに踊りに興じることになっている。バリーの配下であるこの若者は、奇術をよくし、ロープの上でダンスをする技にも長けていたという。

フルネルによれば、バリー一座は、ヴェネツィアから運んできた豪華な飾りや薬の優れた効能と名声のみならず、まさに非凡な役者たちが演じるイタリア演劇の見事さとレパートリーなどによっても、夥しい数の群集を引きつけてもいたという(80)。だが、皮肉にもバリーに富と栄光とを与えてくれたこのトリヴランが、やがて彼の不幸の種ともなる――。

バリー一座のパフォーマンスもまた、オルヴィエタンの解毒力を喧伝するためのものだったが、ある日のこと、舞台に立ったモリーニは、いつものようにアスピック（アルプス地方に生息するという有毒のクサリヘビ）やマムシなどを手にして器用に操り、その嚙み傷など問題ではないといった風を演じた。次にバリーが舞台に登場し、モリーニから毒液入りのガラス瓶を受け取る。そして、この毒液を一匙犬に飲ませる。不運な犬はたちどころに悶絶し、見物人の恐怖心を煽る。これを見て、バリーは毒液の残りを飲み込み、続けてトリヴランが用意したオルヴィエタンを服す。ここまでは筋書き通りだった。ところが、どうしたことか肝心の解毒効果がない。たちまち体がむくみ出し、全身の力が萎えて倒れてしまったのだ。バリーが死んだ！　だれもがそう思った。だが、幸い彼は一命をとりとめ、数日間不調を訴えただけで、再び舞台に立つことができるようになった。

しかし、毒薬の処方は明らかに間違っていた。本来なら、オルヴィエタンを飲めば、間もなく解毒できるはずだった。にもかかわらず、バリーは危うく一命をおとしかけた。犯人はそれを処方した者、つまりモリーニに違いない。そういえば、彼女はバリーが自分よりコロンビーナを寵愛していることに嫉妬していた。こうして悪事が露見した。だが、それより前、彼女はトリヴランを籠絡し、その父親バリーの金庫から金銀全てを盗ませて、ともにいずこともなく逐電してしまったのである。

こうして信じていた息子から裏切られたバリーは、失意のままギブレを去り、熱病が蔓延していた北仏ノルマンディー地方の中心地ルーアンに向かう。そして、同地の高等法院院長から歓待された彼は、数日のうちに町から熱病を退治する。それからルーアンを発って、王国内や諸国を旅する。齢すでに七〇にさしかかっていたが、オペラトゥールとしての生業を変えようとはしなかった。

終焉の地はルーアン北東約一〇〇キロメートルにあるピカルディー地方のアミアン。じつは彼は、大聖堂で有名なこの地でも、裏切りに遭っている。彼がポルトガルで雇い入れた軽業師と、あろうことか、ただひとり心を許していたコロンビーナとが共謀して、彼の持ち金をあらかた奪い、オランダあたりに逃げてしまうのである。この裏切りは、八〇歳になろうとしていた老齢の身にとって、決定的な打撃となった。一座を解散したあとに残ったのは、すっかり萎えた体力・気力とメダイユの栄光のみだった。いや、肝心のメダイユさえ、すでに売り払っていたかもしれない。

数十年におよぶ生業の中で幾度も架空の死を演じ、そのつど蘇った稀代のオペラトゥール・バリーは、さながらイヨネスコの戯曲に登場する瀕死の王のようにこうして一切を失い、やがて収容先のアミアンの施療院で、おそらく痛惜の念と華やかなポン＝ヌフへの切々たる未練を残して他界する。かなりの長寿を全うしたとはいえ、栄光の頂点にまで上りつめたシャルラタンにとって、それはあまりにも寂しすぎる生の終焉であった。

それから約半世紀後の十八世紀初頭、オペラトゥール＝シャルラタンの世界に、「タバラン王」に勝るとも劣らない天才がいよいよ登場する。その名は「グラン・トマ」。訳せば、「大（偉大な）トマ」ないし「大男トマ」となる。彼もまたシャルラタンのメッカたるポン＝ヌフで抜歯人《アラシュール・ド・ダン》として盛名を誇ったが、はたして彼は何者で、いかなる偉業を成し遂げたのか。いよいよそれをみることにしよう。

## グラン・トマ——抜歯人もしくはフリークの天才

医術史の中で、抜歯の歴史はことのほか古く、パリの人類学博物館に保管されている旧石器時代人の下顎骨には、しばしば歯が人為的に除去されたと思われるものがある。周知のように、縄文人の間でも抜歯とおぼしき慣行があった。だが、人類は歯痛の治療法としてのみ抜歯を行っていたわけではない。たとえばあのハムラビ法典にある「歯には歯を」という文言は、抜歯がすぐれて儀礼的な刑罰手段としてあったことを端的に物語っている。むろん、哀悼習俗としての抜歯も古代より近年までみられた[81]。

抜歯シャルラタンは、長い歴史をもつこの慣行に、さらに新たな性格、つまり見世物ないし大道芸という性格を付与するものとしてあった。それを大成したのが、ポン＝ヌフの主とでも称すべきグラン・トマ、本名ジャン・トマその人であった。

彼は、巨大な身長とたっぷりした衣服によって、遠くからでもそれと見分けがついた。

鉄車上のグラン・トマ。作者不詳エッチング、1729年。パリ、国立図書館蔵

鉄の二輪馬車の上に乗り、色鮮やかな羽飾りをつけた頭を高く上げ、アンリ四世のような王者の風格のある顔つきをして現れる。その男らしい声は、橋の両端からでも、セーヌ川の両岸からでも聞き取れた。公衆の信頼が彼を包み、激しい歯の痛みさえ、彼の足元まで来れば消えてなくなるかのようだった。(……)たえず差しのべられる手が、薬をくれと嘆願するのだったが、彼の成功に当惑し、嫉妬する医者が、歩道をこそこそ逃げて行くのも見られた。この偉人に対する賛辞をひとことでしめくくれば、彼は死ぬまで医学部など認めなかったのである(一部表記変更)。

革命前夜のパリの様子を生き生きと描き出した名著『タブロー・ド・パリ』(邦題『十八世紀パリ生活誌』)の中で、作家ルイ=セバスチャン・メルシエ(一七四〇―一八一四)はグラン・トマについてこう記している。[82] 一七一〇年頃にポン=ヌフに現れ、一七五七年に他界するかなり以前、おそらく一七三〇年代に活動をやめたトマであってみれば、メルシエ自身、トマの姿を目撃しているわけではない。だが、少なからぬトマの肖像画からすれば、おそらくこの描写は、著者の言葉にもあるように、トマの真実に迫ったものと考えられる。これにあえて付言すれば、孔雀の羽飾りのついた三角帽をかぶり、太陽を象徴する銀製の胸甲の上に、歯を連ねた数珠を垂らし、長剣も帯びていた。トマが甥と姪に残した遺産目録には、こうした衣装や装飾品などに関する記載があるという。

では、早速その抜歯人の口上を聞いてみよう。(83)

わが出で立ちの見事さゆえに、お立会いの紳士淑女諸君は、あるいは私をどこやらの有力な大使や別荘暮らしの王侯と見まごうかもしれない。しかし、間違えてはならない。わたしはフランス人を両親としてフランスで生まれたフランス人であり、それを私は誇りともしている。ただ、花盛りの年頃だったにもかかわらず、打ち勝ちがたい旅への欲求に突き動かされて、麗しき祖国を発って諸国を遍歴したのである。そこで私が探し求めたのは、名誉や富などではなく、いわんや快楽でもなかった。わが望みは同輩たちの苦しみを和らげるためにこの身を捧げ、歯痛を癒す薬の失われた調合を見つけ出し、あるいは虫歯を治療して、無痛でこれら虫歯を抜くことにあった。幸いにして私は成功し、自然からその秘密を引き抜いた。そして今日、私は膨大な知識の力によって君臨している。君臨、そう、紳士淑女の諸君、私は人類全体の上に君臨しているのだ。(……)こっちを見たまえ！　さあ、近くに寄って……。音楽だ！

実際にトマがどのような口上を用いたか、むろん今となっては不明である。だが、少なくともこの程度のことは言ったはずだ。何しろ彼は、タバランやモンドールのように、いや、その派手なパフォーマンスや奇天烈な乗り物を通して、明らかに彼ら以上に自分を打ち出す術を心得ていたからである。事実、彼は王侯貴族ですら思いもよらない鉄車の上に、ラッパ吹きと鼓手、ヴァイオリン弾き、旗持ちをそれぞれ一人ずつ配し、看板代わりか、ご丁寧にも、歯冠をかぶせた大臼歯を舌とする鐘を撞く若者も従者の一人に加えていた。こうしたトマの仕掛けや演出は、もとより抜歯とはまったく無縁なものである。いや、まさにこの無縁なものをあえて結びつけたところにこそ、トマの稀有さと偉大さがあった。

もともと抜歯人とは、シャルラタン=オペラトゥールの例にもれず、フランス（に限ったことではないが）各地の大道や広場、定期市、さらには祝祭の場などに仮設の舞台をこしらえ、見物人注視の中、患者に痛みを感じさせずに（原則的ないし理念的に！）、速やかに虫歯を抜いて施術代を稼ぐ生業だった。だが、ことトマに限っていえば、この抜歯を際限なくショーアップした、つまり医療行為を一種の見世物芸にまで止揚させたのである。芸のタイトルは《無痛抜歯》。証拠こそないが、至極当然のことながら、なかにはサクラの患者もいたはずだ。予め用意していた歯を、抜いた虫歯だとして見物人に見せれば、さすがは無痛抜歯の達人と、彼の名声もいや増すというもの。

こうした手法は、別段トマだけが用いたわけではないだろう。興味深いことに、患者はもちろん、見物人もまたその策計を見抜いていた。見抜きながら、彼らは抜歯人と向き合った。おそらくそれゆえだろう、フランス語の表現で、「抜歯人のような嘘つき（menteur comme un arracheur de dents）」とは、「平気で嘘をつく」の謂となっている。

そんな彼らは、中世から二〇世紀初頭にかけて、つまり一八九二年に歯科医の免許制が施行されるようになってからもなお、フランス各地に出没した。記録に残っているのは、むろんトマのような大物か何かしら訳ありの人間たちばかりだが、後者の例としては、フェリュなる抜歯人がいる。トマ同様、金の房飾りと真紅の羽飾りをつけた三頭の馬に車を牽かせて、威風堂々とポン=ヌフ橋に現れた彼は、おそらくグラン・トマより一世紀ほど早く、つまりタバランとほぼ同時期に、この橋で抜歯を行った（ただし、タバランの著作中に彼に関する記述は見当たらない)。

占星術師の帽子ないし尖頭帽をかぶったフェリュは、歯を連ねた数珠を掲げ、ルイ金貨の贋金が一杯入った鍋を揺さぶりながら、集まった見物人たちにこう叫んだという。「紳士・淑女の皆様方、ご覧の通り、私め、決して貧しき身ではござらぬ。その気になれば、父親の居城で安穏に過ごすことができました。しかし、私の願いはそこになかった。人類が苦しんでいる以上、何としてでもそれを救ってやらなければならない。大きな診療所を開かず、かかる広場にまかりこしたるは、ほかでもない、私が人々を、農民を、労働者を愛しているからであり、競合者の顔色なからしめるほどの安い報酬で、謹厳実直に抜歯を行うためなのです」。

偽善的な、そしていかにもみえすいた大言壮語だが、その口上の裏側に、フェリュは重要な事実を隠していた。自分が治安当局の密偵ないし密告者でもあった、という事実である。『消滅した職業』(一九六八年)の著者イヴ・ケルギュによれば、彼はシャトレ裁判所から手配書が回された盗人が患者として治療を求めてきた際、ただちにこれを裁判所に通報したという。その一方で、フェリュ自身、施術中に患者の宝飾品を盗み、警吏に監視を受けていた。こうして抜歯人と密告者と泥棒という三通りの稼業で蓄財した彼だったが、悪事千里を走らずのたとえ通り、やがて窃盗で逮捕されてシャトレの獄舎につながれ、皮肉なことに、虫歯が原因で潰瘍(?)となり、若死にしてしまったともいう(84)。

もとより、フェリュのような闇の稼業に手を出していた抜歯人は例外に属するのだろうが、違法という点でいえば、たしかに彼らはそのぎりぎりのところで自らの生と生業とを刻んでいた。事実、一六九九年には、検眼師や接骨師同様、歯の治療者もまた、パリとその周辺で仕事を始める前に、外科医たちが構成する委員会で試験を受けなければならないとする高等法院の通達が出ていた(85)。抜歯人たちがしばしば不妊や腎臓結石、尿砂、眩暈などの治療さえも行っていた以上、治安=司法当局としても、もぐり抜歯人の横行に無関心ではいられなかった。しかし、この通達がどこまで実効を挙げえたかは分からない。

それにしても、当時、歯科の技術はどこまで進んでいたのだろうか。たしかに一五三〇年には、ライプチヒで刊行された匿名の『薬方書』に、初めて歯科が医学の対象として取り上げられ、やがてバルトロメオ・ユスタッキ（一五六二年）やベルナルダン・マルタン（一六七九年）、あるいはチャールズ・アレン（一六八五年）などによる重要な解剖・歯科関連書も公刊されてはいた。すでに十五世紀には、穴の開いた虫歯に金箔で詰め物をするというアラブ人の発明になる充塡技術も、イタリア人のジョヴァンニ・ダルコリによって西欧世界に伝えられていた。そして十六世紀には鉛による充塡術が開発され、さらに十七世紀末には、王立植物園の解剖＝外科学教授で、マリー＝テレーズのお抱え外科医であり、出産に関する著書も編んでいるピエール・ディオニス（一六四三―一七一八）が、蠟ないし溶着金属を虫歯の充塡剤に用いることを思いついてもいる。

だが、虫歯の原因を「歯虫」によるとする古代バビロニア医学の残滓が否定されるには、一七二八年、それまで口伝に近い形で伝えられていた歯科知識を公表した、パリの外科＝歯科医ピエール・フォシャールを待たなければならなかった。虫歯に関する臨床像を慎重に検討した彼は、患部を焼き鏝で焼灼して錫ないし鉛でその穴に詰め物をするという、画期的な治療法を提唱したのだった。それまで動物の歯や骨ないし象牙を加工した人工歯――たとえばアンブロワーズ・パレは、黒変することがないとして、カバの歯の採用を勧めている――を、不安定なまま一時凌ぎに代用していただけの義歯を、金属線を用いてかなり固定的なものにするという（ブリッジ）技術のほか、義歯の部分的エナメル加工や磁器製義歯の利用もまた、フォシャールの独創とされている。(86) 十七世紀後葉には、従来のねじ錐や抜歯鉗子、歯根除去用ペンチ、大臼歯用ペリカンなどもかなりの質的向上をみるまでになっていた。

しかしながら、こうした技術革新は歯科医療が制度として確立していたことを物語るものでは決してない。それは、フランスのみならず、西ヨーロッパ諸国においても、シャルラタン（オペラトゥール）＝抜歯人たちの全盛期が、疑いもなく十八世紀だったということからも裏付けられるだろう。事実、この世紀には、外科医＝理髪師もまた、潰瘍や湿疹、神経痛などの治療ともども、歯の治療にあたっていた。抜歯人と異なるのは、彼ら外科医＝理髪師が一般に組合を組織し、その正統性が当局から基本的に認められていた点にある。一方、前述したように、抜歯人たちは抜歯術をしばしば見世物として、つまり「抜歯芸」として演じていた。ここにもまた、両者の違いがある。時には、まさにトマが行ったように、文字通り鳴り物入りで患者や見物人を引き寄せてもいた。シャルラタンのシャルラタンたる所以だが、患者の方からすれば、抜歯したあと、近くの一杯飲み屋や安食堂で、回復用にブランデーにありつけるという旨味もあった(87)。

それにしても、麻酔剤が登場するまで、触れこみのような《無痛抜歯》はどのようにして行われたのだろうか。おそらくは虫歯を少しずつ動かし、頃合いを見計らって鉗子ないし素手で一気に引き抜く方法が一般的にとられていたのではないか。患者としても、多少の痛みは我慢した。何しろ、抜歯後には「褒美」が待っていたからで

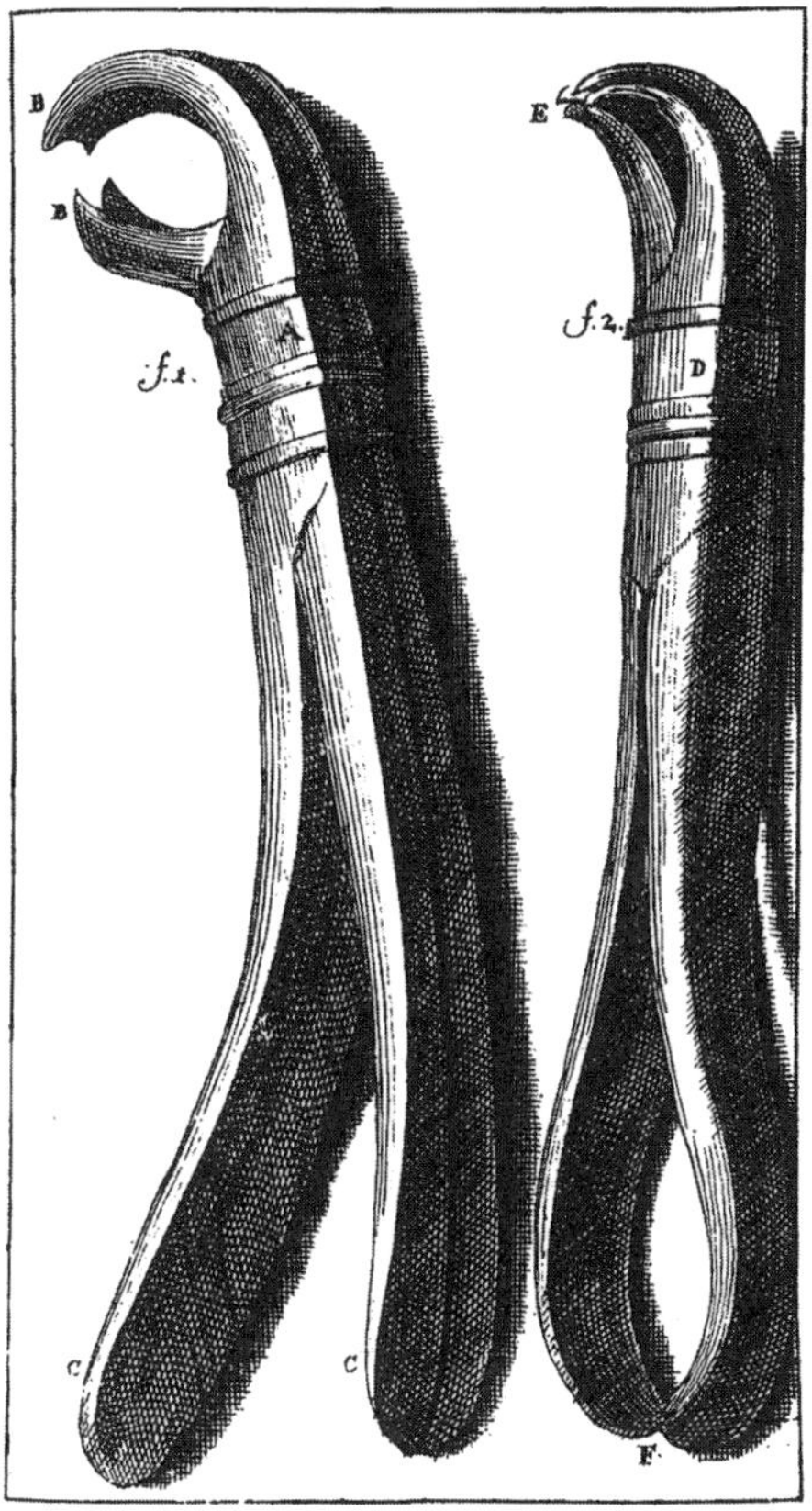

大臼歯抜歯器具のペリカン

ある。十九世紀に入ると、歯茎に苛性ソーダ（！）をこすりつけて歯根を露出させ、触っただけで歯が抜けるといった手法もとられたというが、この無謀な手法がはたしてどこまで普及していたかは定かでない。抜きにくい歯の場合は、患者を跪かせ、抜歯人が満身の力をこめて無理矢理引き抜いたものだった。ここまでくれば、もはや《無痛》どころではない。

さて、肝心のトマだが、彼がいかなる出自なのかは、シャルラタンのつねとして不明である。一説によれば、シテ島のノートル＝ダム大聖堂から指呼の間にある慈善院《オテル＝デュ》（現市立病院）で修行を積み、パリ大学医学部から正式に鑑札を受けた外科医だったという。六五〇ないし六六〇年、時のパリ司教聖ランドリによって創設されたこの施療院は、十四世紀中葉のあの黒死病猖獗時に多くの患者を収容し、修道士や修道女たちが献身的な看護にあたった施設として知られている。十六世紀には、その医療団は、聖職者たちに加えて、当初は週に二、三日、のちに毎日診療に来るようになった外部の医師と、介添え役のインターン外科職人を伴う長衣の親方外科医、さらには親方助産婦とから構成されていた。このうち、外科医は親方理髪師が兼ねていたが、一五九九年以降は、外科医になるには一種の採用試験に合格しなければならなくなった。

一方、《慈善院医師》の肩書きは一五三七年に初出しているが、通常彼らはパリ大学医学部の正式な医師から、稀には医学得業士《バシュリエ》から選ばれていた。ただ、患者を多数抱えた時には、外国人医師も採用されることがあった。これらの医師の中には、しばしば怪しげな者も含まれていたという。首都がペスト禍に見舞われた一五五一年に採用された、トリノ出身のアンピリック（もぐり医者）のように、である。[88]

そんな慈善院であってみれば、グラン・トマが修行だけで正統な外科医になれたとする言説は怪しい。少なくとも、一二二〇年頃に編まれた慈善院規約の中に、それに関する記載はない。いうまでもなく、同院は実際の治療と実習の場であり、その管理運営者たちは採用権を託されこそすれ、内科医なり外科医なりの資格授与権まで与えられていたわけではなかった。[89]むろんそれは、大学医学部の管轄権を侵すことにつながるからである。しか

パリの慈善院内部。作者不詳版画、1500年頃。パリ、国立図書館蔵

し、売薬に関する限り、グラン・トマは国王の筆頭侍医ないし侍医長だったドダールの認許状と、パリ大学医学部の教授二人による証明書とを有していたとの説がある。[90]

ところで、十九世紀中葉に、パリの同業組合に関する大著（三巻）をものしたルネ・ド・レスピナスによれば、一六〇一年五月十四日に出されたアンリ四世の王令には、理髪師＝外科医組合が徒弟や親方昇格、親方資格および実践などに関する条件を定めた規約を作成することが明記されており、この組合規約は、一六三四年六月の王令で承認されたという。さらに、一六五五年には、誓約外科医と理髪師＝外科医たちが、パリ大学医学部と国王筆頭理髪師の監視・管轄下で同一組合を結成する契約を受けいれ、一六七四年の廃兵院《オテル・デ・ザンヴァリッド》建設令では、六年間の外科実務と管理責任者の証明書を持つ者は、無料かつ無試験で外科医を開業できるとされていたともいう。[91]

こうしてみれば、組合やパリ大学とは無縁だったと思われるトマが、正統な外科医の免許を得ていたとする説にはにわかに同意できない。しかも彼は、正統な外科医なら、原則としてしかるべき筋に願い出て入手しているはずの、一種の通行手形を帯びてはいなかった。[92]とはいえ、少なくとも医・薬学に関する造詣にはそれなりのものがあったのだろう。そんなグラン・トマの存在を、パリ市民に決定的に印象づけたのは、一七二九年九月四日の王太子ルイ、のちのルイ十六世誕生時における前代未聞のパフォーマンスだった。

この日、パリの高等法院は、市民こぞって王太子の誕生を祝わせるため、すべての店を閉じさせる一方、宮廷内の大広間では一〇〇人以上の楽師たちに「テ・デウム」を奏で、あるいは歌わせた。ルイ十五世もまたヴェルサイユ宮からパリに戻り、ノートル＝ダム大聖堂での「テ・デウム」祝禱に臨席した。[93]信憑性のほどはさておき、パリ高等法院の弁護士バルビエが一八四七年に刊行した『ルイ十五世統治下の歴史・逸話日記』によれば、この日の午後六時頃、喜びに沸き返るパリでは、商人頭や参事会員、各種組合代表らが正装で行列を組んでグレーヴ広場に赴き、トランペットやオーボエの祝奏の中、集まった市民たちにお金を投げ与えながら、広場を三周したという。そして、彼らの負担で市内三五か所の泉にワインが流され、肉やワインが祝賀行列を繰り広げる住民たちに配られたりもしたという。[94]さらに、大砲が鳴らされ、祝火が焚かれ、花火も盛大に打ち上げられたともいう。すべての教会も三日三晩鐘を鳴らし続けたものだった。[95]

これに答えるべく、グラン・トマもまた、たまたまサン＝ローラン大市で興行していたオペラ＝コミック座が[96]入場料を無料にしたはからいと張り合うかのように、九月十九日から二週間にわたって抜歯を無料で行い、ポン＝ヌフないしドーフィネ広場で盛大な野外饗宴を催す旨、告知した。そのために、彼は牛一頭、羊数頭を買い求め、ワインも用意した。しかし、ポン＝ヌフ橋でのかかる祝宴による混乱を案じた治安当局は、これを禁じてしまう。ところが、それを知ってか知らずか、十八日夜、人々は同橋ないしドーフィネ広場近くにあったトマの家に押しかけ、ついには家の窓を破ってしまう。ことここに至って、やむなく警吏たちが差し向けられ、トマの身の安全を図るべく、群衆を追い立てたという。

さらに、ノートル＝ダム大聖堂での王子誕生の祝賀ミサに向かう国王行列が、盛大なしつらえでポン＝ヌフ橋を渡った際、トマはファンファーレと太鼓を鳴らし、だれよりも大きな声で「国王万歳」を唱えてこれを歓迎し、同年十一月には、国王ルイ十五世が住むヴェルサイユ宮殿を馬で訪れ、祝福の言葉を述べてもいるのだ。その時の彼の出で立ちはとみれば、全面に刺繍が施された服に、高さ四三センチメートル、幅二〇センチメートル、重さ一・七キログラムもある光り輝く銀製の兜をかぶり、王室の象徴である百合の花を散らした武器と、国王の紋章を携えていたという。むろん、王室の覚えめでたきを得て商売を安堵してもらい、地位と商いとに箔をつけるため、少なからぬ寄付もしたことだろう。

いかにもフリーク精神の申し子とでもいうべきこのシャルラタンを迎えて、はたして国王とポーランド出身の王妃マリー・レチンスカがどのような応対をしたかは不明である。分かるのは、一七五五年に病を得て隠棲し、その二年後、後継ぎがいぬまま他界したトマ（生涯独身？）が、生前サン＝ルイ島にある四階建ての持ち家に住んでいたこと、主治医の元国王軍医ポール・レポンスの指示をうけて、二人の女性が彼の身の回りの世話をしていたこと、そして五万五九〇〇リーヴルという莫大な遺産を残したということだけである。これほどの財産をいったい彼はどのようにして築いたのか。まさか抜歯によるだけではなかったろう。遺産の行方ともども大いに気になるところである。何しろ年に一〇〇〇リーヴルもあれば、家族四人かなり豊かな暮らしができた時代の話だからだ。(97)

だが、グラン・トマの「グラン」たる所以は、単にこうした蓄財にのみあるわけではない。稀代のフリークスとして、シャルラタンと名士、異貌と正統という、それぞれいかがわしさと栄光とに彩られた二つの世界を、まるで曲芸師のように手玉にとり、両者がじつは表裏一体の関係にあることを、まさにバフチーン的に顕在化したところにある。そうすることで、彼は自らの人生を紡ぎ、ついにはシャルラタンから富豪にまで成り上がった。

ある意味において、たしかに彼はフリーク世界から逸脱した。逸脱して、少なくともシャルラタンを階級的に止揚したともいえる。だが、彼の異形の精神は、そんな陳腐なヒロイズムにとどまりはしなかった。前述したように、彼は王太子誕生を祝ってパリ市民に無料で施術を行い、その一方で、王侯貴族よろしく、華美を尽してヴェルサイユを訪れてもいる。前者の行為は、巨万の富を蓄えたという事実からすれば、明らかに偽善以外の何物でもなく、当時の社会の欺瞞的構造を忠実に、しかし何ほどかパロディックになぞったものといえる。そして後者の訪問には、自らの地位を国王に認めさせることで、逆に王権をフリーク的なるものに転位させようとする、彼一流の密かな企みがあったように思えるのだ。

正統化するフリーク世界とフリーク化する正統世界。正気と狂気の、知と愚の、権威と服従の、規範と違犯の分水嶺に位置するのが道化だとすれば、グラン・トマとはまことにその虚実のあわいに位置する、すぐれて両義的な道化だったともいえる。これこそが、あるいは皮膜の間のメカニズムというものかもしれない。そんなグラン・トマの華麗な転身劇が真に演じてみせたのは、畢竟するところ、危うい時代のフリーク性であり、社会自体が内在化していた紛れもないいかがわしさだった。

それにしても、グラン・トマとはどこまでも人を食った男である。ポン＝ヌフの橋のたもとに建てられた彼の小立像には、花飾りで囲まれた次のような銘が刻まれていたという。「余は一七三四年の生まれである」。おそらくトマ本人が建てた、あるいは建てさせたものと思われるが、どう考えてもこれはおかしい。彼は十七世紀生まれ（！）だからだ。とすれば、はたしてこの生年詐称の真意はどこにあったのか。もしかすると、彼は人生そのものトリックスターとして、定められた人ひとりの経歴を逸脱し、正統な生の裏側にもうひとつ別の生が、異形の生がありうることを、いや、それよりはむしろ生自体がすでにしてフリークなのだということを、いわば見世物興行ででもあるかのように開陳しようとしたのではないか。そのパロディックな記念碑を、自らの生を刻んだポン＝ヌフに建てる（あるいは建てさせる）。ありていにいえば、それは歴史を揶揄する諧謔であり、歴史へのこだわりすら笑いに供する座興であり、さらに歴史そのものすら手玉にとる曲芸でもあった。つまり、国王の騎馬像と同じ橋に自らの記念碑を据えることで、グラン・トマは自分の向き合う相手が、単に民衆のみにとどまらず、正統を形作ると信じられていた歴史そのものであり、まさに抜歯とはそんな歴史の正統を抜き取る作業だったとも思えるのだ。

パリでは、そうした彼の偉業（！）を称えて、各種の賛歌が創られ、巷間に流布した。以下の十二音綴詩は、おそらくトマが二五年におよぶポン＝ヌフでの活動を止める少なくとも一年前の一七三六年十二月、サン＝ミシェル広場を起点とするユシェット通りのヴァレイル未亡人印刷所で印刷され、呼び売り商人《コルポルトゥール》によって売り捌かれたものの一部である。(98) そこには万能の医者としてのトマがこう謳われている。いささか長いが、せっかくの賛歌である。あえて全文を訳出しておこう。

**時代のシャルラタン医者のうち、**
**もっとも高名にして唯一慈悲深いトマ氏へ**

遠い時代の医神アスクレピオスの息子に相応しく、
わが詩神ミューズもあなたの栄光を歌うためにかけつける。
あまりにも長く宙吊りになっていたこの高邁な計画を全うすべく、
詩神はあなたにしかるべき称賛を捧げるのだ。
輝ける太陽神フォイボス（アポロン）よ、
降りてわがつかの間の情熱を後押しし、
その活力の出る炎を私に貸してほしい。
世界の名誉とでもいうべき有名なグラン・トマは、

今ではわが詩文の主題となっている。
知っているだろうか、かつてセーヌの両岸では、
死が、陰鬱な死の女神が君臨し、
緩やかな病の回復を封じ込めて、
いたるところに死の毒を持ち込んでいた。
そして、つねに葬列をこれみよがしに仕立て、
ついにはだれもが病いに罹る前に死んでしまったものだった。
だが、グラン・トマがその聖なる秘術を引き下げて
この岸辺に姿を現すや、死の蔓延は止まった。
死の女神は悔しがり、怒りに打ち震えた。
そこで女神は幾度となく顔色を変え、
ただでさえ激しい活動をさらに激しくしたが、無駄だった。
そして、頭を混乱させて、地下にある死者たちの王国へと立ち去っていった。
勝利の栄光に包まれたグラン・トマは、
われわれを招いて、その勝利の美酒を味わわせてくれた。
しかし、彼はあさましい利を図ることで、
寛大な救いの手を卑しいものにしたりはしない。
自由で慈悲に満ちた気遣いから、
悲惨な者たちの病に薬を与えてくれたのだ。
そんな彼の前に出ると、熱病は震えながら姿を消し、

痛風は足を引きずりながら逃げ去って二度と現れたりはしない。
すべての病が彼の医術に駆逐されたおかげで、
地上の快楽が安んじて享受できる。
こうしてだれもが彼を称え祝福し、
声なく歌うわが詩神も口を閉ざす。

だが、これほどの名声を博していたにもかかわらず、グラン・トマの死はむしろ寂しいものだった。手玉に取ったはずの歴史に、逆にあしらわれた死だったともいえる。というのも、A・シュヴァリエの指摘(99)をよしとすれば、ルイ十五世の殺害を企てて捕えられた狂信家のダミアンが、トマの死と同年の一七五七年三月二八日、グレーヴ広場で刑罰史上有名な四つ裂きの刑に処せられた時、かつてあれほどトマに入れあげていたパリっ子たちの関心は、あげてそちらの裁判の行方にあり、とうにシャルラタン稼業から退いたトマの生死など、ほとんど話題にさえのぼらなかったというのだ。つまり、歴史的事件の犯罪者を主人公とするスペクタクルを前にして、脱歴史的興行師の無彩色な死は、ついに一個の平凡な終焉以上の意味をもちえなかったのである。これをしも、歴史の諧謔というべきか。せめてもの慰めは、彼の死後三年経った一七六〇年、『シャンソニエ・フランセーズ（フランス歌謡集）』に、「ドクトール・グロス・トマのアポテオシス（神格化）」と題された、全十一節からなる追悼歌が載せられていることである。参考までに、その第二節までを訳出しておこう。

すべては終わった。グラン・トマは死に、
すでに黄泉の船に乗り移っている。その運命から、
一切がパルカ*の意のままにあることを知れ。

この残虐な死の女神は、復讐のためか、
あるいはむしろ償いのためか、
聖コマ**の弟子として、
図らずも長い間、
症状の軽いと重いとを問わず、さまざまな病を治した
ひとりのじつに偉大な男を斃《たお》したのだ。

外科医たちよ、一緒になって
自らの涙を彼の墓に注げ。
他所者よ、市民たちよ、
諸君も彼のお陰で命を落とさずにすんでいる。
この経験豊富な医者は、
まさにパリのいたるところで、
発汗と唾液の分泌を促す丸薬や
芳香性樹脂《バルサム》などを、
オペラ地区***以上に
手軽に諸君に提供していた。

*ローマ神話における運命の女神
**シリアで殉教した三世紀のキリスト教徒外科医。医薬業の守護聖人
***正統医師が多い一角

## カリオストロ伯爵

興味深いことに、シャルラタンはまたしばしば「アヴァンチュリエ」としての顔も有していた。むろん、塵界を離れ、自然を相手に自らの生存を賭ける冒険家《アヴァンチュリエ》ではない。その正体は、せっせと磨き上げた手練手管で、人海を大胆かつ巧妙に泳ぎ、世俗の栄華を手にしようとする山師《アヴァンチュリエ》にほかならなかった。こうした山師のなかでも、パレルモ生まれのアレッサンドロ・カリオストロ伯爵、本名ジュゼッペ・バルサモ（一七四三－九五）は、有為転変のまことに激しい経歴と、当時のヨーロッパの上流人たちをものの見事に手玉に取ったという点で、まさに史上稀にみる人物であった。少年時代からすでにして詐欺行為を働いていた彼は、放り込まれた修道院で聞きかじった化学と医学の乏しい知識を、じつに想像逞しく増幅させて巧みな口上を練り上げた。そして、女性の美顔用の練り薬や水薬、さらには自ら発明したという長寿の霊薬を携えて、ローマで妻に迎えた皮革職人の娘ロレンツァ・フェリチアーニと伯爵夫妻を気取り、時には、あろうことか、この十六歳になったばかりの美しい新妻に名士や貴人の情事の相手をさせた。彼らに取り入るためである。いわば彼女は、シャルラタンのために客集めの芝居や軽業・曲芸を演じる、芸人の役目を担ったことになる。やがて西ヨーロッパの各都市を巡るようになる大シャルラタンにとって、そんな妻の働きは、彼が商う怪しげな薬や治療行為などより、はるかに効果的なものだったかもしれない。

稀代の「山師」カリオストロ伯爵

ともあれカリオストロは、サンチャゴ・デ・コンポステーラ巡礼に旅立ったはずの一七六八年から、ローマに帰還し、異端審問法廷で有罪を宣せられてサン・タンジェロ（天使）城に投獄される一七八九年までの約二〇年間、巡礼途中のエクサン＝プロヴァンスで出会った十八歳上のカザノヴァ同様、いや、おそらくはそれ以上に、自らを天才的な治療師にして哲学者、加えて稀代の錬金術師・降霊術師・予言者と触れこみ（ただし、カザノヴァのように密偵にはならなかった）、金で買えぬはずの空しい回春の夢を追い求める貴族や富裕商人たちの歓心を弄んだ。また、貧しい病人をしばしば無料で治療して人々の絶大な信頼を得る一方、これはと思う病人からは法外な報酬を思うまま掻き集めた。(100)

こうして名声と怨嗟と天賦の詐術を、身の丈をはるかに越えるほど抱えたカリオストロとその妻は、一七七一年、ロンドンに現れる。その五年後、バイエルン王国のインゴルシュタットで、教会法教授アダム・ヴァイスハウプト（一七四八－一八三〇）が、ドイツ社会の再生を願う千年王国論的な「啓明社」を設立している。(101)ゲーテやモーツァルトやヘルダー同様、カリオストロも、下級・上級二種類の啓明級を、新人から王の段階まで十三の位階に分けたこのフリーメイソン的結社に後年加わり、それがやがて彼の命取りになる。だが、これについては今はひとまず措く。

ロンドンでも、カリオストロは奇蹟の医師として、野草の粉末でこしらえた回春・精力剤の処方や治療を行い、赫々の評判を取った。ロレンツァもまた内助の功を発揮してせっせと貴顕名士を相手に春をひさぎ、同時に夫と彼らとの間を取り持った。その功あってか、カリオストロは上流社会に隠然たる影響力を発揮していたフリーメイソンへの、より正鵠を期していえば、一七一七年に四つのロッジが合体した「ロンドン大ロッジ」が一七三八年に発展的に再編されてできた、「イングランド大ロッジ」への入会が認められる。一七七七年のことである。当時、ヨーロッパで最古の歴史を誇っていたこのロッジでは、スウェーデンボリの神智学が称揚されていた。何しろロンドンは、一七四五年にスウェーデンボリが天啓の幻視体験を文字通り開眼した地であった。(102)

とはいえ、それまでカリオストロは神秘主義とは無縁だった。こうした入会劇の背景には、したがって、ヨーロッパ各国にネットワークを張り巡らしていた国際的な秘密結社を利用して、その活動をより効率的に行おうとする彼一流の読みがあったのかもしれない。歴史家のピエール・ショニュは、イングランドのフリーメイソンを寛容な宗教自由選択論を信奉するものとし、神秘志向の強いドイツやスカンディナヴィアの、またカトリック教会に対する「哲学的党派」と結びついたフランスやスペイン、さらにはイタリアのフリーメイソンと区別しているが[103]、カリオストロにとってみれば、そうした結社の性格の差異など何ら問題ではなかった。

わが国唯一のカリオストロ評伝である種村季弘の『山師カリオストロの大冒険』によれば、人々が争って扇面やメダルに「聖カリオストロ」の銘を刻むほど崇拝熱が高まったロンドンから、一七七七年十二月、偽伯爵夫妻は忽然と姿を消したという[104]。そしてハーグ、ヴェネツィア、ニュールンベルク、ライプチヒ、ベルリン、ダンチヒ（グダンスク）、ケーニヒスベルク、さらにポーランドのミタウ（現イェルガウ）やサンクト＝ペテルブルク、ワルシャワ、ゲーテの生地フランクフルトを経て、一七八〇年九月、ストラスブールに至ったという。もしこの経路が事実だとすれば、彼らはほぼ三年間に十二箇所の都市を移動したことになる。なぜか。むろん詳細は不明だが、あるいはそれには、騙した人々の報復から逃れるため、一箇所に長居できないシャルラタン的宿命が深く関わっていたとも考えられる。いずれにせよ、カリオストロの欺瞞的人生は、ここストラスブールから一段と大きな振幅をみせるようになる。

再び種村の言葉を借りれば、カリオストロはこの大司教座都市に次のような出で立ちで初見参したという[105]。「頭には白い羽飾りつきの近衛兵帽を戴き、青いタフタの服には縫目の上に金モールをかぶせ、花模様の刺繍をあしらった胴着にはダイヤを並べた金鎖を飾っていた。靴の留金には黄金を鏤《ちりば》め、何本もの指にも、胸飾りレースの上にも、いたるところに大玉の紅玉《ルビー》がきらきらと輝いている」。医師にしてはあまりにも派手すぎる他所者を迎えて、はたして住民たちはどう思ったか。想像に難くはないが、しかしカリオストロはその見かけとは裏腹に、貧者の無償治療に明け暮れ、上流人士からも絶大な信頼を勝ち得たという。
むろん中には、あのルイ=セバスチャン・メルシエのように、カリオストロをシャルラタンとして冷やかな目を向けた者もいるにはいたが[106]、明らかにそれは例外的な存在だった。そして、その信奉者の中に、宮廷司祭長でストラスブール大司教であり、おそらくはフリーメイソンのメンバーでもあったロアン枢機卿（一七三四－一八〇三）がいた。二人の交際は、どうやらカリオストロが枢機卿の喘息を治療したことを機に始まる。何しろ相手は名うての放蕩者。ここでもまた、ロレンツァが体を張って、両者の関係を一層親密なものにしたはずだ。加えて、カリオストロは枢機卿に錬金術や高等魔術を伝授した。こうしてすっかり偽伯爵夫妻に籠絡された枢機卿は、カリオストロに回春療法用の田舎家（種村の表現によれば「カリオストロ廟」）とパリの人脈とを提供した。首都に進出する準備は着々と整っていった。

カリオストロ夫妻のストラスブール滞在は、約三年に及んだ。その間、彼らが実際にどのようなことを行ったかについては、前記種村の書に委ねるほかないが、一説にカリオストロは独りで一万五〇〇〇人の患者を治療したとされる。彼を快く思わない者たちはそのことを渋々認めながら、それでも三人を殺したといって非難の声をあげたという。

一七八三年八月、ロアン枢機卿は宮廷司祭長としてパリに移る。庇護者不在のストラスブールはもはやカリオストロの長居する地ではなかった。栄耀を極めた彼に対する人々の評価も次第に冷めたものとなりつつあった。彼をさながら不倶戴天の敵とでもするかのような正統医師や知識人の反撥も、いやましに募っていた。しかも、ストラスブールの大広場（おそらく現ロアン広場）には、彼をいかさま師や山師と決めつけるパンフレットすら貼り出されるようになった。化けの皮が剝がれた。ひとことでいえばそうなる。

行動は速かった。潮時を見極めるシャルラタン特有の嗅覚とでもいうのだろうか、カリオストロと妻は枢機卿の後を追うようにストラスブールを立ち去り、一七八五年にいよいよパリに登場するまでの一年半あまり、バーゼルやナポリ、さらにフランスに入ってボルドーやリヨンに立ち寄る。これらの都市でいかなることが二人を待ち受けていたかについても、前記『山師カリオストロの大冒険』に詳述されているので割愛する。

ただ、カリオストロの末路との絡みで、ここでとくに指摘しておかなければならないことがある。それは、モーツァルトがウィーンでフリーメイソンに入会した一七八四年、ボルドーないし「フランス・オカルティズムの中心地」（種村）たるリヨンで、彼がフリーメイソンの結社、すなわち「高等エジプト・メイソンリー（Haute Maçonnerie Egyptienne）」なる結社を組織した事実である。そして、手工業者の位階に倣って、徒弟・職人・親方の三段階に基づく儀式を制定し、自らはその総括者たる「大コフタ」を名乗るようになる(107)（この自称は一七七〇年代からとする説もある）。周知のように、ゲーテが一七九一年に発表した『大コフタ』は、彼が畏敬と侮蔑の念を相半ばして抱いていたカリオストロをモデルにしたものである。

ところで、そもそもフランスのフリーメイソンは、一七二五年頃、イギリスの影響下でパリとリヨンとトゥールーズに初めてロッジが登場して以来、オリエンタリズム、とくにエジプト学に関心を向けるようになっていた。たとえば一七三一年、コレージュ・ド・フランスのギリシア・ラテン哲学の教授で、アカデミー・フランセーズのメンバーでもあったジャン・テラソン神父（一六六〇－一七五〇）は、大部な『セト、古代エジプトの記念物や逸話による歴史ないし生涯』を発表し、ギリシアの写本に翻訳されたファラオ時代のエジプトの密儀を描いたと自負している(108)。実際のところ、謳い文句は真っ赤な偽りだったが、フリーメイソンの世界ではそのこと自体さほど問題視されず、かなりの部数を売り上げたという。

テラソンの偽書は、さらにいくつもの言語に翻訳され、有名なオーストリアの台本作者ヨハン・E・シカネーダー（一七五一－一八一二）は、そのドイツ語版に触発されて、彼の代表作ともいえるモーツァルトの『魔笛』のオペラ台本を書き上げたものだった。事実、そこではエレウシスやオルペウスの密儀に加えて、イシス＝オシリス密儀が重要な伏線として組み込まれているのだ(109)。さらに一七三五年には、碑文・文芸アカデミーの改宗ユダヤ人会員で、やはりフリーメイソンの一員だったエティエンヌ・フルモン（一六八三―一七四五）が、イスマエル・ベン＝アブラハムの偽名を用いて『古代カルデア、ヘブライ、フェニキア、エジプト、ギリシア民族の歴史に関する考察』（二巻）を著し、エジプトにホメーロスの神話を見つけ出そうとしていた。(110)

機を見るに敏なカリオストロは、フランス・フリーメイソン内のそうした空気を鋭く嗅ぎ取った。それが彼のフランスでの、なかんずくパリでの成功を約束してくれるはずだった。だが、結果は裏目に出てしまい、まさかそのために獄舎につながれるとは、予言や降魔術の達人を自称するカリオストロとしても、おそらく露ほども考えたりはしなかった。自分が組織した結社が、やがて十九世紀を通してフランスの全土にエジプト志向を引き起こすようになることもまた、想像だにできなかった。そして、こうした志向の赴くところ、たとえば一七九一年には、バスティーユの廃墟跡につくられた「再生の泉」に、胸を露わにしたエジプトの女神イシス像が置かれ、(111)さらに、ナポレオン一世がエジプトに遠征したり（一七九八―九九年）、シャンポリオンがロゼッタ石の碑文を手がかりに象形文字を解読し（一八二二年）、あるいはエジプト副王メヘメト・アリがシャルル十世に贈ったルクソール神殿のオベリスクが、コンコルド広場に建立される（一八三三年）といった一連の出来事もまた、彼の想いをはるかに超えていた。

## 「王妃の首飾り事件」

一七八五年一月、「大コフタ」カリオストロはいよいよ満を持してパリに入る。そこには、一介のシャルラタンがフランス政治史にその名を刻む事件が待っていた。落ち着いた先は、右岸マレ地区のサン＝クロード通りの邸館で、ロアン枢機卿がみつけてくれた。ヴィエイユ・デュ・タンプル通りにあるロアン邸からは指呼の間だった。家主はオルヴィエ伯爵夫人。一七一九年に建てられた三層の建物で、大きさの異なるU字形が二つ並んだような形状をしており、中庭を二面有していた。

　サロン文化に浮かれていたパリでは、当代一流の医師がやってくるとして、早くもカリオストロたちの到着以前から、彼の肖像画が行商人によって売られていた。肖像画の下方には、「（……）彼は命を永らえさせ、貧者を救う。まこと人の役に立つ悦びこそが、彼の唯一の報酬である」との賛美が記されていたという。[112] それほどの期待があらばこそ、カリオストロの診察室は、早朝五時から深夜まで患者の途切れることはなかった。むろんそこには評判を聞きつけてやってくる上流人士の姿もあった。これら素朴な患者たちに、彼は奇蹟医師の触れ込みで怪しげな治療を行い、自慢の長寿・回春薬を売りつけた。時には、降霊術や鳩を霊媒にした交霊実験も行った。

　そんな彼のもとを訪れた最初の大物は、枢機卿邸の隣に屋敷を構えていたスービーズ公シャルル・ド・ロアン元帥だった。前王ルイ十五世の覚えめでたかったこの齢七〇になる老軍人は、壊疽《えそ》になりかかっていたらしい。のちには、ルイ十六世下の外務大臣として、対イギリス外交に功があったヴェルジャンヌ伯や、国璽尚書のミロメニル侯[113]、フランス軽砲部隊の生みの親であるセギュル伯なども、カリオストロの患者となった。してみれば、カリオストロ邸はさながらサロンの風をなしていたとも思える。

　一方、大コフタとしての彼は、前述したように、首都にフリーメイソンのエジプト・ロッジとイシス・ロッジを設立してもいる。前者のグランド・マスター（総括責任者）にはルクセンブルグ公を据えた。貴婦人対象の後者には、オ

カリオストロのパリの居宅跡（筆者撮影）

ルレアン家の家庭教師をつとめ、小説『アデールとテオドル』（一七八二年）などで知られていた女流作家デュ・クレスト・ド・サン＝トバン、通称ジャンリス伯爵夫人らがメンバーとなった。

だが、好事魔多しの譬え通り、こうして花の都で世俗の栄誉と安寧に身を包んだカリオストロの身の上に、やがてとんでもない事件が降りかかる。世に言う「首飾り事件」がそれである。首謀者はラ・モット夫人ジャンヌ。皮肉なことに、ヴァロワ家の末裔だというラングドック生まれの彼女もまた、侯爵夫人を騙る「アヴァンチュリエ」だった。前記種村による事件のあらましはこうである――。

ルイ十五世の愛妾デュ・バリ伯爵夫人は、王室出入り宝石商ベーマーと細工師のバッサンジュに五四〇顆のダイヤを繋ぎ合わせた首飾りを作らせた。その価格たるや、じつに一六〇万リーヴル（！）。一スティエ（約一五六リットル）[114]の小麦価が平均二三・六リーヴル、俸給生活者の半数が、五〇〇リーヴルの資産しか持てなかった時代である。庶民からすれば、まさに天文学的な金額といえる。だが、一七七四年、ルイ十五世が他界し、デュ・バリも宮廷から追放されてしまう。それから一〇年後、ベーマーらはジャンヌからルイ十六世の王妃マリー＝アントワネットが、行き場を失ってしまっていた首飾りを買いたがっていると知らされる。何しろ王妃側近を自称する伯爵夫人の話である。宝石商と細工師にとって、渡りに船とはこのことだった。一七八五年二月一日、ジャンヌの正体を知ってか知らずか、二人は彼女の紹介でロアン枢機卿の屋敷を訪れる。そして、王妃の署名入りの購入証書と引き換えに、首飾りを枢機卿に託す。こうして事は順調に運ぶかにみえた。ところが、約束の八月一日がきても第一回目の支払いがない。そこでベーマーが王妃の侍女に要求すると、そんな首飾りなど王妃のもとに届いていないという。事件はここで発覚する。

むろん、枢機卿が隠匿したわけではない。オーストリア大使時代、不品行ゆえに王妃の母である女大公マリア・テレジアの不興を買い、それがもとで大使を罷免された過去を持つ彼にとって、王妃マリー＝アントワネットの愛顧を得ることは、出世の点でも不可欠な要件だった。たとえ彼女が気まぐれで異常なまでの濫費癖があり、国民の間ではもとより、宮廷内でも悪評この上なかったとはいえ、である。では、問題の首飾りはどこへ消えてしまったのか。そう、犯人はジャンヌである。すなわち、枢機卿の王妃への想いを知った彼女の策略は、まず怪しげな女性（女優？）を王妃に仕立てて夜闇に密会させたり、恋文を女王から預かったと偽って枢機卿に渡すなどして、この高位聖職者に自分を信用させるところから始まった。こうして王妃の偽りの署名を付した証書を枢機卿に渡して首飾りを受け取らせたのち、後日、それを王妃の近侍に扮した詐欺仲間に託させてまんまと手に入れ、どうやらイギリスに持ち出して処分したらしい。

　枢機卿にしてみれば、まったくいい面の皮であった。だが、種村の推理によれば、この事件を陰で演出したのは、反王妃派の頭目で、王妃とロアン枢機卿を旗頭とする旧体制派の追い落としを狙っていた、宮内相ブルトゥイユだったという。つまり、いくらしたたかなジャンヌといえど、所詮は当代一流の策謀家とされる彼の手駒に過ぎなかったというのだ。[115] こうして事件発覚から二週間後、枢機卿は逮捕され、ジャンヌ一味ともどもバスティーユ監獄に送られる。事件はこれで一見落着かにみえた。だが、それは意外な方向へと展開していく。

　面妖なことに、カリオストロ夫婦もこれに連座したとして逮捕されてしまうのである。原因はジャンヌの供述だった。しかし、彼がパリにやってきたのは、首飾りの受け渡しがなされたわずか二日前。事件はそれよりはるか前から進行していた。明らかに濡れ衣だった。だとすれば、これもまたロアン枢機卿とカリオストロの親交を危惧したブルトゥイユの策略か。とはいえ、ジャンヌもまた彼に裏切られた犠牲者。そこまで宮内相に義理だてしたとは考えられない。種村によれば、カリオストロの財産を掠めようとして、担当刑事と憲兵とが彼女に強制的に自白させたとしているが、おそらくそんなところだろう。

　やがてロアン家はもとより、スービーズやマルサン、ブリヨンヌといった旧体制派の貴族たちが当局に働きかけ、翌一七八六年五月、パリの高等法院は枢機卿とカリオストロに無罪を宣する。枢機卿は、「ダンス・マカブル（死の舞踏）」の壁画で有名な、フランス中南部ラ・シェーズ・デュの修道院に蟄居・隠棲すること。それが釈放の条件だった。カリオストロもまた、彼を支持する民衆が危うく暴動を起こす懸念まで出てきたため、国外退去を命じられる。哀れをとどめたのは、終身刑を下されたラ・モット伯爵夫人である。カリオストロ一行が革命の予言を残してロンドンに去った一週間後の六月二〇日、彼女は抵抗も空しく、肩と乳房に焼き鏝でVの字を烙印され、売春婦や女囚専用のサルペトリエールの監獄施療院に送られる。しかし、そこは名うての女アヴァンチュリエ（アヴァンチュリエール）。一〇か月後には見事脱獄してロンドンに逃れ、反王党派の協力者と自称して『回想録』を著し、一時サロンでもてはやされる。だが、五年後、滞在先のホテルの窓ないしベランダから転落して、波乱に富んだ人生の幕を閉じる。これを知ったロンドンっ子たちは、この転落事故を王党派の手先によるものと噂し合ったが、むろん真相は不明である。

一方、カリオストロはといえば、自分に濡れ衣を着せた憎いジャンヌが逃げてきているのを知らず、一七八七年五月、ロンドンを発ってスイスのベルンに向かう。そして、この地でもフリーメイソンを組織し、最終的に二〇年ぶりにローマの地を踏む。一七八九年五月のことだった。だが、のちに「自由、平等、博愛」という革命の標語を、ほかでもないフリーメイソンから借用することになるフランスと異なり、故国はこの秘密結社の活動を厳しく禁じていた。この故国で、彼は啓明社との関係を密告した妻の裏切りに遭い、同年末、異端審問所によってヴァティカン宮殿近くのサン・タンジェロ城に投獄されてしまう。エジプト・フリーメイソンの指導者にして伝道者。異端審問所にしてみれば、その肩書きだけですでにして立派な危険分子であり、犯罪者でもあった。しかも、例によってカリオストロはカトリック総本山の膝元で降魔集会を開いていた。フランス革命の予言をものの見事に的中させ、場合によっては、パリのジャコバン派と示し合わせて、自ら革命すら引き起こしかねない。おそらく当局はそう判断してもいた。

審問の結果、カリオストロに下された判決は死刑。しかし、ロンドンのロッジによる財政的援助や、ローマの有力な支持者などの救援活動が功を奏してか、幸いに罪一等を減じられて終身刑となり、サンタ・マリア・マッジョーレ教会の前で加辱の刑を受けた後、ウルビーノ近郊のサン・レオーネ牢獄で、一七九五年六月（ないし八月）に脳充血で死ぬまで獄舎生活を送った。享年五二歳。一説に、カリオストロは死の直前に背格好のまったく同じ司祭を牢獄に招き、最後の告解に臨んだ。司祭が去ったあと、牢番が中に入ったところ、そこにはカリオストロの囚人服を着せられた絞殺死体が横たわっていたともいうが(116)、おそらくこれは義経伝説の類いに属する話だろう。

それにしても、フランス革命を挟む時代の風景を疾風のように駆けぬけたカリオストロとは、いったい何者だったのか、何者でありえたのか。まことに彼こそは、最後に暗い政治の現実にはじき返されこそすれ、口上と騙りのパフォーマンスを信仰の域にまで高め、人々の理性と幻想をさながら風船のように弄んだ稀代のシャルラタンにほかならなかったのだ。

理性の時代が幻想的なるものの時代だったとするのは、中世史家ジョルジュ・デュビの慧眼だが(117)、なるほどそうとも考えられる。事実、「首飾り事件」が起きる前年、ドイツ北東部ユトランド半島の片田舎で、正体をついに明らかにしないままひっそりとこの世を去った、通称サン＝ジェルマン伯爵（一七〇七？－八四）もまた、すぐれてシャルラタン的幻想の持ち主だった。一説に、ドイツのホルシュタイン地方でカリオストロと出会い、神秘主義の手ほどきをしたとされる(118)彼は、その超人的な記憶力と博識ぶりとで、一七五〇－六〇年代にパリのサロンや宮廷でもてはやされていた。とりわけ類い稀な美貌ゆえにルイ十五世の愛人となり、国政にも影響力を及ぼしたポンパドゥール侯爵夫人の寵愛をほしいままにする一方、自ら考案した霊薬で不老不死の体を得、ファラオの時代から生きているとも、カナの婚宴でイエスと席を同じくしたとも広言してもいた。シャルラタン独特の大言壮語である。そんな彼が、一代の寵児にしてはいささか寂しすぎる死を迎えなければならなかったのは、もとより霊薬の効力が尽きたため（！）なのだろうが、少なくともパリ時代の彼は、時間の慣性を凌駕する霊薬をちらつかせて人々を幻想世界に誘いこみ、「世界の方舟《アルシエ・ユニヴェルセル》」と命名した救いの秘薬で多くの病人を治療したものだった。

とはいえ、幻想の時代は理性の時代に特有なものではないだろう。時代はつねに幻想を求める。何しろヨーロッパ中を旅したカリオストロのことである。その博識は師（？）サン＝ジェルマン伯に勝るとも劣るものではなかったと推測できるが、彼の比類のないシャルラタン性は、正統＝理性が単なる幻想であるということを、身をもって示そうとしたところにあったともいえる。そんな諧謔精神の持ち主であってみれば、ゲーテをはじめとする作家たちに格好の題材を与えたとしても不思議はない。たとえばゲーテと親交のあったシラーは、カリオストロをモデルとして『招霊妖術師』（一七八七―九八年。邦訳、石川實訳、国書刊行会、一九八〇年）を、ジョルジュ・サンドは『リュドルスタット伯夫人』（一八四三―四五年）、トーマス・カーライルは『カリオストロ伯』（一八三三年）を書き、それぞれに評判を呼んだ。アレクサンドル・デュマの『ある医師の回顧録』に収録されている「ジョゼフ・バルサモ」（一八四六―四八年）や、『ファウスト』の仏訳者でもあるネルヴァルの『幻視者たち』（一八五二年）もまた、カリオストロを主題（の一部）にしたものである。

ありていにいえば、おそらくフランス一国を越えて展開したはずのシャルラタン文学に位置づけてもよいであろうこうした一連の著作は、カリオストロの真実を明かすというより、むしろそれをさらに謎めいた存在に仕立て上げていった。カリオストロの神話化。あるいはそうもいえるだろう。タバランやグラン・トマが自らの言葉や振る舞いによって正体を隠そうとしたのに対し、カリオストロの場合は、文学者たちの想像力を限りなく飛翔させ、結果的に無数の歪像を作りださせた。そんな彼の歪像は、十九世紀末の秘教世界に高い評価と敬意とをもって迎えられた。この受容にとりわけ与って力があったのは、オカルティズムやエゾテリズム、さらにフリーメイソンや占星術、カバラなどに関する書をじつに百有余点も著した、カリオストロの末裔とされるスペイン出身のパピュ、本名ジェラール・アンコース（一八六五―一九一六）だった。一説によれば、彼の母は、カリオストロを先祖のひとりとするマヌーシュ（ジプシー）だったという。[119] 詳細は不明だが、もしかすると、これもまた歪像の残映なのかもしれない。

ともあれカリオストロは、自ら体得していたはずの錬金術で第五原質《カンテサンス》ないし賢者の石をついに生み出し得なかった。生み出し得ないまま、少なくともシャルラタンとしての自分とアヴァンチュリエとしての自分を同時に生き、その可能事の極点（ジョルジュ・バタイユ）に自らの危うい生存を置いた。そうすることで、時代を翻弄し、最終的に逆に時代に翻弄された。かつてのシャルラタンたちが少なからず辿った宿命を、彼もまた過不足なく辿ったわけである。

第三章

# シャルラタン芸人たち

## オテル・ド・ブルゴーニュ座と受難同宗団

モンドールやタバラン、あるいはグラン・トマらの偉大な成功は、もとより彼らの尋常ならざる異能に負うところ大であった。これについてはほとんど疑う余地がない。だが、それと同時に、彼らの前座をつとめ、客寄せに与かって力があった者たちの存在も忘れてはならない。特徴的な身体所作ないし台詞、あるいはその双方を観衆に開示することで、何がしかの報酬を得る職業芸人は、ごく一部とはいえ、サロン文化華やかなりし十七世紀前葉からすでに存在していた。いや、カーニヴァルをはじめとする特定の祝・祭日に、諷刺劇や教訓・滑稽劇などを演じてみせた演劇集団なら、十三世紀まで遡れる。都市部の未婚者、のちには既婚者を含むブルジョワ子弟を中心として各地で組織され、「ソシエテ・ジョワイユーズ（陽気連）」や「アベイ・ド・ラ・ジュネス（若者大修道院）」と総称されたパロディックな若者結社、たとえばパリの「アンファン＝サン＝スーシ（能天気な子供たち）」やリヨンの「メール＝フォル（狂った母）」、ルーアンの「コナール（間抜け）」などである。

十四世紀に入ると、「バゾッシュ（basoche）」と呼ばれるパリ高等法院の書記たちも、一種の素人劇団を組織した[1]。また、新しい知を探るためと称して、物乞いや印刷工房での誤字の修正作業などで日銭を稼ぎながら諸国を遍歴していた、「ゴリアール（goliard）」なる放浪学生たちの存在も忘れてはならない。六月二四日の夏至祭や、クリスマスから一月六日の公現節までの十二日間に行われる愚者の祭[2]で、この怪しげな学生たちは、頭巾につけた鈴を鳴らしつつ、放埓かつ卑猥な、つまりきわめてスキャンダラスな歌や踊りを披露してもいた。

こうした素人芸人たちは、祝祭の感興を盛り上げる趣向で大いに人気を博し、やがてその一部は、十六世紀前葉に活躍するジャン・ド・ポン＝タレのように、役者を半ば職業とするようになる。一方、専門的な芸人たちもまた、多くがシャルラタンの単なる前座役をもって能事足れりとしていたわけではなかった。一四九二年に初め

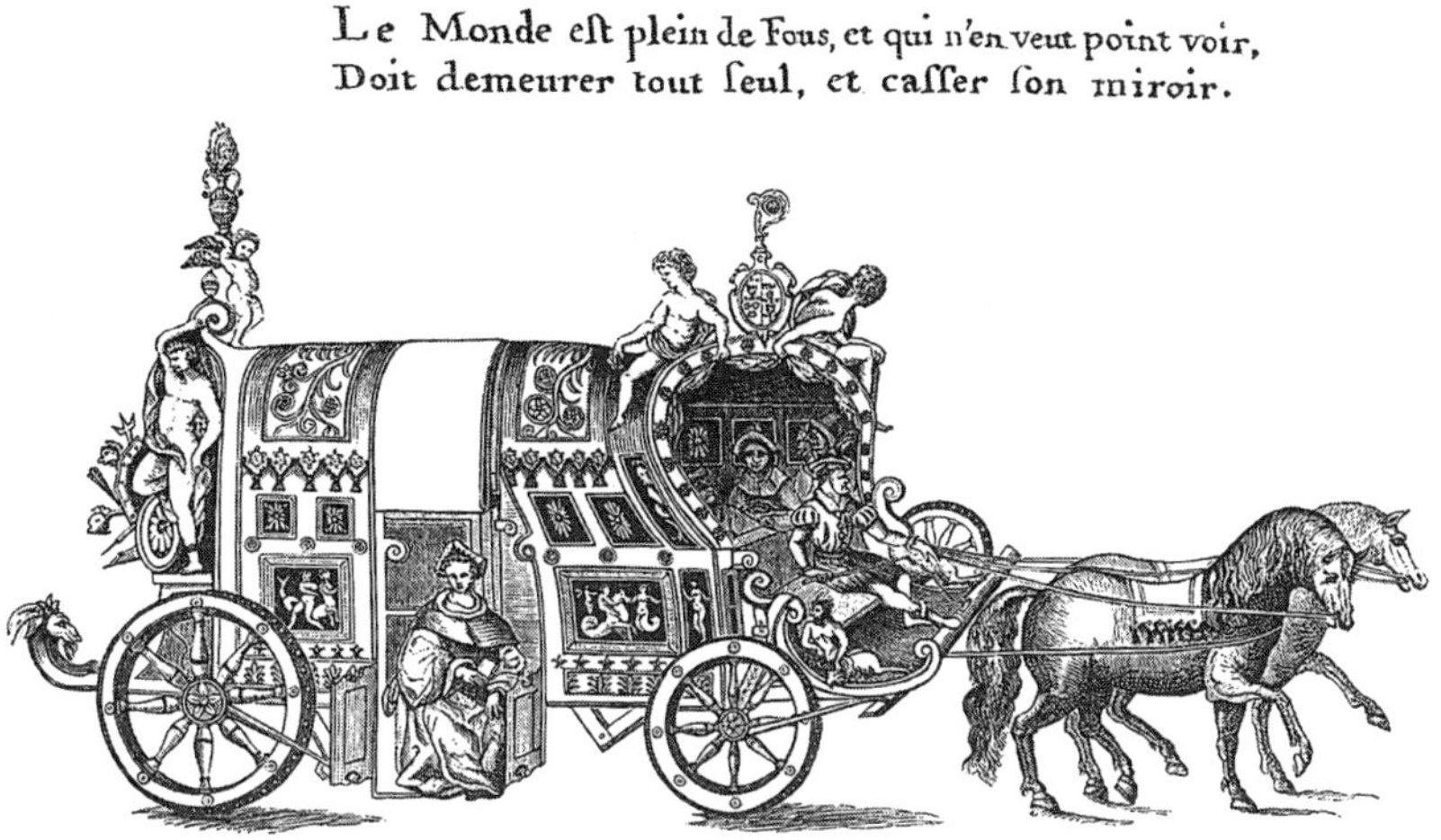
Le Monde eſt plein de Fous, et qui n'en veut point voir,
Doit demeurer tout ſeul, et caſſer ſon miroir.

「愚者の祭」におけるディジョン「狂った母」のパレード。銘文は「世界はどこも愚者（阿呆）ばかり。それを見たくないならば、ただひとり、自分の鏡を砕かなければならない」。作者不詳版画、1610年。パリ、オペラ座図書館蔵

てパリに姿を現したイタリア人役者たちのように、職業芸人としての可能性を模索していた。そんな彼らの中からは、やがて新たに一座を組織し、あるいは常設館の舞台に進出して、後述する「大市芝居《テアトル・ド・ラ・フォワール》」の役者たちともども、喜劇的な寸劇ともいうべき笑劇や悲劇および悲喜劇を典型とする、民衆演劇の発展に多大の貢献をするようになる者も出てくる(3)。

そのことを論ずるために、フランス演劇史に煌々たる光芒を放つオテル・ド・ブルゴーニュ座について、蛇足を承知で少し説明しておかなければならない。この常設の「国王劇場」の歴史は、聖王ルイの兄弟でもあったアルトワ伯ロベール二世が、一二七〇年に建てた邸館《オテル》に始まる。場所は、パリの右岸レ・アル（中央市場）地区のモーコンセイユ通り（現エティエンヌ＝マルセル通り）と、一一八〇年から一二一〇年にかけて、時のフランス国王フィリップ・オーギュストが築いた市壁との間。そこには、今もなお当時のたたずまいを僅かに偲ばせる建物がある。だが、ロベール二世が五四歳で他界して十六年後の一三一八年、同伯爵家はブルゴーニュ公爵家と縁組みし、邸館の所有権は婚資として後者に移動する。こうし

三位一体の祝日（聖霊降臨祭直後の日曜日）の翌月曜日に営まれていた、シャトレ裁判所（正面）のバゾッシュたちによる騎馬行列。16世紀の版画摸写。カルナヴァレ博物館蔵

て邸館は、呼称から分かるように、百年戦争中、ポワティエの戦いで戦功をあげた勇胆王フィリップ（一三四二－一四〇四）から無畏公ジャン（一三七一－一四一九）、さらに勇胆王の孫の善良公フィリップ三世（一三九六－一四六七）を経て、勇胆王シャルル（一四三三－七七）にいたるまで、四代のブルゴーニュ公がパリの居宅として用いるようになった[4]。

　ラブレーの『ガルガンチュワ物語』がリヨンで出版された一五四三年、百年戦争で疲弊した国庫の回復と市場の近代化を図るため、国王フランソワ一世は王室直轄財産の譲渡を決める。これによって、ブルゴーニュ邸館は、同じレ・アル地区のフランドル邸館や、ルーヴル宮に隣接し、宮廷人の仮面舞踏会などにも用いられていたプティ＝ブルボン宮などと同様、売却されることになる。後二者はいずれも大広間兼舞台を有しており、このうち

一五三九年頃から王室所有となったフランドル邸館では、二年後の一五四一年には受難劇『使徒行録の聖史劇』が上演されている。また、一六一四年に全国三部会の会場ともなった宮廷バレエ用のプティ=ブルボン宮は、ルイ十四世が自ら『夜のバレエ』劇に出演した一六五三年以来、イタリア人一座の常打ち劇場となり、首都に戻ったモリエール一座も、一六五八年から二年間、ここを本拠とするようになる。

　こうして売りに出されたブルゴーニュ邸館の買主は、パリの富裕市民を中心とする信徒劇上演団体「受難同宗団《コンフレリ・ド・ラ・パシオン》」だった。後述するように、同宗団とは本来特定の聖人に対する崇敬を同じくする者たちが、相互扶助や慈善的・宗教的行為を目的として組織した結社を指す。キリスト教が普及・発展する上で、間違いなく下支えとなった同宗団は、一説に、十三世紀から十五世紀末にかけて、西欧世界全体で数千を数えたという[5]。十五世紀最初のペスト禍がようやく下火になった一四〇二年に、聖史劇愛好家として知られる国王シャルル六世によって創設された、「救い主にして贖い主であるイエス=キリストの受難と復活同宗団《コンフレリ・ド・ラ・パシオン・エ・レジュレクシオン・ド・ノートル・ソヴール・エ・レダンプトゥール・ジェジュ=クリ》」を前身とするこの社団は、巡礼や旅行者の一時宿泊所ともなっていた、サン=ドゥニ通りにあるトリニテ（聖三位一体）施療院一階の大広間で、キリストの受難や聖人たちの生涯などを主題とする芝居、すなわち聖史劇（受難劇）を上演していた。

オテル・ド・ブルゴーニュ座跡（筆者撮影）

　パリにおける聖史劇の上演自体は、むろん彼らをもって嚆矢とするものではない。すでに一三四〇年から一三八二年まで、金銀細工師たちの同宗団が毎年『聖母の奇蹟』を上演していたという[6]。一三八一年には、前年他界した父王シャルル五世のあとを受け、弱冠十三歳で国王に即位したシャルル六世のために、セーヌ左岸のサン＝ポール邸館で受難劇の御前興行が営まれたが、一三九八年には、逸脱や混乱があまりにも甚だしいとして、パリ奉行はその上演を認可制にしている。(7)

はたしてそうした過去の経緯を知ってか知らずか、受難同宗団の演目である『使徒行録の聖史劇』や『旧約聖書の聖史劇』といった作品は、かなり卑俗的な脚色が施され、それがためにかえって評判を呼んだ。事実、全長四二メートル、奥行十二メートルの舞台で繰り広げられる芝居を教区民に見せるため、本来なら批判する側に回るべき司祭すら、晩課の時間を繰り上げるほどだった。そこではまた、文芸の擁護者としても知られるフランソワ一世（在位一五一五－四七）の意向もあって、世俗的な主題の笑劇もかけられた。(8)

だが、一五四五年、高等法院はトリニテ施療院を孤児の収容所兼職業訓練学校である「アンファン・ブルー（青い子供たち）」――孤児たちが青色の服を着ていたところから――に改組する。その結果、移転を余儀なくされた同宗団は、すでに売却が決まっていたフランドル邸館に入る。しかし、それも二年間だけの契約で、一五四七年にはそこからも追い出され、行き場を失っていたところだった。

一五四八年、ようやくブルゴーニュ邸館を新たな本拠地として手に入れた受難同宗団は、邸館の西側に間口三四メートル、奥行き三二メートルの劇場を建て、以後、独占的に芝居を上演するようになる。しかし、同年末に高等法院が、通俗化した聖史劇の上演を禁止したため、(9)そこで舞台にかけられたのは「合法的かつ真面目な」主題の芝居、すなわち教訓劇や歴史劇だけだった。案の定、興行は失敗だった。一五四五年頃にイタリアのパドヴァで結成され、一五七七年にはシャルラタンとともにパリに本格的に進出し、高等法院の敵意にもかかわらず、カトリーヌ・ド・メディシスと息子アンリ三世の庇護のもと、新しい喜劇の演出法や個性的な登場人物で評判をとった、コメディア・デラルテのゲロジ・デ・ヴィルトゥ・エ・オノレ（字義は「徳性と名誉への嫉妬」）座、通称ゲロジ一座との競合も、その失敗因の一つとなったことだろう。(10)

財政的に行き詰まった同宗団は、サン＝バルテルミの虐殺の首謀者で王位すら狙っていた、カトリック同盟の中心人物ギーズ公が暗殺されるなど、物情騒然としていた一五八八年以降、口さがないパリっ子たちから「悪魔の館」[11]などと呼ばれていた劇場を、さまざまな職業的劇団に貸し出すようになる。その中には、一度帰国して、同年パリに舞い戻ったばかりのゲロジ一座やイギリス人のシーヘイス（ジャン・テイ）一座、トリスターノ・マルティネッリ、通称アルルカンの一座、さらには、阿呆劇や笑劇を上演する前記「アンファン＝サン＝スーシ」劇団があった。使用料は週一度だけの公演で年間二〇〇〇リーヴル。いささか粗雑な計算でいえば、この金額は約一万人の入場料に相当する。

## オテル・ド・ブルゴーニュ座の役者たち

一五九九年には、ヌムール公爵の部屋付き小姓から役者となったヴァルラン・ル・コントの一座が、ブノワ・プティ一座やイタリア人劇団とともに、この劇場で（悲）喜劇や笑劇を上演していた。[12]同じ年、トマス・プラッターはこれらの一座による芝居を見物している。だが、彼がどのような出し物を見たかは分からない。翌年、おそらく借財から逃れるためにパリを離れたル・コントは、一六〇六年ないし一六〇九年に舞い戻り、以後数年間、定期的に受難同宗団の邸館で興行を打つようになる。当初、ここでは「王立劇団」を名のるル・コント一座に加えて、彼と首都での人気を二分していたラ・ポルト、本名マチュー・ル・フェーヴル率いる一座が、交互に芝居を上演していた。翌一六一〇年、両座は合体する。

こうして新たに結成された当時最強の一座は、笑劇の名優であるパン職人出身のグロ＝ギヨーム、本名ロベール・ゲラン（一五五四―一六三四）や、ゴルティエ＝ガルギユことユーグ・ゲリュ（前章参照）、ラ・ポルトの妻マリ・ヴニエールとともに、フランス最初の女優と目されるラシェル・トルポーなど、錚々たる顔ぶれを擁することになる。むろんそこには、一五九八年からル・コント一座の座付き作家として活動し、古代神話やセルヴァンテスなどの影響のもとに、生涯じつに五〇〇篇とも六〇〇篇ともいわれる戯曲（現存するのは三四篇のみ）を著したアレクサンドル・アルディ（一五七〇頃—一六三二頃）の姿もあった。そして、この一座は、一六〇〇年に受難同宗団から上演権を得た新ゲロジ座のイタリア人役者たちと競演しつつ、パリ唯一の常打ち劇団としての名声を高めていった。[13]

とはいえ、ル・コント一座が劇場に支払った賃料は、一六一一年の場合、半年余で一六五〇リーヴル。平土間の立見席が五スー、桟敷席が一〇スーの入場料だったことからすれば、少なくとも延べ六〇〇〇人の観客が入らなければ元がとれない計算となる。むろんそれだけでは役者の出演料まで回らない。日に三回の興行は、したがってそのための精一杯の闘いだった。[14] 一六一三年には、イタリア人劇団のアッチェジ一座も新たにここを拠点として即興喜劇を上演し、徐々に多くの観客の評判を得るようになった。

そして、のちにマレ座を創設するル・ノワール（一六三七没）とモンドリーことギヨーム・デ・ジルベール[15]（一五九四—一六五三／五四）の一座が、今日ポンピドー・センターのあるパリ右岸ボーブール地区のベルトー室内掌球場で、ピエール・コルネイユ（一六〇六—八四）の処女作とされる五幕物の韻文喜劇『メリットまたは偽手紙』を上演して大当たりをとった一六二九年、この劇場は「テアトル・ド・ロテル・ド・ブルゴーニュ（オテル・ド・ブルゴーニュ座）」となり、国王顧問会議裁決によって、ル・コント亡き後の王立劇団を率いたベルローズことピエール・ル・メシエ（一五九二頃—一六七〇）と、一六一二年から自前の一座をもつようになるグロ=ギヨームに三年契約で貸し出される。後者はオレンジ公の庇護を受けていた。使用料は年間二四〇〇リーヴル。

そんなオテル・ド・ブルゴーニュ座について、パリ高等法院の次席検察官（！）でもあった天才的な放縦詩人クロード・ル・プティは、十七世紀中葉の代表作『破廉恥な年代記ないし馬鹿げたパリ』の中で次のように皮肉っている。[16]

音に聞こえたこの劇場では、
一〇人のコキュ（寝取られ亭主）と一〇人の娘が情事に耽り、
その分だけ殴り合いがあり（……）、
娘たちは笑劇を演じる。
仮装した掌球場、
王立化した大衆娼館、
この奇妙な地にあるオテルよ、
私に褒めてもらいたいなら、
平土間席にただで入れてくれるのが条件だ。

役者同士が一種の「内婚」を行い（第二章註31参照）、平土間席でも十五スーもした同座を当てこすったものだが、国王といわずサン＝イノサン墓地といわず、さらには絞首台までも諷刺や皮肉の俎上にあげ、時に卑猥な、そして時に限りなく放縦な歌を作り続けたル・プティ自身は、おそらく公序良俗を乱した（？）として、一六六二ないし六五年、革命時までパリ最大の刑場だったグレーヴ広場、すなわち現在の市庁舎前広場で焚刑に遭っている。二〇代半ばでの死であった。

その諷刺詩人に「大衆娼館」とまで皮肉られたオテル・ド・ブルゴーニュ座ではあったが、一六八〇年まで、フランス古典演劇史に名を残す重要な役者たちが、相次いでこの舞台に上がっている。とりわけ、突き出た腹に二本のベルトを重ね巻きした座長のグロ＝ギヨームと、しなやかな痩身を黒服に包み、先のとがった顎鬚つきの老人の仮面をかぶって、手にした杖を器用に操るゴルティエ＝ガルギユ――彼は詩人としても知られていたという[17]――、さらに、大食漢のトリックスター的小姓を演じたテュルリュパン、本名アンリ・ルグラン（一五八七－

オテル・ド・ブルゴーニュ座の三羽烏と笑劇のスターたち。左からモリエール、ジョドレ、ポワソン、テュルリュパン、（1人おいて）アルルカン（アルレッキーノ）、ギヨ=ゴルジュ、グロ=ギヨーム、（1人おいて）ゴルティエ=ガルギユ、プルチネルラ、パンタローネ、スカラムーシュ、ブリゲット、トリヴェッリーノ（ザンニ）。（出典　R.AUGUET: *Fêtes et spectacles populaires*）

一六三七）の三人は、当代きっての笑劇三羽烏として人気を博した。ただし、三人が一緒にオテル・ド・ブルゴーニュ座の舞台に立ったのは、一六一六年からの三年間だけだった。

三羽烏亡き後にこの劇場をさらなる隆盛へと導いたのは、パリの貴族の家系に生まれ、軍人から悲劇役者に転身するという、一風変わった経歴をもつフロリドール、本名ジョジア・ド・スーラ（一六〇八－七一）だった。一六三八年、三年間の旅回りから戻りマレ座に入った彼は、当時権勢を誇っていた宰相マザラン好みの仕掛け芝居をマレ座で演じていた[18]。いずれこのスペクタクル性に富んだ上演様式は、オペラへと受け継がれていくことになるが、一六四七年、マレ座の座長だった彼は、「圧政者」ベルローズが引退したオテル・ド・ブルゴーニュ座に移る[19]。この移籍に際して、フロリドールは座長株や舞台衣装などを贖うため、二万リーヴルという大金を払ったという（ただし、ベルローズのあとはモンフルリが国王劇団の実権を掌握したとの説もある）。

マレ座の座付き作家で、一〇年前、スペインの叙事詩『ロマンセーロ』に触発された悲喜劇『ル・シッド』を発表して大当たりをとった、ピエール・コルネイユもまたそれに倣った。演劇史家のアンリ・ラグラヴによれば、この作品は一三二回上演され、六万四一五四の観客を得たという（平均観客数四八六）。コルネイユの作品のうち、観客動員数と平均観客数では、それぞれ六万九三六六人、八一六人のキリスト教悲劇『ポリュークト』（一六四三年）に譲るが、[20]ただし、『ル・シッド』自体は、リシュリュー枢機卿の不興を買っただけでなく、さらに枢機卿の信任篤い演劇批評家のドービニャックが、主著『演劇作法』（一六五七年）の中で理論化を図った、時・場・筋の単一を旨とする、いわゆる「三単一の法則」に反するとして、激しい非難を浴びたのだった。

こうしてフロリドールは、他界するまでの二四年間、オテル・ド・ブルゴーニュ座を指導するようになるが、この座長としての年月の長さは、彼がかつて率いていたマレ座に代表されるように、目まぐるしいまでに座長の交代劇がみられた当時の演劇世界では、むしろ例外に属した。オテル・ド・ブルゴーニュ座ひとつをとってみても、明らかに彼は長期政権を保ったといえる。事実、グロ＝ギヨームの座長期間は五年（一六一九－二四年）、ベルローズは十三年（一六三四－四七年）、フロリドールの後を襲った同座最後の座長オートロシュは、九年（一六七一－八〇年）たらずだった。彼に匹敵するのは、ライヴァルのマレ座最後の座長となったラ・ロックくらいだが、それとても、一六七三年までの二〇年間だった。[21]

フロリドールが座長だった間、同座はコルネイユの悲劇も上演するようになる。[22]また、一六六八年には、役者であることが貴族の体面を汚すものではないとの高等法院裁決が出されているが、むろんそれは国王劇団を率いるフロリドールのためだった。

さらに、コメディア・デラルテの従僕クリスパン（クリスピーノ）役で一世を風靡したベルロシュ、すなわちレイモン・ポワソン（一六三三頃―九〇）も、一六六一年、地方巡業からパリに出てここを拠点とした。なるほどそれには、ボルドーや南仏エクサン＝プロヴァンスで、彼に計四〇〇〇リーヴルの手当を与えて援助した、ルイ十四世の意向も大きく物を言ったに違いない。だが、それ以上に、彼の喜劇役者としての才能は豊かなものだった。事実、十八番《おはこ》のクリスパン役は、同時代のコルネイユや、パリ高等法院評定官の子として生まれ、聖職者からロマン・コミックの旗手へと転身したスカロン（一六一〇―六〇）[23]の作品はもとより、彼の死後も、若くしてコメディー＝フランセーズ座の喜劇役者となり、「ダンクール様式《ダンクラード》」と呼ばれる韻文喜劇で知られる、フロラン・カルトン・ダンクール（一六六一―一七二五）――ジョルジュ・サンドは彼の玄孫《やしゃご》――の作品にもしばしば登場するほどだった。また、弁護士から転身したアラン・ルネ・ルサージュ（一六六八―一七四七）などは、『チュルカレ』（一七〇九年）より二年早く、スペイン風演出になる『クリスパン』（一七〇七年）を発表してもいる。[24]

　こうしてベルロシュは、オテル・ド・ブルゴーニュ座の舞台を盛り上げた。一方、彼は戯作者としての資質にも恵まれ、一六八一年までの二〇年間に一幕物の喜劇作品を九本発表している。その中で、一六六二年の『クラスの男爵』はとくに高い評価をかちえた。

　しかし、オテル・ド・ブルゴーニュ座の地位はつねに安泰であったわけではない。前述したように、一六五三年からプティ＝ブルボン宮を本拠とするようになったイタリア人劇団は、黒ずくめの衣装に身を包んだ臆病者の道化スカラムーシュ――その代表的な役者としては、役柄を芸名としたフィオリッリ（一六〇八？―九四）がいる――や、さまざまな色の菱形模様からなる服に黒の仮面をかぶり、腰に木剣を差したもう一人の道化アルルカンを押し立てた喜劇で、しばしばパリっ子たちの話題を攫った。しかも、ルイ十四世はこの劇団をとくに手厚く庇護した。オテル・ド・ブルゴーニュ座より六〇〇〇リーヴルも多い、一万八〇〇〇リーヴルもの年金を与えていたのだ（一六八五年まで）。

　そんなイタリア人役者たちと、幅七〇メートル、奥行き十六メートルの舞台を共同使用していたモリエールもまた、生家近くのオテル・ド・ブルゴーニュ座を敵視していた。十数年前に結成した「盛名劇団」の夢が、オテル・ド・ブルゴーニュ座との競合に敗れて瓦解したことを、むろん彼は忘れていなかった。だとすれば、パリに戻った翌年の一六五九年、『才女気取り』で早々と大成功を収めたのは、彼にとってはまさに溜飲の下がる思いだったろう。同年、オテル・ド・ブルゴーニュ座に悲劇『オイディプス』をかけたコルネイユの人気にも、そろそろ翳りが見え出していた。

## モリエール

一六六〇年、ルーヴル宮の拡張工事によってプティ＝ブルボン宮が取り壊されると、モリエールはイタリア人劇団ともども、枢機卿宮殿の南東角にあったパレ＝ロワイヤル座に移る（一六七三年まで）。幅三五メートル、奥行十七メートルのこの劇場は、演劇の庇護者としても知られるリシュリュー枢機卿が、一六四一年にルーヴル宮の建築家ルメルシエに命じて設けたもので、こけら落としの作品は、リシュリュー自身が父の優しさを示すために書いたとされる[25]悲喜劇の『ミラム』（一六三九年）だった。

モリエール一座の移転後最初の出し物は、『ナヴァラのドン・ガルシアもしくは嫉妬公』。満を持した作品だったが、評判は芳しいものではなかった。だが、幸いなことに、劇場の賃貸料はなかった。加えて、オテル・ド・ブルゴーニュ座の半分とはいえ、新たに年六〇〇〇リーヴルの国王年金も得られるようになった。

こうして安定した演劇生活を送れるようになったモリエールは、一座の設立者の一人マドレーヌ・ベジャールの娘とも妹ともされるアルマンド・ベジャール（一六四二？－一七〇〇）を妻に迎えた一六六二年、五幕韻文喜劇の『女房学校』を発表し、以後、矢継ぎ早に上演される作品群の成功もあって、劇作家として不動の地位をほしいままにするようになる。おそらくそれは、モリエールの演劇的戦略、すなわち自らの芝居に当時の社会の典型的な人物像、たとえば才女や横柄なブルジョワ、スノッブで自尊家の貴族、堕落した大領主、無知で形式主義の医者などを登場させたこと、つまり、舞台を社会の雛型そのものに仕立て上げえたことと無縁ではないだろう。ロジェ・ギシュメールはそこに《風俗喜劇》の出現をみているが、(26) さらに一六六四年、モリエールは、ジャンセニズムの拠点であったポール＝ロワイヤル修道院出身のラシーヌの処女作悲劇『ラ・テバイッド』を、何とか自らの手で舞台にかけた。翌年には、同じラシーヌのロマネスク風歴史悲劇『アレクサンドル大王』も世に送り出し、大向こうを唸らせることに成功する。モリエールはまさに絶頂の極みにあった。

ところが、この二作目は、あろうことかオテル・ド・ブルゴーニュ座でも上演されてしまう。モリエールにしてみれば、まさに寝耳に水の出来事だった。経緯は不詳だが、原因は明らかにラシーヌの背信行為にある。当然のことながら、これによってモリエールとラシーヌの関係は一気に冷え、やがて後者は、ピエール・コルネイユの弟トマがいるオテル・ド・ブルゴーニュ座へと移る。モリエールの同座に対する敵愾心が、こうしてさらに増幅したことはいうまでもない。

錯綜著しい十七世紀のフランス演劇界は、異才モリエールの登場によって一層目まぐるしいものとなった。そのモリエールが一六七三年に五一歳で他界すると、彼の一座は未亡人アルマンド・ベジャールの手に委ねられる。それを支え、実質的な座長となったのが、一六六四年より役者として一座に加わり、やがてモリエールの信頼を一身に集めるようになったラ・グランジュことシャルル・ヴァルレ（一六三九頃―九二）だった。そんなラ・グランジュの必死の奔走もあって、一座は解体の危機を何とか免れ、セーヌ左岸のマザリヌ通りとゲネゴー通りの角地、前年末にオペラ座がメドゥシヌ通りに移転して空家になっていた旧ブテイユ室内掌球場（本章註18参照）に、新たな拠点を見つける。ゲネゴー座の誕生である。数か月後には、取り壊しにあったマレ座の役者たちも、このゲネゴー座に移された。

だが、モリエール一座の一部の座員は、ゲネゴー座への移動をよしとしなかった。いわんや、晩年近くのモリエールとオペラの上演独占権を巡って確執のあった、フィレンツェ出身の作曲家ジャン＝バティスト・リュリ（一六三二－八七）が実権を掌握したパレ＝ロワイヤル座に移ることなど問題外だった。こうして行き場を失った彼らが最終的に選んだのは、オテル・ド・ブルゴーニュ座の舞台だった。つまり、ほかでもないモリエールの仇敵（！）に結果的に新天地をみつけたのだ。その中には、『人間嫌い』のフィリント役などで鳴らし、一六六八年には自作の『クレオパトラ』も上演するなど、目覚しい活躍をしていたラ・トリリエール（一六二六頃－八〇）もいた。歩兵隊長出身の彼は一六五九年から二年間、妻の叔父ないし伯父の率いるマレ座に所属していたが、一六六二年にモリエール一座に移ってからは、その能吏を見込まれて一座の経理も担当し、さらにこのオテル・ド・ブルゴーニュ座では、死ぬまで支配人をつとめたのだった。

モリエールの敵といえば、ほかにも三代目のモンフルリこと、アントワーヌ・ジャコブ（一六三九頃－八五）がいる。法律家から劇作家へと転身した彼は、その二二点にのぼる作品すべてを、祖父フルリからモンフルリの名跡を継いだ父ザシャリが皇帝や国王役で一世を風靡した、オテル・ド・ブルゴーニュ座の舞台にのせている。前述したフロリドールの娘と結婚して同座での地歩を固めた彼は、一六六三年に発表した『コンデ邸館の即興劇』で評判をとったが、それは彼の父をはじめとする《偉大な役者たち》の大仰な台詞回しを揶揄した、モリエールの『ヴェルサイユ即興劇』（一六六三年）を諧謔的に剽窃したものとも、彼と実の娘（？）アルマンドとの近親相姦（？）を難じたものともいう。[27] ちなみに、モリエール一座とオテル・ド・ブルゴーニュ座の競演作品としては、ほかに一六六五年の『コケットな母』（ドノー・ド・ヴィゼ作とキノー作）や、一六七〇年の『ティトとデュ・ベルレーニス』（コルネイユ作）と『デュ・ベルレーニス』（ラシーヌ作）などがある。

当時、公演は午後のみで、時間も二時から四時半頃までとなっていた。「マチネー（昼興行）」という慣行の由来だが、もとより道路事情と治安状態を考えれば、当時は夜の公演など無謀かつ不可能だった。入場料は一階立見席（平土間）で五スー、階上席と桟敷席が一〇スーだったという。この頃には、すでに演目のポスターがパリのあちこちに貼り出されるようになっていたが、じつはそれもオテル・ド・ブルゴーニュ座が一六一七年に始めたものであり、一六二五年からは作者の名もそこに明示されるようになった[28]。

## コメディー=フランセーズ座とその周辺

前記受難同宗団が解体して四年後の一六八〇年、ルイ十四世は、封印状をもって、指導者のラ・トリリエールを失ったばかりのオテル・ド・ブルゴーニュ座と、旧モリエール一座およびマレ座の劇団員を中心とするゲネゴー座の座員たちを合体させ、新たにコメディー=フランセーズ座（別名「モリエールの家」）を組織する。むろんその中には、マレ座からオテル・ド・ブルゴーニュ座に移り、さらに一六七九年にゲネゴー座に迎えられた、ラシーヌ悲劇の名女優シャンペレ、本名マリー・デマール（一六四二－九八）もいた。

こうした措置は、劇団の一極集中化をもたらすと同時に、国王による演劇活動の効率的な統制を意味した。事実、この封印状には、パリでの独占的な演劇上演権を、コメディー=フランセーズ座のみに与えることが明記されていた[29]。座長のラ・グランジュ以下、男女計二七名の座員は、国王の意を受けて設置された側近たちの委員会ないし事務局によって選ばれた。上演作品の決定や配役すらも、委員会が差配した。ただし、ゲネゴー派とオテル・ド・ブルゴーニュ派の座員の間に横たわっていたはずの根深い反目を、この委員会がどこまで霧消させたかは不明である。

ともあれ、こうして誕生したコメディー=フランセーズ座は、以後、一万二〇〇〇リーヴルの国王助成金と引き換えに、週三日の公演という従来の慣行を廃して、一七一六年以降のコメディー=イタリエンヌ（イタリア喜劇）座同様、毎晩開場することが義務づけられる（王立音楽・ダンスアカデミー、のちのオペラ座は春・冬季は週四日、夏・秋季は日曜日のみの上演）。これによって、たとえばラシーヌ悲劇の傑作『アンドロマック』（初演一六六七年）は、一六八〇年から一七〇〇年までの二〇年間で、じつに一一六回も上演されることになる。だとすれば、この上演回数の増加は、そのまま役者たちに出演の機会と実入りの増加を保証したはずである。

一方、主のいなくなったオテル・ド・ブルゴーニュ座には、イタリア喜劇でアルルカン役をやらせたら並ぶものなしとの評判をとり、ワトーに画想すら与えたとされる、メッツェティン（一六五四―一七二九）率いるイタリア人役者たちだけが残った。彼らは、フランス国王の抱える唯一のイタリア人劇団員として、国王ルイ十四世から、コメディー＝フランセーズ座より多い一万五〇〇〇リーヴルの年金を与えられ、ゲラルディ（一六六〇ないし六三―一七〇〇）作の《アルルカン物》をはじめとする、さまざまな笑劇を演じるようになる。だが、こうした手厚い保護も一六九七年までだった。この年、彼らは、最初の夫スカロン（前述）と死別して辛酸を舐めたが、ついには持ち前の美貌と策略とで国王の第二夫人におさまるまでになったマントノンを、喜劇『偽りの上品さ』の中で揶揄してその怒りを買ったため、フランスから追放されてしまったのである。(30) それはまた、コメディー＝フランセーズ座では飽き足らないパリっ子たちが、大市演劇（後述）へと向かうきっかけともなり、と同時に、一般に「喜劇戦争《ゲール・コミック》」として知られる、同座の大市演劇に対する敵視の始まりを告げるものともなった。

では、オテル・ド・ブルゴーニュ座からコメディー＝フランセーズ座の誕生へと至る、こうした古典劇の歴史の中で、シャルラタン芸人たちはどのような活動を展開したのか。そろそろ本題に戻ろう。

## シャルラタンと演劇世界

オテル・ド・ブルゴーニュ座の役者ガリネット・ラ・ガリナが、一六一〇年、医師トマ・ソネ・ド・クルヴァルから指弾を受けたフェランティ一座のメンバーとして、その売薬行為に関わっていたことについてはすでに前章で指摘しておいた。はたして無理なパフォーマンスが祟ったのか、自慢の秘薬オルヴィエタンが効なかったためか、フェランティは若くして他界する。オペラトゥールから国王の正式調剤師にまでなった前夫ジョヴァンニ・ヴィトラリオ、通称トラモンタンと死別し、またしても再婚相手に先立たれた未亡人の女優クラリス・ヴィトリアリア（クラリッサ・ヴィトラリオ）は、やがて三度目の結婚をすることになる。新しい相手は、あのオルヴィエタンの考案者とされるコントゥギだった。(31)

当時、コントゥギは喜劇役者の一座を率いて、ポン＝ヌフ橋で芝居を上演し、自らも「大法螺吹き」を意味するスカッパモンテの役で舞台に出ていた。そんな彼にとって、女優との結婚はおそらく心強いものがあったろう。むろん、すべての毒や毒蛇の嚙み傷などに抜群の効き目があるとの触れこみで、本家本元のオルヴィエタンも売っていた。事実、一六四〇年、彼はドーフィネ広場に近いセーヌ河岸のケ・ドーギュスタン通りに店を構え、一六四七年には、国王から正式なオペラトゥールの鑑札を授かり、併せて王国全土でオルヴィエタンを調合・販売する権利と、商売敵が薬にこの名を使うことを禁ずる資格を得ているのだ。(32)そしてその前年、コントゥギは夫婦揃ってフランス国籍への帰化許可書を取得し、さらに夫婦間の相互贈与証書を作成した一六四九年には、「国王付き解毒剤オペラトゥール」の称号をも得ている。

こうして役者とシャルラタンの二足の草鞋《わらじ》を履いていたコントゥギの名は、パリ市民に広く知られるところとなり、当時の版画にも、好んでその勇姿が表されるほどだった。また、前述したベルロシュの『バスクの詩人』（一六六九年）や、ル・ブーランジェ・ド・シャルセの『心気症のエロミル』（一六七〇年）などの劇作にも登場している。筆者は未見だが、興味深いことに、このル・ブーランジェの作品には、若いモリエールがコントゥギのもとで最初の役者修業に励んだとの記述があるという。(33)

さらに、フルネルによれば、一六〇六年にオテル・ド・ブルゴーニュ座に入ったという笑劇役者のブリュスカンビユ、本名ジャン・グラシュー（芸名デ・ローリエとも。一六四三没）も、もとは師匠格のオペラトゥールであるジャン・ファリヌとともに、南仏を中心に薬を売り捌いていたという。この師弟の関係は、ファリヌとライヴァル関係にあったあのモンドールとタバランのそれを思い起こさせるが、ファリヌは単なる売薬オペラトゥールではなく、優れた道化役者でもあった。売薬の合間に、弟子に笑劇の台詞と口上の技法を教え込み、その薫陶よろしきを得て、ブリュスカンビユは晴れの舞台に立つまでになったというのだ。

ところで、当時、パリのポン＝ヌフより一本川上にかかっていたシャンジュ（両替）橋の両側には、名称から分かるように、両替商や金銀細工師が店を連ねていた。弟子とともにパリに出てきたジャン・ファリヌは、この橋を売薬の舞台に選んだ。すなわち、日曜日や祝日に、橋の上に露店を出し、口上巧みに薬を売ったのである。何しろ縁なし帽をかぶった師と顔に白粉を塗った弟子の組み合わせである。白粉《ファリヌ》がほかでもない師匠の名のもじりであることを知る物見高い首都の野次馬たちにとって、そんな二人の掛け合いは、彼らが扱う薬以上に興味深いものだったろう。(34)

だが、こうしてシャルラタンとしての成功を収めた二人は、ブリュスカンビユとオテル・ド・ブルゴーニュ座との三年契約が終わるのを待って、一六一〇年から数年間、ふたたび地方を巡るようになる（一六一一年に「国王劇団」のル・コント一座に加わり、翌年には退団したとする説もある）。その間、ブリュスカンビユはパリやルーアンなどで、『ブリュスカンビユの新しくも愉快なる想像力』（偽名デ・ロリエ、パリ、初版一六一五年）や、『デ・ロリエ殿のおどけた演説、逆説、説教、前口上を含むブリュスカンビユの空想』（ルーアン、同一六一五年）などを刊行している。やがてこれらの著作は、彼の死後、間もなくしてトロワの書肆ウドを版元とする廉価版の青（表紙）本《ビブリオテーク・ブルー》叢書（第八章参照）に入り、おそらく行商人によってかなりの部数が各地にもたらされたはずである。

著作するシャルラタン。これもまた、彼がタバランと比される所以だが、パリに舞い戻った彼は、短期間マレ座の舞台に立った後、一六二三年、最終的にオテル・ド・ブルゴーニュ座に腰を落ち着け、視力を失う一六三四年まで、舞台をつとめる。ただし、彼の役どころは笑劇の道化役者ではなかった。芝居の序幕に登場して、粗筋

ブリュスカンビユ。『ブリュスカンビユの空想』口絵より。パリ、国立図書館蔵

を観客に面白おかしくモノローグ調で説明する、いわゆる前口上役として大向こうを唸らせたのである。何しろオペラトゥールの師匠から薫陶よろしきを得たブリュスカンビユである。芝居と薬という売りものの違いこそあれ、口上ならお手の物だったはずだ。[35]

　初版刊行から約半世紀後の一六六八年に出された『ブリュスカンビユの空想』の口絵には、おそらくオテル・ド・ブルゴーニュ座の柱廊で、タバランのような幅広の帽子にフロックコートらしき上衣をまとい、右手をあげ、さも得意気に周りの者たちに何かを弁じている、ブリュスカンビユの姿が描かれている。むろん想像図だが、それは、売薬で培った彼の卓抜した口上術がどれほど印象深いものだったかをつとに物語るものといえる。一方ファリヌは、一説によれば、しばらくの間オテル・ド・ブルゴーニュ座の支配人ないし座長をつとめたという。[36]

　ブリュスカンビユが失明のためオテル・ド・ブルゴーニュ座を去ったとされる一六三三年には、同座三羽烏のひとりであるゴルティエ＝ガルギユが六〇歳前後で他界している。そして翌年には、グロ＝ギヨームが八〇歳（！）で大往生を遂げ、さらに、コルネイユの『ル・シッド』がマレ座にかけられて評判を呼んだ一六三七年には、テュルリュパンが五〇歳で世を去る。彼らが埋葬されたのは、聖王ルイ九世が一二四八年頃に聖ソヴールに礼拝堂を奉献し、一二五四年から八四年にかけて教区教会としての陣容を整えていった、サン＝ソヴール教会の墓地だった。

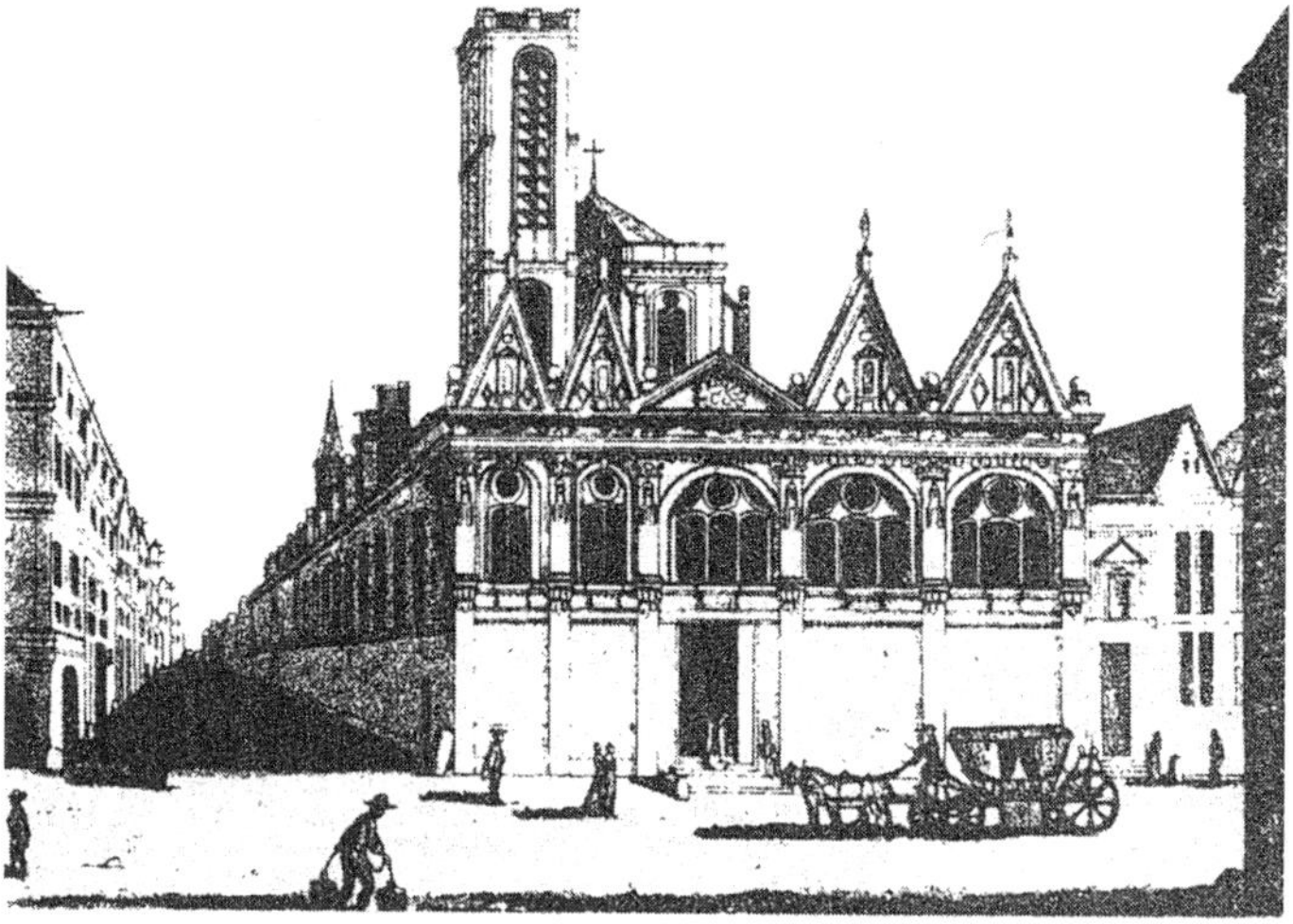

サン=ソヴール教会。年代不明（出典　Sylvie CHEVALLEY : *Album Théâtre classique*）

サン=ソヴール教会跡（筆者撮影）

ちなみに、革命前の一七八五年に撤去されたこの教会の北側、つまり今日のケール広場一帯には、ヴィクトル・ユゴーの名作『ノートル＝ダム・ド・パリ』に舞台を提供した、悪名高い無宿無頼人たちの巣窟「奇蹟小路（クール・デ・ミラクル）」があった。むろんそこは、文無しの惨めなシャルラタンたちにとってもかけがえのないねぐらともなっていた(37)。してみれば、ポン＝ヌフ界隈をシャルラタン世界の光の部分とすれば、まさしくここはその闇の部分だったともいえる。

**ギヨ＝ゴルジュ**

さて、サン＝ソヴール教会に埋葬された役者のうち、どうしても忘れてならないのが、三羽烏の後を襲ってフランス演劇史に彗星のように現れた、ベルトラン＝アルドゥアン・ド・サン＝ジャック、芸名ギヨ＝ゴルジュ（一六〇〇—四八）である。彼もまた、一時期オペラトゥールたちの中に混じっていた。サン＝ジャック通りに店を構えた薬剤商を父とし、パリ大学医学部長の家系につながる彼は、親の意思もあって医学を学んだ。だが、やがて医者への道を自ら閉ざし、密かにパリを脱出して売薬オペラトゥールの一座に加わり、地方を回るようになるのだ。もとより医薬知識を備えた彼のことである。オペラトゥールにしてみれば、願ってもない仲間だったはずである。

それから数年後、口上や客寄せ芝居に才を発揮していた彼は、より栄光に包まれた役者になろうとして、パリに舞い戻る。そして、ベルローズの妹と結婚した翌一六三七年、三羽烏の最後のひとりテュルリュパンが他界したばかりの、オテル・ド・ブルゴーニュ座に運良く仕事の口を見つけ、いよいよギヨ＝ゴルジュの名で笑劇に登場するようになる（一六三三年、他界したゴルティエ＝ガルギユの代わりに同座に入ったとする説もある）。当たり役は、長いマントに幅広の帽子をかぶり、腰に木製の短剣を下げた、色黒で窪んだ目に長い鼻の愚かな医者。おそらく、やがてモリエールの一連の芝居に登場する医者を思い描けば、当たらずといえど、遠からずだろう。

何よりもモリエールは、ギヨ=ゴルジュ演じる医者のイメージを、その作劇法にとりこんでもいたのだ。(38)

ちなみに、一六五八年にパリに戻ったモリエールが、四年後に発表した五幕物の『女房学校』で大成功を収め、これが国王劇団の嫉妬を煽ったことはよく知られているが、一六四六年と一六五〇年に、それぞれギュイエンヌの地方総督エペルルノンと、ラングドックの地方総督コンティ公（前章註92参照）の庇護を受けるようになるまで、いや、そのあとでさえ、旅一座を率いての地方興行には、たえず金の苦労がつきまとっていた。(39) しかも彼には、二一歳の時に旗揚げした「盛名劇団」の苦い失敗体験があった。それゆえかどうか、パリでのモリエールは、時にはオテル・ド・ブルゴーニュ座の出し物と同様のものを、これみよがしに舞台にあげて競演させたり、あるいはブルゴーニュ版を翻案して自分の戯曲に仕立てたりもしている。(40)

ギヨ=ゴルジュ。J・ファルク作版画（出典　V.FOURNEL : *Les rues du vieux Paris*）

ところで、一六三九年当時、オテル・ド・ブルゴーニュ座には、ベルローズを中心として、ギヨ=ゴルジュやモンフルリ（ザシャリ・ジャコブ）、テュルリュパンの未亡人と結婚したデ・バール（ドルグマン）、ブドー兄弟ら、少なくとも六人の売れっ子が揃っていた。だが、一六四一年末までに、デ・バールは指導者の「圧政」を嫌って退団し、ブドー兄弟もマレ座に移っていた。こうした危機的状況下にあっても、しかしベルローズは挫けなかった。彼は国王に窮状を訴え、その後押しで、競合関係にあるマレ座の看板役者たち数人を引き抜くことに成功する。ギヨ=ゴルジュもまたよく義兄を援けた。この時期のオテル・ド・ブルゴーニュ座におけるギヨ=ゴルジュの出し物の原型を、フルネルはシャルラタン=オペラトゥール一座時代

の客寄せ芝居に求めている。(41)

むろんそこには、十六世紀後葉からしばしばシャルラタンに同行したイタリア人芸人の、十七世紀初頭からは、とりわけコメディア・デラルテの道化役者たちの影響もあったろう。(42)たとえば、グロ=ギヨームの白粉を塗った白面は、フランス笑劇に特徴的なものだったが、ゴルティエ=ガルギユの遺言書に記された衣装や鬘は明らかにパンタローネのそれを真似たものであり、(43)タバランの舞台にも登場したテュルリュパンは、当時プティ=ブルボン宮の舞台で大評判をとっていたブリゲッラの擬きだった。さらにいえば、彼らの後継者たるギヨ=ゴルジュの出で立ちそのものは、コメディア・デラルテの道化役者を思わせるものだった。ディアカウフ=ホルスボアは言っている。「ギヨ=ゴルジュは優雅さと醜さとが入り交じった、いかにも奇妙奇天烈な出で立ちゆえに特筆に値する。すなわち、巨大なフェルト帽が彼の恐ろしげな顔を影で隠し、プルポアン〔胴着〕は体に密着していた。そして、靴はたっぷりと膨らみ、縁飾りのついた大きなケープがロマンティックな風采を醸し出していた」。(44)

はたして旅回り出身のギヨ=ゴルジュが、オテル・ド・ブルゴーニュ座で実際にどのような演目に登場したのか、筆者は詳かにしない。だが、名門医薬師の一族に生まれ、自らその素養があったギヨ=ゴルジュが演ずるかぎり、戯画化された医者役はかなり如実なものとなったはずである。医師としての己の正統性を、シャルラタン=旅芸人の危ういいかがわしさによって凌駕し、それを首都の笑劇の演目にとりあげることで、つまり笑いの筋書きに組み込むことで、正統性のもついかがわしさを顕在化しようとする。だとすれば、一六四八年、享年五〇歳で人生の幕を閉じ、三羽烏と同じ墓地の土となるギヨ=ゴルジュとは、ある意味でまさにシャルラタン精神に殉じた一代の喜劇人だったともいえる。

**ゴルドーニ**

いささか余談めくのを承知でいえば、サン=ソヴール教会が消失して八年後の一七九三年、サン=ソヴール通りと直交するデュスー通りで、ヴェネツィア生まれのひとりの偉大なイタリア人劇作家が不遇な死を遂げている。「イタリアのモリエール」とも呼ばれた彼の名は、カルロ・ゴルドーニ(一七〇七生)。一三〇篇以上の喜劇、二〇篇の幕間狂言、五五篇のリブレットを残した彼の作品(一部)や歴史的意味などについては、たとえば『ゴルドーニ劇場』の編訳者である田之倉稔の充実した解説に譲るが[45]、往診医を父とする彼は十五歳で旅回りの一座と行動をともにし、十八歳の時に書いた諷刺劇で放校処分に遭うほど早熟だった。二五歳の時、彼は弁護士資格を取得しているが、これと同時期に書いた幕間狂言『恋ゆえの怒り、あるいはヴェネツィアのゴンドラ漕ぎ』で劇作家の道を志した。そして、二年後にはインメール一座の座付き作者となり、以後数年間、北イタリア各地を巡業した。さらに、三〇歳の時には、サン・ジョヴァンニ・クリソストモ一座を率いるようになったともいう。

やがて彼は生地ヴェネツィアに戻り、一七四三年、本格的な喜劇処女作『勇婦』を発表して、新進の劇作家として認められるようになる。その矢先、知人の詐欺事件に関わって、債権者たちに追われる身となってしまう。やむなく妻ともどもピサに逃れ、翌一七四四年、この地で弁護士を開業する。しかし、芝居への情熱もだしがたく、一七四八年、弁護士を廃業して、『抜け目のないやもめ』を書く。これは、堕落ないし凋落傾向にあったイタリア演劇を改革しようとした野心作だったという。そして翌年、彼はジロラモ・メデバック一座に入って再び帰郷し、サン・タンジェロ劇場に活動の拠点を得る。詳細は不明だが、一七五三年、そのメデバックと仲違いした彼は、貴族の所有になるサン・ルカ劇場に新天地を見出し、作者と座長の二足の草鞋を履くようになる。代表作のひとつ『宿屋の女主人』は、この年に発表されたものである。

こうして彼が名声を獲得するようになればなるほど、ライヴァルたちの妬みや嫉みも大きくなり、仮借のない演劇戦争に巻き込まれていく。これに嫌気がさした彼は、一七六二年、かねてより憧れていたパリに出て、コメディー゠イタリエンヌ座に入る。だが、そこで彼を待ち受けていたのは、憧れとは裏腹な現実だった。オペラ゠コミック座との合併に揺れていた同座で、祖国での彼の経歴は期待に反してほとんど一顧だにされず、辛うじて芝居の筋書きを書いて糊口を凌ぐ有様だった。発表できた作品も、せいぜい『キオッジャのいざこざ』(一七六二年)や『扇』(一七六三年)ぐらいだった。

一七六五年、彼はヴェルサイユで、ルイ十五世の王女クロティルド・イザベラにイタリア語を教える仕事にありつく。これによって、経済的な窮乏はひとまず解決された。だが、それとひき替えでもしたかのように、この頃にはすでに創作活動から実質的に撤退していた。ただ、コメディー=フランセーズ座のために書き下ろした『善良な無骨者』(一七七一年)は、幸いにして大好評を博し、彼の実力をパリ市民はもとより、フランス全土に示すまさに乾坤一擲の作となった。

そして革命。彼のささやかな生計を支えていた国王からの年金も、革命政府によって無情にも断たれてしまう。加えて視力にも見棄てられた彼は、困窮のなか、まるで野垂れ死に近い最期を迎えたという。享年八六歳。死を迎える年齢としての不足はなかったが、それだけに末路は悲惨を極めた。

## 演劇のシャルラタニズム

それにしても、十七世紀のフランス笑・喜劇の世界で、医者役はなぜこうも舞台に頻繁に登場し、しばしば揶揄や哄笑、あるいは侮蔑の対象となっていたのか。これについて、たとえばスウェーデンの演劇史家イレーネ・ピルストロムは、こうした傾向が中世のイタリア喜劇の伝統を引き継ぐものだと指摘したあとで、次のように述べている。すなわち、「弁護士、公証人、教師および他の高等教育に染まった者たちと同様、医者は徐々に都市に広がっていった批判を舞台で表現しようとする際、まさに格好の対象となり、さまざまな科学的経験と新しい発見は、昔流にこだわる医学と対照をなしていた。さらに、医者はすべての批判の上に位置するもうひとつの存在、つまり教会の身代わりとしてもありえたのだ(46)」。

この説に従えば、舞台の上の医者は、新しい知の枠組みの構築を通して覚醒しつつあった民衆の批判に晒されていたばかりでなく、本来教会に向けられるべき批判すら引き受けていた、ということになる。ことほどさように、医者の滑稽にして吝嗇ないし粗忽な役柄は、それを見る観客に笑いを引き起こす仕掛けともなっていた。そうした笑いの底辺には、改めて指摘するまでもなく、時の権力や正統なるものに対する、民衆のいつに変わらぬ反撥や反感が潜んでもいた。グロテスク・リアリズム。ミハイル・バフチーンの驥尾に付していえばそうなるだろう。

ともあれ、十七世紀パリの演劇を支えた役者たちの一部は、ギヨ＝ゴルジュのようにオペラトゥール＝シャルラタンを前身としていた。芝居の傍らで売薬も行うという商魂たくましい者もいた。逆言すれば、広場や大道をパフォーマンスの場とするオペラトゥール＝シャルラタンの世界は、その客寄せ芝居や口上といった演劇的な手法を通して芸人を育てあげ、優れた役者を仮設の舞台から劇場の晴舞台へと送りこんだのだ。

シャルラタンの演劇性と演劇（笑・喜劇）のシャルラタン性。目的と演ずる場こそ違え、パフォーマンスという点において、たしかに両者の距離はそれほどまでに近かった。おそらく観客と笑いも共有していた。つまり、彼ら観客はシャルラタンのいかさま性を、国王公認の舞台で繰り広げられる芝居のドラマトゥルギーのうちに求め、腹を抱えて笑った。事実、モリエールの一連の医者物や、『タルチュフ』（一六六四年）上演禁止の三年後に最小限の手直しで再演された『ペテン師』、あるいはモンフルリの『娘隊長』（一六七二年）などを含む多くの古典喜劇は、騙りや欺瞞、いかがわしさ、さらには当意即妙の機転や皮肉といったすぐれてシャルラタン的な道化言語を、粗筋の端々に伏線として忍ばせ、それを笑いの装置とも起爆剤ともしていたのだ。

そもそも十七世紀とは、周知のように民衆蜂起の時代でもあった。前葉のリシュリュー時代には、徴税官や徴税請負人による増税・新税の徴収に対する農民たちの反国王税一揆が全国的に頻発し、中葉の「フロンドの乱」（一六四八－五三年）が終息したのちも、コルベールの租税政策の中核をなす間接税（塩税や印紙税など）に抗する民衆の蜂起が相次いだ。[47]こうした絶対王政確立期におけるどうしようもない時代の矛盾と、一向に軽減されることのない日々の苦痛の代償を、人々は笑いに求めたともいえる。これについて、ギシュメールは、十七世紀最後の四半世紀には、貴族階級の衰退と徴税官や徴税請負人たちの経済的台頭、一般民衆の貧困化といった根本的な社会変動が起こっていたと指摘したあとで、次のように記している。「（……）あらゆる欲望が荒れ狂い、賭博熱ととめどない色好みが渦巻いている社会、欲深な町人が名誉や金銭、快楽を追求することに夢中になっている社会の乱れた風俗、そんな人びとと風俗を、喜劇作家たちは開拓すべき幅広い分野と見ていた」。[48]

彼ら喜劇作家たちの意図は過たず役者のそれであり（実際、両者を兼ねていた者は少なくなかった）、繰り返しを惧れずにいえば、何よりも笑いと諧謔を一種の民衆言語として、社会に対して精一杯の指弾を行っていた観客たちの指向と、おそらく過不足なく符合していた。立証は難しいが、この指向を、演劇史に名を連ねるようなシャルラタン芸人たちは、常設劇場の舞台と観客席との距離よりもっと身近なところで鋭く嗅ぎ取り、時にはこれを手玉にとっていたのではないか。ともあれ、そんなオペラトゥール＝シャルラタンを出自とする役者たちの活躍は、教会側からの度重なる非難[49]にもかかわらず、「古典的演劇の黄金時代であり、バレエの発展やオペラの出立、国家的音楽芸術の制度化」[50]が実現した十七世紀を間違いなく彩った。いや、そればかりでなく、その後のフランス演劇にも計り知れない影響を与えたのである。

だが、フランス演劇史という点でいえば、もうひとつ看過してはならない要素がある。とりわけ十八世紀に全盛を誇った大市演劇である。大市とシャルラタンとの関わりは後述することにして、ここではまず現代から十八世紀に「タイム・トリップ」と洒落こんだ、アンドレ・ヴァルノの顰みに倣って、パリの二大大市、すなわちサン＝ローランとサン＝ジェルマンの大市についてみておこう。[51]以下の一文は、ヴァルノの目に映った大市の風景である。

上品な所作ごとや高尚な恋愛談義にはいささか食傷気味という御仁は、春先ならサン＝ジェルマンの大市、夏ならサン＝ローランの定期市に行くといい。どちらも、昔からパリジャンが気晴らしに出向く、大規模な市である。

大市でなら、教養をひけらかすかわりに、とめどなくしゃべる大道芸人の客寄せ口上や道化芝居を楽しんでいればすむ。商店は蠟燭で照らされ、通路は雑多な人の群れでごった返す。主人が召使いと肩を並べ、スリが善人と袖すりあい、身なりのいい町人も売春婦もごちゃまぜである。

## 大市のスペクタクル――サン＝ローラン大市とサン＝ジェルマン大市

パリ右岸のポンピドー・センターといえば、かつては常設の市場が置かれ、ごく最近までいわゆる街娼も立っていた界隈にありながら、今日では世界的な文化の発信地としてわが国でもつとに知られている。だが、その広場は、すっかり数が減ってしまったとはいえ、なおも大道芸人たちのメッカのひとつであり、火を吹いたり、割れたガラスの上に乗ったり、あるいは吊るした空き缶やバナナ（！）などを叩きながら大声で歌ったりして、見物人と丁丁発止のやり取りをする大道芸人の姿が、ほぼ一年中通して見られる。そこにはまた常時何人もの似顔絵描きがおり、一九九七年頃からは、見物人の姓名を半紙の上に漢字で墨書きして大いに喜ばれている、中国人「アーティストたち」も登場している。

より洗練された大道芸のメッカとしては、南仏モンペリエ市のコメディー広場が有名だが、筆者が個人的に知り合えた、ベルフォール出身で長距離トラック運転手だったという手回しオルガン奏き《オルガニスト・バルバール》のクロード、自称「バトゥルール」および「サルタンバンク」は、俗語と諧謔精神たっぷりの自叙伝[52]とCDを残して、彼自身「奇蹟小路」（前出）と呼んでいたポンピドー・センター広場から、いつの間にかどこかに行ってしまった。口ひげと鳥打帽、そして首に巻いた真っ赤なスカーフがなかなか似合った男だった。

**サン=ローラン大市**

さて、そんなポンピドー・センターに近いセーヌの右岸、フォブール=サン=ドゥニ通りとフォブール=サン=マルタン通りとに挟まれたサン=ローラン通りの大市は、一一一〇年、肥満王ルイ六世（国王在位一一〇八－三八）が、通りに隣接するサン=ラザール修道院に、大市「ヌンディノエ・サンクティ・ラザリ・パリシエンシス（パリの聖ラザロ市）」の開催を認めたことを前史とする。この大市は、当初毎年十一月三日の聖マルセルの祝日から十一月十一日の聖マルティヌスの祝日まで一週間開かれた。一一八三年、尊厳王フィリップ二世（在位一一八〇－一二二三）は、ハンセン病の守護聖人である聖ラザロに捧げられ、それゆえ救癩院《レプロズリ》も経営していた同修道院からこの大市の権利を買い上げ、半世紀ほど前に野菜市場が開設されたシャンポー界隈（現レ・アル地区）にこれを移転する。

それからおよそ一世紀半後、サン=ラザールの修道士たちは尊厳王の売買契約が失効したとして、新たに大市を開く。ただし、今度の場所はかつてのように修道院の前ではなく、修道院の囲い地とラ・シャペル村との間、つまり、八世紀に大市が営まれていたサン=ドゥニ広場へといたる通りだった。こうしていよいよサン=ローラン大市が実質的に発進する。最初のうち、大市の開催は聖ローランの祝日（八月一〇日）の夜明けから日没までだった。やがて、開催期間は徐々に長くなり、一六一六年には二週間にまで拡大される。そして、モリエールの『女房学校』がルーヴル宮で盛大な祝宴のあとに上演された一六六三年、サン=ラザール修道院から大市の所有権を買収したサン=ラザール宣教会は、これを前記三つの通りに囲まれた五アルパン（約一〇〇アール）の所有地に最終的に移し、免税特権を得ている商人たちの便を考えて屋根もつけた。この整備のために宣教会が支払った費用は、じつに二五万リーヴルにものぼったという。ちなみに、ラザリストと通称される同宣教会（員）は、一六二五年に聖ヴァンサン・ド・ポール（ヴィンセンシオ・ア・パウロ）がパリに創設したもので、その本部はサン＝ラザール修道院に置かれていた。

さて、こうして装いを一新したサン＝ローラン大市は、マロニエの木が植えられ、それぞれサン＝ルイ、サン＝ローラン、サン＝フランソワ、ロワイヤルなどと命名された小路に、一二六〇もの店が軒を並べるようになる。一六六七年以降は、それまでの高等法院に代わって、創設されたばかりのパリの警視総監が、「カント」と呼ばれる触れ役に大市の開始を告げさせるようになった――ただし、一六六八年は、ルーアンやアミアンなどでペストが発生したため、大市は中止された。やがて、大市の期間は八月一〇日から九月七日までの三週間に延長され、最終的には原則として七月一日から、実際には六月最終週からじつに三か月間にわたって開かれるまでになる。むろん売上げの飛躍的な増進を図るためである。[53]

この大市に集まってきたのは、むろん（行）商人や顧客ばかりではなかった。たとえば一六三五年三月三〇日、シャトレ裁判所は、「放浪者・怠惰者・不品行者取締法」を出し、大市の期間中、パリ全市域でテリアカやオルヴィエタン売り、抜歯人、曲芸師、動物・人形遣い、歌い手たちが特定の場所に立ち止まり、人々を集めることを禁じ、違反者には入牢の上、鞭打ち刑を科すと定めている。[54] この事実は、これまで縷々みてきたように、首都にどれほど多くの大道芸人やシャルラタンがいたかをつとに物語っているとともに、彼らの一部もまた大市の雑踏を絶好の稼ぎ場としていたことを暗示している。いささか話を先取りしていえば、「（ルイ十四世時代の十七世紀中葉から十八世紀初頭にかけて）タバランとモンドールの後継者たちは、もはやポン＝ヌフ橋の上で演じるのではなく、同様のパフォーマンスを行う大道商人や渡り芸人の中に加わっていた。サン＝ジェルマンやサン＝ローランでのこうした再編成のうちに、大市見世物の飛躍的な発展を生んだ重要な要因をみてとることができる」[55]のである。

十七世紀も半ばを過ぎると、大市では無頭男や腕なし男といった人間見世物が評判をとり、一七〇九年には、

サン=ローラン大市の見世物小屋。年代不明。ウーラール著『サン=ローラン大市』（HEULHARD : *La foire Saint-Laurent*, 1878）の挿絵より

闘牛さえ行われるようになった。(56) さらに、一七〇八年と一七一七年の前記裁判所の条令は、大市にやってくる行商人たちが胴元となって、公然とカードやサイコロ賭博を行うことを禁じ、違反者には一〇〇リーヴルの罰金に加え、賭博道具や商品、馬匹、馬具を没収すると定めている。これらの没収品は売り捌かれ、売上金は各所の施療院に寄付された。(57)

むろん大市であってみれば、そうした物騒な人々だけでなく、通常の品物を扱う商人もいた。たとえば、不遇な後半生を送った軍人・作家のロベール・シャルは、主著『フランスの名士たち』（一七一三年）の中で、金糸の刺繍や首飾り、ダイヤモンドの十字架などで飾りたてた貴婦人たちが、お供を従えてこの大市を訪れ、鏡売りや陶器売りの店でクリスタルのシャンデリアや手鏡を買い求めるさまを描いている。(58)

露店、（行）商人、大道芸人、見世物、そして賭博。ここまでくれば、サン=ローラン大市は市外区に位置しながら首都でもっとも殷賑をきわめ、すぐれて祝祭性と娯楽性とに富んだ風景を紡いでいたといえるだろう。さらに、サン=ジェルマン大市に倣って、一六〇五年に芝居小屋が設けられたことから分かるように、少なからぬ役者たちも各地からやってきて、ここで笑劇や喜劇を演じた。冬は午後四時半までに上演を打ち上げることや、平土間の立見席は五スー、最上席でも十二スー以上の入場料は取らないこと、主席検察官による検閲のない芝居や歌は慎むことなど、いろいろ制約はあったが、常設館での興行が望めない役者たちにとって、ここは文字通り

格好の舞台を提供してくれた。しかもルサージュや、ルソーのパロディ作者だったシャルル=シモン・ファヴァール（一七一〇－九二。本章註92参照）らが、彼らのために多くの作品を提供してくれた[59]。

そして、一七六二年に大市が廃止されると（一七七八年再開）、オペラ=コミックの申し子とでもいうべきサン=ローランの役者たちの多くは、後述するように、サン=ジェルマン大市の一部の役者ともども、マドレーヌ寺院からレピュブリック広場までの大通り、とくにサン=マルタン大通りとそれに続くタンプル大通りに、一七五〇－七〇年代から相次いで建てられるようになった芝居小屋へと進出する。これらの芝居小屋では、最初は大市の小屋掛けから移った見世物芸が、のちにはメロドラマを代表とする軽妙洒脱な通俗劇ないし大衆劇が上演されるようになる。これが、十八世紀末から十九世紀にかけて全盛期を迎える、いわゆる「ブルヴァール（大通り）演劇」である[60]。だが、この件については改めて考察することにして、次にサン=ジェルマン大市についてみておこう。

## サン=ジェルマン大市

サン=ジェルマン大市は、サン=ジェルマン=デ=プレ修道院（教会）から指呼の間にあった。パリで最古とされるこの修道院は、五四二年頃、メロヴィング朝クロヴィス王の息子ヒルデベルトがイスパニアで手に入れた聖十字架の断片と、ディオクレティアヌス帝の迫害に遭って殉教した、サラゴサの聖ウィンケンティウス（三〇四没）のチュニックとを安置するため、セーヌ左岸の野原（プレ）に建立したもの。五七六年、パリ司教サン=ジェルマン（四九六頃－五七六）の遺骸がここに埋葬されている。そして八世紀以降には、二四人の教皇や二〇〇人の枢機卿、一六〇〇人の大司教、さらに一五六〇人の聖人を輩出し、最盛時でじつに一万七〇〇〇もの大小の修道院を擁したという、ベネディクト会の中核となった。

今ではめっきり見る機会が減ってしまったが、一九七〇－八〇年代には、サン=ジェルマン=デ=プレ教会前の広場では、初夏ともなれば仮設舞台が組まれ、即興的な軽喜劇がかかったものだった。フローラやドゥ・マゴーといった、わが国でもよく知られる高級カフェは、そんな広場の一角にあり、かつてはサルトルに率いられた全身黒ずくめの若き実存主義者たちが、さらにそれに倣って、アンリ・レヴィらの新実存主義者たちも数年前まで足繁く出入りしていた。

サン=ジェルマンの大市は、一一七六年、この修道院の所有地に設けられたのを嚆矢とする。庇護の見返りとして、若年王ルイ七世（在位一一三七－八〇）に大市での利益の半分を上納する。それが創設の条件だった。一二八六年、大市はフィリップ二世治下のサン=ローラン大市と同様に、シャンポーの野菜市場に移される。だが、ルイ十一世の晩年になる一四八三年、改めて貴族や豪商の邸館が並ぶ前記修道院の所有地内、現在のマビヨン通りに移設され、三年後には大市用の施設も完成して、ここに庶民階級のためのサン=ローランとは対照的な、上流階級を主な客層とする大市が本格的に始まることになる。

原則的に毎年二月一日、より正確にいえば二月第一週から、カルナヴァル期間を挟んで枝の主日《ラモー》、すなわち復活祭直前の日曜日まで開かれた[61]サン=ジェルマン大市は、いうまでもなくベネディクト会に帰属していた。二〇区画からなるこの大市には、全長一三〇歩（約九〇メートル）、幅一〇〇歩あまりのホールが二箇所設けられ、その外側を、陶器や衣類などを商う小店舗が立ち並ぶ回廊で囲っていた。そこには、最盛時におよそ一四〇もの露店（ロッジ）がところ狭しと連なっていたともいう。当初の賃貸料は一棟あたり一八〇リーヴル。大市のない時期は、そこで商いを営む商人たちに貸し出された。場所柄、ここでは高級な日用品や衣類などが無税で安く売られていたが、書籍と武器の販売は禁じられていた。大市期間中は、サン=ローラン同様、むろん商人以外の顔も数多くみられた。博打打ち、人形遣い、綱渡りや曲芸・軽業師、動物遣い、さらに娼婦やこそ泥などである。そんな彼らにまじって、お忍びで賭博に興じ、大金をすられて嘆くアンリ三世や四世の姿もあった。

さらに、リュリが王立音楽・ダンスアカデミー、のちのオペラ座の運営を託された（前章参照）一六七二年に

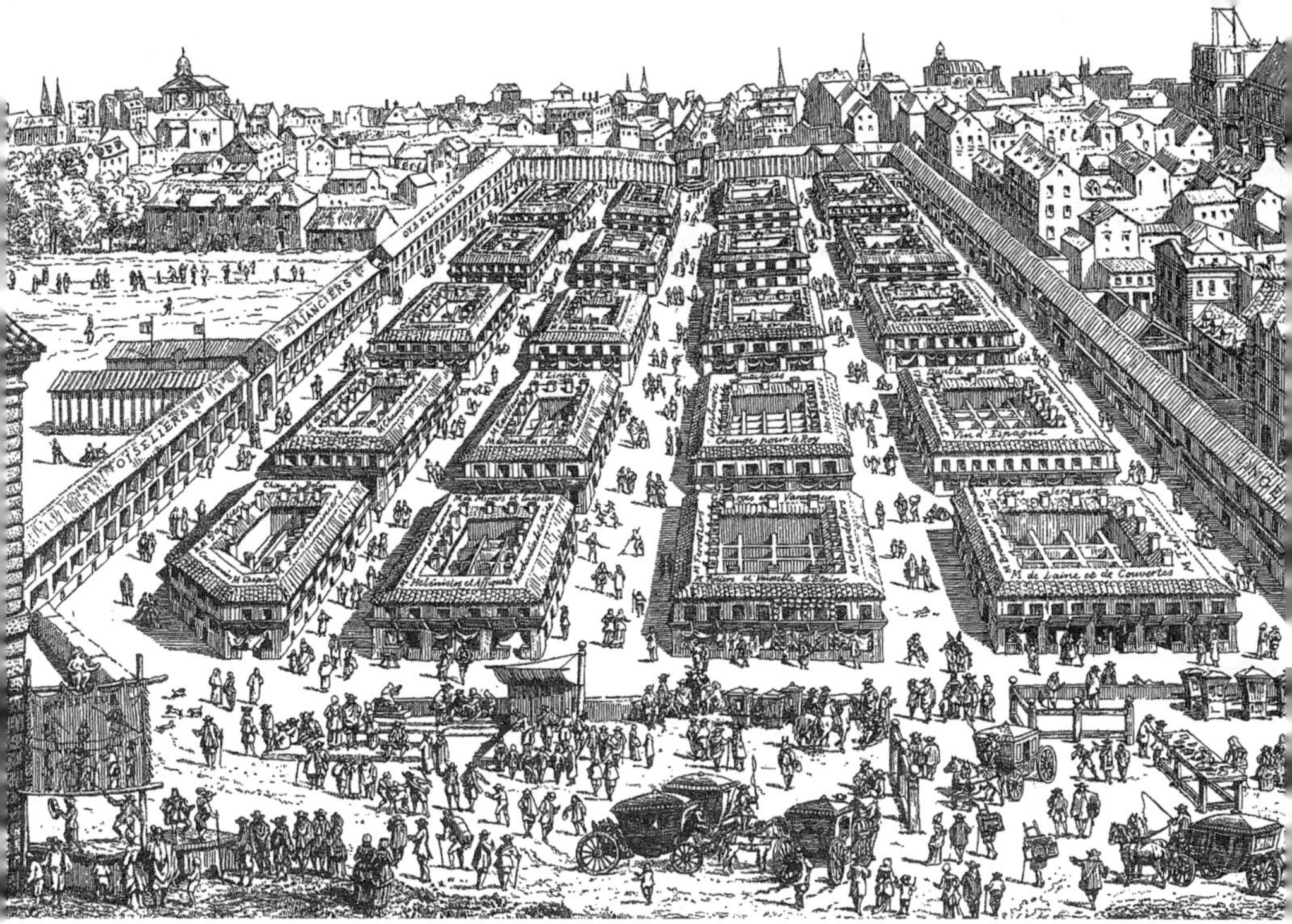


サン=ジェルマン=デ=プレの大市風景、17世紀の版画。パリ、国立図書館蔵

は、パスカルとマリバンなる二人のアルメニア人が、熱いコーヒーを一杯二・五スーで立ち飲みさせるカフェを、ここで最初に店開きしている。それは、その後のフランス文化を支えることになるカフェ文化のささやかな、だが決定的に重要な第一歩となった。というのも、彼らのカフェでギャルソンとして働いていた若者が、カフェ文化史の一頁を華々しく飾るようになったからだ。シチリア島から一旗あげようとしてパリに出てきたフランチェスコ・プロコピオ、通称コルテッリである。

一六八四年、彼は念願叶って、大市近くのアンシャンヌ=コメディ通りにカフェ・プロコプを開く。幸い五年後には、同じ通りのブテイユ室内掌球場にコメディー=フランセーズが開業したこともあって、大市のカフェに由来する彼の店は、役者たちを待ち受ける贔屓筋の裕福な徴税請負人や親方職人らで溢れた。慣習としてカフェに入れなかった貴婦人たちは、プロコプの店先に止めた馬車の中で、店から取り寄せたコーヒーを飲みながら、お気に入りの役者が現れるのを待ったものだった。のちにはヴォルテールやルソーなど時代を代表する知識人もプロコプに足繁く通い、とりわけディドロとダランベールはこの店での何気ない会話から『百科全書』の編纂を思いついたという。

やがて、サン=ジェルマン大市には相次いでカフェが誕生し、安価さと物珍しさとが手伝って、人々を大市に招く大きな動力となった。しかし、大市が蝟集力を発揮したのは、こうした施設のためばかりではなかった。そこではまたさまざまなイヴェントが、物見高いパリっ子たちを魅了してもいる。たとえば一七四九年に犀《サイ》がパリで初めて見世物に供されたのもここだった。高いかどうかは分からないが、見物料は一等席が二四スー、二等席と三等席はそれぞれ十二スー、六スーだった（一七八四年には、サン=ローラン大市にフランス初のアシカの見世物が登場している）。

サン=ジェルマン大市自体の全盛期は、いったいに十六世紀末（十七世紀中葉とする説もある）から革命前の一七八五年頃までとされている。しかし、人の出入りが激しくなれば、それだけ犯罪が増えるのも当然で、一六〇四年に年代記者のピエール・ド・レトワル（一五四五頃－一六一一）がその『日記』に記しているように、まさにそこは殺人や過度なまでの放埒のメッカとなった。そんな大市のことを、一六四三年、前述したオペラ=コミックの旗手スカロンは、彼の庇護者のひとりでルイ十三世の弟でもある、オルレアン公ガストンに捧げた長編詩の冒頭でこう書いている。題して『道化詩によるサン=ジェルマン大市』[62]。

背中の革帯、手には杖、そして籠。
いったい何のための出で立ちか？
サン=ジェルマン大市に、これから出かけるためである。
だが、せいぜい気をつけて歩いてほしい。
何一つ忘れずに、端から端まですべてを私に見せてくれ、

パリ最古とされるカフェ・プロコプ（筆者撮影）

この大市のすべてを見たい。
ありようを活写したいと思っているからだ。
しばしば笑いすぎて鼻に皺を寄せたりする、
おかしな鼻面《ミュゾー》をした詩の女神ムーサ（ミュー
ズ）よ、
放蕩者のサチュロスを支配するムーサよ、
ここに来て、わが脳髄を奮い立たせよ。

とりわけ道化たものを愛する
悪戯好きのわが魂の案内人よ、
なかなかに洒落《グロテスク》た書き方を、
カムフレ*のように、わが顔に吹きかけてくれ。
私はそれを精一杯愉しみたい。
いささか口の悪い案内人だが、
何とかその言うことをすべて採り入れよう。
だが、下手な詩をひねり出す前に、
われわれの頭から
それに影響を与える一切の記憶を追放してお
こう。
まず、ならず者たちから語りだそう。

彼らは素通りすることを許してくれないからだ。

これら野次馬たちは
義足でもつけているかのように気楽に進めず仰天する！
見渡す限りの目、口、そして鼻！
何とさまざまな百面相！
この大市という名のおどけたアルルカン（アルレッキーノ）は、
まことに偉大な悪戯者だ！
ここではだれもがおかしくなる！
いずれにせよ人々は、
男も女も娘も若者も、
加えてその尻までもが、ここでコット＊＊の下に
排泄物を集めるのだ。
もしも下穿きをつけていないなら。
（以下、略）

＊悪戯で、紙をコロネ状に巻いて火をつけ、人の顔に吹きつける煙
＊＊男女両用のチュニック風上着

また、一七二一年三月には、この大市で国際問題に発展しかねない大事件すらもちあがっている。前述のバルビエによれば、国王および一族の王侯の近習たちが、外国の大使や領主の近習たちと大喧嘩をしたのである。原

因は、他所者の近習たちが綱渡り芸人たちの一座に立ち入ることを、国王一族の近習たちが認めなかったところにあった。こうして大騒ぎが起き、後者は警邏係の武器を奪い、三日もの間、二〇〇人にも膨れあがった数を頼んで、棍棒を手に大市の中を巡回した。間もなく事態は鎮静したが、数日後、今度は王侯貴族の召使いたちが大市に集まり、力ずくで一座に押し入り、上演の邪魔をしたのだった。そこで大市の衛兵のみならず、サン＝ジェルマン一帯に配置されていた衛兵も駆けつけ、乱暴狼藉を恣《ほしいまま》にしていた召使いたちを逮捕したという(63)。

一世紀半あまり昔の出来事に関する記述であってみれば、その内容がどこまで正確か不安は残るが、この種のいざこざは、衛兵や警邏係が常時大市に配されていたところからしても、おそらく日常茶飯事だったと思われる。たとえば、それから二二年後の一七四三年一月、王室の召使いや衛兵、マスケット銃兵、近衛騎兵、軽騎兵、さらに王侯貴族や各国大使の近習たちが、コメディー＝フランセーズ座やコメディー＝イタリエンヌ座のみならず、サン＝ジェルマン、サン＝ローラン大市で上演される芝居を無料で見物することを禁ずる治安条例が出されている(64)。おそらくこれは、当時、彼らが虎の威を着てただ見を決め込み、芝居小屋の主たちと年中問着を起こしていたことを物語っている。

では、この大市芝居とはいかなるものだったのか。次に手短にみておこう。

## 大市芝居

サン＝ローランとサン＝ジェルマン大市には、地方都市の大市同様、古くから夥しい露店に混じって各種の見世物小屋が立ち並び、とくに十七世紀後葉から十八世紀末にかけては、芝居小屋も次々と建てられるようになる。小屋とはいっても、板張りで囲った一角に、観客用の足場を組み、踊り手用にはロープを張り、さらに軽業師用に少し高めの台を設けただけの、つまりシャルラタンの仮設舞台とほぼ同等の粗末な代物——これを「ロッジ」

という――であり、通常はいかなる装飾もなかった。むろんこれらロッジの素材は、大市が終われば解体して次の大市用に保存された。

　こうして大市を文字通り舞台として活躍した一座の中には、後述するように、いずれブルヴァール（大通り）演劇の一翼を担うようになる、「オペラ＝コミック座」（開設一七一五年）があった。さらに、再開されたばかりのサン＝ローラン大市でも、たとえば、「オペラ＝コミック座」の役者から外科医＝歯医者（シャルラタン？）へと転身したルイ・レクリューズ・ド・ティヨワが、ジャン・ジョセフ・ヴァデ（一七二〇―五七）を創始者とする、俗に「魚屋風文学《ポワサール》」と呼ばれる庶民感覚の作品や、黙劇とも邦訳されるパントマイム劇などを上演する芝居小屋、「ヴァリエテ（演芸）座」[65]（一七七八年）を開いている。

　やがてこの大市からは、多くの役者を介在して、アルレッキーノ（アルルカン）やパンタローネ、プルチネルラといった、コメディア・デラルテを代表する登場人物たちがフランス演劇界へと旅立っていくことになる。とりわけ「野卑で鈍重で素朴な田舎物」としてのザンニを祖型とし、一五七二年以降、ベルガモのアルベルト・ガナッサ一座によって、ヨーロッパ各地に広められた多彩服のアルレッキーノは、十七・十八世紀にはすでに祖国イタリアで凋落していたにもかかわらず、フランスではなおも多くの才能溢れた役者たちによって演じられ、あるいは再解釈されて大成功を収めた[66]。

　さらにいえば、近代サーカスを大成したフィリップ・アストリー（本章註102参照）が、イタリア人出身の香具師であり、軽業師やパントマイム役者でもあったジョゼッペ・グリマルディ（一七八八没）、芸名「鉄の足」とまさに運命的な出会いをしたのも、一七七〇年代のサン＝ジェルマン大市だった。おそらくその芸にいたく惚れ込んだのだろう、アストリーはグリマルディをロンドンに伴う。そして一七七八年、グリマルディは息子をもうけるが、この息子こそ、三歳にしてロンドンのサドラーズ・ウェルズ劇場で初舞台を踏んで以来、父親譲りのパントマイム道化芸と自ら考案した出で立ちで一世を風靡し、のちに「クラウン（芸）の父」とも称されるようになるジョゼフ（一八三七没）にほかならない。[67] サーカスやパントマイムの道化役を指す「ジョウイ」とは、そんなジョゼフの名にちなむものであり、アストリーがそのサーカス・リングに登場させたのがこれであった。

　こうして大市は十七世紀以降の演劇や見世物の発展に決定的に重要な役割を果たしたが、大市芝居自体の歴史は、必ずしも平穏裏に展開したわけではなかった。時あたかもフランスがスペインに宣戦した一五九五年、ここで早くもひとつの事件が持ち上がっている。ジャン・クルタンとニコラ・ポトー（ないしポルトー）に率いられた旅回り一座が、この大市で芝居、おそらく聖史劇を打ったところ、常設のオテル・ド・ブルゴーニュ座の役者たちがやってきて、即刻上演を止めるように強要したのである。

「クラウン芸の父」ジョゼフ・グリマルディ（出典　A.SIMON : *La planète des clowns*）

　明らかに数の上で劣っていたであろうクルタン一座は、しかし民衆からの支持を受けていた。怒った民衆は大挙してオテル・ド・ブルゴーニュ座に押しかけ、危うくこれを打ち毀すところまでいった。やがて争いはパリ奉行が介入するまでになり、最終的に一座が二エキュをオテル・ド・ブルゴーニュ座の所有者である受難同宗団に支払うことになる。そして翌年二月五日の審決によって、一座は「サン＝ジェルマン大市の期間中に限り、パリ市外区で、特定の人物を攻撃したり侮蔑することなく、適正かつまっとうな通俗聖史劇を上演する」ことができるようになったという。[68]

　常設のオテル・ド・ブルゴーニュ座が、正体不明の一座に客を奪われてしまった。おそらく事件の発端はそのあたりにあるのだろうが、むろん大市での芝居は、もともと人の出入りが激しいだけに、客を呼ぶのにさほど苦労がなかったはずだ。つまり、大市の蝟集力が芝居の蝟集力につながった。その蝟集力を常設館は妬んだ。大市演劇にとっての不幸は、まさにそこにあった。しかも、遅くとも一六七八年からは、大市での曲芸・軽業が、コメディー=フランセーズ座にのみ特権的に認められていた、対話形式の芝居を伴うようになってもいた。同座とその「国王役者たち」にとってみれば、まさにそれは、本来特権的たるべき一座の死活にもかかわる由々しき違犯行為にほかならなかった――。

大市芝居が評判を呼べば呼ぶほど、「正統」演劇側の嫉妬と警戒心ないし危機感が煽られる。こうした図式は以後、繰り返し後者による前者への圧力という形をとってみられるようになる。それを端的に示すのが、一六八一年のスコット事件と、一六九七年に始まるコメディー=フランセーズ座と大市の芝居小屋との間に起きた悶着、いわゆる「喜劇戦争《ゲール・コミック》」だった。

まず、スコット事件とは、ジュリアーニ・スコット、通称（グラン・スコット・）ロマンなる大市芸人が、「イタリア国王大一座」――むろん詐称――を率いて、前年結成されたコメディー=フランセーズ座と同じマザリヌ通りに、見世物=芝居小屋を開いたことに起因する。その際、スコットはパリ中の四辻に次のようなポスターを貼ったという。レイアウトの改行や誤字を無視すれば、次のような文面となる。(69)

グラン・スコット・ロマン（字義は「偉大なローマ人スコット」）の国王一座は、信仰心篤きフランス国王はもとより、ヨーロッパやアジアのすべての王室や国王の前で演じたのと同じ寸劇を、毎日皆様にお目にかける。また、グラン・スコットは信じ難いほど大量の水を飲んでご覧に入れるが、この水をあらゆる種類のワインや牛乳、ビール、インク、さまざまな匂いのする香水に変えてみせる。彼はさらに、連日以下に示す奇瑞のひとつを行う。すなわち、その口から、中央市場で売られているのと同じほど新鮮な野菜や、活きのよい本物の魚が一杯に乗った大皿二枚、春の庭園に咲いているのと同じほど美しく生き生きしているバラやナデシコ、チューリップおよびその他の花々、生きた鳥数羽、三〇〇ないし四〇〇枚の金貨、ネクタイ、レースのついた飾り袖、リボン、ほかに説明不能で想像力のはるか彼方にある無数の珍品を吐き出すのである。皆様はまた、綱渡り芸を目の当たりにして、その驚くべきかつ筆舌に尽し難い技量に魅了されるはずである。これに加えて、(グラン・スコット率いる)イタリア人一座は、毎日最新のまことに愉しい笑劇の上演準備に怠りない。なお、見物料は列柱廊の桟敷席貸し切りで二ルイ金貨、各桟敷席と舞台席で一エキュ、ギャラリー席で二〇スー、一階立見席で一〇スー。開演は午後四時きっかり。

奇術(?)と笑劇。大市で鍛え上げたはずの大言壮語の口上を別にすれば、スコット一座の演し物は、つまるところこの二通りだけである。だが、隣地での傍若無人の興行。加えて、この貼り紙。国王劇団のコメディー＝フランセーズ座はただちに動いた。そして、とくに笑劇の上演を権利侵害として問題視し、初代パリ警視総監ラ・レニに訴え出る。そこでラ・レニは、スコットらに一時休演を命じ、と同時に、スコット一座をパレ＝ロワイヤルの室内掌球場に移し、芝居の方も医者とスカラムーシュとアルルカンの三人のみを登場人物とする、一幕物のイタリア語寸劇を上演させることで、何とか両者の了解を得ることになる。

「喜劇戦争」もまた同様の事件といえる。一六九七年、イタリア人役者たちが追放されたのを千載一遇の好機ととらえた大市の芸人たちは、サン＝ジェルマンに常設の芝居小屋を建て、イタリア風の喜劇を上演しようとした。これによって、同年の大市に三箇所の小屋が設けられた。後述するアラール兄弟とモーリス未亡人、それにベルトランの小屋である。

ところが、翌一六九八年、早くもそしてまたしても国王劇団であるコメディー＝フランセーズ座の横槍が入る。同座に上演権のある笑劇や喜劇の大市での上演を禁ずるよう、当時のパリ警視総監アルジャンソン(のちの国璽尚書)に訴え出るのである。これを受けて、一六九九年、アルジャンソンは禁令を出す。だが、どうやらその効果は乏しかった。翌年もまた、同様の訴えが再三再四彼のもとに持ちこまれているからである。むろん芸人たちは高等法院に召喚され、調書もとられたが、強制執行にまでは至らず、最終的にこの悶着は、芸人たちが戯曲の一部のみを上演するという形で決着をみている。(70)

それにしても、フランス演劇史に燦然と輝く、十六世紀末のオテル・ド・ブルゴーニュ座や十七世紀末のコメディー＝フランセーズ座の特権的な位置を思えば、こうした干渉はあまりにも狭量すぎるものといえるかもしれない。だが、大市芝居のもつ底力は、いくら国王の承認と庇護を受けていた正統劇団といえど、決して等閑視できないものだった。それだけははっきりしている。事実、一六七三年にはモリエールが他界し、同年アカデミー・フランセーズの「不滅の四〇人」会員に選ばれたラシーヌも、その四年後、彼の支援者でもあった批評家のニコラ・ボワロー(一六三六―一七一一)ともども、国王ルイ十四世の修史官に任命されたのを機に劇作から引退しているが、これら両巨星が演劇の表舞台から退場したのを悲しむパリっ子たちの心を慰めるため、一六七八年、国王と警視総監は評判の高い役者一座に命じて、サン＝ジェルマンとサン＝ローランの大市で芝居を上演させているのだ。

こうして大市は、何とかフランス語による芝居を上演し続けたが、歌とダンスはすでにオペラ座の特権となっていた。それに加えて、一七〇七年二月、高等法院は通達を出して、大市芝居でのフランス語による一切の演技や対話劇を禁ずる。むろんその背景には、宮廷とコメディー＝フランセーズ座の働きかけがあった。同座にしてみれば、それはライヴァルの息の根をとめるじつに効果的な策略だった。

ところが、目論見は大きく外れた。この通達には重大な瑕疵があったからだ。信じがたいことに、「モノローグ(独白)」に関する記述が抜けていたのである。何しろ相手は海千山千の大市役者たち。そこを決して見逃したりはしなかった。事実、サン＝ジェルマンとサン＝ローランのいずれかは不明だが、通達の翌日には、早速アルルカン役者が、舞台の上から、高等法院にすでに予告していた芝居の上演を禁じられたことや、以後はイタリ

1697年５月のイタリア人役者たちの追放。アントワヌ・ワトー作版画。パリ市立図書館蔵

ア喜劇のラッツィよろしく、台詞回しのない身体所作による喜劇を演ずるといったことを観客に訴えた。さらに、スカラムーシュ役は、百面相を演じて観客を沸かせた(71)。

以後、大市芝居はモノローグと象徴的な身振りを駆使した演出が中心となるが、一七一〇年には画期的な手法が考案される。台詞を字幕のように書いた板、すなわちエクリトーがそれである。翌年八月、サン=ローランの芝居小屋でアルルカンものの上演に立ち会った警吏は、次のような報告をものしているという(72)。

役者たちはさまざまな話を無言劇で演じていたが、そこではロープに吊り下げられ、機械仕掛けで上下する子供たちが掲げ持つエクリトーも用いられていた。これらのエクリトーには、オーケストラが伴奏を始めるやいなや、平土間を埋めた観客たちが歌い出す歌の文句が書かれていた。

エクリトーに書かれたテクストをいわば台本として、役者が身振りで台詞を演じ、観客が役者の代わりに劇中歌を合唱する。まさにこれは、歌やダンス、対話による台詞などを禁じられた大市の芝居小屋が、苦肉の策として編み出した観客参加型の芝居といえる。そしてそれは大市芝居を活性化し、やがて首都および周辺の貴顕たちも大市の芝居小屋に足を運ぶようになる。とりわけこれを贔屓にしていたのは、フォンテーヌブロー城に住むブルゴーニュ公爵夫人だった。

彼女は一六九九年にアラール兄弟（後述）に魅せられて以来、毎年のようにサン＝ローランとサン＝ジェルマン大市を訪れ、さながら大市芝居のスポンサー的な存在となった。また、大市を監視する警吏の記録によれば、この公爵夫人と公爵が、流行りの麻疹で相次いで不帰の客となった一七一二年のサン＝ローラン大市には、リシュリュー枢機卿の従兄弟であり、三〇年戦争に際だった手柄を立てたフランス軍元帥に連なるラ・メユレ公爵夫人らの姿があったという。[73] さらに、一七一五年にルイ十四世が死去してからは、摂政のオルレアン公も足繁く同大市に通ったものだった。

本来、国王を中心とするコメディー＝フランセーズ座の支持基盤を構成していた、[74] これら貴人たちの半ば公然たる訪れは、改めて指摘するまでもなく、大市芝居の「名声」をさらに高めていった。かてて加えて、一七〇八－〇九年と一七一五年には、アラール一座がオペラ座から劇中歌を歌う権利を得ている。たしかに、一七一九年、こうして隆盛の一途を辿った大市芝居は、コメディー＝フランセーズ座の策略で閉鎖の憂き目をみているが、民衆の圧倒的な支持を前にして、その措置はつかの間の効力を発揮しえただけだった。そして、奇しくもオルレアン公が他界した一七二三年、時の国王ルイ十五世は、一六七九年の先王ルイ十四世の顰みに倣って、大市役者たちをヴェルサイユ宮殿に招き、そのパフォーマンスを堪能してもいる。

それから二〇年後、どうやら大市の出し物はある意味でそのクライマックスに達する。一七五九年九月、シャトレ裁判所から、サン＝ジェルマンとサン＝ローラン両大市の芝居一座の役者たちや、見世物芸の演者たちに対し、次のような禁令が出されているからだ。それは、上演に際して実際の短銃や花火を用いてはならず、違犯した場合は訴追を免れない、というものだった。[75] むろん客寄せの派手な仕掛けだったに違いないが、演出はそこまで過激に走っていたのである。はたして大市の群衆が、飛んでくる銃弾や降りかかる火花をどうしていたのか、いささか気になるところではある。

しかし、サン＝ローラン大市ともども、パリとその民衆生活に歴史的な役割を果たしたサン＝ジェルマン大市は、一七六二年三月、火事で全壊する。ニコレなるシャルラタンの露店から出た火が、折りからの強い北風に煽られて勢いを増し、五時間ほどで木造の全露店を灰塵に帰してしまったのだ。[76] 翌年、大市は再建されるが、その規模はそれまでとは較べようもないほど小振りなものだった。おそらくそのためもあったのだろう、一七八一年頃から確実に衰退し、一八〇六年、ついに撤去されて六三〇年の歴史に終止符が打たれる。一八五二年には、サン＝ローラン大市もまた、そこを新たにストラスブール大通りが通ることになって撤去される。前身の聖ラザロ市から数えれば、じつに七四〇年余におよぶ長い歴史の終焉だった。[77]

これだけの歴史をもつ二つの大市で、はたしてどれほどの数のシャルラタンや芸人が活動したものか。もとより答えの出るはずもない問いだが、そこからは少なからぬスターが生まれてもいる。以下では、その辺りをみておこう。

大市のスターたち

## 抜歯・芸人ブリオシェ

サン＝ローランとサン＝ジェルマンの大市では、前述したように、しばしば旅回りの一座を含む芸人たちがそれぞれ見世物小屋を建て、民衆の笑いと喝采を求めて競演を繰り広げていた。とりわけそれが著しかったのは、一六六〇—九〇年代である。たとえば、人形遣いのブリオシェ一族がいる。一五六六ないし六七年生まれという初代ジャン・ブリオシェは、本名ピエール・ダトラン。(78)もともとはポン＝ヌフ橋のたもとにあったセーヌ左岸のネル門界隈で、抜歯を専門に行うオペラトゥールだった。そのネル門が一六四九年に撤去されているところからすれば、むろんそれ以前に活動していたことになる。その間、おそらく老モンドールとも何がしかの関係を有していたと思われる。

だが、ブリオシェの名を一躍パリ中に知らしめたのは、本業の抜歯芸ではなかった。皮肉にも、それはある不幸な出来事による。すなわち、いつからかは不明だが、彼は自らファゴタンと命名した一匹の猿をかけがえのない相棒とし、これに服を着せ、刺客の役を演じさせる客寄せ芝居を打っていたのである。動物芸の走りともいうべき彼のアイデアは、たちまち首都の話題をさらった。ところが、一六四一年のある日、とんでもない事件が起こる。たまたまネル門近くを通りかかったあのシラノ・ド・ベルジュラックを、あろうことかファゴタンが剣で刺すふりをしてしまったのだ。芝居に登場する敵と間違えたためだが、何しろ相手は無類の喧嘩好き。加えて極度の近視でもあった。てっきり敵の不意打ちと思いこんだ彼は、ただちに応戦してこれを難なく倒してしまう。やがて騒ぎを聞きつけて駆けつけた老ブリオシェが涙ながらに抱きかかえた屍骸を見て、シラノは暴漢の正体が猿であると初めて分かった。だが、むろんそれは遅きに失した。(79)

フランス史上もっとも有名かつ芸達者だったという猿は、こうしてあえなく最期を迎えた。だが、事件自体はシラノという絶好の役者が一方の主人公ということも手伝って、パリ中の耳目を集めた。いささか脚色の効きすぎているきらいがないでもないこの事件に着目した、モリエール――シラノと親交があったという――とラ・フォンテーヌは、ファゴタンをそれぞれ『タルチュフ』と『寓話』に登場させている。まさに死して名を残したわけである。そして、さらに名誉なことに、その名前 **Fagotin** は、フランス語で「猿回しの猿」や見世物の客寄せをする「道化」の代名詞にまでなる。

ネル門が撤去されると、抜歯オペラトゥールのブリオシェは、八〇歳以上（！）という高齢にもかかわらず人形劇《マリオネット》を始め、自らポン＝ヌフ橋近くに人形芝居小屋を建てて、「シャトー・ゲヤール（ゲヤール城）」なる看板を掲げる。だが、彼の人形劇が名声を得るのは、何と六三ないし六四歳（！）で初めて授かった長男フランソワないしファンション（一六三〇－八一）が、治安当局からサン＝ジェルマンやサン＝ローランの大市での上演許可を受けてからのことだった。フランソワは抜歯オペラトゥールを営む傍ら、コメディア・デラルテの人気者プルチネルラの糸操り人形を、文字通り操って評判を博した。フランスにおけるプルチネルラのイメージは、まさに彼の考案になるこの人形によって広まったともいう。

そんなブリオシェ一座の評判を聞きつけたルイ十四世は、『タルチュフ』の上演が解禁された一六六九年七月、パリ西郊サン＝ジェルマン＝アン＝レ城（現国立先史・考古博物館）に一座を招き、当時九歳だった王太子を慰めるため、人形芝居を演じさせる。報酬は半年間で一三六五リーヴル。それはブリオシェ一家のみならず、人形芝居がさらなる展開を遂げる上でもまたとない僥倖となった。

翌一六七〇年、フランソワは「国王および王太子付き芸人」の称号を授かる。さらにその翌年、初代ブリオシェは二代目の栄耀に安心したかのように、シャトー・ゲヤールで天寿をまっとうする。享年じつに一〇四歳（！）。まことに驚くべき大往生といえる。遺骸は、一二三年後にヴォルテールが洗礼を受けることになる、ポン＝ヌフ橋近くのサン＝タンドレ＝デ＝ザール教会に運ばれ、その墓地に埋葬された。一八〇八年に撤収されるまで、そこは、「外科学の父」アンブロワーズ・パレ（一五九〇没、享年八一歳）や、年代史家ピエール・ド・レトワル（一六一一没、享年七一歳）、系譜学の創設者ピエール・ドジエ（一六六〇没、享年六八歳）、ビュラン技法の大成者でパステル画法を最初に用いた画家としても知られる、ルイ十四世お抱え彫刻家ロベール・ナントゥーユ（一六七八没、享年五五歳）など、フランス史を彩る人々が数多く眠る、パリ有数の墓地だった。シャルラタンを出自とする者にとって、それは望外の名誉でもあった。

ところで、二代目フランソワは弱冠十五歳で娘をもうけるほど早熟であった。これもまた父親の享年同様、十分驚きに値する出来事といえるが、そんな彼の後を継いで三代目ブリオシェとなったのは、二度の結婚で授かった十二人の子宝の末子ルイ＝ジャン＝フランソワ（一六七九－一七二三）だった。父の薫陶よろしきを得て抜歯オペラトゥールとなった彼もまた、一族の名誉を担って「宮廷付き抜歯人」の地位を得るまでになる。その一方で、人形芝居一座も率いていたと思われるが、彼の代になって、活動の拠点は初代以来のポン＝ヌフ橋左岸から、なぜか右岸のサン＝ポール地区に移っている。詳細は不明だが、彼は籠を商ってもいたらしい。四代目ブリオシェのシャルル（一六九九没）もまた、先祖伝来の抜歯オペラトゥール＝人形遣いとして活躍した。

さらに、フランソワの二歳違いの弟ジャン・ダトランは、父親の人形芝居一座で楽師をつとめながら、兄ともども大市での興行で父を援けた。そして一六九六年、彼は国王からルーヴル宮に隣接するサン＝ジェルマン＝ロクセロワ地区で、人形芝居を興行する権利を得ている。こうしてブリオシェ一族は、十七－十八世紀のフランスで最大の人形芝居王国を築いたが、その版図は結婚を通しても広まっていった。たとえば、フランソワやジャンの妹マルゲリット（一六三九生）は、セーヌ左岸サン＝タンドレ＝デ＝ザールのオペラトゥールから、サン＝ローラン大市での綱渡り芸人および人形遣いへと転身した、ジャン＝バティスト・アルシャンボー（一六八四没）と再婚している。

このアルシャンボーは、結婚五年後の一六六八年、軽業師のニコラ・フェロンらとかたらって、サン＝ジェルマン大市の開催期間中に、近くの掌球場で興行を打つ許可を警視総監から得ている。ところが、大市後、その所有者であるサン＝ジェルマン大修道院に所定の賃料を払わなかったため、掌球場の明け渡しと二〇〇ルーヴルの罰金を科せられる。しかし、掌球場主のセルシリがそれを拒んだため、怒った修道院はボディニエールなる若い綱渡り芸人をひとり捕らえて、革命時にマラーを殺害したあのシャルロット・コルディが閉じこめられた、院内の牢獄に幽閉してしまう。警視総監が釈放命令を出しても無駄だった。そこでアルシャンボーは、自ら修道院に出向き、ようやくボディニエールを解放したのだった。

**アラール兄弟とモーリス未亡人**

一方、一六七八年には、浴場主の息子としてパリに生まれた軽業師のシャルル・アラール（生没年不明）が、サン＝ジェルマン大市の傍らにあったオルレアン掌球場で、「愛と魔法の力一座」を旗揚げしている。相方は、彼の一番弟子（？）で、モリエールに見込まれるほど綱渡り芸に秀でていたという、ドイツ人のモーリス・フォン・デア・ベック（仏語名ヴォンドルベック。一六四九？－九四）。この一座は「あらゆる国から駆けつけ、いまだかつてフランスにおめみえしたことがない、もっとも有名な軽業師二四人」を擁し、その中には賃料踏み倒しの悪名が消えた（？）アルシャンボーや、チャールズ二世の愛顧を受けていた、有名なイギリス人の綱渡り芸人ジャコブ・ホールらの顔もあった。彼らは『大市の寸劇』なる題目のもと、さまざまな軽業を芝居仕立てで上演し、アラール自身、スカラムーシュの役で登場していた芝居は、連日大入りを記録したという。この興行には、数か月後にサン＝ローラン大市で人形芝居をかけることになる、デュ・ヴォーディエの「ドーファン大人形劇団」も加わった。

同年八月末、アラールたちの一座は、その評判に興味を抱いた国王ルイ十四世の招きでフォンテーヌブローに赴き、御前興行を打つ。幸いにも出し物は太陽王のいたく気に入るところとなり、翌一六七九年一月二五日にも、国王はサン=ジェルマン=アン=レ城でこれを堪能している。王室財務官モーリス・デュ・メと主席検察官ル・モワヌの署名入り勘定書には、そんな「軽業師一座の長アラール」に対する謝礼として、国王が二〇〇〇リーヴル支払ったとの記載がある。(80)

その一〇日後、つまりサン=ジェルマン大市開催日の翌日にあたる二月四日、国王の意を受けた財務総監のコルベールは、警視総監ラ・レニに対し、アラール一座が同大市で民衆に自慢の軽業を口上ともども披露する許可を与えるよう命じている。これによって、一座は晴れて公に認められたものとなる。ただし、一六六九年と一六七二年に特許状を受けていた王立音楽・ダンスアカデミー、より端的には、一六七二年に太陽王とコルベールからその運営を任されたリュリの反対もあって、歌とダンスは綱渡り芸の時に限られた。(81)

ちなみに、ルイ十四世下の、しばしば過度なまでに華々しい宮廷趣味に見合ったイタリア風オペラを演出していたリュリは、当時フランス国内のオペラ上演権を独占し、さらに、国王からいかなる劇団も歌い手六人、楽器十二種以上用いることを禁ずる公開状をも得ていた。コルベールとラ・レニを動かし、一六七五年に結成され、人形芝居用のオペラを何点か創作した国王お抱えの「ピグメ一座」を、二年後に解散に追い込んでもいる。原因は、同一座が人形歌劇で大当たりをとり、それがリュリの不興と危機感を誘ったことによるという。同種の介入は、それまでも、そしてそれ以降も繰り返しみられるが、ことほどさように、リュリは大市の小屋掛け興行に神経を尖らせていた。

さて、こうしてアラールらは、軽業師時分に培った名声と国王の後ろ盾を武器に役者を集め、少なくとも大市の開催期間中、劇場演劇と張り合えるほどの、いや、しばしばそれを上回るほどの観客を呼び込んだ。演劇史家のモーリス・アルベールによれば、そんな一座の十八番《おはこ》となった『愛と魔法の力』――むろんこれは一座の名にひっかけた題名――は、大市役者たちの最初の文学的作品で、その興行的成功もまた常設座の警戒心を招いたという。[82]

一六九四年、アラールの片腕だったベックがパリを襲った疫病で他界してしまうと、これを機に、女丈夫のベック未亡人モーリスことジャンヌ・ゴドフロワ（一六五八頃－一七一〇）は、アラールと袂を分かち、新たに見世物＝芝居一座を結成する。この分離劇が何に由来するか詳らかにしない。ただ、一七〇一年にサン＝ローラン大市で一座を構えることになるクリストフ・セル、芸名コルビシュ（一七一一没）が、当代きっての軽業師として頭角を現し、さらにセル一座と別れたギリシア出身のベッローニ（一七二一没）がピエロ役で喝采を浴びたのが、この未亡人一座だった。[83] また、一七一〇年二月、若い頃ベッローニの一座に入っていたこともあるピエール＝フランソワ・ビアンコレッリ、通称ドミニク（一六八〇－一七三四）が、自ら原作に歌と踊りを加えて翻案した、叙情悲劇のパロディー『アルルカン・アティ』で大評判をとったのも、サン＝ジェルマン大市で興行中の同座での

軽業・曲芸師たち。18世紀の版画より（出典　A.POUGIN : *Dictionnaire*…）

ことだった。[84]

こうしてモーリス未亡人は、一座を見事に切り盛りしていったが、彼女の才覚はさらに別の分野でも十全に発揮された。たとえば一六九六年三月、のちにオペラ=コミックの世界で名を成す十八歳の娘カトリーヌ（一六七八生）を、コメディー=フランセーズの役者兼座付き作者ミシェル・バロン（後述）の息子で、やはり役者として父親の芝居にも出演していたエティエンヌ（一六七六―一七一一）と結婚させる。これによって、モーリス一座はサン=ジェルマンとサン=ローランの両大市に芝居小屋をもちながら、「正統」演劇ともつながることになる。そして同年十二月には、サン=ラザール宣教司祭団から、サン=ラザール大市での見世物小屋を監督する資格を与えられ――実際にどこまで権能があったものかは不明――、と同時に、この大市に彼女自身のより恒常的な小屋を設けることが認められてもいる。はたして彼女がいかなる手練手管を用いたのか定かではないが、船出から二年、一座はまさに順風を帆に満たしたような好調さだった。それから二年後の一六九八年一〇月、彼女は平貴族の出で家政婦を殺して逐電してきたともいわれる、マクシミリアン・シャルル・ド・マルティナング（一六六四生）と再婚している。この素性が本物なら、彼女は大市での実権に加えて、「貴族」という正統性をも手に入れたことになる。

しかし、彼女の才覚はそれだけではなかった。再婚の二か月後、彼女はリュリの甥で、当時オペラ座の座長をつとめていたジャン=ニコル・フランシヌ（生没年不明）と、それまでだれもなしえなかった協定を結ぶ。その眼目は、向こう一〇年間、サン=ローランとサン=ジェルマン大市で、それぞれ三人ずつの歌い手とヴァイオリン弾きと踊り手が、衣装や装飾品を思いのまま身につけて、コンサートや芝居ないし軽業を行うことを認めさせるところにあった。彼女の娘婿を中心的なメンバーとするコメディー=フランセーズ座としては、これを黙認するほかなかった。

さらに、ラシーヌが他界して八か月後の一六九九年十二月には、五年前の前夫の死を機に別れたアラール一座と再び合体し、新たに六年の契約で「アラール・モーリス未亡人一座」を旗揚げする。この種の合体劇には、もとより双方の思惑が何ほどか絡んでいるはずだが、アラールにしてみれば、大市の主たるモーリス未亡人一座との合体は、正統演劇からの妨害を排除するという点で、格別の意味を帯びていた。ただ、未亡人側にいかなる利点をもたらしたかは分からない。

そういえば、この年一月、パリ高等法院院長で総救貧院《オピタル・ジェネラル》（本書第六章参照）の院長でもあったアルレが、国務卿のポンチャルトランに対し、「救貧医療」に資するための税を首都の劇場に課すとの建策を行い、早くも三月には実施に移されている。これによって、オペラ座やコメディー＝フランセーズ座は芝居の公演収入の六分の一を、後代の興行税のはしりともいうべき一種の救貧税として、総救貧院に収容されている貧者の食料確保のために供出しなければならなくなった[85]。いずれ課税は大市にも及ぶ。そのためには合体によって基盤固めをしなければならない。嗅覚の鋭いモーリス未亡人であってみれば、そこまで先を読んでいたとしても不思議はない。

ともあれ、そんなアラール・モーリス未亡人一座には、楽師であり喜劇役者でもあったフランソワ・レニョーと三人の弟妹たち、すなわち軽業師のジャック＝クロードとピエール、ゴブレット（コップ）奇術師のドゥモワゼル兄妹、レニョーの夫で綱渡り芸人のジャック・ティフェーヌ（一七三〇没）、さらにはアルルカン役者としてつとに知られていたジャン＝バティスト・プラン（一六六九―一七四三）など、錚々たるスターが名を連ねていた。彼らの中には、二年前に反道徳的な作品を上演したとして解散の憂き目に遭った、コメディー＝イタリエンヌ座の役者たちもいたことだろう。いや、むしろ彼らイタリア人役者たちが（隠れて）数多く参入したことによって、一座が隆盛をみたと言っても過言ではない[86]。

さらにアラール・モーリス未亡人一座は、一六九九年にパリ西郊、ルイ十四世の居城があったマルリのカルナヴァルで、軽業師としてのデビューを果たしたアラールの二人の息子シャルル（一七一一没）とピエール（生没年不明）を加えて、順風満帆の活動を展開していく。前述したように、フォンテーヌブローの若いブルゴーニュ公爵夫人も、それぞれスカラムーシュとアルルカンを持ち役とするアラール兄弟のファンとなった。

だが、モーリス未亡人がグラン・トマのポン＝ヌフ登場と相前後して世を去った一七一〇年、大変な難題が持ち上がる。あえて繰り返しを惧れずにいえば、大市芝居での対話劇と独語劇とが、コメディー＝フランセーズの横槍で禁止されてしまうのである。対話劇そのものはすでに一七〇七年、警視総監の名で禁止されていた。それを独語劇にまで広げるというのである。当時のコメディー＝フランセーズ座はそこまで大市芝居の興隆に危機感を抱いていた。しかし、アラールたちはこの仕打ちに怯むどころか、これを新しい演劇形式を創出する機会ととらえた。

こうして編み出されたのが、黙劇とも無言劇とも訳されるパントマイム劇である。すでにモリエールが喜劇の小品で用い、アラール兄弟も、前述したマルリのカルナヴァルで、仮装者たちに身振りと足の運びだけで喜劇を演じさせていたところからすれば、必ずしもすべてが創案とはいえないだろうが、この「アルレッキーノ流パントマイム」(87)の特徴は、前述したように、何よりも所作と台詞を引き離し、後者をエクリトー（板書き）にして観客に示すところにあった。字が読めない者がいれば、だれかがこれを読み上げた。さらに、人口に膾炙した俗謡の歌詞も板書され、舞台の上ないし楽屋にいる役者や観客の中にいる仲間たちが、時には観客とともに歌った。

苦肉の策から産み出されたこの新趣向は、オペラ座が独占していた歌とダンスと音楽の上演権と抵触したが、幸いなことに、大市芝居に異様なまでに警戒心を向けていた、あの独裁的な指導者リュリはすでに一六八七年に他界していた。また、コメディー＝フランセーズ座のように、経営が役者たちに委ねられてもいなかった。つまり、より商業的な性格を帯びていたオペラ座は、これらのパフォーマンスを禁ずるより、むしろそれを認めて大市一座から何がしかの使用料を徴収し、恒常化していた赤字を多少とも補塡する方を選んだのである。

やがて、ルイ十四世が他界した一七一五年、オペラ座は歌を伴う芝居の上演権をアラール一座に譲渡する。一七一一年に兄シャルルがモーリス未亡人の後を追うかのように他界したのち、何とか一座を率いていたピエールにとって、それはまさに望外の僥倖だった。当然のことながら、コメディー＝フランセーズ座はこれに反対した。だが、時の政府は、この上演権料を貧者救済用の出費に充当するとして正式に認めた。すでに一六九九年から実施されていた、救貧対策用の実質上の興行税に組み込んだのである。(88) 翌一七一六年、ルイ十四世の後を継いだ芝居好きの摂政オルレアン公フィリップは、国外追放処分を受けていたイタリア人役者たちの再入国を認めているが、彼はまたシャルラタン的銀行家であるジョン・ローをも追放先からパリに呼び戻している。ルイ十四世治世末期の度重なる対外戦争などによって肥大化した莫大な債務から、国家財政を立ち直らせる。これが摂政から託された使命だった。そのささやかな財政再建策のひとつとして、ローは救貧（興行）税をそれまでの収入の六分の一から四分の一にまで引き上げる。いわゆる「救貧四分の一税」の制定である。しかし、これによってはたして国家財政の危機的状況がどこまで改善されたのか、改めて考えるまでもないだろう。

興行のあがりの一部と引き換えに得たあくまでも限定された自由だったとはいえ、アラール一座にとって、いや大市を拠点とするすべての芸人たちにとって、前記上演権の譲渡は、明らかに国王劇団に対する勝利を意味したかに思えた。ところが、フランス・イスパニア戦争が勃発した一七一九年、オルレアン公はコメディー＝フランセーズ座からの要請によって、大市芝居の上演を禁じてしまう。はたしてこれがいかなる意図による措置か、詳細は不明とするほかないが、こうしてこの国王一座は、同年のサン＝ジェルマン、サン＝ローラン両大市で、アラール一座が綱渡り芸のほかに三幕物の芝居を上演し、同座の特権を侵しているとして、警視総監に告訴する。これを受けて、警吏たちによる査察が行われ、詳細な調書が作成される。そこにはピエロやアルルカンなどが登場する芝居の内容が克明に記され、これに基づいて一座に罰金刑が科せられるようになる。コメディー＝フランセーズ座によるこうした横槍は、もとより前世紀末から行われてきたことの繰り返しにすぎない。だが、オペラ座の譲歩とそれを引き寄せた大市芝居の座視しえぬ台頭を目の当たりにした同座にとっては、おそらくそれは単なる嫌がらせ以上の意味を帯びていたはずだ。

とはいえ、時代はすでに国王劇団の思惑通りにはいかないところまできていた。事実、かつてエクリトーを用いての演劇形態を編み出した大市の芸人たちは、またしても新しい演出法を考案したのだ。こうして誕生したのが、身振りと劇中歌とを主体とする新しい演劇形式、すなわちオペラ＝コミック（喜歌劇）である。まさにこれこそが、大市演劇とその観客たちを席巻し、やがてブルヴァール演劇においても重要な位置を占めるようになるのだ。

ところが、一七二一年、フランス演劇史に大きな足跡を残した一座の経営が行きづまったためか、あるいは芝居への情熱が冷めてしまったためか、ピエール・アラールは芝居の世界から引退してしまう。引退してどうしたか。子供の頃、父親から手ほどきを受けていた抜歯人（！）に転業しているのだ。前述したブリオシェのように、シャルラタン＝オペラトゥールから芸人になったケースは少なくない。彼の場合はそれを逆に辿った。数少ない、それだけに興味深い事例といえる。

## 人形遣いベルトラン

アラール兄弟たちと同じ頃、サン＝ジェルマンやサン＝ローランの大市では、有名な人形遣いのアレクザンドル・ベルトラン（一七二五没?）が率いる一座も興行していた。もともとパリの金箔師で、人形作りも手がけていたベルトランが、いつから実際に人形芝居に手を出すようになったかは分からない。[89] たしかに一六八九年、一座の人形芝居は市の片隅で上演されたにもかかわらず、大向こうを唸らせ、翌年にはその中央部に出て、屋根付きの会場を借りるまでになる。しかし、それも一幕の夢だった。一六九〇年二月、「プティ・コメディー＝フランセーズ一座」を組織して、サン＝ジェルマン大市付近のドーファン掌球場に進出したベルトランたちを待っていたのは、観客の喝采ではなく、一座を押し潰そうとする常設座の策動だった。コメディー＝フランセーズ座の役者たちが、前述の警視総監ラ・レニに対し、勝手に同座の名を用いているとして、ベルトラン一座の上演を差し止める訴えを起こしたのである。

そして大市が始まって七日後には、この訴えを妥当とする判断が下され、ただちに「劇場」が撤去されている。もとより劇場とはいっても、せいぜい板張りで周りを囲み、その内側に客席用の足場を組み、踊り手用には一本のロープ、軽業・曲芸用には広めの台を設けた程度の簡素かつ小振りなものであってみれば、(90) 撤去は造作のないことだった。ただ、一〇〇リーヴルの罰金が科され、再犯の場合は投獄との条件もつけられた。にもかかわらず、ベルトランはこれを無法な措置として異議を唱え、ヴェルサイユの国王に直訴した。だが叶わず、やむなく人形遣いに戻るのだった。

それから一〇年間、アラール一族やモーリス未亡人らの華々しい活躍を横目に、ベルトランの必死の奮闘は続いた。そして「アラール・モーリス未亡人一座」が旗揚げした翌一七〇〇年――この年にはモリエールの妻アルマンド・ベジャールが他界している――、ベルトランは、満を持してサン＝ローラン大市で『ダリウスの敗北』を発表する。この作品が人形劇なのか喜劇なのか詳細は不明だが、それは彼の新たな躍進を予示するものとなった。事実、アラール一家がロンドン進出を果たし、国内では芝居の事前検閲制度が始まった翌一七〇一年、やはりサン＝ローラン大市で、ルイ・フュズリエの処女作とされる大掛かりな人形劇『テセウスもしくはアマゾネスの敗北』を上演して、大当たりをとっている。サン＝ジェルマン大市では、隣接する屋根付きの小屋を三棟、羅紗商から購入してもいる。そんな彼の新しい「アレクザンドル・ベルトラン一座」には、男性踊り手のアントワーヌ・ルグラン（一六六六生）や女性踊り手のフランソワーズ・オリヴィエ（一六七九生）、あるいは女性歌手のシャルロット・デュムスティエらが看板スターとして名を連ねていた。遅れて、軽業師のコルビッシュ、本名クリストフ・セルらも加わった。

これだけのスターが揃えば、興行に失敗するはずはなかった。勢いに乗ったベルトランは、一七〇二年、大市での活動を続ける一方で、新たにパートナーとなったセルとともに、コメディー＝イタリエンヌ座のイタリア人役者たちが追放されて以来休眠状態になっていた、オテル・ド・ブルゴーニュ座を借り受けるまでになるのだ。役者の中には、イタリア人役者たちの姿もあった。おそらくこの出来事は、パリっ子たちの耳目を集めた。何しろ一介の人形遣いが、落ちぶれたとはいえ、国王一座の本拠地として赫々たる歴史を誇る常設館の主になったのである。ベルトランにしてみれば、まさにしてやったりの想いだったろう。だが、彼の野望にはつねに挫折がつきまとう。せっかく開館して一週間後、上演を禁ずる命令が国王の名で出されてしまうのだった。(91) 理由は、五年前に国王の命で追放されたイタリア人たちを雇い入れたためだという。

それでもベルトランは挫けなかった。治安当局による事前検閲制度が、上演作品のみならず台本にまで拡大された一七〇六年、宿敵アラール一座との契約が切れたモーリス未亡人らと一座を組むのだ。ところが、あろうことか、このたびもまた彼らの成功が自分たちの特権を侵害すると案じたコメディー＝フランセーズ座の反撥を買い、これと密着した公権力を背景とする抗し難い力に蹂躙されてしまう。すなわち、大飢饉がフランス全土を襲った一七〇九年、芝居小屋はすべて一時閉鎖を余儀なくされてしまうのだ。かてて加えて、パリ高等法院がサン＝ジェルマン大市の見世物＝芝居小屋のうち、ベルトラン一座をはじめとする三座の解散を命ずる裁決を下す。

だが、コメディー＝フランセーズ座に弾圧されたのは、ベルトラン一座が最初ではなかった。一六七七年の王立ピグメ一座解散劇はリュリとコルベールによる演出だったが、一六八一年には、多くの役者や人形遣い、踊り手、歌手、軽業師、綱渡り芸人、さらに一頭のロバなどを擁するランギシャー（一六九七没）の「トゥ・レ・プレジール（全快楽）一座」――おそらく前述の「フォルス・ド・ラムール・エ・ド・ラ・マジ（愛と魔法の力）一座」と協力関係にあった、「ドーファン大人形劇団」の流れ――もまた、解散に追い込まれていた。理由は、この一座がコメディー＝フランセーズ座の出し物である『リュシアンのロバもしくは馬鹿げた旅人』を上演したためとも、三年前（！）のサン＝ジェルマン大市期間中に、ドーファン掌球場で打った興行が予想外の評判をとったためともいう。マドモワゼル・フォンテーヌが、パレ＝ロワイヤル座にかかった、台本フィリップ・キノー、音楽リュリによる『愛の勝利』で初めて女性としてバレエを踊り、以後、女性の職業ダンサーが舞台に登場するようになった、演劇史上きわめて画期的な年はまた、理不尽な政治力が暗躍した年でもあったのだ。(92)

以上、縷々粗描してきた大市演劇とそれを巡る周辺の風景は、あまりにも複雑すぎており、門外漢の筆者が全貌を十全に描き出すことなど望むべくもない。資料も際限なく出てくる。それゆえ、詳細は演劇史家らの慧眼に委ね、ここでは取り急ぎ次の点だけを指摘しておこう——。

ポン＝ヌフ橋やドーフィネ広場のシャルラタン芸と時代と観衆とを共有し、のちにはその伝統を受け継ぐことになった大市は、モノと人、さらに見世物＝芝居を代表とするさまざまな娯楽が、そしてそれを増幅する珍奇さや眩さ、意外さ、いかがわしさ、射倖性、危険などが、他のどこよりも数多く蝟集し、交錯ないし同居していた。その限りにおいて、大市は紛れもなく首都の民衆文化の中心地だった。都市の中の都市。あるいはそういってもよいだろう。

こうしたパリ（に限ることもないだろうが）の大市はまた、人形芝居や動物・異形見世物、軽業・曲芸、奇術、綱渡りなどからなっていた民衆の娯楽リストに、演劇という新たな要素を付け加えた。そこは大道芸人あがりの役者や劇作家たちにとっても大きな可能性を秘めた場でもあり、少なくとも彼らが演ずるさまざまな芝居が、出来不出来はともかく、何がしかの市場性を得ることができた。演劇史に大きな足跡を遺したレオン・ムウシナックはこう指摘している。「大道の芸人こそ、モリエールの誕生までのフランスにおいて、喜劇の伝統を保持することにもっとも力のあった人びとであった」(93)（傍点蔵持）。

だが、もはやこの種の指摘をすんなりと受け入れるわけにはいかない。いつまでと断定こそできないものの、少なくとも大道芸を出自とする芸人たちは、モリエールの死後も長きにわたって「喜劇の伝統を保持」し続けたからである。

**エピネット奏者レザン**

たとえば一六六二年頃、サン＝ジェルマン大市に現れたトロワ出身のエドム・レザンなるエピネット（チェンバロ風撥弦楽器）奏者は、自動的に音の出る自慢の楽器でパリっ子はもとより、国王ルイ十四世までも驚かせたが、その仕掛けは、楽器の中に隠れた子供が弦を弾くところにあった。そして、四人の子供たちにも寸劇を演じさせ、国王から「ドーファン（王太子）一座」の称号を授かってさえいるのだ。この手練手管。まさにシャルラタンを地で行くようである。そんなイカサマ（？）楽師の子供たちは、それぞれ成長して一座を盛り立てる。とりわけ注目されたのは、非凡な芸才をもっていたという息子ジャン＝バティスト（一六五五－九三）で、一六七九年、彼は、コンデ公お抱え一座の座長ロンシャンの娘である妻フランソワーズともども、オテル・ド・ブルゴーニュ座に引き抜かれ、その舞台に主役級で立っている。(94)

「ドーファン一座」はまた、フランス演劇史に名を残す重要な役者も産んでいる。バロンことミシェル・ボワロン（一六五三－一七二九）である。両親がオテル・ド・ブルゴーニュ座の役者という環境で、早くから芝居に関心をもっていた、いや、むしろもたざるを得なかった彼は、十二歳でレザンの一座に入って子供芝居に登場し、十七歳でモリエール一座、二〇歳でオテル・ド・ブルゴーニュ座に移っている。まさに早熟を絵に描いたような役者といえるが、それにあるかあらぬか、マレ座の創設者であるル・ノワールの娘を妻にするという幸運にも恵まれていた。この結婚によって、義父から年金（地代？）五〇〇リーヴルと相続先取り分一〇〇〇リーヴル、さらに妻の縁者であるラ・ロック（本章註18参照）からも、三〇〇〇リーヴルもの大金を婚資として手に入れた。いや、それだけでなく、その結婚契約書に署名があるコルネイユやラシーヌ、ポワソンら、当代一流の役者や戯曲家たちの知己を得ることすらできた。(95) バロンはまた、『艶福家』（一六八六年）や『嫉妬』（一六八七年）などの喜劇も発表しているが、おそらくそれはこうした知己の薫陶よろしきを得た結果といえるだろう。

しかしながら、大市の見世物＝芝居はつねに民衆的なものではあったが、必ずしも庶民的だったというわけではない。ラグラヴがつとに指摘しているように、十七世紀後葉のゲラルディによるイタリア演劇の普及や、十八世紀初頭の大市におけるオペラ＝コミックの出現とその後の発展とによって、それまで小屋の外側の仮設舞台なり階上のバルコニーなりで本番前に演じられていた、無料の客寄せ芝居が小屋の内側に後退し、最終的にただ見席や均一料金制が姿を消す。そして、富裕層を引き寄せようとする経営戦略によって、常設館と同様に見物席の差異化が席料の差異化という形でなされる。つまり、小屋の内部が、いわば社会的なヒエラルキーの縮図を再現ないし顕在化する場となっていったのだ。(96)

ラグラヴによれば、こうしたドラスティックな変化によって、たとえばオペラ＝コミック座をはじめとする大市の芝居小屋を埋め尽し、時にはその舞台で上演される作品の成否すら決定していた王侯貴族の近習たちが、前述したようについにはそこから排除されていったという（一七四三年以降）。むろん常設館は、折りあらばただ見を決め込む彼らを当初から排除していた。(97)事実、一七一六年のコメディー＝イタリエンヌ座の規約には、お仕着せを着た近習たちの入場を――たとえ彼らが観劇料を払うといっても――禁ずる一項が設けられていた。大騒ぎする彼らを排除して、場内の秩序を保つ。それが目的だったという。(98)

では、この「高尚化」によって、大市の芝居小屋の観客数はどうなったのか。残念ながら、これに関する資料は手元にないが、一七一七年から一七五〇年（一七二五－二八年、一七三三－三五年、一七三八－四〇年を除く）にかけて、常設館、すなわちコメディー＝フランセーズ座の観客動員数は二五八万六〇〇〇あまり。コメディー＝イタリエンヌ座は一七五万四〇〇〇。両者を合わせれば、通算で四三四万、年平均十九万七〇〇〇ほどになる。(99)はたしてこれらの数値が多いか少ないか、判断には慎重を期すべきだろうが、少なくともそこからは、大市の芝居小屋に客足を奪われてしまうという常設館の危機感はみえてこない。しかも国王の権威を後ろ盾とする「正統」常設館であってみれば、国王から助成金も受けていた。

にもかかわらず、国王の役者たちは大市の得体の分からぬ芸人たちを排除しようとした。むろんそこに、前者による芝居と観客の独占ないし寡占化の意図があったことは疑いえない。しかし、それと同時に、彼らが自らの正統たる証しないし矜持とを、大市という人口蝟集の場で自分たちと同様の笑劇や喜劇を繰り広げる異質な芸人たちを、しばしば権力の力を借りて排除することで顕在化しようとしたとも考えられるのだ。まさに「正統」な医師や調剤師がシャルラタンを排除し、それによって自分たちの正統性を差異化し、顕在化しようとしたようにである。

大市芸人と国王の役者たちとの角逐は、とりもなおさず前者の民衆的人気とそれに対する後者の危惧や嫉妬に起因するはずだ。何よりも雑多な要素が集まっていた大市は、外的な圧力を柔軟に受け止め、オペラ＝コミックやパントマイム劇といった新しい演劇様式の実験舞台を創出する、したたかな想像力と可能性とに満ちていた。こうしたことは、フランス演劇史において大市が果たした役割の大きさをつとに物語るものといえるが、その事実をよりよく確認するには、《ブルヴァール（大通り）劇》を一瞥するにしくはない。

フランス革命を挟んで、国王の庇護とは埒外なところで展開したこの演劇は、対抗文化としての大市演劇の精神と伝統とを受け継ぎ、つねに大衆側に位置しながら、支配文化たる正統演劇と音楽の牙城ともいうべきコメディー＝フランセーズ座やオペラ座の締めつけに抗して、人々に笑いと感動とを、そして時には反体制的言語すら与えた。そこではまた、コメディー＝フランセーズ座では決して上演されることがなかった、すぐれて民衆的なヴォードヴィルやメロドラマといったジャンル(100)が創出・発展されてもいる。とすれば、大市演劇の本質をなす《ノマディスム（流浪性）》を、《セダンダリスム（定住性）》へと転位させたブルヴァール劇とは、おそらくシャルラタン文化の一つの帰着点ともいえるはずだ。

## 犯罪大通りと劇場

大市演劇の芸人たちが数多く移っていったブルヴァール劇の中心地は、具体的にはレピュブリック（共和国）広場を挟んで南北と東西に走る、タンプル大通りとサン＝マルタン大通りである。このうち、前者はとくに犯罪がらみのメロドラマを好んで上演する芝居小屋が立ち並んでいたところから、一八二〇年代から、ジャーナリストという名の新しい物書きたちの命名により、「犯罪大通り《ブルヴァール・デュ・クリム》」と呼ばれるようになる。一八六三年には、オスマンのパリ再改造計画、とくにレピュブリック広場建設とそのための道路拡張・整備工事によって、多くの劇場が撤去されてしまう。だが、少なくともそれまでの約一世紀間、この大通りはポン＝ヌフ橋や大市から申し送りでもあったかのように、首都の民衆に近いところで、彼らの文化を醸成していったのである。

ゴンクール賞作家のピエール・ガスカールは、そんなタンプル大通りについてこう記している。(101)

> サン＝マルタン（大通りの）門からタンプル大通りの端にかけてみられる群衆の主体は、すでにしてその消極性を取り除かれ、新しい欲求や自由な要求に活気づけられていた人々だった。とりわけタンプル大通りが拡張している地点では、人の流れが一種の鬱血状態を引き起こしており、レストランのカドラン・ブルー（字義は「青い日時計」）と、庭園や野外音楽堂を有するカフェ・チュルク（「トルコ喫茶店」）とが、つねに大市の祝祭的な賑わい空間を形作っていたシャルロ通り（タンプル大通りとの結節部に、一六二八年創設になるアンファン＝ルージュ市場があった）を越しては、ほとんど一歩も前に進めない状態だった。（……）タンプル大通りのこの一角には、パリの二大大市から移ってきたあらゆる見世物が再編されているが、ここで言うところの見

世物とはもっとも広い意味で理解されなければならない。というのも、この移転劇は、本格的な劇場はもとより、手品師たちの演台、曲芸・軽業師や人間・動物見世物師たちのテント、さらに小商いの販台なども含んでいたからである。

ここタンプル大通りに見世物＝芝居小屋を最初に開いたのは、サン＝ジェルマン大市で興行を行っていたゴードンなる人物だった。(102)そして、彼が連れてきた芸人たちの中から、一旗あげようとする者が出るようになる。その代表格が、パリ出身のジャン＝バティスト・ニコレ（一七二八―九六）である。(103)軽業師でありながら前座芝居のアルルカン役も得意としていた彼は、一七五九年、独立して小屋を構え、早くもその四年後には、小屋の隣地を買収して、木造の、だが、本格的な劇場「グラン・ダンスール・ド・コルド（偉大な綱渡り芸人たち）座」を立ち上げる。そこでの出し物は、笑劇やオペラ＝コミックに加えて、人形芝居、軽業、曲芸、綱渡り、奇術、力技、さらに前述したブリオシェのファゴタンほど有名ではなかったが、猿を用いた見世物芸もあった。一方で、彼は今日のヴァンドーム広場で毎年八月十四日ないし十五日から一〇月九日まで開かれていた、サン＝トヴィド大市（本章註77参照）にも進出し、人形芝居や動物見世物を披露していた。

一七七〇年、ニコレの劇場は火災に遭うが、彼はただちにこれを建て直す。そして、一七七二年に国王の前で御前興行をしたのを機に、劇場名を「グラン・ダンスール・デュ・ロワ（王の偉大な踊り手たち）座」と改称する。出し物も、パントマイム劇や人形芝居のほかに、当時「ブルヴァールのモリエール」とも呼ばれていた天才的な劇作家・演出家タコネの軽喜劇も採りいれた。これによって、見世物芸は幕間にのみ演じられるようになる。

こうして一座の評判はさらに高まるが、一七七四年、そのタコネが四四歳の若さで他界して、客足が遠のくようになる。やむなくニコレは、スペインから軽業師や曲芸師を招いて、何とか失地回復を図ろうとしたが、事態は一向に好転しなかった。この頃には、すでにタンプル大通りに同様の小屋や劇場がいくつもできており、おそらくそれらとの競合も不入りの因となった。[104]

そして一七八九年、革命騒ぎのうちにニコレが世を去ると、[105]未亡人がその衣鉢を継ぎ、一七九二年には劇場の名称も「ゲテ（快活）座」と改める。だが、それも徒労に終わり、やがて亡夫が心血を注いで築き、守り続けた劇場の経営権を、大市の人形遣いだった父をもつ、パリ出身の旧座員ルイ゠フランソワ・リビエ（一七五八―一八三〇）に譲り渡してしまう。リビエは新しい劇場を「テアトル・デミュラシオン（競争心）座」と命名し、一八〇六年、アルフォンス・マルタンヴィユのコミック・メロドラマ『羊の足』で大当たりをとる。しかし、一八〇八年、劇場の所有主であるニコレ未亡人との経営権を巡る裁判で敗訴する。こうしてリビエを追い出し、[106]劇場を取り戻した未亡人は、これを娘婿で香料商だったフランソワ゠シャルル・ビュルギエールに託し、ゲテ座の名称を復活させる。そして、後発の劇場に倣って、演目をメロドラマに切り換えて再出発することになる。[107]

タンプル大通りに進出したその他の劇場としては、たとえば役者兼戯曲家のニコラ・M・オーディノ（一八二六没）が、一七六六ないし一七六九年に大市から移した「アンビギュ゠コミック（折衷劇）座」がある。大市の開催時以外にも恒常的に活動できるよう、人形芝居や仕掛け物を演ずる子供たちなどを引き連れて開いたものだが、一七七一年には、あろうことか国王親衛隊（？）の隊員までも役者として舞台にのぼらせ、時の軍相ショワズル公から上演を差し止めされている。また、いたいけな子供たちを用いていたため、パリ大司教からこの劇場は子供に放縦さを教える学校だとして指弾されたともいう。[108]

このことは、とりもなおさずこのアンビギュ゠コミック座が集客力を有していた事実を端的に物語るが、座長オーディノの卓抜した経営手腕は、アルトワ伯をはじめとする贔屓筋の獲得のみならず、役者の発掘や登用にも確実に注がれた。こうした役者のうち、特筆すべきは、後代のサラ・ベルナールにも匹敵するとされる女優ルイーズ・マソンである。一七八六年、彼女はここでアルヌー作の『眠れる森の美女』を演じているが、以後、これは二〇〇回上演されるほどの評判作となった。[109]

タンプル大通りの劇場群。右からデラスマン=コミック座、ヒュナンビュル座、1つおいてゲテ座、フォリ=ドラマティック座、シルク=オランピック座。エドゥアール・ルナール作版画、19世紀前葉。パリ、カルナヴァレ博物館蔵

また、一八二四年、自らの考案になる「ヴァガボン・ダンディ（伊達男の浮浪者）」の出で立ちで一世を風靡したフレデリック・ルメートル（一八〇〇－七六）も、アンビギュ=コミック座で上演された『アドレの宿』の盗賊マケール役で大当たりし、フランス演劇史における名優列伝の一頁を飾っている。だが、オーディノが他界した翌年、そしてエジプトのパシャ（高官）からフランス王に贈られたキリンが、パリ中の話題をさらってから二週間後の一八二七年七月、絶頂の極みにあったアンビギュ=コミック座は、ほかならぬルメートルの芝居で用いた花火がもとで全焼してしまう。

さらに大市からタンプル大通りに移ったものとしては、「アソシエ座」がある。一七六八年、木造の芝居小屋を建てたのが始まりだった。創設者は、バトゥルールから大市の道化師となり、前述したニコレ一座の準座員、というよりむしろ客引きでもあったニコラ・ヴィエンヌ。踏み台の上で、人間のあらゆる感情をグロテスクな百面相で描いてみせるという、独特なマイムで評判をとった彼は、ボーヴィザージュ（字義は「美しい顔」）という渾名を奉られ、その小屋には連日多くの客が押しかけた。やがて、百面相に

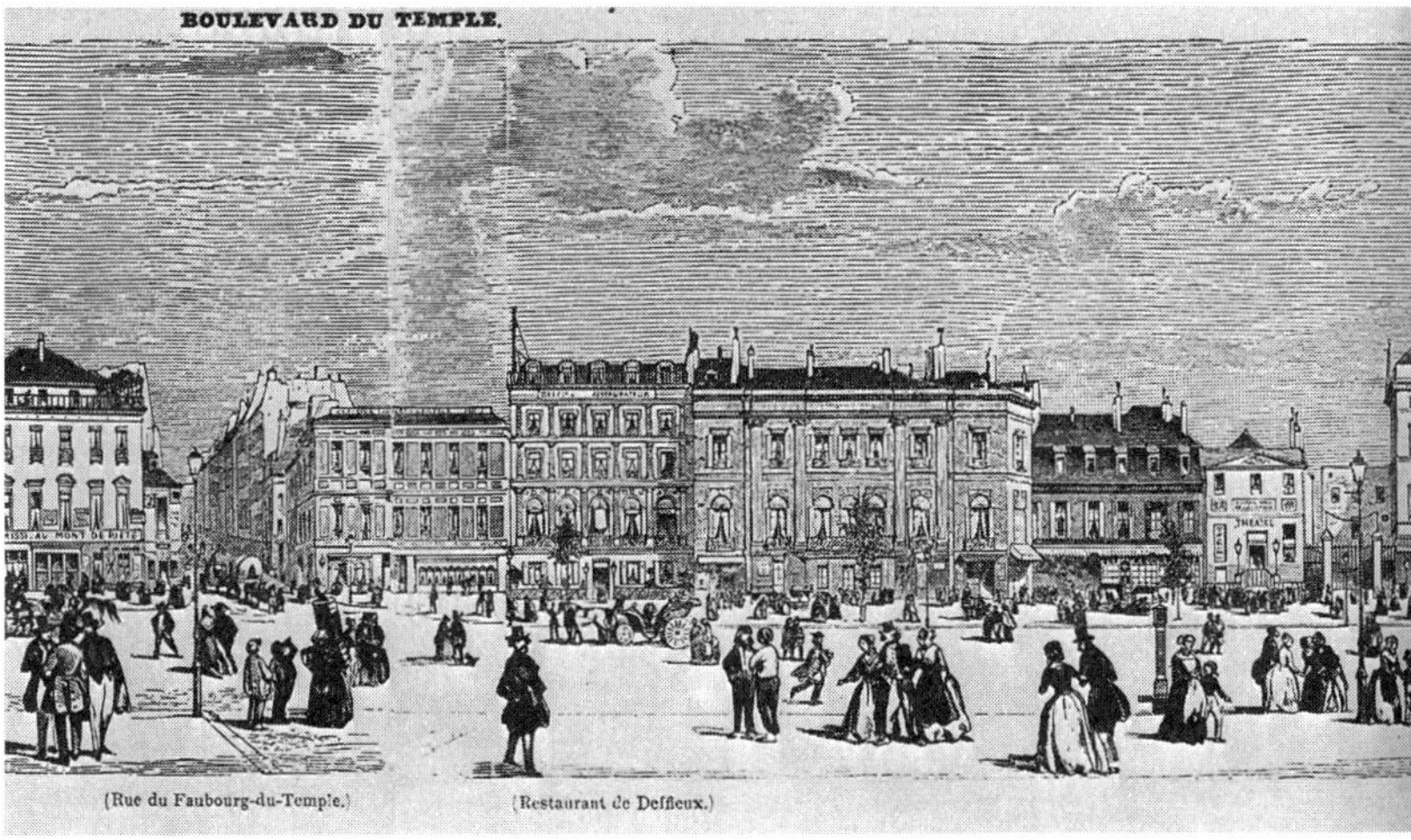


人形をからませる演出法を採り入れ、ルイ十五世が他界した一七七四年、念願のアソシエ座を開いて大成功を収める。これに力を得た彼は、百面相を次第に遠ざけ、一七九一年に創設されたテアトル＝フランセ座から、笑劇や悲・喜劇の上演許可を得るまでになる。

このアソシエ座は、革命期に「パトリオティック（愛国）座」、一七九五年に「サン・プレタンシオン（控えめ）座」と改称し、一八〇七年には「カフェ・ダポロン」なるカフェ＝コンセール（寄席喫茶）に模様替えする。そして一八一五年、マダム・サキに買収される。綱渡り芸人の娘で、アクロバット師のジュリアン・サキを夫ともしていた彼女は、当時フランス最高の女性軽業師と謳われ、ナポレオン一世をして「我がスター」と言わしめたという。しかし、そんな彼女の劇場である「マダム・サキ座」に許されたのは、大市でのアトラクション芸とイタリア風パントマイム劇だけだった。それでも同座は発展を続け、隣接する「ヒュナンビュル（綱渡り芸）座」を凌ぐ盛況ぶりだった。そして一八四一年、すでに「ドルセ座」と改称していたマダム・サキ座は解体され、喜劇やヴォードヴィルなどを専門とする民衆劇団、「デラスマン＝コミック（気晴らし芝居）

座」（第二期）に取って代わられる。

ちなみに、ヒュナンビュル座はバター売りから運送業へと転身したニコラ＝ミシェル・ベルトランたちが、一八一三年のクリスマスに開業した座席数七八〇あまりの劇場である。当初は呼称にある綱渡りや怪力芸、曲芸など、つまり大道芸をもっぱらとしていたが、翌々年にはパントマイムや道化劇《アルルキナード》——呼称はアルルカンに由来する——を、のちにはヴォードヴィルも上演するようになる。この劇場の十八番となった一連のアルルカン物のうち、最初期の『アルルカンの誕生もしくは卵の中のアルルカン』では、芸名をプロスペルという十六歳のピエロ役が、のちに一家をなすジャン＝ガスパール・ドゥビュロー（一七九六—一八四六）ともども脚光を浴びている。これが前述したルメートルの初舞台である。

大市からの移転組ではないが、前述したロアン枢機卿が王妃の首飾り事件で逮捕され、首都を政治的な陰謀の渦に巻き込んだ一七八五年には、役者で劇作家でもあったフィリップ＝アレクザンドル・プランシェ、通称ヴァルクールが、有名な女性踊り手のリゴルボシュらを擁して、タンプル大通りに三層構造で客席数約八〇〇の「デラスマン＝コミック座」——以後、四館が同じ呼称を冠することになる——を建てている。三年後、同座は火災に見舞われるが、間もなく再建され、喜劇やオペラ＝コミックで成功する。

しかし、競合する王立劇場の意を体した警視総監ルノワールの命で、同座は役者三人までのパントマイム劇を専門に上演するよう規制されてしまう。そんな折もおり、真偽のほどは定かではないが、一七八九年七月十四日、バスティーユ牢獄陥落の報を聞いて、たまたま舞台に立っていたヴァルクールは、その衣装を引き裂き、観衆の拍手喝采に応えて、「自由、万歳！　国民、万歳！」と叫んだという。以後、同座は共和主義的性格を強め、一七九六年から経営権を握ったドゥアルム夫妻のもとで、革命暦七年ヴァンデミエール月（一七九八年九月）、パリ中を笑いの渦に巻きこむ喜劇『民衆の主権』を上演する。

**サン=マルタン大通り**

大衆通俗劇のもう一方の拠点となるサン=マルタン大通りに最初に現われた劇場は、皮肉にも大市演劇を軽視ないし敵視し、さらにブルヴァール劇にもたえず警戒心を向けていたオペラ座である。(110)一七八一年、パレ=ロワイヤルから焼け出されたため、マリー=アントワネットが建築家のルノワールに命じて、工期わずか七五日間で建てさせた建物は、四階建て、客席数一八〇〇席を擁する堂々たる劇場だった。一〇月のこけら落としは、プッチーニが、生まれたばかりの王太子に捧げて書き上げた『ポンテューのアデル』。入場者数じつに六〇〇〇。前代未聞の数だが、じつはそれは建物の堅牢さを調べるため、観劇料を無料にしたことによる。しかも舞台がはねたあとには、入場者全員にパンとワインの下賜があったという。このオペラ座は革命時に一時閉鎖の憂き目をみるが、ミラボーたちのてこ入れで間もなく再開される。だが、建物は一七九九年に売却され、以後、パントマイム劇やバレエを専門とする「人民オペラ座」(開設一八〇二年)や「オリンピック劇場」(同一八一〇年)に姿を変える。

ボーマルシェの『フィガロの結婚』がテアトル=フランセ座で初演された一七八四年には、「ヴァリエテ=アミュザント(愉しい寄席演芸)座」がサン=マルタン大通りに進出している。前身は、前述したレクリューズ・ド・ティヨワが、一七七八年、サン=ローラン大市に建てた芝居小屋。やがて、創設者の名を冠した「レクリューズ座」は、名をヴァリエテ=アミュザント座に変え、以後いくつかの紆余曲折を経たあと、この大通りで空き家同然となっていた、「エレーヴ・プール・ラ・ダンス・ド・ロペラ(オペラ座踊り子養成所)(111)」を買い取ったのである。

そしてナポレオンがエルバ島に流された一八一四年、「ポルト・ド・サン=マルタン座」がここで旗揚げし、(112)この通りにおけるヴォードヴィルとメロドラマの橋頭堡となる。たとえば、ジョスラン・ド・ラ・サルほか作の一幕物の通俗劇《メロドラマ》『シャルラタン一家』が、市民的自由を保証する立憲王制を採用したルイ十八世の他界一か月後

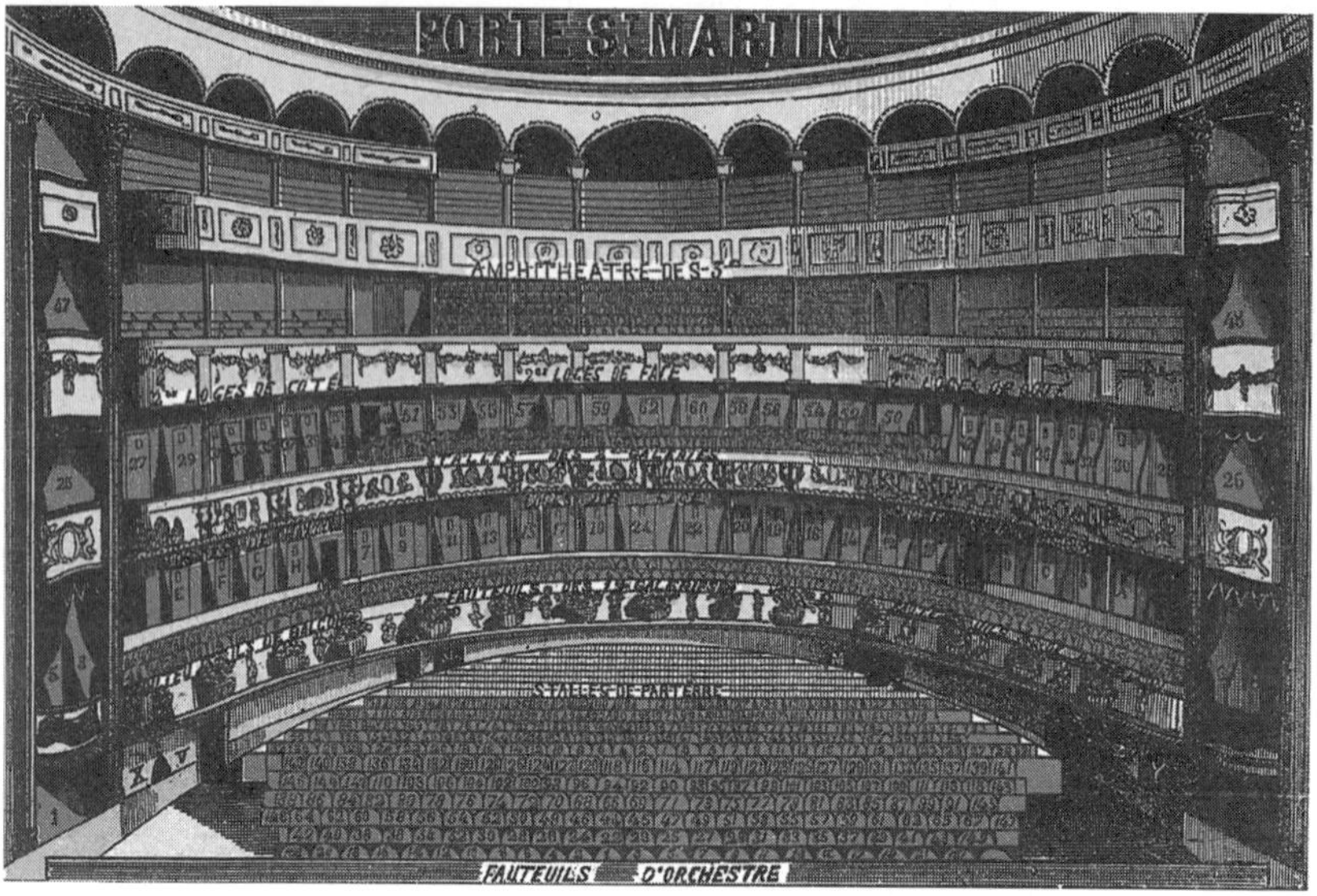

ポルト・ド・サン=マルタン座の内部。舞台上部から客席を望む。パリ、カルナヴァレ博物館蔵

の一八二四年一〇月、ここで賑々しく初演を迎えている。ちなみに、その配役には主人公のシャルラタン・トロンボリニ、彼の初婚での娘モデスト、再婚での娘スリネット、息子バンビーニのイタリア名一家、ほかに遍歴の芸人バティストとその相棒のルーセル、さらにトロンボリニ一座のピエロや楽師らも登場する[113]——。

舞台は、劇場風に仕立てられたオーベルジュ(旅籠)の中庭。コーラス入りの芝居は、トロンボリニがピエロを先頭に行列を組んで、村祭りの興行にやってくるシャルラタン一座を迎えるところから始まる。興行開始まであと小一時間たらず。ところが、その家父長ぶりを軽業師の娘たちに難じられ、あまつさえ、スリネットがかつての座員バティストと相思相愛であることを告白される。案の定、トロンボリニは反対する。娘が言うように、バティストが真面目で頭もよい男だとは認めつつも、所詮それだけではないか。反対されて、スリネットはその恋を諦めようとする。するとそこに、バティストとルーセルが現れる。二人はルーセルの発案でイングランド風拳闘士に扮していた。そんな彼らの正体をトロンボリニは見破れなかったが、むろん恋しい男のことである。スリネットはバティストにいち早く気づいた。やがてトロンボリニの前で技を披露して称賛を得たのち、バティストは自分の正体を名乗り、ついにトロンボリニは彼と娘の仲を認めるようになる。こうして芝居は一気に大団円へと至り、バレエや一連の軽業などを繰り広げて終わる。

このポルト・ド・サン=マルタン座ではまた、一八二七年、ロマン派劇最高の女優と謳われていた旅回り一座出身のマリー・ドルヴァル（一七九八―一八四九）が、ルメートルと初めて、だが絶妙のコンビを組んで、デュカンジュ作『三〇年またはある賭博師の一生』を成功裏に導いている。[114] さらに一八二九年には、ここで『マリオ・ファリエロ』も上演され、一三〇回という続演記録をつくった。作者は、カジミール・ドゥラヴィーニュ（一七九三―一八四三）。一二八二年のシチリア島で起きた反フランス闘争と虐殺とを扱い、「一般市民の観客を前にはじめて成功を博した悲劇」[115]とされる、『シチリアの晩鐘』（初演一八一九年、オリオン座）で一躍脚光を浴びた鬼才である。一八三三（ないし三五）年、名優ルメートルが、『ルクレティア・ボルジア』に出演して、原作者ユゴーからその才能を絶賛されたのもここだった。

ポルト・ド・サン=マルタン座の名女優マリー・ドルヴァル（出典　A.POUGIN : *Dictionnaire*…）

劇場進出はさらに続き、一八二八年には、前年に被災した「アンビギュ=コミック座」がそれまでのタンプル大通りを去り、サン=マルタン大通りのミュリネ邸館跡地に移転している。再建された劇場は鉄製（！）の緞帳を備え、座席数一九〇〇席の威容を誇っていたという。当時のパリでもっとも美しく近代的でもあったとされる同座の再建第一歩となった作品は、小品の『大通りのミューズ』だったが、同年六月の初演には、ベリー公爵夫人も観劇に訪れたという。

むろん、ブルヴァール劇を演出したのは、これら有名な劇場ばかりではなく、大市の小屋掛けをそのまま持ち込んだような小規模な劇場もあった。アンリ・ラグラヴによれば、一七七九年、これら小劇場が興行税として支払った金額は、じつに二〇万リーヴルにのぼったという。[116]

大市とシャルラタンに関しては、いずれ改めて振り返ることにして、以上でひとまずパリのシャルラタンたちを離れる。次に向かう先は、南仏のラングドック地方。「ウィ」を意味する「オック」語という呼称が、そのまま地方名になっていることから分かるように、この地は、やはりウィを指し、今日言うところのフランス語の基となった「オイル」語圏とは、言語・文化的にも社会的にも大きく異なり、独自の歴史を歩んできた。[117]

西部のトゥールーズとともにその中核をなす大学都市モンペリエは、一二二〇年ないし二一年に司教座聖堂参事会員を学長とする医学校が、次いで一二八九年に、パリ大学医学部(開設一二七四年。大学創設は一二一二年)に匹敵する医学部が創設されて以来、歴代国王の侍医を数多く輩出している。世紀の大シャルラタンたるあのラブレーとノストラダムスも、短期間ながら、じつはこのモンペリエで時期を同じくして学んでいるのだ。それにあるかあらぬか、この地は、中世以来、首都と同様に、いや時にはそれ以上にシャルラタンのメッカだった。事実、時代の前後を問わずにいえば、ここにはあらゆる種類のシャルラタンがみられた。その限りにおいて、ラングドックとはまさにシャルラタン王国と呼べるかもしれない。次章ではそんな王国を跳梁したさまざまなシャルラタンたちをみていこう。

第四章

# 南仏のシャルラタンたち

## 迷医ミッソリ

プロテスタントが多く住むラングドック地方全域を、文字通り恐怖と荒廃の淵に突き落としていた、宗教戦争の余燼がようやく消えかかっていた一六八〇年、医学都市モンペリエとその一帯は異常気象に見舞われていた。前年秋からの数か月、まったくといってよいほど雨が降らず、農作物はもとより、住民約二万[1]のための生活用水もすでに枯渇状態にあった。そこで同市の司教は、教区内の全聖職者に雨乞いの祈りを捧げるよう命じ、と同時に、三月三一日の午後三時には、大掛かりな宗教行列も行うよう指示した。この行列には、巡礼・告解同宗団のメンバー約二〇〇名もそれぞれ裸足で参加した。前年八月にはドミニコ会修道院が落雷に遭っているだけに、打ち続く旱魃の被害に住民たちが神の怒りを感じ取っていたとしても不思議はない[2]。やがて、六月十六日の聖三位一体の祝日には、麦刈り最中の農夫が落雷で即死するという事件も起きる。

イタリア人シャルラタンであるアントワーヌ・ミッソリ（ス）が、一座を引きつれてモンペリエに現れたのは、一六八〇年一月。まさに旱魃騒ぎのさなかであった。はたして時期がよかったのか、悪かったのか。ともかく彼は、不安におののく市民たちから絶大な人気を博したという。そして、雨乞いを祈願するための宗教行列が挙行される一〇日ほど前、彼は同市の参事や国王役人から証明書を与えられている[3]。さっそく史料にあたってみよう。

> ローマ出身の真のオルヴィエタン売りだったジャック・ミッソリ（ス）の子息で、国王陛下の膀胱結石と眼疾のオペラトゥールであるアントワーヌ・ミッソリ（ス）氏は、およそ二か月前から当市に滞在しているが、この間、日曜日も祝日もなく連日舞台に上り、ローマのオルヴィエタンなる予防薬を民衆に売っている。だが、市民や他所者はその薬に大いに満足し、いかなる苦情も出ていない。同氏はまた、われわれに薬の効

能を実際に示すべく、舞台の上で、われわれと当市の内・外科医や調剤師、さらに多くの住民が見守る中、医学部の学生に運ばせた毒薬を自らあおった。さらに使用人二人にもこれを飲ませ、それぞれオルヴィエタンを服用したところ、薬の効験あらたかで、三人ともただちにすっかり快復した。加えて、当市滞在中、氏は見事な治療をあれこれ手がけ、モンペリエのサレンヌ（人名?）や、ブトネ（モンペリエ郊外）近くのフランソワ家分益小作人の妻をはじめとして、多くの病人を癒し、悪腫や古い潰瘍も治している。まことにそれは刮目置くあたわざる（投薬）治療であり、氏の薬の効能と、体系的なその治療における格別な巧みさとに鑑みて、われわれは、本日、自ら署名し、参事会書記にも副署させ、封印の上、この証明書を氏に交付するものである。

一六八〇年三月二〇日、於モンペリエ。

オルヴィエタンの効力が実際にどれほどのものだったかはさておき、この証明書による限り、ミッソリはそれを人体実験によって立証した。いや、見物人に効いたと思いこませた。もとより飲んだのが「毒薬」であってみれば、他人がそれを実証するわけにはいかず、したがって、予め用意されていたそれが本物の毒であったかどうか、疑問なしとはしない。毒薬の運搬にわざわざ医学部の学生を使ったというのも、実験の正当性や信頼性を高めるための巧妙な仕掛けと考えられなくもない。シャルラタン＝オペラトゥールの年期の入った手練手管からすれば、たとえ医者や調剤師の面前であっても、薬学に疎い参事や市民たちを相手に無害な薬を毒と信じこませることなど、さほど難しいものではなかったろう。いや、もしかすると、市民たちは神のさらなる怒りの予兆に備えて、ミッソリが売るオルヴィエタンの効能を進んで信じこもうとしたのかもしれない（彼ら無辜の民にしてみれば、ほかにいかなる救いがあったというのか）。

こうしたシャルラタン一流の騙しの技法について、メイソニエは次のように指摘している(4)。すなわち、毒薬なり毒物なりを飲む前に、シャルラタンは腹をスープや肉汁、柔らかい肉などで一杯にして直ちに嘔吐できる状態にしておく。そして、毒物を静かにあおりながら、粉にまぶしたアンチモン玉を、カンゾウの汁ないしアロエの葉肉とともに飲みこむ。中には、それと同時ないしそのあとで、南仏特産のクレレット・ワインに混ぜた催吐用ワインを飲む者もいる。こうして吐き気を催したら、直ちに舞台の後壁幕へと退き、一座の芸人たちが芝居を演じている間に、誰にも気づかれぬように吐瀉する。それから再び舞台中央に戻り、おもむろに毒消し効果抜群と謳いあげたオルヴィエタンを服するというのである。

メイソニエはさらに、前述のポントス王よろしく、毎朝ミトリダテスやよく調合したテリアカを服用して、毒の効かない体を作り上げたり、毒の代わりに無害な物質を飲んでごまかした者もいたとしているが、あるいはミッソリは、そのパフォーマンスにおいて、独自の秘法を駆使したとも考えられる。いずれにしても、シャルラタンが「商品」の効力を印象づけるために、しばしばさまざまな方法で「毒」を用いたことは間違いないところである（たとえばアンブロワーズ・パレは、ド・ヴィゴの『外科術』にある事例として、次のようなエピソードを紹介している。フィレンツェのあるシャルラタンが、テリアカの販売促進を図ってアルプス地方の毒蛇アスピックにわが身を嚙ませ、哀れなことにそれがもとで四時間後に死んでしまったというのだ。普段なら毒を抜いておいたアスピックを使うのだが、どうやら彼より口上が下手で売上げもよくない同僚のテリアカ売りが、嫉妬心にかられて有毒のアスピックを被害者に渡したという(5)（そういえば、第二章で紹介したパリのオペラトゥール・バリーもまた、恋人の裏切りに遭って、危うくアスピックの毒で命を失いかけている）。

国王の治療者だというミッソリの経歴もまた、いささか怪しい。かりにそうだとすれば、当然それを証明する書状を持参しているはずであり、改めてモンペリエで証明書の発行など求める必要もなかったはずだ。その限りにおいて、モンペリエの市吏たちは、実験の検証もさることながら、宮廷にミッソリの経歴を確認しなければならなかった。とはいえ、参事たちにしてみれば、水不足に不満を募らせる住民たちの気持を鎮めるのに精一杯で、とてもそんなところまで手が回らなかった。おそらくそれが実情だったろう。
それにしても、当時の手術とはどのようなものだったのだろうか。次の史料は、そのことを示す一種の手術証明書である。(6)文中、ペズナスとは、モンペリエの西方約六〇キロメートルに位置する古都で、一四五六年にはラングドック地方最初の三部会が開かれている。また、古くから同地方最大級の大市が開かれる町として知られる。十七世紀中葉に、あのモリエールがこの地にしばしば滞在して芝居を打ったのは、まさにこの大市をあてこんでのことだった。

われわれモンペリエ大学医学部の医学博士アンリ・バレスと、ペズナス市在住の宣誓外科医シモン・ジェリおよびジャン・ダヴィッド・ジェリは、本年五月四日に、モンペリエ市の宣誓外科医ギヨーム・カッセル氏がペズナス市の市外区に移り、われわれの立会いのもと、庭師の故ジョルディ・マチューの息子で七歳あまりになるガブリエル・マチューに対する、小型器具を用いての切石術ないし結石切除術を見事に行ったことを証明する。すなわち、同氏は（患者の）膀胱から、膨れて幾分長めのオリーヴの形をした、そしてかなり硬い物質でできた結石をひとつ取り出したのである。われわれが検証したところ、この結石は前記膀胱に癒着していた。施術中および術後においても、危険な症状は何ら認められず、逆にガブリエル・マチューは完全な回復期に入っている。術後三週間以内に、患者の切開部は間違いなく塞がり、完全に安定するだろう。

一六八四年九月七日　　於ペズナス　　署名　バレス、S・ジェリ、J・D・ジェリ

おそらくこれは治安当局への提出を義務づけられた証明書と思われるが、ここには正統外科医のカッセルによる施術の内容のみならず、術後の経過や快復の見込みまでが明確に示されている。その限りにおいて、十六世紀

モリエールゆかりの地でもある南仏ラングドック地方の小都市ペズナス。巨大な馬の張りぼて「プーラン」が登場するカルナヴァルで知られる（出口雅敏氏撮影）

の医学はそれ相当の水準にあったと思われる。では、ミッソリがほぼ同時期に同じモンペリエで、解毒実験のほかに、実際に病人を治したというのはどうか。もとよりそれを子細に検証する手がかりは見当たらない。だが、大学医学部教授たちの署名があるカッセルの場合とは異なり、ミッソリの証明書には町の行政担当者たちが名を連ねているだけである。そんな素人たちの言葉であれば、いくら「治療」といったところで、医学的にどれほどの意味をもつものか。たとえ深部で病巣が拡がっても、眼前の苦しみや痛みや麻痺さえ去れば快癒と信じこむ。古今東西を問わず、素人の判断とはせいぜいそういうものだろう。

いささかうがった見方をすれば、何しろしたたかなシャルラタンのことである。より確実で、見物人たちを感動させる鮮やかな手法を選んだかもしれない。予め健常者に多少の金を摑ませ、病人役を演じさせることさえできたはずだ。芝居の演出ならお手のものだった。シャルル＝ドゥニ・ド・ロネなるパリの外科医は、いかさまを用いた膀胱結石除去術の手口を次のように指摘している。(7) すなわち、会陰部にある患部の中にきわめて巧みに石を滑り込ませ、それからこの石を、さながら患者の膀胱から取り出したかのように引き出す。その手口のあまりの見事さに、「施術」に立ち会った複数の内科医や外科医ですら、称賛の声を禁じえなかったというのだ。

ミッソリの場合、国王の結石除去にいかなる手法を用いたのか、定かではない。いや、前述したように、彼が本当にそうした施術を行ったかどうかも不明である。だが、彼には、素人とはいえ、いやしくも行政者たちのお墨付きがある。それさえ手に入れれば、少なくともモンペリエで彼らの怪しげな商いを邪魔立てされる気苦労はなくなる。そのためなら、彼らはいかなる手も弄したはずである。してみれば、治療を成功させたという話は、オルヴィエタンの効能を正統化するため、彼ら自身が捏造したフォークロアだったのかもしれない。一杯食わされた権力と、一杯食わしたシャルラタン。ミッソリの証明書が意味するものは、畢竟そんなところだったろう。ともあれ、旱魃という神の断罪による危機的状況を巧みに利用したこの騙しの構図は、まっとうな歴史(History)の背後にいくつもの物語(histories)があることをつとに示すものといえる。

それから二〇年後の一七〇〇年十一月。ミッソリはフランス中部ブルゴーニュ地方の中心都市ディジョンに現れ、そこでもまた、「自らの命と引き換えに」オルヴィエタンの解毒実験を行ったという。(8) 彼にとって、この「人体実験」はもはや見世物以外のなにものでもなかった。つまり、これを見世物化して客を集め、民衆にオルヴィエタンに卓抜した効能があると信じこませた。シャルラタン・ミッソリのまさに本領発揮というところである。

## ヘルニア医師ラ・タピ

ミッソリから遅れること約一世紀、すなわちヴォルテールとルソーが相次いで他界した(9)一七七八年の一〇月九日、南仏ラングドックの地方長官補佐ジャン・マリ・ヴィジエは、次のような一通の訴状を受け取っている。差出人はトゥールーズ北東約六〇キロメートルに位置する、ワイン産地として有名なゲヤックの住人ラ・タピないしラタピなる男である。

私が厚顔不遜だときめつける話が出まわっていることを知り、まことに心外に思っております。釈放されて以来、私は国王の命に一度たりと背いたことはありません。（中略）他のじつに陰険な手段では私に苦痛を与えられないため、私が六歳の幼女を凌辱したとして、貴職に信じ難い告発を行っている者がいる由ですが、それはまったくの濡れ衣で、私の無実は明白です。さらに、私がガレー船から逃げ出してきたとか、縄目ないし絞首刑を免れているとか、悪意をもって言いたてる者もおります。しかし、私はだれも傷つけてはおらず、じつに不愉快の極みです。こうした偽りの言葉によって、私や父のみならず、身動きもままならず、ミサにさえ出かけることができない祖父ともども、静かな日々が送れません。町役の方々が貴職に対し、われわれの振舞いの真実のみを伝えて下さればよいのですが……。ともあれ、貴職におかれましては、なにとぞ私どもに対するこれらいわれのない中傷をよくよくご賢察されますよう、お願い申し上げる次第です。心からの尊敬とともに、深甚なる感謝を捧げつつ。

幼女凌辱といい、ガレー船といい、さらには絞首刑といい、中傷だとしてもいささか穏やかならざる訴状だが、この差出人ラ・タピとはいったい何者なのか。「釈放」という言葉があるところから、どうやら牢につながれていたらしいが、いかなる罪を働いたのか。そのことに触れる前に、訴状に添えられた地方長官補佐の返事を急いでみておこう。ラ・タピの気がかりは、自分たちの行状を伝える町役たちからの書状に、地方長官補佐がどのような態度をとるかにあったが、そこにはまた、ラ・タピの素性が明確に記されているからだ。

小職がゲヤックの参事諸氏に書き送った返事は、貴殿とは無縁のものであります。貴殿としましては、二度とヘルニア医という商売をしないと書面にて行ったかねての約束を守るようにすることです。そうすれば、きわめて静穏な生活が送れ、自分のことだけに専念できるはずです。

ラ・タピの訴えなどほとんど意に介していないような、あまりにもあっけなく、あまりにも冷ややかな内容である。それにしても、ヘルニア医（正確にいえばヘルニア外科医）とは面妖である。文面からすれば、ラ・タピはこの怪しげな医業を営み、投獄されている。では具体的にそれはどのような医者だったのか。じつは彼（名前不詳）とその父親レイモンは、外科医と称して、無鑑札のまま、ヘルニアに罹った者たち、とくに男児の治療を行ったというのだ。いや、それだけならまだ罪は軽い。問題はその施術法に、つまり、患者を去勢（！）するという、とんでもない荒業にあったのだ。

ここでのヘルニアがいわゆる脱腸（大腸ヘルニア）を指すことは明らかだが、一五六一年にリヨンで初版が刊行されたピエール・フランコの『ヘルニア論』によれば、その治療には、症状の程度に応じて次の二通りがあったという(10)。すなわち、症状が比較的軽微な場合、皮膚を切開して見つけ出したヘルニア嚢と恥丘の間に「棒」を差しこむ。そしてこれを上方に強く押し上げて陰嚢から恥丘までの肉を切り取り、こうして広げた部位に大腸を押し込む。この方法を用いれば、ヘルニア嚢を切開せずにすんだ。だが、大腸があまりにも肥大している場合は、ヘルニア嚢を取りだして切り取らなければならず、その際、嚢の開口部から「棒」を入れて腹膜にいたるまでの空隙をつくり、そこに大腸を押し入れるという方法がとられた。一五六〇年代から九〇年代にかけてフランス中部のトロワで活躍した、切開師クロード・メートルジャンは、おそらくこれらの手法を駆使してヘルニア患者を治療し、同市の慈善院記録によれば、その施術に対し、それぞれ五〇スーから一〇〇スーの報酬を得たという(11)。

ラ・タピの時代、こうした「正統」な治療法がどこまで普及していたかは不明だが、当時はさらにヘルニア治

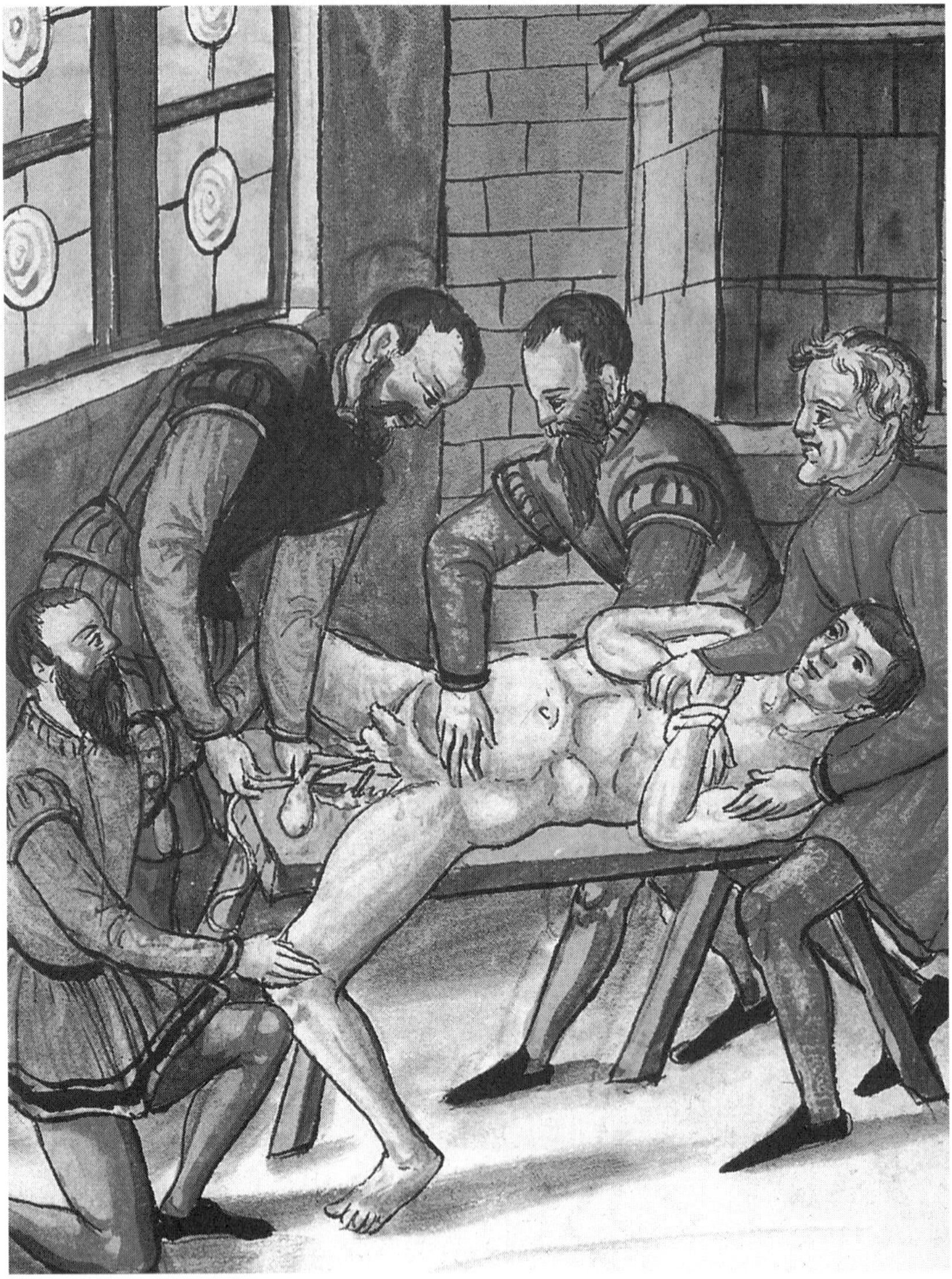

ヘルニア手術図。カスパー・ストロメア『プラティカ・コピオサ』(1559年)より

療用に、地中海産のナデシコ科に属する薬草のヘルニアリアが使われてもいた。また、焼け火箸で患部を焼き、そのあとでヘルニア開口部を縫合するといった施術も、シャルラタンやオペラトゥールによってなかば秘密裏に、だが、なかば公然と行われていた。むろん荒療治であってみれば、いずれもきわめて危険なものであり、精管や精巣まで傷つけることもあった。去勢とは、この施術の謂である。

ラングドックの中心地モンペリエのエロー県立古文書館には、これに関する一連の記録が一括書類（C.4723）として保存されているが、そこには、彼ら《いかさま医者》によるもぐり医業の実態が事細かに記されている。たとえば一七七八年一月二七日、地方長官のジャン＝エマニュエル・ギニャールは、モンペリエから、トゥールーズ南西五〇キロメートルほどの司教座都市リューに住む、前記長官補佐のヴィジエ宛てに次のような書状を送っている。

> 小職が知りえた情報によりますと、シャルラタンないしオペラトゥールなる輩が、何人も当地方のいくつもの教区に出没し、大声をあげて、悪性のヘルニアを治すなどと民衆に告げ知らせ、多くの者が、両方の鼠蹊部がヘルニアに罹った場合は全去勢、一方だけなら片方去勢を行うという、彼らの施術を軽信・信頼して被害に遭っているとのことです。
>
> かかる不届きなオペラトゥールたちが貴教区内の町に現れましたら、ただちにこれを捕え、その旨、小職までお知らせ下さい。宮廷に報告し、王命を頂戴します。ただし、くれぐれも彼らが去勢施術を行ったことを確認して下さい。そうでない場合は、新たな王命が出るまで、彼らに施術を禁ずるだけで結構です。

こうして事件はヴェルサイユの宮廷に報告され、国璽尚書アムロはその措置を是とする書状（二月四日付）をギニャールに送り、その中で、シャルラタン＝オペラトゥールたちがヘルニアの「治療薬」を呼び売りしたり、王室医師会に登録された国王の免状を保持していないことなどを指摘している。さらに三月十九日には、いかにも自信に満ちた口調で、ヴィジエが地方長官にこう報告している。「小職は……この（去勢によるヘルニア治療の）医業を行ったと公言したレイモン・ラ・タピを（ゲヤックに戻ってきた時点で）逮捕しました」。そして、彼はもう一人のシャルラタンであるゴフルなる男（八〇歳位）も併せて捕え、リューの牢獄に拘禁した上で調書を作成し、両名の監視をゲヤックの参事たちに依頼したと記してもいる。だが、同地の牢獄ではいささか心もとないので、騎馬警察隊によって、安全なトゥールーズの監獄に護送したいと申し出ている。

ここに登場するレイモンとは、冒頭に紹介したラ・タピの父親である。息子の方はどうなったのか。この報告には触れられていない。ただ、地方長官補佐宛の四月三日付書状に、三か月ほど獄舎につなぐようにとの指示がある逮捕者の名が、「ラ・タピ父」と記されているところからして、息子もまた父とともに捕えられていたと思われる。そして四月二六日、ゲヤックの参事たちが逮捕した二人の措置をどうすべきか尋ねてきた書状への返信に、長官補佐ヴィジエは「三人のヘルニア・オペラトゥール」と記し、その処遇については地方長官の命令を待っているところであるとしている。ただ、四月二九日の地方長官宛書状の中で、入牢者の一人として、やはり無資格でヘルニア治療をしたレイモンの父親ドゥニ（九〇歳！）の名を挙げているところからすれば、この「三人」という数は腑に落ちない。そこにはゴフルも含まれていたはずだから、である。

いや、腑に落ちないのはそれだけではない。ゲヤックの参事たちがおそらく五月に入ってからリューの長官補佐宛に出した書簡には、面妖なことにこう記されているのだ。

ゴフル父は、なおも獄舎につながれていますラタピ祖父同様、たしかに当町に姿を現しています。しかしながら、われわれは二人がその有害な仕事を行っていたかどうかにつきましては、まったく知りません。確実に申し上げられるのは、ラタピ息子（＝孫）が逮捕されて以来、その祖父は障害者も同然で、部屋からほとんど一歩も出ていない、ということです。一方、前記ゴフル父はここ四、五日間姿を見せておらず、噂によりますと、息子と一緒に用事か何かでトゥールーズにいるとの由。（……）前記ラタピ祖父と息子は、その商売を決して営んではならないとの条件つきで、どこにでも自由に動ける許可証を有しております。この点につきまして、われわれは彼らに明確に警告を与えております。これに関しまして、もしわれわれが何か分かった場合、ただちに貴職に報告いたす所存であります。

この書状を読む限り、ゴフルとドゥニの二人が実際にヘルニア治療を行ったかどうか分からない。投獄されたかどうかも不明である。一連の書状にある記述を整合させるとすれば、二人は、おそらく高齢や身体的条件を理由に、早期に釈放されたと考えられなくもないが、どうだろうか。さらにここで着目しておきたいのは、明示こそされていないが、ラ・タピ一族が、禁じられた「職業」であるはずのシャルラタン＝オペラトゥールを、少なくとも三代にわたって営んでいた、という事実である。ゴフルもまた二代（以上）にわたるシャルラタンだった（ただし、その息子が投獄されたとの記載はない）。

ともあれ、地方長官の言った通り、国王ルイ十六世と、ヴォルテールの親友で、ブルゴーニュの地方長官から財務監督官に昇進し、さらに二年前に宮内卿にまでなった、アムロ・ド・シェイユの署名が付された釈放の王命は、逮捕から四か月以上たった七月三〇日に出されている。しかし、それはラ・タピ父に対するものだった。「どこでも好きな地に行ってよいが、王命に背くようなことがあれば、この措置を取り消す」。同日、アムロはただちに書状をもってこれを地方長官に伝えるが、そこではラ・タピ父子を釈放し、「資格も免状もなしに外科治療を行うのを禁ずるように」との条件が記されている。

そして二週間後の八月十四日、リューの牢獄で、ラ・タピ父子はともどもに地方長官補佐宛の誓約書をしたためる。むろん釈放の条件としてである。

ここに署名します私は、リュー教区ゲヤックの住人でありますが、地方長官補佐のヴィジエ殿は、私に対する次のような王命を通達されたことを明言いたします。すなわち、一七七八年七月三〇日にヴェルサイユで作成された、国王および国璽尚書アムロ閣下の署名入りの王命によって、国王陛下はわれわれラ・タピ父子が今後免状も資格もなしに外科治療を行うことを禁じ、これに違背した場合は処罰する旨厳命されました。私はこの王命に違背しないことを誓い、これを破った場合はしかるべき処罰をうけます。リューにて、一七七八年八月十四日、ラ・タピ（署名）。

興味深いことに、書記が作成したものに署名しているこの息子の誓約書に較べ、レイモンのそれは、文章こそほぼ同じだが、誤字がかなり目立つ。あるいは自筆の誓約書なのか。だとすれば、これは当時のシャルラタンの識字力を示す格好の資料といえるだろう。なお、もう一通、誓約書がラ・タピ父と同じ手で作成されている。文書には明示されておらず、署名もラ・タピ父とあるが、おそらくこれは祖父のものと思われる。彼らと同時に逮捕されたはずのゴフルについては不明である。

ともあれ、これを受けて、ヴィジエは同日、ゲヤックの町長や参事たちにラ・タピ父子の釈放を伝える書状をしたため、再び王命に背かない限り、彼らをそっとしておくよう要請する。それから四日後の八月十八日、町役たちは要請を了解したとの返信をヴィジエのもとに送っている。事件はこれで一件落着、となるはずだった。だが実際は、本節冒頭の訴状に記されたような仕打ちが彼らを待っていた。いや、終わらなかったのは、彼らに対する仕打ちだけではなかった。

翌年一月十二日、地方長官ギニャールの名で、シャルラタンのヘルニア治療を厳禁するとの布告が、ラングドック全域の市町村や教区に公布される。

あらゆるシャルラタンおよびその他の者たちが、ヘルニアに罹った子供およびその他の者たちに対して去勢治療を行うのを禁ずる。これに背いた者は逮捕・投獄され、国王陛下の裁きを待つことになる。ラングドック地方のすべての市町村の首長と参事たちは、かかる残忍な仕儀をなした者を捕えてこれを騎馬警察隊に告発し、と同時に、国王陛下に報告するため、逮捕した旨を小職に通知するものとする（……）。

ところが、ラ・タピたちの違法行為はなおも性懲りもなく続けられていたのだ。新たな舞台は、トゥールーズと、城砦で有名なカルカッソンヌの中間に位置するカステルノダリィ。第五回十字軍の武将シモン・ド・モンフォールが、一二一二年、アルビジョワ十字軍を率いて、異端カタリ派の指導者であるトゥールーズ伯レイモン六世の軍と対決し、これを粉砕した歴史的な地でもあった。

一七八六年四月十一日、当時交易都市として栄えていたこの町の市長や参事たちが、連名で通称プラシッド、じつはレイモン・ラ・タピが近隣の二人の子供に禁じられた施術を行ったため、これを捕えて、同市の牢獄に監禁したと記している。宛名はないが、おそらくこれは、ルイ十五世と十六世の外交官として一世を風靡し、一七八三年、人頭税《カピタシオン》の設置を巡ってブルターニュ地方三部会と対立し、ついに辞職に追いこまれたアムロの後任ブルトゥイユ男爵のもとに届けられたものだろう[1-2]。男爵が同市の参事たちに宛てた同月十五日付の書状に、この報告を受け、調書ともども所轄大臣に通知したと書いているからだ。さらに書状の末尾に、彼は王命が出されるまでレイモンをしっかりと監視するよう求めてもいる。

カステルノダリィの牢獄といえば、本書「序章」で紹介したように、一六三二年六月、当時ラングドックの地方総督だった南仏の大貴族アンリ・ド・モンモランシ公が、国政を掌握していた枢機卿リシュリューに抗して挙兵したが、武運つたなく敗れ、九月にトゥールーズで処刑されるまで投獄されていた地でもある。前回のリューとは格違いの牢獄だったといえる。それにしても、偽名を使って繰り返す違背行為。いくら生活の糧を得る手段とはいえ、これはまごうかたなく犯罪である。そんな犯罪者の、明らかに腕前よりは巧みな話術に警戒心を解かれて、ヘルニアに罹ったわが子を託す親。被害に遭った子供にとってはまことに災難というほかないが、見ようによっては、親もまたシャルラタンの共犯者だったといえないか。ともあれ、こうしたあざとさとしたたかさ、まさにこれこそ、シャルラタンのシャルラタンたる所以であった。

いささか理解し難いことに、今回は八年前より早く、逮捕後約一か月で釈放の王命（五月十一日付）が出されている。実際にいつ釈放されたかは分からない。しかし、これは間違いなく累犯である。だとすれば、いったいあの誓約書は、地方長官ギニャールの禁令は何だったのか。おそらく釈放されたラ・タピは、再び何食わぬ顔でヘルニア治療に出かけたことだろう。いや、たしかに彼はそうしている。一七八六年七月十五日に、トゥールーズ高等法院の次席検事レシギエが、モンペリエの地方長官ダリュに宛てた書状には、国璽尚書がカステルノダリィのセネシャル裁判所長代理に対し、ラ・タピを厳しく監視するよう命じたことが記されているからだ。

同様の書状は七月二三日にも出されているが、ラ・タピ一家に関する記録はこれが最後となる。ついに医業を辞めたのか、それともラングドック以外の地に去ったのか。そこのところは杳《よう》として分からない。ただ、さながら習い性でもあるかのように、禁令を犯して投獄され、出獄するや、またぞろ禁令を犯す。十七世紀のパリのシャルラタン世界を華々しく彩った、あのモンドールやタバラン、あるいは彼らの後継者とでもいうべきグラン・トマらの華麗さにはほど遠いが、ラ・タピ一家に代表されるヘルニア医者もまた、こうして革命前夜の南仏（やフランス各地）に出没し、自らに差し向けられた禁令もものかは、人々の怨嗟と脆弱な医学知識を嘲笑うかのように遊行して、時代の理性を攪拌した。

理解に苦しむことはほかにもある。たかだか一介のシャルラタンの所業とそれに対する措置に関して、前記エロー県立古文書館だけで、約六〇点（！）にのぼる書状や報告書が残されている、という事実である。関連箇所の古文書を丹念に調べ上げれば、史料はさらに出てくるだろう。これははたして何を意味するのか。今はまだ、これについて多くを語るわけにはいかないが、社会の秩序を維持する側にとって、シャルラタンの存在がそれほど警戒すべきものだった、いや、むしろ彼らの行動が、それだけ社会の蔑視と注視を同時に惹きつけていたとだけはいえる。

だが、シャルラタンなりオペラトゥールなりは、つねにいかがわしい違法者としての烙印を押されていたわけではない。中には、正統な医者や調剤師からその医術や売薬の効力を評価された者もいた。たとえば、一七五〇年代にスペイン国境近くのルシヨン地方でオルヴィエタンを売り歩いていた、シャルラタン・シピオンの場合がそうである。

## 「国王の薬売り」シピオン

スペイン国境に近いペルピニャンといえば、一二七六年から一三四四年までの約七〇年間、バレアル諸島からモンペリエにかけての地中海西部に王国を築いたマヨルカ王家の拠点であり、ルシヨン＝カタロニア地方の中心都市として知られるが、この町に同地方最初の大学が創設された一七六一年の一月二四日、参事たち数名が連名で一通の証明書を出している。それによると、王国内のいかなる地でも公に薬を売ることができる、「国王から特権を与えられたオペラトゥール《オペラトゥール・プリヴィレジエ・デュ・ロワ》」であるシピオンとその一行は、二か月あまり同市にとどまり、市庁舎で医師や調剤師、外科医によって吟味されたオルヴィエタンを調合・販売して、高熱で苦しんでいた者数名を治した。それだけでなく、その膏薬も傷を癒す上で効能があり、さらに彼らの行動も立派で、どこからも文句が出ていないという。

そして五日後の一月二九日には、ルシヨン全域を管轄するペルピニャンの高等評定院院長で、地方長官も兼務していたフォワ伯ルイ・ギヨーム・ボン（一七一三―七三）が、次のような裁決を公布している。[13]

国王筆頭侍医スナック師が、さる一七五二年十二月二七日にジョゼフ・シピオン氏に与えた免状と、一七三一年三月十七日の高等評定院令とに鑑み、小職はこの評定院令が過不足なく実施されるよう命ずるものである。したがって、国王筆頭侍医から免状と認可を受けていないすべてのオペラトゥールは、前記評定院令にのっとり、当地方での薬の販売を禁ずる。これに違犯した者は、評定院令に記された罰則を課される。一方、国王筆頭侍医から免状を授かったシピオン氏の場合は（……）当地方のパミエ市（トゥールーズ南方）をはじめとする地で、オルヴィエタンや軟膏を売ることができるが、これらの薬は、各地の市庁舎で、定められた日時に、宣誓した（正統な）医師や調剤師、さらに外科医の立会いのもとで調合されなければならない。同氏はまた、薬の販売を促すため、当地方の市町村に舞台を建て、通常の芝居を見せることができるものとする。また、なんびとといえど、同氏の邪魔をしてはならない。

これからすれば、前述の国王の特権とは、国王の筆頭侍医から免状を受けたことを意味する。じつはシピオンは一七六〇年にも免状を得ているが、[14]こうした鑑札を有するオペラトゥールだけが、当該地の正統な医者や調剤師の監視ないし認可のもとで調合した薬を売れる。つまり、たとえ異端ないし非正統であっても、権威と認可を付与されれば正統な商いができる。条例はそう規定しているのだ。

パミエの参事会からも、四月二六日に一月二四日と同様の証明書を引き出したシピオンは、[15]やがてモンペリエにも姿を現す。カナダを手中に収めて勢いづく英国に対抗すべく、イスパニアとブルボン家とが協約を結んだ前日の一七六一年八月十四日、モンペリエのセネシャル補佐マルセル・フォォールは、そんなシピオンと彼の売薬に関する調書を作成している。条項ごとに署名が付された本文はいささか長いため、要点だけをかいつまんで示し

17世紀のオルヴィエタン売りもしくはシャルラタン（出典　A.POUGIN：*Dictionnaire*…）

ておこう。

シピオン氏はモンペリエでの医薬販売許可を求めてきた。そこで医科大学《（ママ）》学長・教授のジャンベールと王立科学アカデミー会員の調剤師ペイルは、会計法院の一室でシピオンの薬剤の成分検査を行うことになった。彼らは聖書の上に手を置いて検査の厳正中立を誓い、シピオンが大きなテーブルの上に広げた薬を次々に調べた。その結果、シピオンの薬がきわめて質のよいものであると判断した。すなわち、ジャンベールとペイルはこれらの薬をすべて二つの乳鉢の中に入れ、長い時間をかけて粉末状に砕かせた。この作業に際しては、異物の混入を監視させるため、筆頭執達吏アルマンを立会わせた。こうして二人は、最終的に薬の高品質性を確認したのである。

シピオンはまた、ジャンベールとペイルをはじめとする多くの立会人の前で、湯の入った大鍋に検査済みの粉末を少しずつ入れ、ヘラで一時間ほど掻き回して解毒剤オルヴィエタンのシロップを調合した。ジャンベールたちはこれについても吟味を行い、きわめて上質であり、一般に売っても差し支えないとの結論を出した。そして、このオルヴィエタンをメンバーの眼前で樽におさめ、立会人が署名した紙で封印した上で、法院に保管した。これを受けて作成された本調書は主席検察官に提出され、最終的にシピオンはモンペリエにおいて法院に保管されたオルヴィエタンの販売を許可され、なんびとといえど、それを妨害することが禁じられる――。

こうしてモンペリエの医・薬学を代表する権威からお墨付きを得たシピオンは、晴れて薬を売ることができるようになる。ただ、薬自体は会計法院に厳重に保管されたものに限られ、勝手に調合するわけにはいかなかった。いささか窮屈な話だが、当時の医学のメッカたるモンペリエでの実績は、前住地パミエでのそれと較べて、明らかに何倍もの重みをもっていたはずだ。そしてその重みが、彼の薬の品格と名声を高める上で大いに役立ったことは想像に難くない。同市の市立古文書館の史料によれば、なにしろ当時（一七六六年）のモンペリエには、三万余の人口規模にかかわらず、国王筆頭侍医で王立外科アカデミー会長のジェルマン・ピショー以下、王立外科医師団を構成する外科医だけで三五人もいた。[16] 一七四五年には外科医二〇人、外科的施術も行う理髪師約三〇人、そして調剤師は十二人いたとする指摘もある。[17] ともあれ、そんな彼らがいわばオペラトゥールを後押ししたわけである。[18]

素性は不明だが、薬は本物。検査の精緻さ、正確さはさておき、もはやそこには《いかさま師》シャルラタンのいかがわしさはなく、これを厳しく排除しようとする正統医師や調剤師たちの蔑み混じりの敵意も見当たらない。シピオンの商いを妨げるものはなくなった。おそらく彼はただちに広場に仮設舞台を組み、引き連れてきた芸人一座の面白おかしい芝居で客を惹きつけ、得意の口上で客の財布を開かせたことだろう。たとえ口舌が走りすぎて誇大広告になったとしても、テラ銭をとらぬ芝居と相殺できるはずだ。薬に効能がなければ、病の方に問題がある。何しろこれは、権威筋の保証つきなのだから。記録文書の紙背からは、そんなシピオンの自信とも開き直りともつかぬ言葉すら聞こえてくる。

多少時代が前後するが、珍しいことに、モンペリエには、シピオンより四〇年ほど前に女シャルラタンも出現している。市立古文書館の調書史料[19]によれば、一七三一年の九月八日、同市の筆頭参事で国王役人でもあったジャック・ウスタシュが、町の東端に位置するノートル＝ダム・デ・ターブル教会の前で、オルヴィエタンを売っていたヴァノーなる女性を発見し、市庁舎に出頭するよう命じた。そこでヴァノーは出頭し、「証明書」を提示して、改めて薬の販売許可を求めたという。これに対し、筆頭参事や外科医代表たちは速やかにその許可を与え、彼女に対するいかなる妨害も禁止するとの裁定を下している。

シピオンの事例と較べれば、あまりにも簡単な手続きではある。そこでいかなるやり取りがあったのか、調書に具体的な明記はない。だが、少なくともシピオンの場合、どうやらモンペリエ市当局の対応は、一七二八年一〇月に国務（諮問）会議から出された裁決、すなわち新たに認可を受けずに医薬品を販売するのを禁ずる裁決[20]と符合していた。というのも、この裁決文には、すでに免状を得ている者でも、裁決公布後二か月以内にパリの警視総監ないし主要な地方都市の治安監督官に願い出て、内科医や外科医、さらには調剤師による薬の効能や医学の知識などの審査後、改めて免状が与えられることが規定されていたからである。だとすれば、ヴァノーに対する市当局の措置は、明らかに職務怠慢によるものといえるかもしれない。

同様の事例は、一七四一年のトゥールーズでも確認できる。この年の四月一日に出された高等法院裁決[21]によれば、ジャン・バティスト・ル・ブランなるオペラトゥールが、各地の市庁舎ないし役場で地元の医師（内科医）や外科医、調剤師の立会いのもとで調合した薬の販売と、公共の広場における舞台の設営が自由にできるよう、嘆願書を提出したという。そこで同法院はこれを認可し、ル・ブランの商売を妨げた者には一〇〇〇リーヴルの罰金を課すとの裁決を下している。

以上の事例から分かるように、オペラトゥール＝シャルラタンの商売に対しては、審査役の医者や調剤師はもとより、国務会議や地方長官およびその補佐、高等評定院ないし高等法院、セネシャル裁判所、治安当局、さらに市町村参事会までが関わっていたことになる。つまり、見ようによっては、当時の社会機構をあげてこれに対応していたともいえるのだ。一方で違法なオペラトゥール＝シャルラタンたちを断罪し、他方で一部の者を合法化し、彼らに庇護を与える。こうした事情は、むろんラングドック地方だけに限ったことではないはずだが、改めて考えてみれば、「臨床の知」（中村雄二郎）に欠けていた当時の話である。薬の成分・効能検査といっても、はたしてどこまで信頼できるのか。さらにいえば、たとえ聖書に公正無私を誓ったとしても、検査者たちの中に、決して調書には明記されることのない、何かしら不明朗な動機や利害が、つまり社会的ないし人間的条件が働いていたとしても不思議はないだろう。

時にはまた、たとえ薬が正統なものと認定されても、当該地の社会情勢によって、行動が著しく阻害ないし制約されることすらあった。たとえば次の事例がそれである。

## オルヴィエタン売りマッフェイ

話の舞台は、モンペリエ北西方六〇キロメートルほどのロデーヴ。レルグ川とスロンドル川の合流点に位置するこの町は、山間部にありながら、古くはあの暴帝ネロが地域とローマのガリア駐屯兵たちを維持するために貨幣の鋳造を行い、中世以降は、隣町のクレルモン・エローとともに、フランス王室と歴代司教の庇護のもとで羅紗織りを営み、栄えてきた。[22] そのおかげで、十七世紀末には二万六〇〇〇余の人口（現在は約七六〇〇）を擁するラングドック有数の都市でもあった。十八世紀に入っても町の人口は増え続け、一七三七年にはさらに二万八〇〇〇を数えるまでになっている。[23]

だが、発展を続けるこの町は、一七四九年八月十八日、暗い空気に包まれていた。冷害によって、小麦やオリ

オルヴィエタン売り。エティエンヌ・ジョーラ作油彩画、18世紀。コニャック=ジェイ博物館蔵

ーヴが一七四一年以来の不作に見舞われる惧れがあったためだけではない（実際、この年の収穫は例年の五分の一程度だったとする指摘もある）[24]。一七三一年にナルボンヌ大司教によってロデーヴ司教に任ぜられた、ペリグーの司教総代理のジャン＝ジョルジュ・ド・スイヤックが、重い病の床についていたからである。「一か月以上もの間、この町は涙と苦悶のうちにあり、住民たちはきわめて貴い人物の健康の快復を願って、祈りを捧げています」[25]。司教区毎に配され、地方行政の実質的な担当者ともいうべき地方長官補佐の要職にあった、平民出身の、だが兄弟や一族に同地の羅紗製造者や神学者などを擁するジャン＝ジャック＝ジョセフ・ボナフーは、モンペリエに住む長官宛にこう書き送っている[26]。

そんな折もおり、マッフェイなるオルヴィエタン売りに率いられた「バトゥルールないしコメディアン」の一団が町に現れる。おそらくは、司教座聖堂に祀られた聖人ジュネの祝日、つまり八月二五日に開かれるロデーヴの大市を当てこんでのことだろう。

書状によれば[27]、彼らは「その邪まな所業」を行うため、広場に仮設の舞台を設けたいと申し出てきたという。だが、長官補佐としてこれを認めれば、町の一部の跳ね返りによる馬鹿げた笑いと、真面目な者たちの涙とが共存することになり、とても座視できる状態ではなくなる。ただ今はとてもそのような場合ではない。これを放置すればよい。司教も通常なら考えを同じくするはずである。いや、町が普通の状態なら、従来通りこれを認めてもよい。司教の死を早めるだけでなく、神が恐ろしい悪疫をわれわれに遣わす惧れすらある。そこで、地方長官の権限をもって、他のバトゥルールと同じように、仮設舞台からではなく、馬に乗ったまま薬を売ることを命ずる書状を出してはもらえないか。

十七世紀中葉に町を襲った、そしておそらくは一七二〇年にマルセイユ一帯で猖獗をきわめたペストの脅威を引き合いに出しながら、ボナフーの訴えはきわめて切実なものである。彼はこう付言してもいる。王令にあるように、「バトゥルールやシャルラタンたちは、国王筆頭侍医の認可がなければ、王国内で薬を調合したり販売してはなりません。また、地方にあっては、彼らは当該都市の町役たちに地方長官の許可状を提示しなければならず、それがない場合、薬の販売を禁止できることになっています」。

この訴状に対し、地方長官ははたしてどのような対応をとったのか。それについて、大市最終日にあたる八月二六日付のボナフーの書状は何も触れていない。書状には司教の病状が一向に改善しないということに加えて、マッフェイがボナフーや町役たちの危惧を尻目に舞台を建て、八月二三日にこれが（町役たちによって）取り壊されたことが記されているだけだ。この書状を見る限り、どうやらマッフェイは、少なくとも大市の二日前まで、「馬に乗ったまま」薬を売ってはいなかったことになる。では、仮設舞台の撤去は長官の命によるものだろうか。おそらくそうではないだろう。書面の最後に、ボナフーが改めて長官にしかるべき措置を求めているからだ。これ以上長官が手を拱《こまね》くようなら、当方としてはマッフェイにもっと厳しい態度をとることになる。言葉遣いはあくまでも丁寧だが、紙背からはボナフーの苛立ちとも威しともつかぬ思いが滲み出ている。

ところが、それからおよそ一か月半後の一〇月九日、ボナフーは事態の意外な展開を伝える書状を地方長官に差し出す。「オルヴィエタン売りのマッフェイ氏は、他所でその薬を売るべく、当地を去りました。貴台の命令の明晰さと氏のそれに対する配慮とに、当方としてはきわめて満足を覚えるものであります」。

はたして地方長官がいつ、どのような「命令」を出したのかは不明である。だが、時間こそかなりかかったものの、これでようやく事態は一段落した。その安心感からくる余裕なのか、ボナフーはさらにこうも記している。

マッフェイ氏のオルヴィエタンを町役や医師たち立会いのもとで検査しましたところ、きわめて良質なものであることが判明しました。従いまして、たとえ氏がいずれの地に行かれて、当地と同様の商いをされても、人々は満足の念を覚えるはずです。（……）それにつきまして、氏が当地方のいかなる地でも貴台の命令の庇護に与り、薬を携えていけるよう願っております。

以上、三通の書状から推察する限り、どうやらマッフェイは正式な免状を有していた。薬の質も問題なかった。ただ、時期が時期だけに、当地での賑々しい商いは迷惑きわまる。他所でなら、むろん構わない。いや、むしろ地方長官にはそれを積極的に保証してほしい。三通目の文面にみられるボナフーの口調には、マッフェイ一行に対する最初の緊張感や警戒感がすっかり影を潜め、一種の同情ないし好意すら感じ取れる。マッフェイたちは治安・行政当局の締めつけを甘受しながら、ついには持ち前の巧みな言葉で地方長官補佐や町役たちをも籠絡したのか。詳細はむろん分からないが、文面から判断する限り、少なくともそこに「オペラトゥール＝いかさま師」というイメージは微塵もない。そこに克明にみてとれるのは、こうしてさまざまな締めつけや妨害を受けながら、ひと月半もの間、その場にとどまって商売に励んだ（？）マッフェイたちの、まことに見上げたシャルラタン魂である。

ところで、興味深いことに、南仏ラングドックを舞台としていたシャルラタンの中には、シュヴァリエ（騎士）の称号をもつ者もいた。もとより、そう詐称する不届き者もいたはずだが、少なくとも以下に紹介するトスカンは、羅紗生産と城砦都市で有名なカルカッソンヌの地方長官補佐ブザンセルに宛てられた一括資料の書状で、シャルラタンやオペラトゥールといった差別的な呼称の代わりに、つねに法廷用語で「氏、殿」を指す「Sr.」という敬称をつけられている。このことからすれば、あるいは本当にシュヴァリエ出身だったかもしれない。ただし、「トスカーナ人」を指す名前が本名であったとは思えない。

## シュヴァリエ・トスカン

最初の書状は、一七七六年四月二七日に記されたもので、差出人の名前はM.V.との署名があるだけだが、お

そらくその内容からして、地方長官の手になると思われる。短い文面なので、以下に全文を訳出する。(28)

親愛なるトスカン氏を貴職のもとに出頭させ、事情をよく弁えぬ貴市の参事の一人が、氏に夜九時までの上演を認めておりますが、小職の命令として、必ず八時までにはそれを終え、舞台も閉じるよう伝えて下さい。そして、貴職は氏がこの命令に背馳しないかどうか監視し、そのむね小職に報告するようお願いします。

文面から明らかなように、トスカンもまた仮設舞台を建て、役者たちの面白おかしい芝居による、薬の呼び込み販売を行っていた。その「営業時間」を短縮させる。はたしてそれは守られたのか。しかし、命令実行の記録を残す間もなく、トスカン一行はカルカッソンヌを去り、七月下旬に再び姿を現す。同市の市長=筆頭参事のデュプレスと次席参事ポンセ、第四参事バストゥルの三人が、地方長官宛てに連名で出した八月一〇日付の訴状には、次のようなことが記されている――。

トスカンは二週間ほど前同市に来て、広場に舞台を設け、いくつかの芝居を見せながら粉末下剤を売っているが、その上演が長引いて夜に及ぶため、しばしば見物人の間に喧嘩を引き起こし、ついには刃傷沙汰を招くまでになっている。そこで当方としては、トスカンを市庁舎に呼び、第三参事の調剤師=薬商ルブールが文書をもって認めてしまった夜八時という時刻だけは厳守し、それ以降の上演を禁止する旨、言い渡した。ついては、地方長官の権限と命令をもって、トスカンらの芝居が夜になる前に切り上げられるよう、善処してほしい。

本来なら、四月の制限をさらに繰り上げてもっと早い時間に上演打ちきりを命じたいが、連名から外れている第三参事が、迂闊にもすでに許可を与えてしまっている以上、それはできない相談である。おそらく四月の書状にある「事情をよく弁えぬ参事の一人」も、やはりルブールと思われる。いわばトスカンの同業者が、商売仇に寛容な態度をとっていたことになるが、もとより両者の間にどのような関係があったかは不明である。だが、ト

カルカッソンヌ参事リスト（1771-1777年）

| | 1771年 | 1775年 | 1776年 | 1777年 |
|---|---|---|---|---|
| 筆頭参事 | ブザンセル | デュプレス(f) | デュプレス | デュプレス |
| 次席参事 | アストワン(d) | ポンセ(f) | ポンセ | アルバレル(d) |
| 第三参事 | フェリエ(p) | ルブール(a) | ルブール | ルブール |
| 第四参事 | ポンテ(h) | バストゥル(b) | ドゥラドゥ(d) | ドゥラドゥ |

（凡例：f 羅紗製造業、d 薬商、a 調剤師=薬・香料商、p 検察官、b 製材業、h 時計商）

スカンの扱いを巡っては、参事たちの間にたしかに意見の対立があった。これについて、ここに興味深い資料がある。カルカッソンヌの参事リストである。(29) 本題から多少離れるのを承知で一瞥しておこう（上表参照）。

一七八三年の深刻な生産危機に見舞われるまで、最大二万の常勤者と一万五〇〇〇の臨時工(30)を擁していた、羅紗の一大生産地カルカッソンヌの市政を担う参事の選出は、毎年八月十五日の聖母被昇天の祝日に、参事会内部で行われている。一七七二、七三、七四年はこの選出がなかった。例外的に七月三〇日に選出が行われた一七七五年の顔ぶれは、ブルジョワジーに属する羅紗製造業者二人のほか、調剤師=薬商（問題のルブール）と製材業者だった。だが、翌年には後者のバストゥルが交代して、羅紗製造業者と薬商関連業者が同数、さらに一七七七年にはその比率が一対三となっている。最高位の筆頭参事は、一七七一年に選出されたトゥールーズ高等法院の次席検事で、一七七四年に地方長官補佐となるピエール・F・ブザンセルと羅紗製造業者のデュプレスが担当しているが（デュプレスは一七七九年に次席検事のレーモン・ダと交代）、当時全盛を誇っていた羅紗業を抑えての薬商の躍進は、同市における彼らの実力を計る上で注目に値する。

さて、前述した訴状は、一七七六年の参事選出のわずか五日前に作成されている。ルブールの「造反」はおそらく四月にもみられたが、新たな選出で薬商（ドゥラドゥ）との交代を余儀なくされたのは、当のルブールではなく、第四参事の製材業者だった。つまり、台頭著しい薬剤師=薬商の力を背景にした造反者が、弱小勢力を蹴散らしたとも考えられるのだ。少なくとも、参事会はこの問題児を更迭することができなかった。しかも、この問題児は、ヴェルサイユでの全国三部会より三か月前、バスティーユ襲撃より五か月前の一七八九年二月四日にカルカッソンヌで開かれた教区三部会に、第三身分代表として参加してもいるのだ。

こうしてみれば、ルブールの造反の真意こそ不明だが、どうやら参事たちの意見の対立は、勢力争いによるものだったとの推測も成り立つ。そのせいにあるかあらぬか、彼を除く三人の訴状を受けて、同月十九日、地方長官がモンペリエから長官補佐のブザンセルに宛てた書状は、命令や指示というより、むしろ事態の報告ないし説明といった、きわめて消極的なものだった。すなわち、そこには添付された訴状の内容と、市政体が治安条例にのっとって舞台を閉鎖したり上演時間を規制できることが、いかにもとってつけたかのように記されているにすぎないのだ。

さらに、同年八月二四日付の地方長官によるブザンセル宛ての書状にも、再度この訴状が取り上げられている。五日前の書状がいかにも中途半端だと判断したのか、そこにはより具体的な対策が示されている。それによれば、トスカンは同市の広場に設けた舞台から下剤を売っているが、時間を繰り上げて夜七時には出し物を終わらせなければならないのに、九時半まで興行し、ために数々の不品行や喧嘩口論を助長しているという。これについて、トスカンは前記参事から認可を得たとしているが、こうした市当局の意見の不一致は、これを取締まろうとする警吏たちにとっても不都合きわまりない。そこで、貴職（地方長官補佐）は、長官の意向を体し、同氏が夜七時までに一切の活動を切り上げるよう厳命されたい。この命令によって、参事間の意見の不一致が解消され、興行によって引き起こされる不都合や混乱も回避されるはずである。

はたして地方長官の目論見がどこまで功を奏したかは分からないが、文面からする限り、トスカンはこれまでの命令をまったく意に介さず、四月と同様に、九時過ぎまで活動していたことになる。しかし、四月とは異なり、この時期、南仏の日暮れは午後一〇時近く。七時というのは、日がようやく西に傾きかける時間である。夜闇とそれに伴う秩序の紊乱を押し立てての活動時間の制限は、したがっていささか説得力に欠ける。しかもトスカンの背後には、おそらく地元の実力者ルブールと、その同業で、新たに参事になったドゥラドゥがついている。騎士（?）という身分と参事二人を相手に、この地方長官の罰則規定のない命令が、再びさも当然のごとく無視されたことは想像に難くない。そしてそこには、時には市政体の勢力争いにつけこみ、その強力な一部をも味方に引き入れてしまう、シャルラタンのもう一つのしたたかさが克明にみてとれるのだ。

## 売薬聖職者

必ずしもシャルラタンとはいえないが、売薬人の中でいささか異彩を放っているのは、修道士を含む聖職者たちである。たとえば十七世紀中葉の南仏で、怪しげな、というよりむしろ危険な薬を売ったり、違法な医業を行ったりして、それなりに名声を馳せた司祭オブリがそうである。パリの内科医ジャン・ベルニエ（一六二七―九八）が一六八九年に刊行した医学史書によれば、(31) モンペリエ出身のこの司祭は生地で神学を学んだ後、聖職者としてパリにのぼった。そして、正式な医師免許こそなかったが、公衆の面前でガレノスの著書を燃やし、天体（マクロコスモス）と人体（ミクロコスモス）との照応によって診断するという、いわゆる「署名理論」を唱えたパラケルスス流医学(32)の大成者との触れこみで、一六五八年から三年間、国王の侍医をつとめたという。さらに、王室の威光と保護のもとに多大の蓄財をし、当時権勢の絶頂にあった枢機卿マザランの寵愛も得て、一六五四年に当時の首都でもっとも重要な人物の一人に数えられるまでになったともいう（彼はこの年著した『新たに再生した真の医学』をマザランに捧げている）。だが、巧言令色が医術と同様に必要とされる王室を離れ、市中で一般の悪腫《カンセール》を治療するようになって馬脚をあらわし、失敗を繰り返してついにいずことなく姿を消している。

フランス西部アンジュー地方生まれで南仏とは無縁だが、オブリと同時期にパリで評判をとっていたボープレなる売薬人もまた司祭だった。下剤用の煎じ薬や心臓用粉薬、あるいは効能不明のフタナミソウ（南欧産キク科植物）の抽出水薬など、彼はさまざまな薬を安価で売り捌いていた。しかし、その評判も薬の効力同様長くは続かず、いや、むしろ毒薬を売っているとの悪評が立ったため、やはり追われるようにしてパリを立ち去らなければならなかった。こうして故郷に帰った彼は、自分の粉薬が他のいかなる薬より下剤効果があるとして、愚かにも兄弟にそれを飲ませて死に至らしめ、最後には、自分の薬が毒ではないことを証明しようとして自ら粉薬を服し、時経ずして落命したという。

ごく一般的にいえば、聖職者の市中での売薬行為は違法とされていた。モンペリエの国王役人で参事や国王裁判所常任裁判官を兼ねていたアンリ・カセロルが、同市の筆頭執達吏に宛てた一六八二年八月二七日付の禁令からみていこう。この種の文書に特有な反復表現をまとめれば、おおよそ次のような内容となっている。(33)

このたび、モンペリエの親方調剤師会の参事会員たちは、国王陛下と公開状、さらに国務院およびトゥールーズ高等法院の裁決をもって厳正に承認・布告されたこれら規約にのっとり、調剤聖職者と親方外科医、さらに彼らの下僕や職人調剤師たちが、自ら用意した薬を居所の内外いずれにおいても陳列・頒布したり、調剤素材を販売したりすることを禁ずるよう訴えでた。また、薬商やその他の商人、すなわち手袋商やレモネード売りらが、いかなる条件のもとであれ、テリアカやミトリダテス、アルケルメス糖剤、ヒヤシンス抽出剤、アルケルメス糖液、アジアンタム（シダ植物）やサクランボ、スミレ、バラ、チコリの糖液、「ハンガリー王妃の水」と百花水（草原の花のエキスが入っているとして薬用にされた牛の尿）の化合水剤、あるいはバラ糖錠や固体ないし液体のバラ糖剤、タチアオイ錠剤、香料入りないし無香の黒・黄・白色カンゾウ練剤、長命薬とよばれるアルケルメス錠剤などを、単独ないし化合・抽出した薬用水、加えて、あらゆる種類の湿布薬や消化剤、エッセンス剤、バルサム、油剤、エリキシル（薬用酒）、軟膏、酒石（ワインの澱）クリーム、鉱物結晶といった薬剤を、直接売ったり、間接的に売らせたりすること、また前記親方調剤師のみが、その規約にのっとって調合と販売を許されている医薬品の製造や販売を、直接であれ間接的にであれ、仲介することも禁ずるよう求めてきた。

それゆえわれわれとしては、前記親方調剤師たちの権利の保護を要請するこの訴状に鑑みて、たとえいかなる者であれ、当市および市外区において、前記薬剤業の規約に違反して、医薬品の製造・販売に介入し、あるいはその仲介者となることを厳に禁ずるものである。これに背馳した者は、前記規約にある罰金のほか、財産没収の措置を受けることになる。

ここには、当時の薬学の実態を示す興味深い「薬」があれこれ列挙されているが、一六六八年にアヴィニヨンで刊行されたモンペリエの薬学書[34]によれば、こうした医薬品のうち、アルケルメス糖剤とは灰色琥珀や真珠、ラピス=ラズリ、麝香などの粉末を調合したもので、心臓や脳の働きを良くし、憂鬱な気分を快活にする働きがあったという。また、女性がこれを服用すれば、望む時期に出産でき、さらに麝香や琥珀の芳香のおかげで、出産に伴う苦しみも覚えずにすむともいう。アルケルメス錠剤とは、モンペリエ大学長のランサンが考案したもので、成分や効用は糖剤と同じだが、灰色琥珀の分量が多く、旅行者が出掛けにこれを服用すれば、胃のもたれを防ぐこともできた。ヒヤシンス抽出剤もモンペリエ大学の医学部教授たちの発明になるもので、年齢や性別に関係なく、万病に効くところから、家庭の常備薬として称揚された。

一方、発酵させたマンネンロウ（ローズマリー）酒のエキスに蜂蜜を加えてつくった「ハンガリー王妃の水」は、温めて患部に押し当てれば、痛風やリューマチなどに起因するすべての苦しみを癒してくれ、内服薬として用いれば、胃を強くし、消化不良を防いでくれるところから、とくに高齢者に薦められる薬とされた。また、貴婦人がこれを用いれば、生き生きとして健康的な肌つやを醸し出してくれる、きわめて重宝な回春の化粧水にもなったという。隠者ないしその姿を借りた天使がハンガリー王妃エリザベト（十四世紀）に製法を伝授し、齢七〇を数えていた王妃はこれを用いたところ痛風や関節炎が治り、八三歳になってもなお若さを保っていた。[35]これが、オー・デ・コロン（字義は「ケルンの水」）の原型とされる所以である。ちなみに、正式な調剤師の教育を受けていなかったにもかかわらず、モンペリエで初めて科学的に薬ないし香水を作ったとされるガラス職人のセバスチャン・マットが、ルイ十四世の重篤なリューマチを治して信を得、特権的な国王調剤師にまで出世できたのは、彼だけがその製法を知っていたこの秘薬のおかげだったという。[36]

実際のところ、こうした「薬」がどの程度効力があったかは、その弊害ともども不明だが、当時、ボーケールと並んでマンネンロウ酒（ハンガリー酒）の一大生産地だったモンペリエでは、これに加えて正体不明の「パラケルススの百合」、ドイツの医師で錬金術師としても有名なグラウバー（一六〇四－六八）の名を冠した、下剤用のグロベール塩（石灰芒硝＝硫酸ナトリウム）、催吐用の吐石酒、さらに、ケンタウロス族の知者ケイロンがその薬効を発見したとされる、ケンタウレア（ヤグルマギク）やニガヨモギ、アザミ、ヒトツバエニシダといった薬草の抽出塩、あるいは、マムシの粉末や心臓と肝臓、サソリの抽出油といった際物も、薬局で堂々と売られていた。

これら植物と鉱物、時には動物を主体とする医薬品への需要はさておき、たとえばテリアカやミトリダテス、アルケルメス糖剤、ヒヤシンス抽出剤の場合、十八世紀初頭のモンペリエにおける売価は一オンス（二四－三三グラム）で二ソル、一リーヴル（三八〇－五五〇グラム）で三六－四〇ソル程度だった。だが、スイスの医師で稀代の錬金術師ともされるパラケルスス（一四九三頃－一五四一）が、アンチモンから抽出したと伝えられる「パラケルススの百合」は一オンス十二ソル、アルケルメス錠剤に至っては、じつに一オンス三〇ソルもの高値を呼んでいた。

原料費からすれば明らかに高価すぎる薬は、そのまま儲けの大きさを意味する。してみれば、本物のシャルラタンならずとも、多少の科学的・博物学的知識さえあれば、これに手を出そうとする者がいても不思議はない。まして、ウンベルト・エーコの『薔薇の名前』を引き合いに出すまでもなく、一般に本草学に通じていた修道士たちのことである。修道院内で各種の薬草を栽培し——修道院がブドウの品種改良とワインの品質向上に寄与したのは、まさにその実践的応用といえる(37)——、科学や鉱物学も学び、調合・調剤法に最新の知見と経験を備えていた彼らが、修道院のためか個人用かは分からないが、その知識と技術を生かして、理髪師とほぼ同義の外科医(ふつうは医薬の販売が認められていた)や職人調剤師同様、世俗の商いに手を染める。市井の親方調剤師にとってみれば、まことに由々しき事態ではあった。

しかし、ことはむろんモンペリエに限ったことではなかった。事実、前記禁令から一〇年後の一六九二年三月二九日、彼ら聖職者のもぐり売薬に対し、トゥールーズの高等法院も国王名で裁決を出している(38)。内容をかいつまんで記せば次のようになる。

昨年五月二九日、高等法院は大司教座のあるトゥールーズのドミニコ会やカルメル会、アウグスティヌス会、ミニム会、さらにメルシ会(奴隷救済修道会)に属する調剤修道士たちに、修道院以外での薬の販売・配布を禁じ、違反行為が明確になった場合、当事者およびその修道院の高位聖職者(修道院長など)に対し、一〇〇〇リーヴルの罰金を課すことを定めた裁決を出している。にもかかわらず、同市の調剤師・香料商の親方《ジュレ》代表たちは、修道士による違法行為の取締まりを当法院に訴え出てきた。これを受けて、当法院は修道院と親方代表双方の代理人を召喚して二度審理を行い、改めて同裁決の厳格な遵守を命じ、違反があれば、前記修道院の代理人と高位聖職者に対し、しかるべき罰金の支払いを義務づけることにした。また親方代表たちには、毎年調剤師の店舗を巡察し、その結果を法院に報告するよう命じた。

一〇〇〇リーヴルの罰金が、なぜ「しかるべき」（より原義的には「恣意的な」）罰金に軽減されたのかは不明だが、[39] この裁決からする限り、トゥールーズの高等法院はどうやら調剤修道士たちの違反行為が、修道院ぐるみないし修道院長らの黙認のもとになされるものと考えていたようだ。しかしその一方で、薬剤業界の訴えが「中傷」なら、相応の罰金を課すとも警告し、返す刀で不良調剤師（と香料商）の監視を強化しようともしている。

トゥールーズの高等法院は、じつは約二か月後の六月二日にも禁令を出している。そこでは調剤聖職者のみならず、外科医たちも槍玉にあがっていた。これもまた反復の多い長文だが、要点だけを記せば次のようになる。[40]

トゥールーズの親方調剤師代表たちは、当法院が認めた組合規約と、違法な売薬業を禁じた王令にのっとり、本来、外部治療しか許されていない外科医とその下僕や職人たち、さらに修道院内でのみ調剤が認めら

ARRET
DU PARLEMENT
DE TOULOUSE,
QVI DECLARE LES FRERES Apoticaires des Communautez Religieuses non recevables en leur oposition envers l'Arrêt du 29. Mai dernier, qui leur fait inhibitions & defenses de Vendre & distribuer aucuns Remedes, Drogues & Medicamens qu'à leurs Communautez, & aux Superieurs de le permettre à peine de 1000. livres & des contreventions enquis. Et ordonne que ledit Arrêt sera executé selon sa forme & teneur, faisant inhibitions & defenses aux Freres Apoticaires d'y contrevenir à peine d'amande arbitraire & aux Superieurs de le soufrir sous mêmes peines.
Du vingtiéme Mars mil six cens quatre-vingts-douze.
A TOULOUSE;
Chez ANTOINE COLOMIEZ, Marchand Imprimeur & Libraire; vis-à-vis la Monnoie, prés la petite porte du Palais. 1692.

聖職者のもぐり売薬を禁ずる、トゥールーズ高等法院裁決文表書き（1692年）

れている調剤聖職者などが、前記規約を無視して、連日売薬を行っているのを禁ずるよう、主席検察官と当法院に訴え出てきた。かかる行為が続けば、さまざまな混乱や事故が起きることは必定であり、当法院としても、以後これらの者たちがいかなる薬も売るのを禁じ、これに背いた外科医や職人たちには一〇〇〇リーヴル（！）の罰金を課し、その薬剤および薬研をすべて没収する。本措置は、モンペリエやボルドーにおいて、大学医学部の特権を擁護するためにとられているものと同じである。また、聖職者が違反した場合には、前記両都市と同様、五〇〇リーヴルを課すものとする。

この文面からすれば、モンペリエやボルドーといった「医学都市」でも、もぐりで薬を調合し、売りつける聖職者や外科医がいたことになる。時には、明らかに修道会自身が売薬行為を行ったりもした。詳細は不明だが、たとえば一七六〇年、パリ右岸サン＝タントワーヌ通りにあったイエズス会の修道立願者引退館、通称「大イエズス会修道院」（設立一五八〇年）は、テリアカを売り捌いた廉で処罰されているという[41]。アンリ四世からルイ十四世までの国王聴罪司祭を輩出していた同会が、パリ高等法院によってフランスから追放される四年前のことである。

本来のシャルラタンとは異なり、彼ら聖職に身を置く者たちのほとんどは修道院内にあり、むろん旅芸人たちと組むことはなかった。だが、同様の禁令が繰り返し出されなければならなかったという事実の背景には、何よりも権威や規約をものともせず、したたかに違法行為を続けたシャルラタン精神がみてとれるのではないか。むろんそこには、違法を承知で彼らの「医薬品」を買う民衆の姿もあった。法の番人たる高等法院は、おそらく売り手と買い手の間での、そうした納得ずくの違法を警戒していたはずだ。いずれにしろ、こうして修道士の売薬を禁じなければ、不届きなシャルラタンたちが聖職者に扮装し、大手を振って商売に励んだに違いない。それだけははっきりしている。

聖職者・外科医・シャルラタン

ところで、聖職者たちが行っていたのは売薬だけではなかった。修道院内での巡礼者の介護のみならず、たとえばあの十四世紀中葉の黒死病猖獗時に、修道士や修道女たちは、フランス各地の施療院で文字通り献身的な看護にあたり、仲間うちからも感染によって多くの犠牲者を出してもいる。(42) そうした伝統は以後も連綿と受け継がれた。しかし、十八世紀に入ると、施療院内での彼らの外科治療に非難の声が高まるようになる。ルイ十四世が他界した翌年の一七一六年八月二一日に高等法院から出された裁決(43)は、そのことを端的に物語っている。原告はパリのサン＝コーム宣誓親方外科医組合長と同組合監督、被告は愛徳修道会。組合側の弁護士は、これについて次のように記している。

親方外科医たちの訴えは、愛徳修道会の修道士たちが、修道会創設以来の重要な役目のひとつ、すなわち、彼らのパリの施療院に収容された貧しい病人や怪我人に対し、なおも介護や治療、投薬を行ったり、同施療院や同じ修道会に属する他のすべての施療院で、外科手術を行うことを禁止しようとするものである。

この訴えの根拠は、一六九九年九月の国王ルイ十四世の勅許状で正式に認められた組合規約にあり、そこには、前述した調剤師の組合規約と同じように、非組合員や聖職者がパリとその市外区で外科治療を行うことを禁ずる条項が盛りこまれていた。(44) 調剤師が外科治療を、外科医が調剤・売薬をそれぞれ行うのを禁じる高等法院の裁決は、パリではすでに一六七一年七月二九日に出されている。

被告の席に立たされた修道会の言い分を聞いてみよう――。自分たちは歴代の教皇教書と国王勅令とに基づいて、貧しい収容疾病者の世話を行っており、彼らを回復させるため、かなり難しい施術もできる。しかも、自分たちの医業が人々の利益につながってもいる。これらの点に鑑みれば、われわれが医業を行うのは国王の意に適っており、それを禁ずる外科医組合の規約はまったく的外れと言うほかはない。

だが、こうした修道会の主張は、結局のところ高等法院の採るところとはならなかった。キリスト教的身体から世俗的身体への転換と、それに見合った形での専業医療者による医業の寡占化。時代はすでにそこまできていた。一片の禁令ですべてが一斉に変わるわけではなかったとはいえ、同様の規制は以後幾度となく繰り返される。そして、聖職者の姿は医療の現場から徐々に消えていき、最終的に多くの「施療院《オピタル》」が、今日のような世俗の「病院《オピタル》」へと転身するようになる。正統調剤師たちに薬を奪われ、正統外科医たちに治療対象としての身体まで奪われた彼らは、いずれ修道院内への決定的な撤退を余儀なくされていく。かつて確実な死の恐怖と、死後の救いを約束してくれる教会へのさらなる帰依を掻きたてた、いわゆるパンデミーとしてのペスト禍も、一七二〇年のマルセイユを最後に姿を消し、局地的かつ散発的にみられるだけとなる(45)。

一方、外科医たちは、まさに聖職者から外科的な医療行為を簒奪することで、あるいはその宗教的・犠牲的行為を封じ込めることで、自らの独善的な地位と市場を確立していく。そこまでのプロセスを可能にしたのが、他者性の有徴化と排除のメカニズムだった。このメカニズムの中で、組合から正式な承認を受けずに活動する理髪師＝外科医たちもまた、しばしばシャルラタンの同類とされた。一六四七年八月十九日、モンペリエの理髪師＝外科医組合長ギヨーム・レノーが、時の国王ルイ十四世から引き出した禁令を見てみよう(46)。これは、無鑑札の理髪師や外科医が、橋や港、城内を含む王国と属領内のあらゆる地で医療行為を行うのを禁じたもので、違反者にはそのつどパリ鋳造貨で一〇〇スーの罰金を課し、治療器具を没収することが明記されていた。こうして没収した器具は、組合規約に従って、組合とその代理人との間で分配されるとも記されていた。問題の箇所は次である。

> 日常的に違反行為を行っている一部の理髪師＝外科医は、無免許で診察や治療を行い、薬を与えて、患者を騙してもいる。同様の輩はほかにもいる。オペラトゥールや司祭、錬金術師、似非科学者、役者の類、さらにさまざまなシャルラタンたちである。彼らは策を弄して手に入れた各種の証明書や許可証をよいことに商いをしているが、これらの証書は、われわれの組合記録簿に登録されてはいない（後略）。

王令と組合規約を錦の御旗とし、内なる異分子をシャルラタンらと同一視することで有徴化し、排斥する。このメカニズムは、調剤師ないし薬剤師のそれと過不足なく符合する。そして、こうして社会的に「正統」なる地歩を得た外科医たちは、後述するように、一六五九年十二月の王令によって、それまで同類として扱われていた理髪師――およびその同輩であるベニュールやエチュヴィストと呼ばれる蒸し風呂・浴場主、今もスペイン語に理髪師を指す語として残るかつら師（ペリュキエ）――と切り離される。つまり、これ以降、理髪師たちは外科術を行うことが禁じられ、原則的に外科医のアイデンティティが確立されるようになるのである。

だが、これらの外科医や調剤師、および彼らに資するための種々の禁令をもってしても、容易にその活動を止められなかった者たちがいた。ほかでもないシャルラタンたちである。いささか寄り道したが、ここで再び彼らの後を追うことにしよう。

第五章

# 大市のシャルラタン

## 大市の風景――ボーケール

毎週のように開かれる市《マルシェ》とは異なり、一年の特定の時期だけに催される大市《フォワール》（年市）は、古来より地域社会の日常と非日常を何ほどか集約した時空としてあった。性格上、祝祭ほど象徴性に富んではいなかったが、そこには時間と場所と人とモノとが綾なす日常的な関係を一気に高揚し、時にはそれを更新する、すぐれて祝祭的な仕掛けもあった。事実、クリスマスや聖ヨハネの祝日（六月二四日）、聖マルタンの祝日（十一月十一日）などの大市は、中世以降、雇用契約や貸借関係の更新・決済時期となっていた。改めて指摘するまでもなく、人が蝟集するところならどこにでも現れるシャルラタンにとって、そうした大市は、祝祭同様、格好の稼ぎ場所となった。

パリの二大大市、すなわちサン＝ローランとサン＝ジェルマンの大市における、シャルラタン＝オペラトゥールやさまざまな芸人たちの活動については、すでに本書第三章で縷々みておいたが、南仏プロヴァンス地方の場合、そんな彼らに活躍の舞台を提供したのは、中世から近世にかけて、シャンパーニュやブリと並んで、国内最大規模と謳われたボーケールの大市だった。本題に入る前に、この大市の概要を手短に紹介しておこう。

「加工した石」を意味するラテン語の caire と、フランス語の「美しい」（beau）とを地名の由来とするボーケール（Beaucaire）の市域は、十一世紀にローマ時代の宿営跡地に築かれ、今もその城壁の一部が残る城郭の下から、やがて地中海へと注ぐ大河ローヌの河畔にかけて広がっている。対岸は、ニーム（ラングドック地方）出身の作家アルフォンス・ドーデの作品『タラスコンのタルタラン』（一八七二年）や、聖女マルタ信仰に由来する怪獣タラスクの祭り(1)で有名な古都タラスコン。聖ルネ善王（一四〇九―八〇）の居城だったタラスコン城と、ローヌを挟んで互いにその威容を競っていた城郭は、十七世紀にリシュリューによって破壊された。だが、今もなお一部に中世的なたたずまいを残すこの町は、古来より、水運とともに、北からのリヨン街道がマルセイユ＝イタリア

ボーケールの大市遠望。画面右手にシャルラタンの仮設舞台、ローヌ川の対岸にはタラスコンの町並みが見える。彩色版画、18世紀初頭。パリ、国立図書館版画館蔵

方面とニーム=スペイン方面に分岐する地点、つまりガリアの地の南北を結ぶ交通の要衝だった。

こうした絶好の地にあるボーケールの大市は、一一二五年にバルセロナ伯とプロヴァンスを分割統治するようになったトゥールーズ伯家のレイモン六世が、アルビ=カタリ派弾圧さなかの一二一七年に設けたものである。当初は毎年七月二二日から、つまりイエスの復活に立ち会ったとされる、聖女マグダラのマリアの祝日から二四日まで、三日連続で営まれていた。やがて、一七六九年からは期間が一週間に拡大され、と同時に、ボーケールの成功にあやかろうとしてか、プロヴァンス各地でも大市が開かれるようになった。

ところで、レイモン六世といえば、アルビ派の指導者の一人とみなされてローマ教皇から破門され、一二〇八年には、イノケンティウス三世によるいわゆるアルビジョワ十字軍も差し向けられている。ニケアやアンティオ

ケ、さらにエルサレムで十字軍を率いて戦い、その武勇を謳われたレイモン・ド・サン＝ジルの曾孫が、異端殲滅を掲げた十字軍の標的となったのである。皮肉といえばまことに皮肉な話だが、こうしてレイモン六世は、一時教皇陣営に鞍替えしたのもつかの間、翌一二〇九年には再び異端側に立って教皇軍を迎え撃つ。だが、多勢に無勢はいかんともしがたく、一二一五年には拠点トゥールーズも、同地出身の武将シモン・ド・モンフォール伯率いる十字軍に奪われてしまう（シモン自身は、この攻囲戦で戦死）。

ボーケールの大市が開設された一二一七年とは、まさにレイモン六世がそのトゥールーズを奪還した年でもあった。爾来、大市はトゥールーズ伯家の庇護下に置かれるが、一二二九年、レイモン七世は時の国王ルイ九世とパリ協約を結び、アルビジョワ十字軍の派遣を中止してもらう条件として、ニームからボーケール、カルカッソンヌからベジエまでの領地（セネシャル裁判区）を王室に譲り渡し、これによってボーケールに国王代官所が設けられるようになる。それはボーケールの大市がフランス王室の管轄下に入ることを意味した。そして、一四六三年、ルイ十一世は公開状をもって、「一切の関税（入市税）や賦課租などの支払いがなく、重大事以外には逮捕・拘禁も行われない、ボーケールの大市での人物と商品の自由な往来と取引」(2)を定めるまでになる。

こうして免税特権を得た大市は以後拡大の一途を辿る。そして十七世紀初頭ともなれば、プロヴァンスやラングドックはもとより、パリやリヨン、ブルターニュ、ガスコーニュ、カタロニア、スペイン、さらに遠くはアルメニアやフランドル、イングランドからも、夥しい数の商人・仲買人が主に水路を使って集まるようになる。彼らは「プレ・サント＝マドレーヌ（聖女マドレーヌの草地）」と呼ばれるローヌ河岸の大市会場にテントや出店を構えたが、最初にボーケール入りした船は、岸辺で打ち鳴らされるマスケット銃の礼砲に迎えられ、住民たちは一番乗りした商人に、歓迎のしるしとして羊を一頭提供した。これを受け取った商人は、慣例に従ってすみやかにその皮を剝いで柱に吊し、自分が名誉に浴したことを知らせることになっていた。

大市の前夜、市吏たちを従えたボーケールの市長は、馬に乗って市中を巡回し、商人たちに免税の特権が保証されることを告げたものだった（同様の巡回は大市の終わりにも行われたが、むろんその際は、免税特権が消滅する旨が告げられた）。そして七月二一日早朝、大市の参加者たちは全員一緒に大ミサに臨み、それから聖女の胸像を掲げての宗教行列に加わった。この一連の儀式がすむと、いよいよ商売開始である。

ニーム出身の詩人ジャン・ミシェルが晩年の一七〇〇年に著した、オック語による世俗詩集によれば、年によって品物に多少の違いはあるものの、会場のプレ（草地）や接岸している船には、穀物や果物、肉、野菜、乳製品、魚（マグロ、鮭、鯉、ウナギ、ボラ、ニシン、イワシ、アンチョビーなど）、ワインといった食料品から、家具や金属製什器、農具、繊維製品（絹・綿・麻織物）、染料、あるいは高価なペルシア・トルコ製絨毯や壁掛けや装飾細工品、さらには玩具や香水、衣類、陶磁器、はては家畜（馬・ロバ）まで、ありとあらゆる商品が並べられ、露店が会場をはみだし、市域内にまで広がることもしばしばだったという(3)。

しかし、間もなくボーケールは重大な危機に直面する。三〇年戦争に参入した王国が、プロテスタントを支援してドイツ皇帝とイスパニアに宣戦布告する一年前の一六三四年、大市がリヨン税関の管轄下に組みこまれてしまったのである。一世紀近

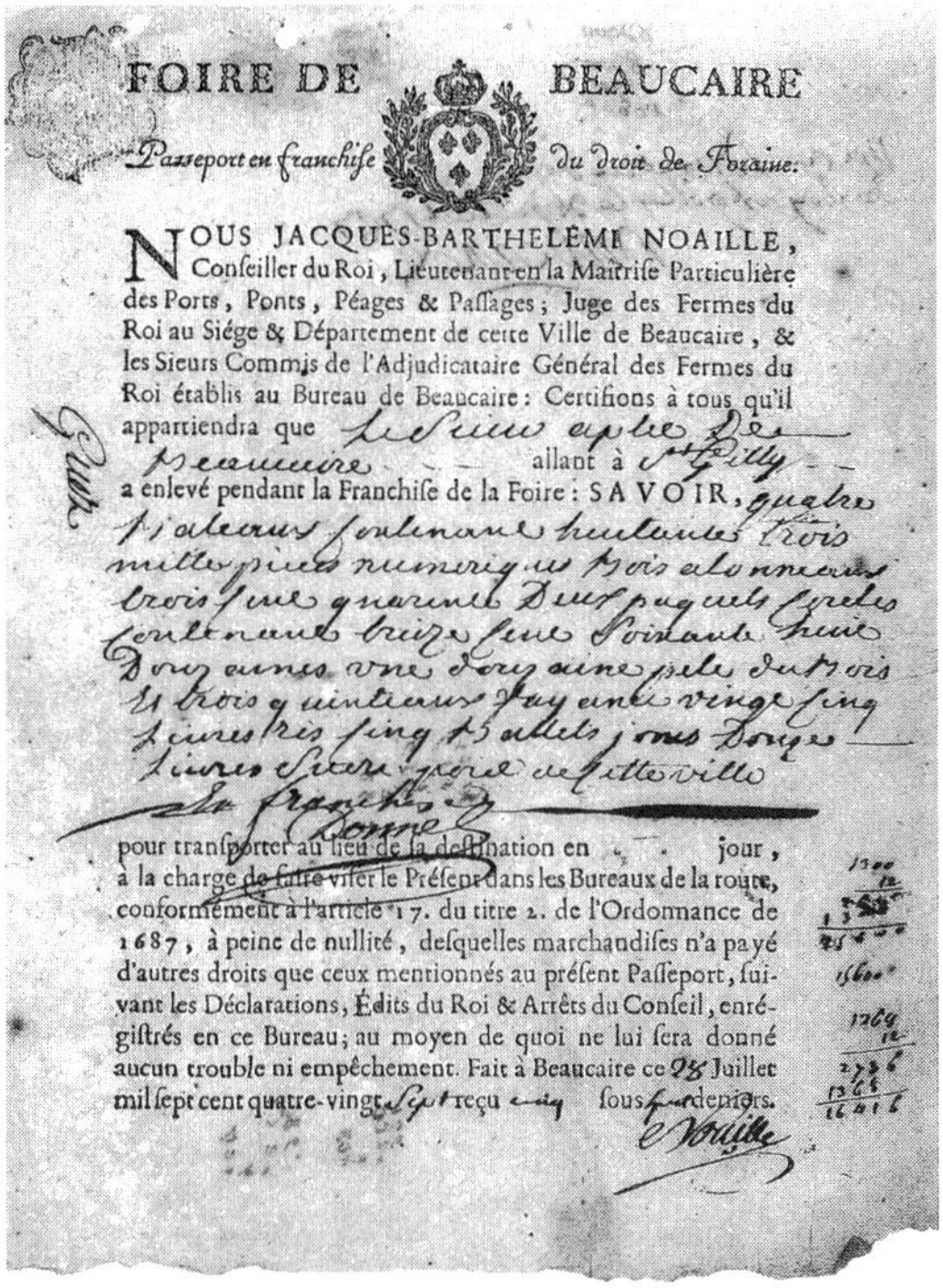
FOIRE DE BEAUCAIRE

Passeport en franchise du droit de Foraine.

NOUS JACQUES-BARTHELEMI NOAILLE, Conseiller du Roi, Lieutenant en la Maitrise Particulière des Ports, Ponts, Péages & Passages; Juge des Fermes du Roi au Siége & Département de cette Ville de Beaucaire, & les Sieurs Commis de l'Adjudicataire Général des Fermes du Roi établis au Bureau de Beaucaire: Certifions à tous qu'il appartiendra que … allant à … a enlevé pendant la Franchise de la Foire: SAVOIR, …

pour transporter au lieu de sa destination en … jour, à la charge de faire viser le Présent dans les Bureaux de la route, conformément à l'article 17. du titre 2. de l'Ordonnance de 1687, à peine de nullité, desquelles marchandises n'a payé d'autres droits que ceux mentionnés au présent Passeport, suivant les Déclarations, Édits du Roi & Arrêts du Conseil, enrégistrés en ce Bureau; au moyen de quoi ne lui sera donné aucun trouble ni empêchement. Fait à Beaucaire ce 28 Juillet mil sept cent quatre-vingt sept reçu … sous … deniers.

ボーケール大市で使用された「露店商免税通行証」。1787年７月28日発行。個人蔵

く前に設けられたこの税関は、フランス王国内に持ち込まれる羅紗や絹織物のみならず、スイスやイタリア、ドイツ、ピエモンテ、サヴォワ公国、ニース公国などへの輸出品に対する関税の徴収を役目としていたが、これらの物品税は、商品が大市のために運ばれた場合に限り、リヨンではなく、現地ボーケールで支払われることになっていたのだ（ラングドックとリヨン一帯のいわゆる「外国相当地方」は、一六六四年以降に均一税率が実施されるようになった「五大徴税請負区」や、異国との自由な交易が認められた「外国地方」と異なり、一六六四年以前の税率が適用されるようになる）。

また、同じ一六三四年には、大市で売られた一部の商品、すなわち小麦やワイン、タイセイ（アブラナ科の染料用植物）、平織物などに対しても、税がかけられるようになっている。この措置が、一六三二年、地方総督のモンモランシ伯が、時の絶対権力者リシュリュー枢機卿に反旗を翻して失敗し、処刑された事件と結びついているのかどうか、軽々な判断は控えた方がよい。ただ、十七世紀末には、大市からルシヨン地方やスペインへと向かう絹織物に対しても、輸出価格の約一〇パーセントの関税がかけられるようになった（王国内向けは五パーセント）。

こうして免税特権を奪われたにもかかわらず、ボーケールの大市は、ラングドック地方自体の経済的発展とも呼応して、十八世紀中葉に全盛期を迎える。たとえば一七六八年九月七日、ニームの市長（筆頭市吏）だったアリゾンは、地方長官モンカンに同年の大市に関する報告書[4]を提出しているが、その中で彼はこう述べている――。ラングドック地方の絹織物と羅紗製品の生産が飛躍的に伸びただけでなく、ブドウの収穫高も予想をはるかに越えているので、ワインの生産高もブルゴーニュやボルドーを凌ぐようになるだろう。

もとより、統計学などない当時のことである。この種の印象談をどこまで信用してよいかは分からない。とはいえ、こうした予測を、行政文書に自信をもって記せるほどの地力の充実はあったのだろう。ちなみに、M・カリエールとP・マレシャルによれば、同じ頃、国王の意向を体した地方長官が大市の期間中ボーケールにやってきて、町が六〇〇〇リーヴルで借り上げた邸館に滞在し、大市を管理するようになったという。町の名士たちからなる一種の自警団も組織され、代官の指揮下で大市の警備に当たる体制も始められたという[5]。

ボーケール大市の盛況ぶりについては、フランス大革命二年前の一七八七年七月二六日、同地を訪れたイギリスの農学者アーサー・ヤングも、つとに指摘しているところである。彼はボーケールの定期市がその地方全体を活気づかせているとし、さらにこう記している。「主に生糸を扱うこの大市に商人を送ってきていない国は、ヨーロッパにも、アジアにも、ほとんどないと聞いた。価格にして数百万の生糸が四日間で売り尽される。そこでは世界中のあらゆる商品が見られる」[6]。さらにヤングは、北仏カン近郊にあり、「フランス第二」の規模とされていたギブレの大市における商品扱い高が六〇〇万フラン（二六万二五〇〇ポンド）だったのに対し、ボーケールのそれはじつに一〇〇〇万フラン（四三万七五〇〇ポンド）にも達していたとしている[7]。

通説によれば、国内の通行税や関税が撤廃されるようになるフランス革命期まで、ここボーケールでの取引価格がフランス全土のそれを決定していたという。《ジュルナル・ド・ニーム》紙の一七八九年八月六日木曜日の記事によれば、前々週に終わったボーケールの大市で取引された絹の総量は、一四〇〇キンタル（一キンタルは約一〇〇キログラム）。前年比で三〇〇キンタル減だが、一七八七年と較べれば四五〇キンタル増となる。価格は最上質のサレルノ絹で一リーヴル（三八〇―五五〇グラム）あたり十九リーヴル一〇スー、安価な屑繭絹で十二リーヴルだった[8]。また、ラングドック産羊毛の場合、最上質品は一キンタルあたり一五〇リーヴル、二級品は一二〇リーヴル。一方、プロヴァンス産の羊毛は、一キンタルあたりで上質品は一三〇リーヴル、最安価品で五〇リーヴル。つまり、ラングドック産の方がかなり高価だったことになる。

参考までに、他の物品の一キンタル（Q）ないし一リーヴル（L）あたりの取引価格も紹介しておこう[9]。

蒸留酒（Q）：十七―十八リーヴル●石鹸（L）：マルセイユ産四〇―四二リーヴル●砂糖（Q）：ボル

ドー産八一リーヴル、マルセイユ産八五リーヴル●粗糖（Q）：一級品六三リーヴル、二級品六〇リーヴル、三級品五七リーヴル●胡椒（Q）：一四二リーヴル●米（Q）：ピエモンテ産十七リーヴル●木綿（Q）：アッコー（イスラエル）産一一五リーヴル、スミルナ産一一〇リーヴル●コーヒー（Q）：マルティニク産一二〇リーヴル●藍（L）：九リーヴル一〇スー●肉桂（L）：上質品五リーヴル一〇スー、廉価品四リーヴル●丁子（L）：五リーヴル一〇スー●ゴム（L）：アラビア産三〇スー●カカオ（L）：カラク産二〇スー●ロッグウッド材（Q）：八リーヴル一〇スー

むろん時代によって数値に多少の変動はあったはずだが、ボーケールの大市は最大時で三〇万もの商人や顧客を集めたという。してみれば、シャルラタンや物乞いの数も尋常ではなかったろう。プロヴァンス語の地口で「商品より商人を監視すべし」（**Foou pléou regarda lou marchanqué la marchandize**）という表現は、まさにこうした大市の殷賑に由来する表現である。もとより町にこれだけの人員を収容できる宿泊施設などあろうはずもなく、彼らは会場や路上、あるいは船で夜を過ごさなければならなかった。そんな彼らにとっての愉しみは、競馬やバトゥルールたちの大道芸、賭博、大道芝居、「買春」、さらに放浪楽師たちの演奏にあわせてのダンスなどだった。なにしろ会場のプレは、昔からボーケール一帯の若者たちが夜通しダンスに興じる場でもあり、しばしばその無軌道ぶりが当局の取締りの対象になっていたのだ。[10]

## 犯罪者たちの大市

これほどの大市であってみれば、むろん心よからぬ者たちが跳梁跋扈しないはずがなく、それに備えて、例年モンペリエの地方長官モンカン伯から、警備用の部隊が派遣されていた。[11] むろん町の行政・治安当局も、毎年の

ように犯罪人を捕えては、牢獄に送りこんでいた。たとえば一七七五年の大市が終わった七月二八日、ボーケールの市長兼筆頭参事コストは、前記地方長官に次のような報告書をしたためている。[12]

大市はさしたる事件もなしに終わりましたが、スリの数は、小職がこうして報告書を提出するようになりましてこのかた著しく増大し、今年は四〇名ほどを投獄いたしました。

そのうち、小職が訴訟を起こそうと思っていた者が一名おります。このならず者は、ある商家に入りこんで七、八〇〇〇フランもの大金が入った袋を盗み出し、携えておりました。被害者は犯人が立ち去るまで気づかなかったとのことです。（……）捕えられた犯人は、本日、鞭打たれ、焼印を押されたのち、追放されました。盗まれた金額は、すべて被害者に戻りました（……）。

さらに、差出人と宛名がいずれも不明の一七七五年七月二四日付のある書簡は、二日前に始まったこの年の大市では、クルトワなるボーケールの国王役人（のちに町長・筆頭参事）がいろいろ対策を講じたお陰で、例年みられたようなカフェや個人の邸館での博打や売春行為が一掃され、したがってそれらによって引き起こされる喧嘩や混乱の類もないとしている。[13]だが、こうした犯罪はすでに大市が開催される以前からみられた。

ニーム市長のアリゾン（前出）がモンカン伯に送った、一七六八年六月二七日付の報告書[14]によれば、開催日までまだ一か月あまりあるにもかかわらず、ボーケールの大市が近づいたということで、ニームにも夥しい数の泥棒やならず者が集まるようになった。彼らはさほど危険な存在というわけではないが、行商人に化けたり、渡り職人のふりをするという。アリゾンが報告を受けたある偽行商人は、花柄のじつに見事なルーアン産バザン（亜麻糸と錦糸の綾織物）やインド産ハンカチーフを安価で売る。そこでアリゾンは、町の警吏たちに命じてこの男を市庁舎に連行させ、「商品」を吟味したところ、その由来を示すラベルが剝ぎ取られていた。だが、納品書やバザンの包み布に残っていた文字などを照会・分析して、彼は最終的にこれがルーアンの商人ブスケの商品であり、過日リヨンの市で盗まれたものであることを突き止めた。

こうしてアリゾンは、偽行商人をニームの上座裁判所にある監獄に送り込んだ。しかし、それで終わりではなかった。さらにアリゾンは、この窃盗劇に女性二名を含む三名の共犯者（?）もいることが分かると、ただちに彼らの宿泊先を突き止めてブスケの商品を押収する。女性たちの夫二人は逃げ出して捕え損ねたが、これによってブスケの被害届にあった二万五〇〇〇リーヴルのうち、約四〇〇〇リーヴル分の商品を取り戻すことができたという。

ボーケールの大市はまた、禁じられた賭博師たちの稼ぎ場でもあった。地方長官モンカン伯に宛てられた同市市長の一七六四年七月二九日付の報告書[15]によれば、この年の大市も平穏に終わったが、博打打ちを四六人逮捕し、これらをニームやリヨン、アヴィニヨンの監獄に送りこんだという。してみれば、暴動こそなかったものの、大市期間中、博打打ちだけでも平均で毎日一〇人程度が捕えられたことになる。

しかし、「犯罪者」はこれら刑事犯だけではなかった。正業についている者ですら、大市ではしばしば逸脱行為に走った。事例を十七世紀に探ってみれば、たとえば一六四九年七月二三日、モンペリエの宣誓調剤師組合に属する四人が、ボーケールの裁判官と治安監督官に連名で次のような嘆願書[16]を提出している——。一部の不心得な調剤師たちが、大市で「テリアカ、ミトリダテス、アルケルメス糖剤、ヒヤシンス糖剤の四通りの基本的な薬剤を売ったり調合したり」しているが、かかる行為は国王とラングドックの地方長官に承認された彼らの組合規約にもとるものであり、是非ともこれを禁じ、取締ってもらいたい。

言うところの「調剤師」が何者なのかは分からない（ことによれば、もぐりないしシャルラタンそのものだったかもしれない）。それはともあれ、嘆願書の内容は、本来自由な取引の場であるべき大市の趣旨とは明らかに合致しない。にもかかわらず、モンペリエの調剤師たちは「不心得な調剤師たち」の取締りを求めている。いささか間尺に合わない話である。

では、そうしたごり押しがなぜまかり通っていたのか。この疑問に答えるには、何よりもまず彼らの組合規約を検討しなければならない。一五七二年に作成された「モンペリエ大学医学部調剤師組合規約および特権」（全十八条）[17]には、医学部の医師とモンペリエ市参事二名が、前記四薬剤およびその他の主要な薬剤の分配を監視し、登録料（一六五七年は五スー）を払い、宣誓した上で組合に入っている親方調剤師たちは、彼らの監視下でこれらの薬剤を店に保管しなければならないこと、また、これに違背した場合には、参事によって罰金が課されることなどが明記されている（第十一条）。つまり、テリアカをはじめとする主要な薬剤は、モンペリエ大学医学部と、毎年復活祭の日に選出される組合参事二名との厳重な監視下に置かれており、店を構えていない、つまり非組合員の調剤師は、たとえ大市であっても、これらを自由に調合・販売してはならない、というのである。

前述したように、ボーケールはモンペリエ同様、ラングドックの地方長官の管轄下にあった。その地方長官の承認を受けたモンペリエの調剤師組合規約は、当然のことながらボーケールにも適用された。実効のほどは分からない。分かっているのは、この種の嘆願書が以後も幾度となく出されたにもかかわらず、違反者があとを絶たなかった、ということである。事実、前記規約より一世紀ほど後の一六七七年七月一〇日、同調剤師組合参事らはモンペリエの地方長官宛に嘆願書を出している[18]。内容はおおむね次の通りである。

モンペリエの親方調剤師組合は、非組合員がわれわれの目を逃れ、ボーケールの大市でさまざまな薬剤を調合・販売するという違法行為を行っていることに鑑み、組合の名のもとに規約に則って薬剤を販売してきた。また、当組合員たちは、何年も前から、同規約にしたがい、すべての調合を当市の大学医学部と全親方調剤師の立会いのもとで行い、違法行為を避けてもきた。ところが、組合に属さぬ一部の調剤師が大市にでかけ、組合から派遣されたと偽って、勝手に薬を売り捌こうとしている。組合の将来を考えれば、かかる由々しき事態を座視するわけにはいかず、是非ともその違法行為を禁止するよう、しかるべき措置を講じていただきたい。

もぐりないし行商売薬人が、組合の名を騙って商売し、自分たちに認められた特権を犯している。文面からはそんな組合の自負と危機感とがよみとれる。はたして嘆願の結果はどうだったか。それを語る資料は見当たらない。前述の規約では違反者に罰金が課されることになっていた。ただ、確信犯とおぼしき彼らが必ずしも組合の制裁を受け入れたとは思えず、時にはこの措置の妥当性や正当性が、司法の場で争われる場合もあったろう。時代はさらに一世紀下るが、フランス初の医学雑誌《ジュルナル・ド・メドゥシヌ》が創刊された年、すなわち一七五四年の十二月八日に、グルノーブルの調剤師組合長フルニエが、モンペリエの同業者組合長ルアベールに宛てた次の書状は、その辺りの経緯を語る興味深い資料である(19)。全文を訳出してみよう。

われわれは当市の薬種商《ドロギスト》・香料商《エピシエ》(=雑貨商)による薬の大量販売を差し止めるため、目下彼らと係争中です。当方は彼らに四〇〇ないし五〇〇リーヴルの罰金を申し渡しましたが、これをよしとしない彼らは、当地の高等法院に訴え出て、自分たちにはボーケールの大市で、薬を露店用の商品として売る権利がある、と言い張っています。そこで、まことに恐縮ではありますが、貴市において彼らがいかなる活動をしているか、お教え下さい。また、この件に関する貴組合の規約がありましたら、それをお送りいただきたく、お願い申し上げます。もしボーケールの大市で特権が認められていたとなれば、彼らは欺瞞と無知で調合した悪劣な薬を今後も売りつけるようになるでしょう。しかも彼らの大部分は、厚顔にもその薬をモンペリエで仕入れたとも言っているのです。これらの薬が効き目のない無価値なものとされれば、これによって貴組合の商いは大変な被害を被りかねません……。

つきましては、この問題に関し、貴職のお考えをお示し下さい。反対に、当方で何かお役に立てることがありましたら、その旨、お申し付け下さい。ご高配のほど、衷心よりお願い申し上げます。

グルノーブルとモンペリエの調剤師組合は、こうしてシャルラタン（まがい）の薬種・香料商を警戒して共同戦線を張った。それは両組合が一種の運命共同体であったことをつとに物語るものといえるが、事態を放置すれば、モンペリエの組合にも害が及ぶとする文言は、見ようによっては、警告とも威しとも受け取れる。むろんそこには、裁判を有利に進めるため、モンペリエの名門組合を引き込んで高等法院に無言の圧力をかけようとする、グルノーブル組合の戦略もあったろう。

ともあれ、この要請の一〇日後、モンペリエ側から返事が届く。具体的な内容までは分からない。だが、おそらくそれから数日後（日付不明）、グルノーブルのフルニエ組合長は改めてモンペリエの組合長宛てに書状を送っている。[20] その中で、彼はまず回答を寄せてくれたことに謝意を表してから、テリアカやミトリダテス、アルケルメス糖剤、ヒヤシンス糖剤の主要四薬剤をはじめとする十七品目が、モンペリエでどれほど売られているかを尋ねている。さらに、香料商たちが、モンペリエで買い求めた劣悪な薬を安価で売っていると報告している。それによれば、たとえば四薬剤の場合、小売値で一オンス三スー、卸値で一リーヴル三六－四〇スーだという。当時、組合公認の値段（一リーヴルあたり）でいえば、テリアカとミトリダテスはいずれも二リーヴル一〇スー（五〇スー）、ヒヤシンス糖剤は四リーヴル、最も高価なアルケルメス糖剤は六リーヴル。[21] つまり、香料商たちの売値は正価の七割から三割にすぎなかったことになる。明らかに価格破壊である。組合が危機感を覚えるのも、けだし当然といえるだろう。

そこでフルニエは、モンペリエ調剤師組合に対し、その価格表ないし調合料金が明記された証明書を送ってくれるよう求める。裁判の審理資料として提出するために、である。彼は訴えている――。これらの資料を司直に送れば、当地のみならず、王国全域で、調剤師の名誉を傷つける香料商たちの無法行為を、条例によって食い止めることができる。そして、ラングドックの地方長官から禁令を引き出すとともに、ボーケールの大市で偽職人たちが売りつける劣悪な薬は、モンペリエの調剤師たちの代表によって検査されなければならない。これによって、モンペリエの組合は、ラングドック各地の大市で独占的に薬を売ることができるようになるはずだ。

そして最後に、グルノーブルの組合長は次のように締めくくっている。

> 社会にとって最も有効な仕事を再建するのに協力していただきたい。この仕事の目的が人々の健康の維持ないし回復にあるからです。そのためにも、お願いした書類をお送り下さい。これらの書類は、われわれを際限なく貶め、結果的に貴職らがヨーロッパにおいて正当に勝ち得た名声を損なう敵の欺瞞を、裁判所が見出す手がかりとなるはずです。

モンペリエの調剤師組合が全ヨーロッパ的な名声を勝ち得ていたかどうかはともかく、実際の裁判で、はたしてグルノーブル組合の戦略がどこまで功を奏したかは不明である。だが、権力の擁護を主務とする高等法院がいかなる裁きを下したかは、さほど判断に難くはない。それにしても、「敵《アドヴェルセイル》」という表現は穏やかではない。あるいは、こうした言葉遣いによって、調剤師たちはしばしば自分たちと同列に扱われていた薬種・香料商との差異化を図ったとも考えられる。事実、たとえばキニーネの原料である樹皮キナのまがい物の売買に対する国務院の禁令（一七三五年三月二二日付）では、彼ら三者の名称が区別なく列挙されているのだ。[22] だからこそ調剤師たちは、いわば外側に敵を作り出すことによって、内側のアイデンティティを明確にしていかなければならなかった。あるいは、陰の部位によって光の部位を明確に輪郭づけていかなければならなかった。まさにそこでは、差異化の過程が排除の力学に裏打ちされていたともいえる。シャルラタンの存在が外科医や薬剤師ないし調剤師を「正統化」していったように、である。

では、そのシャルラタンは、ボーケールをはじめとする大市で、はたしてどのような風景を紡いでいたのだろうか。

## 大市を祝祭化するシャルラタン

各地の町や村で特定の聖人の祝日に営まれる大市は、彼ら大道芸人たちの武勇にとって、何よりも格好の契機となっていた。（……）当日、通りや広場はボニスール（「客引き、香具師」）のみならず、テリアカ売りやガルバヌム（ゴム質樹脂の芳香・鎮痙剤）売りの波で埋まりかえる。そこには、モノローグの朗読者やパントマイム師、曲芸・奇術師、綱渡りなど、つまり何ほどか人を愉しませる芸をもつ者すべてが集まった。シャルラタンや動物遣い、はたまた渡り道化師たちが喚げる声は大きいが、ファブリオー（中世の韻文笑話）や武勲詩を語り歌う吟遊詩人も負けてはいない。つまり、「商い」やトランペット、フルートなどのかき鳴らす騒音にもかかわらず、ロッタ（逆三角形の撥弦楽器）やハーディ・ガーディ、ハープの音も聞こえてくるのだ。

かつて中世史家のエドモン・ファラルは、シャンパーニュ地方の南西部プロヴァンの大市についてこう書いている。(23) 十三世紀まで五月と九月の年二回、同じ地方のより東部にあるトロワともども、当時フランス国内で最大規模とされていたプロヴァンの大市は、前述したパリ左岸のサン＝ジェルマンや右岸のサン＝ローランの大市と並んで、シャルラタンたちのメッカでもあった。商品の展示と価格・品質の比較、販売・交換、そして決済という三段階の取引が伝統的に守られていたこの大市には、北仏や南仏地中海地方からも商人が陸続とやってきたものだった。

一方、近世史家のジョルジュ・デュマによれば、同じシャンパーニュ地方のほぼ中心に位置するシャロン=シュル=マルヌでは、王室との対立によってパリから追放されていた高等法院が、四か月ぶりに首都に戻ってきた年の翌一七三三年から大革命までの五六年間に、王国内はもとより、ギリシアやイタリア、スイスなどから来た、都合十八人のオペラトゥール=シャルラタンが、大市でオルヴィエタンを調合・販売する許可を（おそらく市参事会に）求めたという。だが、そのうちの八人は国王筆頭侍医ないしその代理の署名があり、紋章の封印が施された国王医師団発行の鑑札を、別の四人は国王の鑑札を有していた。もしこれらの鑑札が本物だとすれば、彼らは決していかさま師などではなく、れっきとした調剤師だったことになる。

しかしながら、彼らがスペイン産霊薬や南仏エクサン=プロヴァンスの内科医が考案したという万能粉薬、吸入用薫蒸解毒剤、「攻城接着剤」と呼ばれる軍人向けの苦痛・歯痛用軟膏など、いかにも想像力を逞しくした薬を商っているところをみれば、少なくともその一部の鑑札については、いささか出自に疑問なしとしない。事実、一七五四年以降にこの大市に登場する一〇人の鑑札を、町の正統医師や施療院医師および調剤師が調べた結果、四人について問題ありとしている。これら四人のうち、たとえば一七六六年に詐称が露見した町在住のあるブルジョワは、自宅に「不老長寿薬《メドゥシヌ・ウニヴェルセル》頒布所」の看板を掲げていたが、彼が有していたのは自称国王筆頭侍医の鑑札などではなく、医学や薬学に関する知識も何ら持ち合わせていなかった。そんないかさま師が商う不老長寿の霊薬を、妊婦や神経質で癇癪持ちかつ過敏症の者に与えたりすれば、間違いなく悪い結果をもたらすという。

もうひとりの詐称者（一七七五年来町）は、たしかに正式な鑑札こそ携えていたものの、その小さな薬壺に入っていたのは、オルヴィエタンとは似て非なる、単に砂糖を混ぜただけの黄色い粉にすぎなかった。三番目の詐称者（一七七六年来町）はパリ大学医学部教授から軟膏・粉末・液体状のオルヴィエタンを売る特権を得たと主張していたが、肝心の粉薬の成分について何も知らなかった。残るひとりのアルガロン・トスカーノなるオペラトゥール（一七八五年来町）は、「国王医師団がその認可を与えるとの判断を下さなかった者」に含まれていた。

大市のシャルラタン。フィレンツェ、インプルネータ大市。ジャック・カロ作油彩画、17世紀前葉。クレルモン=フェラン、パルゴワン博物館蔵

それにもかかわらず、バイイ裁判所が国王の鑑札を帯びているとして彼に営業を許したのは、廷吏たちが、上記三人のオペラトゥールの営業を認めなかった参事会員たちほど、地元医師たちの批判を真面目に考えていなかったためだという。

これらオペラトゥールとは別に、「ダンティスト（歯医者）」と呼ばれた、もしくはそう自称していた者も十三人ほど記録されている。その中には、モンペリエ大学医学部出身者（！）や、ロレーヌ公スタニスラスのダンティストだという周辺地域出身の女性も二人いた。彼らダンティストは歯の「洗浄と装飾」（！）の専門家だったという。これもまた、いささか怪しげな物言いだが、彼らは歯痛の手当てや虫歯の抜歯、さらに自然歯に似た義歯の補綴も行っていた。そして、いずれもひと月から六週間の期限内で施術を行い、仮設舞台を設け、チラシや貼り紙を出してその営業を告知することが許されていた。

そうした彼らの一部は「多才」であり、ひとりで何役も兼ねている者もいた。たとえば、一七六四年にこの町に来たオペラトゥールは、眼医者や科学者、さらにダンティストを自称していた。また、ルビニなる自称元エルサレム騎士団の騎士は、ルーヴァンの医学校で鑑札を受けたが、バスク地方のバイヨンヌで外科医を営み、と同時に、抜歯を行うオペラトゥール＝ダンティストであり、軟膏・粉末・液体状のオルヴィエタンも商っていた（一七七二年来町）。むろん、シャルラタンの典型として、歯の治療を行いながら、足の魚の目に効験あらたかとの触れこみで、「偉大なインド」伝来だという向日葵の根の軟膏を売り、客寄せに軽業師や奇術師らからなる一座を引き連れているダンティストの姿もあった（一七七五年来町）[24]。

そうしたシャルラタンないしその《先駆け》たちが、後発のボーケールの大市にいつ頃から出没するようになったかは不明である。だが、そこは嗅覚の鋭い彼らのことである。おそらく大市の創設からさほど遠くない時期に姿を現すようになったと思われる。ここでは、そんなシャルラタンの風景を、フランス革命前の同大市にみてみよう。取り上げるのは、一七八七年七月二二日、つまり大市の初日にたまたまボーケールにいた将軍ラサルの

悪い血を除去する伝統的治療法である刺胳を施す外科医（オペラトゥール）。A・ボス作版画、17世紀中葉。パリ、公共福祉博物館蔵

目撃談（？）である。おそらく何ほどか想像を逞しくしながら、彼は自ら目の当たりにしたものを、戯曲風の『反道徳的最善。シャルラタンもしくはボーケールの大市』（一七九三年）なる書にまとめている。それによれば、オペラトゥールと吟味役の地元代官との間で次のような問答がみられたという(25)。

オペラトゥール：私は、代官殿、貴殿の名声に引き寄せられて当地にまかりこしましたが、貴殿の英知によってボーケールに広められました心の幸福に、滅多に得られない体の幸福を加えたいと思っています。これが私の商売です。

いささか歯の浮くような世辞だが、むろんこの種の論理と口上ならお手のものである。案の定、代官はひっかかる。

代官：幸福の商いだと！

オペラトゥール：その通りです。健康を抜きにしては幸福などありません。だから私は健康を売るのです。
代官：健康を売るというのか！　それなら、客を失うわけにはいかないな。
オペラトゥール：悲しみは神経を消耗させ、胸を押し潰し、筋肉の働きを妨げますが、反対に、喜びや快活さは気の均衡を回復させ、肝臓や脾臓に巣食う塞ぎの虫を取り除いてくれます。こうした状態になれば、薬はより効力を発揮します。だからこそ私はまず人々を満足させ、彼らの心を陽気にすることから始めるのです。
代官：なかなか素晴らしい考えだな。しかし、それにはどうすればいいと？
オペラトゥール：舞台を設け、その上で芝居を上演します。そこでは、私が培ってきました才能がものをいいます。この国を席捲している病と戦うのに最も適した作品を慎重に選んで、ありとあらゆる大作家の傑作を演じてご覧に入れます。
代官：出し物をたくさん持っているのか？

最初のうち、明らかにオペラトゥールを胡散臭そうにみていた代官は、こうして徐々にそのすぐれてシャルラタン的な話術の罠にはまっていく。そして、ついにオペラトゥールの上演演目に関心を掻き立てられるようになる。連戦練磨のいかさま師にとってみれば、権力の代弁者たる代官といえど、所詮は一介の観衆にすぎなかった。ここまでくれば、あとはオペラトゥールの独壇場である。彼は言う。

イギリスでは一切が滅びる悲劇や三重の仕掛けからなる笑劇、マドリッドでは信じ難いほどの出来事や嫉妬、決闘などをふんだんに盛りこんだ騎士道もの、さらにリスボンでは、四〇〇年前にフランスで演じられていた聖史劇をポルトガル語に訳し、焚刑をバレエ仕立てにまとめた出し物をかけてきました。そしてご当地では、大掛かりな装置を駆使する悲劇＝パントマイム劇、催涙喜劇、どたばた喜劇、台詞の聞こえない音楽劇、オペラなどを上演したいものです。

なかなかの大言壮語である。そこにかなりの虚偽が含まれていることは、おそらく代官にも分かっていた。分かってはいたが、すでに「観客化」した彼に、さらに押し寄せてくるオペラトゥールの言葉と気迫とを押し返すだけの気力も論理もなかった。オペラトゥールの得意満面な顔が目に浮かぶ。そういえば、この代官には、前って何がしかの賂《まいない》も渡してあった。

だが、ことはオペラトゥールの思い通りには運ばなかった。広場のもっとも目立つ場所に仮設舞台を建てている最中に、とんでもない邪魔が入ったのだ。相手は、その場所に磔刑像を立てようとする布教者。こうして両者は譲れ、譲らぬの激しい言い合いを繰り返した挙句、代官に訴え出て、決着を彼の判断に委ねることになる。オペラトゥールといい、布教者といい、いずれも言葉によって相手を説得する仕事。代官を前にしての丁丁発止は、目撃証言者の明らかな加筆もあって、なかなかの仕立てとなっている。まず、オペラトゥールが攻撃する。

（布教者の振舞いは）とんでもない横暴です。私は練り薬や世界の知《アンシクロペディック》を集めた秘薬を用いて健康を売り、高熱や咳、喘息、痛風、麻痺、癲癇、疥癬、塞ぎ、白癬、さらに世界にはびこるあらゆる病をたちどころに治しています。そして、当地でも大枚二〇エキュを（しょば代として）支払っているのに、場所を明け渡せと難癖をつけています。多くの人々が私を必要としているにもかかわらず、です。

言われて、布教者も黙ってはいない。

おぞましいことです。このシャルラタンが約束するのは、いずれ滅びるつかの間の財産にすぎません。われわれが保証する霊的で不易の救いとそれを秤にかければ、ただちにわかることであります。いったい、健康と霊魂の救いとを較べることなどできる相談でしょうか。丸薬にしても外用薬にしても、そしてオルヴィエタンにしたところで、修道士の僧衣や神の小羊、さらに教皇印璽の名において配られる全贖宥といった天上の財産と、はたして較べられるものでしょうか。

朽ち果てる肉の救いと不滅である霊魂の救い、地上の富と天上の富。布教者の主張の狙いは、こうして人間的なるものと神的なものとを対比させながら、前者の無価値さや移ろいやすさと後者の永遠の価値を説くところにあった。人間の身体が神意のうちにあり、疫病とはまさに神による人間の断罪だとするのは、中世以降の、とくにあの十四世紀中葉のヨーロッパを席捲した黒死病を契機として一般化した教会の論理だが、近代の身体観はそうした桎梏からの解放として特徴づけられる[26]。にもかかわらず、布教者はなおも神の救いを絶対視して、人智による、つまり薬効による救いを遠ざけようとする。だとすれば、彼はたとえば前述したような売薬聖職者をも問題視しなければならなかった。聖職者の扱う薬は神意に基づくとする、論理の矛盾を整合させなければならなかった。

繰り返しになるが、シャルラタン＝オペラトゥールの薬がどこまで有効かは分からない。だが、たしかに両者の応酬には、中世的伝統と近代的伝統との抜き差しならない角逐がみてとれる。この角逐は、周知のように大革命によって後者の圧倒的かつ象徴的な勝利に終わる。時代はすでにそこまできていたのだ。布教者は明らかにそれを見誤っていた。代官は、最終的に後者に、つまりオペラトゥールに軍配を上げる。その限りにおいて、彼もまた時代の人であった。たとえどれほど怪しげな薬であり、どれほど鼻薬をきかされていたとしても、である。

むろん、これら「違犯者」の実数は、記録にあるよりはるかに多かったはずである。だが、おそらくそうした陰の存在が、夥しい声と騒音、匂い、さらに人いきれなど、五感を際限なく高揚させるすぐれて祝祭的な仕掛けを過不足なく備えていた大市の光の部位を、いわば裏側から活気づけていたともいえる。シャルラタンの活躍ないし暗躍は、改めて指摘するまでもなく、ここでもまたそうした大市の祝祭化につながった。祝祭や大市の風景は、そのままシャルラタンの光景でもあった。この点だけはいくら力説しても、しすぎることはないだろう。再び繰り返しを恐れずにいえば、何よりもシャルラタンとは、声（言葉）と所作、モノ、駆引き、そしてありあまる想像力とを一個の肉体にポリフォニックに収斂させ、しばしばこれを血肉化さえしていたすぐれて文化的な集蔵体にほかならなかったからだ。「（縁）市」の形容詞であるフランス語のフォレン（forain）が、「大道商人（芸人）」や「興行師」をも意味する所以がここにある。

第八章

# 正統の条件

## 内科医の場合

アンシャン・レジーム期における正統医師（内科医）は、彼らが身にまとう長衣や四角帽、さらに生涯その遵守を誓う医師の倫理規定、すなわち「ヒポクラテスの誓詞」[1]によって、外科医や調剤師らと異なる、きわめて特権的な地位を享受していた。医学史家のオリヴィエ・フォールによれば、そうした正統医師になるには、医学校や医学部での、時に二〇年にもおよぶ長い学業が不可欠だったという[2]。

十八世紀のフランスでは、これら医師の養成機関として、十三世紀以来の伝統を誇るパリ*とモンペリエ*に加えて、ドゥエ、ランス、ストラスブール、ナンシー*、ブザンソン、カン*、アンジェ、ナント*、ポワティエ、ボルドー*、トゥールーズ*、エクス*、アヴィニョン、ヴァランス、ブルジュの十五都市に設けられていた医学部や、リール、ルーアン、レンヌ、トゥール、オルレアン、リヨン、グルノーブルなどの十五都市に置かれていた医学校（*は医学部・医学校の併設都市）が、それぞれ独自に学生を受け入れていた。

これらの医学部や医学校では、教育は基本的に理論が中心で、医学生たちは講義の内容をラテン語で記述し、多くの時間を、偉大な先達たちのテクストを読んで論評することに費やした。解剖学や外科学、薬学などが講義に入るようになっても、この規範は変わらなかった。そして、バカロレア（バカラウレウス）から学士号《マギステル》を経て博士号《ドクトル》へといたる一連の試験を、一般にそれぞれ四年から七年程度の研鑽を積んで合格して、はじめて医師免許を得ることができた[3]。むろんそれには、きわめて高額の学費ないし手数料を払わなければならなかった――パリの場合、時に学費は、肉体労働者の二〇年分（！）の年収にも匹敵する六〇〇〇リーヴルにものぼったという[4]。

一方、外科医や調剤師は「手仕事」を旨とする職業であった。彼らはそれぞれ理髪師や香料商と同じ同業組合を組織し、他の組合と同じように、徒弟制度と「親方昇格作品《シェフ＝ドゥーヴル》」（マスターピース）――たとえば鍛冶職人なら蹄

パリ大学医学校外観（エコール・ド・メドゥシヌ通り）。19世紀初頭

鉄、錠前職人なら南京錠――とを特徴とする組合を組織していた。いうまでもなく、フランス語や英語にいう「傑作」とはこれを指すが、むろん彼らの場合は、施術の腕前や調剤の的確さが親方に昇格する際の作品として判定された。

では、実際に正統医師とはいかなる者だったのか、いかなる者でありえたか。詳細な検討は医学史の専門家に譲り、以下ではそれを、主にアルフレッド・フランクランが十九世紀末に著した、『十二世紀以降のパリにおける職業・技能歴史事典』や『往昔の私生活。内科医』などに依拠しつつ、ごく簡単に確認しておこう。

中世フランスにおいて、医療に携わる者は当初ミール（mire）と呼ばれていた[5]。ラテン語で「医師」を指すmedicusを語源とするこの語は、一一六九年に文献初出しているが[6]、ミール（女性はミルゲス mirgesse）自体は多くがしかるべき学問を修めておらず、読み書きすら満足にできず、したがって医薬関連のいかなる学位ももっていなかった。尿と痰の色や濁り具合を調べ、脈を取って容態を判断する。これが彼らの医術だった。フランクランはそんな彼らをシャルラタンと呼んでいるが、一二九二年のタイユ税（人頭税）台帳には、三八人のミールと八人のミルゲスの名が、居住地とともに列挙されている。[7] たとえば、十三世紀の作家で叙情詩人としても知られるリュトブフは、十三世紀中葉の作になる独白劇『薬草売りの口上』の中で、主人公の薬草売りシャルラタンにミールと自称させている（fol. 80 v°）[8]。医師を指す別の語としては、やはりラテン語で「医業」を意味するmedicinaから派生したメドゥサン（médecin）がある。正統医師（内科医）の謂となったのはこちらの方で、十六世紀にはミールはその本来的な地位を失い、卑語的な扱いをされるようになる。

フランクランの引用によれば、パリ大学医学部がもぐり医・薬業の禁令を出した翌一二七二年、首都にはこの正統医師が六人たらず、一二七四年でも僅か八人だった。さらに、同医学部の記録では、一三九五年でも三二人に過ぎなかったという（ちなみに、フランクランは、同大学医学部が一三三二年当時のもぐり医者二三名の姓名と住所をすべて把握していたとしている）[9]。これら医師の中には、聖職者も少なからずいた。そして、一五六六年に八一人に達してから以後、この数は一〇〇人前後で推移し、フランス革命時の一七八九年に一七二人を数えるようになる。一七九一年当時のパリの人口は約六三万。革命からの二年間における内科医の増減を留保していえば、住民一万あたり二・七三人（人口約二一三万の現在は七九・八一人）、つまり内科医ひとりあたり住民約三六六〇という数になる。むろん、この医師／人口比率は、当時としてはもっとも高い部類に属する。[10]

当初、彼ら医師たちは、大学の他のすべてのメンバーと同様に、独身を余儀なくされていた。だが、ジャンヌ・ダルク裁判の再審を担当したことでも知られる、フランス人枢機卿のギヨーム・ド・エストゥトヴィル（一四〇八?－八三）が、一四五二年、パリ大学改組のためにローマから派遣された際、教授の結婚を認めるようになる。しかしながら、弟子たちはなおも結婚が許されず、学位授与前の得業士《バシュリエ》たちは独身に甘んずることを認めさせられたという。

法曹人をはじめとする他のいくつかの特権的な職業同様、医師もまたその出で立ちによって、自らの正統性を可視化してきたが、十七世紀に入ると、大学の教壇に立つ医学教授は、大きな折り返し襟とアーミン皮の肩飾りのついた赤いローブに角帽をかぶって授業を行うようになった。得業士の場合は、黒いローブをまとうことが許された。そして、十七世紀も末になると、前述したモリエール劇に見られるように、ほとんどの医師は大きな鬘に長い髭を蓄え、十五世紀の医師のように、鬘の上に先のとがった円錐形の帽子をかぶった。さらに、ルイ十四世下の十七世紀後葉には、若い医師たちは富裕市民と同様の着衣をまとうようになり、続く十八世紀にも同様の着衣が医師一般の「制服」となる。この制服は羅紗やビロード製で、襟元や袖口に精密な刺繍が施されていた。

モリエールの『恋は医者』に登場するように、ふつう医師たちは馬やロバで「往診」したが、医学校の中庭には、その乗降のために石の踏み台が置かれたりもした。性格が従順でおとなしく、汚泥の中でも転倒したりしない馬ないしロバをもつこと。これがよい医師の条件の一つだった。シャルラタンたちがしばしば刺繍つきのローブに身を包み、ロバに乗って町に出現した所以がここにある。しかし、正統医師の条件はむろんそれだけではな

La main du Peirtre qui te feit
& sur ta Mule te peignit
De la raison fut bien regie:
Car autrement par tes escripts
Habicot l'on ne t'eust pas pris
Pour un Docteur en Chirurgie

盛装し、飾り立てた馬で往診するパリの医師アビコ（外科医）。1600年頃（出典　P.A.CRÉHANGE：*Les livres anciens de médecine et pharmacie*）

い。それには何よりも医師組合の規約があった。時代や場所によって内容に違いはあるが、フランクランによれば、パリの組合規約(十六世紀)には、次のような条文が盛りこまれていたという。(11)


あらゆる医師は良識をもって生きる。

招かれずに病人を往診してはならない。

シャルラタンやアンピリック（偽医者）と親交を保ってはならない。

商業上の秘密は厳守する。

若い医師は年長の医師よりも早く起き、後者は前者の行動をよく監視する。

診察にあたっては、若輩医師がまず年長医師に所見を述べ、それから後者の所見に従う。

すべての診察はラテン語で記され、そこに署名と日付を付す。

医学部の集会では、医師は節度と品位をもって行動する。そして、年功序列の慣行に則って自分の意見を披瀝する。


こうした規約は、毎年聖ルカの祝日（一〇月十八日）のミサ後に、集まった医師たちの前で筆頭執行吏が大声で読み上げることになっていた。むろん、規約の内容と組合員自身の正統性とを再確認するためだが、当時の医師たちは、少なくとも修道士や修道女が献身的に働く施療院が、今日みられるような世俗の病院に変わっていく十八世紀末まで、(12)教会側の規制を受けなければならなかった。たとえば一五六六年、苛酷な異端審問で名を馳せた時の教皇ピウス五世は、医師たちに対し、病を得て、なおも信仰告白をしようとしない病人に対しては、三度以上往診してはならないとの回勅を出している。そこには、病が神の断罪によるものとする伝統的な信仰の論理がみてとれるが、あるいはそれは魔女対策の一環だったのかもしれない。

この禁令は一七一二年の王令でも支持された。ただし、診察回数は二度までだった。すなわち、医師は三度目の往診で病人から告白状を受け取り、それが不可能な場合は、診察せずに帰ることになっていたという。では、医師に見放された不信心の病人たちはどうなったか。病人がプロテスタントの場合はどうだったのか。これについて、フランクランは何も述べていない。あるいは彼らはシャルラタンにすがったのだろうか。いささか気になるところではある。

しかし、医師に正統性を与えたのは組合規約や聖俗両権力の規制ばかりではない。患者層もまたその重要な要件となっていた。シャルラタンが一般に庶民を相手としていたのに対し、正統医師たちはしばしば王侯貴族や官僚、富裕商人などをも「客層」としていたのだ。フランクランがレトワルの『日記』から引いた事例によれば、一五九四年、アンリ四世が尿閉に苦しんでいた〇侯爵を見舞ったところ、侯爵の周りにはじつに十六人もの医師がいたので驚いたという。[13]一五九八年のパリの医師（内科医）数は九六人。レトワルの記述に間違いがないとすれば、その六分の一（！）が〇侯爵の侍医だったことになる。[14]

そんな彼らにどれほどの報酬が支払われたかは不明だが、パリ大学医学部長で著述家としても知られるギ・パタン（一六〇一－七二）は、有名な『書簡集』の中で、同時代のほとんどの医師たちが医を金儲けの術と考えていると嘆いている。事実、当時首都で名医との評判が高かったゲノーですら、こう言って憚らなかったという。「一〇オンスの徳より、ひとかけらの富の方がよい」。[15]こうした伝統は、今もなお一部の医師が確実に受け継いでいるが、医から仁術の部位を剝ぎ取り、ひたすら金儲けに走るという点においては、正統医師もシャルラタンもすでに択ぶところがなかったといえる。いや、十七世紀後葉に、あの書簡作家のセヴィニェ侯爵夫人（一六二六－九六）に「カトリコン」なる尿のエキスを愛飲させた医師などは、明らかにシャルラタンも顔負けのいかがわしさを帯びていた。[16]

これら正統医師の中には、アンリ四世の筆頭侍医だったミシェル・マルスコのように、悪魔祓いを行った者もいた。場所は、十六世紀フランスを代表する異端審問所が置かれていた、パリ盆地南部ロワール＝エ＝シュル地方のロモランタン。悪魔に魅入られた女性の名はマルト・ブロシエ。審問は一五九九年三月三〇日と四月一日に、同地のサント＝ジュヌヴィエーヴ大修道院で行われた。

それはさておき、これら正統医師の中でもっとも権威があったのは、いうまでもなく国王の筆頭侍医だった。フランクランによれば、ルイ十四世の統治末期、つまり十八世紀初頭の筆頭侍医は、じつに四万リーヴルもの年俸を得ていたという。(17) 一七五七年に他界したグラン・トマの「莫大な」遺産が五万五〇〇〇リーヴルだったことからすれば、これがどれほど巨額なものだったか、想像に難くない。破格だったのは、年俸だけではなかった。評定官から認証状を与えられた当時の筆頭侍医には、毎日国王の寝室に出入りしたり、サテンのローブに身を包んでその晩餐に列席できるという特権に加えて、代々世襲できる伯爵の称号も与えられた。そんな彼らの紋章は、いったいに一本の棒に蛇がからまる図柄からなっていた。むろんこれは、アイスクラピウス（ギリシアの医神アスクレピオスのローマ名）の神話的表象であり、そこからこの医神を指すフランス語の esculape は「クスシ（薬師）ヘビ」を意味し、中世フランス語では「評判の医者」を意味するくだけた表現ともなっていた。

ことのついでに、そうした名医の一人として、いや、医を仁術と心得、実践した医師として、ここではアンジェ出身のピエール・ユノーを紹介しておこう。(18) 一六三七年生まれの彼は、生地の大学医学部で学んだのち、二一歳でパリにのぼる。そして、医学部での正規の、だが多分に硬直した授業のほかに、一六二六年にルイ十三世の侍医ギ・ド・ラ・ブロスが創設した王室植物園（現国立自然史博物館）で、経験と実験とに基づく解剖学と外科学の講莚に連なる。新しい医学の摂取にきわめて積極的だった植物園での実習は、アンチモンやキナノキ（キニーネの原料）(19) といった新しい医薬品ともども、若い彼を魅惑してあまりあった。

一方、彼は、一六三一年に《ガゼッタ・ド・フランス》を創刊し、《メルキュール・ド・フランス》を主幹して今もなお文学賞に名を残す、ジャーナリストで内科医でもあったテオフラスト・ルノドー（一五八六―一六五三）

の影響下で、救貧医療（後述）にも情熱を燃やした。のちにアンジェに戻った彼は、一六六二年に慈善院の勤務医となり、二年後には大学医学部の管理役医師となる。そして、この二通りの職務を結びつけるため、学生たちを伴って慈善院で実習を行った。まさにこれはインターン・システムのはしりといえる。さらに自宅で実施していた貧民対象の無料診察にも学生たちを参加させた。こうしてピエール・ユノーは、医の原点がどこにあるかを、医学教育の改革とともども訴えたのであった。[20]

ごく一般的にいって、こうしたことは国王の侍医にとっては関心の埒外にあったが、パリ大学と同様、モンペリエ大学医学部もまた、フランス王室のために侍医を輩出した。とくに有名なのが、カタロニア地方のレリダから十五世紀後葉に移住し、以後、モンペリエの医学界に君臨し続けた改宗ユダヤ系のサポルタ一族である。初代のルイはシャルル八世（在位一四八三－九八）の侍医をつとめ、その孫で一五六〇年にモンペリエ大学長となるアントワーヌは、前述したアンリ四世の両親、すなわちナヴァーラ王アントワーヌ・ド・ブルボンと王妃ジャンヌ・ダルベールの筆頭侍医だった（ちなみに、彼は後述するフランソワ・ラブレーの学友であり、モンペリエ大学の医学部長の地位にあった一五五二年には、バーゼルからの新入生フェリクス・プラッターの後見役兼指導教授にもなっている）。

モンペリエ大学医学部のメダイユ。
人物はヒポクラテス

しかし、モンペリエ大学医学部の伝統と権威は、唯々諾々として王室に医師を派遣することをよしとしなかった。たとえば、マルガリート・ド・ヴァロワとの結婚が、あの忌まわしいサン＝バルテルミの虐殺（一五七二年）を引き起こしたアンリ・ド・ナヴァール、のちのアンリ四世自身もまた、一五七六年にアントワーヌ・サポルタの息子ジャンを侍医としたが、それはほんの一時期のことだった。父が前王の筆頭侍医になる条件の一つとして、ナヴァーラ王家からパリのナヴァル学寮（後述）

モンペリエ大学教授ベルナール・ド・ゴルドンの外科学授業。画面右手の３人はアヴィケンナとガレノスとヒポクラテス。ショーリアック『大外科学』の挿画（1461年）より。パリ、国立図書館蔵

で学ぶための奨学資金を受けていたにもかかわらず、ジャンは四年前にモンペリエで医学博士号をとった後、この時すでに医学部教授の職にあり、その職を空位にすることを大学が嫌ったからだった。(21)虐殺劇のあと、カトリックに改宗しながら、一五七六年に再びプロテスタントに戻ったアンリの変節を、おそらくカトリック勢力の強かったモンペリエ大学ないし医学部当局が警戒していたことも忘れてはならない。

しかし、それでもアンリは諦めなかった。一五八四年暮、彼はジャン・サポルタの時と同様に、モンペリエ大学長に書簡を送り、医学部教授のニコラ・ドルトマンを筆頭侍医にしたいとの意向を伝える。(22)このドルトマンはオランダ人で、ジャンと同じ年に学位をとり、一五七四年、前年に他界したアントワーヌ・サポルタの講座を引き継いでいた。大学では直ちに教授会を開いてアンリの申し出を検討する。結果は否だった。ナヴァーラ王の健康

より、医学部の教育と伝統を重視する。理由はまさにそこに尽きる。

だが、結局ドルトマンは同年のクリスマス休暇から翌年の一月末頃までアンリのもとに伺候し、最終的に彼がフランス王に即位した一五八九年にその筆頭侍医となる。(23) それとても紆余曲折を経てのことだったが、一五九五年、国王アンリ四世はモンペリエ大学からの侍医の継続的な嘱任を図るため、医学部教授の俸給を四〇〇リーヴルから六〇〇リーヴルに引き上げている。ここには、アンリ四世のモンペリエ大学医学部に対する絶大な信頼とともに、正統の牙城を守ろうとする同医学部の自信と矜持とが克明にみてとれる。では、外科医の場合はどうだったか。面妖なことに、先学たちの記述には、とくに年代や内容の点でかなりの異同が認められる。したがって、以下の検討ではそのことを留保しなければならない。

## 外科医=理髪師組合規約

十七世紀まで、フランスでは外科医と理髪師が不即不離の関係にあったことは前述した通りだが、今日知られている限りでいえば、フランス国立図書館蔵（ms. 11.795, fol. 177 sq.）になるモンペリエ最古の外科医=理髪師組合規約は、おそらくパリよりも古く、一二五二年七月に、ギヨーム・クリストフォルスの立会いのもとで定められている。この人物は、今ではすっかり廃墟と化した地中海沿いのマグロヌ大修道院の司教代理で、モンペリエのサン=フィルナン小修道院長でもあった。規約の原文はラテン語。一〇八八年の規約を原型とするとの説もあるが、そこには、日曜のほかに、聖母マリアの四祝日や聖ヨハネ、聖ペテロらの祝日、万聖節、昇天祭、洗礼者復活祭および聖霊降臨祭翌日の月曜日など、年間二〇日あまりの祭日休業規定が明記されている。

また、排他的な組合規約のつねとして、署名のある市内の全外科医=理髪師二九名のメンバーを世襲として固定し、組合員が他界した際には、その未亡人に仕事場の管理を委ね、組合が認めた職人にそれを補佐させる。さらにそれでも空席がでた場合にのみ、新しい親方の加入を認めるといった条項もみられる。

この規約は、四〇年後の一二九二年四月に改訂され、組合は「同宗団《コンフレリ》」と呼ばれるようになる。通常、同宗団とは、守護聖人に対する崇敬を同じくする者たちが、職業や年齢などの違いを越えて集まり、相互扶助や慈善・宗教行為を目的として組織した社団を指す。制度史的には、したがって同業者からなる組合とは異なる結社だが、すでに一一三〇年には、モンペリエの五〇キロメートル西のベジエで、司教を中心とし、聖堂参事会員をメンバーとする同宗団が存在していたという[24]。

当時、修業を行う徒弟たちは、一種の登録料ないし授業料（！）として、原則的に一〇スーを同宗団に納めることが義務づけられていた。ただし、親方の息子や兄弟、従兄弟については、その納入が免除された。こうした特権的条項は、組合が解散させられるフランス革命期まで維持された。一般の徒弟たちは、修業一年後に二〇スーの給料を支払われたが、そのうちの半分は同宗団に、残った一〇スーの一部も、組合を代表する参事たちや、市当局に対して組合の利益を守るという役目を担っていた理髪師の組合監督たちに提供しなければならなかった。こうした規定のおかげで、参事や組合監督は各々十二ドゥニエ（一ドゥニエは十二分の一スー）を得ることができた。彼らはまた、規約違反を冒した者からも、同額の罰金を得た[25]。

外科医独自の組合規約のうち、最古のものは一四二八年に、続いて一五二八年に編まれ、いずれもモンペリエの地方行政官であるセネシャルの裁定によって認可されている[26]。そこでは外科医たちは「モンペリエ大学親方外科医《メートル・ド・シリュルジー》」や、「外科術《アール・ド・シリュルジー》親方・参事」などと呼ばれている。彼らは筆頭理髪師の管轄下にはなく、組合への参加を希望する者は、市参事会員たちの前で宣誓をし、受け入れられた。だが、理髪師たちにとってみれば、こうした外科医たちの姿勢は、筆頭理髪師をないがしろにするものであり、とても等閑視できるものではなかった。そこで理髪師組合は、一六一一年の規約で外科医組合の特権を攻撃し、六年後には筆頭理髪師の代理人《リュートナン》をたてて、これに自分たちの権利と地位の擁護とを託すようになる。

しかし、そうした努力も結果的にたいした実を結ばなかった。後述するように、一七四三年に外科医と理髪師らとの分離令が出され、後者は外科医療に携わることが禁じられてしまったからである。そして革命後、外科医は内科医とともに医学部のメンバーとして再出発するようになる。それは結果的に医学教育と医療行為の現場から理髪師（や浴場経営者）らを遠ざけ、ここに医学の制度的な近代化が実現する。以下では、その辺りまでを、パリの実情から少し詳しくみておこう。

パリ最古の外科医組合規約は、一二七〇年に第七回十字軍の途中にチュニスで客死した聖王ルイ九世のもとで、初代パリ奉行《プレヴォ》をつとめたエティエンヌ・ボワロー（在職期間一二六一－七〇）[27]が、一二六八年に編んだ『職業鑑（リーヴル・デ・メティエ）』に収録されている。この有名な同業組合規約書――ただし、当時一二九あった組合の規約から、精肉業や皮鞣し業、両替業など、三〇あまりのそれは省かれている――によれば、パリには王室と医学部・修道院、そして一般社会を活動の場とする三通りの外科医がいたという。そこにはまた、理髪師たちと同じ組合を組織していた外科医のメンバーが死亡ないし病に陥った場合、パリ奉行が組合役員たちの進言を得て、もっとも評判のよい外科医六名を選び、彼らが外科医に相応しいと思う者を審査・選定するとも記されている。さらに、新たに組合員を迎えるための条件や方法はもとより、殺人犯や泥棒をはじめとする犯罪者に秘密裏に外科治療を行うことを禁ずる条項などもある。[28]

Ｅ・Ｍ・サン＝レオンの主著『職業組合史』（一八九七年）によれば、一二六八年にはまた、聖王ルイ九世のお抱え外科医だったジャン・ピタール（一二三八－一三一五）の創案になる規約が認められたことにより、外科医たちが医術・医業の守護聖人である聖コーム・聖ダミアン兄弟の名を冠した学寮を創設したという。[29]中にはピタール自身が一二六〇年に外科医養成のための学寮を設立し、さらにサン（聖）＝コーム・サン（聖）＝ダミアン同宗団をも組織したとする説もある。[30]だが、はたして弱冠二二歳の若者にそうした大事業ができたかどうか、いささか疑わしい。いや、学寮の創設からして、じつは後述するように一世紀後まで待たなければならないのだ。

ことほどさように数値や年代に諸説があるゆえ、正確なところを知るのは正直難しいが、一二九二年の課税台帳には、一五一名の理髪師＝外科医の名が記載されているという[31]。前記『職業鑑』が刊行された一二六八年、彼らの同業組合は、理髪師ないし在俗理髪師、のちに理髪師＝外科医や短衣外科医と呼ばれるようになる者たちのグループと、聖職理髪師ないし外科医＝理髪師とも、さらに聖コーム外科医ないし長衣外科医とも呼ばれる者たちのそれとに分かれたという[32]。これには、そのうちの二九名の外科医＝理髪師が署名したとも、二六名の理髪師全員の合意をみたともされる[33]。

一三〇一年の新しい組合規約には、親方外科医たちの前で行われる試験に合格し、正統に宣誓した者のみが外科治療を行えるとの一項があった。この規約は、一三一一年、美麗王フィリップ四世によって更新・承認されているが、そこでは聖王ルイ九世に続いて、フィリップ四世の外科侍医ともなった前記ジャン・ピタールが、理髪師の外科施療を禁ずる王令を得ている。だが、理髪師たちは火急の場合との条件付きで、傷口の止血をする権利だけは死守し、これを名目としてしばしば止血以上の治療を行い、外科医による外科治療の独占に歯止めをかけたのだった。

そんな理髪師たちの逸脱行為を封じるため、一三五六年（一三五二年？）には、一三一一年の外科医組合規約に、新たに国王付き宣誓外科医たちとパリ市外科医組合長との間で合意された事項、すなわち無資格で治療を行った者に対し、罰金と入牢を課すとの一項が加えられるようになる[34]。さらに一三六四年になると、彼ら外科医たちは、国王の筆頭外科医立会いのもとで実施される試験に合格しない者が、無免許で外科施術を行うことを禁じた規約をつくり、認められている。

外科医たちが仕掛けたこうした一連の法制化ないし法的措置は、明らかに理髪師の扱う領域から、外科的分野を除外しようとする意図に基づいていた。そこには外科医と理髪師との古くからの角逐がみてとれるが、これらの措置によって、前者は外科治療を独占し、後者の多少ともシャルラタン的な介在を法的な処罰の対象とすることで、それまで「同類」とされてきた理髪師との差別化を図り、ひいては自らのアイデンティティを確立しようとした。というのも、ボワローの『職業鑑』によれば、当時の理髪師たちは髭を剃ったり髪を切ったりするだけでなく、刺胳や瀉血を施し、骨折や脱臼を治し、さらには抜歯も行っていたからだという。いわば彼らは、外科的施術に加えて、接骨師や抜歯人としての仕事も担っていたのだ。

## 外科学教育

そして一三六〇年、前述した長衣外科医たち、すなわち本来的な意味での外科医たちのサン＝コーム・サン＝ダミアン同宗団は、国王から免税措置など大学なみの特権を与えられ、セーヌ左岸のコルドリエ通り（現エコール・ド・メドゥシヌ通り）に面したコルドリエ会修道院の敷地内に、待望久しい外科医の養成学校「外科医学寮《コレージュ・ド・シリュルジー》」ないし「サン＝コーム学寮《コレージュ・ド・サン＝コーム》」を開設するまでになる。(35) 当時、彼らの同宗団は、短衣外科医ないし理髪師たちの同名の同宗団ともども、ここに本拠を構えていた。並びには、同宗団と同名の教会と墓地があった。一八八四年には、同じ敷地の一角に建てられた家で、コメディー＝フランセーズの名女優サラ・ベルナールが生まれている。

後述するように、やがて学寮は通りの反対側に移転を余儀なくされるが、外科医たちの夢を実現したこの施設がはたしてどのようなものであり、いかなる階層の子弟がそこで学び、実際にどのような教育が行われたか、詳細は不明である。分かるのはただ、学寮とは名ばかりで、実際には小振りの外科実習室を一室備えただけのささやかなものだったことくらいである。いずれにせよ、この学校を出ても正統な外科医とはみなされず、そうなるためにはなおも医学部修了の資格が不可欠だった。

中世フランスを代表する神学者で、「いともキリスト教的博士」と呼ばれたジャン・シャルリエ・ジェルソン、通称ジャン・ド・ジェルソン（一三六三－一四二九）が、パリ大学の学長となった翌一三九六年、外科学寮の学生たちは医学部での受講が認められるようになる。一見する限り、これは流血施術を厭わぬ外科医たちを蔑視し、したがってその学寮の存在にも必ずしも好意的ではなかった医学部側の、譲歩とも余裕とも受け取れる。だが、実際のところ、それにはいくつか乗り越えなければならない困難な条件があった。たとえば、ラテン語の素養である。(36)

一四二四年、外科医たちはその組合規約に新たに一項を追加する。そこには親方外科医と得業士が一ないし二度以上理髪師を伴って往診してはならない、との文言が盛りこまれていた。それによって、彼ら外科医たちは改めて理髪師たちとの差異化を図り、と同時に、パリ大学の中に自分たちの学部、つまり外科学部の開設を実現しようとしたのである。理髪師たちにしてみれば、これは明らかに自分たちの排除につながる策謀にほかならなかった。旧習に対する由々しき裏切りでもあった。こうして危機意識を抱いた彼らは、一四二七年、シャルル七世の近侍で筆頭理髪師でもあったコルメ・カンディヤンが国王に訴願し、自分たちの権利と地位を擁護する二二箇条からなる王令を得る。(37)やがてこの王令は一四六一年(シャルル七世)と一四六五年(ルイ十一世)に、多少内容を変えて更新されるが、外科医の上昇志向と対峙して、理髪師独自の立場を堅持しようとする本来の目的だけは踏襲された。

そうした理髪師たちの必死の巻き返しをよそ目に眺めつつ、外科医たちは、一五四四年、パリ大学の権勢を危惧し、これを抑えるために王立教授団、のちのコレージュ・ド・フランスを創設した(一五三〇年)、時の国王フランソワ一世に接近する。そしてこの国王の認可状によって、医学部の教授陣に与えられているのと同じ特権を認められる。だが、パリ大学に外科学部を創設しようとする国王の目論見は、外科医の台頭を案じた大学側によってついに成就するにいたらず、結果的にそれまでの内科医と外科医との反目を一段と煽っただけだった。

外科医たちに対するパリ大学医学部の敵意は、十六世紀半ばに公然たる形をとって現れる。すなわち、一五五一年、外科医たちは年に四体まで、自由に屍体解剖できる権利をアンリ二世から得るが、医学部はこれに異議を唱え、学位を有する内科医の立会いなしで、外科医や理髪師たちが解剖を行えないようにするための禁令を高等法院に出させたのである。そればかりではない。医学部は学生や内科医たちに対し、彼らの医療行為から解剖をはじめとする「手仕事」を排除するよう命じてもいるのだ。

おそらくこの時期なのだろう、外科医たちは、毎月第一月曜日の一〇時から十二時まで、彼らの本拠が置かれたサン＝コーム・サン＝ダミアン教会で、パリや王国内の貧者のために無償で診察や治療を行うことが義務づけられている。(38) 義務づけたのが医学部なのか市当局なのか、詳細は不明だが、後述するパリの本格的な救貧医療は、ここから始まったと思われる。

## 分離と（再）統合

やがてサン＝バルテルミの虐殺の記憶も生々しい一五七六年、理髪師出身でギリシア語もラテン語もできなかったとされる、あのアンブロワーズ・パレを筆頭外科医として召し抱えていたアンリ三世は、パリ市の親方外科医団とその長および外科学教授たちからの建言に応えて、次のような王令を出す。(39) すなわち、歴代の国王や先王フランソワ一世からさまざまな特権を認められているにもかかわらず、彼らはなおもパリ大学の権威のもとに置かれているが、その成果には大なるものがあり、あらゆる者たちの苦痛を慰撫してきたことについて、王国全土はもとより他国からも多大の評価を受けている。それゆえ彼らに認められてきた特権に基づき、その教育がパリ大学での公開・個人授業によって継続されるものとする。人体にとってきわめて重要な外科の知識と技術を教えるのは、青年たちにとってもおおいに利となるからである――。

端的にいえば、公開講座の名目で、パリ大学に外科学のための新しい学部をつくれ。国王宣言はそう主張しているのである。はたして医学部がそれにどのような反応を示したかは定かでない。だが、こうして外科医たちは、国王の好意に加えて教会当局の支持もとりつけ、その外科学寮で公開講座を開くまでになる。

公開講座にはシャトレ裁判所付きの外科医二名らに加えて、親方宣誓外科医が三〇名前後参加していた。受講生たちはアプレンティ（徒弟、実習生）ないしアスピラン（志願者）と呼ばれ、まずラテン語を含む自由百科を修めてから、特定の医学教授の居宅で医学を学ぶことになっていた。それから彼らは、実習のため、親方外科医を師としてその仕事を手伝い、往診にもついていった。この時期の彼らをクレルク（見習い）という。当初のうちは、これとは別に、理髪師=外科医のもとで下働きとして修業する、セルヴィトゥールと呼ばれる者たちもいた。彼らは所定の年限をつとめ上げたのち、親方理髪師=外科医となって前記同宗団に加わった。[40]

彼らもまた、先例に倣って医学部での授業に出席を認められたが、公開講座での教育自体は、一六一六年、新たにオーラと呼ばれる大講義室が設けられ、そこで手術をはじめとするすべての授業が行われるようになる。外科学に精通し、試験を受けて雇用された外科医たちがそれを担ったが、内科学の場合と同様に、講義は主に先学の著述の講読からなっていた。クレルクたちはまた、十六世紀末まで、実質的にパリ唯一の施療院だった慈善院――一五三三年からの三年間、アンブロワーズ・パレが軍医となるまで助手として勤めた施設でもあった――で実地教育も受けた。すでに徒弟経験のある得業士たちなら、病人を往診することもできた。

こうしてしかるべき修業を積んだ学生たちが晴れて親方宣誓外科医となるには、十六世紀末に準備され、一七六八年の国王免許状によって外科学校（後述）の規約に明記されるようになる試験を受けなければならなかった。すなわち、最初は予備試験《エクザマン・ド・タンタティヴ》[41]、次いでバカロレア（得業士試験）に合格して得業士となった志願者は、さらに医薬品や包帯、医具などに関する知識や技術を披露し、それから各外科医による個別試験に臨んだ。そして最後に、ドイツ語のリゴローズムに相当する口述試験のリグルー（字義は「厳密な」）に合格し、学士授与資格を認定された。志願者はここでようやく正統外科医の象徴たるボンネ（医師帽）の戴帽式に参加することになる。

当初、この晴れやかな儀式は慈善院で、のちにはマルチュラン教会で催された。しかし、それですべてというわけではなかった。めでたく学士号を授けられた者は、学位論文の準備にとりかかった。ただ、少なくとも十六世紀末までは、内科医の場合と同様、学位論文といっても、一般に数頁程度の作文の域を出なかった。中には数行のものすらあったという[42]。

話を戻そう。十七世紀も半ばを過ぎると、外科医と理髪師との関係に大きな変化がもたらされる。まず、一六五六年、王令によって、宣誓（専門）外科医と短衣外科医、つまり理髪師との合体が命じられる。こうして医学部の監視下と国王筆頭理髪師の管轄下に置かれた彼らは、外科治療を禁じられ、髭剃りや刺胳・瀉血、時に辛うじて助産を行うことが許された程度だった[43]。つまり、外科医はこの合体によって職能上のアイデンティティを失い、理髪師となったのだ。

ちなみに同年、ルイ十四世が、首都の治安維持のためと称して、老若男女を問わず、一説に当時五万人あまりいたとされる浮浪者や物乞いを収容するための総救貧院《オピタル・ジェネラル》の創設を命じてもいる。これは、十七世紀前・中葉のカトリック改革運動を指導した、「聖体協会《コンパニー・ド・サン＝サクルマン》」の建策を受け入れてのことだった。この協会はまた、『女房学校』（一六六二年）以来モリエールに危機感を抱き、一六六四年の新作『タルチュフ』が信者に悪影響を及ぼすとして、その上演を禁止させようとしたことでも知られる[44]（本書第三章参照）。

さて、イスパニアとの戦争終結とピレネー条約の締結を祝う花火が、グレーヴ広場で盛大に打ち上げられた一六五九年十二月、外科医を理髪師——およびその同輩である浴場主（ベニュール）や蒸し風呂経営者（エチユヴィスト）、今もスペイン語に理髪師を指す語として残るかつら師（ペリュキエ）——と切り離す王令が出される。それは外科医に本来の医業を取り戻させ、と同時に、理髪師の外科医療を改めて禁じるものだった。ところが三か月後の一六六〇年二月、まさに朝令暮改を絵に描いたような出来事が起きる。高等法院の裁決によって、再び外科医と理髪師とが合体させられ、サン＝コーム外科医・理髪師組合が改めて誕生するのだ。いや、それだけならまだよかった。この苛酷な裁決は統一組合をパリ大学医学部の管轄下に置き、と同時に、以後、見習いと親方以外の肩書き、すなわち得業士や博士の肩書きを用いてはならないと規定していたのである。また、親方以外は、特権的な地位を示す衣や被り物を身につけることを禁じてもいた。

これによって、統一組合は一般職人の組合と何ら変わるところがなくなった。つまり、外科医=理髪師たちは、前述したように、「手仕事」の職人として内科医より一段低い存在に貶められたのである。この事実は、たとえば公開講義の場で、後者に肱掛椅子が与えられたのに対し、前者には背凭れのないベンチないし椅子しかあてがわれなかったということからも裏打ちされるだろう。一五九二年の王令で、親方外科医=理髪師たちが（胃）潰瘍、怪我、骨折などの手当や人体解剖といった医術を行うことができるとしたにもかかわらず、である。ただ、理髪師がその仕事場を青く塗り、商売道具である白い盥《たらい》を看板として掲げるのに対し、外科医が黄色の盥を看板とするといった伝統は堅持された。(45)

こうした紆余曲折にもかかわらず、フランスの外科学と外科医たちは確実に力をつけていた。当時「イングランドの内科医、フランスの外科医、ドイツの調剤師」という地口が人口に膾炙していたことから分かるように、彼らは西ヨーロッパ全域で高い評価を得ており、パリには、とくに結石除去術を学ぶため、ヨーロッパ各地から多くの外科医学生が集まってきた。それは必然的に外科医の地位を高める結果となり、一六六八年の特許状によって、統一組合の長には筆頭外科医がつくようになる。

さらに一六七二年には、医学部の反対ももののかは、ルイ十四世の命で王立植物園内で外科学教育が始められ、サン=コーム学寮の外科医ディオニがその任にあたった。二年後の一六七四年には、ルイ十四世が傷病兵用の施療院として増改築したばかりの廃兵院（現軍事博物館兼ナポレオン霊廟）で六年以上働き、それを示す院長の証明書を有する外科医は、無税・無試験で診療所を開設し、外科医療を行うことが認められるようになったともいう。(46)やがてこれらの診療所には、階上の住居と一階の診察室の扉に外科医の名前と資格を明示し、診察室には、外科医が不在でも患者にしかるべき介助を与えられるよう、少なくとも弟子の一人を配することが義務づけられるようになる。

　こうして外科医たちはフランスの医学史に確実な足跡を刻むようになったが、それを象徴する出来事が一六八六年に起きている。フェリクス・タシーなるパリの外科医が、国王の宿痾である痔瘻を治して貴族に叙せられたのである。パリ大学の医学部は、むろんこれをスキャンダルとして激しく攻撃した。しかし、これほど権勢を誇っていた医学部ですら、時代の流れを押しとどめることはできなかった。この出来事に力を得た外科医たちは、催吐剤やアメーバ赤痢の特効薬として用いられるブラジル原産のトコンが、パリに初めてもたらされた一六九一年、前記フランシスコ会修道院の敷地の一角を購入し、ここに解剖学実習のための階段教室《アンフィテアトル》を建てるまでになる。当時、最高をうたわれていた建築家のジュベール兄弟が設計した八角形のそれは、丸天上を戴き、巨大な窓を擁していたという。

## 外科医の独立

　十七世紀もおしつまった一六九九年、彼ら外科医たちは新たに認められた組合規約の中で、ついに大学医学部の桎梏からの実質的な独立を唱えるまでになる。(47) すなわち、十七章一五〇条からなる規約には、親方外科医のみならず、従軍外科医や助産婦、さらに外科医たちの監督下に置かれる助手を組合が任命できる、といったことなどが盛りこまれていたのだ。一般に内科医組合的性格を帯びていた医学部にとって、それは己の権威を無視されたようなじつに由々しき事態だった。そこで医学部は、外科医たちをなおも自分たちの管轄下に置くため、パリ高等法院に働きかける。こうして一七二四年、高等法院は裁決を発し、外科医組合の親方代表たちに次の点を厳守させる。それは、毎年聖ルカの祝日（一〇月十八日）に、彼らが揃って医学部に忠節を尽すとの宣誓を行うとともに、親方一覧表を提出し、医学部長への一エキュ金貨の献金を再開し、さらに、組合の入会式に医学部長と

内科医二名の席を設ける、というものだった。(48)

こうしたことは、一六七六年の裁決で定められたにもかかわらず、一七一四年以降反故にされていた医学部長への献金同様、いずれもかつて行われていたものだった。しかし、時代はすでに大きく動き出していた。その動きに何とか歯止めをかけようとするこの裁決が、はたしてどこまで実施されたか定かではないが、少なくともそこには医学部の一種の焦りとでもいうべきものがみてとれる。

パリ高等法院と王室との関係がぬきさしならないところまで悪化した一七三一年、国王ルイ十四世の筆頭外科医だったジョルジュ・マレシャル(一六五八―一七三六)は、国王の庇護の下で外科アカデミーを設立する(一七四八年に王立外科アカデミーと改称)。それは明らかに外科学自体の学問的独立を示すものであった。だが、これによって、高等法院を後ろ盾とする強大なパリ大学医学部の、外科医たちに対する危機意識と敵愾心は、確実に増幅されていった。

啓蒙思想全盛期の一七四三年、なおも外科医と理髪師の二足の草鞋を履いていた者たちは、国王宣言によって、そのいずれかを選択するよう強制される。外科医と理髪師はここにおいて完全に袂を分かつようになった。つまり、望むと望まざるとにかかわらず、それまで合従連衡を繰り返してきた両者は、これ以降、同一視されることも、同一の組合を営むこともなくなるのだ(しかし、これは外科学校を擁する主要都市部においてのことであり、地方の農村部では、理髪師=外科医が時にシャルラタンやオペラトゥールと呼ばれながら、少なくとも十九世紀まで余命を保っていた)。

外科医に好意的だったこの国王宣言にはまた、学士の称号を持たぬ者は親方外科医にはなれないこと、したがって、親方外科医は以後、大学の教授陣に加えられ、その資格に見合った特権を享受できることも明言されていた。こうして外科医たちの組織は一種の専門家集団となり、それまで彼らを医学部に結びつけ、従わせていたすべての絆が断ち切られ、内科医と同等だとする声が澎湃《ほうはい》として起こってくるのだった。(49)

その結果というべきかどうか、外科医たちの医学部への出入りが認められた一七五〇年の外科医組合規約には、外科学校の教師たちがパリのブルジョワ階級の一員として、名士たちと同様の特権を得ることができると明記されるまでになる。そして一七七五年、すでに二〇年前から四講座に学生数一〇〇〇以上を擁するまでになっていた外科学校《エコール・ド・シリュルジー》は、[50]一六九一年に建てられた八角形の解剖用階段教室（前述）が手狭になったため、コルドリエ通りの向かい側、ブルゴーニュ学寮の跡地に移転する。この学寮は一三三一年、ブルゴーニュ王妃ジャンヌが、パリで論理学や哲学を学ぶ地元出身の貧しい学徒のために遺贈したもので、一七六九年にフランス王室がこれを買い取っていた。

外科学校の移転地には、新たに解剖用の階段教室や王立外科アカデミーの集会場などが設けられた。さらに一七七六年には、敷地は西側に拡大し、複数の診察室や階段教室（一つは助産学用）、六床の施療院、薬局、図書館、宿舎、さらに学生たちが解剖学を学ぶ実習学校などが相次いで建てられるようになる。

## ある外科医の経歴――十八世紀・医学の王道

念のため、この辺の事情を実際の外科医の経歴で再確認しておこう。[51]外科医の名はジャン＝ジョセフ・シュ（一七一〇－九二）。フランス最南東部アルプ＝マリティム県の小村ラ＝コルの施療院で、一七二〇年から二〇年間外科医をつとめた「始祖」マルク・シュから、一八一六年にパリで内科学の学位を取り、マルセイユの王立内科学会会長や医学校教授、さらに慈善院の主席内科医でもあった最後のジョルジュ・アントワーヌ＝トマ・シュまで、計十四人の外科医や内科医を輩出してフランス医学史に燦然と輝く、シュ一族の四代目である。

ジャン＝ジョセフは十八歳で生地ラ＝コルを離れ、長兄ジャンが学んだパリのサン＝コーム学寮に入る。指導教授は、フランス最初期の解剖学者のひとりであるセザール・ヴェルディエ（一六八五－一七五九）。おそらく熱心

ジャン=ジョセフ・シュの肖像。A・プジョ作木版画、1774年。アカデミー・ド・シリュルジー蔵

な学生だったのだろう、一七三一年、彼はヴェルディエの推挙を得て慈善院に登録され、午前中は眼科医の助手として働きながら、午後は解剖学の講義に出席するという日々を送った。彼の解剖学志向は、間違いなくこの時期に培われたものである。それから十二年後の一七四三年、すでに予備試験に合格していた彼は、外科学校に登録する。そして、ラテン語を習得する一方、骨学、筋学、内臓学、奇形学、眼科学など、計三六四枚の課題板を自ら作成し、寸暇を惜しんでこれに取り組んだという。こうしたたゆまぬ努力のお陰で、親方外科医となる以前、王立絵画・彫刻アカデミーの解剖学教授補佐をつとめるようになっていた（一七九一年まで）。

『百科全書』の刊行が始まった一七五一年、彼はラテン語による学位論文『白内障について』を外科学校に提出する。博士学位論文の公開審査は、外科医と理髪師とが分離して六年後の一七四九年に再開されているが、シュの論文は新体制下での二本目のものとなった。医学史家のピエール・ヴァレリー=ラドによれば、この論文には専門的な図版や考察が欠けていたが、慈善院や外科学校で実践・習得した新しい白内障の施術法が盛り込まれていたという。また、当時の慣行に従って美しい版画で飾られた口絵頁には、二体の寓意的な図像、すなわちラッパを口にあてがった兵士姿の人物像と、外科アカデミーの擬人像を配した王家の紋章に寄りかかる人物像とが描かれていた。そして、この口絵全体は、外科学が理論的研究を禁じられ、「目と手」だけに限定されていた時代を象徴する掌のなかの目と、外科医組合の紋章であるユリの花とに縁取りされていた。

博士号を得てから二年後の一七五三年、ジャン＝ジョセフ・シュは恩師ヴェルディエの名を借りて、自宅で解剖学の補習講座を開く。外科学校での正式な授業とは別途に行われたこうした私講座は、当時はかなり広くみられたもので、むろんそこには正規授業の補完という表向きの目的だけでなく、親方外科医たちの収入補塡というより切実な意味もあった。しかし、彼にとってのそれは、教授法の経験を積み、引退間近な師のさらなる信頼を勝ち得ることにつながった。事実、翌一七五四年、ヴェルディエは引退に際して、彼を後任に選んでいる。

サン＝コーム学寮での学期は、十一月の第一月曜日に始まり、二月十五日に終わった。講義は毎週四日間、午前の部は十一時から十二時半まで、午後の部は三時から四時半までだった。彼が担当したのは、午後の部だった。授業では、自らが解剖学の研究で遭遇したさまざまな問題を解決するため、色分けした課題板と防腐剤を注入した遺体を用いた。身体各部をできるかぎり正確に描いた厚紙も用意した。さらに、生の死体を学生に見せるため、一七六一年からは、自らサン＝コーム学寮近く、サン＝ペール通りの愛徳院《オピタル・ド・ラ・シャリテ》(52)で、代理外科医として患者の診療にあたった。こうした視覚的な創意工夫や実地訓練のためか、彼の講義は人気を呼び、一七六四年に五二六名だった受講者が、三年後には八三五名にまで膨れあがったという。当時、外科学校の定員は約一〇〇〇名。じつに八割以上の学生が彼の授業を受けていたことになる。

外科学校が移転して一〇年後の一七八五年、彼は、長兄ジャンの親友で、一七二八年、ともにサン＝コーム学寮で親方外科医の資格を取ったラ・マルティニエール（第二章参照）の死去に伴って、国王筆頭外科医アンドゥイエから正式に解剖学教授に任命される。だが、すでに齢七五（！）に達していた彼の講義にかつての輝きはなく、受講生は三〇〇名たらずだったという。しかも休講がちで、その穴は、のちに自分の後を継ぎ、外科アカデミーの会員ともなる同名の息子が代講して埋めた。「シュ王朝」の世代交代である。やがて一線を退いた彼は、一七九二年、八二歳の天寿を全うする。その葬儀は、セーヌ川に沿ってルーヴル宮と向き合うサン＝ジェルマン

=ロクセロワ教会で営まれた。

## 革命後の外科医と外科学

ジャン=ジョセフ・シュの生涯は、そのままフランス医学史における外科学の発展を物語るが、革命期の一七九一年、外科学校にとってとんでもない事態がもちあがる。この年の三月、国民議会は手工業と商業と工業分野における自由と平等を実現すべく、宣誓組合の廃止や位階制の撤廃などをうたったアラルド法を制定したのだ。これによって、外科学校（や薬学校）での学費が廃止され、学校経営が財政的に窮地に陥ることになる。さらに六月に、同一職種に属する市民たちの結社を禁止するル・シャプリエ法が制定されるに及んで、内・外科学校や薬学校は自由と平等の革命理想に逸脱するものとして、消滅の憂き目をみることになる(53)。

そして王政打倒後の一七九二年十一月、国民公会は「あらゆる貴族階級の最後の避難所」だとして、アカデミーや学会をすべて禁止する。そこには、二か月前にロベスピエールやダントンに次いで国民公会の議員に選ばれたマラーの、アカデミーに対する個人的な嫌悪感が克明にみてとれる。事実、その火や光や電気の特性研究がフランクリンやゲーテの注目を浴びた科学者であり、一時期アルトワ伯の親衛隊医師もつとめ、最終的に急進的な山岳派《モンタニャール》の指導者のひとりにまでのぼりつめた彼は、一七九一年に著した『アカデミック・シャルラタニズムに関する書簡集』のなかで、科学アカデミーとその会員たちを次のように揶揄している(54)。

アカデミシャンとは何か。ラヴォワジエ？　一介の物書き。ピラストル？　いかさま師。ラプラス？　美しい妻女のおかげで有名になっただけ。モンジュ？　粉挽き馬。ボーメ？　スグリのワイン売り。（……）アカデミー？　一万一四〇九回の会合を重ね、三八〇通りもの賛辞を公刊し、紅白粉や整髪剤、魚の目用の硬膏、はたまた臭鼻症用芳香薬のための新しい調合法のみならず、とりわけ見た目のよい額髪や髪台、洗浄器の管、さらに、それ以外の同様にさほど重要でもない事物に対し、三九五六もの認可を与えているもの。

近代化の拠点となるべき科学アカデミーとその会員たちへの悪罵・悪態。権威の権化をシャルラタン・イメージによって貶める。おそらくそれは、ほかならぬ彼自身が、王党派のみならず共和派からも「貪欲なシャルラタン」[55]と蔑視されていたことへの、同じイメージを用いての痛烈な反撃だった。むろんそこには、こうして伝統的な権威を脱聖化して、自らを新しい権威の象徴に立ち上げていこうとする野心家たちのいつに変わらぬ手法がみてとれるが、その母体ともいうべきアカデミーが「王立」であったことが禍してか、比較解剖学者のヴィック・ダジュル（一七四八－九四）が、一七七六年にジョセフ＝マリ・ド・ラソンヌとともに創設した、内科医たちの王立医学会《ソシエテ・ロワイヤル・ド・メドゥシヌ》ともども、ついに実質的な解体のやむなきに至る（王立医学会の最終的な解散は、創設者のダジュルが他界して二年後の一七九六年）。それを命じた国民公会が、外科医にdocteur（ドクトゥール）の称号を禁じたのもこの年だった。むろんこうした措置は、内科医や外科医の医業そのものを奪うものではなく、彼らは自宅や患者の家で治療を続けた[56]。

そして恐怖政治の権化たるロベスピエールが失脚して五か月後の一七九四年十二月、国民公会は、内科医で化学者でもあったアントワーヌ・F・フルクロワ伯爵（一七五五－一八〇九）[57]の建策を受け入れ、医学教育――とくに負傷兵救済のため――の再建に乗り出す。すなわち、それまで二〇あまりあった医学部を廃し、代わりに、一八〇三年から、外科アカデミーが置かれていたパリとモンペリエとストラスブールの三都市に、「衛生学校（エコール・ド・サンテ）」を再建するのである（これらの学校は、翌年一〇月に旧体制下で用いられていた名称「医学校（エコール・ド・メドゥシヌ）」に改称され、さらに一八〇八年三月には「医学部」に昇格する[58]）。

これらの学校の教授たちはいずれも国家によって任命され、俸給を支払われることになっており、限定された数の学生たちが明確に命名された講座を受講する制度が整えられてもいた。続く統領時代にも受け継がれたこうした改革によって、学生たちは内科と外科のいずれを専攻しても同等の教育を受けることができるようになり、内科医と外科医間の対立は基本的に解消された(59)。

パリの場合、この医学校は、一八〇八年以降に内科と外科を統合した新しい医学部へと発展する。それは、正統医師養成機関の新生を意味するだけでなく、外科医が原則的かつ社会的に内科医と同等の正統性を獲得したことを、つまり医術の世界において、正統を非正統化ないし異端化してきた長い歴史の終焉をも意味する。正統の近代化。言葉を換えればそうなるだろう。

フランス薬局方が創設されて二年後の一八二〇年、革命時に解体の憂き目に遭った王立医学会が、同じく解散を余儀なくされた、王立外科アカデミーや薬局連合会（後述）のメンバーを吸収する形で再編される。新しい名称は「王立医学アカデミー」。ルイ十八世の王令によるものだが、実際にその設立に与って力があったのは、国王の侍医だったアントワーヌ・ポルタル（一七四二―一八三二）。コレージュ・ド・フランスや王立植物園で教鞭をとっていた彼の狙いは、むろん内・外科学と薬学とを統合した新しい「医学」の確立にあった。

こうした動きは、四〇年という時を経て、やがて地方へと波及する。すなわち、第二帝政期の一八六二年、アカデミー・フランセーズがサン＝テティエンヌで催した全仏科学会議において、同市やロワール地方――数年前にようやくコレラが消滅したが、その恐怖はなおも鮮明に残っていた――の医学会が正式に認可されたのである。これらの地方医学会は、医師としての会員の名誉と正当な利益を守り、と同時に、地方の医学を発展させることを目的としていた。「それにはまず、国家によって保証されてはいるが、無学位医師のみならず、違法な医療行為で告発されたシャルラタンやゲリスールとの競合によって脅かされている、公の医学の独占を守らなければならなかった(60)」。

そして、こうした医学の近代化の過程の中で、シャルラタンたちはたえず負性のイメージを担わされ、さながら一種のスケープゴートのように放逐されていった。とはいえ、それは正統のうちにおそらく本質的に存在しているであろうシャルラタン性が、完全に外在化されたことを意味しない。たとえば、新たな民間医療を唱えた医師フランソワ＝ヴァンサン・ラスパイユ（一七九四－一八七八）である。化学と生物学を修める一方で、共和主義的雑誌《ル・レフォルマトゥール（改革者）》（一八三四－三五年）を創刊・主幹し、さらに第二帝政と第三共和制下で国会議員にもなった彼は、人体の中に微量の砒素があるとしたばかりでなく、あろうことか日常的にカンフル剤（モルヒネ）やハップ剤を用いることを勧めたのだ。

『家庭の医学』（一八四三年）や『健康入門』（一八四五年）によって世間の耳目を集めた、彼のいわばホメオパシックな療法は、正統医学からはシャルラタン的として厳しく断罪されたものの、一般民衆、とくに労働者階級に「近代医学の精華」として広く受け入れられた。反（＝非）近代的なものとして有徴化されたシャルラタン性の払拭が、医の近代化につながったことは疑いえないとしても、ラスパイユの事例は、まさに近代それ自体が自らの論理と展開の中で新たなシャルラタンを生み出す装置となっている、ということを過不足なく示している。

いささか話が先走ってしまった。ここでは時代を再び遡り、調剤師（薬剤師）についてもさらに一瞥しておかなければならない。いうまでもなく、薬もまたシャルラタンたちが糊口を凌ぐ資となっていたからである。では、彼ら調剤師たちの正統性はいかにして形作られていったのか。それを検討するため、以下では、一五九六年にモンペリエで正式な調剤師となった、つまり調剤師の親方組合員となった、ローラン・カタランないしカトランの事例を取り上げてみたい(61)。

## 調剤師ローラン・カタラン

すでに何度か指摘しておいたように、中世以来の伝統として、いったいに調剤師《アポティケール》は、まさに外科医が理髪師と

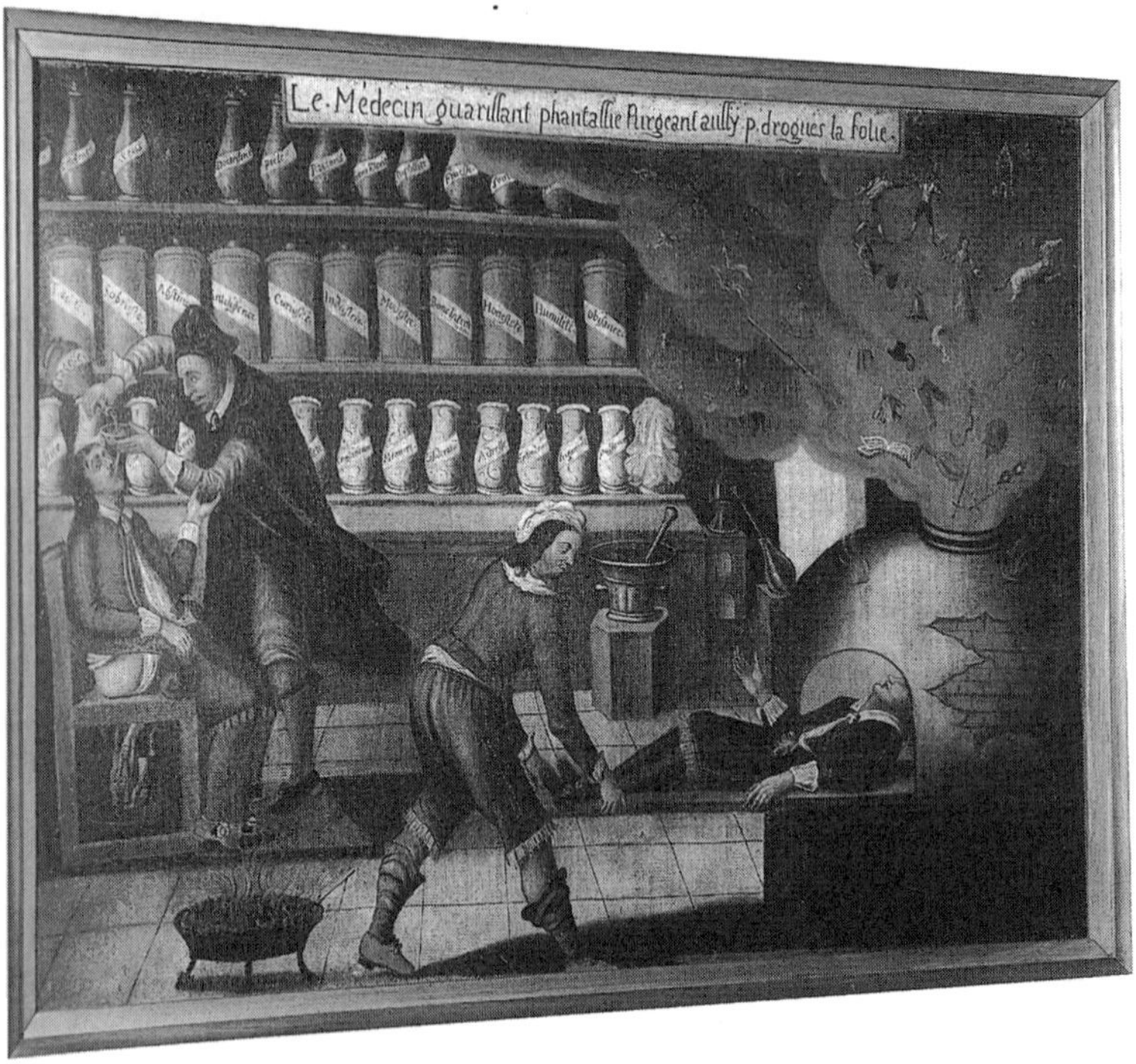


調剤薬局の看板。16世紀末ないし17世紀初頭。オータン、ロラン博物館蔵。手前の図は、病人に憑いた悪霊を薬によって一掃するさまを描いたもの

結びついていたように、香料商《エピシエ》（＝薬種商）と不即不離の関係にあった。いや、より正鵠を期していえば、前記ボワローの『職業鑑』にみられるように、彼らは香料商の同業組合に属していたのだ。たとえばフランス中西部のトゥールでは、すでにシャルル六世下の一四〇八年に、調剤師たち独自の組合規約が定められているというが、[62]一四八四年の王令は香料商と調剤師をなおも同一業種として扱っていた。その一方で、とくに調剤師になることを望む香料商は、四年間徒弟として修業したのちに試験に合格しなければならず、反対に調剤師は何の制約もなしに香料商になれる、とも定めていた。しかし、一五一四年の王令では、香料商が調剤業を営むことが禁じられるようになる。

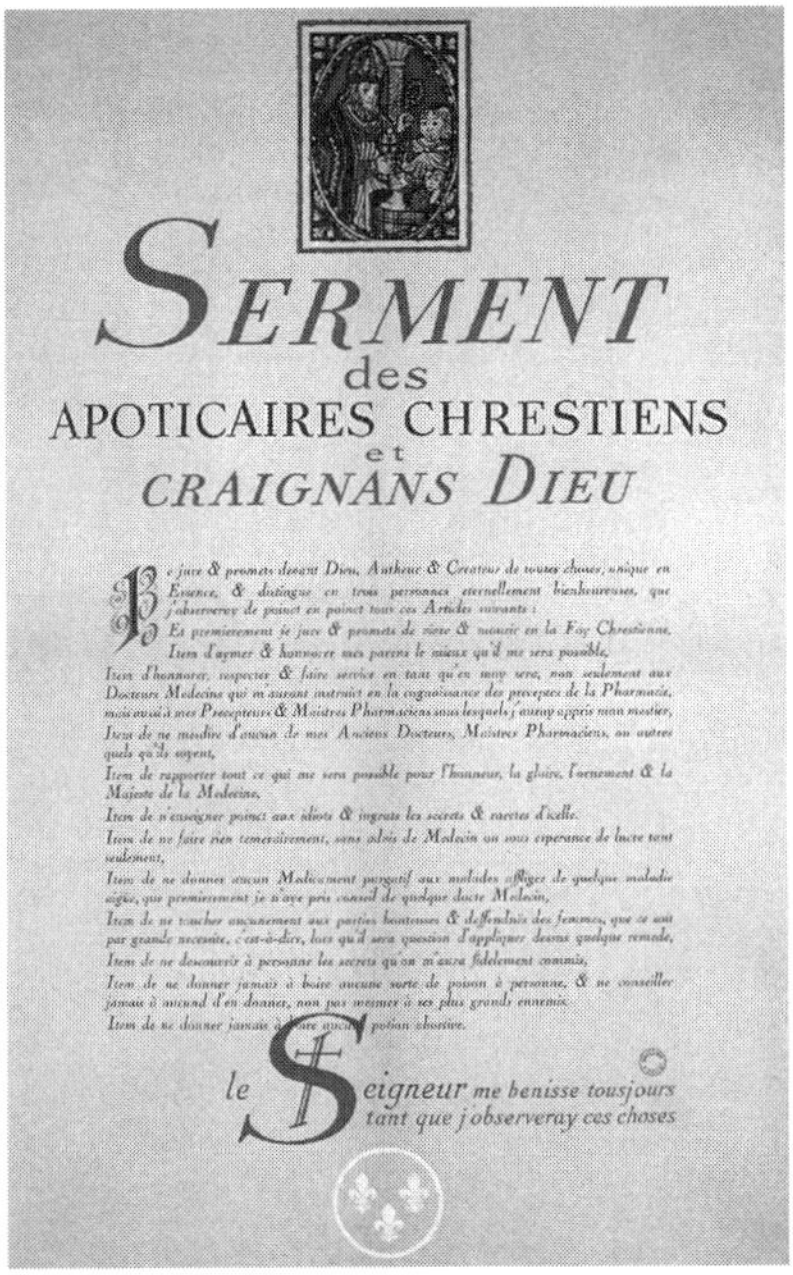

SERMENT
des
APOTICAIRES CHRESTIENS
et
CRAIGNANS DIEU

Je jure & promets devant Dieu, Autheur & Createur de toutes choses, unique en Essence, & distingue en trois personnes eternellement bienheureuses, que j'observeray de poinct en poinct tous ces Articles suivants :

Et premierement je jure & promets de vivre & mourir en la Foy Chrestienne,

Item d'aymer & honnorer mes parens le mieux qu'il me sera possible,

Item d'honnorer, respecter & faire service en tant qu'en moy sera, non seulement aux Docteurs Medecins qui m'auront instruict en la cognoissance des preceptes de la Pharmacie, mais aussi à mes Precepteurs & Maistres Pharmaciens sous lesquels j'auray appris mon mestier,

Item de ne mesdire d'aucun de mes Anciens Docteurs, Maistres Pharmaciens, ou autres quels qu'ils soyent,

Item de rapporter tout ce qui me sera possible pour l'honneur, la gloire, l'ornement & la Majeste de la Medecine,

Item de n'enseigner poinct aux idiots & ingrats les secrets & raretes d'icelle.

Item de ne faire rien temerairement, sans advis de Medecin ou sous esperance de lucre tant seulement,

Item de ne donner aucun Medicament purgatif aux malades affliges de quelque maladie aigüe, que premierement je n'aye pris conseil de quelque docte Medecin,

Item de ne toucher aucunement aux parties honteuses & deffendues des femmes, que ce soit par grande necessite, c'est-à-dire, lors qu'il sera question d'appliquer dessus quelque remede,

Item de ne descouvrir à personne les secrets qu'on m'aura fidelement commis,

Item de ne donner jamais à boire aucune sorte de poison à personne, & ne conseiller jamais à aucun d'en donner, non pas mesmes à ses plus grands ennemis.

Item de ne donner jamais à boire aucune potion abortive.

le Seigneur me benisse tousjours
tant que j'observeray ces choses

左：親方調剤師の誓詞。1906年まで用いられた。「私がこれらのことを遵守する限り、神が私をつねに祝福する」との結語で終わっている
右：モンペリエ調剤師組合員章。1662年。モンペリエ薬学博物館蔵

さて、宗教戦争さなかの一五九〇年に、晴れて調剤師の職人組合に登録されたカタランは、五年後、モンペリエ大学医学部での理論学習と、市の筆頭参事でもある父親が経営する薬局での実践修業を終えて、いよいよ同年一〇月十五日から、およそ七か月に及ぶ親方昇格試験に臨む。最初は、筆頭参事、つまりカタランの家に集まった大学教授団の前での自己紹介である。そこでは徒弟時代のさまざまな記録が担当教授たちによって吟味される。二週間後、次席参事の家で、親方調剤師組合員たちは父親や他の親方のもとでのカタランの修業証明書を調べ、さらに四週間、彼が改めて四名の親方調剤師の工房で働くことを命ずる。そして大晦日、再び筆頭参事宅に集まった組合員の前で、審査を担当した四人の親方たちが全員一致でローラン・カタランの仕事に満足したとの調査結果を報告する。

こうして実技をパスすると、次はいよいよ口頭試問である。年が改まって一五九六年一月三〇日、医学部長や教授およびその他の博士たちは調剤師

組合に集まり、カタランに対して「各医薬の一般的・個別的選定」に関する試問を行い、全員一致でこれを合格とする。そして翌日、カタランは「各医薬の全体的・個別的準備」についての二次試験を受け、これもまた試験監督全員から合格判定を授かる。二月一日の三次試験は、「医薬の一般的・個別的調合」が問題だったが、これもまた全員一致で合格となり、早くも翌日には、「一般的な治療薬と個別的医薬の処方・投薬に関する知識」を主題とする第四次試験に臨み、これも同様に合格したカタランは、いよいよ翌二月三日の一般公開による五次試験において、教授や親方調剤師、さらに介添え人全員から、親方昇格作品としての薬剤の調合技術を認められる。それを受けて、同月十六日、彼は四人の親方調剤師の工房で、ヒヤシンス糖剤やチコリのシロップなど、四種類の薬剤を手本として与えられる。

こうして同月二九日、親方調剤師たちがカタランの調剤した四通りの薬剤を吟味し、最終的に彼が一人前の調剤師として十分な技術と資格を有していると結論づける。この結論にのっとって、次の月曜日（五月六日）、彼は推薦者でもある親方調剤師の手から、組合員章とマントを受け取る事になる。翌五月七日には、職人カタランの親方昇格認証式が、モンペリエ大学長や学部長、教授陣、外科医、調剤師の見守る中で行われ、同月十一日には、これらの顔ぶれがカタランを裁判官のもとに連れていき、そこで正式な親方調剤師組合員となる上での宣誓式が営まれることになる。ここでカタランは、晴れて親方調剤師となるための宣誓文、すなわち一四八四年にジャン・ド・ルノーが創案し、国王の認可を得た「神を畏れるキリスト教徒調剤師の誓詞」を読み、これに違背なきことを誓う。あとは、所定の登録料を納めて組合に登録するだけである。

あるいは父親が筆頭参事だったことも幸いしてか、カタランはきわめて順調に試験に合格し、親方への階梯を一気に駆けあがった。親方の死去か、その娘ないし未亡人との結婚が望めない限り、職人の親方昇格がかなり困難だった時代の話である。彼のように強力な後ろ盾をもっていなかった一般職人の場合、これほどうまくことは運ばなかったはずだが、ここで重要なのは、彼の事例で分かるように、内・外科医のみならず、調剤師に対しても、大学当局と同業組合（親方組合）の統制と権威の目が光っていた、という点である。この一連の過程が、まさに正統を生み出す条件にほかならなかった。つまり、医学部と密接に結びついた組合の存在とそれへの帰属こそが、しかじかの職業と親方職人をして、それぞれ正統たらしめる要因だったのである。

カタランの場合、父親のお陰で免除になっているが、ふつう四年程度の徒弟修業を耐えなければならなかった。それには十四歳前後から二二―二五歳までという年齢制限もあり、修業期間中、親方に宿泊代や食費に加えて、洗濯代まで払う決まりとなっていた。徒弟期間中に親方から仕込まれるのは、蒸留や薬煎、温浸抽出、さらに粉末状の補薬の中に主成分を混ぜる倍散といった調剤法と、丸薬、シロップ、練り薬、トローチ剤、軟膏、蠟に油脂を混ぜた蠟軟膏、湿布などに関わる製剤学だった。さらに、時間の合間をみて、各種医薬・薬草の名称や効能、歴史、味、香り、特性、採取・保存法などについても、知見を養わなければならなかった。(63)

徒弟から職人を経て親方となるこの一連のプロセスは、もとより手工業者に一般的なものであり、その限りにおいて、調剤師もまた手工業者の一部とみなされていた。ただ、調剤師になる方途はほかにもあった。一四八四年八月、シャルル八世は王令で、香辛料も扱う香料商が調剤業務を行うことを禁じているが、香料商が四年間この業務を誠実に行った場合、調剤師になれるともした。これによって、香料商＝調剤師が誕生することになり、後述するように一七七七年の王令によって両者が分離されるまで、彼らは宣誓をして、聖ニコラウスを守護聖人に戴く同じ組合と同宗団に属した。(64)

カタランはこうして正統な調剤師となったが、彼がその資格を得た翌年の一五九七年、モンペリエでは新たな制度が発足する。医学部の中に外科学とともに薬学の講座が設けられるようになったのである。バルテルミ大虐殺が起きた一五七二年、密接な関係にあった内科医と調剤師が互いの権利と義務を遵守することを明記した規約が出され（本書第五章参照）、それがこうした形で結実したわけである。むろん、この新設の講座で最初に教鞭をとったのは内科学の教授たちだった。ラングドック医学史の第一人者ルイ・デュリューによれば、しかしそこには理論教育といったものはなく、授業時間も外科医（＝理髪師）の徒弟と調剤師の職人たちとの軋轢を避けるため、薬学は正午、外科学は、徒弟たちが仕事場で客の髭を剃れるよう、朝四時（！）に始められたという。(65)

モンペリエ大学医学部はまた、調剤師たちに対し、医学生に医薬品を見せてくれるよう依頼してもいる。こうすれば、医学生たちが薬の勉強とばかり、市中の調剤室に侵入することもなくなる。大学医学部はおそらくそう読んだ。むろんこれは、内科医が薬の調剤も行う、いわゆる医薬同業に道をひらくことを意味したが、依頼された調剤師側に異論はなく、やがてベルナルダン・デュランなる調剤師が、初めて医学部内で薬学を講じるようになり、自分が所有する治療用の医薬品を、必要に応じて医学部に持参する。そして一六〇六年、デュランは任務を辞し、カタランが後を引き継ぐ。こうして彼は、十八年もの間医学生たちに薬学を講じ、彼がその職を辞した一六二四年以降は、親方調剤師組合から任命された者が毎年交代でこの役目を引き受けるようになる。(66)

前述した一五七二年の規約は、さらに調剤師が三年の間実習を行うよう義務づけ、同時に、それまで同様、内科医に従属することも明記しているが、大学医学部と調剤師との関係はやがてより密接なものとなる。すなわち、モンペリエの調剤師たちは、医師が彼らの調剤室を検査する権利を認め、その見返りとして、町の特権階級であることを意味する黒い短衣《ロボン》をまとう権利を得たのである。また、親方昇格試験では、四名の宣誓親方に加えて、医学部の教授全員が立会うことになった。モンペリエ大学医学部発行になるその学位記には、これら教授陣の連名による署名がなされ、したがって交付された免状は、医師のそれと同様に、「国際的」な正統性と価値とを有するようになったのである。免状の羊皮紙に記された「地上のいかなる地においても《ヒック・エト・ウビック・テーラヌム》」という文言が、それを端的に述べている。(67)

一五六〇年から六〇年あまり続いた宗教戦争が、夥しい無辜の血と引き換えにようやく終息すると、それまで対立していたカトリック、プロテスタント双方の調剤師は、自分たちの職業の社会的自立を求めて共に動き出す。そして一六六四年、調剤師組合は疫病、とくにペストの治療聖人として南仏一帯で篤く信仰されていた、同市出身の聖ロックを守護聖人とし、今もなお薬学部の学士号免状に用いられている紋章を定めるまでになる。ここにおいて、モンペリエにおける調剤師の正統性が、制度的にも、社会的・象徴的にもゆるぎないものとなる。しかし、あくまでもそれは、正統医師の監視のもとでの正統性だった。

## 正統性のもとでの正統

取り急ぎ確認しておこう。一三三六年、一三九〇年、一四三八年、一四五六年、一四八四年、一五一八年、一五三六年と、シャルラタンの活動を禁ずる王令は、主なものだけでも二世紀間に七度も繰り返し出されている(68)。この事実は、禁令がさほど効果をあげえなかったことを端的に物語るが、一六〇一年以降は、パリ大学医学部でもシャルラタンの徹底排除が声高に叫ばれるようになる。奇しくも国王侍医のジャン・ファーヴルが、怪しげな、そして多分にシャルラタニズム的な『ペスト治療・予防薬』を著した一六五二年には、その禁を破ってシャルラタンと接触した数人の医師が、一年間の業務停止処分を受けている(69)。ありていにいえば、こうしたシャルラタン抑圧策は、フランス全土で際限なく出されているのだ。しかし、それらの大部分は、原則的に正統医師や外科医や調剤師とシャルラタンとの関係を断ち切ろうとするものであり、シャルラタンの正統性を指弾するものでもあったが、一般民衆がシャルラタンにすがることまで禁ずるものでは決してなかった。

出自や専門知識ないし技術にまつわりつくいかさま性や欺瞞性にもかかわらず、シャルラタンがつねに社会に存在しえた理由のひとつが、おそらくここにある。そして時には、タバランやグラン・トマのように、シャルラタンは正統をもって任ずる医師や調剤師以上の評判をも博した。庶民性と演劇性、そして商品と技術の安価さ。ここにもまたシャルラタンの重要な存在理由があった。たとえば、十六世紀のアルザス地方で調合術の書を著して名声を得ていた、ユダヤ系のジェローム・ブランシュウィク（ヒエロニムス・ブランシュヴィッヒ）のように、医師や調剤師がいない村落にしばしば足を運び、村人たちから不信感よりむしろ信頼を獲得したシャルラタンも少なくなかったのだ。(70)

さらに、社会的認知を、つまり正統性を端的に示す組合をついに組織することのなかった、いや、できなかったシャルラタン（＝オペラトゥール）ではあったが、アルザス地方北部のホシュフェルデンで一六六五年に編まれた大市規則では、渡りのシャルラタン医者が、学位をもっていないにもかかわらず、ドイツ語で正統医師を意味する「アルット（Arzt）」と呼ばれてもいた。(71)より後代になると、医学部がシャルラタン調剤師に試験を受けさせ、その商いを正統化するような事例もみられるようになる。

たとえば、アルザス地方中部出身のギヨーム・ルイ・シャスは、毎年六週間、ライン左岸のシュヴァルツヴァルト（黒い森）地方の中心地フライブルクで、シャルラタンの例にもれず、舞台を仮設して医薬を売っていた。ところが、この商いを始める前、同市の大学医学部は、彼に資格試験を受けさせ、オーストリア継承戦争さなかの一七四一年一〇月、町を立ち去る彼に対し、その知見を称賛する証明書を出したという。(72)

こうした事例は、しかしあくまでも局地的な例外に属するものであり、そのかぎりにおいて、シャルラタンの存在全体を正統化するものでは決してなかった。ただ、言うところの「正統」とははたして何なのか。この素朴な、それだけに本質的な問いは、改めて考えてみる価値がある。いうまでもなく民衆的な眼差しの行方は、必ずしも権力側のそれと重なり合うとは限らず、したがって、同じ語彙がつねに同じ意味価値を帯びて受容されるとも限らない。つまり、「正統」という言葉が真に重要性をもつのは、いったいに正統性を授ける側の論理によるのであり、権力の介在抜きに民衆がそれを自発的に重要視する場合は、おそらくその背景となる別の論理があると考えた方がよいだろう。ありていにいえば、もともと民衆にとって、しかじかの調剤師や医者が正統であるかシャルラタンであるかということは、病苦を癒してほしいという欲求に較べれば、さほどの重要性をもっていたとは思えないのである。

このことを留保していえば、十八世紀には、調剤師に対する正統性の付与に、いよいよ国家ないしその付託を受けた権力システムが介入するようになる。それまでは、親方調剤師組合や大学医学部といった「同業者」や「監督機関」がその役を担っていた。たとえば一七二八年一〇月二五日、ルイ十五世の国務諮問会議は裁決を発し、「特効薬」をはじめとする各種医薬の販売の免許状ないし許可証を有する、フランス全土の医師と外科医と調剤師に対し、裁決公布後二か月以内に、その免許状や許可証をパリの警視総監ルネ・エローに送るよう命じている。そして、国王や王妃の筆頭侍医、パリ大学医学部長、さらに筆頭外科医や調剤師たち数人からなる委員会がこれらの書類を吟味し、問題ない場合に限って、警視総監に免許状の再交付を上申し、改めて医薬販売を認可する。この手続きを怠って医薬販売をした違反者には罰金五〇〇リーヴルを課す旨、定めている。(73)

これを受けて、一七三一年三月には、国王の命として免許状の(再)交付規定が定められている。そこには、一七二八年の裁決の確認(第一条)に加えて、再交付の対象にならなかった者が、三年後に、当該医薬が用いられる地元の医師と外科医たちによって構成される委員会の再審査を受けられること、違反者に課せられる一〇〇〇リーヴルの罰金は、地元施療院に寄付されることが明記されている(第二条)。また、交付にかかわる記録は筆頭侍医が保管し(第三条)、筆頭侍医が、免許状の写しを各地医学部の学部長や医師組合に送付すること、そしてこれら学部長ないし組合は、筆頭侍医に対し、免許状を受けた者が扱う医薬の効能なり不都合なりを報告すること(第五条)、さらに、国王医師団や筆頭外科医の代理人たちは、無免許の医薬販売者を調べて、前記委員会に報告すること(第七条)、地方都市の長や行政官は、前記委員会からの免許状をもたぬ者、たとえばオペラトゥールらにみだりに免許状を交付してはならないこと(第九条)などが定められている。(74)

そして、国王ルイ十六世下の一七七七年、フランス薬学の近代化に決定的な役割を果たした国王宣言が出される(前年には、財務総監だったチュルゴーが、失脚する三か月前、すなわち一七七六年二月に同宗団解散令を出している)。この宣言は、主にパリと周辺地域を対象としたものだが、そこではまず調剤師と香料商との分離が規定されている。一四八四年のシャルル八世の王令で両者が結びつけられて以来、じつに約三世紀ぶりの分離だった。

当時、両者の統一組合がどれほどのメンバーを擁していたか、まだ調べきれていないが、この組合は、小間物商組合や羅紗商組合などと共にパリの主要六組合に位置づけられていた。これによって以後、調剤師は香辛料を商うことができなくなる。と同時に、香料商についても、化学製剤や生薬（ガレノス製剤）を調合・販売することが禁じられた。こうして専売権を正式に獲得した調剤師《アポティケール》たちは、改めて彼ら単独の組合である「薬局連合会《コレージュ・ド・ファルマシー》」を組織し、それまでの「アポティケール」ではなく、「ファルマシアン（薬剤師）」および「メートル・アン・ファルマシー（薬局主）」と呼ばれるようになる。これら薬局主たちは一般に開かれた調剤室と薬局を所有できるが、その権利の貸与や譲渡は厳禁された。薬局の個人経営と管理の不可分性という今日まで続く二大原則は、まさにここに由来する。[75]

国王宣言はまた、セーヌ左岸にある薬草園と実験室において、薬学全般の教育や公開講義の実施を認めてもいる。パリ植物園の前身だったこの薬草園は、昔から首都の代表的な下町として知られるムフタール通り近くの「調剤師植物園《ジャルダン・デ・アポティケール》」に、一五七八年に「調剤師徒弟学校《エコール・デ・ジュヌ・ザポティケール》」が創設されて以来、その実習園となっていた。そして学校の方は、一六二四年に薬学校となり、それからおよそ一世紀半後に、ここに前記連合会の本拠が置かれることになるのである。連合会主宰になる薬学校の講義開始は、一七八〇年だった。なお、この連合会は一八〇三年に「パリ薬剤師協会」と改称し、第二次大戦直後の一九四六年には、新たに「薬学アカデミー」と名を変えるようになる。

一七八一年五月、国務諮問会議は、国璽尚書アムロの署名が付された全十五条からなる裁決によって、五年前に設置された王立医学会が新しい医薬品の検査を行うことを法制化している。[76]そこには以下のようなことが定められていた。すなわち、王立医学会が任命した委員二名の検査報告に基づいて、医薬品を認可すべきかどうかを決定する（第二条）。こうして認可された医薬品の呼称は同医学会が決定し（第四条）、一七八〇年五月二六日の王令第一条にのっとり、医学会による証明書の交付をまって販売可能となるが（第五条）、この証明書の有効期間は三年限りであり、医学会によって更新が認められない場合、証明書は無効となる（第八条）。さらに、認可された医薬品の所有者は、予め王立医学会や当該都市の大学医学部長ないし医師組合に届け出た場所以外でそれを販売してはならず、一方、医学会は自らその検査を引き受けた医薬品が、一般に販売されるだけの効能を帯びているか、また、この規約に即して販売されているかを確認しなければならないとも定められている（第十一条）。

ここで言うところの「医薬品の所有者」とは、むろん薬剤師を指すが、第十四条には、彼らが往診したり、自宅に病人を迎えて診察したりすることだけでなく、疾病の治療や外科手術を行ったり、未認可の薬を売ったり、異様な風体をしたり、あるいは道化役者ないし喜劇役者と組んで舞台をこしらえ、芝居を演じたりすることが禁じられている。そして、違反者には一〇〇〇リーヴルの罰金が課せられ、徴収された罰金は、当該地の施療院の用に向けられるとある。はっきりと明示されているわけではないにしろ、舞台といい、芝居といい、明らかにここでは、売薬シャルラタンのことが想定されている。つまり、正統化への手法にかかわる規約が、シャルラタン的行為を禁止かつ排除する形で定められているのだ。

個別の事例を扱ったついでである。ここで再び時代をかなり後戻りすることになるが、十六世紀前葉にモンペリエ大学医学部に学んだ、あのフランソワ・ラブレーとノストラダムスの事例を一瞥しておくのも、また一興といえよう。

内科医ラブレーとシャルラタン的精神

『パンタグリュエル物語』や『ガルガンチュア物語』は単なる思いつきの作品ではなく、数か月で考え出されたものでもない。ただ、『巨人ガルガンチュア大年代記』は『パンタグリュエル』のわずか数か月前に出されている。とすれば、ラブレーは知っていたことになる。ガルガンチュアがカルナヴァルの擬人化であり、聖ブレーズ（祝日二月三日）がそのキリスト教的なかたちであり、さらにパンタグリュエルが土用（七月二二日―八月二三日）と聖ヤコブ（使徒、祝日七月二五日）とに密接に結びついていることを、そしてその全体がすでにエルサレム神殿のうちに予示されていることを、である。

二巻本の大著『もっとも高い意味で』（一九八六年）によって、ミハイル・バフチーン同様、フランソワ・ラブレー研究に金字塔をうち立てた、フランス民俗学の泰斗クロード・ゲニュベーは、ラブレー文学の時空世界を大胆にもこう解読している。(77) この仮説はラブレーがカルナヴァル的精神の持ち主であるばかりでなく、万用暦の著者として天文にも通じていた事実を端的に示している。だが、彼の出生はなおも杳として定かではない。

一説によれば、彼は、シャルル八世がナポリにおけるアンジュー家の覇権を確立すべく、いわゆるイタリア戦争を始めた一四九四年頃（ほかに一四八三年、一四九九年、一五〇二年とする説もある）、フランス中部シノン近郊のラ・ドゥヴィニエールで生まれたとされている。のちにガルガンチュアの出生地として作品に登場するこの地は、弁護士であり、トゥレーヌ裁判所代官陪席でもあった父アントワーヌの領地だった。ただし、彼フランソワが実際にそこで生まれたことを証明するものはない。

ともあれ、父の方針もあって、彼はまず民法や教会法を学び、その後、中西部アンジェ近郊にある、ラ・ボーメトのフランシスコ会修道院に修錬士として入る。一五一〇年頃のことだという。やがて彼は、フォントゥネ＝ル＝コント修道院でフランシスコ会士となるが、同じフランシスコ会士だったギリシア語研究家のピエール・アミ（ラミ）に古典世界への関心を掻き立てられ、人文主義者の弁護士アンドレ・ティラコー（一四八〇頃―一五五八）と出会ってその思想に惹かれる。また、エラスムスや、『ギリシア語注解』（一五二九年）などの著作をものし、国立図書館の基盤となったフォンテーヌブロー図書館を創設し、さらにソルボンヌ大学の専横を抑えるべく、コレージュ・ド・フランスの前身にあたる王立教授団の創設を時の国王フランソワ一世に働きかけた、当代きっての知識人ギヨーム・ビュデ（一四六七―一五四〇）とも、アミの紹介で文通を行うなど、人文主義者との交流を深めた。

ラブレーの胸像。モンペリエ植物園内（筆者撮影）

ソルボンヌ神学部の禁令を遵守する修道院としてみれば、むろんこうしたラブレーの知的好奇心は危険きわまりないものだった。事実、一五二三年十二月、同修道院はラブレーとアミのギリシア語書籍を没収し、それを機に、アミはいずかたともなく逃亡している。

やがて一五二四ないし二五年、ラブレーはフランシスコ会を離れ、より開放的だったベネディクト会に移る。これに伴って、彼は窮屈なフォントゥネ＝ル＝コントの修道院を去り、中世のメリュジーヌ伝承にも

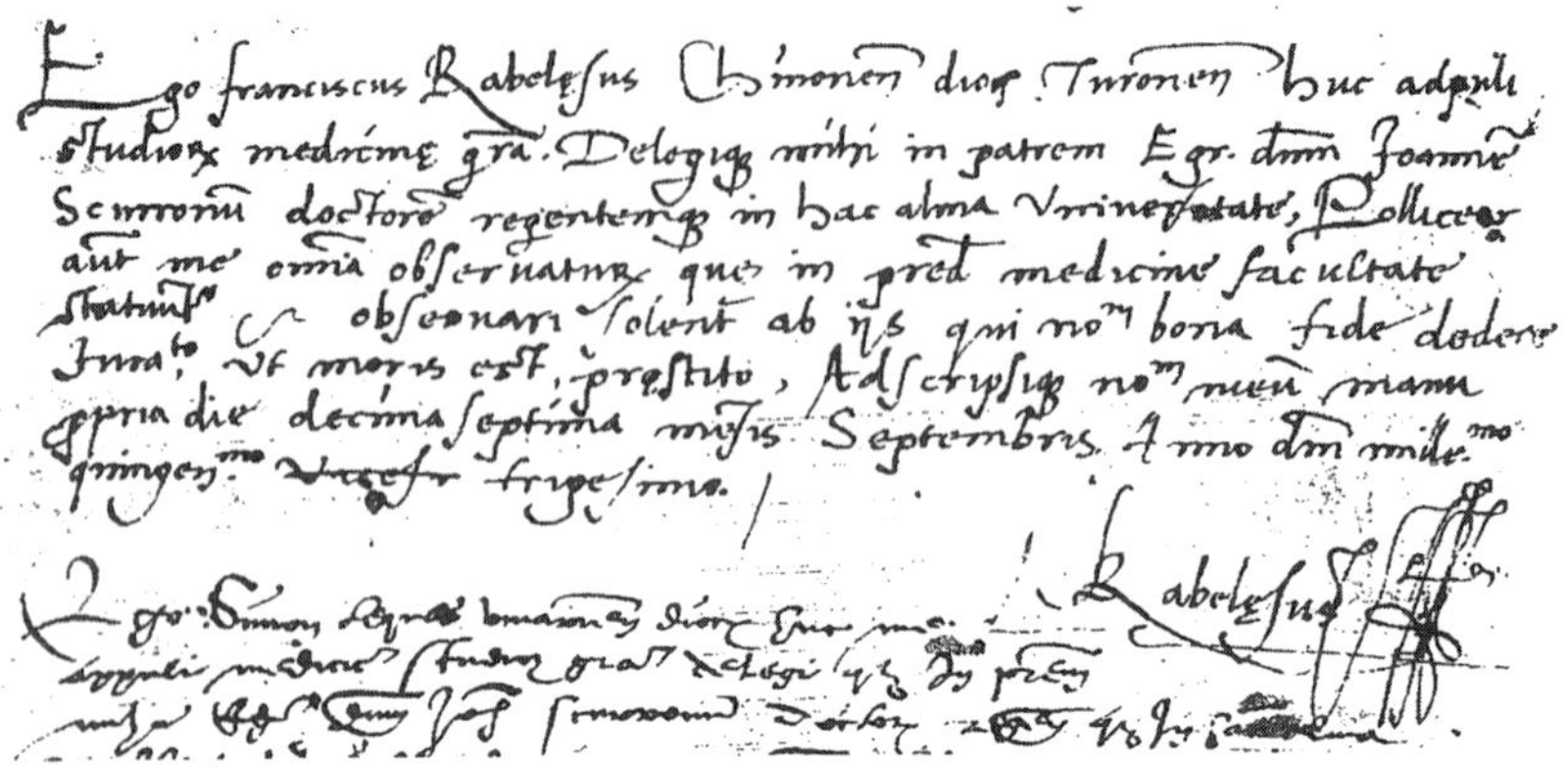

ラブレーのモンペリエ大学医学部入学登録記録。1530年９月17日の学籍簿より。同医学部古文書庫蔵

登場する、ポワトゥ地方サン＝ピエール＝ド＝マイユゼのベネディクト会修道院に入る。はたして修道士としての修行にどこまで励んだのか、詳細は不明だが、ともあれこの地での数年間、彼は修道院長ジョフロワ・デスティサックの理解と庇護のもと、多くの熱心な人文主義者と親交を結び、広場では売薬シャルラタンのさまざまなパフォーマンスや、聖人信仰に由来する民衆の俗信を目の当たりにする。また、同地方の中心都市ポワティエ郊外に今も残る、巨大なドルメン（巨石墓溝）を訪れてもいるはずだ。これら一連の経験が、のちに発表される彼の飽食的諧謔文学に大きな役割を果たしたことは疑いえない。

治安悪化のため、ブルジョワたちによる夜警制度が再開された一五二六年頃、ラブレーはパリに出て、在俗聖職者として医学を学ぶ。やがてパリ生まれのある未亡人と親しくなり、彼女との間に二人の子供をもうける。その子供たちや未亡人をパリに置いて、ラブレーがペスト騒ぎの渦中にあったモンペリエに来たのは、一五三〇年の夏だった。パリよりも学費が安く、試験も易しかったというこの地の医学部に入るためである。医学生代表の案内で大学長を訪れた在俗司祭服姿の彼は、自分が一度たりと技能職についた経験がなく、さらに文学士の学位を有し、哲学の講莚にも二年間連なったことなどを説明する。

この自己紹介のあと、教授団の代表から修辞学や哲学に関する口頭試問を受ける。これに合格して、いよいよ学籍簿に名前が登録されるようになるが、それには条件があった。医学部の教授の一人を後見人ないし指導教授に選び、前記教授団代表に二リーヴル、大学当局に一〇スーを払いこまなければならなかったのである。彼の指導教授兼後見人は、おそらく一五二五年からモンペリエで教鞭をとっていたジャン・シロンだった。こうして在俗聖職者のまま、彼は一五三〇年九月十七日に登録を行っている。それは、今日、同大学医学部図書館に保管されている学籍簿からも明らかである。[78]

当時のモンペリエ大学医学部の教授陣については、ラブレー自身『第三之書パンタグリュエル物語』第三四章で、パンタグリュエルの言葉を借りてつとに紹介しているところだが、同学部の突出した地位は、これら教授陣のみならず、その自由闊達さや、経験と実践に対するこだわりに多くを負っていたという。[79]

三〇代後半に遅まきながら医学生となったラブレーは、入学期から翌年の復活祭までは朝七時、それ以後は朝六時（！）から始まる講義に出席するようになる。朱色のガウンをまとい、端に深紅の絹房のついた四角帽をかぶった教授が、鐘の音とともに講壇に現れるや、学生たちは我勝ちにその足元につめかけ、冬には守衛から買った藁を座布団代わりに聴講したものだった。そして、教授は、『医学規範』で知られるアヴィケンナ（九八〇－一〇三七）や、イラン出身の医学者で、痘瘡と麻疹の先駆的治療を行い、錬金術師でもあったラーゼス（八六〇頃－九二三頃）らのアラブ語テクスト、さらに伝統的なギリシアの医学書のラテン語訳などを解説し、それを学生たちは必死にノートにまとめるのであった。外科学の講義では、ギ・ド・ショーリアックの大著『大外科学《シルルジア・マグナ》』（一三六三ないし六七年）が主に講じられた。ただ、一三七六年に開講した解剖学の実地教育は主要科目から外れており、一五二六年から一五三五年にかけては、せいぜい年に数回程度行われたにすぎない。[80]

当時、モンペリエ大学に図書館らしきものはあったが、蔵書はわずか五〇点程度（！）であり、その大部分が文学書だった。それだけに、医学生たちのノートは貴重な財産となったはずだが、むろん学生たちは学問だけに明け暮れしていたわけではなかった。多くの大学都市では、中世以来の伝統として、彼らが町の行事を活気づけていた。とりわけカルナヴァルの時期には、彼らはたとえば「若者修道院」と呼ばれるパロディックな修道院を組織し、修道院長を選んで、愚行の限りをつくしたものだった。わけても有名だったのは、ノストラダムスも学んだアヴィニヨン大学の学生結社で、毎年近隣にまで出向いては、仮装行列や笑劇を演じたりしていた。そのあまりの無法ぶりに、当初寛大だった市参事会がついに動き、一五二六年一〇月には、大学外でのパフォーマンスを条例によって禁ずるまでになっている。

　アヴィニヨン以外の都市でも、時に学生たちは、バゾッシュと呼ばれる若い裁判所書記たち（第三章註１参照）と同様に、若者修道院をはじめとするパロディックな結社を結成した。そして、各種の祭りや芝居を主宰ないし上演したり、ラフ・ミュージックを奏でたり、スカトロジックな振舞いに打ち興じたりして、人々から称賛と顰蹙のいずれか、あるいはその両方を買ったものだった。(81)

　学生たちによるこの種のパフォーマンスは古くからあった。たとえば、ナヴァーラ王国の王女で、フィリップ四世の王妃となったジャンヌが、晩年の一三〇四年にパリに創設したナヴァル学寮の規約は、学生たちが、自分たちの守護聖人である聖女カタリナの祝日（十一月二五日）や、子供の守護聖人として今も信仰されている聖ニコラウスの祝日（十二月六日）に、破廉恥な遊戯《ルドウム・インホネスツム》、つまり芝居に耽ってはならないとしている。ちなみに、一四二六年、この学寮ではリュトブフ作の教訓劇で、ファウスト物語の原型ともされる『テオフィールの奇蹟』（一二六〇年頃）が上演されているが、その日は聖アントニウスの祝日（一月十七日）だった。

　また、一三九八年にシャルル六世によって承認されたアンジェ大学の規約にも、放歌高吟や酒宴、仮面行列などに加えて、無言劇も禁ずるとの一項があるという。同大学では、さらに一四六二年、学内での芝居上演を、放縦と大学権威の軽視につながるとして禁じている。だが、効果はさほど長続きしなかった。事実、一四八八年にも、前記二祝日や聖マルティヌスの祝日（十一月十一日）に、学舎を馬鹿騒ぎと無秩序に陥れる芝居やダンス、放歌、仮装、あるいは芝居の役柄を演じるための下品な扮装などを厳禁しているからだ。ただし、慣習に従って、公現節に限り、学生芝居を認めた。その前夜、ミサが中断したりしないよう、晩課がすんでからとの条件付きで、である[82]。

ラブレー時代のモンペリエでも、こうしたことは盛んだったようだ。一五三一年一月六日の公現節、すなわち、あの「愚者の祭」(第三章註2参照)が営まれていた十二夜(クリスマスからの十二日間)最後の日に、ラブレーとその仲間であるアントワーヌ・サポルタらが、ペイル広場の辻に舞台を仮設し、楽師ポーテリの演奏に合わせて、『第三之書パンタグリュエル物語』(第三四章)に描かれているように、原作者不詳の喜劇「唖女と結婚した男の教訓劇」(渡辺一夫訳『唖女を嫁にした男の御談議狂言』)を上演したという[83]。

ちなみに、アントワーヌ・サポルタは一五二一年にモンペリエ大学の医学部に入り、六年後に医学得業士、一〇年後に医学博士の学位を得ている。やがて一五四〇年に教授となり、前述したように、一五五二年十一月、医学部長だった彼は、モンペリエ大学医学部に入ったフェリクス・プラッターの後見役となっている。毎年、東方の三博士のベツレヘム訪問を記念するこの公現節に、子供たちは仲間の一人を王に選んで、少年王国を祝うしきたりとなっていた。学生たちもまたその王を選んだ。確証はないが、あるいは最年長のラブレーが王となったかもしれない。

根拠のない推測はさておき、当時、医学生は一般的に三年の修学期間ののち、得業士の資格を得ていた。この資格があれば、地域の小都市や村で医業を営むことができた。だが、学士号を得るには、さまざまな実地訓練や筆記・口述試験、さらに疾病とヒポクラテスの格言についての二通りの論述試験に合格しなければならなかった。モンペリエの場合、論述試験は町でもっとも古いノートル=ダム・デ・ターブル教会内の礼拝堂で、正午から午後四時まで行われたが、教授三人の連署がある行状証明書を手に、医学部教授たちの面接試験に臨んだ医学得業士は、日頃の精進ぶりを披露すべく、延々四時間にわたって、疾病の知識や実際の診療の仕方などを説明し、面接官から出されるさまざまな反論に答えなければならなかった。

そして、これに首尾よくパスした候補者は、医学部から派遣された教授二名の立会いのもと、大学長でもある司教から学位記を手渡された。それから、袖の大きな朱色のガウンにたっぷりしたチュニックを身につけ、小さめの頭巾をかぶった。医学得業士の誕生である。しかし、彼にはもうひとつの試練が待ち受けていた。仲間からの拳骨の雨ないし嵐という、いささか手荒な祝福に耐えなければならなかったのだ。さらにいえば、試験はそれで最後ではなかった。学位を授かってから三日間《トリデュアヌ》、得業士は昼間と夕方に一時間ずつ議論を行い、最後にサン＝フィルナン教会で正式な医師の認定儀式が執り行われた。[84]

すでにいろいろな経験や実績のあったラブレーの場合、ここにいたるまでの期間が例外的に短く、登録から二か月半後の十二月一日に、早くも得業士の免状を手にしている。子細は不明だが、おそらくパリで積んだ学業ないし経験が勘案されたためだろう。ただし、これは例外に属する。何しろこの伝統を誇る大学では、他大学で得た学位は厳しく吟味され、教育レヴェルが低いとみなされた大学でのそれは、正統なものとして認められなかったほどだった。たとえば十六世紀中葉にローマ法の権威キュジャスが教鞭をとっていたヴァランス大学ですら、そうした卑下の対象となっていたともいう。[85]

ともあれ、こうして晴れて医学得業士となった彼は、翌一五三一年の四月十七日から六月二四日までの教育実習期間に、《医学の父》ヒポクラテスの『箴言集（アフォリズム）』やガレノスの『医術論（テクネー・イァトリケー）』[86]などを自ら翻訳・注釈し、教授している。そして、ペスト禍が全国的な広まりをみせるようになったこの年の暮れ、モンペリエを去った彼はリヨンに向かい、一五三二年十一月一日、ポン＝デュ＝ローヌの慈善院（ノートル＝ダム＝ド＝ピティエ施療院）に、医師として採用される。年俸は四〇トゥール・リーヴルだった。

なぜリヨンだったのか。そこのところは分からない。ただ、医学部こそなかったものの、リヨンは十五世紀末より人口が急増し、一五三〇年当時には、パリやフィレンツェ、ローマ、ロンドンほどではないまでも、四万五

○○○の人口を擁していた。しかも、年四回——復活祭、八月、諸聖人の祝日《トゥーサン》（十一月一日）、公現節（一月六日）——大市が開かれてもいた。ローヌ河岸に広がるフランス第二のこの国際的メッセ都市は、香辛料貿易や絹織物産業の伸張によって、国内、いやヨーロッパのまさに一大商業地となり、[87]何よりもイギリスの近代史家ナタリー・Z・デーヴィスが、『近代初期フランスの社会と文化』（邦題『愚者の王国　異端の都市』）の中でつとに論じているように、[88]印刷術の中心地でもあった。これから矢継ぎ早に著作を発表していく彼にとって、まさにここはうってつけの地でもあったのだ。

　事実、ラブレーは、慈善院で働くより五か月前の一五三二年六月、フェラーラの高名な人文主義医師ヨハネス・マナルディの『医学書簡集』[89]を、翌月には哲学的注釈をつけた『箴言集』を相次いで出版している。そして、十一月三日に始まったリヨンの大市で、アルコフリバス・ナジエ Alcofribas Nasier（François Rabelais のもじり）の偽名を使い、本人自身「暇つぶしの手慰みとして書いた」という、『魁偉なる巨人ガルガンチュワの息子にして乾喉国王、その名宇内に高きパンタグリュエルの畏怖驚倒すべき言行武勲の物語』を発売する。これこそが、あのソルボンヌ神学部を仰天させ、翌年一〇月、一説についに禁書処分に走らせたという『第二之書パンタグリュエル物語』にほかならない。[90]驚天動地のシャルラタン的文学。このありあまる痴愚と諧謔精神とに富んだ世紀の大作を、あるいはそう呼んでもよいだろう。ほかでもない痴愚と諧謔こそが、シャルラタンのまさに金科玉条とするものだからだ。

　さらにラブレーは、『第二之書』発売と相前後して、『一五三三年度用万用暦』を出してもいる。本名に医学博士と占星学教授の肩書きをつけたこの万用暦は、一五五三年まで、以後、七度にわたって刊行されることになる。しかし、占星学教授はいわずもがな、医学博士についても、一五三二年時点では、彼はまだ学位を得てはいなかった。明らかに身分詐称といえるが、これもまたラブレーのシャルラタン的性向をつとに物語るものといえる。

　むろんこの性向が禁断の書に反映されないはずはない。事実、薬草についてのみいえば、『第三之書パンタグリュエル物語』第四九章から五二章にかけて、彼はパンタグリュエルがその用途を発見したという、パンタグリュエリヨン草なる万能薬を登場させ、プリニウスなどに依拠する尋常ならざる蘊蓄を傾けている。曰く、その根は小さく、硬肉で丸々とし、五ないし六尺《ピエ》あまりの茎は空洞で、効能の一切を含む繊維が詰まっている。縦長でつねに青々とし、周辺は鎌状、先端がマケドニア槍のように尖った葉の形状は、秦皮《とねりこ》や竜芽草《きんみずひき》、とくに蘭草《ふじばかま》に酷似し、球状で細長い鼠色の種子は、茎の先端およびややその下に結実する、云々。そして、パンタグリュエリヨン草の異名や故事を長々と紹介したのち、いよいよその効能を説明していくのだ。詳細は渡辺一夫氏の歴史的かつ世界史的名訳を参照してもらうほかないが、それによれば、盗賊除けや統治力の強化から始まって、蛆虫退治、火傷治療、厨房の浄化と食卓の美化、透視ないし千里眼、いや、世界と人間にかかわる一切の事柄が、オリュンポスの神々すら驚愕したというこの薬草によって支えられているというのだ。そこにはどれほど偉大なシャルラタンですら、そう、あのタバランやグラン・トマですら思いもよらないほど、豪華絢爛なイメージが奔出・跳梁している。まさにそれは究極の口上なのである。

　パンタグリュエルの、いや前代未聞の知の飽食家たるラブレーのこうしたシャルラタン的性向はまた、彼の放浪癖にも認められる。実際、モンペリエに至る前、彼はボルドーやトゥールーズ、ブールジュ、オルレアンの各大学都市を経てパリに滞在し、モンペリエ以降も、リヨンを皮切りにローマ、ポワトゥー地方、故郷シノン、イタリア各地、パリ、リヨン、トリノ……とめまぐるしく移動している。たしかにこれらの移動――なかには、王命によるものや、単なる物見遊山的なものもあった――が、当時の知識人に特有の行動様式だとしても、この一所不在性はいささか度を越している。一五五三年四月にパリでその生涯を閉じるまでの一年間ですら、はたしていずれの地にいたか定かではないのだ。あるいはそれは、前年二月に『第四之書パンタグリュエル物語』がパリ大学神学部から危険思想書として告発され、翌月には高等法院から発禁処分を受けたためかもしれない。また、こうした浮遊生活の挙句、彼の遺骸はパリの右岸、リヴォリ通り沿いのサン＝ポール教会ないしその墓地に埋葬されたというが、おそらくこれも伝承の域を出ないのだ。ことほどさように、彼はたえず移動し、死後すらも歴史と伝承のあわいをさまよう一代の過客だった。

さらにいえば、ラブレーはしばしばシャルラタン的奇矯に走った。事実、その性格ゆえに周囲と折り合いが悪く、しばしばリヨンの慈善（施療）院を無断欠勤して患者を放置していた彼は、一五三三年末、またぞろ無断欠勤して、ついに職場に戻らなかった。困り果てた慈善院の評議委員会は、翌年三月（一五三五年三月との説もある）、やむなく彼を解雇処分にし、新たにその後任を探すことになった。やがて医学博士の称号をもつピエール・デュ・カステルなる医師が選任されるが、年俸はラブレーより低い三〇トゥール・リーヴルに抑えられたという。

こうしてリヨンを去ったラブレーは、いったいどこに姿を消したのか。じつは前述したサン＝ピエール＝ド＝マイユゼ修道院長ジョフロワ・デスティサックの命（王命との説もある）を受け、一五三四年当時パリの司教だったジャン・デュ・ベレーに従ってローマに滞在していたのである。この司教に与えられた使命は、前年の離婚問題で教皇と対立していたイングランド王ヘンリー八世が、カトリックから離脱するのをいかにして阻止するかを、教皇と協議することだった。しかし、その努力は報われなかった。周知のように、ヘンリー八世は国王至上法を定めて国教会を誕生させ、さらに国内の修道院を解散させて、その土地を没収してしまったからである。

同年四月、ラブレーはローマからリヨンに戻る。どうやら慈善院でまたぞろ働きだしたようだ。おめおめと……。慈善院にしてみれば、おそらくそんな思いがあっただろう。ともあれ、再び自分を受け入れてくれた慈善院で働きながら、彼は、イタリア人考古学者マルリアニの『古代ローマ地誌』を復刻し、さらに『第一之書ガルガンチュワ物語』の出版にこぎつけている。そして翌一五三五年、父アントワーヌを喪った彼は、枢機卿となったデュ・ベレーの侍医として再度ローマに同行し、一五三六年一月、教皇パウルス三世の小勅書によって再びベネディクト会士の修道服の着用を認められ、翌月にはパリ南東部ヴァル＝ド＝マルヌ県にある、サン＝モール＝デ＝フォセ大修道院の司教座聖堂参事会員に任じられてもいる。司教に代わって、聖堂や司教区の運営を行う要職である。デュ・ベレーがここの修道院長だったとしても、ラブレーの前歴を考えれば、格別な計らいといえるだろう。むろんそれには、デスティサックないしデュ・ベレーのとりなしがあったに違いない。

だが、せっかくの計らいを袖にして、ラブレーはモンペリエへと再度向かう。医学博士の学位を得るためである。そして、一五三七年五月、彼は晴れて医学博士の称号を授かり、同年九月から十一月にかけて、母校でヒポクラテスや解剖学を講じたりもする。

以後、ラブレーは、デュ・ベレー枢機卿の兄で、イタリア北部ピエモンテの地方総督代理に任命されたランジュ伯ギヨーム・デュ・ベレー（一四九一—一五四三）の侍医として、その任地トリノに赴いたり（一五三九年）、前述した二人の息子が教皇から嫡子として認められたり（一五四〇年）、機密漏洩事件にかかわってフランスに逃げ帰ったり（同）と、じつにめまぐるしい日々を送ることになるが、その辺りの詳細な事情は、故渡辺一夫氏のさまざまな著作や、岩波文庫版『第一之書』巻末にある、二宮敬氏によるラブレー年譜などに譲りたい。

嫌悪、疑惑・疑念、反撥、諦念、絶望、期待、自棄、反省、裏切り、忠節、従順さ……。ラブレーの生の足跡は、おそらく人ひとりが向き合い、あるいは引き受けるこうした要素を幾重にも結びつけ、それを際限なく拡大した地平にあった。そして、まるで土地との関わりを恐れてでもいるかのように、ひと所に決して定住しようとはしないノマド志向と、行く先々で仕入れたであろう膨大な知識の量。さらに聖職者でありながら子供をもうけ、あまつさえそれを教皇に認めさせた破天荒な胆力、加えて、終生修道士の立場に身を置きながらの福音主義への共感、鬼神をも尻込みさせるほどの想像力と筆力……。ラブレーを語る言葉は、その文学を語る場合と同様に、まことに尽きることがない。

かつて詩人黒田喜夫は、言葉を信じないが、それを言葉で語るしかない表現者の陥穽的矛盾を、重い口調で吐き出すように語ったが、ラブレーはまさに詩人とは対極的な位置で、さながらシャルラタンの口上よろしく無数の言葉を変幻自在に操り、自分に差し向けられる言葉すら恣《ほしいまま》に操った。操って、言葉と含意とが織りなす意味の世界をたえず差異化ないし逸脱させ（脱テクスト化）、それを己のすぐれてシャルラタン的精神のうちにからめとって、ためらうことなく文学へと投入していった。言葉への不信と言葉ゆえの信仰。あるいは言葉であることへの畏れと文学ゆえの希望。こうした抜き差しがたい両義性こそが、バルザックに『風流滑稽譚』（一八三二―三七年）を書かしめ、シャルル・ノディエの『ボヘミア王の歴史』（一八三〇年）にパロディ化され、さらにユゴーをして「ホメーロスの私生児」と言わしめた彼の精神であり、文学でもあったのではないか。

しかし、誤解がないよう急いで指摘しておかなければならない。ラブレーは決してシャルラタニズムの良き理解者でもなければ、同調者でもなかった。たとえばギ・ドゥマルソンはこう述べている。「方法と学識の名において、彼（ラブレー）は老女の薬や俗信に代表される《民衆的過ち》や、人間の愚かさにつけ込むシャルラタン、外科医を演じて患者を殺しかねない理髪師、放浪修道士、大仰な服をまとい、感動的なまでの言葉を操るバトゥルール……を非難していた[91]」。

だが、改めて指摘するまでもなく、シャルラタン的であるということと、シャルラタン嫌悪ということは本質的に矛盾するものではない。反シャルラタン的シャルラタン、いや、シャルラタン的反シャルラタン。まさにラブレーは、その虚実皮膜の間を生きた。あるいはこうもいえるだろう。正統医師としての生身の反シャルラタン＝ラブレーと、法外な夢想家としての虚構のシャルラタン＝ラブレーとの間を往還し続けた、と。それほどまでにラブレーは、ヤヌス的・両義的世界を内在化し、前代未聞の文学を創出したのではないか。

シャルラタニズムに対する惧れと正統的な知識への欲求によって、占星術をはじめとする偽りの科学を敵視したとするマドレーヌ・ラザールの指摘は[92]、筆者にはあまりにも一面的な見方にすぎないように思えるが、ラブレーは、そんな己の作品を汚穢下賤な瀆神の書と難じたジュネーヴのカルヴァンを、おそらく当時、シャルラタンと同じ意味で用いられていた「詐欺師」（emposteur＜imposteur）とも「悪魔憑き」とも断じている（『第四之書パンタグリュエル』一五五二年）。あるいはラブレーは、かつて親交のあった、いや、少なくとも共にユマニスムを標榜し、『第二之書パンタグリュエル』（一五三二年）を禁書としたパリ大学審議会の仕打ちを非難すらしてくれたこの宗教的指導者のうちに、一種のシャルラタン性を看破していたのかもしれない。(93) むろんそれは、ラブレーのそれとは随分と異質なものだったはずだが……。

## そしてノストラダムス

モンペリエ大学医学部やラブレーとくれば、当然見逃してならない人物がもうひとりいる。いうまでもなく、シャルル九世の侍医（一五六四年）にまでなった医師としてより、一般にはむしろ天才的な占星術師として知られるあのノストラダムスである。

逃げよ！　さあ！　広い世界へ
ノストラダムス自筆の、
この神秘に満ちた本は、
お前の道案内に十分ではないか。
それで星の運行もわかり、
自然の教えを受けたら、
魂の力がさめて、
霊と霊がどうして語り合うかがわかる。(94)

これはファウストが、深夜、机に向かって吐く独語である。すべての学を修めながらなお満たされない、いわばマラルメ的寂寥感に襲われたファウストの背後に、憂鬱げな面持ちのゲーテの姿が垣間見られるが、「神秘に満ちた本」とは、いうまでもなくノストラダムスのあの予言集『諸世紀《サンチュリ》』を指す。事実、ゲーテは『百詩集』とも訳されるこの書を高く評価していた。ノストラダムスの書簡を編集したジャン・デュペーブによれば、当時のドイツは資本主義がどこよりも進んでおり、哲学の一分野である占星術に対しても、フランス以上に寛大だったという。[95] とりわけそれはアウグスブルクで著しく、おかげでノストラダムスはこの都市で金銭面だけでなく、人間関係においても多くのものを得ている。そういえば、彼がモンペリエ時代に一時期寄宿していたのも、アウグスブルク出身の商人宅だった。

さて、ミシェル・ド・ノートル＝ダム、つまりノストラダムス（字義は「聖母」）は、一五〇三年に南仏サン＝レミ＝ド＝プロヴァンスのユダヤ系商人の家に生まれ、幼年期を医者の祖父のもとで送った。そして、アヴィニヨン大学でおそらく文法と修辞学と論理学のいわゆる古典三科を学ぶ。だが、彼にとってこの大学ははなはだ魅力に乏しいものだった。一五五七年にアントウェルペン（アントワープ）の書肆クリストフ・プランタンから出した『化粧品・ジャム論』の中で、彼はこう述べているからだ。[96]

　アヴィニヨン大学にも何人かの人物（医学部教授）はいたが、彼らはキリストがわれわれに説いていること、すなわち泥棒に盗まれる心配のない天上の富を蓄えよという言葉とは、まさに正反対の者たちだった。

あるいはそんなアヴィニヨン大学に愛想を尽かしたためか、それとも迫りつつあったペスト禍から逃れるためか、一五二〇年、ノストラダムスは追われるようにしてアヴィニヨンを去り、以後九年間、諸国を巡って薬草の研究を行ったという。そしてラブレーより一年ほど早い一五二九年一〇月二三日、二五歳でモンペリエ大学医学部に入学している。[97] 指導教授兼後見人はアントニオ・ロメリオ、在職年数二〇年。当時の平均寿命からすれば、なかなかのベテラン教授といえる。

はたしてこの医学部でノストラダムスが何を学んだか、正確なところは分からない。だが、おそらくはヨーロッパの他の医学部同様、ヒポクラテスやアリストテレス、ガレノス、アヴィケンナ、マイモニデスなどの医学理論と、尿診断や占星術などの方法論を修めたはずである。(98) 再び彼自身の言葉によれば、どうやらモンペリエは、若き医学徒にとって十分に魅力のある地に映ったようだ。事実、彼は一五四四年、「洞察力とヒポクラテスの知」を備えたルイ・セールの慫慂に応じて、ペストの治療と研究のために赴いたマルセイユと比較しつつ、こう述懐している。(99)

私はマルセイユがきわめて単純な薬に溢れている町であることを知っているが、医薬の調合という点で、それらの薬が粗末な代物であるなどと言うつもりはない。(中略) これに対し、有名なモンペリエの町はその完璧な医学部に多くの学者を擁しており、そこには何一つとして欠けたものがない。また、この町ではさまざまな人物や医学の学説がみられ、これらの人物のうち、今も何人かは現役で働いており、文字によってその記憶を永続させようとしている。たとえばヒポクラテスの精神の化身とも思えるアントニウス(アントワーヌ)・サポルタ(……)らのように、である。

医師をしてヒポクラテスになぞらえることが、ノストラダムスにとってはどうやら最大級の賛辞だったようだが、ここに名前が挙げられているサポルタとは、前述したようにラブレーの親友であり、プラッターの師かつ後見人でもある。おそらく、ノストラダムスとラブレーはこのサポルタを介して友情を結んでいる(リヨンの県立古文書館にはそんな二人の往復書簡が保管されているというが、筆者は未見)。

そして三年後、彼はモンペリエを去り、さまざまな遍歴を重ねた末、一五六六年に没するまでの人生最後の一〇年あまりを、当初は医師として、のちには予言者として、南仏のサロン=ド=クラウ（現サロン=ド=プロヴァンス）で送るようになる。その間、彼はカトリーヌ・ド・メディシスとその気弱な王子（後のシャルル九世）らの訪問を受けて診察ないし予言を行い、時には書面で申し込んできた者たちにも予言を行った。たとえば晩年近い一五六四年五月、半世紀前にフランスに併合されたオート=アルプス地方の中心都市ガップの医師で、一五七六年にブロワで開かれた全国三部会でのアンリ三世の演説をラテン語訳したブノワ・ド・フランドリアは、自分の誕生日と誕生時刻とを明記して、ノストラダムスに将来の運勢を占ってくれるよう、書状を送って頼んでいる(100)。

今日、そんな彼の居宅は「ノストラダムス博物館」となっており、世界中から客が訪れているが、ヨーロッパ人以外でもっとも多いのは、わが日本人だという（ただ、『諸世紀』の中で「オリエント」なる言葉は一〇回程度出てくるだけであり、東洋の具体的な地名もほとんどない。むろん、日本に関する予言もない）。そして毎年六月には、全市をあげてノストラダムス祭が盛大に営まれている。ルネサンス風の衣装をまとった市民たちが、目抜き通りを行列して時代絵巻を繰り広げる祭りだが、興味深いのは、むしろ旧市街の一角に設けられた夥しい数の手相・運勢判断の小屋である。

この世紀の予言者の話は、フランス国内だけで五〇〇〇点（！）、日本を含む世界全体ではゆうに万を越すという（前記博物館長談）ノストラダムス関連書に譲り、ここではただ一点、モンペリエの医学部に入学した時には、すでに彼が調剤師としての資格をもっていたという通説に着目したい。当時、一人前の調剤師になるには、前述したカタランのような特例を除いて、通常は数年もの間、特定の都市の同業組合に属する親方のもとで、それ相当の修業をしなければならなかった。組合親方たちによる認定試験にも合格する必要があった。

だが、一箇所に定住せず、諸国を放浪していたはずの彼に、はたしてその機会があったのかどうか。しかも彼は、大幅に修業期間が免除される特権的な親方調剤師の息子ではなかった。文芸・芸術の庇護者として名高い善王ルネ一世の王子の侍医をつとめていた、祖父（占星学者でもあった）の薫陶よろしきを得て、早くから薬草や

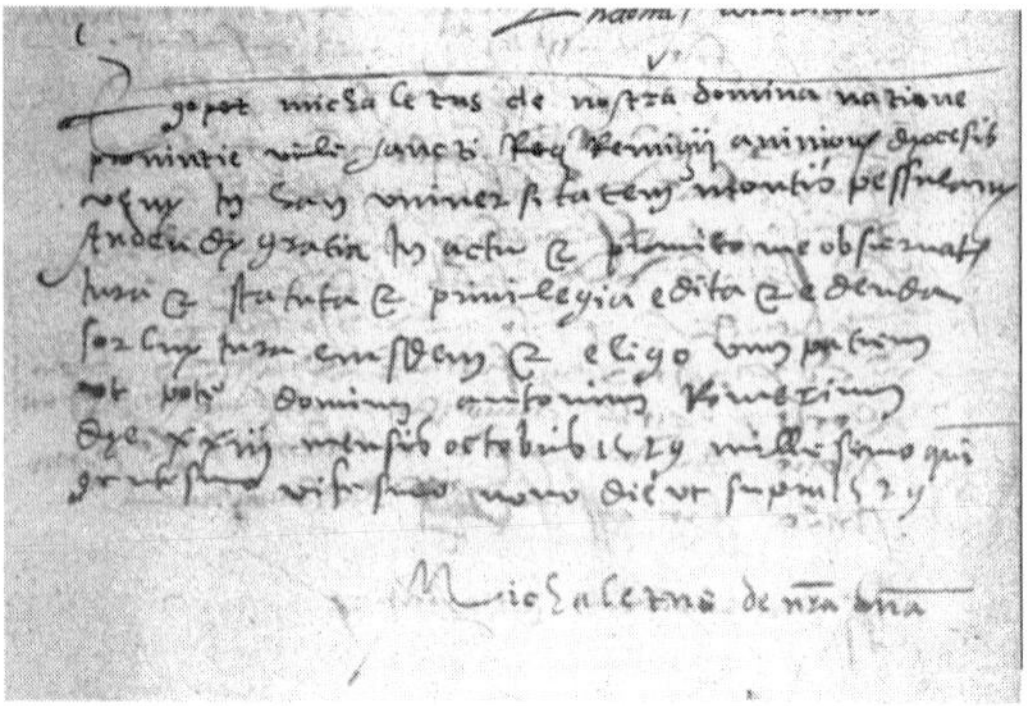

ノストラダムスのモンペリエ大学入学登録証。モンペリエ大学医学部図書館蔵

薬餌の知識こそかなり蓄えてはいたかもしれないが、徒弟ないし職人としての修業を短期間積んだだけの、あるいはそれさえない、「自称調剤師」にすぎなかったのではないか。少なくとも、制度的な、つまりしかじかの組合に属する親方調剤師では決してなかった。事実、同医学部に保管されているノストラダムスの入学証に、それに関する記載はない。もし彼が正統な調剤師であったなら、まさにラブレーの場合と同様に、その修学期間は縮小されたはずである。だとすれば、たしかに彼はモンペリエ滞在中に正統な医師の免許は得たものの、医学部入学以前も以後も調剤師としての免許を受けてはいなかった。そう考えるのが理に適っているのではないか。それでもなお調剤師だったとするなら、おそらくモンペリエに来るまで、ノストラダムスは正真正銘の売薬シャルラタンだったということになる。

しかしながら、彼の薬学への造詣は、のちに化粧品やジャムの調合を一冊の書に纏め上げるほど深いものだった。たとえば、当時ペストの原因と信じられていた瘴気、つまり汚れた空気を退ける特効薬として、ノストラダムスは次のようなバラ油錠剤の利用を提唱している。[101]

できるだけ緑の濃い糸杉の大鋸屑《おがくず》か削り屑一オンス、フィレンツェのアイリス六オンス、丁子の木三オンス、甘菖蒲三ドラム、沈香材六ドラム。これらを混ぜ合わせたものを粒状にして密閉しておく。次に、内側に折れ曲がった赤いバラを三、四〇〇本、清潔で新鮮なものを選んで霜が降りる前に摘み、木製の擂粉木《すりこぎ》を使ってそれを大理石のすり鉢で粉状にする。さらに、半分折れ曲がったバラをいくつかこの粉に加え、それを力一杯、もう一度すり潰しながら少量のバラ水をふりかける。そして、これらの成分をすべて完全に混ぜ合わせたら、それを飲みやすい小さくて平らな錠剤にして木陰で乾燥させる。（一部表記変更）

この錠剤がどこまで実効をあげえるか、おおよその予測はつくだろう。ことほどさように「調剤師」としての彼の想像力は、疫病に冒された社会のアノマリーを薬のアノマリーによって屠るとする、時代のすぐれて常識的な発想から一歩たりと出るものではなかった。

そう考えれば、一九九九年のわが国で、いや、筆者が知る限り中国やアメリカでも――奇妙なことにフランスは至極平静だった――あれほど世間の耳目を集めた、いわゆる『諸世紀』の予言についても理解できる。たとえば終末論的なイメージで語られる「空から降りてくる恐怖の大王」なり、「蘇るアングルモワの大王」なりは、いずれもアングレーム伯フランソワ一世（仏王在位一五一五－四七）のことであり、決してそれ以上ではないのだ。

たしかにノストラダムスは、歴史記述を戦略的に曖昧にし、それを予言として打ち出すことで、読む者の想像力を喚起する術に卓越していた。一五六一年には『一五六二年版天文暦』を時の教皇ピウス四世に捧げ、翌年には、『一五六三年版暦』を教皇の従兄弟であるファブリシオ・セルベロンイに贈るという世事にも長けていた。（102）だが、それより卓越していたのは、まさに彼の書を手に取った読者の想像力であり、この想像力が集団化して、最終的に彼の予言を世界史的なものに仕立て上げたのではないか。ありていにいえば、そうした「予言者」の手法もまた、巧みな口上によって観客の期待と想像力を際限なく引き出すシャルラタンのそれと択ぶところがない。

ラブレーとノストラダムス。十六世紀を代表する二人の「超人」は、いずれも独自の流儀でシャルラタンを演じた。いや、それを演じて、正統性にシャルラタン性を加味したからこそ、「超人」たりえたともいえる。その構図は、シャルラタン性をあくまでも増幅して、ついにシャルラタンの域を超えた、タバランやグラン・トマらのそれとはまったく異なるものだった。（103）

# 第七章　シャルラタンの変容

## 両極的なシャルラタン評価

「医師は急流の測量技師であり、民間治療者は石工である」。ルイ＝セバスチャン・メルシエは『タブロー・ド・パリ』（本書第二章参照）の中でこう書いている。後述するように、民間治療者はゲリスールと呼ばれ、その呼称自体はアンピリック（シャルラタン医者）とほぼ同義に用いられていたが、それにしても、測量技師といい石工といい、比喩はいささか突飛である。メルシエは言う。かつて急流が道を切断した際、技師がやってきて流れの速さや深さ、水量、岸の高さなどを精確に調べあげ、そこに橋が架けられた。だが、それは対岸にまで届かず、なおも道は分断されたままだった。すると、建築家でも測量技師でもない一介の石工がやってきて、こう言う。私は流れの速さや水量などほとんど気にしない。それでも皆が渡れる橋を架けることはできる。「お偉い方々は急流がいかにして通行を妨げるかを見事に説明してくれる。ところが、私のように橋一本満足に架けられないのだ」[1]。

改めて指摘する必要もないだろうが、この挿話の真の意味は、急流を病や病人、橋を治療行為ないし治癒と置き換えれば明確となる。すなわち、正統医者は病を知っているが、それを癒すことができない。あるいは、その知識ほどには治療者としての技量がない。これに対し、シャルラタン医者は場数を踏んで鍛えた技量を有し、人々の信頼を勝ち得ている。箴言家メルシエ一流のレトリックである。もとより、こうしたレトリックが描き出した対医師・シャルラタン観が、世間一般のそれをどこまで集約したものかは分からない。だが、少なくとも制度的に近代化を遂げたはずの正統医師たちに対するメルシエの不信感や不満は、そのままシャルラタン医者への共感ともなっていたことに疑いはない。

さらにメルシエは、総裁政府と軍部とによる反王統派クーデタが起きた革命暦五年フリュクティドール（実月）、すなわち一七九七年九月ないし八月、革命後のシャルラタンについてこう語っている[2]（本書第二章に紹介しておいた、グラン・トマに対する彼の描写と比較していただきたい）。いささか長い引用となるが、興味深い一文である。

> 今日、尿を診断する自称医師たちは、トロンボーンやクラリネット、シンバルなどをかき鳴らして、自分が四辻に現れたことを告げるようになっている。その音楽は「経験医師《アンピリック・メドゥサン》（シャルラタン医者）より」能弁で、群集を一瞬のうちに惹きつける。脇腹のへこんだ馬に乗り、さながら自分自身を恥じているかのように、群集の方に目を釘づけしたまま、彼は間奏曲が終わるのを待ち、それから客の便を考えて大小さまざまに束にした薬草を褒めそやす。この傷薬の効力をもってすれば、医神アイスクラピウスすら治してみせる……といったようにである。
>
> 聴衆の中に紛れこんでいた何人かのサクラが、そこで大声を張り上げてこれを求める。（……）やがて人の輪が馬とシャルラタンを囲み、各人がシャルラタンに尋ね、薬の入った小箱を手に入れようとする。こうして間もなく薬は払底する。
>
> （中略）アイスクラピウスの出番が終わると、テスピス（ギリシア悲劇の創始者とされる前六世紀の詩人）の生まれ変わりともいうべき前歯の欠けた歯医者が、一座の芸人たちに技を披露するよう合図する。舞台は幌つき馬車である。体を捩ったり、顔を歪めたりして、芸人たちは観客に歯の痛みを感じさせ、局所薬を買わせようとする。
>
> 客寄せ芸がすむと、オペラトゥール（シャルラタン）はいかにもやる気のありそうな者を指名する。そのために、彼はあらかじめ群集の中からやんちゃそうな子供に目星をつけておいたのだ。手招きされて子供が近づくと、オペラトゥールはその子供の口を開け、歯が歯垢のために錆色をしているさまを観衆に示す。彼

の傍らには介添え役がおり、黙って命令を待っている。「水を！」。歯医者はそう重々しく介添え人に命じる。一瞬、人々の口から笑いが消える。いよいよ作業が始まるからである。まず、患者の顔をナプキンで覆う。それから、歯医者は鉗子を手に取り、懸命になって歯垢を（顎の）最奥部にある歯に至るまで取り除く。（……）次いで、ナプキンの端を小指に巻きつけ、それを直接コップの中に入れて珊瑚粉をつけ、子供の歯と歯茎に強くこすりつける。子供は叫び声を上げたりはしない。不満ひとつこぼさずに耐える。そして何種類かのうがい薬を注文し、口の中全体をゆすぐ。歯を見せる。黒かった歯は象牙のように白くなっている。こうして作業は終わる。幸運にも。

歴史を見通す炯眼をもって鳴るメルシエのこの一文には、あえて誤解を恐れずに言えば、シャルラタン的演技をむしろほほえましく見守る眼差しすらみてとれる。少なくともそこに疑念や敵意は感じ取れない。だが、むろんこうした視線だけがシャルラタンに向けられていたわけではない。たとえば、革命暦八年プレリアル月（一八〇〇年六月）刊行の《中央学校・自由農業学会・商業・芸術雑誌》（フランス中北部オーブ県）に掲載された、中央学校の司書だというエルリュイゾンなる人物のシャルラタン批判は、それまでのシャルラタン像を精確になぞったものといえる。

エルリュイゾンは言っている――。仮設舞台と虚言をもって町から町へと移動しようと、どこかに定住しようと、シャルラタンが土地の愚か者たちを罠に誘い込むことに変わりはない。こうしたシャルラタンはまさに「人類の災禍」とも呼ぶべき存在で、その正体は「移動する疫病」と「定着する疫病」のいずれかである。では、なぜそんなシャルラタンが信用されるのか。それは、ひとえに庶民（ないし下層民）の無知と愚かさに起因する。人間の精神は教養を必要とするが、シャルラタンたちへの信頼は何らその証左たりえない。彼らの生業を支える基盤が民衆の愚直さ、つまり無知に由来する瑕疵にほかならないからである。粗野な精神には、開明的な精神にみられるような、善なるものへの志向や真実なるものの判別が欠けている。人々がもっとも高い評価を受けている正統な医師より、この上もなく悪辣なシャルラタンを選ぶ理由をあれこれ考えようとする際、どうしても忘れてはならないことがある。それは、医師たちが慎みと人間愛とを自らに課しているにもかかわらず、患者の方は、おそらく病の原因を有徳者（医師）に知られるのをひどく恥ずかしく思う、ということである、云々[3]。

こうしてエルリュイゾンは、よきシャルラタンになる方便をいろいろ伝授するが、むろんこれはパラドクシカルな言説であり、一種のブラックユーモアともいえる。ただ、彼の言説の力点は、シャルラタンたちの犯罪性ではなく、むしろ彼らを存在させる民衆の無知蒙昧さに置かれている。そんな論法を押し進めていけば、いうまでもなくこの無知蒙昧さがある限り、シャルラタンはつねに存在し続けることになる。どうやら彼は、そこのところに気づいていていない。

それにしても、メルシエとエルリュイゾンが披瀝したシャルラタンに対する相反する見方は、はたして何に由来するのだろうか。にわかに判断はしかねるが、少なくとも十八世紀末には、シャルラタン像がそれまで以上に二極化ないし多様化していたとだけは言えるだろう。しかしながら、こうした傾向が、シャルラタン自身のありようの変化とどこまで符合するものかについても、今はまだ即断を控えなければならない。ここではただ、シャルラタンとシャルラタニズムを、社会の負性と積極的に結びつけようとするイマジネールが、より顕在化してきたことを指摘するだけでよい。そして、十九世紀も半ばともなれば、シャルラタンそのものへの言及に加えて、メタファーとしてのシャルラタンやシャルラタニズムが、知識人たちの言説に好んで登場するようになる。おそらくそれは、シャルラタンと現実との剥離を過不足なく意味するのだろうが、このことを論ずるには、なおも検討すべき課題が少なからずある。

## 革命政府のシャルラタン規制

さて、ルイ十五世のヴェルサイユ廷臣だったリュイヌ公の回顧録によれば、アンシャン・レジーム末期に活動していた外科医ないし理髪師は、フランス全土でおおよそ三万から四万いたという。さらに、フランソワ・ショシエなるディジョンの外科医は、革命前夜の彼らの数を四万五〇〇〇と見積もっている。(4) こうした数値がはたしてどのように算出されたか不明であり、したがってどこまで信用できるものか定かではないが、近代史家のジャン゠ピエール・グベールは、革命前後のフランスで、外科医は住民一〇〇〇人に一人、内科医は一万人に一人の割合でいたとの興味深い指摘をしている。(5) 同じ近代史家のジャック・デュパキエが言うように、一七八九年当時の総人口が二七五〇万だったとすれば、(6) 全国で外科医は二万七五〇〇人、内科医は二七五〇人いたことになる。(7)

これに関連して、アンドレ・デュビュクは、内科医が多くなり、農村部に定着するにつれて外科医の数は徐々に少なくなっていった、としている。少なくともシャルラタンの数は、これら正統医師よりかなり少なかったとだけはいえる。そんなシャルラタンにとって、十八世紀はそれまでのいかなる世紀とも質的に異なっていた。まさに彼らの存在そのものが、前述したように、医薬業を真に国家的統制のもとに置くようになる重要な契機を提供したからである。そしてそれは、結果的に彼らの活動を制限するようになった。こうした志向は、この世紀を締めくくる革命政府にも確実に受け継がれた。

一七九一年、革命政府は職能組合を廃止し、革命暦十一年ヴァントーズ月（一八〇三年三月）には医業（医事）法、翌ジェルミナル月には薬業（薬事）法(8)が相次いで制定されるようになる。これによって、フランス国内の医薬業の近代化が決定的に促進されることになるが、それまで医師や薬剤師の統制は、基本的に地方当局の手に委ねられた。こうした状態を指して、近代史家のマチュー・ラムゼイは、「医薬業の無政府主義的状況」(9)と命名している。後述するように、「無学位医師」がおざなりな手続きだけで「正統」医師となったのが、まさにこの時期だった。しかし、シャルラタンに関する限り、それは必ずしも放任や無関心を意味するものではなかった。たとえば、革命（共和）暦一〇年ヴァンデミエール月（一八〇一年九月）、フランス東部のイゼール県知事は、シャルラタンに対する取締り条例を出している。まず、その前文からみていこう。(10)

イゼール県知事は、教育も道徳心もないシャルラタンが、医者を騙って民衆の信用を悪用し、治療を請け負った病人の病を治すどころか、かえって悪化させ、しばしばこれを廃疾者にすらしているとの報告を受けている。かかるいかさまに対してなされた告発と、これら倫理観を持ち合わせぬ者たちの未熟さによって引き起こされたさまざまな事故、さらに病人たちの軽率なまでの盲信とに鑑み、民衆政府は社会の秩序をたえず保ち、市民の安全と健康を監視し、さらに犯罪や誤謬を予防しなければならないと考えるものである。

ありていにいえば、この前文自体さほど目新しいものではない。これまで幾度となく唱えられてきた言説の繰り返しにすぎない。念のため、蛇足を承知で事例をひとつだけ紹介しておこう。たとえば革命直前の一七八八年、北仏ノルマンディー地方の小村ブレモンティエの村司祭は、地方長官に次のような書簡を送っている。「小職は、一部の者たちが資格もなしに内科や外科の医療行為を行うことを禁ずるよう、人間愛から懇請するものであります。この者たちが往診の数だけ失態を演じ、診察した者の数だけ殺しているからです……」。(11)

取締り条例で興味深いのは、むしろその条項である。まず、第一条には、以後、イゼール県内で薬局や薬剤師を営み、医薬を調合・販売しようとする者に対し、県知事は提出された学業証明書と、グルノーブルの医師組合から指名されたメンバーによる試験と意見とに基づいて特別な認可を与えるとある。次に第二条には、大学医学部や医学校ないし薬学校を出た医師や薬剤師、施療院や軍隊で長として医療業務に携わっていた者、政府の免状を有している者、さらに二年以上の実務経験のある薬剤師や助産婦の場合、県知事の認可が免除されるとの但し書きがある。

以下、認定試験委員会の構成と試験実施場所（第三・第四条）、特許状の作成（第五条）、条例違反者への罰則規定（第六条）と続くが、ここでは、医師や薬剤師に最終的に正統性を与えるのが、組合や専門委員会ではなく、革命政府の意を受けた地方の行政当局であることが、その手続きとともに明記されている。つまり、革命前と同様に、国家的な表象として正統性が具体的かつ方法論的に示され、国家＝地方権力の責務として、これら医師や薬剤師とシャルラタンとの差別化が図られているのである。

おそらく他県でも実施されていたはずのこうしたシャルラタン規制が明確に示しているように、ヴァントーズ法は、ある意味で画期的な内容を含んでいた。すなわち、各県知事に対し、医療機関の形態毎に医師と医療担当官のリストを新たに作成するよう命じたのである。そして、このリストから洩れた者は必然的に違法な治療行為者となり、行政官らによる監視と告発の対象となった。

たとえばフランス北部マルヌ県のエペルネでは、同じ革命暦一〇年フロレアル月（四月）に、地方官が郡内の各市町村長に通達を出し、もうひとつのリストを作るよう命じている。それは、あらゆる薬の販売人や、資格を許称して病人や怪我人を診察し、大市や定期市に出かけて商品を並べ、自分が持ち合わせていない「科学」を、虚言を弄して褒めそやす自称内科医や外科医たちの姓名、年齢、本業、当該地域における滞在期間などを網羅するリストだった。シャルラタンを「ブラックリスト」に載せる。どこまで成功したかは分からないが、まさにそれは前代未聞の企画だった。

同様のシャルラタン・リストは、同じ頃、パリ盆地南東部のニヴェルネ地方でも市町村ごとに作成されている。そこには「アンティモン入りのコップで毒を盛った者」や、薬で殺人の罪を犯した「際限なく危険な女性」、さらに「松脂を白ワインに漬けた代物でプーグ村一帯の住民に下剤をかけていた男女」、「この上もなく破廉恥な男と同じように、病人の手当てをしたり、下剤をかけたり、骨接ぎや薬の調合すら行っていた娘」などが列挙されている。シャルラタンというより、まさに犯罪者のリストといったところだが、こうした事情を受けて、県知事は正式に認められたものを除くすべての薬局を三日間以内に閉店させ、これら違法な薬局が薬を販売していないか、毎年外科医や衛生官が検査することを条令によって定めたという。[12]

同知事はまた、共和暦十三年ヴァンデミエール月（一八〇五年九月）の条令で、各市町村長に対し、公共広場や大市ないし定期市に設けられた仮設舞台や露台の上で、もったいぶった名前の印刷物や手書きの宣伝文句とともに、怪しげな薬を売り捌いたり調合したりする行為を一切禁ずるよう求めてもいる。[13]だが、中心都市のヌヴェールにして、正式な薬剤師がたかだか三人のみという現状であってみれば、一般民衆にとって無鑑札の薬剤師ないしシャルラタン売薬人たちは、たとえ行政当局がどれほどその危険性を訴えようと、そしてどれほどその正体が知れていようと、頼らざるをえない存在だった。

## 排除の構造——「犯罪者」シャルラタン

シャルラタンの実態については、国家的規模での調査もなされた。まず、一七九〇年、シャルラタン弊害の撲滅を狙った革命政府の衛生委員会《コミテ・ド・サリュブリテ》は、「シャルラタン・アンピリック・もぐり医業者たち《ジャン・ナ・セクレ》」の実態調査を行っている。全国各地の外科医たちから寄せられた一〇〇通あまりの回答のうち、彼らの数が「きわめて多い」とした地域二七パーセント、「多い」は三一パーセントもあった。これに対し、「さほどではない」とした地域は二八パーセント、「知らない」は六パーセントに過ぎなかったという。[14]むろん、この六パーセントは、これら「治療の周縁者たち《マルジノー・ド・ラ・テラプーティック》」が存在していなかったことを必ずしも意味するものではない。「多い」とした回答も、あくまでも印象に基づくものであり、実数を明示しているわけではない。あるいはそこでは、彼らを敵視する外科医たち自身の意識によって、実態が何ほどか増幅されているかもしれない。中には、村の鍛冶師や修道士（女）に加えて、怪しげな医療を行う正統な医師や外科医までシャルラタンに加えている回答例もあるという。

　したがって、アンケート自体どこまで正確な実態を炙り出しているか、いや、そもそもこうした調査自体が可能なのかどうか疑問なしとしないが、「公式な外科医たち《シリュルジャン・オフィシエル》」の回答には、彼らのシャルラタン（やアンピリック）に対する侮蔑と危機感とがないまぜになった、かなり露骨な表現がみてとれる。「呪わしい人間階層」、「人類の災厄」、「有毒な群れ」、「食人集団」などである。[15] ひとことでいえば、シャルラタンをして、近代が、そして何よりも革命が超克すべき負性の存在——たとえば疫病——に見立てる言説となるだろうか。

　医術を修めていないがゆえに無能であり、無知ゆえにしばしば死につながる重大事を引き起こす下劣な詐欺師だとする、伝統的なシャルラタン観をさらに過激化したこれらの言説が、回答書の中に明記されているという事実は、とりもなおさず衛生委員会の真の意向がどのあたりにあったかを、つとに物語るものといえる。唾棄すべき反革命的なものとしての新たなシャルラタン・イメージの創出。おそらくそれは、なおも社会に根強く存在するシャルラタンを民衆の期待や願望から何とか切り離そうとする、革命政府の戦略だったともいえる。

　こうしたシャルラタン締めつけ政策は、ナポレオン一世の時代にも受け継がれた。事実、彼がオーストリア皇女のマリー＝ルイズと華燭の宴を挙げてから四か月ほど経った一八一〇年八月には、警察大臣が各知事に対し、シャルラタンをより厳密に監視するよう求めている。と同時に、各県での状況報告も要請され、最終的に全国から五〇あまりの回答が寄せられる。これらの回答のうち、シャルラタンがなおも活動していると答えたのは十三件。とりわけフランス最西部のフィニステール県や西部のサルト、ドゥー＝セーヴル、ロワール＝アトランティク、マイエンヌといった県からは、かなりのシャルラタンがいるとの報告が寄せられている。これらの地方の一部では、肝心の行政当局がシャルラタン追放にさほど熱心ではなかったという。事実、ロワール＝アンフェリウール（ロワール＝アトランティク）県知事は、一八一〇年一〇月、県内の市町村長や助役、治安判事たちが、シ

ャルラタンによる違法行為の取締りに不熱心だと難じている。(16)

一方、東部アルザス地方からは、シャルラタンの数がかなり減っているとの回答が寄せられている。ただ、以下に紹介する、コルマールのオー＝ラン県立古文書館所蔵の一括史料（A.D.H.-R.5M12）を検討する限り、少なくともシャルラタンの活躍（暗躍？）はなおも各地で続いていたようだ。たとえば、革命暦十一年ブリュメール月、すなわち一八〇二年一〇月、ベルフォールの十二キロメートル北にあるジロマニィの無学位医師（後述）は、オー＝ラン県知事に訴状を差し向けている。その内容は、内科医・外科医・産科医を自称するフィリップ・ロリエと、自称薬剤師・内科医・外科医のヴィニアル、さらに同じ町に住むオペラトゥールの三人が、革命暦一〇年フリュクティドール月二日（一八〇二年八月二〇日）に出された県知事条例の第二、第三条を無視して、それぞれ勝手に治療・売薬を行っているという告発だった。

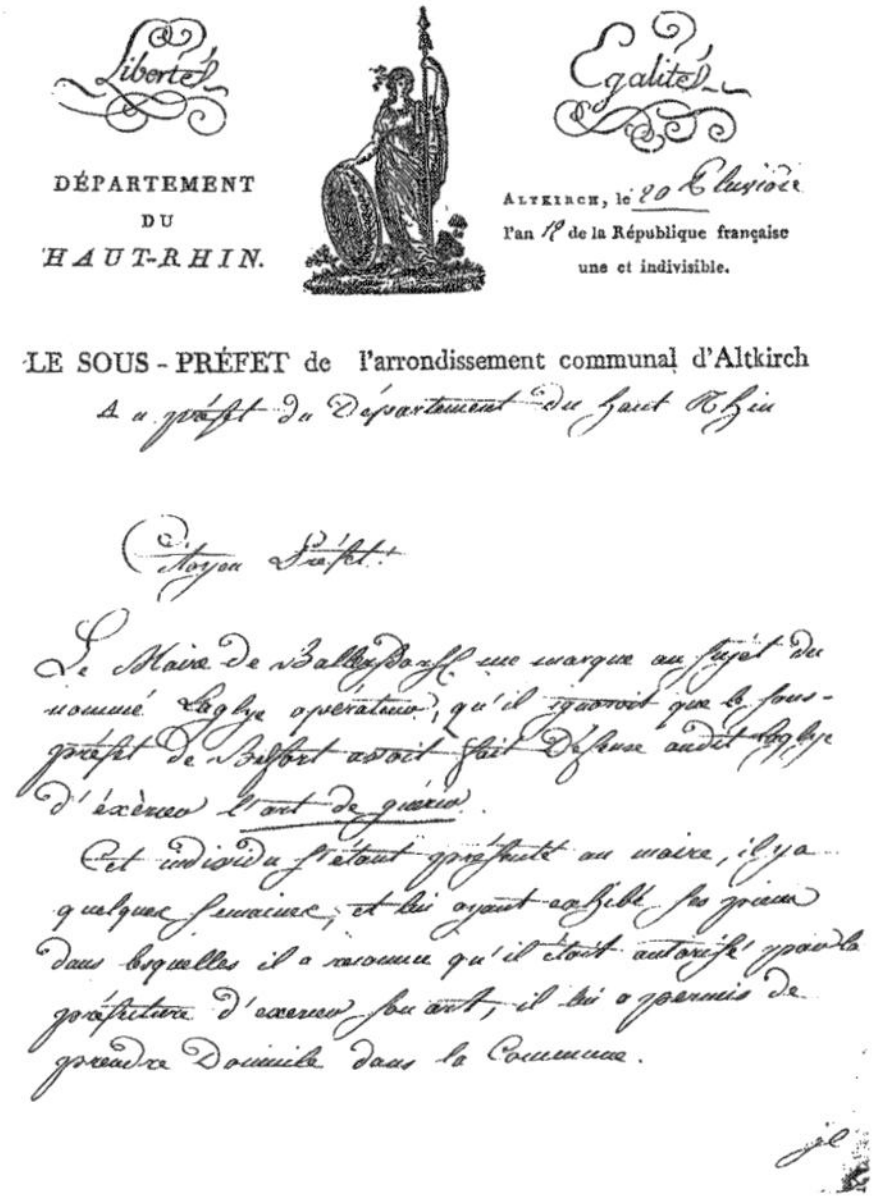
Liberté

Égalité

DÉPARTEMENT DU HAUT-RHIN.

ALTKIRCH, le 20 .... l'an 12 de la République française une et indivisible.

LE SOUS-PRÉFET de l'arrondissement communal d'Altkirch

Au préfet du Département du haut Rhin

Citoyen Préfet,

バレルドルフ村長の訴状。オー＝ラン県立古文書館蔵（5M12）

また、前年八月に終身統領となり、新憲法を制定したナポレオンが、イギリス本土上陸作戦の準備に怠りなかった革命暦十二年ニヴォーズ月（一八〇三年十二月）、アルザス地方南部（オー＝ラン県）バレルドルフ村の村長は、副郡長に次のような訴状を出している。

小職は、ベルフォールの貴職と同じ副郡長によってその治療行為を禁じられておりますラグリーなるオペラトゥールが、数週間前からバレルドルフの村に住み着いていることを知りました。（……）同封の張り紙は、貴職にそのシャルラタニズムの何たるかを知らせると同時に、この者が住んでおりますオーベルジュ（旅籠）についても教えてくれるはずです。貴職におかれましては、なにとぞこの件に関していろいろ調査され、昨年のヴァントーズ月十九日に制定された法律（前述）を忠実に施行していただくようお願い申し上げます。（後略）

この訴状を受けて、革命暦十二年プリュヴィオーズ月（一八〇四年二月）、アルトキルシュの副郡長は、コルマールのオー＝ラン県知事宛にこう書き送っている。

バレルドルフ村長は小職に対し、ラグリーなるオペラトゥールがベルフォール副知事から治療行為を禁じられておりましたことを知らなかった、と申し出ております。このオペラトゥールは数週間前に村長の前に出頭してその証明書を見せ、これによって、村長はラグリーが知事から治療行為を許可されているものと信じ、村に居を構えるのを認めてしまいました。村長はまた、市民ラグリーが、どちらかといえば騙されやすい者たちを何とか騙そうとしていたことも知らなかった、とも付言しております。そこで小職は、この村長に、市民ラグリーを副知事のもとに移送するよう命じました。

こうして移送されてきた彼の資格を調べたところ、たしかに治療行為を認めるという知事の許可証は有していました。それは衛生委員会による審査の結果交付されたものですが、この種の許可証は、ヴァントーズ月十九日の法によって反古にされているのです。（……）小職はラグリーに対し、彼が正式に認可を受けるまで、病人を治療し続けることを禁じました。そこで彼は、コルマールに赴き、現行法に則った鑑札を得てくると約束いたしました。

はたしてその結果がどうなったか、史料は何も語っていないが、ここから分かるのは、法規制が強化されたにもかかわらず、なおも従来型のシャルラタンが暗躍していたことと、シャルラタンの告発に、前述した医業法が引き合いに出されるようになった、つまりシャルラタニズムを違法行為として明確に措定する法律が初めて用いられた、ということである。むろん、訴状なり告発文なりの宛先は、アンシャン・レジーム期の地方長官から県知事に変わっている。次の書状は、こうして訴えを受けた県知事が当該首長（ここではコルマール近郊のエトラン村村長）に与えた指示の一例である。革命暦十三年プレリアル月（一八〇五年五月）のことである。

小職はオペラトゥールないしシャルラタンを自称する者が、本県の村に住み着いて治療を行い、素朴な農民たちを引き寄せるため、ビラを配布しているとの報告を受けました。小職としましては、貴職におかれて、この者が速やかに本県から退去しなければならず、もしこの者が県当局に出頭しないなら、小職が憲兵隊に命じて本人が携行しているであろう証明書を没収させ、しかるべき措置に服させる旨、申し渡されたい。

この史料もまた、事の顚末をつぶさに語ってくれてはいないが、ここで興味深いのは、シャルラタンがかつての客寄せ芝居に代えて、ビラ、つまり簡単な文字を配した宣伝チラシの類を配るようになっていたという点である。少なくとも十九世紀初頭のシャルラタニズムは、顧客開発のため、識字層の拡大と軌を一にする新たな媒体を用いて、今日的な広告へとつながる新たな戦略をいち早く導入したのである。たしかにシャルラタンの全体的な衰退は疑いえないものの、そこには時代を先駆ける彼らの真骨頂が何ほどか読みとれる。そういえば、十八世紀末から十九世紀初頭のパリを舞台とする、バルザックの『セザール・ビロトー』（一八三七年）には、主人公の香水商ビロトーが、いささか怪し気な「後宮美女強力クリーム」と「駆風美顔水」を新たに売り出すため、その効能を列挙したビラを用いたとの記述がある。(17)

さらに、シャルラタン一行の排除を県知事に求める文書もある。差出人はミュレなる医師である。いささか長いが、これもまた貴重な一次史料である。あえて全文を訳出しておこう。

下記に署名します私は、エテラン村（コルマール南東二〇キロメートル）に在住します内科医ですが、ここに以下のことを謹んでお知らせいたします。しばらく前から、ヌフブリザック（エテランの北四キロメートル）一帯にオペラトゥールを自称するシャルラタン一行が住み着き、あちこちの村を巡っては薬を売りつけたり、素朴な者たちを治療して稼いでおります。彼らはまた八日から一〇日もの間ヌフブリザックに滞在し、町当局からただちに退去するよう命じられました。このヌフブリザック滞在中、彼らの主な倉庫は（近郊の）オーベルサアシェムにありました。同地の村長が彼らに部屋を貸していたからです。そこで私は、同村長を招き、厄介なスキャンダルを避けるためにも、彼らを出発させ、ヴァントーズ月十九日の法律を守るよう申し入れを行いましたが、村長はこれを拒絶しました。そして昨夜、こともあろうに彼らはエテランに移り住み、村長に、同封しましたようなビラを配る許しを求めております。そこで私は、村長に対し、彼らが携行している通行証などの書類を取り上げ、県知事閣下に報告し、最終的な決断を仰ぐよう進言しました。思いますに、問題のシャルラタンたちは、女性であろうがだれであろうが、薬を頒布する限り危険な存在であります。彼らの中心人物は、バ＝ラン県のビッシェム村（ストラスブール北四キロメートル）生まれを自称するアベルティヌ・ドランクルなる寡婦です。彼女は（革命暦）十二年度有効の同村発行の通行証を携えて旅をし、この通行証のおかげで、家族や利益のためにスイスやドイツにも入ることができます。しかし、私が同僚のモエル氏から教えられたところによりますと、彼女は二年前、アルトキルシュで、貴職の命で仲間たちともども逮捕された本人であり、牢獄から釈放の際には憲兵隊に国境まで連行され、シャルラタンとして二度とフランスに舞い戻るのを禁じられてもいるのです。

以上の点に鑑み、貴職におかれましては、エテラン村長に対し、科学と市民たちの健康に害をなすだけの、これらの者たちに関する行動規範をなにとぞお示し下さいますよう、お願い申し上げる所存です。敬具（署名）

この文書で興味を惹かれるのは、前述したビラや、なおも集団で行動しているシャルラタンの存在のみならず、より南部のアルトキルシュで国外追放措置になっていたはずの彼らを庇護し、あまつさえ医業法の適用を拒む村長がいたことである。そうした村長の姿勢がはたして何に由来していたのかは不明である。中央からの指令を頑なに拒もうとする政治的意図があったのか、それとも何かしらそれをあえて無視しなければならない事情があったのか。あるいはこれは、一村長の才覚や良識など軽く凌駕してしまう、すでに何度もみてきたようなシャルラタンの伝統的なしたたかさをつとに示す事例と言えるだろうか。

以上、縷々紹介してきたアルザス地方のシャルラタン対策は、何よりも県知事の指令のもと、シャルラタンと目される者を、場合によっては力ずくで県外に追放することで能事足れりとしている。つまり、これはあくまでもシャルラタン追放であって、撲滅ではないのだ。だが、ここでもうひとつ看過してならないのは、少なくとも同地方のシャルラタンたちが——必ずしもすべてとまでは言えないにせよ——、かつてのような遍歴型ではなく、いずれも定住型であった、ないし定住志向を抱いていた、という点である。だとすれば、所払いという措置は、彼らの生存にとって重要な重みを帯びていたに違いない[18]。

これに対し、北仏からの回答では、革命後間もなくしてシャルラタンの姿はほとんど見られなくなっていたという。たとえば、ブルターニュ半島北岸のサン＝マロ一帯では、正統な医師や外科医、さらに医療担当官らの活躍によって、シャルラタンの働き場がなくなっているという。南仏からの回答はブーシュ＝デュ＝ローヌ県からだけだったが、そこでは厳しい規制が敷かれているため、シャルラタンはいないとしている。シャルラタンが僅かないしまったくいないとするこうした回答の中には、むろん自分の行政力不足を糊塗するため、事実を意図的に捻じ曲げたものもあったろう。

## シャルラタンの残映

イギリス医学会の設立に先駆けること二年の一八二〇年十二月、前章でみておいたように、ルイ十八世は侍医アントワーヌ・ポルタルの願いを受け入れてパリに王立医学アカデミーを創設し、革命政府によって解散させられた王立医学会や外科医学会、さらに薬剤師連合会の「生き残りたち」を大同団結させる。「内科と外科、そして薬学の新たな知的均衡」（ジャック・レオナール）(19)を示す、このフランス医学界の歴史的出来事を挟んでの一八一八年と一八二四年にも、同様のシャルラタン調査は実施されている。その回答をみる限り、たしかにシャルラタンがいると答えた県ないし地方は総じて減少している。通達とそれに伴う締めつけが次第に効力を発揮していった。あるいはそう考えられるかもしれない。

しかし、実情はさほど斉一的なものではなかった。事実、一八一八年の調査は、毎年地方を巡回して無償治療を行っていたフォルレンズ（フォルレンツェ）なる眼科医が、なおも横行するシャルラタン被害を、警察長官に直接訴え出たことが契機となっている。同年三月の話である。この眼科医によれば、シャルラタンや生半可な知識しかもたない素人から誤った治療を受け、あるいはその薬を服用したため、すでに手遅れになっている眼疾患者が、各地で貧困層を中心に危機的なまでの数にのぼると指摘しているのだ。しかも、これらの無法者たちは、広場に仮設の舞台を設け、いい加減な口上と偽りの肩書きを記したビラとで客を集め、最初に舞台に上がった客には無料診察の恩恵を与えているともいう(20)。まさにこれは、すでに幾度もみてきたシャルラタンの典型的な手法にほかならないではないか。

典型的といえば、アルザス南部における次の二つの事例も、[21]シャルラタン＝犯罪者という従来からのイマジネールに同調し、さらにそれを十九世紀において増幅するものである。一方は、ワイン生産地として知られるゲブヴィレル近郊のオルシュウィル村に住むシャルラタンについてである。その村長が一八一二年三月にオー＝ラン県知事に宛てた書簡は、まず医業法の意義の再確認から書き始められている。「医学の実践に関する革命暦十一年ヴァントーズ月十九日の法律は、人類の維持とシャルラタンの追放のために制定されました」。

この言挙げに続いて、村長は、ブランデンブルク（？）出身のジャン・アンドレ・ロメトルなるシャルラタンが、革命前年より村に来住し、内・外科医と薬剤師と産科医を自称して、何人もの村人を「あの世に送り込んでいる」としている。そして、ほかならぬ村長自身、妻の出産をロメトルに託したため、せっかく授かった子供を殺されたことなど、じつに二〇件以上の実際の「犯罪」を列挙し、このシャルラタンに対するしかるべき措置を県知事に求めている。

もう一方の事例は、アルザス地方最後の魔女裁判が行われたベルゲムでの「犯罪」である。[22]同村長が、一八一九年三月にオー＝ラン県知事宛に書き送った書状を読む限り、これもまたまさに伝統的なシャルラタン被害の事例といえる。

当村のブドウ栽培者で数多くの家人の父親でもあるノーゲル・ジョゼフ氏は、重病を患っていなかったにもかかわらず、他界しました。隣人たちはその死因が、他所者からリューマチ治療のために買い求めた薬にあるとしております。こうした告発と人々の噂話とに基づいて、通行証こそ携行しているものの、衛生委員会の鑑札を持っていなかったこの者を逮捕させました。そして、小職はただちに治安判事に通報し、これに基づいて、治安判事は当村の医師たちに遺骸を解剖させました。医師たちは前記ジョゼフ氏の死が間違って調合された薬に起因するものであると結論づけました。そこで治安判事は調書を作成し、無許可で治療行為

19世紀のシャルラタン=抜歯人。なおも楽師たちを従え、仮設舞台でパフォーマンスを行っている。19世紀後葉の民衆版画。パリ、国立民衆芸術・伝承博物館蔵

を行ったとして、この者を憲兵隊の手に委ね、主席検察官のもとに連行させました。なお、その通行証から、この者は名をアスランガー（ハスリンガー）といい、生まれはバ=ラン県（アルザス地方北部）のモルシェムであることが判明しております。

全国的規模でのシャルラタン調査は、一八二四年にも実施されている。なおも各地の治安当局に届けられるシャルラタン被害を受けてのものだが、調査自体の目的は、シャルラタンのリスト作りというよりは、むしろ県知事たちにどのようなシャルラタン撲滅対策をとっているかを報告させるためのものだった。ここまでくれば、もはやシャルラタンは単なるいかさま師などではなく、反国家的な負性の存在ということになる。おおかたのシャルラタンからすれば、むろんこれはまったく与り知らぬことであり、迷惑千万な話でもあった。彼らは歴史を生きてきたシャルラタン以上でも以下でもなかったからだ。

では、県知事たちはいったいどのようなシャルラタン対策をとったのか。次の事例は、フランス中北部オーブ県の話である。一八二五年十一月、一人の男が県都トロワにやってくる。名前はジャン・アダム・トラベル。本人の弁によれば、高名な内科医の息子で、彼自身聴覚を失った者を治す方法を発見したという。しかし、のちに分かることになるが、実際には外科医の免状をもっておらず、むろん内科医のそれも持ち合わせていなかった。にもかかわらず、彼は若い従僕たちに市場でラッパを吹かせ、スイス製の傷薬や難聴用の練り薬を売り捌いた。この手法だけからしても、トラベルの正体にただちに気づきそうなものだが、オーブ県知事は県都での彼の治療行為を認めている。そして、トラベルがもぐりのシャルラタンであると分かった頃には、すでにトロワに彼の姿はなかったという(23)。

それにしても、中央政府から再三再四にわたる取締り要請を受けながら、一部県知事のこうした迂闊さは理解に苦しむ。むろんそこに、何らかの意図があったとすれば話は別だが……。ジャック・レオナールは指摘している(24)。「多少誇張していえば、フランスの医療社団は、復古王政期(一八一四―三〇)を十九世紀のもっとも不快な時期と十中八九みなしていた。躓きの石は、明らかに違法なゲリスールたちに対する公権力の対応にあった。おそらく権力当局はヴァントーズ法を遵守させることができなかった。有学位医師の公式なリストには誤りと欠落があり、県知事たちは毎年このリストを更新するのを怠っていた。いや、肝心の司法省や内務省にしても正確な名簿を作成せず、結果的に出てきた統計も脆弱なものにとどまった」。

レオナールによれば、王立医学アカデミー創設にかかわる前述の王令より三か月前、つまり一八二〇年九月の王令は、香料商が「毒や薬物」を扱うのを認め、一方、海軍省は、医学アカデミーがきわめて危険だとした秘薬を植民地に送り出してもいるという。さらに、一八二四年七月のコルビール令は、施療院内で、看護人や奉仕者、学生たちに対する規律の維持を上位修道女に託し、一八二八年の四月に出された時の首相マルティニャックの回状(通達)は、修道女たちが特殊な処方による医薬を調合し、販売することを認めてさえいるともいう。こうしたアノマリックな状況にあってみれば、シャルラタンたちが時の政府から農村部に送り込まれた者だと自称しても、おそらく不思議はないだろう。

　フランス医学界が政治の力でシャルラタンを一掃しつつ、自らより制度的なダイナミズムを獲得しようとしていたこの大きな転回期にあって、以上縷々みてきたように、シャルラタニズムの残映は、たしかに残映ではありながら、じつは社会全体をすっぽりと覆うだけの余力をなおも十分に残していたといえる。そこでは、本来なら決然と訣別するはずだった、近代へと向かうベクトルと近代へと受け継がれてきたベクトルとが、分かちがたく共存ないし混淆していた。あるいはそうともいえるだろう。ありていにいえば、それは現代にまで及んでいる状況でもあるのだが……。

## 無学位医師規制

　革命政府とそれに続く復古王政のシャルラタン対策は、一方で「無学位医師《オフィシエ・ド・サンテ》」（字義は「健康吏」）の規制をももたらしてもいる。すでに本書に幾度か説明抜きで登場している用語だが、本題に入る前に、まず無学位医師そのものについて改めて検討しておこう。

　そもそも無学位医師とは、革命期の混乱の落とし子だった。すなわち、一七九三年、革命政府は各種アカデミーや学会を解散させ、と同時に、医業に対する一切の統制ないし管理も撤廃し、内科と外科を問わず、だれもが自由に医業を営むことができるようになった。つまり、学位も、いや、まともな教育も、そしてむろん経験すらない者でも、原則的に医業を行うことが可能になったのである。彼らは居住地の長と名士二名の署名がある証明書を提出すれば、無学位医師の社団に加入し、医業を営むことができた。[25] こうした野放図な医療制度を再度改め、それを国家による管理体制の中に組み込む。一八〇三年のヴァントーズ法は、いわばこれら「正統」医師の再編をも意図していた。

これについては、次の史料が能弁に説明してくれる。すなわち、ナポレオンがセント＝ヘレナ島で没してからおよそ五か月後、一通の証明書がパリ大学医学部教授団から出されている。表題は「無学位医師受け入れ資格」。その内容は以下の通りである。(26)

（革命暦）十一年ヴァントーズ月十九日の法律を実施に移すセーヌ県医事委員会の構成員にして、下記に署名するわれわれパリ大学医学部教授たちは、ジュボーエル・ルイ・ミシェル氏、年齢三〇歳六か月、セーヌ県パリ生まれが、五年九か月に及ぶ学業、すなわち三度の医学部登録と五年間のパリ各地の救貧院における実務の成果を、われわれに開陳したことを証明するものである。

同氏は、前述した法律の第十七条に則り、所定の試験を三度受けた。最初の試験は、一八二一年一〇月十五日で解剖学について、二度目は同月十六日で、内科学と産科学の要素に関して、そして三度目は同月十七日で、外科学と、薬学のもっとも有益な知識とに関するものだった。

公的に支持されてきたこれらの試験の中で、ミシェル氏は才能を遺憾なく証明した。それに鑑みて、われわれは氏が無学位医師としての職務を全うするに足る知識を有していると明言し、したがって氏にこの資格を授けるものである。

パリ、一八二一年一〇月十七日

（署名）教授・医事委員会委員リシュラン、教授・医事委員会委員デゾルモー、パリ大学医学部長・医事委員会委員長Ｔｈ・ルルー

もしこの証明書に記された方式が一般的だったとすれば、無学位医師とは比較的短期間の勉強とそれなりの実

地訓練を経た者で、三度の試験に合格し、大学医学部教授たちからなる医事委員会によって、その能力が認められた者ということになる。では、アンシャン・レジーム期、より正鵠を期していえば、革命暦十一年の医業法の制定以前に職能組合によって認定され、大学の正規の修学課程を経て医学博士の学位[27]を得た医師と同様に医療行為を行っていた、多くの無学位医師の身分はどうなったのか。例外的な事例はさておき、原則として彼らには医師リストへの再登録が義務づけられた。

　たとえば、革命暦十二年フリメール月（一八〇三年十一月）、アルトキルシュ在住のフランソワ・アントワーヌ・ベルツなる無学位外科医は、オー＝ラン県知事宛てに自らの正統性を訴える次のような書状をしたためている。[28]

> 彼（ベルツ本人）は三八年ほど前から外科治療を行って、アルトキルシュおよびその周辺市民すべてに喜ばれております。彼はその外科術を、高名で絶大な信頼を寄せられていた外科医の亡父のもとで習得しました。革命暦十一年ヴァントーズ月十九日の法律公布当時、彼は家を留守にしており（あるいは仕事を休んでおり）、県の医師リストに名前が掲載されるために遵守すべき諸規則を知ったのは、かなり後になってからでした。しかし、彼にとってその医術を維持し、将来にわたってそれを営み、子供のひとりにそれを教え込むことは、きわめて重要なことであります。そこで彼は貴職の正義心に訴え、以下のことを求めたく思います。
>
> 　添付の審査証明書と公知証書に鑑みて、陳情者が県の無学位医師の追加リストに記載され、正義がなされますよう、お願い申し上げます。

　この陳情書に添付された公知証書は、アルトキルシュ郡内の内科医二名の連名によるもので、そこには、彼が長きにわたって外科医療を行って地域住民たちから喜ばれていることや、その技量があらゆる点で申し分なく、県の医師リストに載っても何ら問題はないといったことなどが明記されている。一方、審査証明書は上級外科医が作成したもので、内科医たちによって交付された証明書の内容を確認し、さらに「外科的症状がきわめて重大な場合は、彼が陳情者ベルツと協同して事に当たった」と明言している。つまり、本人のみならず、地元の行政当局や実力者の推挽によって、地位の保全を願う。おそらくこれが、一七九二年以降、無学位医師のとってきた典型的な姿勢のひとつだった。

事実、一八二一年九月、アルザス中部のワイン生産地として知られるリボーヴィレの村長以下三〇余名は、オー＝ラン県知事に連名で陳情書を出している。同村出身の無学位医師フレデリック・ケラーが、一七九二年以降、村で治療・診察にあたって村人から全幅の信頼を寄せられ、その医学的知識も申し分なく、余人をもって代え難い人物だからだという。そして、この切々たる陳情書が功を奏したのか、おそらく最終的にケラーは追加医師リストに登録されるようになった。一八二五年三月、コルマールの主席検察官パルケが、オー＝ラン県知事宛てに出した書簡に、彼の名が登場しているからである。

> リボーヴィレ在住の内科医ケラー氏は、内科ないし外科の治療を続けて行おうとする者すべてが、三か月以内に副知事宛てに親方たちからの証明書を提出することを規定した、革命暦十一年ヴァントーズ十九日公布の法律第二二条の規定に叶っています。一七八九年六月十一日にフライブルクで受け入れられたように、ケラー氏は、一八二一年七月三日に県庁で作成された内・外科医師リストに記載され、最後に、一八二三年二月に改訂された追加リストにもその名が記されています。これらの登録は正規の書類に基づいており、ケラー氏が同様の好意を享受する上で有していた権利を確認するものと思われます。この件に関しまして、正確かつ内密な詳細をご考察下さいますよう、お願い申し上げます。敬具。（傍点蔵持）

一方、無学位医師本人が県知事に願い出た事例はほかにもある。たとえば前記事例と同じ月、アルザス地方南部のギュベルシウィア村に住む外科医は、一八二一年八月に県庁で作成された医師リストに自分の名が記載されていないのに驚き、革命暦十一年の医業法第二三条に則った追加リストにその名を加えてくれるよう求めている。この陳情者によれば、外科医は一七九四年にブザンソンの陸軍病院に外科医として迎えられ、四年後にはマインツに移ったが、病気に罹り、その間にさまざまな証明書類をなくしてしまったという。そして、最後に彼はこう結んでいる。すでに齢もいった今、新たな証明書の発行も望めず、それゆえひたすら県知事の配慮に委ねたい。

改めて指摘するまでもなく、医業法（や薬業法）の規制対象となった無学位医師とは、正統医師の中のいわばシャルラタン的存在だった（十九世紀前葉から二〇世紀初頭にかけての彼らの実数については、前章註10参照）。つまり、シャルラタンの追放（ないし撲滅）を狙った革命政府とその対策を継承したナポレオン帝政は、それまで正統の枠組みの中に位置づけられていた異端を法律によって顕在化させ、これを医師リストへの再登録という手法を用いて再編することによって、医・薬業の世界の真の近代化を図ったともいえる。むろん、この措置によって、医・薬業の舞台からの後退を余儀なくされた無学位医師も少なくなかったはずだ。

そして、おそらくこのあたりからシャルラタンの社会的イマジネールが一部なりと捩れる。いや、正鵠を期していえば、そのイメージが分化ないし拡大する。伝統的なシャルラタンとシャルラタン的（正統）医師や薬剤師というイメージとに、である。つまり、それまでシャルラタンを断罪していた正統が、すぐれて民衆的な用語法の中で、ほかならぬシャルラタンとして断罪されるようになったのだ。シャルラタンを締め出そうとする国家的なプログラムが、こうして民衆的語彙の含意を増幅する。二〇世紀に入ると、さらにこの語彙は新たな対象を獲得するようになるが、皮肉といえば、まことに皮肉なことといえる。

シャルラタン像の乖離

ひとつの事例からみていこう。(29) 時はナポレオン三世による第二帝政下の一八五九年二月。トゥールーズと聖地ルルドないしサン＝ゴーダンのほぼ中ほどに位置し、ピレネー北麓の保養地として知られるサリ＝ド＝サラの憲兵隊に、ひとりの男が危うく告発されかかった。男の名はルイ＝アンリ・クレレ。他所者の歯医者だという。告発者も歯医者で、名はレティエ。クレレはモンペリエ大学医学部の、レティエはパリ大学医学部の修了書をもっていた。しかし、誤解なきよう断っておくが、合衆国のボルティモアに世界で最初に歯科医養成学校が設立されたのは一八四〇年。イギリス初の歯科学校は一八五九年に創設されているが、フランスで歯科医の免許制が実施されるようになるのは、それからおよそ半世紀後の一八九二年になってからである（ちなみに、一九〇〇年の登録歯科医数はフランス全土で一七八八人）(30)。したがって、ここでの医師免状というのは、歯科医として特化したものではありえない。

同市の定期市を当てこんでやってきた同業のふたりは、たまたま投宿した旅籠の調理場で激しい口論を繰り広げた。口論の経緯こそ不明だが、このありさまを目撃した旅籠の主人は、裁判記録の中でこう語っている。

レティエ氏はいかにも挑戦的な口調で、クレレ氏にその医師免状を見せるよう迫っていました。何しろ彼は、それが偽物だと言い張っていたのですから。そこでクレレ氏は、問題の医師免状をテーブルの上に置き、私を呼んで真贋を調べるよう言ったのです。私の見立てでは、それは一八四六年にモンペリエの医学部がクレレ氏に出したものでした。ところがレティエ氏はなおも修了証が埒のないものだと言い続けました。そして、憲兵隊の詰所に出向き、クレレ氏を隊長に引き渡そうと言い出す始末です。しかし、私は同意しませんでした。肝心のクレレ氏も、そんなレティエ氏から向けられた疑いを一顧だにしていないようでした。このやりとりがあったのち、クレレ、レティエ両氏は和解したようでした。（……）私が調理場に戻ると、二人のシャルラタンは互いに飲みかつ話し合っていたからです。（傍点蔵持）

この事例で興味深いのは、かつてのような国王侍医や親方職人組合の証明書ではなく、れっきとした大学医学部の発行になる医師免状が問題になっている点である。もしもそれが本物なら、クレレ（とレティエ）はシャルラタンではない。とすれば、クレレの医師免状を本物と見立てながら、彼らをシャルラタンと呼ぶ旅籠の主人の言説はどのように理解すればよいのか。むろんここでは、その前に主人の見立て自体の正当性を問題視しなければならない。なるほど彼は、商売柄、識字者には違いなかっただろうが、偽造された免状の真贋を言い当てるだけの見識を備えていたのだろうか。

疑問は容易に氷解しないが、正統な資格をもつ医師なり薬剤師なりが市に出向き、市の会場や広場近くの旅籠を診察室や調剤室として業務を行うというのは、必ずしも珍しいことではなかった。たとえば、十九世紀後葉のペドゥビドゥなる正統医師は、十五キロメートル以上離れたオート＝ピレネー地方のバニェール＝ド＝ビゴールだけではなく、さらに遠いトリの定期市や大市に赴いて、病人を診察したものだった。そして、一八七三年から一〇年間というもの、二か月毎に数日間開かれた後者の大市だけで、年収の約六パーセントを稼いでいたという。[31]また、医師や薬剤師の多くは、好んで定期市を有する都市部に仕事場をもっていたとする指摘もある。[32]その限りにおいて、クレレ（とレティエ）が正統医師――無学位医師であったかどうかはさておき――だった可能性はあながち否定できない。

この問題を考えるには、まず旅籠主人の言葉が裁判記録として残っている点に注目しなければならない。クレレとレティエのいざこざは丸く収まったとするなら、当然司直の手を煩わす仕儀にはならなかったはずではないか……。じつはクレレは、サン=ゴーダンの市で難聴の若者に治療薬を処方し、それがもとで患者は耳に焼けるような痛みを覚えるようになってしまったのである。怒ったのは患者の父親である。ただちに市に駐在していた憲兵隊にクレレを告発し、こうして彼は法廷に引きずり出されることになる。(33)むろんシャルラタンということだけでは告発の対象にはならなかった。無免許のシャルラタンが治療行為を働いた。おそらく原告側はそう主張した。旅籠主人の言葉は、その法廷での証言であり、内容からして、明らかにそれはクレレの資格を突き止めようとする審理の過程でなされたものといえる。にもかかわらず、主人はクレレの医師免状が本物だと証言した。

はたして裁判の結末がどうだったかは分からない。肝心の医師免状にしても、法廷で改めて吟味されたはずだ

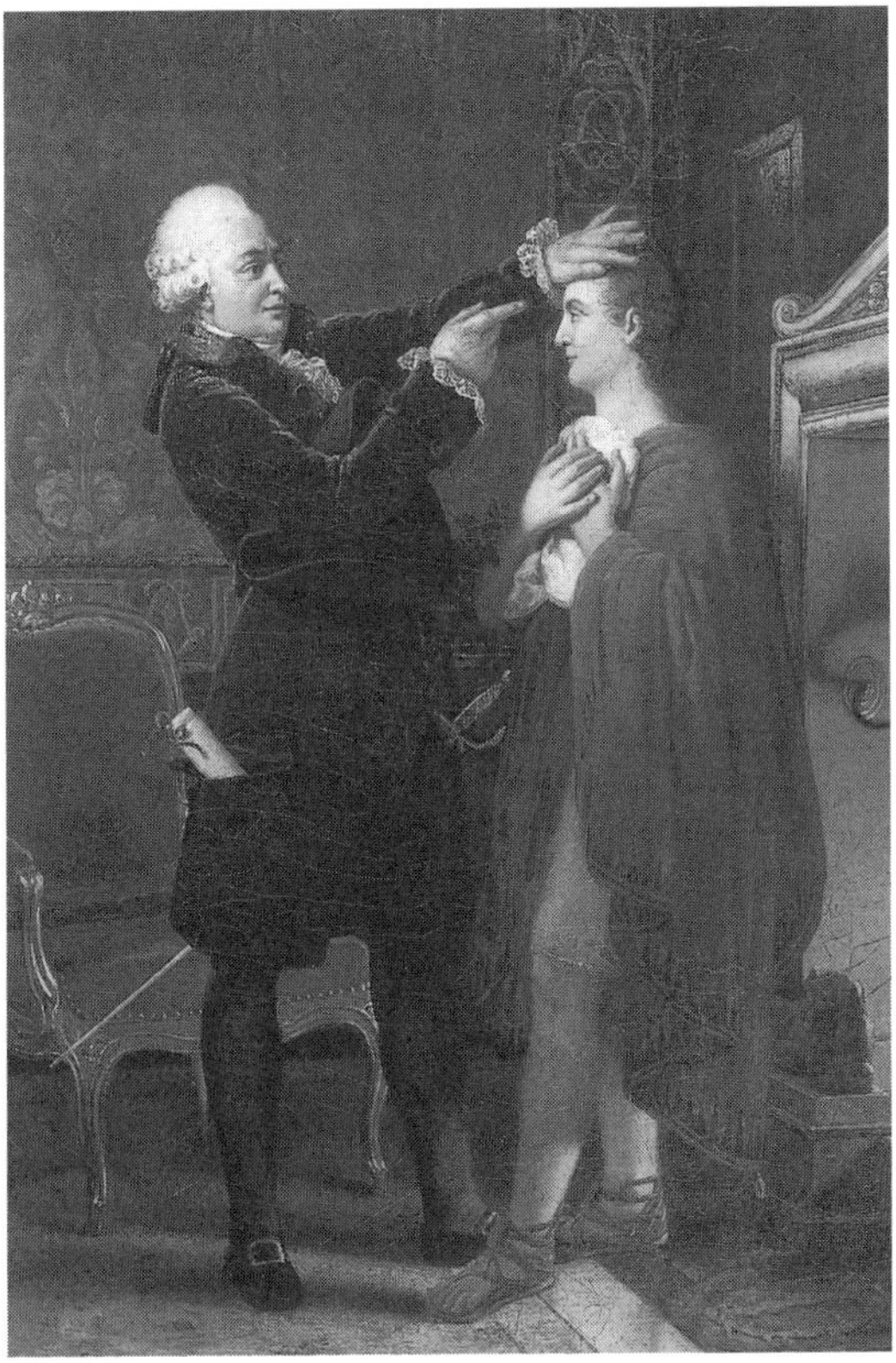

コメディー=フランセーズ座の悲劇作家タルマ(第三章註102参照)の前頭結節を触診する内科医ルイ・デュシ。上衣のポケットから十二宮図がはみ出している。油彩画、1883年。コメディー=フランセーズ座蔵

が、詳細は不明である。ただ、薬の処方を間違えて患者を害するといったこと自体は、正統医師でもしばしば犯す過ちだった。そして、そうした無能な、限りなくいかさま師に近い正統医師までもが、シャルラタンと呼ばれるようになる。正統の脱聖化もしくは治療行為に対する民衆の監視意識の高揚。この意識のもとで、シャルラタン的正統医師と正統医師的シャルラタンとは分かち難く結びつけられていた。まさにそれが十九世紀における一般民衆のイマジネールであり、旅籠主人の一見矛盾する言説の意味だった。

　こうしたイマジネールは、十九世紀も半ばを大きく過ぎると、決して一般民衆にのみ特有なものではなくなる。(34)事実、一八七〇年代には、A・デシャンブルが国内各地の二〇〇人あまりの医師を動員して、全十五巻からなる『医学百科事典』を編んでいるが、その第四巻には、「人間と医者の尊厳の名において」葬り去るべきシャルラタン的正統医師たちの手口が、以下のように十五通りも紹介されている。(35)

A　自分が住み着いた一角のあらゆる通りに下僕を走らせ、家毎に、公爵夫人や侯爵夫人御用達の高名な医師が来たことを告げさせる。

B　迷子になったとして愛犬の張り紙を出し、しかじかの住所にそれを連れてきてくれた者には多大の報酬を提供すると記す。

C　流行りの雑誌に、自宅のある通りで大事故が起こったが、この通りのX番地で正午から午後五時まで診察を行っている有能な医者が、怪我人の命を救ったとの記事を載せる。

D　診察すべき病人もいないのに、（往診用の）馬二頭を一日中酷使する。

E　つねにラテン語で処方箋を書く。だが、いかなるラテン語か？

F　その知識に驚いた患者の前では、決して虫歯《マル・ドゥ・ダン》などとは言わず「オドンタルジー（歯痛）」といい、さらに足湯《バン・ドゥ・ピエ》ではなく「ペディリュヴ（脚浴槽）」、刺胳《セニエ》ではなく「フレボトミー（静脈切開）」、高熱《フィエーヴル》ではなく「ピレクシー（発熱）」などと言ったりする。

G　患者の症状をつねに誇張し、危機的状況から患者を救い出したとの栄光を得ようとし、患者が死んだ場合には、不可抗力だったと言い訳する。

H　待合室で何時間も患者を「薬づけ」にし、時には患者が増えていると見せかけるため、サクラの通院患者を時間で雇ったりもする。

I　忙しすぎて身繕いもままならないということを信じさせようとして、わざと構わない奇妙な格好をしている。

J　横柄かつ粗野な口調で、こう言ったりもする。「これ（自分の施術）は手本であり、それゆえ学問的なのだ」。

K　日曜日に金ぴかの分厚い本をもってミサにでかけ、司祭の推薦を手に入れるヴォルテール主義者である。

L　毎日ブルヴァールに出向いてはトルトーニ（高級レストラン）で夕食を摂り、勘定の支払いはダントン（？）に委ねる。

M　自分の肖像画を飾るため、有名な写真店のショーウィンドウ内に場所を借りる。

N　町で夕食をする際には、必ずデザートになったら迎えにくるよう、召使に命じる。やがて召使が息せき切ってやってきて、主人の耳元で何かを囁く、もしくは一枚の書付を渡す。すると、この医者は立ち上がり、厳かにこう叫ぶのである。「いやはや、まことに申し訳ない。由々しき事態が起きたものだ。まったく厄介な仕事というべきか。いっときたりと安穏としておれぬ！」こうして彼は急ぎ店を去り、家に戻ってコーヒーを飲む。だが、そこに彼の診療を求める患者の姿はない。

O　診察室の暖炉や机の上に貴金属や銀行券などを並べる。これは患者の貴金属や銀行券を巻き上げようとする、きわめて強い願いの表れである。

敵意や侮蔑をよくもこれだけ並べたと感心するが、むろんこうした医学書の類いは、単に新しい医術の紹介だけではなく、しばしば正統ならざる医術と、正統の正統ならざる医術とを告発・排除することも目的としていた。その限りにおいて、それは正統の教義・教説を唱導して異端・異教の徒を容赦なく断じる、一連の神学書にも比定できるだろう。だが、ありていにいえば、ここでかなりの悪意や偏見（おそらく！）をもって難じられているシャルラタン・イメージは、仮設の舞台や粗末なテントを「診察室」や「調剤室」とする従来のそれではないシャルラタンが、「いかさま医師」ではなく、むしろ「いかさま正統医師」の謂となっているのだ。

## 異形の正統

これをしも新たなシャルラタンと呼べるかどうか、判断はさておくとして、こうした新しい用語法は、時に自ら考案したとする技術を実際の治療に導入する医師に対しても向けられた。たとえば一八八八年、パリの内科医であるポム・ド・ミリモンドは、自家版の小冊子『シャルラタンたちの発明と方法』の中で、シャルラタン＝オペラトゥールの無法な歯科治療についてこう述べている。(36) その場の雰囲気を示すため、あえて原文通りの会話体で訳出しておこう。

まず初診の患者がやってくる。長々と待たされるのではと思いきや、すぐに診察が始まる。

患者は言う。

「入れ歯をお願いします。義歯が一本入っていますが、どうもちょっと煩わしくて。何の道具も使わず、痛みも与えずに入れ歯を行う。先生はいろんな雑誌でそう宣伝されていますが、私としても何とか先生におすがりし、その素晴らしいご発明で私の口を飾り立てたいのですが」

「よろしい」。オペラトゥールは答える。「それには予約をしてもらわんと。清算窓口に行って、施術の日時を指示してもらいなさい」

こうして患者が窓口に行くと、係が尋ねる。「名前と住所は?」そこで患者は身分証明書を提示する。すると帳簿係、というよりオペラトゥールの相棒は分厚い帳簿を開き、患者の名前と住所を書き込む。それから、再び患者の方を向いて言う。

「ところで、予納金払ってもらえます?」

求められて、純真な患者は財布を開き、一〇〇ないし二〇〇フランを差し出す。

(……)指定された日時にやって来た患者は、一ないし二時間あまり待たされて後、ようやく診察室に通される。

「では、まず歯根を削ることから始めようか。一週間後にまた来なさい」

こう言われて、患者はやがて数度足を運ぶことになるが、そのうちいい加減嫌気がさし出し、「歯科医」に対し、入れ歯を入れてくれるのか、それとも予納金を返すのかのいずれかを求める。そして、ようやく歯科医の診察室では自分が端役しか演じていないことに気づくのである。

ことここにいたって、「歯科医」はついに特定の日を約束する。やがてその日が来て、患者が喜び勇んで診察室に入ると、何ということか、差し出された義歯は、それまでのものと何ら変わり映えのしない粗悪品(!)だった。

怒ったのは患者である。だが、騙されたと叫ぶ患者に対し、「歯科医」はこう言い放って平然としている。「いや、これでも全力を尽したつもりです。左様、もし一、二本歯に穴をあけ、邪魔な臼歯や門歯を抜いてもいいというなら、別のやり方があったのだが……」。言われて患者はすごすごと引き下がり、予納金の返却も叶わぬと知って、不出来な義歯に甘んじる。――以上が十分に予測された話の顛末である。

ポム・ド・ミリモンドはこの歯科治療者をシャルラタンと断じている。前述したように、たしかに歯科の免許制度が実施される一八九二年まで、歯科治療者たちはしばしばシャルラタンと、つまり抜歯人と同類とみなされていた。しかし、広告といい、診察室といい、これは明らかに彼と同業の正統医師である。その手口は、デシャンブルが列挙したシャルラタン的医師のそれとも酷似している。さらにいえば、もし問題の歯科治療者が正統な医師免許をもたなかったなら、直ちに告発され、診察室の閉鎖をはじめとするしかるべき処罰措置がとられたはずである。にもかかわらず、ミリモンドはこれをシャルラタンと呼ぶ。おそらくそれは、当時、シャルラタンなる語が、どこまで一般化していたかはともかく、すでにして何ほどか新たな意味を獲得していたという事実を示唆しているのではないか。

しかし、この事実は、従来型のシャルラタンが消滅したことを意味するものではない。実際、グルノーブルの正統医師であるステファヌ・コントは、一八五四年に著した小冊子『裁かれたいかさま師《サルタンバンク》、もしくは遍歴のシャルラタンやいかさま師や歌い手たちが、社会の良俗に与えた有害な影響に関する考察』の中で、各地の大市に出没する売薬シャルラタンたちが、サルタンバンク（曲芸師、いかさま師）や遍歴楽師らと一緒に、農民たちからなけなしの金を奪いとっており、地元の治安当局もこの新手の「盗賊たち」にはほとほと手を焼いている、と嘆いている。(37) また、ドーフィネ地方出身の作家ピロ・ド・トレは、一八八二年に著した『ドーフィネの慣習、祝祭、習俗』で、シャルラタンについてこう述べてもいる。(38)

（彼らは）歯医者であり、奇術（いかさま）師であり、ジョングルールであり、バルサムや香水売りでもあ

1880年代のパリの女性専門「歯科医」エレーヌ=ビュルキ。万能薬のディアフェニクスであらゆる歯痛を治したという。パリ、国立図書館蔵

る。つまり、ひとことで言えば、あらゆる種類のバトゥルールにほかならない。ある者は東洋風の衣装をまとい、ある者はまた、身につけた金の鎖やダイヤモンド、豪華な宝飾品といったものを、観衆にこれみよがしに見せつける。そして、車や馬に乗り、楽師や小姓や下僕たちを引き連れた彼らは、定期市や大市ともなれば、道路を塞ぎ、広場を埋め、自ら調合した軟膏や調剤を褒めそやし、驚いて周りにつめかけた群集にそれを勧めるのである。

歯科治療者がシャルラタンと同一視されていたことはすでに指摘しておいたが、派手な出で立ちといい、大仰な振舞いといい、ここに登場しているのは明らかに正真正銘のシャルラタンである。しかし、彼らはグルノーブル一帯やドーフィネ地方といった、フランス南東部の地域に限って出現していたわけではなかった。たとえば王

異国風の衣装に身を包んだパリの「歯科医」ペドンの広告ビラ。文言には、店の住所や営業時間のほかに、義歯（10年保証）をはじめとするすべての口腔施術や、歯を白くし、歯垢を防ぐ練り歯磨きを商うとある。19世紀。パリ、国立民衆芸術・伝承博物館蔵

の分身であった宮廷道化のように、彼らもまた正統な医師や薬剤師の分身として、なおもフランス各地の伝統的社会の中で確実に命脈を保ち続けていたのである。そして十九世紀も半ばを過ぎると、シャルラタンの存在と活動は急速に衰えていく。しかしながら、シャルラタンにかかわる社会のイマジネールが終息していったわけではない。事実、シャルラタン弾劾はなおも一部で続いていた。

だが、その一方で、時代はシャルラタンにまつわる新しいイマジネールを確実に織り上げていた。このイマジネールは、等身大のシャルラタンに対する従来の批判や、あのタバランをはじめとするシャルラタン自身による反シャルラタン批判とは明らかに異なるものだった。それはまず、自由主義の高まりと軌を一にするかのように、詩人や時には医師をも含む知識人たちが、大言壮語の口上を駆使して、シャルラタンの世界を高らかに謳い上げるところから始まった。荒唐無稽なシャルラタン賛美。ありていにいえばそうなるだろう。もはやそこに、シャルラタンが歴史的に担わされ、それゆえしばしば断罪された負性のイメージは微塵もない。あるのはただ、詩やソネットやバラードに仮託したシャルラタン的想像力をもって、生活世界の領野を揶揄あるいは凌駕し、現実を一気に祝祭化しようとする文学的精神だけだ。筆者のいう「シャルラタン文学」の出立である[39]。

針小棒大の言葉を口上よろしく羅列して、霊薬や秘薬、あるいは奇蹟的なまでに卓越した医術の現実性を高揚するのではない。むしろ作者が自らをシャルラタンになぞらえたり、その分身を登場させたりしながら、幻想と空想の世界を自由奔放に謳いあげる。シャルラタン文学の特徴はまさにここにある。だが、やがてこの文学は、社会に内在するシャルラタン性や欺瞞性を鋭く嗅ぎ取り、それを諧謔的に告発するようになるが、これについてはより後段で検討することにして、取り急ぎ、実際の作品をみておこう。

**ベルナール『シャルラタンたちの王』**

まず、海の向こうのロンドンで第一インターナショナル（国際労働者協会）が設立され、フランス国内では、いわゆる労働者の「六〇人宣言」が出され、労働条件の改善を求めるストライキの嵐がフランス各地で吹き荒れた一八六四年、モンペリエ近郊の古都ニームで『シャルラタンたちの王』と題された一篇の詩が発表されている。シャルラタン文学に頻出する題名が付されたこの作品の作者は、詩人ジュール＝オート・ベルナール。いかなる人物か、筆者は寡聞にして知らないが、むろんたかだか全文十一頁の小品である。同じ年に刊行されたミシュレの『人類の聖典』や、アレクサンドル・デュマ（小デュマ）の『人々の友』とは、洞察力や思想の深みのみならず、構成力や影響力の点でも比較にならない。しかし、そこには奔放な言葉を連ねながら、沸騰する民衆社会のイマジネールを絡めとろうとする、きわめて大胆な意図が見え隠れしている。とりあえず第一部のみ試訳しておこう。(40) 原文はきちんと韻を踏んでいるが、フランス詩の韻を訳詩に反映させせようとして挫折（？）した、マティネ・ポエティックの苦い教訓もある。ここではそれを無視して訳出する。

「シャルラタンの王」
おそらくこれら豪勢な装備や
多くの楽師たち、見慣れない顔ぶれ、
有名な騎士たち、そしてこの弾《は》ぜるような馬車を見た者なら、
たれもが思わずこう叫ぶはずである。

「シャルラタンだぞ！
この男、あらゆるシャルラタン医者の顰みに倣って、
善男善女の世界を解放し、
魚の目を治し、軟膏や
虫下しの霊薬、歯痛用の粉薬、
膏薬、そしてわれわれの息の根を止めるような内服薬を売りつける」
そう、おそらくそうに違いない。ただしそれは、
余が汝らの考えるような者と同類であるならの話である。
かかる者たちと余との間には、じつに大きな差がある。
まことそれは、未開の地とプロヴァンスとを、
アレクサンドロスやカエサルとイヴトの善王とを、
ヘラクレスとラップ人の男とを、ダウヌスとギゾーとを較べるに等しい。
垢まみれの無知と科学者の見事な力とを較べようとすることでもある。
然り、余はシャルラタン。
だがこれは、医者がしばしば羨む名誉の称号。
真のシャルラタンとは、巷間考えられているような
免状を持たぬ医者や医学知識に欠けた者ではない。
ひょうきん者でもいかさま師でもない。
無知蒙昧な輩でもなければ道化でもない。
ましてや、かのタルチュフがごとき偽善者でもない。

真のシャルラタンとは、
高熱をはじめとする恐ろしい病に罹った不幸な貧者に向けられる
慈悲の心に満ちた偉大な人物の謂である。

こうした言挙げで、シャルラタン王は世間一般のシャルラタンに対する偏見を取り除こうとする。そして、ひとり自分だけが「権力と権威を、さらに高貴な勇気と高邁な知識をうちにもつ」とし、「カドゥケウス（医師や薬剤師の標章）は王杖、フラスコは王冠、民（顧客・患者・観衆）は臣下、広場は玉座、全世界は王宮、そしてわが意志は法である」として、自らの名誉や正統性を主張する。シャルラタン王の語りは続く。

（……）人類の友たる余の生きた道は、
後世の者たちの手本となり、だれもがその道に従う。
まさに余は天からの施物であり、
各地を経巡って人々を癒すのを喜びとする。
してみれば、かくも強大な余こそ、時代の奇蹟と呼ぶに相応しい。
もっとも聡明な者たちを驚かし、目眩ませ、威圧する余は、
歴代の王たち同様、抱えきれぬほどの栄誉を手にしている。
余の名前はサンラド、医師の中の天才である。
余には分かる、汝らの魂がこの名に憧れていることを。

ここでようやくシャルラタン王の名が明らかにされる。サンラド（Sangrado）。むろんエルドラド（黄金郷）の

もじりである。しいて訳せば「血の国」となる。

（……）余は世界にあまねく知られている。パリで、北京で、ロンドンで、ダマスカスで、イエド（江戸）で、ベルリンで。さらにアフリカ中部では、余は蛮人たちを知っている。タタール人とも数年間ともに過ごした。

（中略）

余はあまたの言語を話す。エジプト語、アラブ語、カルデア語、ヒンドゥー語、クルド語、スラブ語、ヘブライ語、トルコ語、ギリシア語、英語、アルメニア語、中国語、イロクォイ語、デンマーク語、イタリア語などである。

余はまたいくつかの名前ももっている。

たとえばアイスクラピウスの名のもとで、

余はギリシア中を経巡り、プリアポスを治し、

ヒッポリュトス（海神ポセイドンに殺されたアテナイ王テセウスの王子）を

死者の中から蘇らせ、

ギリシア全土で称賛された。

さらに余は、医神ヒポクラテスのもとでペストと闘い、

ペリクレス（アテナイをギリシア最強国にした前五世紀の政治家）を救い、

熱病に罹り、怯え、半裸同然で取り乱した挙句、

市内各所の井戸やかつてアテナイの広場にあったいくつもの泉に身を投げた、不幸な者たちも残らず救った。

余の弟子にはソクラテス、ビアス（前六世紀の哲学者で、ギリシア七賢人のひとり）、アナカルシス（前六世紀のスキタイ出身哲学者）、アリストテレス、プラトンがいる。

リュクルゴス（前四世紀のアテナイの雄弁家）も全幅の信頼を置く余のもとに来た。

その法を書いてもらうためと、余の知識を乞うためにである。

ヨブやエリア、バルタザール、クロス（ペルシア王）、アレクサンドロス、ハンニバル、カエサルらは、いずれも余の朋友だった。


以下、時間と空間を詩人の想像力によって軽々と飛翔しながら――それは作者の知の在処をあますところなく物語ってはいる――、同様の「法螺話《ほら》」が延々と続くが、そろそろ切り上げてもいいだろう。第一部は次のような一節で終わる。

余の名前をひとこと唱えるだけで、病は直ちに退散する。
熱病もまた、
多くの医者が理由もなく気の病と呼ぶあらゆる病ともども姿を消す。
余を見れば、いかなる死も激しい恐怖に打ち震える。
手は萎え、元気を取り戻すこともならず、
死は必至に逃げ出そうとする。
余はまこと偉大なる者である。わが足元には余の肉声による託宣を聞こうとしてあらゆる民が集まる。
彼らは足を泥濘に取られながら、
余の手がその痛みを取り除き、余の口が彼らを称えるのを静かに待つ。
喜べ、喜べ！　そしてこう叫ぶのだ、
シャルラタンの王にして不滅なるサンラド、ブラヴォ！

（後略）

第二部の口上もまた、同様の世界を股にかけた偉業が飽くことなく語られる。はたしてこの作品が、どこまで一般民衆に受け入れられたか定かではない。だが、こうしたシャルラタン賛歌自体は、その言葉が現実から離れれば離れるほど、法外なものになればなるほど、社会の正統なイマジネールに襲いかかり、結果的に現実を逆視するようになるというパラドクシカルな構造を帯びていた。一見する限り、たしかに表現自体は、たとえばタバランの著作にみられるそれと似通ってはいる。ただ、タバランのイマジネールは、その該博な知と豊饒な言葉を最終的に自己弁明へと収斂させていった。

これに対し、ベルナールの詩想は、サンラドという架空のシャルラタンを語り手として、荒唐無稽なイマジネールを奔出させながら、ほかならぬシャルラタニズムが、新たな時代の論理たりうるものであることを示そうとした。異端を正統化するのでも、正統を異端化するのでもなく、異端がそのまま正統であるという、いわば一元論的な世界を開陳しようとした。ある意味で、それは階級意識に目覚めた労働者たちの社会観とも、何ほどか符合していたといえるのではないか。

**ポワル＝デグランジュ『シャルラタンたち』**

科学万能時代の到来を告げるパリ万国博が開かれた翌年の一八六八年、詩人ジョゼフ・ポワル＝デグランジュが、パリで諷刺詩『シャルラタンたち』を発表している。十二頁からなるこの詩も韻を踏んでいるが、以下ではその触りのみを紹介するにとどめたい(41)。

パリで芽生え、たえず生育を続けるもの、
それは、種からシャルラタンを産み出す草である。
贅沢に慣れた彼らは現代に毒をなす。
私が語ろうとしているのは、
アザラシや蛇、サメ、腑抜けのカルトゥーシュ（本書第二章参照）、
あるいは下卑たコルセット姿の大女を見世物に供する輩のことではない。
五本足の羊を人目に晒す輩や、
ナツメヤシの実を売るために、トルコ人に身をやつしたユダヤ人のことでも、
厚紙の重しがその背を圧し潰していると野次馬に信じこませる、
器用な力持ちのことでもない。
さらに、未来を宿すクルミの輝きを見せてくれる盲人のことでもない。
これらのシャルラタンについて、私は一度ならず嘲笑したものだ。
だが、つとに知られている彼らを、絞首台に送るいわれはない。
（中略）
紳士は言う。私は自分の仕事に満足している、と。

時が経てば、もっと安楽な生活ができるだろう。
三〇年もの間、私は耐えて働いた。
隣人に迷惑をかけず、名誉も失わず。
いずれ息子が跡を継いでくれるだろう。
金庫には小金もきっと貯まるだろう。
しかし息子は知っている。この一般的な掟に背くことを。
人は言う。彼にはサタンがついている、と。
——金持ちになりたければ、シャルラタンらしく振舞え。
それには、コーヒー豆を手に入れ、これを挽くだけで能事足れりとはしない。
粉末状の金砂を購わなければならない。
そしてそれを、通りすがりの見物人の目に投げつけるのだ。
商人たちは桁外れの贅沢心で倒産する。
その店は夏を待って改装され、
新たな看板「ゴゴ屋」がかけられる。
だが、悪化する事態の陰では、好んで帳尻が合わせられる。
つまり、各人が同様なことを繰り返すのだ。
こうしていたるところで競合が繰り広げられ、
何人もの商人が破滅へと進んでいく。
もしも今日、「ゴゴ屋」が蓄財したといわれるなら、
それは誰かが破滅したことを意味する。(後略)

「ゴゴ」とは、ルメートルの喜劇『ロベール・マケール』（一八三四年）に登場するお人好しの名前だが、興味深いことに、ここではシャルラタンが動物遣いや見世物師たちと同一視されている。そして作者は、そんな彼らを侮蔑していた自分と訣別し、彼らシャルラタンの商法を批判の対象とするのではなく、むしろ商売の手本にすべきだと言う。つまり、堅実に働いた親の後継ぎが、その堅実さを忘れて事業に失敗する。あるいは、シャルラタンよろしく、客の購買心をくすぐるような仕掛けをしなければならない。さらに、商売は栄枯盛衰を繰り返すゆえ、地道な努力を怠ってはならない……。この諷刺詩はそう諭しているのである。教訓詩。おそらくそうもいえるだろう。少なくとも作者は、もともと道徳とはまったく対極にあるはずのシャルラタンのイメージを引き合いに出しながら、商人として守るべき規範を説いているのだ。まさにこれは、シャルラタン像のコペルニクス的転回といえる。

### クロカンバルの想像世界

さらに、第三共和制下の一八七六年、わずか八頁足らずだが、シャルラタン精神の精髄を集約したような新たな傑作が発表される。題して『シャルラタンたちの王、クロカンバル（偽名）によるオランピアダディジェスティフェブリヒュージュ水の一大開陳と奇瑞譚』[42]。わざわざ偽名と明示した著者名のCroquemballeが、何を意味するか不明だが、あるいは小さなシュークリームをピラミッド状に積み重ね、上から飴をかけた菓子、すなわちクロカンブシュ（Croquembouche）に由来するのか。いずれにせよ、彼もまた正真正銘のシャルラタンではない。

口上によれば、この著者は、太陽を一本の竿で操作するエスパニョラ人の大古文書学士で、曾祖父は無風鞴《ふいご》の考案者。先祖の一人は、パタゴニア島の要塞総督に繋がる娘を妻に迎えている。そして、本人自身はアトラス山や北仏カン、あるいは中西部ポワトゥーでの戦いで勇名を馳せたという。

自らの正統性を打ち出すための、輝かしさといい加減さとが分かち難く混ざり合った出自の紹介はさらに続くが、そのあとで著者はこう語る。

私がこの広場にまかりこしたのは、苦しむ人々の善良なる心を弄ぶシャルラタンやいかさま医者としてではありません。私がここもと参ったのは、驚くべき水薬オランピアダディジェスティフェブリヒュージュを紳士淑女の皆様方にお分けしたいと思ってのことです。まさにこの水薬こそ、ヨーロッパ北部全域、とりわけ中国のタタール地方で猖獗を極めていた恐ろしい疫病ティタノスに罹り、危うく命を落としかけていた三本尾の大リスザルを救ったものであり、その功に報いるため、リスザルの飼主であるトルコの高官は、私の車を牽く駿馬を一頭贈ってくれました。

クロカンバルの自慢話は、こうしてまず神秘的な東洋のイメージを引き寄せるところから始まる。そして、おそらく薬の有り難味を醸し出そうとする長々しい呼称のオランピアダディジェスティフェブリヒュージュ（Olympiadadigestifébrifuge）。オリンピア祭（Olympiada）と消化薬（digestif）と解熱薬（fébrifuge）を結びつけた水薬とは、いったいいかなるものなのか。薬の聖性を打ち出すためとはいえ、古代ギリシアの祭典を呼称に冠することからしてすでに胡散臭い印象を与えるが、むろんこれは、実際に存在していたものではなく、シャルラタン文学が産み出した薬なのである。(43) 偽名の著者クロカンバルをシャルラタンではないとする根拠がここにある。ともあれクロカンバルは、この奇蹟の水薬で大きなリャマや大蛇ボア、子供たちに自分の肉を餌として食べさせた白ペリカンなども治したという。彼は言う。「地方ではまださほど知られてないが、パリでは異常なまでの評判を呼んでいる」。これさえあれば、過去と現在と未来の病すら癒せる。事実、この秘薬の恩恵を蒙った首都の著名人は数知れない。必要とあればその名を挙げることもやぶさかではないが、彼らは麻痺や出血を伴う胸の病に長いこと苦しんでいた。世界中の君主からも、オランピアダディジェスティフェブリヒュージュの素晴らしさを立証してくれる証明書が数多く寄せられているともいう。いや、彼の水薬は胸や胃の病だけに効くわけではない。歯痛や刺し傷、噛み傷、擦り傷、火傷、凍瘡《しもやけ》、魚の目、抜け毛、腱膜瘤、胼胝《たこ》、塞ぎ虫、回虫などにも効力を発揮する。つまり、万能薬だというのだ。

クロカンバルの大言壮語は、とどまるどころかさらにヴォルテージを上げていく。

さて、紳士淑女の皆様方、私め、超自然的な存在から呼ばれているため、間もなく現世を去って天上世界に移り住むようになりますが、それに先だって、私を不死にしてくれた水薬の処方をこの世に残していきたい。そこでまず、皆様方は大鍋を用意し、その中に、サムソンが四〇〇人のペリシテ人を殺したロバの歯を二本（『士師記』によれば、サムソンが武器にしたのはロバの顎骨で、撃ち殺したペリシテ人の数は一〇〇〇）、ダビデ王の馬車の車輪油とハープの弦一本、ネブカドネザル王の爪、デモステネース（前四世紀のアテナイの政治家で、雄弁家として知られる）のオウム、鉄床一式、鐘の音、大砲の号音、三〇リーヴルの風、トウモロコシの種、胡瓜とからし菜の葉などをすべて入れ、一〇〇年間煮て下さい。それからこれを煎じ、さらに濃して瓶に入れ、怒った犬の色（?）になるまで置いておく。この宝物さえあれば、いかなる危険とも対決でき、一世紀程度は健康を保てます。そして貴家は、じつに十一世代までの繁栄を約束されるでしょう。

古代的要素から日常的に卑近な野菜までを成分とする、まことに人を食った処方である。もとより、自らの薀蓄をこれ見よがしにひけらかした、いわば文学的イメージの産物にほかならないが、すでにしてそのイメージは、実際にシャルラタンがものしたであろう口上の域をはるかに凌駕している。つまり、あくまでもシャルラタンの口調を装いながら、秘薬の現実性より、言葉の飛翔を優先させる。ベルナールが登場させたシャルラタン王サンラド同様、クロカンバルの意図もまさにそこにあった。言語遊戯もここまでくれば立派(!)である。

こうしてすっかり「シャルラタン王」気分となったクロカンバルは、さらに言葉を繋ぐ。曰く、自分はこれまでアフリカ内陸部を二七五回旅をし、文明化した首都や未知の国々を経巡ったのち、万能の秘薬の効力を体験してもらうため当地に至った、と。ここで彼は、だれもその真偽を判断できない旅と、立証するには明らかに遠すぎる地を引き合いに出して、自らの神秘性や異能さを訴えようとする、シャルラタンの常套手段を駆使している。そして、勢いに任せて、ついにオランピアダディジェスティフェブリヒュージュとは、アカデミー・フランセーズが命名したものだとまで明言するのである。

周知のように、アカデミー・フランセーズとは、リシュリューが一六三四年に創設した機関で、「不滅の四〇人」からなる知性の最高権威である。大学医学部やしかるべき国家機関ではなく、正統フランス語の保存と純化を目的とする学問の殿堂が、一シャルラタンの水薬を認め命名したとする言説。そこには、単に秘薬の霊性を止揚するための関係づけのみならず、知性の殿堂も所詮はこの程度といった痛切な皮肉も隠されているのだろうか。だとすれば、それは十九世紀末から二〇世紀前葉にかけて登場する、より諧謔的かつ戦闘的なシャルラタン文学の先駆ということになる。

アカデミー・フランセーズに知られたなら、おそらくただではすまないような言説を弄しながら、しかしクロカンバルの言葉に何ら衒いも気後れもない。それどころか、自分が勝手気ままに紡ぎ出す語りにすっかり酔いしれている彼は、ますます意気軒昂にこうも書いているのだ。「半年前には、トルコの麦で消化不良を起こしていたアルジェの太守夫人も治しました」。

だが、これはいささか勇み足である。七月革命と同じ年、すなわち一八三〇年にアルジェリアはフランスの占領下に入り、それを機に太守制も消滅している。当時のフランス人なら子供でも知っていた事実を、面妖なことにクロカンバルは知らなかった。知らぬまま、あるいは知っていたにもかかわらず、彼は少なくとも小冊子刊行より半世紀あまり以前に廃止された「太守夫人」に対する治療を、「半年前」のこととして平然としているのだ。

さらにクロカンバルは、その秘薬一〇滴であるイギリス紳士の自殺願望を退け、コップ一杯で黒人女性を全身白くしたと述べ、これらすべての偉業については、カルカッタで発行されている新聞や雑誌に詳しく紹介されているとも書く。誰も確認できない遠国での手柄話を、滔々と語って臆するところがない。これもまた、語りが騙りの謂となるシャルラタンの口上ではある。

だが、クロカンバルにとってみれば、そうした疑問や不信は些事に過ぎない。何しろ彼は、世にも稀なる奇蹟の水薬、オランピアダディジェスティフェブリヒュージュの発見者ないし考案者なのだ。だからこそ彼は、紙背から得意満面な顔を覗かせながら、高らかにこう言い放つのだ。「さて、お立会い。病人や怪我人よ。繰り返して言いますが、私の万能薬はどんなものであれすべてを治せます。私の使命は喜びと健康を快復させ、人間の苦痛を軽減し、神の姿をイメージさせるところにあります」。

こうして自らを神の似姿《イマーゴ・ディ》に見立てるクロカンバルは、小冊子の最後に、題名以上に人を食った滑稽詩を書き連ねる。題して「シャルラタン・クロカンバルのシャンソン」。以下は、その冒頭の一節である。(44)

医師イザンバール（?）を思わせる、
クロカンバルとは私の名《ノム》、
ノム、ノム、ノム、エトセトラ。
患者癒し《ゲリソン》に狂いはない、
ゾン、ゾン、ゾン、エトセトラ。
病人の具合が上々なら、
ドタン、ドシン、ドシン、バタン、バタン、心配無用と請合ってもよい。
アー！　アー！　アー！　嗚呼！

こんな言葉《モ》を聾者たちが、聞こえぬ耳で聞いたとしても、
モ、モ、モ、エトセトラ。
私を阿呆《ソ》だとみなしたりはすまい、
ソ、ソ、ソ、ソ、エトセトラ。
私の口上を聞いてるからだ。
ドタン、ドシン、ドシン、バタン、バタン、
むろん私はとちったりしない。
アー！　アー！　アー！　嗚呼！

盲者たちが相手なら、私の腕も確か《セルタン》じゃない、
タン、タン、タン、タン、エトセトラ。
私を馬鹿だと思ったりするな。
タン、タン、タン、タン、エトセトラ。
財産に彼らはみんな目が眩んでいる、
ドタン、ドシン、ドシン、バタン、バタン、
私が他人の幸せを望んでいるように。
アー！　アー！　アー！　嗚呼！

## プロパガンダとしてのシャルラタン・イメージ

ところで、十九世紀後葉はまた、シャルラタン・イメージが現実社会を抉り出す武器として用いられるようになった時代でもあった。たとえば自由思想家のテオフィリ・フランクランは、一八五〇年に、「人間の運命。真実を探し、正義を実践する。あらゆる種類の偽善家とシャルラタンに抗する民衆のイニシアティヴ。キリストの方法ないし教育」と題したアピールを出している。たかだか二頁のビラであってみれば、はたしてどれほどの反響があったか不明だが、そこには次のようなことが記されている。[45] 興味深いテクストゆえ、あえてその全文を訳出しておこう。

キリスト紀元最初期と同様に、今日、いたるところで人類は高利貸しや高位聖職者、代書人、さらには法学者たちの軛のもとで搾取され、貶められ、服従させられている。経験哲学《フィロゾフィ・エクスペリマンタル》はすでに三〇〇年も前に形作られているにもかかわらず、信じ難くかつ驚くべきことに、フランス人一〇〇人のじつに九五人までが、この崇高な方法の存在自体を知らないでいるのだ！　「論理は知識を増やさず」とベーコンが言い放ったのは、今から三〇〇年前であるが、諸君は、まるで子供たちのように、淘汰論の逃げ口上とヘーゲル的弁証法の矛盾に日々騙されている！　こうして諸君が進歩的人間になるのが三世紀も遅れてしまっているのである！

今日、一切の混同や妨害をただちに止めさせるため、ひとり改革の礎石を有するわれわれ自由主義者は、あえて諸君にこう言いたい。この「斉一的な実証主義」の時代において、モラルはひとつの仮説に由来したりはしない。それゆえ、「信仰」と「権利」とを再構築するため、何よりもまず「哲学的知」を作り直さなければならないのだ、と。宗教ないし「存在の法則」、法体系ないし社会的関係の掟が、唯一の源泉、すなわち「経験哲学」から派生しない限り、つねに真実や正義が伴う秩序なるものもまた存在しえない。改革とはまさにこうした根本的な原理のうちにある。諸君が人類を再生できるとすれば、それは信頼の無償性と三権分立政治によるだけではないのだ！　「所有とは窃盗である」。これまで、こうした言葉が声高に叫ばれてきたが、私は、諸君の独立が自らの家賃を払うことにある（！）と断じる者である。

　政府中心主義《グヴェルヌマンタリスム》は、教育に対するその法律によって、諸君の首根っこをさながら獏のように抑えつける。一方、カトリシズムは学問有害論《イニョランティスム》に基づく支配という宿命的な欲求によって、国家宗教のさまざまな特権を手に入れる方向へと大きく前進する。いずれ分かることだが、共和国の全土で、われわれの自由の木がその宣教の十字架に取って代わられるようになるだろう。カトリシズムは、まさに政府中心主義が自由の対極をなすように、進歩の対極にある。

　新聞が有するすべての活力は、辛うじてではあるが、超墨守派の日々の陰謀を挫折させている。だが、諸君はその宗教的無関心にもかかわらず、進歩と独立を指向していることによって、今日でもなお教皇権のもっとも謙虚な小姓となっている。ベランジェ（一七八〇―一八五七。共和主義とボナパルティスムを融合させた作品で大衆的な人気を博した詩人）の天才と、ユジェーヌ・シュー（一八〇四―五七。下層階級に理想を見出し、ユゴーに大きな影響を与えた共和主義的小説家）の才能ですら、偽善家たちの不断の活動を前にしては、なおも無力なのである。それゆえ、これを圧倒するには、より強力な武器が必要となる。民衆のイニシアティヴ、目的に殉ずる一体性、そして方法への合意という武器である。

　この原理・原則に従えば、したがって「人間」や「世界」や「神」について、いたるところで同じ考えがみられることになる。祭壇には祭壇を、教育には教育を！　偽善家たちの結社には自由主義結社を、偽善的な教義には自由主義の教義を、さらに政府中心主義と学問有害論の方法には、進歩の方法を対置させるのだ！

諸君の中でもっとも知的で献身的な者が「新しいイニシエーション」に与る。それは、真実の使徒に、自由主義の伝道者に、兄弟が兄弟の教師になることを意味する。そうなれば、人類全体は遠からず無知や悲惨さや誤謬や迷妄の束縛から解放される！　この真実を支えよ。大衆が隷属の鎖を、高利貸しや高位聖職者、代書人、法学者、さらにはあらゆる種類の偽善家やシャルラタンがしがみつこうとしている鎖を永遠に断ち切るようになるには、キリストに代わって、新しい宣教を行う以外に術はないのだ！

テオフィリ・フランクラン、自由主義的使徒の長

「淘汰論の逃げ口上とヘーゲル的弁証法の矛盾」とが、具体的に何を指すのか必ずしも明らかではないが、全体の論旨はきわめて明確である。すなわち、それまでの政府中心主義や金利資本主義、カトリシズムといった支配原理を廃し、自由主義を新しい世界の構築原理とする。この主張からすれば、シャルラタンとは社会の旧陋な支配者たち、打破すべき秩序の体現者を過不足なく意味する。そこでは、かつて異端として退けられていたはずのシャルラタンが、負性を帯びた支配者として措定されているのだ。正統の脱聖化《デサクラリザシオン》ではなく、異端の脱俗化《デプロファニザシオン》。あえていえばそうなるだろうか。いずれにせよ、それは歴史のコンテクストを逸脱した毀誉褒貶にほかならない。

　こうした戦略的な概念操作は、しかしフランクランという十九世紀中葉の自由思想家ひとりが行ったわけでは決してない。事実、すでに明らかなように、同様の発想はまた、二六年後に発表された、クロカンバルのすぐれてアジテーショナルな諷刺詩にも克明にみてとれるのだ。さらにこの伝統は、民衆史の祖たるミシュレが他界した一八七四年、パリで特価十五サンチームの宣伝用パンフレットを発行した共和主義派の新聞記者ジュール・ジラールにも確実に受け継がれている。パンフレットの題名は、「レ・シャルラタン・ド・ラペル・オ・プープル」。いささか訳しにくい題名だが、訳せば「民衆への訴えのシャルラタンたち」となる。「民衆への訴え《アペル・オ・プープル》」とは、周知のように、ナポレオン三世が権力拡大と新憲法制定のために出した声明文の題名だが、その名称を、ジラール

はジロンド県で創設しようとする日刊紙の紙名（《共和主義的民衆への訴え《アペル・オ・プープル・レピュブリケーヌ》》）にあえて用い、一八七一年に政府軍司令官としてパリ・コミューンを鎮圧し、七三年に第三共和制の第二代大統領に就いた、マクマオン率いる王党派に対する覚醒と抵抗の表象としたのである。彼は書いている。(46)

「レ・シャルラタン・ド・ラペル・オ・プープル」紙が民衆の主権を認めるのは、この主権が自らの利を放棄する場合に限られる。こうした状況下で行使される民衆の主権は、前述したように、幻想的であると同時に錯乱的なものである。われわれはさらに遠くを目指す。すなわち、民衆への訴えを真摯に行えば、結果的に、いかなる政府であれこれを一掃し、所定の期間内に、すべての官吏と職務と身分を選挙によって選ぶことができるようになるはずだ。（……）そこに至るには、社会の最下層にまで教育を浸透させなければならない。それゆえにこそ、われわれ共和主義者は計画の最優先課題として、世俗の無償義務教育を掲げているのである。

改めて指摘するまでもなく、ここに登場するシャルラタンのイメージは、すでにしてかつてのそれではなく、シャルラタン文学で語られるような諧謔的なものでもない。明らかに政治的な色合いを帯びており、おそらくは彼らがその絶妙な口上（や客寄せ芝居）によって、見物人ないし一般民衆の心を捉えたことを念頭に置いている。そこではシャルラタンの手法が決して唾棄すべきものではなく、むしろ作者の戦略を物語ってもいるのだ。もとより、そうしたシャルラタン観がどこまで浸透していたかは分からない。だが、あえてそのアジテーションとシャルラタンを結びつけたという事実は、読み手の方に、それを受け入れる素地がすでに何ほどかできていたことを示唆しているのではないか。

これだけの史料から多くを語るのは控えなければならないが、ある意味において、彼ら知識人たちは、こうして批判ないし告発する側とされる側の伝統的な役割を逆転もしくは再構築し、社会とシャルラタンの位置関係を一変させたともいえる。反復を恐れずにいえば、そこでは歴史的に負性を担わされてきたシャルラタンのイメージが、そのまま社会的指弾や政治的抵抗のための参照系へと過不足なく転位しているのだ。そしてそれは、時代を追う毎に次第に明確になっていく。

## 負性の転位

たとえば、多くの宗教団体に解散命令が出された一九〇三年、リヨンで『反聖職者プロパガンダ。聖職者とシャルラタン、もしくは二人のシャルラタン。反聖職者狂言《セネット》』と題する自家版の小冊子が刊行される。作者の名はユジェーヌ・ベッソン。いかなる人物かは不明である。内容は、聖職者とシャルラタンの会話で構成されている。まず、冒頭部の二頁分を訳しておこう。[47] これだけで作者の意図の多くが汲み取れるはずだ。

聖職者
嗚呼、とんでもない不幸だ！　嗚呼、何とおぞましい時代だ！
金だけがわれわれの唯一の目的となるなら、
間もなくわれわれの仕事は成り立たなくなるだろう。
自分で糊口を凌がなければならなくなるのだ。
嗚呼、自由思想家といっても、所詮は腕のいい泥棒にすぎない。
お人好したちを利用し、
祭壇の陰でわれわれを飲みこむ輩なのだ。

哀れな新聞！　下劣な共和制！
貴殿らは聖具室係に露ほどの慈悲も示さずに、
われわれの教会《ブティク》が閉まるのを見せようとする。
シャルラタン
司祭殿、いったい何を歌っているのですか？
聖職者
死の歌を唄っている。殺されるわが身ゆえを想って。
嗚呼、われわれの未来は悲劇そのもの。
われわれの金庫はいずれ破壊されるだろう。これは厳しい。
金庫がなければ、われわれの空は青みを失う。
シャルラタン
あなたはそう嘆くけれど、私にはあなたの鐘の音が聞こえる。
国家があなたの懐を満たさなくなったとしても、
秘跡を売り、洗礼や埋葬を密売する余地は残してあるはず。
神聖な愚行という名の七面鳥の羽をむしるため、
教会も自由に使えるではないですか。
そこでなら、商人たちのように税を課されることもなく、
唄ったり、香を焚いたりできます。
にもかかわらず、不満たらたらは厚かましい限り。
親愛なる司祭殿、私が思うに、ぼやいたって何の足しにもなりません。

いやはや！　あなたはわれわれのように嘆くことはできない。
聖職者
まずもって、かく言う貴殿はそもそも誰だ？
シャルラタン
兄弟（神父）であり、
庶民を騙す技の職人であり、
昔の太陽のもとで輝いていたが、今では失業の身をかこつ親方、
つまりシャルラタンです。
聖職者
シャルラタン？　その肩書きは他のそれに見劣りはしない。
とすれば、私と貴殿の仕事の共通点は何か？
シャルラタン
共通点ですと？　それはおかど違いというものです！
多くの点で違います。
たとえば私は体を癒し、あなたは心を癒します。
いわば永遠の炎の救い手でもあります。
私はまた物質と目に見えるもののためにあり、
あなたは不可視なもの、霊的なもののためにあるのです。
聖職者
しかし、貴殿は軟膏をだしにして客から金を騙し取る。

シャルラタン
騙し取られた者がいるとすれば、それはカトリック信者です。
聖職者
さらに貴殿は、効きもしない薬瓶を売りつけている。
シャルラタン
だとしたら、あなたのとなえるオレムス（先導句）は、死者ミサはどうですか？
聖職者
貴殿の仕事は、詐欺にすぎない。
シャルラタン
あなたの仕事は、親愛なる修道者殿、厚顔そのものではないですか？
聖職者
間違えないでほしいが、修道院では膏薬を売ったりしない。
シャルラタン
われわれの方では、数珠をもって嘘をついたりしません。

さながらエラスムスの『痴愚神礼賛』（一五〇九年）のように、聖職者とシャルラタンのやりとりは続いていく。だが、ここでは題名の中のいささか気になる表現、つまり「二人のシャルラタン」にこだわらなければならない。いったい、「二人」とは何なのか。それにはこの諧謔詩の最終部をみなければならない。それがいわゆるオチになっているからだ。

聖職者
（日曜日から月曜日にかけての）四八時間、われわれは荘厳な生活を送り、自由の木らしきものを祝福する。
ボナパルトは死んでもなお生き続け、高い梢に居座っている。
そして彼の帝国がわれわれのうちに存在する限り、
われわれは跪いてその足元に接吻する。
もしも悪魔がわれわれの支持を購うほど強大なら、
地球にやってきて、支配することができるだろう。
嗚呼、間違いなくわれわれは悪魔のために歌っていたのだ！
シャルラタン
そう、一切が金のためでした……。
聖職者（感慨深げに）
隣人の犠牲においてこの世で幸せになる。
これがわれわれの不可思議なところだ。
シャルラタン
たしかにあなたはできる限りのことをよくやっています。
それゆえ、私の方としては、これ以上要求したりはしません。
私は仕事を辞めます。包帯製造業や
哺乳瓶売り、大道芸人、曲芸師に転職します。
薬瓶だけは扱いません。もう何も望みはありません。

心穏やかにアンジェラス（お告げの鐘）を称え、鳴らしてください。
大切なのは希望です。
さようなら、親愛なる修道者殿、幸運を！

こうして聖職者とシャルラタンの対話は、それまでの辛辣な批判合戦を忘れたかのように静かに終わる。だが、反聖職者プロパガンダと銘打ったこの詩が、教会と国家との分離を目指した「団体法」制定の二年後に出されたことを想い起こせば、ここで作者が何を言おうとしているかは容易に理解できる。とくに注目したいのは、シャルラタンが過去のイメージで語られているのに対し、聖職者の方は如実な現在形で登場している点である。事実、前述したように、遅くとも十九世紀中葉に社会のイマジネールの中で、少なからぬ変化を遂げつつあったシャルラタン・イメージは、世紀末にはさらにその本来的な負性を払拭するまでになっていた。というよりも、むしろ負性の再評価を受けるようになっていた。それを端的に示しているのが、一八九二年にジューヌ・ロレが著した『シャルラタンと露店商《カムロ》』である。そこではロレは、両者がともに害をなす存在であるとしながら、シャルラタンは自らの行為を保証し、カムロは人々を犠牲にするとしている。つまり、彼は後者を「いかさま師」として有徴化しているのである[48]。

ベッソンのプロパガンダ詩は、明らかにこうしたシャルラタン像の変容を背景としている。そして、聖職者のうちにシャルラタン性を鋭く嗅ぎ取った彼は、過去形のシャルラタンと現在形の聖職者という異なる時代像をあえて結びつける。そうすることで、じつは自由主義を批判しつつ、王政を引きずってきたことを悔悟する聖職者もまた、ほかならぬシャルラタンだったとするのだ。作者のもうひとつの仕掛けはまさにそこにある。

やがてこうしたシャルラタン・イメージは、ひとり聖職者のみならず、さらに社会に内在する不正義や不公平さを――より象徴的にいえば《愚性》を――指弾する告発のレトリックへと新たな展開を示すようになるが、そこには、シャルラタンの悪をもってより巨大な悪に立ち向かおうとする、決定的に重要な社会の精神的かつ政治的イマジネールが立ち現れるはずだ。ある意味において、それは、かつて自分たちをいかさま師ないし詐欺師として周縁化し迫害してきた社会に対する、シャルラタンたちの歴史の諧謔的な反撃ともいえる。

だが、これについては第九章に譲り、次に少し時代を遡って、第一章のシャルラタン分類で指摘しながら今まであえて触れてこなかった民間治療師、すなわちゲリスールのことをみておきたい。歴史的軌跡こそシャルラタン医者や売薬者とはかなり様相を異にするものの、彼らもまたフランスの伝統的民間治療師としての役割を担っていたからだ。

# 第八章　ゲリスール

ゲリスールとは何か

伝統的な社会においてはだれもが多少とも医薬や施術の知識を有しており、その限りでいえば、だれもがゲリスールたる資格を有していた。このことは、現代のわれわれについても何ほどかあてはまるはずだが、今はそれに関する議論を離れ、まず、語義からみていこう。そもそもゲリスール（guérisseur）という呼称は、フランス語で「治療する」を指す動詞ゲリール（guérir）に由来する。用語自体は十四世紀からあるが、『ラルース語源辞典』によれば、当初この語はgariseorとして初出し、「保証人」を意味していた。やがて一五二六年、修辞学者のジャン・マロがこれに「癒す者」の意味を与えたという[1]。時期は定かでないが、かつては呪術を用いて呪いを解く者や、神から異能を授かったとして、按手、祈禱および十字印による治療行為を行う者も、ゲリスールと呼ばれていた。

周知のように、聖セバスチャヌス（万病・怪我）や聖ロック（ペスト）、聖コーム・聖ダミアン（怪我一般、ヘルニア）、聖女オディルや聖女クララ（いずれも眼疾）をはじめとする少なからぬ聖人たちは、その故事来歴によって、特定の疾病ないし疫病や傷害を奇蹟的に癒してくれる治療聖人《サン・ゲリスール》と呼ばれている[2]。だが、誤解を避けるため、急いで指摘しておかなければならないのは、これらの聖人がこうして治療者ないし治癒者としての属性を得るようになったのは、ゲリスールの機能的・社会的意味が確定する前、すなわち十六世紀以前にまで遡るということである[3]。つまり、ゲリスールという言葉が登場するはるか以前から、すでに守護（庇護）＝治療者としての聖人信仰は存在しており、キリスト教の浸透はまさにそこに重要な根拠を有していたのだ。むろんキリスト教世界で最初にして最大の奇蹟治療者は、ほかならぬイエス＝キリスト自身であり、聖母マリア信仰も奇蹟治癒への期待によって促されたといってよい。奉仕や慈善、修行、あるいは贖罪という形をとって、医療の舞台に聖職者が登場する所以のひとつがここにある。

そうした聖職治療者の役割をいわば世俗の世界で担ってきたのが、たとえば中世のイングランドとフランスの歴代国王たちである。マルク・ブロックの『奇蹟をなす王』（邦訳『王の奇跡』）に詳述されているように、彼ら封建王たちは即位儀礼の一環として、自らをキリストと同一化する塗油儀礼――キリストという語は、ヘブライ語で「聖油を塗られし（者）」を意味するメシア（救世主）に由来する――のほかに、国王按手《ロワイヤル・タッチ》と「朕が手を置き、神が癒す」という唱言とによって、民衆の瘰癧（結核性頸部リンパ腺炎）を治したという。それは、即位時にその庇護を受ける瘰癧治療の聖人マルクーの顰みに倣ってのことだった。(4)

では、より一般的な民間治療師としてのゲリスールの場合はどうか。明らかにそこでは、「患者」が一種の「信者」として、ゲリスールにしばしば信仰にも似た感情なり信頼なりを抱いていた。彼らフランス国内のゲリスールたちは、場所によって「ラビユール（修復師）」とか「トゥシュール（触る人）」、あるいは火傷の手当てを主とする「パンスール（看護人）」、さらに薬草で煎じ薬を調合する「ルメグー」などと呼ばれた。(5) ただ、呼称こそこうしてさまざまだったが、シャルラタン同様、彼らが正統医学にとって看過しえぬ危険な存在であったことに違いはなかった。

そうした懸念は、たとえばオナニズムの研究で知られるローザンヌの医師サミュエル・A・A・D・ティソ（一七二八―九八）が、ルソーの『民約論』と、彼自身の『オナニズム』とが刊行される前年の一七六一年に発表した、『民衆の健康に関する見解』にもみてとることができる。あまりにも旧陋的で硬直した伝統医学とともに、シャルラタンが跳梁跋扈する民間医療を批判したこの啓蒙主義的医学書で、彼はシャルラタンに関する一章を設け、次のような指摘から書き出している。(6)

最後に指摘しておくべきことは、私がこれまで書き記してきたいかなる疾病より大きな被害を与え、それが存続する限り、人々の健康維持のために行うあらゆる予防策が無益となってしまうような災厄、すなわちシャルラタンについてである。私は彼らを二通りに分類する。渡りのシャルラタンと、この地方で「メージュ（Maiges）」と呼ばれる、密かに住民の数を減らしている偽の村医者男女とにである。（中略）メージュは渡りのシャルラタンのように、土地の金を持ち去ったりはしない。だが、彼らが人々の間に引き起こす被害は継続的であり、きわめて甚大なものといえる。事実、彼らの犠牲となった者は毎日かなりの数にのぼる。彼らはまた人々を騙して、しばしば実際の値打ちより一〇倍も高い薬を売りつけるが、そこには毒が混じっているのだ。

ここでシャルラタンの一種として槍玉にあげられた「メージュ」とは、いうまでもなくゲリスールのことだが、

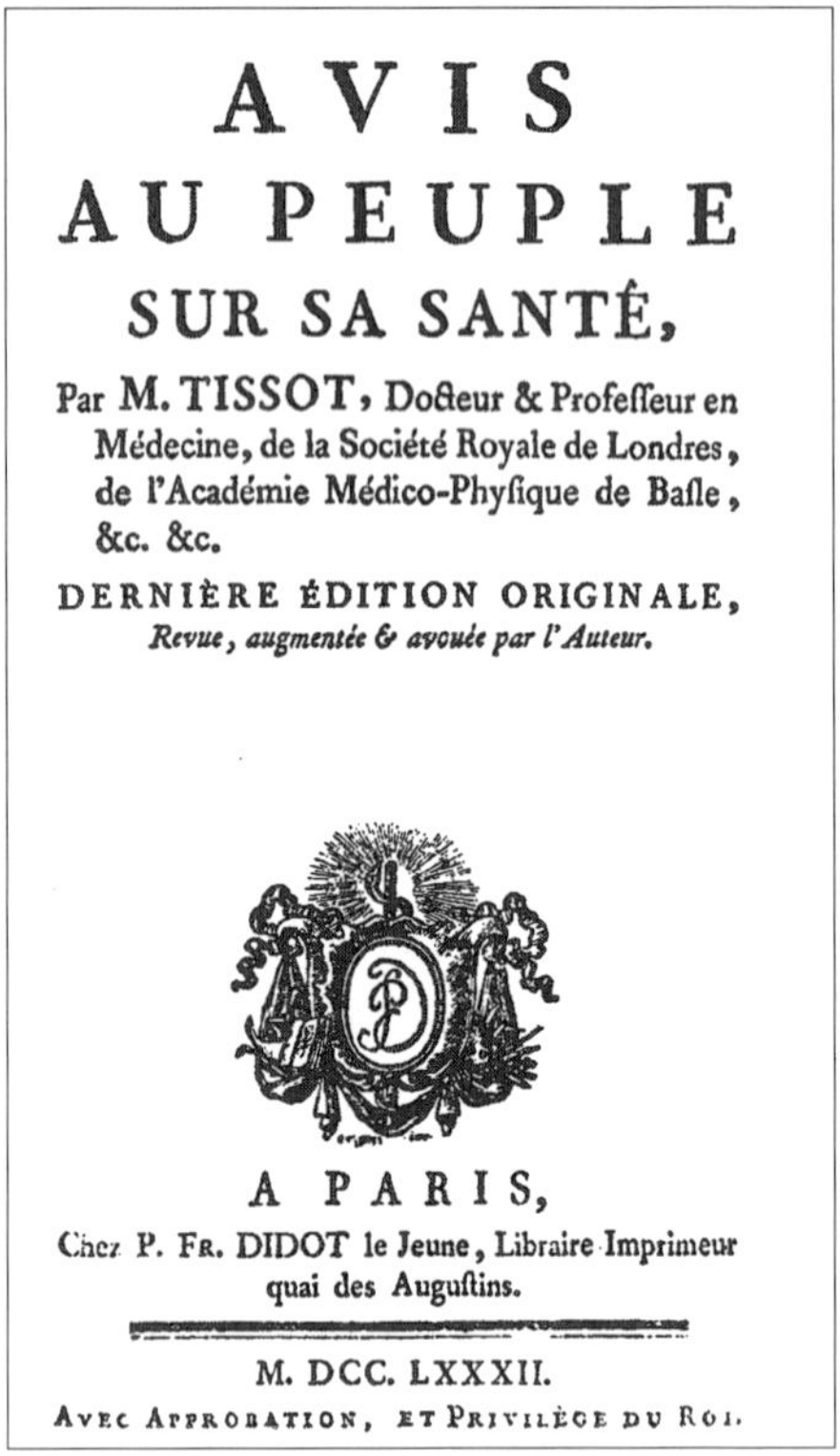
AVIS
AU PEUPLE
SUR SA SANTÉ,
Par M. TISSOT, Docteur & Professeur en Médecine, de la Société Royale de Londres, de l'Académie Médico-Physique de Basle, &c. &c.
DERNIÈRE ÉDITION ORIGINALE,
*Revue, augmentée & avouée par l'Auteur.*
A PARIS,
Chez P. FR. DIDOT le Jeune, Libraire Imprimeur quai des Augustins.
M. DCC. LXXXII.
AVEC APPROBATION, ET PRIVILÈGE DU ROI.

ティソ『民衆の健康に関する見解』裏表紙、増補・訂正版、1782年

さらにティソは、いわば疫病とでもいうべき彼らを一掃するための処方をいくつか提唱してもいる。まず、国民を根絶やしにしかねない彼らの危険な殺戮行為を十分認識すること、次にシャルラタンの通行を認めず、すべてのメージュに注意すること。ティソによれば、これがもっとも有効な処方だという。三番目には、彼らのために多くの犠牲者を出している農民たちを教育すること。四番目は、危険な偏見や予断に満ちていて、そのちょっとした誤りが死を招きかねない占星術的医学書、すなわち万用暦《アルマナ》を一掃すること。五番目は、各地に病人用の施療院を建てること。そして、それでもシャルラタンの暗躍が解決できないなら、むしろ一切の医術を破壊せよとまで極言している。医学の混乱はあらゆる物事のうちでもっとも危険だからである(7)――。

はたしてこうしたティソのシャルラタン＝ゲリスール断罪がどこまで浸透していったか、にわかには分からない。しかし、何しろローザンヌやパリをはじめとする各地で評判をとり、出版後二〇年間で二〇版、一九〇五年までに六三版を数え、イタリア語、スペイン語、ドイツ語、オランダ語、英語、デンマーク語、スウェーデン語、さらにハンガリー語やロシア語にまで翻訳された書である。その告発は、フランス国内はもちろん、国外においても、シャルラタンやゲリスールの負性のイメージを社会的に決定づけるうえで、大きな役割を果たしたに違いない。

ところで、ティソはまた救貧医療と予防医学および公衆衛生の向上に努めた医師としても知られている。事実、モンペリエで医学を修めた後の一七四九年、彼は疱瘡の蔓延していた故国スイスに戻るやただちに活動を開始し、二年後には、早くも故郷ローザンヌの参事会から「貧者の医師」なる称号を賜り、イギリス王立学士院の海外会員にも選ばれている。さらに、のちに「作家医者」とも呼ばれるようになる彼が、一七五四年に刊行した処女作『正しい種痘』は、人々、とくに女性たちの疱瘡に対する正当な理解と、その子供たちへの速やかな種痘の実践を促すもので、ヴォルテールから「人類に資する奉仕」とまで絶賛されてもいる。

そんなティソにとって、まさに救貧医療とはシャルラタニズムの排除と同義だった。医学・医術に対する人々の無知こそが、シャルラタニズムの存在と介在とを許すいわば温床となっていたからだ。これを放置すると、いずれ正統医学の足下が揺さぶられることになる。とすれば、知識人や一般民衆はもとより、多くが無筆な貧者たちにも医学の知識と実践を普及させなければならない。ティソが『民衆の健康に関する見解』で披瀝した問題意識は、そのまま危機意識の表出でもあった。だが、こうした危機意識はむろんティソひとりのものではなく、「貧者の医学」を標榜して民間に流布した、少なからぬ民衆本が等しく共有していた意識でもあった。では、これらの民衆本にはいかなるものがあったか、次にそれを簡単にみておこう。

## 「貧者の医学」と民衆本の世界

いわゆる救貧医療《メドゥシヌ・デ・ポーヴル》とは、貧窮者に対してなされる原則的に無償の医療行為で、もともとはキリスト教的な慈善精神に基づく。それは、社会の平安を維持し、と同時に中世以来の宗教的な配慮を示すものともされているが、そこでは貧窮者が苦悶するキリスト自身のイメージを表象していたという[8]。もとより慈善的医療の実践ということなら、すでにこれまで本書で幾度となく取り上げてきたパリの慈善院などで行われていた。ただ、こうした貧者のための医療に対する一種の啓蒙思想は、通説では、モンペリエの内科医で貧者の治療を行い、一時期サレルノ大学医学部で教壇に立っていたこともある、アルノー・ド・ヴィルヌーヴ（一二四五―一三一〇頃）を嚆矢とするという。

彼はティソと同窓の大先達で、錬金術や占星術に通じ、ボニファシウス八世以下二代のローマ教皇やホーヘンシュタウヘン家のフリードリッヒ二世などに仕えていた。また、南仏ラングドック地方では、アルコールを加えてブドウ液の発酵を抑え、これをワインに変える「発酵停止《ミュタージュ》」法の発見者としても知られる。そんな彼の救貧医療における最大の功績は、その時代を代表する該博な知を縦横に駆使して、十三世紀末に、フランス最初期の救貧医療書『貧者の宝典』を編んだところにある。(9) ただし、この書は実際の手当や薬に関するものではない。副題にあるように、胃痛や高熱、リューマチ、怪我、咬傷、さらにコレラやチフスなどの苦痛を和らげるための祈禱文を集めたものであり、題名にある貧者という語も、むしろ一般民衆と読み替えたほうがよい。

ヴィルヌーヴはまた、やはり十三世紀末に『サレルノ衛生指南書《レジメン・サニタティス・サレルニタヌム》』を翻訳・注釈している。おそらくティソに何ほどか影響を与えたに違いないこの書は、韻文の格言や箴言からなり、ヒポクラテスとガレノスの教え、すなわち気の理論と薬草や食事療法による「自然医学」、さらに病気の治療に月相の影響を重視するギリシア占星術などに基づく養生書で、ルネサンス期まで多くの医書のいわばバイブルとなったという。そしてそれは、フランス語や英語、イタリア語、ペルシア語にも翻訳され、たえず増補・改訂がなされて、医学的知識の普及を促したともいう。(10) 実際にそれがどのような内容なのか、筆者はまだ確認していないが、その一部はたとえばこの書を翻案した『サレルノ学校』（ルーアン版、一六六〇年）から推し量ることができる。(11)

アラブ人でもギリシア・イタリア人
でもない三人の医者が、
遠くまで探しに行かずとも、
必要とあれば汝を助けにきてくれる。
彼らは想像以上に優秀で、
費用も一切かからない。
一人目は快活さ。
健康の見事な精華であり、

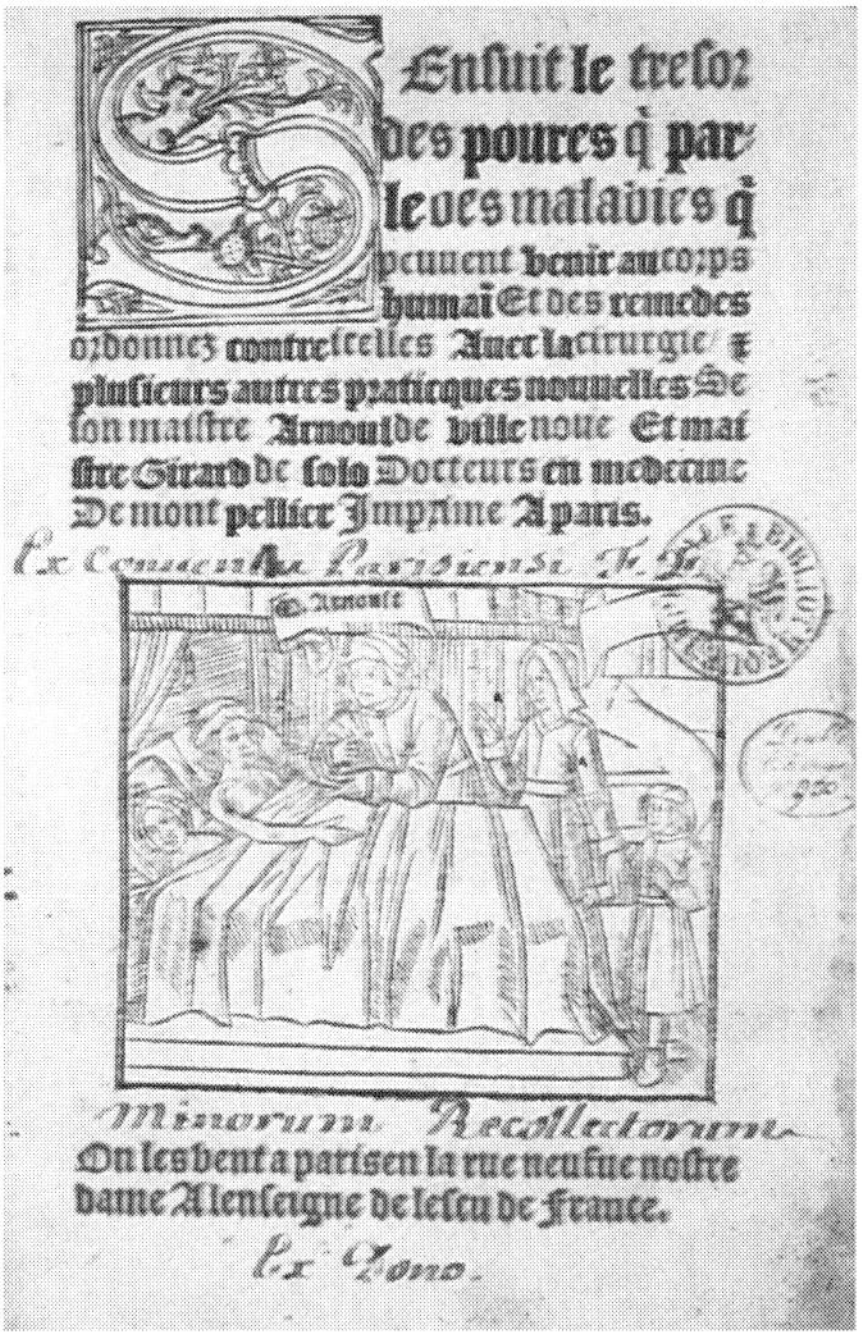

ヴィルヌーヴ『貧者の宝典』扉絵。1517年版、パリ。モンペリエ大学医学部図書館蔵

われらの生命の汁でもあって、
溝に落ちないようにしてくれる。
二人目は、身体と精神のほどよい休息。
(……)
三人目は短い食事。
換言すれば、少食・節酒。
これこそが、健康の偉大なる母である。

単なる養生書といえばそれまでだが、この通俗医学書の特徴は、各人が日々の生活のあり方を通して健康を維持する、つまり一種の予防医学としての「家庭の医学」を唱導したところにある。「貧者」でもできる養生。端的にいえばそうなるだろう。ここで何よりも興味深いのは、こうした養生書や薬事書が、さまざまな聖人伝や万用暦(一六五八年版ほか)、クリスマス書(一七二七年版ほか)、『アリババと四七人(の盗賊)』(青本初版刊行年不明)や『青髭』(同)、『眠れる森の美女』(同)、『美女と野獣』(同)をはじめとする民話、『ガルガンチュア王年代記』(青本初版一六九二年)や『メリュジーヌ物語』(同一六九九年)に代表される民間説話、さらにあのタバランの諧謔本『パリ市民との訣別』(同一六二三年)や『デ・ロリエ殿のおどけた演説、逆説、説教、前口上を含むブリュスカンビユの空想』(同一六一八年)などとともに、十六世紀末ないし十七世紀前葉以降の出版文化の隆盛を象徴する青本、すなわち、行商人の売る安価な民衆本として普及していったことである。

ロジェ・シャルティエによれば、これら行商人たちには、時代に即応した新手の出版物を求める知識層を顧客として、荷車を馬にひかせて移動するえり抜きの商人と、字を読むのがあまり得意ではなく、金銭的にも余裕のない読者を顧客として、他の日常必需品とともに青本を背負って歩く小間物商の二種類がいたという。[12] そんな小間物行商人が売り捌く小振りな廉価本は、ほとんどが親本（初版本）や再版本をうけて再編集されたものであり、そのなかに、「もっとも貧しい人々に基本的な医学知識を与えようとするための普及本」[13]があった。

たとえば、パリで版元がもっとも密集していたポン＝ヌフ界隈から、シャルラタン王タバランが引退したとされる一六二五年、パリ大学医学部教授フィルベール・ギベール（一五七九？—一六三三）の医書が三点、相次いで出されている。[14]『家で安価かつ短時間に薬を調合する方法を教える慈悲の医師の調剤師』、『医術に役立つ一種類ないし複数の成分からなる医薬品の値段』、そして刊行以後、半世紀の間に十五版を数えるまでになる『万病に適した薬を家で簡単かつ安価に調合・準備できる方法を、医家の意見に基づいて教える慈悲の医師』である。このうち、『医薬品の値段』は一六二七年に第二版が刊行されているが、同年にはまた、『慈悲の医師』の姉妹版ともいうべき『死体の防腐保存法を教える慈悲の医師』も出ている。

これら廉価な家庭医学書は、刊行されたばかりの『明らかになった護符用獣石の欺瞞』などの論攷を加えて、一六二九年に『フィルベール・ギベールの慈悲の医師著作集』として再編され、版を重ねていく。そして、ギベールの死後十二年目の一六四五年、「富裕者と貧者のための幾通りかの治療法」や、「各家で常備すべき道具と医薬品のリスト」[15]を併載した『慈悲の医師』の増補版（刊行年不明）に、さらに「センナの利点と特性に関する言説」、「刺胳に関するガレノスの健康観」、「死体の防腐保存法」、「ペスト論」などの考察が加わった再増補版が、青本のコレクションに組み込まれている。版元は、パリやリヨンと並んで民衆本のメッカだったトロワ（シャンパーニュ地方）の書肆ウド家。当主ニコラ・ウド二世（一六一六—九二）は、この廉価本の出版形態を始めた「ウド王朝」の開祖ジャンの孫である。はたして彼の狙いは見事に当たった。『慈悲の医師』再増補版は以後幾度となく版を重ねていったのである。これに力を得た彼は、一六六五年頃、「各種のジャムをつくる方法」、「健康かつ快適に生活するために求められる事物の、正しい用い方による健康維持」[16]、「富裕者と貧者のために魚肉と強心剤とから煮こごりをつくる方法」の三論攷を併載して、青本版『慈悲の医師の調剤師』を刊行している。

一方、一六四五年には、国王付きオペラトゥール（おそらく外科医）だったM・G・ヴォーサールの増補・改訂版青木が出されている。題名は『貧者たちのオペラトゥールもしくは、オペラトゥールたちの解説や下剤、薬剤の値段およびその服用法などが盛り込まれた、貧者たちの健康維持と安価な快癒に必要な療法の精髄』。版元はギベールの前記再増補版と同じニコラ・ウド二世だった。初版の刊行時期がいつだったか、筆者は寡聞にして知らないが、その口上書きには、いわば救貧医療の原点とでも呼ぶべき志向が次のように記されているという。(17)

（……）いかなる手段ももたない貧者がいる事実に鑑みて、彼らに自ら健康を維持する秘密を教えるのはもっともなことであり、彼らがわれわれと同じ人間であると認識しなければならない。彼らが病に耐えるのは、まさに金がないためなのである。（……）してみれば、われわれはキリスト教徒として、仲間たちの苦しみを軽くしてやらなければならない。

さらに一六七五年には、特効薬のリストからなる『きわめて一般的な多くの病に対する効力が認められた特定の薬一覧』が、行商人によってフランス各地に運ばれ、巷間に流布する。著者は名門貴族出身の貴婦人マリー・フーケ（一五九〇―一六八一）。検事総長や大蔵卿を歴任して巨万の富を蓄え、後ろ盾だったマザラン宰相亡き後の政治を握ろうとしたが、ルイ十四世に横領罪で逮捕され、終身禁固の刑を受けたニコラ・フーケの母親である。やがてこの小冊子は、『入手簡単な家庭用医薬一覧』、さらに『マダム・フーケの慈愛にみちた薬』と改題され、一七四〇年には、パリやリヨンなどで十六ないし十七版が出るほど人口に膾炙した。

それにしても、フーケ夫人はどこで医学や薬学を修めたのか。むろん、医学校や医学部に女性が入れる時代ではなかった。ただ、彼女ほどの知識人なら、この程度の医薬書なら出せる時代でもあった。つまり、この青本は、当時の社会的エリートたちが、どれほど医学・薬学的知識を備えていたかを能弁に語るものともいえるのだ。そして、伝統的に受け継がれてきたその「素人」知識に、彼らは自らの経験を加味しつつ、廉価・普及本の出版および販売という手段を用いて、より低い階層の人々に情報を提供しようとしたのである。

ここで急いで想い起こさなければならないのは、こうした青本叢書とアンシャン・レジームの民衆文化とを短絡的に結びつけてはならないという、シャルティエの指摘である。彼は書いている。この叢書のテクストは、「各々が別個の有用性、別個の読書形態、別個の読者層を狙った」ものであり、「民衆への普及を目的にして廉価本として刊行することを念頭において書かれたものではまったくなかった」[18]。残念ながら、彼はこれまでみてきたような通俗医書についてほとんど言及していないが、たしかにこれらの書のテクストが明確に対象としている「貧者」は、版元からすれば必ずしも安定した顧客ではなかった。

では、これらの書を受け入れていた民衆の識字率はどうだったか。フランスのプロテスタントは聖書を日常語で読むのに必要な識字教育を早くから行い、十七世紀には、遅まきながらカトリックもこの教育に乗り出した。その結果、十七世紀末の識字率は全国平均で男性二九パーセント、女性十四パーセントになったという[19]。これに対し、同じ十七世紀末では、パリの識字率は地方よりかなり高く、地区毎に数値に差はあるものの、全体で男性の八五パーセント、女性の六〇パーセントが遺言書に署名ができたとする説もある[20]。全国平均と較べれば、男性で三倍弱、女性では四倍強も高かったことになる。

簡単な署名ができることと読む力との相関関係がはたしてどうであったか、判断は正直難しいものの、革命前の時期ですら、読むことができる男子人口は、一般に五〇パーセントたらずだったともいわれているところからして、パリの識字率は――右の数値が事実なら――きわめて高かったといえる。近世史家のルネ・ピロルジェは「《青本》はとくに農村部における中流階級の講読のありようを教えてくれる」[21]としているが、むろんその最大の市場は、パリだった。

とはいえ、前述したように、青本を含む刊行物が幾度となく再刊されたということは、民衆の識字率、少なくとも読む力がそれほどまでに向上していた事実を端的に物語っている。事実、書誌学者のリズ・アンドリによれば、書肆ウドでは、一七二二年に四万冊の在庫を抱えており、同じトロワを本拠とする後発の書肆ガルニエ（ウド家の姻戚）との競合が始まる十七世紀末には、四八頁の八折り判で三六万冊分に相当する紙を用意していたという。さらに、当時の出版実数は、全体で毎年一〇〇万冊（！）に達していたともいう。[22] これに一般の刊行書籍数を加えればどうなるか。ちなみに、一七〇〇年当時のフランスの人口は推定で約二一〇〇万。同じ顧客が何冊も購入したであろうことを考慮しても、この数値は膨大である。青本の出版はまさにこうした需要に応えると同時に、需要それ自体を掘り起こし、結果的に識字率を何ほどか高めていったとも考えられる。

周知のように、ロジェ・シャルティエは、十六世紀と十七世紀の読書法が、識字者が声を出して聴衆に聞かせる「声のパフォーマンス」だったと指摘している。[23] この指摘が正しいとすれば、養生書ないし家庭医学書の青本は、その購読者の周りに、いずれ医・薬学的知識を分有するようになる聴衆群を築いたことになる。読む者と聴く者との一種の知識共同体。そんな共同体の周縁には、つねに目に一丁字なき「貧者」の姿も見られたはずだ。

## ゲリスールの蘇生

リズ・アンドリは書いている。「（……）行商本として刊行された十七、十八世紀の医書は、時代遅れの入門書や誤った単純化とは無縁のものである。これらの医書は時代と直接かかわっており、知識文化と民衆文化との境界を撤廃した。それはまた、《近代の》医学がなおも古代の医学の影響下にすっぽり入っていたということからして、きわめて伝統的なものでもあった」。[24]

見方を変えれば、近代医学がなおも伝統的医学の桎梏から抜け出ていなかったからこそ、知識文化は民衆文化を切り離すことができなかったとも、あるいは伝統が近代に追いついたともいえる。そこでは、正統医師たちによるいわゆる救貧医療書が、ある意味で民衆の伝統的な知に基づく民間医療書としばしば同一視ないし混同されてもいた。あたかもそれが時代の要請でもあるかのようにだ。

試みに、パリの裕福な家に生まれたというベネディクト会士ニコラ・アレクザンドル（一六五四－一七二八）が、一七一四年、パリの書肆ローラン・ル・コントから出した救貧医療書、『人体を冒す大部分の内的・外的疾患のため、簡単に準備でき、しかも費用のかからない特定の薬を含む貧者のための内・外科学』をみてみよう。(25) 遅くとも一七五七年に青本化した、この四五〇頁を数える、当時の類書としては明らかに大著の部類に属する医書は、たとえば偏頭痛の対処法についてこう教えている。

大きなコップで水を三杯飲んでから散歩をしなければならない。時には嘔吐で治ることもある。掌に垂らしたブランデーを鼻から飲むとよい。ギシギシ（ヨーロッパ原産の多年草）の根を一摑み洗い、二パント（約一・八六リットル）の水で煮立てて半分ほど柔らかくし、これを亜麻布で濾して飲む。卵の白身を三個分、サフランと一緒に長い間かき混ぜ、偏頭痛がひどくなった時、これを亜麻布に擦り込んで額に押し当てる。ボレル（一六二〇－七八。南西部タルン県カストル出身の内科医で、国王侍医）が言うところによれば、彼の父親はこの方法で何年も苦しめられてきた偏頭痛が治ったという。ブランデーの中に粉状の胡椒を入れて頭飾りにつける。一説に、センナの葉が偏頭痛に効くともいう。

聖職者として貧しい者たちの心を癒し、医師として彼らの身体を癒す。たしかにそれは、十七世紀前葉に、捨て子院の創設をはじめとするさまざまな慈善事業を行った、聖ヴァンサン・ド・ポール（ヴィンセンシオ・ア・パウロ、一五七六－一六六〇）の博愛精神に通ずるが、救貧医療自体に限っていえば、ことほどさように、それは民

聖ヴァンサン・ド・ポールとその協力者たち。ジャン・アンドレ作油彩画、1730年頃。パリ、公共福祉博物館蔵

間治療師たるゲリスールたちの手法とさほど選ぶところがなかった。正統医師によるとはいっても、あるいはこれが当時の医学の実態だったかもしれない。いや、むしろゲリスールらの治療術を正統医師が裏打ちする。おそらくそうもいえるだろう。

前述したように、そうしたゲリスールたちの中には、医業や売薬を旨とする渡りのシャルラタンと混同された者もいたが、実際には、その多くが聖職者や助産婦、接骨師、鍛冶師など、地域社会の異能者ないしそうみられていた者たちだった。そして、遅くとも十八世紀初頭には、古代から綿々と生き続けてきたこのゲリスールの世界に、新しい民間治療者が登場するようになる。催眠術師や催眠治療師、心霊術師(26)、霊媒師、さらにはより古代的な占い師などである。その最初期の著名人として、たとえば心霊術師(?)

のド・ピュイゼギュル（一六五五―一七四三）や、近代催眠療法の先駆者とされる、ドイツ南部シュアーベン出身の医師フランツ・A・メスマー（一七三四―一八一五）などがいる。

とりわけメスマーは毀誉褒貶に著しいものがあり、シャルラタンと天才の評価が相半ばしていた。事実、初め神学を学び、三二歳の時に論文『人の病に及ぼす天体の影響』で医学の学位をとった彼は、裕福な評定官未亡人との結婚によってオーストリア宮廷に入り込み、一七七四年には、磁鉄鉱によって治療行為を行っていたイエズス会士の占星術師ヘルに出会ってその術を学んでいる。そして、自ら開発したという動物磁気治療法で多くの患者を抱えるようになったが、四年後の一七七八年、シャルラタン的行為を働いたとしてウィーン大学医学部から追放され、妻を含む一切を投げ出して単身パリに姿を現す。そして、動物磁気治療法と携えてきた万能薬の効験を喧伝して名士たちに取り入った。それだけではない。彼はさらにあちこちの大通りに「治癒の木」を植え、その木に触れるだけで病が治ると触れ回って多くの人々を集め、あるいは降霊会で何人もの病人を治して大評判をとった。しかし、一七八五年、ウィーンの時と同様に正統医師らから詐欺師と難じられて、スイスに隠棲を余儀なくされた[27]。

やがて二〇世紀ともなれば、秘教趣味や神秘学のさらなる盛行によって、世界的に知られるゲリスールが多数出現するまでになる。これらのゲリスールのうち、とくにパリで評判をとったのが、神秘主義や占いが復権を遂げる新しい時代、すなわち「ニュー・エイジ」の到来を唱えた、コーカサス出身の神秘家・心霊術師のゲオルゲイ・イワノヴィッチ・グルジェフ（一八七七？―一九四九）である。ゴビ砂漠の奥地で二〇年以上修行を積み、基本的真理へと到達するための大いなる神秘を体得したとの触れこみで、一九一二年モスクワに現れ、哲学者のウスペンスキーらを驚愕させている。

一九二二年、勇躍パリにやってきた彼は、住居にしていた修道院に「人間の調和的発展研究所」を設立し、自ら発見したという「神秘知」に基づく教育を行うようになる。そんな彼のもとには、アメリカ生まれの妻の親友

ゲリスールによる神経痛治療。呪棒を「患者」の頭上に置き、祈りを唱える。場所不明。19世紀後葉。パリ、国立民衆芸術・伝承博物館蔵

でもあった作家のガートルード・スタイン、画家のマルセル・デュシャンやマックス・エルンスト、写真家のマン・レイ、彫刻家のブランクージなどが集まった。小柄で決して美男とはいえなかったが、筋肉質で大酒を飲み、息子八〇人、娘二四人をもうけた（実際は七人）と豪語していた彼は、ロシア語はもとより、母親の言語であるアルメニア語と父親の言語であるギリシア語、トルコ語、フランス語、英語、さらにアジアのいくつかの言語に精通するポリグロットを自称してもいた。(28) 真偽のほどはさておき、こうした言説は、あのカリオストロやサン＝ジェルマン伯の事例を引くまでもなく、しかじかの人物の異能ぶりを示す際にきわめて一般的に用いられていたものだった。

ホワイト・マジックによって癒しの行為を行う呪術師も、しばしばゲリスールに加えられた。だが、もっとも多かったのは、本人ないしその祖先がさまざまな契機や局面に思いがけぬ異能ぶりを発揮して、周囲からゲリスールとみなされるようになった者たちで、むろんもともとはごくありふれた住民だった。巡歴を旨とする催眠術師などを除いて、彼らは他所者であるシャルラタンとは異なり、ほとんどの場合、村や町に定住して、科学的というより、むしろ精神的に地域の医療を担った。

## ゲリスールの実態調査

では、その実態はどうだったか。これに関しては、ここに興味深い資料が二つある。一方は一八三六年の《実践内科・外科雑誌》に掲載されたもので、そこには、パリにおけるシャルラタニズムとゲリスールのことが次のように取り上げられている。「フランスのいかなる県よりも良識のあるパリが、もっとも破廉恥なシャルラタニズムの本拠と隠れ家とになっているのではないか。パリ以上に多くの接骨師や尿医者、心霊術師、薬売り、そしてあらゆる種類のゲリスールが目につく都市などあるのだろうか」(29)。

パリがシャルラタンの「晴れ舞台」であったのは、決して十九世紀前葉に限られるわけではないが、この記述に間違いがないとすれば、当時の首都ではシャルラタンというより大きな分類枠の中で、さまざまなゲリスールが別々のカテゴリーを形作っていたことになる。というよりは、むしろゲリスールたちが「偽医者」や「いかさま薬売り」に取って代わって、シャルラタニズムの代名詞となったのだ。新しいシャルラタンの登場もしくはシャルラタン像の拡大。たしかにそういってもよいだろう。

もうひとつの資料は、フランス全国医師会（A.G.M.S.）が一八六〇年に国内三二県で実施した、定住ゲリスールたちの出自調査結果である。ゲリスール本人やその「患者」らの仕返しを恐れて、一部の医師は返答を拒んだが、それでも翌年、一応の報告がまとまる。発表者は同医師会会長のアンブロワーズ・タルデュー博士。《公衆衛生年報》に「医術シャルラタニズムに関して」なる題で掲載されているその報告によれば、当時もぐりの治療行為を行っていたとして指弾された八五三名のゲリスールのうち、もっとも多かったのは職人や商人出身で一六四名だったという。次に多かったのは聖職者の一六一名（うち、修道女は八四名）で、以下、地主・年金生活者一〇三名、農業経営者九二名、助産婦（むしろ産婆と書くべきか）六三名と続く。また、これらゲリスールのうち、三二六名は内・外科的療法を営み、骨折・脱臼専門は二四二名、心霊・催眠術師四〇名、呪術師二六名、尿判断師十八名だったともしている。[30]

あくまでも医師たちが商売敵の違法治療を告発するための調査であってみれば、この数値にどこまで信を置けるか疑問なしとしない。何よりも報告論文の題名にいみじくも現れているように、これら民間治療者をすべてシャルラタンというネガティヴなイメージに収斂させようとする、政治的ないし心理的な意図もみてとれる。したがって、ここではいわゆる「一般人」がゲリスールを任じ、あるいはそうみなされていたという事実が確認できればよいだろう。これらのゲリスールたちは、本章冒頭に引いたティソの一文にあるように、しばしばシャルラタンと同一視されてもいたのである。

ごく一般的にいえば、彼らは、他のシャルラタン同様、正統な医薬学に基づく知識や技術や肩書きを有していなかった。[31] その代わり、自らの職業や実生活から得た解剖学的・生理学的知識を駆使し、しばしば身の周りにある日常的な道具を医療器具へと転位させることができた。坐骨神経痛のツボとされていた耳たぶを焼灼したり、ペンチで抜歯をおこなったり、あるいは脾臓を病んだ患者を金敷の上に寝かせ、患部ぎりぎりにハンマーを打ち下ろして癒すという治療で名声を馳せた、コルシカ島の名鍛冶師シャザル（十九世紀後葉）のようにである。[32]

また、北仏マンシュ県のアヴランシュといえば、かつて百年戦争や宗教戦争の舞台となり、第二次大戦ではパットン将軍率いる機甲師団が、ここに設けられていたドイツ軍前線基地を突破してパリへの反攻に向かったことでも知られるが、十九世紀末ないし二〇世紀初頭には、この町でひとりの老木靴職人が抜歯人として評判を集めていたという。彼は家の入り口の階段に患者を座らせ、その両肩を足で抑えながら、下顎の歯を爪のついたレンチで引き抜いた。虫歯が上顎にある場合は、患者を家の壁に押し付け、柵でその体の自由を奪ったまま引き抜いた。施術料は清水のうがい薬と小コップ一杯のブランデー込みで六スーだったという。[33]

むろん一部のゲリスールは、薬草ないし鉱物性粉末、あるいはその双方から抽出・調合した軟膏や煎じ薬、座薬などを用い、場合によっては患部の洗浄や浣腸といった外科的処方も施した。加えて、彼らには正統医師はもとより、シャルラタン医者や売薬者すら用いることのなかった手法があった。祈禱ないし唱言といった呪術的・宗教的手法、さらには十字印をはじめとする象徴的な、あるいは自ら意味づけした不可解な儀礼的所作である（とくにカトリック教徒の場合）。そんな彼らの手引きとなったのは、祈禱の写本や通俗的な処方心得書、すなわち作者不詳の『驚くべき自然の秘密に関する安価な小冊子アルベルティ』、通称『ル・プティ・アルベール』（一八六五年ほか）や、アルベール・ル・グランの『ル・グラン・アルベールとその驚くべき秘密』、通称『ル・グラン・アルベール』（一八六五年ほか）などだった。[34] そして、こうした秘法に卓抜した想像力を加味して治療行為を行い、何がしかの代価と、時に速やかに不信へと変質する危うい信頼とを得ていた。

彼らゲリスールたちはまた、民間治療師として、いったいに正統医師より低位の社会階層に位置してもいた。より正鵠を期していえば、地域社会における聖なる部分と俗なる部分のまさに境界線上に位置していた(35)。位置しながら、とくに農村部において、医師に対する人々の不平不満を引き受けていた。「死んだあとに医者が来る」とか、「医者の診察を受ける前に一〇回死ぬ」、「医者への支払いは、粉引きロバより高くつく」といった俚諺やフォークロアは、実際はともかく、正統医師の往診がつねに遅れることや、その資格に見合うほどの腕前がなかったこと、さらに治療効果に較べて高額すぎる治療費を請求されたことなどを痛切に告発するものだが、これらの不平不満がそのままゲリスールたちへの期待となったのである。

いや、まさに一部のシャルラタンがそうであったように、中にはゲリスールとして、医師以上に地域の名声をほしいままにしている者すらいた。この名声は、なるほど正式な免状に基づくものではなかったが、ある意味において、地域住民たちから向けられた容赦のない評価に耐え得た、そしてそれだけに真の実力に基づくものにほかならなかった。

そうした名声に浴しえたゲリスールとしてしばしば歴史に登場するのが、とくに農村部における接骨師たちである。たしかに彼らは、シャルラタンと同類の多分に怪しげないかさま医者《アンピリック》であり、その医術の秘密は、「骨折を整復し、砕けた四肢や変形した肩を元通りにするのに適した所作や軟膏にあった」(36)。だが、今日でも、接骨師は一種の民間医としてなおも社会的な役割を、つまり代替医療の一翼を担っている。この事実は、とりもなおさず骨折や脱臼といった症例には伝統的な知と経験《アンピリック》に基づく技術とが、決定的に重要な武器となっていることを端的に物語るものといえる。たとえば、アンシャン・レジーム期から帝政期にかけて、フランス東部ヴォージュ地方の山村ヴァル=ダジョル（字義は「ダジョル峡谷」）を中心に活躍していた接骨師一族のように、である。

革命期と帝政期にもっとも偉大な従軍外科医として知られ、今もなおパリの陸軍病院にその名が冠せられているピエール＝フランソワ・ペルシー（一七五四－一八二五）は、フランス医学界の一大偉業ともいうべき『医学事典』（全六〇巻、一八一四年）の中で、このヴァル＝ダジョルの接骨師オンクル・ヴァルダジョルについて、次のような高い評価を下している。(37)

脱臼を治療する器用さと慣行とをきわめて長い間維持してきた、ヴォージュ地方のこれら善良にして立派な住民たち（接骨医たち）と、私が攻撃して止まない輩とを混同してはならない。（……）私は彼らの経験を利用し、その原理について語ることすらできた。彼らがそれを有していたからである。そんな彼らが盲目的な因習によってのみ導かれていたとみなすのは、明らかに間違っている。以下の事例はそれを立証するものである――。

ある村司祭が落馬して腕を脱臼した。そこで地元の名のある外科医たちが呼ばれた。しかし、長い時間をかけて何とか元通りにしようと努力したが、無駄だった。次いで私が、同司教区の司教からこの司祭の治療のために呼び出された。（……）事故が起きてから、すでに一週間も経っていたからだ。暴力的で苦痛を伴う施術がいろいろ試みられていたが、すでに腫脹ができていた。幸いその大きさはさほどでなかったが、腕自体にはかなりの痛みがあり、頑健この上もなかった同司祭に悲鳴を喚げさせずに腕に触れることはできなかった。

村人が私に告げるには、すでにオンクル・ヴァルダジョル（「ヴァル＝ダジョル親父」ほどの意）を呼んでいるという。これは、豊かな峡谷の土地持ちの一人に対する愛称だが、彼は脱臼した四肢の治療に絶大な信頼を勝ち得ていた。（……）脱臼の箇所と状態を確認してから、彼はふつうの手当てではもはや元通りにできないと判断した。外科医たちによって骨が幾度となく引っ張られ、筋肉が炎症を起こして硬く張っていたからである。そこで彼は、赤ワイン半ボトル分を暖めさせ、これを司祭に飲ませた。立場上、司祭はこの種の不節制には慣れていなかった。やがて、彼は慣習に従って祈りを唱え、四、五〇分の間に砂糖を少量加えたワインを何度も服用する。こうして足元が覚束なくなった患者は、座らせて欲しいと頼む。間もなく、彼は半睡状態に陥り、その状態のまま接骨師を待つ。ここに至って、ようやく患者の筋肉が弛緩し、柔らかくなったと判断した接骨師オンクルは、私に合図を送り、司祭の胴体を抑えつけ、肩を固定させるのだった。そしてそれと同時に、彼は司祭の腕を摑み、驚いたことに、何の苦痛も与えずに、一気に脱臼を整復したのである。

いささか長い引用となったが、ペルシーはここで、正統医学がしばしばシャルラタン＝ゲリスール的なるものとして蔑んできた伝統的な接骨治療が、外科医のそれを遙かに凌駕していることを虚心坦懐に認めている。さらに彼は、続く一節で、こうした医術を正統な外科医も学ばなければならないともしているのだ。自分たちが学んできた医学とははたして何だったのか、何でありえたのか。外科医の頂点を極めたはずの彼をして、改めて引き寄せざるをえないこの疑問は、そのまま当時の外科学の限界であり、と同時に、民間医療の可能性を暗示するものでもあった。

確たる証拠はないが、ここに登場する名接骨師オンクル・ヴァルダジョル（Valdajol）とは、もしかすると一七二五年のある日、リュイヌ公爵夫人の腕の脱臼を治した、接骨師一族のフルーロ家に連なる者かもしれない。後者が「ヴァルダジュー（Valdajeux）」と呼ばれていたからであり、この種の技術がしばしば一族内部の秘儀として代々相承されてきたからでもある。

　そのあたりの詮索はさておくとして、ヴォルテールなどとも親交のあった、女流作家のデファン伯爵夫人ことマリ・ド・ヴィシー＝シャムロン（一六九七―一七八〇）が、一七七〇年二月、ゴシック・ロマンスの先駆けとなった『オトランタ城奇譚』（一七六四年）の著者ホラス・ウォルポール（一七一七―九七）に宛てた私信によれば、リュイヌ公爵夫人の骨にひびが入っているため、腕をそこから切断しなければならないとの外科医の診立てを尻目に、居住する峡谷の名で呼ばれる接骨師一族のひとりは、変形して胼胝《たこ》状に腫れあがった脱臼部をいともたやすく元通りにしてしまったという。

　だが、外科医たちの顔色をなからしめたこうした「偉業」は、当然のことながら、彼らの怨嗟の的となった。事実、この接骨師は地元の外科医ないしその息がかかった者たちから、剣による攻撃すら受けている。そこでブルゴーニュ公国の駐屯軍総司令官でもあったリュイヌ公爵は、一七二五年八月三〇日、自らが管轄する地域内でのフルーロ一族に対する一切の嫌がらせや攻撃を禁ずるとともに、域内の市町村の長や参事会員に、一族が接骨術を行うに際して、しかるべき援助を与えるよう命ずる条令を出している。筆者が知る限り、これは地域の行政と治安の責任者がゲリスールを保護ないし庇護するために発した、おそらく唯一の条令といえる。

　その確実な技術に対する人々の信頼のみならず、正統医師たちの反撥を退けるこうした手厚い保護策も手伝って、フルーロ一族は十九世紀も存続した。だが、一八五〇年頃には、

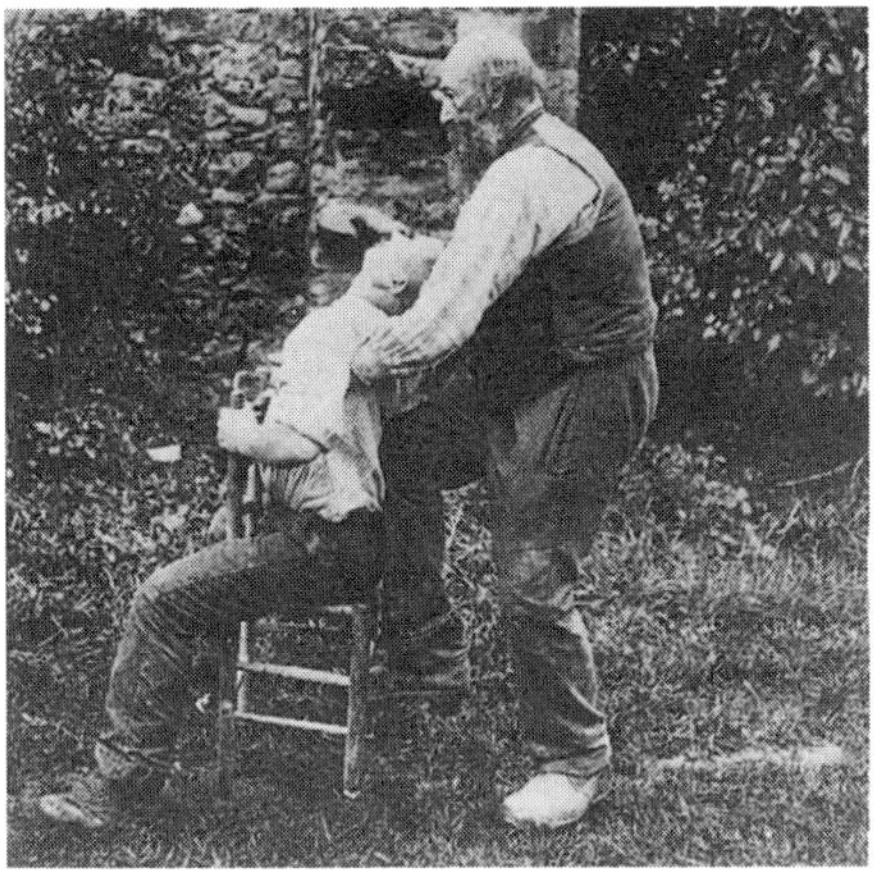
ブルターニュ人接骨師「ル・グラン・ジョソ」の施術。モルビアン地方ミュジエラック、1930年頃。パリ、国立民衆芸術・伝承博物館蔵

さすがに立場が危うくなりだした。そこで一族は、ヴァル=ダジョルにほど近い温泉地プロンビエールにしばしば湯治に訪れるナポレオン三世に訴え出る。アンシャン・レジーム期と同様に、免状抜きでも安んじて接骨術が行えるよう、免許状を出して欲しい。これが訴えの主眼だった。むろん、ナポレオン三世としても、彼らが哀れな者たちのために尽力していることは承知していたが、法を曲げるわけにもいかず、最終的に医学の講莚に連なり医師の免状を受けるよう命ずるほかなかった。それはフルーロ一族の伝統的な医術の死を意味するものであり、接骨術が医療の前面から徐々に撤退する象徴的な出来事となった。(38)

## ゲリスールとシャルラタン

栄光と伝説とに彩られたこのフルーロ一族は、むろん数少ない、だが決して例外的ではないゲリスールといえる。とはいえ、彼ら正統ならざる医療者ないし医療の周縁者たちに対しては、シャルラタンの場合と同じように、何分にも独創的かつ怪しげな治療行為のため、人々から畏怖の念と同時に、しばしば軽侮の目が向けられてもいた。そうなったのは、劇作家のアラン・ルネ・ルサージュが代表作『サンティリャナのジル・ブラ』(一七一五―三五年)の中で、彼らを皮肉たっぷりに登場させて以降だとする説もある。(39)はたしてルサージュの作品が、そうした世間のゲリスール評価を決定づけるほどの影響力を保ちえたのかどうか、正確なところは不明である。しかし、民衆の信頼と不信、畏敬と蔑視とは、ゲリスールがまさにシャルラタン医者や売薬者と(そして時には正式な免状をもつ医師や薬剤師とも)共有する、いわば合わせ鏡のような両義的な評価だったといえる。

一方、ゲリスールとシャルラタンとの間の主たる違いは、何よりもまず前者の多くが単独で活動し、派手な口上や仮設舞台も用いず、どちらかといえば神秘的な装いに包まれている、あるいはあえてそう演出するところにあった。扱う疾患の種類もきわめて多く、シャルラタン医者が——万病に効く万能薬をもっているとする口上はさておき――どちらかといえば特定の疾患のみを対象として「専門医」的だったのに対し、ゲリスールはそれに加えて、時に精神的な疾患すら治療の対象とする「一般医」としての側面も帯びていた。また、しばしばその呪的な治癒力を、口伝の祈禱文ないし呪文ともども世襲していた。あるいは、世襲しているとみなされていた。現代フランスを代表する民族（俗）学者のひとりフランソワーズ・ルークスは、そうした両者の類似点と相違点を次のように指摘している。[40]

このように、村には在地と異邦の二通りの施療者が存在していた。しかし、その才能をしばしば「無益なこと」に用いたささやかな村の施療者（ゲリスール）と、村の外からやって来て、巧みな口上を弄しながら怪しげなものを売りつけた「シャルラタン」とは、通常、外部からの一律的な非難のもとに混同されていた。だが、両者は、社会に対するかかわり方のみならず、肉体に対するかかわり方においても、かなり対照的な存在であった。前者の場合には、患者との間に暗黙の了解が成り立っていたが、後者の場合、そこには演出的な要素が介在していた。（中略）両者は象徴的な行動を通して、最後に残された救済の可能性たるべく、具体的・隠喩的な病気に働きかけたのである。（一部表記変更）

むろん、ここでいう「無益なこと」とは、今日の医学的常識からする評価であり、無益であるかどうかの判断は、この常識によって行うものでは決してない。まして、ルークス自身が紹介している前記俚諺（三九〇頁参照）にも明らかなように、通常、村に住むことがほとんどなかった正統医師は、村人から意図的ないし結果的に排除されていた。そんな条件下であってみれば、「具体的・隠喩的」という形容辞は、疾病に対してのみならず、最後の頼みの綱としてのゲリスールやシャルラタン自身に対するものでもありえたはずだ。

ただし、フランス民俗学は、実際のところシャルラタンの具体例についてほとんど言及していない。これに対し、ルークスがまさにそうであるように、ゲリスールの存在には大きな関心を払っている。もとよりこの事実は、シャルラタニズムが民俗文化にとって瑣末な主題だったことを意味しない。そうではなく、フランス民俗学が対象とする十九世紀中葉から二〇世紀にかけて、シャルラタンの医者や薬売りたちの影が著しく薄れたもしくは変質した（後述）ことと同時に、彼らゲリスールの存在が、民俗文化にどれほど重要な位置を占めていたかをつとに物語るものなのである。事実、民俗学関連書には、民間医療の章で、つねにといってよいほどゲリスールが取り上げられている。

たとえばプロヴァンス民俗学の第一人者だったクロード・セニョルは、十九世紀から二〇世紀初頭における彼らの治療事例を数多く紹介している。以下の事例は、その一部である。(41)

1　火傷・蜂の刺し傷：患部の上で十字を切り、低い声で呪文を唱える。

2　黄疸：コップの中に新鮮な卵と貝殻を入れ、レモンジュースを加える。翌日、貝殻が砕けたコップの中身を飲ませる。

3　日射病：土瓶《トゥパン》の中で水を煮沸し、岩塩を三粒加えて呪文を唱える（呪文の内容は誰も知らない）。水が沸いたら、それを皿の上にあける。この時、お湯が流れ出さず、土瓶の底の方に上っていけば治る。ただし、この施術は日没時に行わなければならない。

4　丹毒：聖別された結婚指輪で十字を切り、誰も分からない呪文を唱える。

5　胃下垂：紐を一本用意し、その一方の端を患者が胃の上で握り、もう一方の端をゲリスールが握る。そして、前腕（肘から中指の先端まで＝クデ尺）で何度も紐の長さを測りながら、次のような唱え言をする。「聖女マグダラのマリアが汝を癒してくれますように」。

事例を挙げていけばきりがないが、[42] これらの症状と治療行為とはいったいどのようにかかわるのか。いささかなりと理解に苦しむところである。また、同様の行為が別の症状にも用いられることもあり、両者の関連性は時に恣意的ないし融通無碍的な印象さえ与える。こうした症状を前にして、はたしてシャルラタンならどうするか。おそらくは治療の実績を長々と並べ立てた口上を唱えながら、持参の万能薬を麗々しく取り出し、いかにも勿体ぶってこれを売りつけたに違いない。

## 治療と信仰

近代の身体史研究で知られるジャック・レオナールは、十九世紀の地方医療の実態を論じた書の中で、ゲリスールの性格や役割について次のように述べている。[43]

一般にこれらゲリスールたちは土地の名士たちであるが、通常は医業や薬剤業と無縁である。(……)彼らは自然治療を行っていたが、一部は真面目な祈禱ないし多少なりと呪術的な呪文を用いてもいた。ゲリスールのもうひとつのカテゴリーははるかに神秘的なもので、特殊な資質を有し、さまざまな秘密を保持していた。この種の治療は内密さを求めるだけでなく、想像力と感情と性の領野に影響を与えた。それはまた宗教的な曖昧さに包まれてもいた。分かる限りでいえば、そこでの呪文は、教会の教義や祈りから多くの要素を借りていたが、まじないと箴言とが混ざった民衆的な言葉や俚諺とともに用いられもした。

さらにレオナールは、ゲリスールのカリスマ性を証明するのは、実際のところ不可能だとしているが、[44] こうして彼らは土着的な信仰とキリスト教的信仰との紛れもない体現者としてあった。そして、とくに後者についていえば、ゲリスールたちの治療行為の多くは、明らかに聖人たちの奇蹟故事をなぞってもいた。たとえばそこでは、前述したイングランド・フランス国王の即位儀礼における国王按手《ロワイヤル・タッチ》の基ともなった、聖マルクーの瘰癧癒しのように、十字印や祈りないし呪文が用いられた。つまり、彼らは、キリスト教を支えてきた聖人信仰の歴史的なコンテクストに寄り沿いながら、あくまでも教会や礼拝堂とは埒外の場で、人々の願いや渇望を世俗の生活の中で引き受け、叶えてきたともいえるのだ。シャルラタンとゲリスールの施療を隔てるもうひとつの本質的な差異は、おそらくここにある。

同様のことは、プロヴァンス民俗学者のジョルジュ・コーヴァンが注目した、二〇世紀初頭のトゥーロン地方における事例についてもいえる。コーヴァンによれば、そこでは次のようなゲリスールが活躍していたという(45)。まず、「聖ヨハネの男」を通称とするゲリスールである。彼は高熱に悩む者の衣服に触れたまま、患者をまじまじと見つめる。それからおもむろに患者の肌に円を描き、そこに三度息を吹きかけてから耳を当てる。いかにも聴診するような所作だが、実際の治療はこれだけである。これだけで熱が下がるというのだ。さらに、マルセイユ近郊のセプテーム村では、ヘルニアに罹った子供たちを両親が「メートル・ラザル（ラザロ師）」のもとに連れていったという。その際、子供たちは卵を一つ携えていった。すると、メートル・ラザルは母親に命じてこの卵の殻の上部に穴をあけさせ、白味だけを捨てさせる。そして、子供に黄身だけとなった卵の中に排尿させた後、これを灰の箱に置く。こうしたことを三年続けて行えば、ヘルニアが治るという。

ここでもまた、聖人信仰が治療行為の伏線となっている。すなわち、聖ヨハネとはヨルダン川でイエスに洗礼を施した洗礼者ヨハネを指すが、その名を僭称することによって、ゲリスールは自らをヨハネ（と洗礼儀礼）に仮託された浄化=祓禍力の持ち主として信じこませたに違いない。さらにいえば、この聖人の祝日（六月二四日）ないし夏至の前夜に摘んだ草、すなわち「聖ヨハネの草」は、地域によって種類に違いはあるものの、著しい薬効を帯びているとも信じられていた(46)。

また、ラザロとは、周知のようにイエス＝キリストによって死後四日目に蘇り、マルセイユの初代司教になったともされる聖人で、南仏タラスコンの怪獣タラスクを、十字架とイエス＝キリストの唱言とによって馴化した聖女マルタ（本書第五章参照）の兄弟でもある。ヘルニアとの関連は不明だが、民間信仰ではハンセン病の治癒聖人とされている（ちなみに、彼がマルタらとともに迫害を逃れて漂着したとされるマルセイユには、ハンセン病患者を介護するために設けられていた施療院があり、一七二〇年にペストがこの町で猖獗を極めた際には、ペスト罹患者用の隔離院となった）[47]。そんな聖人の名をとるゲリスールであってみれば、ヘルニア治療に尋常ならざる力を発揮すると信じられても不思議はなかっただろう。

こうしたゲリスールのうち、コルシカ島の鍛冶師シャザルのように、具体的に名前が分かっている者もいる。たとえば一八二三年、フランス中部ニエーヴル地方のサン＝カンタンに生まれたアンリ・ブランシェなる人物である。初聖体拝領式に臨んだ際、ホスティア（聖体）の中に血痕を見つけた彼は、この奇瑞をただちに司祭に告げた。これに対し、司祭はブランシェがやがて出世すると予言する。やがて彼は、生地近くのサントランジュ村で作男を使うほどの農業経営者となり、一方で徐々にゲリスールとしての活動も行うようになる。当初、そんな彼を胡散臭そうに見つめていた村人も、やがて態度を改める。こうして村人の信望を得るまでになった彼は、予言が成就したのか、一八九二年から六年間、村長の職もつとめ、一九〇七年他界する。

彼の治療は、歯痛を含むすべての疾病に及んだが、その最大の特徴は遠隔治療にあった。セニョルのインフォーマント数人が後に述懐しているところによれば、ブランシェは数キロメートル離れたレレ村にいる妊婦の出産を、遠くからただ祈りを唱えるだけで安産にしたという。また、同じレレ村から来た両親が子供の高熱を下げてくれるよう哀願して村に戻ると、ベッドに横たわっていた子供から完全に熱が退いていたともいう。さらに家畜もまた彼の治療対象に入っていた。たとえば村長になった翌一八九三年頃、有名なサンセールの馬市に出す雌馬の後ろ足が麻痺し、餌も取らなくなって死にかけていたのを、おそらく祈りによって治している[48]。

こうしてみれば、ゲリスール・ブランシェは、いわば呪術師や獣医として近隣地域すべての病を一手に癒す私的な役割も担っていたことになる。とはいえ、実際の治療行為と快癒現象とは、今日のようにたとえどれほど臨床実験を積み重ねたところで、必ずしもその直截的な関連を完璧に立証できるものではない。まして往時の村落社会の話である。そこには少なからぬ偶然性も介在していたはずである。にもかかわらず、人々は両者を結びつけて疑うことがなかった。あるいは、あえて矛盾律を因果律より優先させて疑いの眼差しを自ら封じ、そこに救いの秘蹟を求めようとしていたのかもしれない。まさにこれこそが、民間療法の民間療法たる所以といえる。

さらに時代を先取りしていえば、同様の遠隔治療は二〇世紀中葉にもみられた。民俗学者のロベール・ジャルビによれば、ラングドック地方の山岳地帯に位置するサン＝セヴェル（アヴェイロン県）近郊の農夫ジョゼフ・ミローは、一九四八年頃から治療行為を始め、一九五四年には、西隣タルン県のカストル――社会主義の指導者で《ユマニテ》紙を創刊したジャン＝ジョーレス（一八五九―一九一四）の生地――に移り、ヴィラを購入するまでになったという。このことは、彼がどれほど多くの患者を治療したかを端的に物語っている。何しろ彼は、たとえ患者が遠くにあっても、写真を見ただけで病名をただちに言い当てることができる異能の持ち主だった。少なくともそうみなされていたのだ。

そんな彼の施療法は、心霊術師のそれに酷似していた。すなわち、小さな作業机の上で振り子を往還させながら、患者ないしその代理人に紙切れを渡し、そこに記されている「主よ、我深き淵より汝を呼べり《デー・プロフンディス・クラマーヴィ・アド・テー》」から始まるラテン語訳旧約聖書詩篇第一三〇篇、いわゆる哀悼歌を、六〇回ないし一二〇回、時には一八〇回も唱えさせるのだった。そして、これを六日間も続ければ、どれほど薬石の効かない病でも癒えると信じられていた(49)。

ミローとほぼ同じ頃、タルン県のモンドラゴンには女性ゲリスールのデスプラ夫人もいた。時に泥棒や呪術師の正体を見通す幻視力も備えていたとされる彼女は、さまざまな聖人への秘密の祈りと、からし菜やシナノキ（鎮痛・発汗剤）、シオデ（ユリ科の利尿剤）などの煎じ薬を用いる、いわばきわめてありふれた治療によって、おそらくミロー以上に名を馳せていた。事実、周辺地域はもとより、遠くピレネー地方からも患者が陸続とやってきて、朝早くから「診察室」の外に並び、昼過ぎから真夜中近くまで行われていた彼女の治療を待っていたという。[50]

こうした事例は枚挙に暇もないほど報告されているが、たとえば『ゲリスール、薄荷の手ブレーズ・メニル』（一九七九年）の著作があるジャン゠ピエール・オトは、一九五〇－六〇年代に出会った二人のゲリスールを、『始まりの身振り』（一九八二年）の中で回顧している。[51] それによれば、ひとりはコメディア・デラルテの役者を思わせる、快活で誇張癖のあるシャルラタン的（！）人物で、悪魔祓いをよくした。ところが、ある疥癬患者を治療した翌日、このゲリスールは、さながら「蟻が全身を這いまわってでもいるかのような痒み」を覚え、肩といわず腹部といわず、掻き毟ったという。さらにしばらくの間、彼は胃潰瘍やフルンケル（癤《せつ》）、胸痛、捻挫、頭痛、関節炎に苦しみ、一時回復して仕事を再開したのもつかの間、ついに不治の病に冒されて不帰の客となってしまったという。

二番目のゲリスールは「震える葉のような目」をした「極端なまでに陰気な」老人で、家の奥部屋に閉じこもり、帯状発疹や丹毒などの患者を治療していた。誤って大鎌で顔を切った子供の止血をしたり、女性の腹部に生きた鱒を押し当てて、その伝染性の熱病を癒したりもしている。彼はまたヤドリギの枝とロープの結び目を用い、不可解な呪文を唱えて腫瘍の治療も行っていた。時には馬小屋まで出向き、糞と飼葉の臭いを嗅ぐ。それから指先で馬の癤に触れると、癤は木片のように剝がれ落ちたという。

ここに登場するヤドリギは、周知のようにケルト時代から強い生命力と霊的な知恵、さらに治癒力を有する聖樹として崇められ、ドルイド僧がその枝を切り落とす際には、黄金の鎌を用いなければならないとされていた。民間信仰でも、そうした古代の聖樹観は、祓禍招福のシンボルへと姿を変えて受け継がれた。[52] また、結び目も一体化や服従および追放などにかかわる民俗慣行に象徴的に用いられた。ゲリスールたちの手法には、キリスト教的信仰から派生したものばかりでなく、このようにしばしば俗信化したケルト的な信仰もみられる。

もうひとりのゲリスールは、プレザマン（字義は「ふざけて、快活に」）と呼ばれた男で、丘の上の窪地に家を構えていた。彼もまた自宅でさまざまな疾病や傷害を治療していたが、オトの知人の話では、膿が出るほど悪化した頭部の帯状発疹を彼に診てもらったところ、結婚指輪で十字を切っただけだったにもかかわらず、数日後には発疹が「玉ねぎの薄皮のように乾いた」という。むろん、この治療法は、神の祝福を象徴する結婚指輪（誰ものものかは不明）が、聖なる力を帯びているとの民間信仰に基づく。

民俗学的により実証性の高いものとしては、国立民衆芸術・伝承博物館（パリ）のマルセル・ブテイエ女史が、一九六〇年代にアルプス南部の保養地アンブラン一帯で実施した民俗調査報告がある。[53] それによれば、彼女の女性インフォーマントは、少女時代、遍歴の女性ゲリスールとして知られるシャリニ夫人に憧れていたという。はたしてその動機は何だったのか。仔細は不明だが、少女の父親は、子供の頃疱瘡に罹った。しかし、沸かした牛乳にクサリヘビの粉末を入れて飲むという、古くから地元に伝わる療法で幸運にも治っている。

わが国のマムシ同様、たしかにこの毒蛇は、すぐれて俗信的な民間療法の世界で、皮膚病や悪性熱病、癲癇、衰弱、肺結核症、疫病全般、蛇毒などに対する特効薬として好んで用いられてきた。いや、時代を遡れば、知識人たちも同様だった。事実、セヴィニェ夫人（本書第六章参照）もまたしばしばこれを服用し、一六八五年七月八日付の息子宛私信の中で、自分の健康が、血液を薄め浄化して新しくしてくれるクサリヘビのお陰だ、と記している。同夫人の親友で、ラ・ロシュフーコーと終生愛人関係にあった、『クレーヴの奥方』（一六七八年）の女流作家ラ・ファイエット夫人も、クサリヘビのスープが目に効くと信じていた。[54]

とはいえ、毒蛇の粉末と牛乳との組み合わせが疱瘡を癒すとの処方は、もとより誰がいつ考え出したものか分からない。だが、それは伝統的な快癒伝承のテクストをおそらく何ほどか逸脱している。逸脱することで、新しいテクストを作り出していく。発明や発見を介在させず、さながら神話が神話素をブリコラージュして織り上げられていくように、ありふれた生活要素と異様な要素とを組み合わせ、そこに非日常的ないし寓意的な薬効を期待しようとする。前述した言葉を使えば、まさにそれはすぐれて神話的な矛盾律の論理といえる。

なるほど少女の父親はこの怪しげな飲み物を服して治ったかもしれない。だが、それを真に現実化したのは、おそらくこうしたテクストを産み出し、そこから快癒への回路を導き出した集団的なイマジネールの方だったはずだ。民間療法とは、畢竟そうしたメカニズムに立脚しているのではないか。だとすれば、このイマジネールとは、すでに指摘しておいたシャルラタンのそれとほとんど択ぶところがないということになる。十九世紀末から二〇世紀初頭にかけて、ゲリスールがシャルラタンに取って代わった所以がここにある。

第九章

# シャルラタン＝ゲリスール現象

## 今日のシャルラタン=ゲリスール

いずこからともなくやってきて怪しげな施術を行い、正体不明な薬を売りつけては、再びいずこともなく去っていく。こうした典型的なシャルラタンは、すでにみておいたように、遅くとも十九世紀中にほぼ姿を消している。少なくとも筆者が調べえた限りでは、彼らの存在を示す資料は見当たらない(1)。だが、これはシャルラタンのイメージまでもが消滅したことを決して意味するものではない。それどころか、今日このイメージは、シャルラタンが歴史の舞台から退場してすでに一世紀以上経っているにもかかわらず、なおも増幅ないし拡散を続け、社会のさまざまな領域に新たな同類を見出すようになる。正統ないし正義を装い、しばしば社会の上層にいる者たち、たとえば医を金儲けと考えて蓄財に励む医師はもとより、山師的な政治家や国民から血税を搾り取って浪費する官僚、口先だけの評論家、さらに空理空論で人々を惑わす学者など、数え上げれば際限ないが、教育史家のリュシアン・モランは、「病理的な無思慮《イレフレクシオン・パトジェーヌ》」や「詐欺的な唯言語主義《トロンプール・ヴェルバリスム》」の持ち主たる職業的教育者を、ほかならぬシャルラタンと呼んでいる(2)。

その一方で、この実体から逸脱したイメージは、前章でみておいたように、社会のイマジネールによって炙り出されたゲリスールたちを、新たなシャルラタンとして、あるいは「擬制的シャルラタン」としてその世界に取りこんでもいった。むろんそれは、多くのゲリスールが、かつてのシャルラタンと同様に、怪しさやいかがわしさといった影の部位を本質的に帯びているだけでなく、その部位を特異な雰囲気やパフォーマンスによって演じ、時にはすぐれて祝祭的ないし秘教的な仕掛けを駆使することと密接に結びついているのだ。では、今日のシャルラタン、すなわちゲリスールとは具体的にいかなる存在なのか。最後にそれをみておこう。

まず、左の表を見ていただきたい。民俗学者のクロードおよびジャック・セニョル親子が、パリ近郊イル=ド

**ゲリスールの治療法と対象疾病**（1950－60年代）

| | 祈禱・十字架 | 接骨 | 秘術 | 下剤 | 練り薬・軟膏 | 薬草 | 按手 | その他 | 計 |
|---|---|---|---|---|---|---|---|---|---|
| 下疳 | 49(25) | | | | | 1(1) | 1(1) | 2 | 53(27) |
| 骨折 | 3 | 43(3) | | | | | | | 46(3) |
| 火傷 | 35(26) | | 1(1) | | 5(4) | | 1(1) | 1 | 43(32) |
| 捻挫 | 8(4) | | | | 1(1) | 1 | 1(1) | | 11(6) |
| 眼疾 | 4(2) | | | | | | | 2 | 6(2) |
| 疣 | 1(1) | | | | 3 | | | | 4(1) |
| 瘭疽《ひょうそ》 | 2(1) | | | | 1 | | | | 3(1) |
| 刺し傷 | 1(1) | | 1(1) | | 1 | | | | 3(2) |
| 歯痛 | 2(1) | | | | | | | | 2(1) |
| ひきつけ | 2(1) | | | | | | | | 2(1) |
| 湿疹 | 2(1) | | | | | | | | 2(1) |
| 畜疫 | 3 | | | | | | | | 3 |
| 万病 | 3(1) | | | 1 | 1 | 1 | | | 6(1) |
| その他 | 7(6) | | | | | 6(4) | 1(1) | 7 | 21(11) |
| 計 | 122(70) | 43(3) | 2(2) | 1 | 12(5) | 9(5) | 4(4) | 12 | 205(89) |

=フランス地方のユルポワ一帯で行ったゲリスール調査報告[3]の一端を、筆者がまとめたものである。詳細は不明だが、これらゲリスールの活動年代は、おそらく第二次大戦以降、すなわち一九五〇年代から六〇年代にかけてと思われる。調査対象町村一〇七箇所。牧童四名を含む総計一九九名のゲリスールのうち、女性は四四パーセントの八八名である（表の数値は人数、括弧内は女性数を示すが、報告に単にゲリスールとのみある数例は、分類不可能なため省いてある。また、ひとりのゲリスールが複数の治療法と疾病にかかわる場合には、それぞれに分類してある）。

　表には、さらに女性ゲリスール一名の祈禱による喉頭炎治療や、男性ゲリスール一名ずつの薬草と祈禱による頭痛と狂犬病治療を加えなければならないが、まず注目したいのは、骨折／接骨という一対一の記号的な組み合わせを除けば、まさに治療聖人とその加護が求められる疾病や傷害との関係同様、治療法と対象疾病・傷害とが互いに多対多対応になっている点である。つまり、ひとつの治療法が複数の疾病・傷害に向けられ、ひとつの疾病・傷害が複数の治療法の対象となっているのだ。この事実は、両者の関係が隠喩的ないし象徴的なものであったことを物語る。そこでは、治療法より、むしろ治療行為そのものに、あるいは治療を受けているという現実自体に意味があった、ともいえるのではないか。

それにしても、当時の農村生活のありようを端的に示しているであろうこの表で、骨折（二一パーセント）や火傷（十七パーセント）とともに、下疳の事例が際立って多い（二四パーセント）のはどう考えればよいのか。周知のように、下疳とは性病のために陰部にできる伝染性の潰瘍である。性的交渉や不潔さがその原因と考えられるが、たかだか四〇年前の、しかも首都周辺の人々は、それすらも祈りや十字架（九二パーセント）で治そうとした。あるいは正統医にかかりながら、ゲリスールによる祈禱治療の効力を信じていたのか。答えは、むろんウィである。

一方、療法全体について見れば、六〇パーセントが時に十字架を用いての祈禱となっている。しかも、数値に差こそあれ、すべての疾病や障害に祈禱治療が行われている。してみれば、こうした祈禱と十字架の奉示ないし十字印こそが治療行為の中心をなすものといえる。この事実は、キリスト教がなおも民間信仰の中で重要な意味を帯びていたことを指すのだろうか。それとも、ひとたびできあがったシステムが、伝統のメカニズムにのっとって存続する（もしくはさせられる）という文化の生態系によるものなのか。いずれにせよ、ここで軽々に論じるにはあまりにも大きすぎる問いであり、詳細な分析は他日を期さなければならない。

祈禱治療で着目したいもうひとつの特徴は、それを行う女性ゲリスールの比率（五七パーセント）である。おそらく身体的な力を要する接骨治療での女性ゲリスールの比率（七パーセント）と較べ、これは著しい対照をなしている。具体的にどのような祈禱文が用いられていたか、報告書に記載はないが、たとえば火傷に対しては、スペイン出身の助祭で、二五八年に焼き網の上で殉教したとされる聖ローラン（祝日八月一〇日）――パリのサン＝ローラン大市は、この聖人に捧げられていた――や、修道院制度の父とされる共住生活修道士で、その名が古くから「（聖）アントニウスの火」として丹毒の別称となっている、エジプト出身の聖アントニウス（三五六年没）の加護を求めて、次のような祈りが唱えられていたはずである。「神の火よ、大いなる火よ、ユダがオリーヴの園でわれらが主を裏切った際に青ざめたように、汝の熱さを失いたまえ」。[4]

さほど遠くない過去のことであるにもかかわらず、民間医療の世界はこうしてなおも前時代的な位相のうちにあった。同様の伝統は、むろん現在もある程度みられるはずだが、ここで注目しておきたいのは、祈禱治療というすぐれて宗教的な営為が、男性ゲリスール以上に女性ゲリスールたちによって支えられていたという点である。まさにそここそは、他のいかなる療法にもまして、彼女たちのいわば「妹の力」（柳田国男）が発揮できる場だった、という点でもある。

近代史家のジャック・レオナールは、十九世紀のゲリスールと宗教との関係について次のように指摘している。「（家族の災難や不幸が人々を礼拝堂や聖人像へと向かわせるという）宗教的な条件下で、ゲリスールたちのこの内密な結びつきは、独自の秘法と薬局方を有していた聖職者たち、とくにかなりの数にのぼる修道女たちの違法な医療行為のうちに明澄にみてとれる」。[5] だとすれば、これら女性ゲリスールたちは、シャーマン的存在であると同時に、中世からの医療修道士たちの衣鉢を継ぐものともいえる。

## 聖職者と民間医療

近年まで、そして現在もなお、民間医療の世界は、こうした聖職者たちの存在を抜きにしては考えられない。これについては、フランス中西部ヴァンデ県ボカージュ地方の妖術（呪術）を扱った、名著『言葉、死、宿命』（一九七七年）で知られる民族学者のジャンヌ・ファヴレ＝サーダが、ジョゼ・コントルラスとの共著『身体とからだ』（一九八一年）で詳しい事例を紹介している。[6] 同地方の民間治療に関する聞き取り調査の結果を、一九六九年七月から一九七〇年十二月まで年代記風にまとめたものだが、たとえば一九六九年十二月二六日、二人は次のような聞き取りを行っている。インフォーマントはコルミエ夫人。ほかに二人の神父が同席している。

夫人の話によれば、数か月前に亡くなったマラサニュ神父は薬草を用いてカタルを治したという。これを受けて、同席していたロワゾン神父が口を開く。重篤なカタルに罹り、医師も見放した甥をマラサニュのもとに連れて行ったところ、一週間で治してくれた。これには医師もわが目を疑った。ロワゾンはマラサニュをゲリスールと呼び、「この神父の力は私を凌いでいました」と述懐している。甥が救われてからややあって、今度は医師の息子がカタルに罹った。医師はロワゾンの甥の場合と同様、あれこれ手を尽したがどうにもならず、ついに諦めてマラサニュにすがった。すると彼は、医師の息子にハップ剤を貼り、祈りを唱えた。間もなく息子は全快したという。

さらにコルミエ夫人はこうも語っている。ある時、母親が膿痂疹《とびひ》に罹った赤児に治療薬を投与したところ、症状がかえって重くなってしまった。そこで類似療法家に相談したところ、「ショーピ」と呼ばれる薬をくれた。一〇〇年以上前、薬剤師の資格がなかったため、医師たちの告発によって投獄され獄死したという、ブルターニュのショーピトルなる神父が考案したこれは、どれほど性質《たち》の悪い病でもたちどころに治してくれる特効薬とされ、一度服用するだけで病が癒え、再発することはなかったという。おそらく赤児も、水に似ているこれを用いて治癒したはずだが、どこで買えるかとの問いに対して、夫人はこともなげに一言「薬局で」と答えている。ただし、注文は内密に行わなければならなかった。

興味深いことに、こうした聖職者による治療行為については、民俗（族）学や歴史学のみならず、一九五〇年代に成立をみたという民族精神医学も等しく注目しているが、(7) この『身体とからだ』に紹介されている事例は、必ずしもすべてが聖職者ゲリスールにかかわるものだけではなく、一般のゲリスールを主人公とする事例も少なくない。ただ、いずれの場合でも、そこには医師に対する抜き差しならない不信が克明にみてとれる。ファヴレ

＝サーダらは、農村部の民間医療におけるゲリスールと医師の位置を次のように記している。(8) すなわち、

1　医師が無能ないしあまりにも遅い場合、農民たちはゲリスールのもとにいく。

2　医師はその医術が万能だと言い張っているため、農民たちはその失敗を許さない。反対に、彼らはとくにゲリスールによる治療の成功例を覚えている。たとえその治療がしばしば効果のないものであることを知っていても、である。

3　治療代の清算方法も異なっており、農民たちはゲリスールには自分が思っただけ、医師に対しては、求められる分だけ支払う。

4　ゲリスールの蓄財について、農民たちはそれを違法とはみなさないが、一般にそれより多額な医師の蓄財については、監視の目を向ける。

たかだか三〇年前のフランスにおいて、いくら農村部とはいえ、医師に対する住民たちの警戒心や反撥と、それによっていわば必然的に生じるゲリスールに対する信頼や共感がなおもみられた。ファヴレ＝サーダらはそう指摘するのである。

こうした農村世界のモラル・エコノミーは、はたしてどこまで一般化できるか分からないが、たしかに驚くに値する。と同時に、それはかつてのシャルラタンと正統医師とを巡る住民たちの眼差しを想起させる。つまり、まさにシャルラタンの場合がそうであったように、ゲリスールの存在理由もまた、住民たちの医師へと向ける冷やかな感情に多くを負っているのだ。あるいはこうもいえるだろう。住民の信頼を得られなかった一部の正統医師（や薬剤師）の存在が、ゲリスール（やシャルラタン）を存在させる重要な契機となっていた、と。皮肉といえば、まことに皮肉な話である。

だが、シャルラタンといい、ゲリスールといい、彼らの存在を必要ないし可能ならしめた要因はほかにもある。はたしてそれは何だったか。

## ゲリスール信仰：「確実かつ持続的な、だが説明不能な治癒」

一八九三年、まずエクトル・デュルヴィル（一八四九－？）がパリに、続いて二年後には、メートル・フィリップ（一八四九－一九〇五）がリヨンで、それぞれ催眠治療学校を設立している。設立者はふたりとも医師であり、催眠治療によって実際にかなりの数にのぼる難病患者を治していたが、ともに正統医学に背を向けた異端児として、周囲から白眼視されていた。たとえばフィリップは、マルセイユのクリストフ・コロン学士院の通信会員やトゥールーズのモン＝レアル・アカデミー保護会員に選ばれたり、ローマの王立アカデミーから名誉博士号を授与されるなど、各地で名声を博していたにもかかわらず、違法医療を行った廉で二度まで訴追されていた。

それから約半世紀後の一九四九年、第二次大戦の爪痕がなおも生々しく残っていたパリで、「全国代替医学組織連合（Groupement national pour l'organisation des médecines alternatives）」、通称グノマ（Gnoma）が結成される。[9]代替医学とは言い得て妙だが、メンバーはむろん全国の職業的ゲリスールたちである。そしてさらに半世紀後の一九九七年には、「心霊（催眠治療）術師および自然的・伝統的手法実践者全国組合（Syndicat national des magnétiseurs et praticiens des méthodes naturelles et traditionnelles）」が、やはりゲリスールたちの相互扶助と職業的自立を合言葉に設立されている。ことほどさように、彼らゲリスールの職業意識と結社意欲にはみるべきものがある。思えば、かつてのシャルラタンならこうした組織化などとてもできる相談ではなかった。

はたしてこれらの組織がどれほどのメンバーを擁しているか、筆者は寡聞にして知らないが、ゲリスールの数自体は、一説に二万とも三万ともいわれている。ただし、フランスでは、イギリスやドイツのように彼らの自由な活動が認められているわけではない。事実、一九九一年には、公衆衛生法（L－三七二条）によってゲリスールの医療行為が原則として禁止されており、軽罪裁判所に告発された違反者、すなわち「医師の国家資格をもたずに診断書を作成したり病人を診察したりした者」に対しては、三六〇〇－三万フラン（約六万－五〇万円）の罰金と、六日から六か月の獄舎生活が課されることになっている。ゲリスールの違法治療が、かつてのシャルラタンとは裏腹に、いったいに秘密裏に行われている所以がここにある。

むろん、一部の心霊術師は、ダウンジングによって水脈などを占う磁気感知占い師のように、病人相手の医療行為を行わず、しかるべき職業税さえ払えば、活動が公認されている。毎年五月にパリの東郊ヴァンセンヌの森で開かれる「フォワール・デュ・トローヌ（玉座大市）」(10)で、夥しい数のアトラクションや大道芸人とともに祝祭的雰囲気を盛り上げる各種の占い師もまた、そうしたゲリスール＝シャルラタンの一部である。

何しろマダム・ソレイユなる女性占星術師に託宣を求めた故ミッテラン大統領のように、政治の最高権力者すら、その重大な決定を行う際にはしばしば霊能者に判断を仰ぐ国である。少なからぬ正統医が、ゲリスールをはじめとして、接骨師や催眠治療師などの伝統的な民間医術を積極的に採り入れている国でもある。(11)当然のことながら、一般国民のゲリスールに対する関心はかなり高い。

それについて、ここに興味深い調査結果がある。健康雑誌の《トップ・サンテ》誌が、一九九二年一〇月に調査機関を介して行ったアンケートの結果で、調査対象は無差別抽出法による十五歳以上のフランス人一〇〇〇人。これによれば、ゲリスールの力を多少とも信じている者の割合は全体の三八パーセント、ゲリスールに頼ったことのある者は二二パーセント、いずれそうするつもりのある者は十七パーセント（二五－三四歳の女性では二三パーセント）、医師とゲリスールが協力し合うことを多少とも望む者は五九パーセント（ゲリスールにかかったことのある者のうちでは八三パーセント！）となっている。また、ゲリスールを信ずる者は男性より女性の方が多く（二五－三四歳では四四パーセント）、大都市やパリ周辺より地方の市町村の方が、さらにフランス北部より南部の方が彼らゲリスールの存在に好意的で、たとえば地中海沿岸地域では四八パーセントが彼らを信じ、二四パーセントがその治療を（内密に）受けているという。[12] これらの数値は、伝統的医療に対するフランス国内の世代的・地域的偏差をものの見事に示している。

この調査結果をごく単純に敷衍すれば、二〇〇〇万人を超えるフランス人がゲリスールを信じ、一〇〇〇万人以上がその異能にすがった計算となる。数値としてはあまりにも大きすぎると思えるが、それにしてもこうしたゲリスール信仰が何に基づくのか、このアンケートだけからは判然としない。ただひとつ明らかなのは、前述したような奇蹟譚がその信仰を増幅する上で決定的に重要な言説を提供している、ということである。事実、アンケートにかかわったジャーナリストのアンヌ・バレール女史は、「当惑させられる現象」と題したエッセイの中で、いかなる医学的な処方も効なく、椎間板ヘルニアで三か月間ベッドから離れられなかった女性が、数度に及ぶ心霊術的治療で全快した奇蹟や、四年もの間、眼底出血・失明に悩んでいた五〇代の女性が、心霊術師の治療を三度受けただけで、視力を回復した奇蹟を紹介している。さらに女史は、十字印と祈りとでいかなる火傷も治してしまう村の女性ゲリスールについても言及しているが、それによれば、一〇〇キロメートル四方にまでその名を知られる彼女が、村人から村長や医師と同等に評価されているともいう。[13]

「確実かつ持続的な、だが説明不能な治癒」。ゲリスールにまつわる多くの奇蹟譚は、まさにこの公式を基調としている。もとより快癒の奇蹟譚は聖書や聖人伝に裏打ちされたキリスト教信仰の枠内でも語られ、それが列聖化の問題と不可分に結びついていることは周知の通りである。こうした奇蹟譚は、先史時代（以降）の洞窟＝他界観やケルト的な聖泉崇拝といった、明らかに前キリスト教的な土着信仰をしばしば内包している。たとえばピレネー地方のルルドといえば、一八五八年、地元の少女ベルナデット・スビルス（一八四四－七九）が聖母の幻影を九度にわたって目の当たりにし、その言説が慎重に吟味されたのち、ついに真の奇蹟を示すものとしてキリスト教世界有数の巡礼地となったが、まさに聖母が出現した場所は、マサビエル洞窟＝泉という古代的な複合聖域だった。

このルルドでは、カトリーヌ・ラタピなる三八歳の女性が、麻痺した右手の指を聖泉の水に浸けて治したとされる一八五八年——聖母出現の年——以降、じつに六〇〇〇件（！）もの快癒例が報告されており、その約三分の一は医学的に説明不可能だという。だが、聖地医師団や国際医学委員会、ローマ聖庁による奇蹟の認定はきわめて厳しく、これら理解を超えた二〇〇〇余の事例のうち、公式に奇蹟と認められたのは、ラタピの事例を含めて僅か六六例にすぎない（六六番目の認定奇蹟は、十五年もの間硬化症に苦しんできたジャン＝ピエール・ベリが、一九八七年のルルド巡礼で突然激しい寒さを覚え、次いできわめて柔らかな熱気を感じて快癒した例）。

今日でもなお、四万二〇〇〇平方メートルの敷地に三五か所の泉を有するルルドには、聖水と祈りとによる快癒の奇蹟を願う病人が世界各地から訪れている。聖水を求めるだけの善男善女を含めれば、その数は年間五〇〇万にものぼるという。これらの奇蹟例は、改めて指摘するまでもなく、いずれもルルド巡礼での聖水による治癒という形態をとっており、ゲリスールによるそれとは決定的に異なっている。つまり、前者は教会当局＝権威機関の認定という手続きを経た正統な奇蹟であり、住民たちの噂や伝承によって語られる奇蹟とはおのずから性格を異にしているのだ。

むしろ後者は、ゲリスールが同一視される以前のシャルラタンたち、すなわちシャルラタン医者やシャルラタン薬売りたちが、その薬や医術を正統化するため、得意の口上によって喧伝したであろう「奇蹟」に似ているかもしれない。もっともそれは、説明不可能な快癒奇蹟ではなく——むろん説明可能な奇蹟などあろうはずもないのだが——、あくまでもシャルラタン自身が世界各地で演じたものだとする、だが、それを立証する「患者」も手立てもない、随分と危うげな奇蹟だった。とはいえ、シャルラタンはまさにその仮構の奇蹟譚を、人々の時に切実な、そして時にあえかなる願いと夢とに巧みに繋げる技を有していた。繋げて、そこに「幻想の共同体」とでも呼ぶべき世界を作り上げた。

これに対し、ゲリスールの奇蹟譚は「患者」の快癒にかかわるものであり、通常は患者自身が奇蹟譚の発信源となる。もとより快癒の奇蹟とは、経験的な近代医学の了解の埒外にある。つまり、繰り返しを惧れずにいえば、ゲリスールによる施療なり投薬なりからは、ほとんどの場合、快癒という結果は生まれない。にもかかわらず、人々はそこに直線的な因果関係をみようとする。矛盾律を因果律に転位させようとする。シャーマニズム的世界のメカニズムといえばいえなくもないが、しかしそれが依って立つ背景は大きく異なる。

たとえばシベリア・シャーマンは、頭痛に苦しむ患者の部屋で、賑やかに太鼓を叩き、足を踏み鳴らし、呪文を唱えながら踊り続けて、病の元凶たる悪霊を患者の中から退散させる。シャーマニズムに典型的なこの治療儀礼については、文化人類学者がつとに報告するところだが、われわれならたちまち頭痛に襲われてしまうであろうこうした祓魔儀礼が成り立つには、いうまでもなくつねに呪医=シャーマンと患者=住民との間に、伝統的かつ社会的に認められた信頼の絆とすぐれて神話的な象徴体系とが、一種の共同体的な規範（ないし黙契）として存在していなければならない。その限りにおいて、シャーマニズムとはそうした規範を維持し顕在化させる社会的装置としてあるのだ。

## 現代のゲリスール

過去はいざしらず、少なくとも今日のゲリスールたちは、たしかにシャーマン的な装いはみられこそすれ、少なくとも当該社会の規範を体現しているわけではない。彼らが体現しているのは、彼らを中心とし、しばしば快癒奇蹟のフォークロアを動因ないし統合シンボルとして周圏的に構成される特殊な集団、いわば「秘儀の共同体」とでも呼ぶべき集団の存在である。こういってよければ、ゲリスールを聖職者とし、患者を信徒とするこの共同体にあっては、近代性の論理はさほど意味をもたない。代わりに俗信という名の中世的ないし古代的メトドロジーが、いったいに日常的な論理とは相容れない神秘さや秘教性に彩られて立ち現れるのだ。あるいはこれを「反近代の共同体」と呼んでもよいだろう。かつてのシャルラタンが「幻想の共同体」によって医学や薬学の近代化を結果的に促したのに対し、ゲリスールはシャルラタンと同一視されつつ、近代に抗するイマジネールをなおも醸成しているからである。ここには、シャルラタンとゲリスールとの間に広がる、おそらくはもっとも本質的な差異がみてとれるはずだ。

しかし、この広義におけるゲリスールと「患者」の共同体を、社会的に矮小なものとして考えてはいけない。週刊誌《マリアンヌ》は、一九九九年八月の第一二〇号でシャルラタン特集を組んでいるが、そこで紹介されている経済・財政・予算省不正行為取締り総局資料（一九九八年）によれば、毎年二〇〇万ものフランス人やマスメディアを主な顧客とする透視術と秘教趣味の市場は、年間約二〇〇億フラン（三四〇〇億円）に達するという。これは麻薬の国内取引高とほぼ同額（！）で、首都の地下鉄とバスを運営するパリ交通公団の年間予算より、じつに約六〇億フランも多い[14]。つまり、全体で一〇万人以上、水晶球を用いる透視術師だけで四万を数えるこの隠秘市場は、紛れもなく現代フランスの一大産業となっているのだ。正確な数値は不明だが、これに民間治療師や心霊術師などの収益を加えればどうなるか。いずれにせよ、フランス社会に占めるゲリスールの世界とは、おそらくかつてのシャルラタン世界をはるかに凌駕する、まことに大きなものといえるだろう[15]。

それにしても、一九九七年創刊になる前記《マリアンヌ》誌は、なぜゲリスールとせずにシャルラタンという特集名をつけたのか。発行部数二〇万を超えるこの雑誌の意図がどの辺りにあるのか定かではないが、明らかにそれは、シャルラタンという言葉が今もなおゲリスールのイメージ以上に、一般読者の好奇心を煽る喚起力を帯びていることを物語っている。現代における「異能者たち」の負性のイメージを増幅するため、こうしてシャルラタンのそれが引き合いに出される。たしかにそこには、ゲリスールをシャルラタンの「正統な」後継者であるとする、一種の社会的なイメージ操作が克明にみてとれる。

しかし、シャルラタン・イメージの拡散ないし増幅化はそれにとどまらない。本章冒頭で紹介しておいたように、このイメージは、政治家や教育者をもその禁断の領野に取りこんでいる。取りこんで、社会の指導的立場にある者たちを、「山師」あるいは「いかさま師」というラベルによって脱聖化するのだ。だが、それは「魔女」や「アカ」といった、現代のイデオロギッシュないしエキセントリックなラベリングとはかなり様相を異にする。そこにあるのは、憎悪や排除へと向かう社会病理の暗いメカニズムなどではない。まさに社会的に権威と認定された存在をトリックスターに見立てようとする、すぐれて祝祭的なイマジネールであり、十九世紀末から二〇世紀初頭にかけての一連のシャルラタン文学やプロパガンダ詩にみてとれる、民衆文化のしたたかな諷刺精神なのである。

そこにはまた、どれほど優れた人間の中にも、欺瞞性や偽善性が等しく潜んでいるとする、裏返された、こういってよければヴォルテール的な平等主義《ユマニスム》すらみてとることができるかもしれない。事実、十六世紀の人文主義者ゼバスチャン・ブラントは、『愚者の船』であらゆる人間のうちに愚性が宿っていることを痛烈に揶揄したが、あるいはこうした諧謔の修辞学こそ、時に社会の呪わしい存在として、時にはまた日常を活性化する偽りの異能者として人々の前に立ったシャルラタンが、歴史の長い回路の中からわれわれに語りかける、じつに逆説的な口上といえるかもしれない。

改めて考えれば、現代の商業主義とはまさにシャルラタニズムと紙一重のところにある。本書「序章」で指摘しておいたように、たとえば健康食品や民間医療具は、わが国のみならず、世界のいたるところで巷に氾濫している。氾濫して、人々の幻想や願望を際限なく駆り立てている。むろん中には、どれほど老練なシャルラタンでも扱わなかったと思えるほどの、随分と怪しげなものもある。それを危険視するキャンペーンが全国的に繰り返し張られたりはするものの、資本主義と市場原理を標榜する以上、積極的な取締りがなされることは滅多にない。被害が甚大な場合に限って裁判沙汰になりこそすれ、通常はせいぜい自己の管理責任を訴える程度で終息する。

だが、ことは身体関連商品に限らない。生活の微細な必需品から原発まで、「安全神話」などという姑息かつ記号化されたイメージを引くまでもなく、それを称揚する言説と現実との間には、しばしば看過しえぬ乖離がみられる。ありていにいえば、そこではシャルラタンの口上がメディアによる（誇大）宣伝へと姿を変え、企業や公共事業体が公共の利のためと称しながら、シャルラタンに取って代わっているのだ。だとすれば、こうした宣伝なり企業・事業体なりが、なおも「正統」の論理として存在し続けるという事実は、とりもなおさずシャルラタニズムを社会が認め、庇護していることにつながるのではないか。個人的シャルラタニズムから集団的ないし社会的シャルラタニズムへの転位。おそらくそうともいえるだろう。

シャルラタンの長い歴史は、まさにこうした現代におけるシャルラタニズムの「正統化」において、過不足なく、しかし重い桎梏を引きずりつつ完結する。ただし、そこに時代を何ほどか祝祭化していたかつてのシャルラタニズムを見出すのは難しい。現在を生きる歴史と歴史を生きる現在。まさにシャルラタニズムとは、そうした歴史の慣性と感性とを諧謔的に演じてみせたものとしてある。

終章

# シャルラタニズムの現在

《哀れなリュトブフ／木枯に尻を洗われ
酒と賭博の香具師暮し／いつも貧乏借金だらけ
（……）
さても年老いてこの男／いざ出立のときに何をなしたか
焼酎一杯ぐっとひっかけ／闇の奥へと消えさった》
（「哀れなリュトブフ」、窪田般彌詩集『老梅に寄せて』所収、書肆山田、二〇〇二年）

ペール・ラシェーズといえば、フランス人のみならず、オスカー・ワイルドなど外国の歴史的人物も数多く埋葬されている、パリ最大の墓地として知られるが、シャルラタン上がりの役者たちを毛嫌いしていたモリエールと同じ墓所に眠る、ラ・フォンテーヌの『寓話』第六巻（一六七八年）に、「シャルラタン」と題した教訓話がある。世の中についぞシャルラタンがいなかったためしはなく、たとえばキケロに勝る雄弁家を気取ったあるシャルラタンの男が、だれでも雄弁家にしてみせると息巻く。それを聞いた国王は、男に自分のロバを弁論家に仕立て上げるよう求める。そこで男は、一〇年後にこのロバに学位論文を提出させることを請け負う。できなければ、ロバの耳をつけて、絞め殺されても文句は言わない。これが約束だった。そんな馬鹿げた大言壮語を延吏がからかう。すると男は平然とこう答えるのだった。一〇年経つ前に、国王かロバか自分が死んでしまうだろう。

話のオチはこうである。「男の言う通り、人生の一〇年先を考えるのは愚かしい。牛飲馬食に明け暮れしても、一〇年も経たぬうち、三人に一人は死んでしまうからだ」[1]。モリエールが讃美してやまなかったという、いかにもラ・フォンテーヌ的エスプリの利いた諧謔といえる。だが、すでに明らかなように、権力からたえず禁じられ抑圧された文化を演出し、しばしばその主役すらつとめたシャルラタンの類型は、そんな他愛もない言語道化に尽きるものではない。シャルラタンの類語や同義語が夥しい数にのぼるという、まぎれもない歴史的事実ひとつをとってみただけでも、そのことは分かる。

シャルラタンが生きた社会とシャルラタンを生きた社会、そしてなおもシャルラタンを生かす社会。シャルラタンが歴史の中で紡いだ風景は、まさにそうした位相と不可分の関係にある。怪しさや偽り、憤り、断罪、裏返された笑い、そしてシオラン的にいえば本質を凌駕する幻想(2)……。少なくともシャルラタンは、この社会に生起し、と同時に、社会を本質的に修飾する夥しい要素を自らの生のうちに引き受け、それを社会的なイマジネールとして中世から現代まで過不足なく伝え、時に新たなイマジネールを産み出した。あるいは筆者は、これらシャルラタンたちにいささか好意的でありすぎたかもしれない。一部の読者からは、被害者の苦痛や憤りを等閑に付した愚考ないし暴挙として誹られるかもしれない。

しかし、好意的だったのは決して筆者ばかりではない。たとえばヴォルテールは、『哲学事典』（一七六四年）の中で、グラン・トマと同時代のシャルラタンであったヴィラールについてこう触れている。すなわち、一七二八年当時、この有名なシャルラタンは、一五〇歳（！）近くになって不慮の事故で他界した伯父（叔父？）から長寿の秘水を譲り受け、一瓶六フランで売っていた。これを服用し、若干の節制を心がければ数日にして完全な健康体となる。ただし、本人が暴飲暴食と淫乱さをほしいままにしていればそれも叶わず、これさえ慎めば少なくとも一五〇歳まで永らえることはできる。まさに貝原益軒が齢八〇を過ぎてものしたあの『養生訓』を思わせる口上だが、こうしてヴィラールは名声と巨万の富とを手に入れた。だが、やがて秘水がじつはセーヌの水(！)にニトロを少量加えただけの代物だったことが露見するや、だれも見向きする者がなくなり、人々は別のシャルラタンに走るようになったという(3)。

興味深いことに、ヴォルテールは、川水をいささか高値で売ったという点を除けば、ヴィラールに何ら瑕疵はなく、むしろ人々に心の安らぎをもたらしていた点で、当時、ヨーロッパで脳卒中の薬を手広く売り捌いていた薬剤師アルノーより優れているとしている。おそらくそれは、セーヌの水を、ノアの方舟の甲板《ポン・ダルシュ》に乗って大洪水を逃れた祖先の一人が、相伝の製法を後世に伝えた「メセトラの霊薬」だとして売り歩いた、名前不詳のシャルラタンについてもいえるだろう。ノアの祖父であるメセトラは、旧約聖書で九六九歳の長寿を全うしたとされているからだ。[4]

改めて指摘するまでもなく、この一見逆説的な言説は予防医学の重要性を説いているが、そもそもヴォルテールは、「シャルラタニズムなくして科学は存在しえない」とまで言い放っているのだ。彼によれば、学者たちは物理学や数学、スコラ神学などの体系を独自に編み出している。しかし、それは自分の商品を売り込むためのものであり、だからこそ彼らは、その商品を褒めそやす周旋人や彼らを信じてやまない愚か者たち、そして彼らを支える庇護者を抱えているというのだ。[5]

筆者はかつて、ペストが文化を破壊した一方で、いかにして文化たりえたか、そしていかにして文化を創り上げたかを論じたことがあるが、本書の狙いもまた、医師や薬剤師（調剤師）のフェイクとしてのシャルラタンを、負性の歴史に閉じこめて能事足れりとするのではなく、「文化の創造者」として語るところにあった。ペストをはじめとする疫病抜きで近代医学が語れないのと同様に、シャルラタン抜きで正統医学や民間医療の歴史は語れない。負が正になり、しばしば正が負に同一視された諧謔《カルナヴァレスク》的な転位のメカニズム。[6] あえて二分法の危うさを留保していえば、支配文化と対抗文化《サブ＝カルチャー》との拮抗の歴史的メカニズム。本書のこだわりは、まさにそこにあった。

こうしたこだわりは、もしかすると筆者自身の体験にも一部起因するのかもしれない。すでに他所で紹介したことがあるが、筆者の郷里である北関東の田舎町では、毎年正月四日に年市が開かれていた。この日ばかりは、南北を杉並木に挟まれたたかだか一キロメートルの大通りに、縁起物や鉢植え、生活雑貨などを商う露店が所狭しと連なり、交通信号すらないひっそりとした田舎町が、殷賑極める都市のたたずまいへと変貌するのだった。ある年のこと、小学低学年だった筆者は、一ダース入りの鉛筆ケースを振りかざしながら、威勢よく「たったの一〇円！」と叫ぶ香具師の口上に引き寄せられた。五円玉で串刺しのおでんが買えた昭和三〇年頃、たしかにそれは破格の値段だった。一瞬、あまりの安さを案じはしたものの、販台の上に立てかけられたダンボールの端切れにも、たしかにそう書かれていた。

安心して一〇円玉を差し出すと、香具師は、筆者にまず鉛筆ケースを手渡してから、何の真似だとすごむ。そして、訳が分からず、ただうろたえるばかりのこちらを睨みながら、鉛筆の山に埋もれていたダンボールの値札を取り出し、その下方を見ろと言う。何とそこには「引き」という語が朱書きされているではないか。はたしてその時、筆者がいくら払わされたか記憶はないが、相手の形相に気後れし、ついに「それならいらない」とは言い出せなかった。悔し涙で手にした鉛筆は、削る端から芯が折れた。とんでもない代物だった。だが、何よりも不可解だったのは、騙されたと訴えたにもかかわらず、年市の責任者だったはずの父親が、「そうか、そうか」と笑うだけで、まともに受けあってくれなかったことである。

たしかにささやかな体験ではある。だが、それは以下に紹介する一文と出会って、一気に通文化的な歴史の舞台へと踊り出るのだ。書き手はフィニーズ・T・バーナム（一八一〇—九一）。いうまでもなく、一八四二年一月一日、まがい物のコレクションを陳列してニューヨークっ子たちの度肝を抜いた、「アメリカ博物館」の創設者である。このコネティカット出身の天才興行師は、ワシントンの乳母で、齢一五〇以上（！）になるという触れこみの黒人の老婆や、身長六〇センチメートル余の「親指トム将軍」（本名チャールズ・ストラットン）の人間見世物などで全米を席巻した。不幸にしてこの博物館は、南北戦争終結直後の一八六五年七月、三か月前に共和党のコネティカット州議会議員に選ばれたばかりの彼が、ハートフォードでの州議会で鉄道敷設計画に反対する演説をしている最中に焼け落ちてしまう。損害は本人の評価額で一〇〇万ドルにものぼったという[7]。

だが、バーナムは不死身だった。一時ショー＝ビジネスから引退したあとの一八七一年四月一〇日、彼はかねてより計画していた博物館や珍獣園、キャラヴァン、曲馬場（馬術演技場）、サーカスなどからなるテント小屋を、ニューヨークのブルックリンでオープンさせる。そのテントたるや床面積三エーカー（約一万二一四〇平方メートル！）。この日の観客数およそ一万。それでも三〇〇〇人以上がテントに入り切れなかったという[8]。見世物史上最大規模を誇る、有名な「巡回ワールド・フェア」はこうして華々しい第一歩を飾った。やがて一座は国内各地を巡業し、行く先々で大評判を博すようになる。
そして一八四四年、バーナムは「親指トム将軍」同道で意気揚々とパリを訪れる。訪問の目的は、トムの見世物興行とアメリカ博物館のためのコレクション購入にあった。実際、彼は大枚三〇〇〇ドルをはたいて、ナポレオンの葬儀の模様を写し取ったパノラミック・ジオラマを発注したりしている。問題の一文は、そんな彼が、当時「もっとも独創的で、奇妙かつ幸運なシャルラタン」だという鉛筆売りのマンジャンに出会った際の感想である。彼は書いている(9)——煩を厭わぬいささか長めの引用となるが、《詐欺王》と自称して憚るところがなかったバーナムのシャルラタン評である。手短な紹介では、かえって不粋というものだろう。

ここ一〇年ないし十二年以内にフランスの首都を訪れた者なら、誰であれマンジャンを目にしたはずだ。そして、ひとたび彼を見た者なら、決して忘れることはできないだろう。（……）彼は二頭立ての馬に牽かせた二人用の無蓋馬車を駆り、一方の席にはつねに下僕を乗せている。時に彼はシャンゼリゼの端やヴァンドーム広場の円柱近くに馬車を止めたりもするが、通常は午後のバスティーユ広場かマドレーヌ広場に、さらに毎日曜日には、ブルス広場に好んで現れる。いかにも頑健そうな男で、こう言って自ら悦に入っているようである。「ここでは私が主であり、見物人はみな私の言葉にひたすら耳を傾け、従うのみである」。しかるべき場所に馬車を止めると、下僕が彼に箱を差し出す。その箱から彼はさまざまな似顔絵を取り出し、馬車の左右両側に貼りつける。さらに、左右の小脇に自分の肖像画と鉛筆の能書きを抱きながら、目の前にメダルが一杯入った器を置き、それからおもむろに衣装を替える。すなわち、円い帽子を、極彩色のきらびやかな羽飾りを乗せた艶光りする鋼鉄製の兜に代え、上着も傍らに脱ぎ捨て、金の縁取りがある豪華なビロードのチュニックをまとう。そして、手にはやはり鋼鉄製の立派な籠手をはめ、胸は眩いばかりの胸当てで覆い、腰には見事な細工が施された剣を下げるのだ。（傍点蔵持）

左：バーナム・サーカスのポスター。1901年。パリ、国立図書館蔵
右：バーナム・サーカスの「親指トム将軍」。パリ、国立図書館蔵

さすがは花の都。同じ鉛筆売りでも、北関東の香具師とはえらい違いである。[10] いずれ分かるように、ドン・キホーテを気取ったこのマンジャンないしシャルラタンの出で立ち、季節の明示はないものの、いささか異様である。そして彼は、サンチョ・パンサならぬ下僕に手回しオルガンを奏かせ、客を集める。楽器こそ違え、明らかにこれはシャルラタンの手法そのものである。

さらに興味深いのは、マンジャンがパフォーマンスに選んだ場所である。シャルラタンゆかりのポン=ヌフ橋ではないが、マドレーヌ、バスティーユ、ブルスの三広場は、いずれも大通りの結節点に位置し、首都交通の要衝として殷賑を極めていた。しかも、オペラ座近くのマドレーヌ広場では、ナポレオン一世の命で建設に着手したものの、帝国の崩壊で一時工事が止まっていたマドレーヌ大寺院が、一八四二年、ついに竣工して、パリっ子たちの前にそのギリシア・ローマ風神殿を模した白亜の威容を現し、バスティーユ広場では、先頂で自由の妖精が「鉄鎖を砕き、光を撒きながら」翼を翻している、高さ六〇メートルあまりの七月革命柱が、一八四〇年に築造されている。そしてブルス広場の一角には、一八二七年に証券取引所《ブルス・デ・ヴァルール》が開設されている。つまり、これらの広場は、それぞれパリに新時代の到来を象徴的に告げる宗教、政治、経済のランドマークを擁していたのだ。マンジャンがはたしてそのことをどこまで意識していたかは不明だが、偶然の選択だとすれば、時代を透視したなかなかの嗅覚の持ち主だったといえる。

さて、一通り客寄せが終わると、いよいよ主役のパフォーマンスである。

> 偉大なシャルラタン（マンジャン）は立ったままである。その流儀は穏やかで品位と威厳に満ち、荘厳とまで言えるほどだった。彼の顔つきが、葬儀を取り仕切る祭司の顔つきと同様に、真剣なものだったからである。だが、生き生きとして知性に溢れた目は、馬車の周りにつめかけた群集を見回し、やがて特定の人の上に注がれる。そして、まるでおぞましい物と向き合ってでもいるかのように、陰鬱で恐ろしい表情に変わった彼は、唐突に兜の庇を下ろし、不安げな群集の視線からその顔を隠す。こうしたこけおどしの振舞いによって、彼は思いのままの効果を生み出し、自分の言葉をじっと待つ群衆の関心を、いやが上でも掻き立てるのだ。この演技をしばらく続け、いよいよ観衆がこれ以上耐えきれなくなるとみてとるや、彼はおもむろに手を上げて下僕に合図し、オルガンの演奏を止めさせる。それから馬車の前方へと一歩進み、（……）軽く咳払いをしたのち、突然、怒りで身震いするかのように体を揺すって表情を一層暗くし、それまで目を向けていたものが、もはや正視に耐えないといった様子で、腰を落とす。だが、言葉はなお一言も発しない。

バーナムによれば、ここまでが「前奏曲」だという。口上ではなく、役者顔負けの所作によって、いや、大仰な顔と目の動きだけで観衆を引きつける。まことに巧みというほかはない。やがて、マンジャンはその言葉を待ち焦がれる観衆に、いよいよ啓示然とした言葉を放つ。(11) むろんマンジャンの言葉を、バーナムが逐一記憶ないし記録していたわけではないだろうが、ここではその疑念を保留しておかなければならない。

紳士淑女の諸君、どうやら驚いているようではあるが、ここもと罷り出でた現代のドン・キホーテとはいったい何者か。何世紀も閲《けみ》した衣装といい、金ぴかな馬車といい、はたまた豪華に飾り立てた馬といい、はたしてこれは何なのか、何よりもこの奇妙な遍歴の騎士の名前と目的とは何か。まこともっともな疑念ではある。何を隠そう、余は諸君の好奇心を満足させようとする者であり、名前はマンジャン、フランス最大のシャルラタンであると心得られよ！　さよう、シャルラタンにして香具師。これが余の生業である。しかしながら、余がそれを営むのは、自分の趣味ゆえにあらず、あくまでも必要に迫られてのこと。何となれば、諸君は真面目で慎ましくも誠実なる徳性を解さず、余の光り輝く兜や、その頂きで波打つ羽飾りに惹きつけられている。（……）数年前、余はリヴォリ通り（セーヌ右岸を東西に走るパリの主要道路）にささやかな店を借りていた。だが、賃料に見合うだけの鉛筆を売り捌くことができなかった。ところが、この出で立ちをして以来、事態は一変した。万人の注意を惹き、文字通り何百万もの鉛筆が売れるようになったのだ。さて、お立会い。諸君にこう断言してもよい。今日、わが国のみならず、かの大英帝国においても、余が作りし比類なき鉛芯の鉛筆を知らぬ芸術家など、誰ひとりいはしない。

こう言挙げしてから、マンジャンは一枚の紙を手に取り、自慢の鉛筆で傍らにいる観衆の似顔絵を描く。そして、その作品を高く掲げて皆に見せると、たちまち笑いが爆ぜる。紙に描かれていたのは、じつはロバの顔だったからだ。

それにしても、たかだか一本六スーの鉛筆を売るため、時代遅れの甲冑姿と表情で人々の好奇心を誘い、さながら市川団十郎が正月大歌舞伎で行う祓魔所作の「睨み」よろしく、さも意味ありげに客を睨み、寡黙なまま観衆の不安を醸成して口上に移り、最後に一座の笑いを取る。この一連のパフォーマンスはなかなかにして見事であり、一種の完成したシャルラタン芸ともいえる。そのためもあって、鉛筆は飛ぶように売れた。バーナムによれば、マンジャンはこうしてしばしば一〇〇本から六〇〇本を間断なく売ったという。口上にある「何百万」本には及びもつかない、さしたることもない本数だが、当時の識字率を考えればかなり意味のある数ではある。

興味深いことに、バーナムは晩年近くのマンジャンと再会している。死んだと噂されていたマンジャンが、半年ぶりでパリに姿を現した際だった。その噂は、人々に話題を提供して自らの名声をさらに高めるため、マンジャン自身が流したものだった。「自分が出会った中で、もっとも自尊心の強い人物」。売上倍増の秘密を聞き出そうとして軽くあしらわれたバーナムは、この五〇万フランにのぼる財産を遺ししたたかなシャルラタンを、さまざまな思いをこめてこう評してもいる。

こうみてくれば、筆者が子供時分に被害にあった香具師は、いかにも小粒との印象を免れ得ない。だが、間違えてはならない。本書で縷々紹介・検討してきたシャルラタンたちは、いずれもその「芸」の見事さや蓄財、それにしてより一般的には、彼らの手法に対する人々の告発ないし裁判沙汰によって記録化された者たちであり、それゆえにこそ歴史のうちに必然的に顕在化してきた者なのである。実際のシャルラタン世界では、町や村の片隅で、人々の侮蔑と嘲笑を全身に浴びせかけられながら、ぎりぎりの生活を維持するため、ささやかないかさま業に精を出し、それでいて司直の裁きを何とか免れていた、無名のシャルラタンの方がはるかに多かったはずである。

ところで、民間医療やゲリスールの世界なら、筆者は次のようなことを体験している。越中富山の薬売りについてはいうに及ばず、たとえば化膿したできものには血蛭を吸いつかせて膿を除き、目に入ったゴミが取れなければ、乳児のいる母親に頼んで母乳を目に数滴垂らしてもらった。山遊びで漆にかぶれたら、杉並木の下を流れる小川で沢蟹をたくさん取り、これをすり潰して患部に塗った。また、体調を崩した親のため、近くの清流でヤツメウナギを捕まえてきた。これを焼いて食べれば、精力剤になるというのである。兄弟の話では、筆者の疳の虫を抑えるため、枕元に虫封じの呪符も貼ったという。

そしてもうひとつ。小学校への往還にどうしてもそばを通らなければならない雑木林があった。こんもりとしていたこの雑木林自体さほど怖くはなかったが、そこには「やまんば様」と呼ばれる老女の家があり、子供たちは人攫いだといって一様に恐れた。親もまた、泣き止まぬ子供を「やまんば様が来るぞ」と言って威した。ただ、仲間のうちで、実際に老女を見た者はいなかった。それだけに、暗い想像のフォークロアはとどまるところを知らなかった。何よりも、人攫いということばの響きとイメージが不気味だった。どうやら老女は、女性特有の病の治療行為を行っていたらしい。暦が「日読《か》み」であり、聖《ひじり》が「日知り」であるとは、たしか宗教学者の故堀一郎氏がどこかで指摘しているはずだが、おそらく老女は、乞われて日も占っていたようだ。助産婦や巫女だったとする説もあった。とはいえ、子供たちにとってみれば、絵本や民話に登場する山姥である以上、恐ろしい、だが、それゆえ子供たちの好奇心を掻きたててやまない異形者以外の何者でもなかった。

さらに見世物についていえば、こんな笑止なこともあった。人口三万弱の田舎町でも、正月や盆ともなればいろいろな見世物がやってきた。サーカスや猿回し、むろん大八神楽も回ってきた。ある年の夏、寺の境内に小屋がけが立った。河童を見せるというのである。触れこみに誘われて中に入ると、地面に一メートル四方の池(?)が用意されている。客が懸命に手を叩けば、何事かと思って、水の中から河童が顔を出す。スピーカーはそうがなりたてていた。その胴間声に急かされて、大人の見物人が手を叩いた。むろん筆者もそれに倣った。すると、突然水面が戦《そよ》ぐ。「さあ、お客さん、出ますよ、河童が出ますよ!」

だが、戦ぎは一瞬だった。間髪を入れず、スピーカーが怒鳴る。「駄目だよ、お客さんたち。河童は怒って帰っちまったよ。拍手が少ないんだよ。もっと真剣に手を叩いてもらわなけりゃ!」怒鳴られて、改めて必死に手を叩く。しかし、結果は何度やっても同じだった。期待の糸が張り詰めたところでぷつりと切れる。あちこちから自嘲とも諦めともつかぬ哄笑が沸き起こって小屋内を包み、筆者はといえば、その不可解な雰囲気を探りかねたままで外に出た。真っ赤になった手がひどく痛んだ――。

こうした話や体験は、遠い記憶を少しまさぐっただけでいくらでも出てくる。思えばおおらかな時代だった。貧しさと長閑《のどか》さとがどこか妙に協和していた時代でもあった。つねに憧れの極点にある「都会」とはむろん較べるまでもなかったが、それはまた日常と非日常を、時に秘知的に、時に祝祭的に彩る仕掛けに不足することのなかった時代であり、何よりも正統から逸脱したフリークな言葉と身振りと知恵とが、単なるフェイクとして排斥されるのではなく、なおも心と心を繋ぐ柔らかな装置としての意味を帯びていた時代でもあった。さらにいえば、一種のシャルラタニズムが正統の代置として、あるいは正統に抗する裏返された論理としての役割を、幻想や期待、失望、蔑み、嫌悪などとともに何ほどか、だが確実に担っていた時代でもあった。

こうした時代への郷愁が本書を書かせる動機になったといえば、いささか感傷的すぎるだろうか。それを頑なに否定するつもりはない。たしかに初めてフランスを訪れてから今日までの二〇数年間、筆者の眼差しの向こうには、日本の風景から殺ぎ落とされて久しいこの感傷がつねにあったことを告白してもよいだろう。とすれば、本書は、等身大の感傷を外在化しようとするまことにささやかな試みといえるかもしれない。外在化して、一人称の感傷を歴史の内なるイマジネールへと、想像力と創造力へと転位させようとする試みともいえる。あるいはまた、「私」という時代を、たえず遠のいていく風景と近づいてくる光景とのせめぎあいに委ね、そこから他者性としての歴史を過たず立ち上げようとする試みともいえるだろう。

そんな筆者にとって、歴史とは文化の生態系としてある。人とモノと事象とが複雑に絡み合って無数の物語を構築するこの生態系から、シャルラタンという多義的な存在を抜き出し、歴史の振舞いや思考を検討する。《歴史の遺伝子》とは、筆者自身かなり使い古してしまった言葉だが、歴史に刻まれた、いや、歴史そのものが刻んだシャルラタンの記憶は、明らかに予型論的性格を帯びているといえる。表象こそ違え、現代においてもシャルラタニズムは「正統」を装いつつ、商業主義や個人的フェティシズムの世界に跳梁跋扈しているからだ。あるいは、時代はつねにシャルラタニズムを求めているのかもしれない。近代化の論理がシャルラタニズムの撥無、つまり《異貌性》の清算ないし浄化に躍起となっていたにもかかわらず、である。シャルラタンの諧謔性とはおそらくそこに起因する。換言すれば、それはまことに歴史の諧謔性そのものであり、社会の諧謔性であり、シャルラタンよろしく、人間をたえず手玉にとる文化の諧謔性でもあるのだろう。本書のこだわりと狙いは、畢竟そうした諧謔性の解読にある。

# 資　料

MORIN, Lucien : Les charlatans de la nouvelle pédagogie, P.U.F., Paris, 1973.
SEIGNOLLE, Claude et Jacques : Le folklore du Hurepoix, Maisonneuve & Larose, Paris, 1978.
TERCINET, Edouard : Le colportage des médicaments, des plantes médicinales et des spécialités pharmaceutiques, Éds. Véga, Paris, 1937.
«Top Santé», N° 26, Novembre 1992.

## 終章

BARNUM, Phineas T. : Struggles and Triumphs of P. T. Barnum. Told by himself, Ed. by John G. O'LEARY, Macgibbon & Kee, London, 1882 / 1967.
Ibid. : Les Blagues de l'Univers, A. Faure, Paris, 1886.
LA FONTAINE : Fable de La Fontaine, SACELP, Paris, 1980.（ラ・フォンテーヌ『寓話（上）』，今野一雄訳，岩波文庫，1972／1984 年）
ロマヌッチ=ロス他編『医療の人類学』，波平恵美子監訳，海鳴社，1989 年。
シオラン『欺瞞の書』，金井裕訳，法政大学出版局，1995 年。

年。
MANDROU, Robert : De la culture populaire aux 17e et 18e siècles, Imago, Paris, 1985.
MANEUVRIER, Jacques : Ainsi se soignaient nos aïeux en Normandie, du XVIIIe siècle au début du XXe siècle, Bertout, Lunecoiy, 1999.
MOZZANI, Éloïse : Le livre des superstitions, Bouquins / R. Laffont, Paris, 1995.
OTTO, Jean-Pierre : Les gestes du commencement. Chronique des sources et des sourirs, R. Lafont, Paris, 1982.
PERCY, Pierre-François : Déboîtements(article), in Dictionnaire des sciences médicales, Société de Médecins et de Chirurgiens, t. 8, Paris, 1814.
PILLORGET, René : *L'âge classique,* in Georges DUBY(dir.): Histoire de la France, Larousse, Paris, 1988.
RONDEL, Eric : Traditions, croyances, superstitions et Pardons, Astoure, Sables-d'Or-les-Pins, 2002.
SCHMITT, Jean-Claude : Le Saint Levier. Guinefort, guérisseur d'enfants depuis le XIIIe siècle, Flammarion, Paris, 1979.
SÉBILLOT, Paul-Yves : La Bretagne et ses traditions, Maisonneuve & Larose, Paris, 1968 / 1997.
SEIGNOLLE, Claude : Le Folklore de la Provence, Maisonneuve & Larose, Paris, 1963 / 1980.
Ibid. : Le Berry traditionnel, Maisonneuve & Larose, Paris, 1969.
TARDIEU, Ambroise : *Du charlatanisme médical,* in «Annales d'hygiène publique», t. V, 1956.
TAYLOR, Paul B. : Shadows of Heaven. Gurdjieff and Toomer, Samel Weiser, York Beach, 1998.
TISSOT, Samuel Auguste André David : Avis au peuple sur sa santé, Lausanne, 1761, éd. par TEYSSEIRE, D. & VERRY-JOLIVET, C., Quoi Voltaire, Paris, 1993.
VERGNES, Georges : Prières et secrets pour la guérison, Éds. ATMA, Millau, 1996.

第九章

AÏACH, Pierre & FASSIN, Didier & Jacques SALIBA(dir.) : *Crise, pouvoir et légitimité,* in Les métiers de la santé, Anthropos, Paris, 1994.
CAMUS, Dominique : Voyage au pays du magique, Dervy, Paris, 2002.
FAVRET-SAADA, Jeanne & CONTRERAS, Josée : Corps pour corps. Enquête sur la sorcellerie dans le Bocage, Gallimard, Paris, 1981.
LÉONARD, Jacques : *Femmes, Religions et Médecine, les religieuses qui soignent, en France, au XIXe siècle,* in «Annales E. S. C.», sept.-oct., 1977.
Ibid. : Archives du corps. La santé au XIXe siècle, Ouest-France, Rennes, 1986.
«Marianne», N° 120, 9 au 15 août 1999.
MESMIN, Claude : *Objet thérapeutique. La prière,* in «Nouvelle Revue d'Ethno-psychiatrie», La France qui guérit, N° 33, 1997.

MUCHEMBLED, Robert (dir.): Magie et Sorcellerie en Europe du Moyen Âge à nos jours, Armand Colin, Paris, 1994.
ブロック，マルク『王の奇跡』，井上泰男・渡邊昌美訳，刀水書房，1996 年。
BOLLÈME, Geneviève : La Bibliothèque bleue, la littérature populaire en France du XVIe au XVIIIe siècle, Julliard, Paris, 1971.
Ibid. : La Bible bleue, Flammarion, Paris, 1975.
BOUTEILLER, Marcelle : Médecine populaire d'hier et d'aujourd'hui, Maisonneuve & Larose, Paris, 1966.
CAUVIN, Georges : Médecine populaire en Provence, Bosc Frères, Lyon, 1930.
CAZENAVE, Michel (dir.): Encyclopédie des symboles, Le Livre de Poche, Paris, 1996.
シャルチエ，ロジェ『読書の文化史』，福井憲彦訳，新曜社，1992 年。
DUCHET-SUCHAUX : *Autour de Saint-Vincent,* in Iconographie médiévale, C. N. R. S., Paris, 1990.
EDELMAN, Nicole : Voyantes, guérisseuses et visionnaires en France 1785-1914, Albin Michel, Paris, 1995.
FONTAINE, Laurence : Histoire du colportage en Europe XVe-XIXe siècle, Albin Michel, Paris, 1993.
GARNOT, Benoît : Société, cultures et genres de vie dans la France moderne XVIe-XVIIIe siècle, Hachette, Paris, 1991.
JALBY, Robert : Le folklore du Languedoc, Maisonneuve & Larose, Paris, 1971.
Ibid. : Sorcellerie & Médecine populaire en Languedoc, Ed. de l'Aygues, Nyons, 1974.
蔵持不三也「祝火考」,《社会史研究》第 1 巻，日本エディタースクール出版部，1983 年。
同「M・ブロック『奇蹟をなす王』と王の三つの身体」,《季刊文藝》冬季号，河出書房新社，1990 年。
LAGET, Mireille & LUU, Claudine : Médecine et chirurgie des pauvres au XVIIIe siècle, d'après le livret de Dom Alexendre, Privat, Toulouse, 1984.
LÉONARD, Jacques : *Les guérisseurs en France au XIXe siècle,* in «Revue d'histoire moderne et contemporaine», t. XXVII, juill.-sept., 1980.
Ibid. : Médecins, maladies et société dans la France du XIXe siècle, Sciences en Situation, Paris, 1992.
Ibid. : La vie quotidienne du médecin de Province au XIXe siècle, Hachette, Paris, 1997.
LÉVÊQUE, Lucien : Une famille de rebouteurs en Lorraine. Les Fleurot du Val - d'Ajol, Éd. du Pays Lorraine, Nancy, 1909.
LINDAHL, Carl et als. (eds.)：Medieval Folklore, vol.II, ABC-CLIO, Santa-Barbara / Denver / Oxford, 2000.
リール，ジョルジュ・ビドー・ド『フランス文化誌事典』，堀田郷弘・野池恵子訳，原書房，1996 年。
ルークス，フランソワーズ『肉体』，蔵持・信部保隆訳，大丸弘監修，マルジュ社，1983

HARMONVILLE, Georges d' : Les œuvres de Tabarin avec les adventures du Capitaine Rodomont, Nouvelle édition, A. Delahaye, Paris, 1858.

HERLUISON : *Discours sur le crédit des Charlatans, lu à la séance de la Société d'Agriculture du Département de l'Aube, le 29 Prairial an VIII,* in «Journal de l'École Centrale et de la Société libre d'Agriculture, du Commerce et des Arts du Département de l'Aube», Messidor an VIII.

JACQUART, Danielle : Le milieu médical en France du XII^e au XV^e siècle, École des Hautes Études en Sciences Sociales / Droz, Genève, 1981.

LEFÉBURE, Christophe : La France des pharmacies anciennes, Privat, Toulouse, 1999.

MERCIER, Louis-Sébastien : Le tableau de Paris, F. Maspero, Paris, 1781 / 1979.

MEYER, S. : Le personnel médical en Bretagne à la fin du XVIII^e siècle, Menton, Paris, 1972.

MIRIMONDE, L. Pomme de : Les inventions et les procédés des charlatans, chez l'auteur, Paris, 1888.

POISLE-DESGRANGES, Joseph : Les charlatans, Alphonse Lemerre, Paris, 1868.

QUATARANO-VINAS, A. : *Médecins et médecine dans les Hautes-Pyrénées au XIX^e siècle,* in «Sources et travaux d'histoire haute-pyrénéenne», no. 2, Association Guillaume Mauran, Tarbes, 1982.

RAMSEY, Matthew : *Sous la régime de la législation de 1803. Trois enquêtes sur les charlatans au XIX^e siècle,* in «Revue d'histoire moderne et contemporaine», t. XXVII, juill.-sept. 1980.

ROLLET, Jeune : Les charlatans et le camelots, L. Jacquet, Lyon, 1892.

THIBAUD, Robert-Jacques : Dictionnaire de mythologie et de symbolique celte, Dervy, Paris, 1995.

THOMAS, Jack A. : Le temps des foires, Presses Universitaires du Mirail, Toulouse, 1993.

THOREY, Pilot de : Usages, fêtes et coutumes en Dauphiné, Lafitte Reprints, Marseille, 1882 / 1977.

THUILLIER, Guy : Pour histoire du quotidien aux XIX^e siècle en Nivernais, Mouton, Paris, 1977.

VÉRON, Louis-Désiré : Mémoires d'un bourgeois de Paris, t. I., éd. par Pierre JOSSERAND, Guy Le Prat, Paris, 1945.

第八章

ANDRIES, Lise : La Bibliothèque bleue au dix-huitième siècle. Une tradition éditoriale, The Voltaire Foundation, Oxford, 1989.

Ibid. : Le grand livre des secrets. Le corportage en France aux 17^e et 18^e siècles, Imago, Paris, 1994.

ARON, Émile : Louis XI et ses guérisseurs, C. L. D., Chambery, 1983.

BASSET, Henry : Le colportage des imprimés, Recueil Sirey, Paris, 1938.

BETHENCOURT, Francisco : *Un univers saturé de magie. L'Europe méridionale,* in

chéologie de Saverne», no.72, 1970.

第七章

ANAVAGGIO, Pierre : Dictionnaire des superstitions et des croyances, Dervy, Paris, 1993.
バルザック『セザール・ビロトー　ある香水商の隆盛と凋落』，大矢タカヤス訳，藤原書店，1999 年。
BEAUCHAMP, Chantal : Le sang et l'immaginaire médical, D. de Brouwer, Paris, 2000.
BEAUQUIN, François A. : Satire ironi-comique, ou les souffreteux, les apothicaires, les doctes, les médicastres, rhabilleurs, rebouteurs, leveurs et autres charlatans, Pontarlier, 1863.
BERNARD, Jules-Haute : Le roi des charlatans, R. & Laporte, Nîmes, 1864.
BESSON, Eugène : Propagande anti-cléricale. Le prêtre et le charlatan, ou les deux charlatans, saynette anti-cléricale, Nouvelle édition, chez l'auteur, Lyon, 1903.
BIEDERMANN, Hans : Knaurs Lexikon der Symbole, Knaurs, München, 1989.
COMTE, Stephane : Les saltimbanques jugés, ou considérations sur l'influence pernicieuse exercée par les charlatans, saltimbanques et chanteurs ambulants sur les mœurs sociales, Imp. de Rodon, Grenoble, 1854.
CROQUENBALLE : Le Roi des charlatans, grande parade et discours rigolo Croquenballe de l'eau Olympiadadigestifébrifuge, Matt, Paris, 1876.
DECHAMBRE, Amédée & LEREBOULLET, Léon (éd.) : Dictionnaire encyclopédique des sciences médicales, t. 11, G. Masson & P. Asselin, Paris, 1864-89 / 1995.
DUBUC, André : *Précautions sanitaires et remèdes empiriques,* in Le corps et la santé, Actes du 110ᵉ Congrès national des Sociétés savantes, C.T.H.S., Paris, 1992.
DUPÂQUIER, Jacques : *Introduction,* in Histoire de la population française, t. 3, P.U.F., Paris, 1988.
FAURE, Olivier : *Le médecin au XIXᵉ siècle,* in Histoire du médecin, Louis CALLEBAT (dir.), Flammarion, Paris, 1999.
FERROUL, Yves, DRIZENKO, Antoine & BOURY, Dominique : Médecin et médecine, H. Champion, Paris, 1997.
FOREL, Auguste : L'occultisme devant la science. Tables tournantes et spiritisme, téléphatie et seconde vue, charlatans mystiques et dupes, Éd. de la Rêverie, St. Étienne, 1919.
FRANKLIN, Théophile : Destiné de l'homme. Chercher la vérité, pratiquer la justice. Initiative populaire contre les Jésuites de toutes robes et les charlatans en toutes couleurs. Méthode du Christ ou enseignement, Imp. de Preve, Paris, 1850.
GELFAND, Toby : *Deux cultures, une profession. Les chirurgiens français au XVIIIᵉ siècle,* in «Revue d'histoire moderne et contemporain», t. XXVII, juill.-sept. 1980.
GIRARD, Jules : Les Charlatans de l'Appel au Peuple, Le Chevalier, Paris, 1874.
GOUBERT, Jean-Pierre : *The Extent of Medical Practice in France around 1780,* in «Journal of Social History», no. 19, 1977.
Ibid. : Initiation à une nouvelle histoire de la médecine, Ellipses, Paris, 1998.

GUÉNANT, Étienne(éd.): Médecine, art et histoire à Montpellier, Sauramps, Montpellier, 2002.
HEULHARD, Arthur : Rabelais, Lib. de l'Art, Paris, 1841.
ラザール，マドレーヌ『ラブレーとルネサンス』，篠田勝英・宮下志朗訳，白水社，1981年。
LADURIE, Emmanuel LE ROY : Le siècle des Platter 1499-1628, t. I, Fayard, 1995.
ラデュリ，E・ル・ロワ『南仏ロマンの謝肉祭』，蔵持不三也訳，新評論，2002年。
LEBRUN, François : Les hommes et la mort en Anjou aux XVII[e] et XVIII[e] siècles, Flammarion, Paris, 1975.
LEHOUX, Françoise : Le cadre de vie des médecins parisiens aux XVI[e] et XVII[e] siècles, Picard, Paris, 1976.
LEMAIRE, Jean-François : Napoléon et la médecine, F. Bourin, Paris, 1992.
LESPINASSE, René de et als. : Étienne BOILEAU, le livre des métiers XIII[e] siècle, Slatkine Reprints, Paris, 1879.
LORCIN, Jean : *Un observatoire régional des épidemies*, in «Cahiers d'histoire», t. 38, No.3-4, 1992.
MARION, Marcel : Dictionnaire des institutions de la France, Picard, Paris, 1989.
宮下志朗『本の都市リヨン』，晶文社，1989年。
NOSTRADAMUS : Traité des confitures, reprint de l'édition de 1557, réalisée par Chr. PLANTIN á Anvers, Le livre de France, Paris, 1990.
RUTEBEUF : Le dit de l'herberie, in Edmond FAREL et Julia BASTIN(éd.): Œuvres complètes de Rutebeuf, t. I, Picard, Paris, 1959.
SAINT-LÉON, Émile Martin : Histoire des corporations de métiers, P.U.F., Paris, 1897.
シッパーゲス，H『中世の医学』，大橋博司・濱中淑彦ほか訳，人文書院，1988年。
SOURNIA, Jean-Charles : La médecine révolutionnaire, Payot, Paris, 1989.
Ibid. : Histoire de la médecine, La Découverte, Paris, 1992.
TALLON, Jean : *Compagnie de Saint-Sacrement,* in Dictionnaire de l'Ancien Régime, dir. par Lucien BÉLY, P.U.F., Paris, 1996.
TRÉDANIEL, Christian : Histoire du reboutement, Éds. Guy Trédaniel, Paris, 1998.
VALLERY-RADOT, Pierre : Chirurgiens d'autrefois. La famille d'Eugène Süe, Ricou & Ocia, Romainville, 1944.
VERDIER, M. : La jurisprudence particuliere de la Chirurgie en France ou Traité historique et juridique des Etablissemens, Réglemens, Police, Devoirs, Fonctions, Honneurs, Droits & Privileges, des Sociétés de Chirurgie & de leurs supôt ; Avec les Devoirs, Fonctions & autorités des Juges à leur égard, t. 1, D'houry, Dodot, Paris, 1754.
渡辺一夫『渡辺一夫ラブレー抄』，二宮敬編，筑摩書房，1989年。
WICKERSHEIMER, Ernst : La médecine et les médecins en France à l'époque de la Renaissance, Slatkine Reprints, Paris / Genève, 1905 / 1970.
WOLLBRETT, Alphonse : *Règlements et statuts de Hochfelden,* in «Cahier d'histoire et d'ar-

médical, Les Belles Lettres, Paris, 2000.
BOUGEART, Alfred : Marat, l'ami de peuple, Librairie Internationale, Paris, 1865.
CHRISTIN, Olivier : *Une querelle des mots, une affaire politique-Molière, le roi et les dévots,* in Ordre moral et delinquance de l'Antiquié au XX$^{e}$ siècle, dir. par Benoît GARNOT, E. U. D., Dijon, 1994.
COHEN, Gustave : Étude d'histoire de théâtre en France au Moyen Âge et à la Renaissance, Gallimard, Paris, 1956.
CONCASTY, Marie-Louise : Commentaires de la Faculté de Paris, Imprimerie Nationale, Paris, 1964.
COURSAULT, René : La médecine en Touraine du Moyen Âge à nos jours, Maisonneuve & Larose, Paris, 1991.
デーヴィス，ナタリー・Z『愚者の王国　異端の都市』，成瀬駒男・宮下志朗・高橋由美子訳，平凡社，1987 年。
DELAUNAY, Paul : La vie médicale aux XVI$^{e}$, XVII$^{e}$ et XVIII$^{e}$ siècles, Hippocrate, Paris, 1935.
DEMERSON, Guy : Rabelais, Fayard, Paris, 1991.
DILLEMANN, Georges et als. : La pharmacie française, TEC & DOC, Paris, 1992.
DULIEU, Louis : *François Rabelais et ses «antiques» amis montpellierains,* in «Bulletin historique de la Ville de Montpellier», no. 17, 1993.
DUPÈRE, Jean : Nostradamus. Lettres inédites, Lib. Droz, Genève, 1983.
FAURE, Olivier : Histoire sociale de la médecine, Anthropos, Paris, 1994.
FRANCO, Pierre : Chirurgie. Nouvelle édition, avec un introduction historique, une biographie et l'histoire du Collège de chirurgie par Nicaise, Slatkine Reprints, Genève, 1561 / 1972.
FRANGOS, John : From Housing the Poor to Healing the Sick, Madison & Teaneck / Associated University Press, London, 1997.
GAIGNEBET, Claude : A plus haut sens, t. I, Maisonneuve & Larose, Paris, 1986.
GERMAIN, A. : Deux lettres inédites de Henri IV concernant l'École de Médecine de Montpellier, Typographie et Lithographie de Boehm et Fils, Montpellier, 1882.
GOUBERT, Jean-Pierre : Médecins, in Dictionnaire de l'Ancien Régime, dir. par Lucien BÉLY, P. U. F., Paris, 1996.
GOUBERT, Jean-Pierre & LORILLOT, Dominique : 1789, le corps médical et le changement, Privat, Toulouse, 1984.
GOUREVITCH, Danielle : *Présence de la médecine rationnelle gréco-romaine en Gaule,* in La médecine en Gaule, dir. par André PELLETIER, Picard, Paris, 1985.
GOURG, Jean-Louis : *Un étudiant célébre, François Rabelais,* in DULIEU, Louis (éd.): La Médecine à Montpellier du XII$^{e}$ siècle au XX$^{e}$ siècle, Hervas, Paris, 1990.
GOURON, André : La réglementation des métiers en Languedoc au Moyen Âge, Droz / Minard, Genève / Paris, 1958.
GOURON, Marcel : Matricule de l'Université de Médecine de Montpellier, Droz, Genève, 1957.

CONTESTIN, Maurice : La foire de Beaucaire, Les Presse du Languedoc, Montpellier, 1995 / 2002.

DUMAS, Georges : *Les spectacles de Chalons-sur-Marne au XVIII*[e] *siècle,* in Théâtre et spectacles hier et aujourd'hui. Époque moderne et contemporaine, CTHS., Paris, 1991.

FAGES, Arsène : Beaucaire et sa foire à travers les siècles. Étude littéraire, géographique et historique, d'après le poème languedocien de Jean Michel, de Nîmes（XVII[e] siècle）, A. Rey, Lyon, 1943.

FRANCK Ciliane : La vie montpelliéraine aux XVII[e] et XIX[e] siècles, Imp. de la Charité, Montpellier, 1985.

蔵持不三也『シャリヴァリ——民衆文化の修辞学』，同文舘，1991 年。

同編著『ヨーロッパの祝祭』，河出書房新社，1996 年。

NOS, André : Montagnac 6000 ans d'histoire, Les Amis de Montagnac, Montagnac, 1991.

SALLE D'DFFEMONT, La : Le mieux contre moral. Les charlatans ou la Foire de Beaucaire, Imp. de la Cne. Balleu, Paris, an VI.

SAUZET, R. : *Aux origines du refus des jeux et divertisseements dans la pastorale catholique moderne,* in Les jeux à la Renaissance, éds. par Ph. ARIÈS et J.-Cl. MARGOLIN, J. Vrin, Paris, 1982.

ヤング，アーサー『フランス紀行』，宮崎洋訳，法政大学出版局，1983 年。

### 第六章

阿河雄二郎「絶対王制成立期のフランス」，柴田三千雄・樺山紘一・福井憲彦編『フランス史 2』，山川出版社，1996 年所収。

ALIBERT, Louis : Dictionnaire Occitan-Français selon les parlers languedociens, Institut d'Estudis Occitan, Toulouse, 1996.

Almanach des Français, t. I, Encyclopaedia Universalis France, Paris, 1994.

AMOURETTI, M. C. : *Céréales et médecine dans les traités hippocratiques,* in Les céréales en Méditterannée, dir. de Jean-Louis MIÈGE, C. N. R. S. Éditions & La Porte, Rabat, 1993 / 94.

ANTONIOLI, Roland : Rabelais et la médecine, Études Rabelaisiennes, t. XII, Droz, Paris, 1976.

BACHOFFNER, Pierre : *Contribution à l'histoire de la pharmacie en millieu rural,* in «Acta Congressus Internationalis Historiae Pharmaciae Pragae MCMLXXI», Stuttgart, 1972.

バリュク，アンリ『フランス精神医学の流れ』，中山修監修，影山任佐訳，東京大学出版会，1982 年。

BINET, Léon & VALLERY-RADOT, Pierre : Médecine et art de la Renaissance à nos jours, L'Expansion, Paris, 1968.

BONAH, Christian : Instruire, guérir, servir. Formation et pratique médicales en France et en Allemagne, Presse Universitaire de Strasbourg, Strasbourg, 2000.

BOUDON, Véronique : «Notice» in Gallien, t. II. Exhortation à l'étude de la médecine ＆Art

年。
BERNIER, Jean : Essais de médecine où il est traité de l'histoire de ma médecine et des médecins, S. Langronne, Paris, 1689. Biographie universelle ancienne et moderne, Nlle. éd., t. V, Desplaces, Paris, 1854.
ベルセ，イヴ=マリ『鍋とランセット』，松平誠・小井高志訳，新評論，1988 年。
CAZAL, Rémy : *Économie, espace et culture sous l'Ancien Régime,* in Jean GUILAINE et Daniel FABRE(dir.): Histoire de Carcassonne, Privat, Toulouse, 1990.
CHOLVY, Gérard : Histoire de Montpellier, Privat, Toulouse, 1984.
FRANCK, Ciliane : La vie montpelliéraine aux XVII$^{e}$ et XIX$^{e}$ siècles, Imp. de la Charité, Montpellier, 1985.
FRANCO, Pierre : Traité des hernies contenant une ample déclaration de toutes leurs espèces, et autres excellentes parties de la chirurgie, assavoir de la Pierre, des Cataractes des yeux, et autres maladies..., 2$^{e}$ partie, Thibauld Payan, Lyon, 1561.
GIRARD : Diabotanus ou l'orviétan de salins, Imp. Delaguette, Paris, 1769.
JACQUET, Bernard : Empiriques et charlatans troyens du XV$^{e}$ au XIX$^{e}$ siècle, Thèse, Imp. R. Foulon, Paris, 1960.
蔵持不三也『ワインの民族誌』，筑摩書房，1988 年。
同『ペストの文化誌』，朝日新聞社，1995 年。
LAUNAY, Charles-Denis de : Dissertation physique et pratique sur les maladies, et sur les operation de la Pierre, où l'on traite fort au long de sa formation & de la maniere la plusseure pour la tirer de la vessie ou de l'urtere, Laurent d'Houry, Paris, 1700.
LEFÉBURE, Chiristophe : La France des pharmacies anciennes, Privat, Toulouse, 1999.
MAHUL, Jacques A. : Cartulaire et Archives des Communes de l'ancien diocèse et de l'arrondissement administratif de Carcassonne, vol. 4, Didron / Dumoulin, Paris, 1872.
MARTIN, Ernest : Cartuaire de la ville de Lodève, Serre et Roumégous, Montpellier, 1900.
Ibid. : Histoire de la Ville de Lodève depuis ses origines jusqu' à la Révolution, t. II, Imp. Serre et Roumégous / Laffitte Reprints, Montpellier / Marseille, 1900 / 1979.
MEYSONNIER : Discours de l'origine des Charlatans, cité par Dr. CABANÈS : Remèdes d'autrefois, Nlle. éd., Maloine, Paris, 1910.
PARÉ, Ambroise : Œuvres complètes, éd. par J.-F.MALGAIGNE, t. III, Slatkine Reprints, Genève, 1840-41 / 1970.
READ, M. : Essai sur les effets salutaires de séjours des étables dans la phtisie, Rivière, Paris, 1767.
THOMAS, Eugène : Montpellier, Lacour, Nîmes, 1857 / 1988.

### 第五章

アッカークネヒト，E・H『パリ病院』，舘野之男訳，思索社，1978 年。
CARRIÈRE, Marcel et MARÉSHAL, Paul : La Foire de Beaucaire, Institut d'Études Occitanes, Toulouse, 1949.

des spectacles. Encyclopédie de la Pléiade, Gallimard, Paris, 1965.
ムウシナック，レオン『演劇　その起源から現代まで』上巻，利光哲夫訳，美術出版社，1966／1970 年。
MURRY, Marian : Circus!, Greenwood Press, Westport, 1956.
Museo Teatrale alla Scala : La Commedia dell'Arte e le sue Maschera, Milano, 1976.
PARFAICT, François et Claude : Mémoires pour servir à l'histoire des spectacles de la Foire, par un acteur forain, t. I, Briasson, Paris, 1743.
PIHLSTRÖM, Irène : Le médecin et la médecine dans le théâtre comique français du XVII[e] siècle (extrait de «Studia Romanica Upsaliensia», 47), Almovist & Wicksell International, Stockholm, 1991.
PILLORGET, René : Les mouvements insurrectionnels de Provence entre 1596 et 1715, A. Pedone, Paris, 1975.
POIX DE FREMINVILLE, Edme de la : Dictionnaire ou traité de la police des villes, bourgs, paroisses et seigeuries de la campagne, Gissey, Paris, 1769.
POTTIER, François : De l'écriture à la représentation, essai sur le théâtre de Paul Scarron, Thèse, Univ. de Paris X, 1981.
POUGIN, Arthur : Dictionnaire historique et pittoresque du théâtre et des arts qui s'y rattachent, Firmin-Didot, Paris, 1885.
RABEL, Jeffrey S. : The contested Parterre. Public Theater and French Political Culture 1680-1791, Cornell University, New York, 1999.
REBOUL, Claude : Piazza Beaubourg, les triburations du saltimbanque, Dagorno, Paris, 1993.
ROUGEMONT, Martine de : La vie théâtrale en France au XVIII[e] siècle, Slatkine Reprints, Genève, 1988 / 1996.
SCARRON : La foire Saint-Germain en vers burlesques, in P.-L. JACOB : Paris ridicule et burlesque au dix-septième siècle, Nlle. éd., Lib. de Garnier Frères, Paris, 1978.
SIMON, Alfred : La planète des clowns, La Manifacture, Lyon, 1988.
STRIKER, A. : The Theatre of Alain René Lesage, Columbia Univ. Press, New York, 1968.
ヴァルノ，アンドレ『パリ風俗史』，北澤真木訳，講談社学術文庫，1999 年。
VINCENT, Catherine : Les confréries médiévales dans le royaume de France, Albin Michel, Paris, 1994.

第四章

APPOLIS, Emile : Le diocèse civil de Lodève, Imp. Coopérative du Sud-Ouest, Albi, 1951.
BALTEAU, J. (dir.) : Dictionnaire de biographie française, Letouzey, Paris, 1933.
BAUDET, André : Études historiques sur la pharmacie en Bourgogne avant 1803, Thèse, J. et Tloret, Paris, 1905.
BAUMEL, Jean : *Publicité d'un maître apothicaire-parfumeur au XVII[e] siècle. Montpellier en 1668*, «La Grande Revue», Paris, 1974.
ベックマン，ヨハン『西洋事物起源』第四巻，特許庁内技術史研究会，岩波文庫，2000

岩瀬孝・佐藤実枝・伊藤洋『フランス演劇史概説』，早稲田大学出版部，1987 年。
JACOB, P.-J. : Paris ridicule et burlesque au dix-septième siècle, G. Frères, Paris, 1878.
JAILLOT : Recherches critiques, historiques et topographiques sur la Ville de Paris depuis ses commencements connus jusqu' à présent, Le Boucher, Paris, 1782.
JAL, Auguste : Dictionnaire critique de biographie et d'histoire. Errata et supplément pour tous les dictionnaires historiques d'après des documents authentiques inédits, t. II, Slatline Reprints, Genève, 1872/1970.
JEFFERY, Brian : French Renaissance Comedy 1552-1630, Clarendon Press, Oxford, 1969.
JOLIBERT, Bernard : La Commedia dell'Arte et son influence en France du XVI^e au XVIII^e siècle, L'Harmattan, Paris, 1999.
JOMARON, Jacqueline de (éd.) : Le théâtre en France, I, A. Colin, Paris, 1988.
LA FORCE, Piganiol de : Description historique de la Ville de Paris et ses environs, Nlle. éd., t. III, Les Libraires Associés, Paris, 1765.
ラデュリ，E・ル・ロワ『ラングドックの歴史』，和田愛子訳，白水社クセジュ文庫，1994 年。
LAGRAVE, Henri : Le théâtre et le public à Paris de 1715 à 1750, C. Klincksierck, Paris, 1972.
LEROY, Dominique : Histoire des arts du spectacle en France, L'Harmattan, Paris, 1990.
L'ESTOILE, Pierre de : Registre-Journal du règne de Henri III, éd. par Madeleine LAZARD & Gilbert SCHRENCK, Droz, Genève, 1996.
LINTILHAC, Eugène : Lesage, Hachette, Paris, 1893.
LONG, Joseph : Theatre in Focus. Théâtre des Variétés, Chadwyck-Healey / Somerset House, Cambridge, 1980.
LOUBINOUX, Gérard : *C'est celui qui le dit qui l'est ou l'amateur dans la querelle des gluckistes et des piccinnistes,* in Jean-Louis JAM (dir.) : Les divertissements utiles des amateurs au XVIII^e siècle, Presse Universitaire Blaise-Pascal, Clermont-Ferrand, 2000.
LOUGH, John : Paris Theatre Audiences in the 17^th and 18^th centuries, Oxford Univ. Press, London, 1957.
MEHL, Jean-Michel : Les jeux au royaume de France du XIII^e au début du XVI^e siècle, Fayard, Paris, 1990.
ミック，コンスタン『コメディア・デラルテ』，梁木靖弘訳，未来社，1987 年。
MONGRÉDIEN, Georges : Les grands comédiens du XVII^e siècle, Société d'Éditions "LE LIVRE", Paris, 1927.
Ibid. : Dictionnaire biographique des comédiens français du XVII^e siècle, C. N. R. S., Paris, 1961.
Ibid. : La vie quotidienne des comédiens au temps de Molière, Hachette, Paris, 1966.
MONMERGUÉ, De & PARIS, Paulin : Les historiettes de Tallemant des Reaux, 3^e éd., t. 7, J. Technen Lib., Paris, 1858.
MOREL, Jacques : *Le théâtre français. La renaissance-survivances médiévales,* in Histoire

CHALLE, Robert : Les illustres français, 1713, éd. par F. DELOFFRÉ & J. CORMIER, Droz, Genève, 1991.
CHARDON, Henri : La troupe du Roman Comique dévoilée et les comédiens de campagne au XVIIe siècle, Typographie E. Monnoyer, Le Mans, 1870.
CHEVALLEY, Sylvie : Album Théâtre classique, Gallimard, Paris, 1984.
CHOCHEYRAS, Jacques : Le théâtre religieux en Savoie au XVIe siècle, Droz, Genève, 1971.
ドゥヴォー，パトリック『コメディ=フランセーズ』，伊藤洋訳，白水社クセジュ文庫，1995年。
DILLE, Austin (éd.) : Les Romonneurs, comédie anonyme en prose, Paris, 1957.
FAIVRE, Bernard : *La profession de comédie,* in Le théâtre en France, dir. par Jacqueline de JOMORON, A. Colin, Paris, 1992, p. 133.
FIERRO, Alfred : Histoire et dictionnaire de Paris, R. Laffont, Paris, 1996.
FOURNIER, Édouard : Variétés historiques et littéraires, t. I, P. Jannet, Paris, 1855.
Ibid. : Le théâtre français avant la Renaissance, Burt Franklin, New York, s. d. (texte orig. Paris, 1872)
FREUDENDLICH, Francis : Le monde du jeu à Paris 1715-1800, A. Michel, Paris, 1995.
GARAPON, Robert : *Les monologues, les acteurs et le public en France au XVIIe siècle,* in Dramaturgie et Société, éd. par Jean JACQUOT, t. I, C.N.R.S., Paris, 1968.
GASCARD, Pierre : Le Boulevard du Crime, Hachette / Massin, Paris, 1980.
GOFFLOT, L. -V. : Le théâtre au collège du Moyen Âge à nos jours, H. Champion, Paris, 1907.
ゴルドーニ，カルロ『ゴルドーニ劇場』，田之倉稔編訳，晶文社，1983年。
GOURIET, Jean-Baptiste : Les charlatans célébres, ou tableaux historiques des Bateleurs, des Baladins, des Jongleurs, des Bouffons, des Opérateurs, des Escomteurs, des Filons, des Escnos, des Devins, des Tireurs de Cartes, des Désireurs de bonnes aventures, et généralement de tous les personnages qui se rendus célébres dans les rues et sur les places publiques de Paris, depuis une haute antiquité jusqu' à nos jours, t. I, Chez Lerouge, Paris, 1819.
GRINBERG, Martin : *Carnaval et société urbaine aux XIVe-XVIe siècles ; le royaume dans la ville,* in «Ethnologie française», t. 4, n° 3, 1974.
GUCHEMERRE, Roger : Visages du théâtre français au XVIIe siècle, Klincksierck, Langres, 1994.
ギシュメール，ロジェ『フランス古典演劇』，伊藤洋訳，白水社クセジュ文庫，1999年。
HEERS, Jacques : Fêtes des fous et Carnaval, Fayard, Paris, 1983.
HEULHARD, Arthur : La Foire de Saint-Laurent, A. Lemerre, Paris, 1878, réimp. Slatkine Reprints, Genève, 1971.
HILLAIRET, Jacques : Connaissance du vieux Paris, Payot / Rivages, Paris, 1951/1993.
Ibid. : Dictionnaire historique des rues de Paris, vol. I, Éds. de Minuit, Paris, 1997.
ユゴー，ヴィクトル『ノートル=ダム・ド・パリ』，辻昶・松下和則訳，世界文学全集39，講談社，1975年。

refutées les erreurs, abus et impiétés des Iatromages, ou médecins et autres détestables et diaboliques remèdes, en la cure des maladies, Milot, Paris, 1610.
SOREL, Charles : L'histoire comique de Francion où les Tromperies, les Subtilitez, les mauvaises humeurs, les sottises & tous les autres vices de quelques personnes de ce siècle sont naifvement representez, Louys Boulanger, Paris, 1623 / 1636.（シャルル・ソレル『フランシオン滑稽物語』，渡辺明正抄訳，国書刊行会，2002 年）
SULBLÉ, Henri : Quelques charlatans célébres au XVII$^{e}$ siècle, E.-H. Gitard, Toulouse, 1922.
TABARIN : Inventaire universel des œuvres de Tabarin contenant ses fantaisies, dialogues, paradoxes, gaillardies, rencontres, farces et conceptions, P. Recollet et A. Estoc, Paris, 1622.
Ibid. : Recueil général des rencontres, questions, demandes et autres œuvres tabariniques avec leurs réponses, A. De Sommaville, Paris, 1622.
Ibid. : Recueil général des œuvres et fantaisies de Tabarin, concernant ses rencontres, questions & demandes facetieuses, avec leurs responses. Rouen, D. Geoffroy, 1627.
種村季弘『山師カリオストロの大冒険』，中公文庫，1985 年。
VENTAVON, Jean Silbe de : Cagliostro, un franc-maçon au siècle des lumières, Didro, Courtaboeuf, 2001.
VLOBERG, Maurice : De la Cour des Miracles au Gibet de Monfaucon, J. Naert, Paris, 1928.
WITKOWSKI, D. : Les médecins au théâtre, A. Maloine, Paris, 1905.
吉村正和『フリーメイソンと錬金術』，人文書院，1998 年。
湯浅慎一『フリーメイソンリー』，中公新書，1990 年。
ユタン，セルジュ『秘密結社』，小関藤一郎訳，白水社クセジュ文庫，1972 年。

## 第三章

ALLIÉS, Albert-Paul : Une ville d'États Pézenas aux XVI$^{e}$ et XVII$^{e}$ siècles & Molière à Pézenas, Les Amis de Pézenas, Pézenas, 1973.
BARBERET, V. : Lesage et le théâtre de la foire, Nancy, 1887, réimp. Slatkine Reprints, Genève, 1970.
BERNARDIN, Napoléon-Maurice : La Comédie italienne en France et les théâtres de la foire et du boulevard, Paris, 1902.
BLANC, A. : F. C. Dancourt. La Comédie-Française à l'heure du soleil couchant, Narre et Place, Tübingen-Paris, 1984.
BONNASSIES, Jules : Spectacles forains et la Comédie-Française, E. Dentu, Paris, 1875.
BORZEIX, Daniel, PAUTAL, René et SERBAT, Jacques : Révoltes populaires en Occitanie, 2$^{e}$ éd., Les Monédières, Treignac, 1982.
BRENNER, Clarence D. : The Theatre Italien. Its Repertory, 1716-1793, Univ. of California Press, Berkeley & Los Angels, 1961.
BROWN, John Russell (ed.): The Oxford Illustrated History of Theatre, Oxford Univ. Press, Oxford, 1995.
CAMPORDON, Émile : Les spectacles de la foire, t. II, Berger-Levrault, Paris, 1977.

クライン=ルブール，F『パリ職人づくし』，北澤真木訳，論創社，1995年。
LEBRUN François : Médecins, saints et sorciers aux XVIIe et XVIIIe siècles, Paris, Temps Actuels, 1983.
LE GRAND, Léon : Statuts d'Hôtel-Dieu et de Léproserie, Alphonse Picard, Paris, 1901.
LE PAULMIER, Claude-Stephan : *Mondor et Tabarin, seigneurs féodaux,* in «Mémoires de la Société de l'Histiore de Paris et de l'Ile-de-France», H. Champion, Paris, 1884.
Ibid. : L'Orviétan. Histoire d'une famille de charlatans du Pont-Neuf aux XVIIe et XVIIIe siècles, Lib. Illustrée, Paris, s. d. [1893].
LESPINASSE, René de : Histoire générale de Paris. Les métiers et corporations de la Ville de Paris, III, Imperimerie Nationale, Paris, 1847.
LORENZ, Paul (dir.): Métiers d'autrefois, G. M. Perrin, Paris, 1968, d'après François LOUX : L'ogre et la dent, Berger-Levrault, Paris, 1981.
LOUX, Françoise : Pierre-Martin de LA MARTINIÈRE. Un médecin au XVIIe siècle, Imago, Paris, 1988.
マレッシ，ジャン・ド『毒の歴史』，橋本到・片桐祐訳，新評論，1996年。
MERCIER, Louis-Sébastien : Le nouveau Paris, éd. par J.-Cl. BONNET, Mercure de France, Paris, 1799 / 1994.
メルシエ，ルイ=セバスチャン『十八世紀パリ生活誌』，原宏編訳，岩波文庫，1989年。
MIC, Constant : La Commedia dell'Arte, Pléiade, Paris, 1927.
モリエール全集I『恋は医者』，鈴木力衛訳，中央公論社，1973年。
MONGRÉDIEN, G. et ROBERT, J. : Les comédiens français du XVIIe siécle, Dictionnaire biographique, C. N. R. S., Paris, 1981.
NEFONTAINE, Luc : Symboles et symbolisme dans la Franc-Maçonnerie, Univ. de Bruxelles, 1994.
NOVERRE, Jean Georges : Lettres sur la danse et sur les ballets, Aimé Delaroche, Lyon, 1760.
ORMESSON, Olivier Lefevre d' : Journal, 2 tomes, pub. par M. CHERUEL, Imprimerie impériale, Paris, 1860-61.
RING, Malvin E. : Dentistry, H. N. Abrahams, New York, 1985.
ROCHE, Daniel : Le peuple de Paris, Aubier, Paris, 1987.
SCHERER, Jacques : Théâtre du XVIIe siècle, Gallimard, Paris, 1975.
SÉBILLOT, Paul-Yves : Folklore et curiosité du vieux Paris, Maisonneuve & Larose, Paris, 2002.
SELIMONTE, Michel : Le Pont Neuf et ses charlatans, Plasma, Paris, 1980.
SMITH, Winifred : The Commedia dell'Arte, Benjamin Blom, New York & London, 1964.
SONNET de Courval, Thomas : Satyre contre les charlatans et pseudo-médecins empiriques en laquelle sont amplement découvertes les ruses et trompries de tous Thériacleurs, Alchimistes, Chimistes, Paracelistes, Destiliteurs, Ex-Tracteurs de Quintescences, Fondeurs d'or potable, Maistres de l'Elixis...et telle pernicieuse engeance d'imposeurs, en laquelle d'ailleurs sont

CRÉHANGE, O. P. A. : Les livres anciens de médecine et de pharmacie, Les Éditions de l'Amateur, Paris, 1984.

DALBIAN, Denyse : Le conte de Cagliostro, Robert Laffont, Paris, 1983.

DEIERKAUF-HOLSBOER, S. Wilma : Le théâtre du Marais, t. I, Nizet, Paris, 1954.

Ibid. : L'Histoire de la mise en scène dans le théâtre français à Paris de 1600 à 1673, Nizet, Paris, 1960.

DINZELBACHER, Peter(éd.): Dictionnaire de la mystique, Brepols, Bruxelles, 1993 (titre orig. Wörterbuch der Mystik, A. Kröner, Stuttgart, 1989).

DUBY, Georges : Histoire de la France, Larousse, Paris, 1988.

Encyclopédie du compagnonnage, Rocher, Lonrai, 2000.

ESCURET, Louis Henri : Histoire des vieilles rues de Montpellier, Les Presses du Languedoc, Montpellier, 1984.

FLEURY, Michel(dir.): Almanach de Paris, t. 2, Encyclopaedia Universalis France, Paris, 1990.

FOURNEL, Victor : Les rues du vieux Paris, Lib. de Firnin-Didot, Paris, 1881.

Ibid. : Le vieux Paris, A. Mame et Fils, Tours, 1887.

FRANCESCO, Stefano : Mes secrets à Florence au temps de Médicis 1593, trad. par R. de ZAYAS, Jean-Michel Place, Paris, 1996.

FRANKLIN, Alfred : La vie privée d'autrefois. Les médecins, Slatkine, Genève, 1892 / 1980.

GRAND-CARTERET, John : L'histoire, la vie, les mœurs et la curiosité, III, Librairie de La Curiosité et des Beaux-Arts, Paris, 1928.

GRENTE, Cardinal Georges(dir.): Dictionnaire des Lettres françaises, Arthème Fayard, Paris, 1954.

GUILLEMET, Dr. : *Le charlatan à travers les âges, discours prononcé dans la séance du* 23 *novembre 1891,* in «Revue Scientifique», 3e série, 28e année, Nantes, 1891.

HOVEL, Nicolas : Traité de la Thériaque et Mithridat, contenant plusieurs questions générales & particulières, Jean de Bordeaux, Paris, 1573.

HOWE, Alan et JURGENS, Madeleine : Le théâtre professionnel à Paris 1600-1649, Centre historique des Archives Nationales, Paris, 2000.

HUARD, Pierre & GRMEK, Mirko D. (éd.): La chirurgie moderne, ses débuts en Occident, Les Éditions Roger Dacosta, Paris, 1968.

HURTAUT & MAGNY : Dictionnaire historique de la Ville de Paris et ses environs, dans lequel on trouve la description de tous les monuments & curiosités, t. IV, Moutard, Paris, 1779.

KAPLAN, Steven L. : Les ventres de Paris. Pouvoirs et approvisionnement dans la France d'Ancien Régime (titre orig. Provisioning Paris. Merchants and Millers in the Grain and Flour Trade during Eighteenth Century, Cornell Univ. Press), trad. par Sabine BOULONGNE, Fayard, Paris, 1988(1984).

KERGUS, Yves M. : Métiers disparus, Eds. G. M. Perrin, Paris, 1968.

PENOUILLAT, Nadine : Médecins et charlatans en Angleterre (1760-1815), Presses Universitaires de Bordeaux, Lille, 1991.
THEVET, André : Cosmographie universelle, G. Chaudière, Paris, 1575.
VOLTAIRE : Dictionnaire philosophique, in Œuvres Complètes de Voltaire, nlle. éd., Garnier Pères, Paris, 1878 / Kraus Rep., 1967.
VON WARTBURG, Walter : Französisches Etymologisches Wörterbuch, B. II, J.C.B. Mohr, Tübingen, 1940.

第二章

AUGUET, Roland : Fêtes et spectacles populaires, Flammarion, Paris, 1974.
Auteurs de l'Histoire du Théâtre Français : Histoire de l'ancien Théâtre Italien, depuis son origine en France jusqu'à sa suppression en l'année 1697, Lambert, Paris, 1753.
BARBIER, E. J. F. : Journal historique et anecdotique du Règne de Louis XV, publié par A. de la VILLEGILLE pour la Société de l'Histoire de France, d'après le manuscrit inédit de la Bibliothèque Royale, t. I, chez Jules Renouard, Paris, 1847.
BARREYRE, Jean : Charlatans, Bateleurs & Bonnimenteurs, Flamnmes et Fumées, Paris, 1963.
BERGOUNIOUX, J. : *Les éditions du Codex Medicamentarius de l'ancienne Faculté de Médecine de Paris,* in «Bulletin de la Société d'Histoire de la Pharmacie», Société de la Pharmacie, Paris, 1928.
BERROUET, Laurnce & LAURENDON, Gilles : Métiers oubliés de Paris, Parigramme, Paris, 1994.
BINBENET-PRIVAT, Michèle : Ordonnances et sentences de police du Châtelet de Paris 1668 -1787, Archives Nationales, Paris, 1992.
BIRABIN, Jean-Noël : Les hommes et la peste en France et dans les pays européens et méditerranéens, I, Mouton, Paris, 1975.
BOUSSEL, Patrice : Histoire de la médecine et de la chirurgie de la Grande Peste à nos jours, Ed. de la Porte Verte, Paris, 1979.
CAMPARDON, Emile : Nouvelles pièces sur Molière et sur quelques comédiens de sa troupe, Berger-Levrault, Paris, 1876.
CASTIGLIONI, A. : Histoire de la médecine, trad. par J. BERTRAND et al., Payot, Paris, 1931.
シャルチエ，ロジェ『読書と読者』，長谷川輝夫・宮下志朗訳，みすず書房，1994 年。
CHAUNU, Pierre : La civilisation de l'Europe des Lumières, Arthaud, Paris, 1971.
CHAUVEAU, Philippe : Les théâtres parisiens disparus, Les Éditions de l'Amandier, Paris, 1999.
CHEVALIER, A. : *Le grand Thomas,* in «Mémoires de la Société de l'Histoire de Paris et de l'Île-de-France», t. III, Paris, 1880.
COURY, Charles : L'Hôtel-Dieu de Paris. Treize siècles de soins, d'enseignements et de recherches, L'Expansion, Langres, 1969.

BODAN, Jean : Les six livres de la République, 1583, éd. et prés. de G. MEIRET, Livre de Poche, Paris, 1993.

BOUCHET, Guillaume : Les Sérees, t. II, Poitiers, 1584, Slatkine, Genève, 1969.

BUCHAN, William : Médecine domestique, trad. J. D. DUPLANIL, t. 5, G. Desprez, Paris, 1780.

C.N.R.S.(éd.): Dictionnaire de la langue du 19e et du 20e siècle, Klincksierck, Paris, 1977.

COQUELT : Critique de la charlatanerie, divisée en plusieurs discours, en forme de panégyriques, faits & prononcés par elle-même, Chez la Veuve Merge, Paris, 1726.

D'AUBIGNÉ, Agrippa : Histoire universelle, t. IX, 1594-1602, Liv. 14, chap. 24e, éd. et notes de André THIERS, Daroz, Genève, 1995.

DAUZAT, Albert et als. : Dictionnaire étymologique et historique du français, Larousse, Paris, 1963/1993.

DIDEROT et D'ALEMBERT(éd.): Encyclopédie ou Dictionnaire raisonné des sciences, des arts et des métiers, Paris, 1751-1757, vol. I, Readex Microprint Corp. Paris, 1969.

DIDOT FRÈRES, Firmin : Nouvelle biographie universelle, t. IX, F. Didot Frères, Paris, 1854.

DU CANGE, Dominio : Glossarium mediae et infimae latinitatis, t. II, Didot Fratres, Paris, 1842.

FARAL, Edmond : Les jongleurs en France au Moyen Âge, H. Champion, Paris, 1987.

FRANKLIN, Alfred : Dictionnaire historique des arts, métiers et professions exercés dans Paris depuis le XIIIe siècle, t. 1, J. Laffitte, Marseille, 1905-06 / 1987.

GODEFROY, Frédéric : Dictionnaire de l'ancienne langue française et tous ses dialectes du IXe au XVe siècles, t. 10, Lib. des Sciences et des Arts, Paris, 1938.

HUGUET, Edmond : Dictionnaire de la langue française du seizième siècle, t. II, Ancienne Honoré Champion, Paris, 1932.

I.D.P.M.O.D.R.(Jean DESGORRIS): Discours de l'origine des mœurs, fraudes et impostures des Ciarlatans, avec leur descouverte. Dedié à Tabarin & Desiderio de Combes, Denys Langlois, Paris, 1622.

蔵持不三也『異貌の中世』, 弘文堂, 1987年。

LE LOYER, Pierre : Discours et histoire des spectres, t. VIII, Paris, 1608.

MARGOLIN, Jean-Claude : *Sur quelques figures de charlatans à la Renaissance,* in Devins et charlatans au temps de la Renaissance, Centre de Recherches sur la Renaissance, Univ. de Paris-Sorbonne, Paris, 1979.

MARNIX, Philipe de : Tableau de la différence entre la religion chrétienne et le papisme, liv. I, t. iv, Lyde, 1599.

MISTRAL, Frédéric : Lou Trésor dóu Félibrige, Culture Provençale et Méridionale, Raphèle-lès-Arles, 1878/1979.

PALAPRAT, Jean de Bigot : Lettres sur la comédie des empriques. Les œuvres de M. de Palaprat, Briasson, Paris, 1711/1735.

PASQUIER, Étienne : Lettres, Amsterdam, t. X, 1723.

# 引用文献一覧

＊古文書は除く。重複する文献は初出の章に分類してある。
＊参考文献については各章の註を参照されたい。

## 序章

BAUMEL, Jean : Montpellier au cours des XVI^e^-XVII^e^ siècles. Les guerres de Religion（1510-1685）, Eds. Causse, Montpellier, 1976.

CORVIN, Michel（éd.）: Dictionnaire encyclopédique du théâtre, t. 1, Bordas, Paris, 1995.

DELORT, André : Mémoires inédits d'André Delort sur la ville de Montpellier au XVII^e^ siècle, 1876, Laffitte Reprints, Marseille, 1980.

Dictionnaire du théâtre, Encyclopaedia Universalis, A. Michel, Paris, 2000.

DULIEU, Louis : La chirurgie à Montpellier de ses origines au début du XIX^e^ siècle, Les Presses Universelles, Avignon, 1975.

DUVAL-JOUVE, J. : Histoire populaire de Montpellier, C. Coulet, Montpellier, 1878.

GRMEK, Mirko & GOUREVITCH, Danielle : Les maladies dans l'art antique, Fayard, Paris, 1998.

広瀬弘忠『心の潜在力プラシーボ効果』，朝日選書，2001 年。

IRISSOU, Louis : *Les charlatans et les opérateurs à Montpellier,* in «Bulletin de Pharmacie du Sud-Est», oct./déc. 1926-fév. 1927.

PLATTER, Felix et Thomas : Félix et Thomas Platter à Montpellier 1552-1559, Camille Coulet, Montpellier, 1842.

POUCHELLE, Marie-Christine : Corps et chirurgie à l'apogée du Moyen Âge, Flammarion, Paris, 1983.

RAMSEY, Matthew : *Magical healing, witchcraft and elite discourse in eighteenth and nineteenth-century France*, in Illeness and Healing Altenatives in Western Europe, ed. by GIJSWIJT-HOFSTRA, Marijke, MARLAND, Hilary and DE WAARDT, Hans Routledge, London, 1997.

REY-FLAUD, Bernadette : La farce ou la machine à rire, Lib. Droz, Genève, 1984.

## 第一章

ベーンケ，ハイナー「流浪者追放」，ベーンケ&ロルフ・ヨハンスマイアー編『放浪者の書』，水野藤夫訳，平凡社，1989 年所収。

物図像集『動物誌』(1551-58年) でつとに知られる。そこに収録された怪物のひとつ「スー」の図像は、スイスの旧50フラン紙幣にみられる (詳細は、松平俊久『倚想のカリカチュア――西欧異形の表象分析』、早稲田大学人間科学研究科修士論文、2002年参照)。また、『動物誌』自体の紹介は、荒俣宏『怪物誌』(リブロポート、1991年、17-67頁) などを参照されたい。

(11) BARNUM : Les Blagues..., op. cit., p. 22 sq.

# 終　章

(1) LA FONTAINE : Fable de La Fontaine, SACELP, Paris, 1980, p. 206. 邦訳は、ラ・フォンテーヌ『寓話（上）』、今野一雄訳、岩波文庫、1972／1984年、318-320頁。

(2) シオラン『欺瞞の書』、金井裕訳、法政大学出版局、1995年、194頁以下。

(3) VOLTAIRE : Dictionnaire philosophique, in Œuvres Complètes de Voltaire, nlle. éd., Garnier Pères, Paris, 1878 / Kraus Rep., 1967, pp. 438-439.

(4) BARREYRE, op. cit., p. 7.

(5) VOLTAIRE, op. cit., p. 440.

(6) たとえばここでは、シベリア・ハンティ族のシャーマンが医者であると同時にいかさま師でもあるとする、マジョリー・M・バルザーの指摘を想起したい(「医者かいかさま師か？」、L・ロマヌッチ=ロス他編『医療の人類学』、波平恵美子監訳、海鳴社、1989年所収、105頁)。

(7) Phineas T. BARNUM : Struggles and Triumphs of P. T. Barnum. Told by himself, Ed. by John G. O'LEARY, Macgibbon & Kee, London, 1882 / 1967, p. 147.

(8) Ibid., p. 163.

(9) BARNUM : Les Blagues de l'Univers, A. Faure, Paris, 1886, pp. 21 sq. そういえば、子供の頃、毎年隅田川の川開き見物に上京していた筆者は、浅草寺境内にできた人垣越しに蝦蟇の油売りのパフォーマンスに目を見張り、たしか花屋敷の向かいにあった「ろくろっ首」の見世物小屋では、看板絵のあまりの生々しさとあざとさに足がすくんだものだった。朝倉無聲の『見世物研究』（春陽堂、1928年）や小寺玉晁の『見世物雑記』（郡司正勝・関山和夫編、三一書房、1991年）、より最近では延広真治「見世物」（『日本庶民文化史料集成　八』、三一書房、1976年)、さらに川添裕の『江戸の見世物』（岩波新書、2000年）などによって見事に描き出された世界は、もとよりすでに遠くなっていたものの、そこにはなおも地方に住む少年の夢と好奇心を惹きつけてやまない、祝祭都市「東京」の紛れもない姿があった。

(10) ちなみに、黒鉛入りの鉛筆を、1565年刊行になる『掘り出されたものについて(Rerum fossilium)』の木版画挿絵で最初に描写したのは、スイス人医師で稀代の博物学者でもあった、コンラート・フォン・ゲスナー（1516-65）だったという（ヨハン・ベックマン『西洋事物起源4』、特許庁内技術史研究会、岩波文庫、2000年、166頁)。彼の名は、遺作となったこの書のほかに、まさにバーナムの発想を先取りしたような怪

France qui guérit, Nº 33, 1997, pp. 112-123)。ちなみに、《新民族精神医学誌》は、第8／9合併号で「首都圏の呪術師」、第27号と29号で「呪術師の力、医師の力」、第30号で「タヒチにおける楽園、医学知識、そして治癒力」を特集している。

(8) FAVRET-SAADA & CONTRERAS, op. cit., p. 51.

(9) 奇妙な符合といえば言えるが、この通称はオカルトの世界に登場するグノームないしノーム（gnome)、すなわち地中に住んで宝物を守るとされる地の精（小人）を想起させる。ギリシア語で「知る者《グノーモーン》」および「地に住む者《ゲーノモス》」を語源とするこれは、おそらく妖精やシルフ（ケルト・ゲルマン神話で空気の精）に関する著作をものし、神秘学者にして薔薇十字団のメンバーでもあった医師パラケルススの造語になる、錬金術ラテン語のグノムス（gnomus）に由来する。

(10) この大市は、957年、サン=タントワーヌ修道院の修道士たちが、時の国王から、復活祭直前の1週間、すなわち聖週間に、テーバイの荒野で修行した彼らの守護聖人アントワーヌが食べたとされる、蜂蜜とアニス入りのライ麦パンを売る権利を得たことに始まるとされる。パンは豚の形をしているが、それは豚が隠者の忠実な僕だったという伝承に由来する。大市はナシオン広場で営まれていたが、1965年にヴァンセンヌの森に移された。

(11) Pierre AÏACH, Didier FASSIN et Jacques SALIBA (dir.) : *Crise, pouvoir et légitimité*, in Les métiers de la santé, Anthropos, Paris, 1994, p. 39.

(12) «Top Santé», N°26, Novembre 1992, pp. 59.

(13) Ibid., p. 52. 同じ《トップ・サンテ》誌は、ベルギーの有名なゲリスールであるルネ・テウィスンが、1991年4月7日、フランスのTV「TF 1」に登場して7分間語ったところ、視聴率52パーセントを獲得しただけでなく、翌日には彼の診断を求める200万通以上（！）もの手紙がテレビ局に舞いこみ、その仕分けに46人ものヴォランティアが協力したことを紹介している。そして、リエージュ近郊の彼の家には48か国から病人が訪れ、アジアからは僧侶たち、ウガンダからは67人の病人がチャーター機を仕立ててやってきたという。さらに驚くべきことに、ベルギーのTV放送によれば、テウィスンがブラウン管を通して一瞥しただけで、じつに数千人が病から解放されたともいう（p. 54)。こうした言説は、たとえばインドの聖者サイババや超能力者ユリ・ゲラーのそれを想い起こさせる。

(14) «Marianne», N°120, 9 au 15 août 1999, p. 58. ちなみに、1998年の製薬市場は1430億フラン（Quid 2000による)。

(15) ちなみに、フランスにおける「マジック・ブーム」に関して、たとえば1991年9月の《エヴェヌマン・デュ・ジュディ（木曜日の出来事）》紙は、国内の透視（幻視）者や占星術師、呪術師、数占い師たちの数を3万以上と弾き出している。また、1993年7月の《ル・ポワン》紙は、幻視者たちの数を5万とし、彼らが年間1000万件もの相談を引き受け、その相談料の総額は、一般医全体の治療費よりも多い210億フランに達すると指摘している（CAMUS, op.cit., p. 9)。

だが、おそらく告白や聖職者の独身規定を否定したこともあって、彼は黒ミサを主宰しているとのあらぬ疑いをかけられ、断罪されてしまう。こうしてカトリック教会から改めて排除された彼は、しかしそれに挫けず、新たに「フランス自由カトリック教会」を創設する。そして1904年、イタリア独立カトリック教会の司教パオロ・ミラーリアによって、その運動がフランス以外に着実に拡大していた自由教会の長に叙される。ジュリオの異能は、まさに新しい宗教運動にも如何なく発揮されたわけである。

メスマンはまた、彼が実際に出会った、フランス中西部ポワティエ近郊の女性ゲリスール（ゲリスーズ）についても記している。マダム・サパンなる彼女は、夫の祖父から治癒力を受け継いだというが、この義祖父は、30歳頃、ある聖職者からジュリオ神父の著書を何冊か与えられ、それぞれの病気治療に相応しい特殊な祈りを教え込まれたともいう。以来、彼は農作業の傍ら、90歳で大往生するまで、薬草を自ら栽培し、それを煎じて病人たちに与えたものだった。

マダム・サパンは湿疹やヘルペスといった疾病のみならず、精神疾患も治療している。それには義祖父から教えられた、ジュリオ神父に由来する祈禱が用いられた。「わが真菌症を癒すため、聖ローラン、聖ブランドン、聖女エニミら福者を祝福して、《主禱文》5回、《めでたしアヴェ・マリア（天使祝詞）》5回を9日間（唱えます）」。メスマンが目撃したところによれば、サパンは、手足に湿疹ができ、鬱病傾向にある若い母親にこの祈禱文が書かれた紙を渡し、毎9晩これを唱えて三聖人の加護を求め、自らも初日に限り患者の髪束をそばに置いてこれを唱えた。そして11日後、改めてサパンのもとを訪れた患者は、湿疹こそ消えてはいなかったが、常用していた薬を使わずとも熟睡できるようになったと語った。そこでサパンはさらに9日間祈禱を続けるよう言い、自分もまた同様に患者の髪束を手に一晩だけの祈禱を行った。

マダム・サパンは遠隔治療も行っていた。メスマンによれば、口腔カンジダに罹った生後1週間の嬰児を治療する際、彼女は父親にその子の髪束か衣類を持ってくればよいと電話で告げたという。一種の共感呪術（接触呪術）といえるのだろうが、口腔カンジダの対処法まではさすがにジュリオの書に記されていなかった。彼女が用いたのは、聖書詩篇113のラテン語原文と次のような祈禱だった。「（…）口腔カンジダよ、赤い下疳、白い下疳、黄色い下疳、黒い下疳よ（…）、私は我らが主イエス=キリストの5つの傷によって、XXX（患者の姓名、年齢）から汝を消えさせる。さらに、早朝、こう唱えてから、患者の口に3度息を吹きかけよ。神は、己の力と、9日間における5回の主禱文、そして5回のアヴェ・マリアとによって汝を癒した」。

メスマンによれば、マダム・サパンはほかにも火傷や痔核の治療を行っていた。そこでもまた祈禱（と薬草）とが重要な効力を発揮していたが、興味深いことに、彼女は義祖父から継承した異能を実子たちではなく、孫に伝えようとしているという。とすれば、「ある古老」→ジャン・サンペ→ジュリオ神父→「ある聖職者」へと至る異能の系譜は、義祖父を介してサパンの血族にいわば家伝として相承されていくことになる。しかも、世代をひとつとばしてである。まさにそれは伝承の系譜が事実の系譜へと転位する契機であり、こうして真性のゲリスール一族が誕生するのだ（Claude MESMIN : *Objet thérapeutique. La prière*, in «Nouvelle Revue d'Ethno-psychiatrie», La

ロがマルタ島で毒蛇に咬まれても痛みや苦しみを覚えなかったとの伝承から、咬毒症の治療にはこの日がとくに相応しいとされていた。一方、聖人名のヴナン（Venin）は、フランス語で「毒（液)」を意味する。この日生まれた者ないし受洗した者は、他日に生まれた者より強壮で、あの胞衣をかぶって生まれたベナンダンティよろしく、呪的な力を帯びているという。

さらに、9月21日の聖マタイの祝日は、毒液の効力を弱める力を授ける日とされ、11月3日の聖ユベールの祝日も、猛毒による痙攣の治療に有効な日であった。クロヴィスの末裔だというユベールは、12歳にしてすでに、父アキテーヌ公の領地を荒らしていた熊を1頭仕留めている。長じて猟師となったが、復活祭直前の聖金曜日、ベルギーのアルデンヌの森で、追いつめた鹿の角の間に十字架が現れたのを見て神意を悟ったという。有名な伝承だが、司教となった彼は、ある日、ひとりの天使ないし聖母自身から、悪魔と戦い、狂犬病の痙攣を癒してくれる星をひとつ貰ったとされる。そして、この聖人の日に生まれた者は、毒蛇の咬み傷や虫の刺し傷による咬毒症を癒す異能を授かるとされてもいた（Dominique CAMUS : Voyage au pays du magique, Dervy, Paris, 2002, pp. 317-319 参照)。

(5) Jacques LÉONARD : *Femmes, Religions et Médecine, les religieuses qui soignent, en France, au XIX*[e] *siècle*, in«Annales E. S. C.», sept.-oct., 1977, p. 887.

(6) Jeanne FAVRET-SAADA & Josée CONTRERAS : Corps pour corps. Enquête sur la sorcellerie dans le Bocage, Gallimard, Paris, 1981, p. 85-86.

(7) たとえば、1997年、《新民族精神医学誌》（第33号）は「癒すフランス」なるテーマで特集を組み、その責任編集者である心理学者のクロード・メスマンは、フランス北西部メイエンヌ地方生まれの神父ジュリオ、本名ウーセ（1844-1912）なる心霊術師に言及している。それによれば、この聖職者は自ら勇名を馳せた普仏戦争から戻ってパリに出たが、大司教リシャールと信仰上の問題で対立して職を解かれてしまったという。だが、彼はそれに怯まず、ジュリオ神父の名で司祭たちを擁護するための雑誌《トリビューヌ・デ・クレルジェ（聖職者たちの論壇)》を主幹したり、何冊か著書を出したりした後、個人教師や工場の会計係などを経て、パリ西北部の庶民地区ベルヴィルにささやかな部屋を構えた。経緯は不明だが、やがてそこは政治家たちが足繁く出入りする場となり、その中に、数百人の病を治したとされる心霊術師のジャン・サンペがいた。

サンペは1892年に他界するが、それに先だって、彼はジュリオに自らがある古老から受け継いだ霊能を授けたという。こうして心霊術師としてのジュリオの名声はさらに高まる。大司教はそんなジュリオの行動を規制すべく、再び彼を用いて、カトリック教会の重要な役職につけようとした。だが、彼はそれを拒み、フランス中部トゥーレーヌ地方の小教区司祭の地位に甘んじ、各地からやってくる多くの病人を「言葉と厳かな身振りの神秘的な感応力」で癒した。むろん、それは間もなく大司教の知るところとなり、ジュリオは再度解任を余儀なくされた。

やがて、再びパリに出たジュリオは、聖ヨハネから異端者サヴォナローラにいたるさまざまな彫像を並べた礼拝堂を建て、そこで定期的にカトリックのミサをあげた。

## 第九章

(1)むろん、この指摘は何ほどか例外を留保したものである。事実、パリ控訴院の弁護士エドゥアール・テルシネは、1937年に著わした『医薬と薬草と一般薬の行商』において、少なからぬシャルラタン的薬草売りを取り上げている。これらの薬草売りたちは、革命暦11年のジェルミナル法を発展的に継承するかたちで1936年9月4日に制定された、新たな薬事法に違犯した廉で告発された者たち、すなわち薬局による独占的な医薬品や薬草の販売規定に背いた者たちである。たとえば、フランス中部シェール県のブルジュ控訴院に告発されたアルチャンボーなる人物は、「薬草の働きで便通をよくし、浄化力に優れ、活力を与え、衛生的かつ健康的な薬」とのふれこみで、「修道女アニェスの若返り薬」なる代物を自ら調合・販売し、さらにこれを他の同業者にも分けていたという。やがて告発された彼は、薬事法に違犯したとして罰金500フランを課せられ、薬剤師組合もこれを黙認したとして、補償金200フランを支払うよう命じられている（Edouard TERCINET : Le colportage des médicaments, des plantes médicinales et des spécialités pharmaceutiques, Éds. Véga, Paris, 1937, pp. 94-95）。テルシネはシャルラタンという言葉こそ用いていないが、こうした薬草売りの営為は、明らかにシャルラタニズムのうちに含まれる。この事実は、パリをはじめとする都市から姿を消したはずのシャルラタン的「商人たち」が、なおも一部の地方で余命を保っていたことを推測させる。

(2)Lucien MORIN : Les charlatans de la nouvelle pédagogie, P. U. F., Paris, 1973, p. 12, note 1.

(3)Claude et Jacques SEIGNOLLE : Le folklore du Hurepoix, Maisonneuve & Larose, Paris, 1978, pp. 244-253.

(4)Jacques LÉONARD : Archives du coerps. La santé au XIX[e] siècle, Ouest-France, Rennes, 1986, p. 303. 民間医療の世界では、聖人の祝日が特定の疾病や傷害を治療する日となっていた。もとよりそれは、民間医療が前述した聖人信仰と不可分の関係にあったことをつとに示しているが、ことのついでに近年までフランスの一部で用いられていた民間暦から、とくに蛇や蜂、毒蜘蛛、犬などの咬毒症に対する暦日を、民間医療研究で知られる民族学者のドミニク・カミュに倣って二、三紹介しておこう。

まず、1月25日は聖パウロ改宗の祝日であり、聖ヴナンの祝日ともなっているが、精神の浄化である改宗と、毒液に染まった血の浄化とのアナロジーから、また、パウきて、石灰リニメント（オリーヴ油と石灰水を混ぜ合わせた塗布剤）を塗った。だが、痛みは一晩中退かなかった。そこで、「火の働きを止める秘法」の持ち主（ゲリスール）が呼ばれる。この人物は十字を切りながら、長々と祈りを唱えた。「燃やす火、嚙む火よ、われらが主イエス=キリストがオリーヴの園に立ち止まったように、止まれ」。それでもなお、痛みはジャン少年を去らなかった。しかし、彼は祈りの文言自体が無効なのでは決してなく、ただゲリスールがこの種の火傷に即効力のない文言を唱えたにすぎないと考えた。つまり、火傷がただちに治る奇蹟を期待したのが間違いであり、事実それから間もなくして、祈りの力で傷は癒えたというのである（pp. 16-17）。

(43) Jacques LÉONARD : La vie quotidienne..., op. cit., pp. 156-157.

(44) Ibid., p. 157.

(45) Georges CAUVIN : Médecine populaire en Provence, Bosc Frères, Lyon, 1930, pp. 355-356.

(46) 拙論「祝火考」《社会史研究》第 1 巻、日本エディタースクール出版部、1983 年、328-329 頁。

(47) 拙著『ペストの文化誌』、前掲、234-236 頁。

(48) Claude SEIGNOLLE : Le Berry traditionnel, Maisonneuve & Larose, Paris, 1969, pp. 213-214.

(49) Robert JALBY : Le folklore du Languedoc, Maisonneuve & Larose, Paris, 1971, pp. 247-251.

(50) Ibid., p. 248 および JALBY : Sorcellerie & Médecine populaire en Languedoc, Ed. de l'Aygues, Nyons, 1974, p. 99 参照。

(51) Jean-Pierre OTTO : Les gestes du commencement. Chronique des sources et des sourirs, R. Lafont, Paris, 1982, pp. 93-96.

(52) ヤドリギや結び目の象徴価に関しては、多くのシンボル・俗信事典に言及がみられるが、たとえば Michel CAZENAVE (dir.)：Encyclopédie des symboles, Le Livre de Poche, Paris, 1996, pp. 295-296＆441（texte orig. Hans BIEDERMANN : Knaurs Lexikon der Symbole, Knaurs, München, 1989）や、Pierre CANAVAGGIO : Dictionnaire des superstitions et des croyances, Dervy, Paris, 1993, pp. 171-173＆249-250 などを参照されたい。なお、ケルト時代のヤドリギ=聖樹信仰については、とくに Robert-Jacques THIBAUD : Dictionnaire de mythologie et de symbolique celte, Dervy, Paris, 1995, pp. 186-188 を参照。

(53) Marcelle BOUTEILLER : Médecine populaire d'hier et d'aujourd'hui, Maisonneuve & Larose, Paris, 1966, pp. 51-52.

(54) Henri SULBLÉ, op. cit., p. 104, note 2.

(34) Robert MANDROU, op. cit., pp. 44-45.

(35) Francisco BETHENCOURT : *Un univers saturé de magie. L'Europe méridionale*, in Robert MUCHEMBLED（dir.）: Magie et Sorcellerie en Europe du Moyen Âge à nos jours, Armand Colin, Paris, 1994, p. 166.

(36) Yves FERROUL, Antoine DRIZENKO & Dominique BOURY : Médecin et médecine, H. Champion, Paris, 1997, p. 47.

(37) Pierre-François PERCY : Déboîtements（article）, in Dictionnaire des sciences médicales, Société de médecins et de chirurgiens, t. 8, 1814, Paris, p. 107.

(38) Lucien LÉVÊQUE : Une famille de rebouteurs en Lorraine. Les Fleurot du Val-d'Ajol, Éd. du Pays Lorraine, Nancy, 1909, pp. 115-125.

(39) DAUZAT et als., op. cit., p. 357.

(40) ルークス『肉体』、前出、191 頁。

(41) Claude SEIGNOLLE : Le folklore de la Provence, Maisonneuve & Larose, Paris, 1963 / 1980, pp. 352-354. なお、この部分は、同じ著者の Traditions populaires de Provence（présentation de Max GALLO）, Maisonneuve & Larose, 1996, pp. 213 sq. に再録されている。

(42) フランスおよび周辺地域における呪医術的治療法をまとめた書としては、たとえばジョルジュ・ヴェルニュの『治癒のための祈りと秘密』（Georges VERGNES : Prières et secrets pour la guérison, Éds. ATMA, Millau, 1996, 31 sq.）がある。そこで取り上げられている症例は以下の通りである。胸部膿瘍、出産（無痛分娩・産後の肥立ちなど）、アルコール依存症、母乳不足、水疱、貧血、アンギナ（口峡炎）、狭心症、アフタ（咽頭や口腔などの粘膜にできる小潰瘍）、脳卒中、擦り傷、喘息、火傷、結石、小児性腹部腫脹、下疳、炭疽、血行不良、悪気、疝痛、肺鬱血、痙攣、百日咳、魚の目、打撲、切り傷、疼痛痙攣、喉頭炎、サン=ギー舞踏病、皮膚病一般、歯痛、下痢、瘰癧、湿疹、手足のむくみ、凍瘡（しもやけ）、嗄れ声、捻挫、疫病（ペスト・コレラなど）、癲癇、丹毒、胃痛、くしゃみ、疲労、高熱、歯原性炎、肝臓病、癤《せつ》、疥癬、甲状腺腫、痛風、流行性感冒、出血一般、痔核、ヘルニア、しゃっくり、膿痂疹、性的不能、消化不良、皮膚炎、日射病、不眠症、黄疸、嚢腫、腰痛、子宮降下、髄膜炎、頭痛、咬傷、神経痛、鼻血、眼疾、耳疾、おたふく風邪、麦粒腫、瘭疽《ひょうそ》、天然痘、怯え、刺し傷、胸膜炎、胸痛、前立腺肥大、狂犬病、脾臓疾患、月経不順、リューマチ、感冒、麻疹、血液浄化、坐骨神経痛、赤茶色の染み、頭部白癬、頸痛、咳、両手の発汗、衰弱性結核、尿失禁、腹痛、いぼ、寄生虫、過食症、眼疾（角膜白斑・白内障）、帯状疱疹。

この書の中で、著者はさまざまな治療事例を紹介しているが、その中のひとつ、フランス南西部タルン県ソレーズ生まれ（1897 年）の、ジャン・ミストレなる人物が語った体験談を挙げておこう――。子供の頃、隣家の鍛冶作業を見るのが好きだった彼は、ある日、その作業を手伝っている最中、灼熱した鉄をやっとこで摑み損ねて掌に火傷を負ってしまった。周りにいた者たちは驚き、患部に酢や取れたてのジャガイモ、あるいは油やバターをつければよいと意見を吐いたが、やがて医者が 2 人やって

26. このことを知れば、医師はたとえどれほどこみ入った疾病であれ、その性質と変化を確実に診断して疾病の亢進を退け、ついには、患者を、年齢や気質や性別にかかわらず、危機的な状況や厄介な結果に至らしめることなく治せるだろう。女性は妊娠時や出産時ですら、同様の恩恵を受けるはずである。

27. この提言は、結局のところ医師をして各人の健康状態をよりよく診断でき、各人をその罹りうる疾病から守るようにするものである。治療術はこうして究極的な完成に至る。

(28) Paul B. TAYLOR : Shadows of Heaven. Gurdjieff and Toomer, Samel Weiser, York Beach, 1998 参照。

(29) «Journal de Médecine et de Chirurgie pratiques», t. VII, 1836, p. 288 (d'après Jacques LÉONARD : *Les guérisseurs en France au XIX*[e] *siècle*, in «Revue d'histoire moderne et contemporaine», t. XXVII, juill.-sept., 1980, p. 511). なお、のちにアンジェの市長となった医師ギリエ・ド・ラトゥーシュは、1841 年と 1842 年刊行の《パリ医学雑誌《ガゼット・メディカル・ド・パリ》》で、シャルラタンと薬剤師の関係について、次のような事例を紹介している。それによれば、ある裕福なシャルラタンは、自分が扱うすべての薬の仕入先である薬剤師のもとに、愛娘を 2 万フランの婚資を添えて嫁にやり、さらに同額の資金を息子の医学修養に向けている。息子にはゲリスールになるだけの資質が欠けている。それが理由だった (Jacques LÉONARD : La vie quotidienne du médecin de Province au XIX[e] siècle, Hachette, Paris, 1997, p. 163)。はたしてどこまで一般化できる話か定かではないが、シャルラタンが薬剤師と姻戚関係を結び、あまつさえ、ゲリスールになれそうにないからといって、息子を正統医師にしようとする。巨額な婚資に象徴される裕福さとともに、興味深い事例ではある。

(30) タルデューの報告は 1861 年 10 月になされているが、その詳細については Ambroise TARDIEU : *Du charlatanisme médical*, in «Annales d'hygiène publique», t. V, 1956, pp. 351-352 を参照。なお、心霊術師や催眠術師らに関しては、たとえば Nicole EDELMAN : Voyantes, guérisseuses et visionnaires en France 1785-1914, Albin Michel, Paris, 1995 などを参照されたい。ちなみに、オリヴィエ・フォールの試算によれば、1841 年から 51 年にかけて、イギリスの「メディスン・メン」(内科医・外科医・薬剤師・外科=薬剤師) の数は 1 万 7000 から 1 万 9000 あまりに増加し、フランスでも同様の数値だったという (FAURE, op. cit., p. 236)。

(31) たとえばフランス南東部ドローム県の医事審査会は、19 世紀中葉に作成した報告書の中で、「正規の資格こそ有しているものの、その知識と行動は卑しいシャルラタンと同じ男たちが、人のよい民衆から金を巻き上げて臆するところがない」(Rapport du 10 août 1846. Archives départementales de Drôme, M. 2153. d'après LÉONARD : *Les guérisseurs...*, op. cit., p. 515) と嘆いている。

(32) フランソワーズ・ルークス『肉体』、蔵持・信部保隆訳、大丸弘監修、マルジュ社、1983 年、187-189 頁。

(33) Jacques MANEUVRIER : Ainsi se soignaient nos aïeux en Normandie du XVIII[e] siècle au début du XX[e] siècle, Bertout, Lunecoiy, 1999, pp. 147-148.

7. 物質と有機的な身体の特性は、こうした作用に依存する。
8. 動物の身体はこの作因の周期的な効果を示しており、そこでは作因が、まさに神経物質の中に徐々に染み込みながら、神経に直接影響を与えているのである。
9. 磁石と同様の特性は、とりわけ人体のうちに現れる。そこにはまた、伝達・変化・破壊・強化が可能となる多様かつ相反する極がいくつか識別でき、さらに気質に関わる現象そのものもみてとれる。
10. 自らを取り巻くものの相互的な作用と天体の影響とを受け入れる動物の身体的特性は、磁石との類似性によって明確化される。私が最終的に「動物磁気治療」と名付けたものが、まさにこれである。
11. こうして特徴づけられる作用と効力は、他の生命体ないし非生命体に伝えられうる。前二者は多かれ少なかれ壊れやすいものである。
12. この作用と効力は、同一の身体によって強化され、伝えられる。
13. 経験的にだれもがある物質の流失を目にするが、その物質の微細さは、身体の活動をさほど失わせることなくあらゆる身体に入り込む。
14. この物質の作用は遠隔的に起こり、そこにいかなる媒体も必要としない。
15. それは光同様、ガラスによっても増幅ないし反射される。
16. さらにそれは、音によっても伝達・拡散・増幅される。
17. こうした磁気の効力は、蓄積・集約・移動が可能である。
18. 前述したように、生命体は必ずしもすべてが壊れやすいというわけではない。むろんごく稀には、それが存在するだけで、他の生命体が帯びている磁気の効果を残らず破壊してしまうほど対立的な特性を有する生命体もある。
19. この反力（相反する効力）はあらゆる身体に入り込んでおり、ガラスによって伝達・拡散・蓄積・移動・反射され、音によって拡散されうる。これによって、磁気の効果が失われるだけでなく、積極的な反力をも生み出す。
20. 天然のものであれ人工のものであれ、磁石はその作用を損なうことなく、動物の磁気と反力を受け入れる。それゆえ、磁気の原理は鉱物のそれとは異なる。
21. このシステムによって、火や光、さらに引力の理論にいう満ち引きや磁石および電気などの性質が明らかになるだろう。
22. それはまた、磁石と人工的な電気とが、さまざまな疾病に対して、他の作因群と共通の特性しか有していないこと、そしてこれらの作因を管理して何かしら有益な効果が生まれる場合、その効果は動物磁気に由来することを理解させてくれる。
23. これらの事実から、いずれ私が確立するであろう実際的な法則によって、上記の原理が神経症なら直接的に、それ以外の疾病なら間接的に治せることが分かるはずである。
24. この磁気を用いれば、医師は医薬の用法に関して啓発を受け、これら医薬の作用を完璧なものとする。そして、精神的な危機に挑みかつこれを管理して、医薬の主となる。
25. 自らの療法を伝えながら、私は、さまざまな疾病に関する新たな理論を通して、疾病と対置させる原理の普遍的な統一性を示すだろう。

しかし、こうして隆盛を誇った行商本も、免許制が廃止（1870 年）になり、書店での安価な書籍購入が普及する 19 世紀後葉にはあらかた姿を消す。たとえば、西ヨーロッパ世界の行商史を論じたローランス・フォンジーヌによれば、「ウド王朝」の後継者たるボード家は、フランス最大級の行商本版元だったが、わずか 1 スーの雑誌《プティ・ジュルナル》が刊行されるようになった 1863 年に、その活動を停止しているという（Laurence FONTZINE : Histoire du colportage en Europe, Albin Michel, Paris, 1993, p. 189）。

(17) Ibid., p. 336.

(18) ロジェ・シャルチエ『読書と読者』、前出、274-275 頁。

(19) 長谷川輝夫「18 世紀の社会と文化」、柴田三千雄ほか編『フランス史 2』、前出、296-297 頁。

(20) ROCHE, op. cit., p. 206.

(21) René PILLORGET : *L'âge classique*, in Georges DUBY（dir.）: Histoire de la France, Larousse, Paris, 1988, p. 285.

(22) ANDRIES : La Bibliothèque bleue..., op.cit., p. 13.

(23) シャルチエ、前掲書、10 頁。

(24) ANDRIES, Le grand livre..., op. cit., p. 98.

(25) Mireille LAGET & Claudine LUU : Médecine et chirurgie des pauvres au XVIII$^{e}$ siècle, d'après le livret de Dom Alexendre, Privat, Toulouse, 1984, pp. 25 sq. このベネディクト会士はまた、2 年後の 1716 年に、『鉱物や動物、および実用的な植物の基本的な特性と、すべて最高の著作者、とくに近代の著作者たちから引いた、もっとも広く用いられている内服・外用薬剤の調合法を含む薬草・調剤事典』を、前作と同じ書肆から出版している。

(26) ここでの占い師は、伝統的な生業である卜占ばかりではなく、治療行為をする者をも指す。事実、たとえばパリのサン=ジェルマン大通りに接するシゾー通りに 1772 年頃住んでいたある占い師は、患者の体ないし患部に触れるだけで病を治したという（SÉBILLOT, op. cit., p. 376）。

(27) このメスマーは、自ら編み出した治療法の原理を 27 通りにまとめている。蛇足を承知でそれを紹介しておこう。

1. 天体と大地と人体は、互いに影響しあっている。
2. 一切の空虚を廃して世界に広がる心霊波ないし神秘的な力は、いかなるものとも比較できないほど微細であり、本質的に運動のあらゆる作用を受け入れ、広め、伝えることができる。
3. この相互的な作用は、今日まで知られていない機械的な法則に従っている。
4. こうした作用から、（潮の）満ち引きにもたとえられる周期的効果が生じる。
5. この満ち引きは、それを引き起こす原因の性質に応じて、多少とも普遍的かつ特殊ないし個別的なもの、あるいは多少とも複合的なものとなる。
6. 天体と大地とその構成要素（たる人間）とに関わる営みが働くのは、自然がわれわれに与えてくれるもののうちでもっとも普遍的なこの作用による。

るとの裁決を出している。さらに、1635年3月に制定されたパリ警察規則は、肩に印と紋章をつけている50名の行商人以外の者が、市内市外を問わず、警察の許可印が付されていない印刷物を展示販売することなどを禁じている。治安当局から認められた正統な行商人たちは、印刷物の販売を排他的に行うため、シャルルマーニュ（カール大帝）を守護聖人にいただいて同業組合を組織し、その帰属を示すため、一種の営業証ないし身分証を身につけていた。そして、1723年には新たに規則が定められ、そこには、たとえば読み書きのできない者は、本の行商人になれないこと（第69条）や、組合に登録された行商人は住所を記録簿に記載し、転居の場合は地元の役人（特任官僚）にその旨を届けなければならず、これを怠った者には50リーヴルの罰金が課せられること（第70条）、また、組合員数を120人に限定し、そのうちで最古参の8人のみが宮廷に出入りできる、といったことなどが明記されていた。こうした警察規則は、1744年3月、国務院の命によって、パリとその市外区のみならず全国に拡大適用されるようになり、1763年には、すべての書籍を販売する権利は、書店と同業組合参加の行商人のみに認められるまでになる。ただし、これら「正統」な行商人が扱えるのは、8頁を越えない印刷物に限られ、違犯者は投獄された（Henry BASSET : Le colportage des imprimés, Recueil Sirey, Paris, 1938, pp. 6-8）。

(13) ANDRIES : La Bibliothèque bleue, op.cit., p. 61.

(14) 青本に関する以下の書誌は、とくに指摘がないかぎりジュヌビエーヴ・ボレームの次の書による。Geneviève BOLLÈME : La Bible bleue, Flammarion, Paris, 1975, pp. 405-472.

(15) このリストの中には、たとえば次のような記述がみられる。「中流の者たちは象牙ないし柘植でこしらえた両管をもつ浣腸器を1本常備する。さらに、（下剤用に）良質のセンナ4オンスないし半リーヴル（約500グラム）、レヴァント地方産の良質のセンナ葉1リーヴル、若いウイキョウないしアニス4オンス、良質の蜂蜜2ないし3オンス、赤砂糖1リーヴル（…）なども備える。上記以外の単一もしくは複数の成分からなる薬が必要となる場合には、内科医がそれを指示するだろう」。そこにはまた、富裕者が11種類の浣腸器を有する権利があるのに対し、貧者は2種類のみしかもてないといったことが記されている。こうした貴賤の差別は記述の分量にも如実に現れており、富裕者に必要な道具のリストは冊子の1頁、薬のそれは4頁もあるのに対し、貧者用のリストは全体で半頁たらずだという（BOLLÈME : La Bibliothèque bleue, la littérature populaire en France du XVI[e] au XVIII[e] siècle, Julliard, Paris, 1971. p. 337）。

(16) とくに万用暦を数多く出版したこのニコラ・ウド2世は、1688年に一線を退き、後をふたりの息子に託しているが、その頃には彼はトロワ市内や農村部にすでに広大な土地を所有し、さらに市内に少なくとも5軒の持ち家があったという。また、引退に先立って、彼は5人の子供それぞれに4000リーヴルを分け与えている。この金額を彼が商っていた廉価本の値段と較べれば、おおよそ8万冊に相当する。これら子供たちのうちのひとりは、やがてニコラの従兄弟がすでに進出していたパリに移り、一族の版図を拡張するようになる（Robert MANDROU : De la culture populaire aux 17[e] et 18[e] siècles, IMAGO, Paris, 1985, p. 39）。

: Le Saint Levier. Guinefort, guérisseur d'enfants depuis le XIII[e] siècle, Flammarion, Paris, 1979 などを参照されたい)。

(4)フランス北部バイユー出身の修道士とされる聖マルクーの瘰癧癒しと、フランス歴代王の即位儀礼については、本文でも触れたマルク・ブロック『王の奇跡(奇蹟をなす王)』、井上泰男・渡邉昌美訳、刀水書房、1998 年に詳しいが、ほかに A. FRANKLIN : La vie privée d'autrefois, op. cit., pp. 303-305 や拙論「M・ブロック『奇蹟をなす王』と王の三つの身体」、《季刊文藝》冬季号、1990 年、299-305 頁なども参照されたい。

(5)Éloïse MOZZANI : Le livre des superstitions, Bouquins / R. Laffont, Paris, 1995, p. 844.

(6)Samuel Auguste André David TISSOT : Avis au peuple sur sa santé, Lausanne, 1761, éd. par D. TEYSSEIRE & C. VERRY-JOLIVET, Quoi Voltaire, Paris, 1993, p. 379. 蛇足ながら、このティソとナポレオン・ボナパルトの間には次のような曰く因縁があったという。すなわち、1787 年 3 月、当時パリの砲兵連隊にいた 18 歳のナポレオンは、長期休暇を得て、コルシカ島南部の生地アジャクシオに帰る。2 年前に他界した、弁護士で独立運動の闘士でもあった父親シャルルの代わりに、一族の長として、通風に悩む司教代理の叔父リュシアンを医師に診せるためだった。その際、彼が選んだのがティソだった。このローザンヌの医師が、当時赫々たる名声をほしいままにしていただけでなく、コルシカ島の対ジェノヴァ独立運動の英雄でもあった、パスカル・パオリたち愛国者に共感していたからだった(LEMAIRE, op.cit., p. 46)。こうして同年 4 月、ナポレオンはティソ宛てに、叔父の診察を求める長文の依頼文をしたためたが、これに対する返事はついになしのつぶてだった。あるいはそれは、ティソが多忙を極めていただけでなく、ナポレオンの用いた封筒に、伯爵冠が描かれたボナパルト家の紋章が押されていたからだったかもしれない。

(7)Ibid., pp. 384-387.

(8)Benoît GARNOT ; Société, cultures et genres de vie dans la France moderne XVI[e]-XVIII[e] siècle, Hachette, Paris, 1991, p. 81.

(9)この書は 16 世紀に幾度となく復刻されているが、書誌学者リズ・アンドリによれば、同様の啓蒙医学書として、1512 年、パリの書肆ジャン・トレペレル未亡人から『貧者と病人の宝典』(S'ensuyt le tresor des pauvres et des malades, chez la veuve Jean Trepperel)が刊行されているという(Lise ANDRIES : La Bibliothèque bleue au dix-huitième siècle. Une tradition éditoriale, The Voltaire Foundation, Oxford, 1989, p. 61, note 13)。

(10)Ibid. : Le grand livre des secrets. Le corportage en France aux 17[e] et 18[e] siècles, Imago, Paris, 1994, p. 96.

(11)Ibid., p. 97.

(12)ロジェ・シャルチエ『読書の文化史』、福井憲彦訳、新曜社、1992 年、88 頁。ちなみに、こうした印刷物の行商人に対する法規制はすでに 16 世紀からしばしば行われている。たとえば、1556 年 7 月、パリの高等法院はすべての印刷所や書店、行商人に対し、中傷や策謀、いさかいなどを大量に含み、国家と公共の休息をひたすら妨げようとする書物を印刷・出版することを禁じ、違犯者は身柄を拘束し、財産を没収す

N. R. S., Paris, 1990, p.139)。それから約 1 世紀後の 524 年、彼の遺骸はパリに移送され、サン=ヴァンサン教会に埋葬されているが、すでにしてその頃までには、名前の類同や、臓腑をえぐり出されても苦痛を示さなかったとする伝承から、ウィンケンティウスをして、ブドウ栽培=ワイン（vin）醸造の守護聖人や内蔵疾患の治療聖人とする信仰が、フランスやスペインにかなり広まっていたと思われる。

フィリップ・アリエスの指摘を待つまでもなく、こうした聖人信仰は都市や巡礼路の発展などにも寄与したが、その信仰自体の普及に修道院が果たした役割は大きかった。たとえば、トゥールの司教聖マルタン（397 没、祝日 11 月 11 日）は、青年時代、ローマの兵士として任地アミアンに赴く途中、冬の北仏で、自分の着ていたマントを剣で二つに切り裂き、その片方を物乞いに与えたとの伝承によって、旅行者や兵士、物乞いなどの、また祝日がブドウの収穫直後にあたることから、ブドウ栽培者たちのそれぞれ守護聖人となっている。さらに、高熱や頭痛、皮膚病、捻挫などの治療聖人ともされ、フランス各地の峠や岩山、泉などに彼の名が冠せられていることから分かるように、そのすぐれて民衆的な信仰圏は全土に及んでいた（ジョルジュ・ビドー・ド・リール『フランス文化誌事典』、堀田郷弘・野池恵子訳、原書房、1996 年、576-578 頁）。

聖マルタンは、361 年、ポワティエ近郊のリギュジェにガリア最初の修道院を、372 年には、トゥール近郊のマルムティエにも大修道院を建立している。前者は 8 世紀に放棄され、やがてマイユゼ大修道院（本書第六章参照）傘下の小修道院になった。後者もまた 853 年にノルマン人に破壊されているが、11 世紀末に再建され、教皇ウルバヌス二世（在位 1088-99）が第 1 回十字軍の派遣を説いたというこの修道院は、以後、拡大する聖マルタン信仰の拠点となった（Emile ARON : Louis Ⅺ et ses guérisseurs, C.L.D., Chambery, 1983, p.101）。やがて聖マルタンはフランス全体の守護聖人となるが、そんな彼に捧げられた教会は、1870 年には 3668 箇所を数えたという（BARRET et als., op.cit., 11 月 11 日の項）。

ところで、こうした治療聖人として信仰を集めたのは、必ずしも人間だけではなかった。たとえば、13 世紀頃からリヨン地方で信仰されていた聖ギヌフォールは、犬だった。伝承によれば、リヨン教区内のヌーヴィル村近郊にある城で、ある日、揺りかごにいる一粒種の男児を乳母に託して、領主夫婦が外出した。そして、乳母が少し部屋から退室している間、どこからともなく巨大な蛇が現れ、男児に近づいてこれを飲み込もうとする。これを見て、揺りかごの傍らにいたグレーハウンド犬が蛇に襲いかかり、ついにかみ殺してしまう。戻ってきた乳母は、床に広がる血や犬の口に付いた血を見て仰天し、犬が男児をかみ殺したと思いこんでしまう。駆けつけた領主夫妻も同様だった。そして、領主は剣を抜き、犬を殺してしまう。やがて我に返った領主は、我が子の元気な姿に気づき、自分の短慮を後悔して、犬の死骸を、城門の前にある井戸に巨大な石塊とともに投げ入れ、傍らに記念の木を植えるのだった。やがて城は崩壊し、廃墟と化すが、村人たちはこのけなげな犬の話を知り、子供の守護者として犬を称えるようになる。とりわけ病弱な幼子を抱える母親たちは、わが子を廃墟へと連れて行き、供物を捧げて犬の加護を求めたという（詳細は Jean-Claude SCHMITT

## 第八章

(1)DAUZAT et als., op. cit., p. 357.

(2)これらの聖人伝承については、ヤコブス・デ・ウォラギネ『黄金伝説』全4巻、前田敬作・今村孝訳、人文書院、1979年を参照されたい。ちなみに、先史時代の巨石文化のメッカとして世界的に知られる、フランス北西部のブルターニュ地方は、また聖人信仰のメッカともいうべき地であり、カンペル司教区の記録保管者である参事会員のペイロンが作成したリストには、じつに7500（！）もの聖人名が載っているという。しかし、多くが教皇庁の認定を受けていないいわゆる地方聖人であり、そのうちどれほどが治療聖人として信仰されてきたか不明である。この地にはまた、それぞれ特定の聖人と疾病に結びつけられた「治癒の泉」が少なくとも20数か所あり、人々の信仰を今も集めている。詳細はPaul-Yves SÉBILLOT : La Bretagne et ses traditions, Maisonneuve & Larose, Paris, 1968 / 1997, Paris, pp. 194-200参照。なお、ブルターニュ固有の聖人信仰として、たとえば狂気の治療聖人とされる聖コロンバヌスがいる。6世紀末に13人の弟子――そのうちのひとり聖ガル（字義は「ウェールズ人」）の名は、彼の最後の布教地となったスイス東部の町名ザンクトガーレン（字義は「聖ガル」）として残っている――を連れてアイルランドからフランスの地に渡り、ブルゴーニュ地方をはじめとする各地に修道院を建立して、キリスト教文化の普及につとめた聖人だが、そんな彼がなぜ狂気と結びつけられたかは分からない（Eric RONDEL : Traditions, croyances, superstitions et Pardons, Astoure, Sables-d'Or-les-Pins, 2002, pp. 122-123)。

(3)最初期の聖人信仰は、禁教時代の終焉を告げた、コンスタンティヌス一世とリキニウスによるミラノ勅令（313年）以前からあった。とりわけそれは殉教者に対するものであり、その伝承に基づいて、特定の職業や労働形態が特定の聖人を守護者にいただく慣行は、中世後期までに一般化した(Carl LINDAHL et als. (eds.) : Medieval Folklore, vol. Ⅱ, ABC-CLIO, Santa-Barbara / Denver / Oxford, 2000, PP.854-856)。たとえば、スペイン北東部、サラゴサの助祭だった聖ウィンケンティウス（Vincentius)、フランス語名ヴァンサン（祝日1月27日）は、304年、ディオクレティアヌス帝の弾圧下で捕えられ、四肢を砕かれるという拷問に遭いながら、一言も苦痛を漏らさず殉教したという。5世紀初頭、ラテン詩人プルデンティウス（348-415頃）は、殉教者賛歌集『ペリステファノス（栄光の書)』の中で、同郷でもある彼の生涯を取り上げている（Gaston DUCHET-SUCHAUX : Autour de Saint-Vincent, in Iconographie médiévale, C.

(43) この架空の霊薬オランピアダディジェスティフェブリヒュージュ水は、シャルラタン文学の域を越え、たとえば神秘学や交霊術の世界にも登場している(Auguste FOREL : L'occultisme devant la science. Tables tournantes et spiritisme, téléphatie et seconde vue, charlatans mystiques et dupes, Éd. de la Rêverie, St. Étienne, 1919, pp. 1-8. B. N. 8-R. Pièce 16418)。

(44) CROQUENBALLE, ibid., pp. 7-8.

(45) Théophile FRANKLIN : Destiné de l'homme. Chercher la vérité, pratiquer la justice. Initiative populaire contre les Jésuites de toutes robes et les charlatans en toutes couleurs. Methode du Christ ou enseignement, Imp. de Preve, Paris, 1850.（B. N. Rp-390）

(46) Jules GIRARD : Les Charlatans de l'Appel au Peuple, Le Chevalier, Paris, 1874, p. 8.（B. N. 8-Lb 57-5098）なお、ジラールはボルドーの《ラ・トリビューン》紙編集人のひとり。彼はまた、休職中の主幹ギュスタヴ・ナケの代理をつとめる仲間のアンリ・ベローが、最近「いかにしてボナパルト派は民衆への訴えを実践したか」なる題名の小冊子を発行し、どこの書店でも10サンチームで売られている、とも記している。なお、本文にある政治新聞の《共和主義的民衆への訴え》紙は、その日の最新ニュースを載せ、ボルドーでは毎朝10時に各号5サンチームで販売されていたという（p. 22)。

(47) Eugène BESSON : Propagande anti-cléricale. Le prêtre et le charlatan, ou les deux charlatans, saynette anti-cléricale, Nouvelle édition, chez l'auteur, Lyon, 1903, pp. 1-2.（B. N. 4-YTH-7370）

(48) Jeune ROLLET : Les charlatans et le camelots, L. Jacquet, Lyon, 1892, p. 7.（B. N. 8-Lb 57-10814）

大いなる神よ、人は生きて動き回る間、
あえて後世の判断を予知し、
近代の滅ぶべき（人間の）馬鹿らしさに立ち向かい、
厳粛な真理を唱えようとしなければならないのか。

それを時期尚早だとある者は言い、またある者は遅すぎると言う。
そしてさらに別の者はこう叫ぶ、そんなことははるか遠い地平での話だ、と。
だとすれば、彼は新しい使徒を自称したいのか。
嗚呼、かかる輩はもはや時代遅れ以外の何者でもない。

(35) A. DECHAMBRE（éd.）: Dictionnaire encyclopédique des sciences médicales, t. 11, G. Masson & P. Asselin, Paris, 1864-89 / 1995, p. 459.

(36) L. Pomme de MIRIMONDE : Les inventions et les procédés des charlatans, chez l'auteur, Paris, 1888, pp. 6-7.（B. N. Te 85-298）

(37) Stephane COMTE : Les saltimbanques jugés, ou considérations sur l'influence pernicieuse exercée par les charlatans, saltimbanques et chanteurs ambulants sur les mœurs sociales, Imp. de Rodon, Grenoble, 1854, p. 46.（B. N. Li 5-150）

(38) Pilot de THOREY : Usages, fêtes et coutumes en Dauphiné, Lafitte Reprints, Marseille, 1882 / 1977, p. 253.

(39) 卑見する限り、フランス文学史の中に「シャルラタン文学」なる分野はない。すでにみておいたように、たしかにラブレーの『パンタグリュエルとガルガンチュア物語』や、その原典となった民間伝承の『パンタグリュエル一代記』などは、明らかに著者の並外れたシャルラタン的諧謔精神の発露といえるだろう。しかし、ラブレー自身、シャルラタンそのものを取り上げた作品を書いているわけではない。かてて加えて、歴史的に知られた作家による作品となれば、モリエールの一連の「医者もの」喜劇やブリュイの戯曲『いかさま医者』（1697年）を除けば皆無に近い。一連のシャルラタン文学が、正統文学史にしかるべき場を与えられなかった所以がおそらくここにある。なお、ジョルジュ・ダルモンヴィユによれば、タバランの『問答集』（1622年、本書第二章参照）を、妊婦やそのおしゃべり仲間たちの噂話に登場させた、『妊婦のよしなしごと』（Caquets de l'accouchée）なる作品があるというが、残念ながら筆者は未見である（Georges d'HARMONVILLE : Les œuvres de Tabarin avec les adventures du Capitaine Rodomont, Nouvelle édition, A. Delahaye, Paris, 1858, p. 8）。

(40) Jules-Haute BERNARD : Le roi des charlatans, R. & Laporte, Nîmes, 1864, pp. 1-11.（B. N. Ye 38375）

(41) Joseph POISLE-DESGRANGES : Les charlatans, Alphonse Lemerre, 1868, pp. 5 sq.（B. N. Ye 30447）

(42) CROQUENBALLE : Le Roi des charlatans, grande parade et discours rigolo Croquenballe de l'eau Olympiadadigestifébrifuge, Matt, Paris, 1876, pp. 2-7.（B. N. T 21-456）

せっかく外国で正式に学位を得て、医師として医業にあたっていた者でも、フランス国内で正式に学位を得なければ、医術を行うことができない。この規制は、なるほど今日のそれに通じるが、マインツにせよハイデルベルクにせよ、ライン同盟のメンバー領邦ではなかったか。オー=ラン県知事は、そうした政治戦略との絡みを承知で、内務大臣に上申したのではなかったか。にもかかわらず、後者は原則を貫いた。ただし、名門ハイデルベルク大学の医学博士号を「不正なもの」とする真意は不明である。

(28) A. D. H.-R. 5 M 12.

(29) A. D. Haute-Garonne, wU 1560：Cour d'Assises, 1859.（d'après Jack THOMAS : Le temps des foires, Presses universitaires du Mirail, Toulouse, 1993, p. 181）

(30) QUID 2000, R. Laffont, Paris, 1999, p. 183.

(31) A. QUATARANO-VINAS : *Médecins et médecine dans les Hautes-Pyrénées au XIX*$^{e}$ *siècle*, in «Sources et travaux d'histoire haute-pyrénéenne», no. 2, Association Guillaume Mauran, Tarbes, 1982, pp. 81-82.

(32) たとえばフランス南西部のゲール県（1865 年）とロート県（1868 年）、さらにタルン県（1891 年）についてみれば、定期市を有する町に居を構えた内科医の割合は、それぞれ 68、56、54 パーセント、薬剤師の場合は 78、94、73 パーセントとなっている。おそらくこのことは、これら内科医や薬剤師たちが市での稼ぎを重視していた事実を物語っている（THOMAS, op. cit., p. 179）。

(33) A.D. Haute-Garonne, wU 1560, op. cit., p. 185.

(34) このことは、しかし伝統的なシャルラタン批判が姿を消したことを決して意味するものではない。たとえば『民衆を導く自由の女神』（1831 年）のドラクロワが他界し、立法議会の選挙で「自由連合」が躍進を遂げた 1863 年、フランス東部ドゥー県のスイス国境近くのポンタルリエで、フランソワ・A・ボーカンは一篇のシャルラタン諷刺詩を世に送っている。題して『諧謔的滑稽諷刺詩、もしくは赤面者、薬剤師、衒学者、やぶ医者、修理工、接骨師、女たらしおよびその他のシャルラタン』。39 頁からなるこの小冊子の作者は、パリとストラスブールの医学部で学位をとった内・外科医。本人の自己紹介文によれば、『一般医学』（1854 年）の著書があり、数種類の外科医具の考案・使用者で、フランス医師会やいくつもの学会のメンバーでもあるという。つまり、正統この上もない医師ということになる。

彼はシャルラタンティズム（＝シャルラタニズム）についてこう書いている。「（シャルラタンとは）素晴らしい秘密を有していると吹聴して、お人好したちから金を引き出そうとする男――時には怪しげな女――にほかならない。人々を信用させ、長々と美辞麗句を並べ立て、数々の手柄話や比類のない治療経験を開陳しながら自己宣伝につとめる吹聴人《ヴァンタドゥール》でもある。輝かしく出現しては偽りを真実の色で染め上げ、想像力を掻き立てて理性の目を眩ませ、他人の弱みを知ると同時に、自分の弱みを隠す。これこそがシャルラタンティズムの理屈である」。

こうして彼は、以下のような箴言めいた詩をしたためている（François A. BEAUQUIN : Satire ironi-comique, ou les souffreteux, les apothicaires, les doctes, les médicastres, rhabilleurs, rebouteurs, leveurs et autres charlatans, Pontarlier, 1863, s.p.）。

bourgeois de Paris, t. I., éd. par Pierre JOSSERAND, Guy Le Prat, Paris, 1945, p. 71)。ちなみに、このヴェロンは王党派の雑誌《コティディエンヌ》(1827 年) を皮切りに、《ルヴュ・ド・パリ》、《コンスティテューショナル》などの編集主幹を務める一方、オペラ座の支配人 (1831-35 年) や立法院議員 (1852-59 年) も歴任している。だが、後年、「ブルジョワ的思い上がりのもっとも完璧なプロトタイプ」(アルフレッド・マルキゼ) と断じられたその人となりは、必ずしも周囲の尊敬を集めたわけではなく、『回顧録』の編者ジョスランによれば、諷刺新聞として一世を風靡した《シャリヴァリ》は、すでに彼の在世中に、シャルラタン・フォンタナローズの言葉を借りて、彼にこう言わせているという。「思うに、諸君は私のことをすべてご存知である。/諸君は私と同様、物事に精通しているが、/この私こそ、世界の津々浦々にまで名を知られた高名なる医者にして、/偉大なる博士フォンタナローズその人である」(Ibid., p. 6)。

(27) 参考までに、ここでは 1814 年に交付されたフランス大学医学博士号 (Université de France. Diplôme de docteur en médecine) の内容を紹介しておこう (ただし、原文の改行は無視してある)。

「国王の名において。フランス同輩衆 (ペール・ド・フランス) であり、文部大臣でもある私ルイ・ド・フォンタヌは、去る 1814 年 12 月 9 日に、パリ大学医学部長とその教授陣が、1788 年 10 月 14 日、ドゥー県ラン=レ=リル生まれのビュヤールことオーギュスト・クザヴィエ氏に授与した、医学博士能力資格証明書に鑑み、また、前記大学副学長を兼務する学部長がこの証明書に与えた承認に鑑み、さらに前記証明書を証明する同学部 (の地位) を考慮しつつ、前記ビュヤールに対し、本書状をもって医学博士号を授けるものである。これにより、同氏はさまざまな権利と特権とを享受できるようになるが、これらの権利や特権は、世俗の秩序においても大学機能の秩序においても、各種の法や命令《デクレ》、規則などと結びつけられている。1814 年 12 月 28 日、パリ大学本部にて公印をもって作成　文部大臣ルイ・ド・フォンタヌ (以下略)」(A. D. H.-R. 5 M 12)。

では、他国の学位を有する医師が、フランス国内で医業を営む場合はどうであったか。次の史料は、これに関して興味深い事例を伝えている。すなわち、ナポレオンが西南ドイツ諸領邦からなるライン同盟 (連邦とも) を組織し、これをプロイセン、オーストリアに対する第三勢力に仕立てようとした 1806 年 7 月、時の内務大臣は、オー=ラン県知事からの上申書に対して、次のような返信をしたためている。

「県知事閣下、貴殿が、マインツ生まれのクリッペル氏に対して、去る 5 月 28 日にハイデルベルク大学が交付した博士号を不正なものとみなされたのは、いかにももっともなことと申せます。この称号は、フランス国内に存在する医学校 (医学部?) での博士号とは交換できません。(…) 革命暦 12 年ヴァンデミエール月以降、フランス国民は同 11 年ヴァントーズ月 19 日の法律に規定された条項によってのみ、内科ないし外科の博士号を認められるだけです。それゆえ、クリッペル氏がフランス国内で治療行為を行う権利を得たいなら、この法律の諸条項に則らなければなりません」(Ibid.)。

擁する一大学会へと発展し、正統医学のみならず、疫病や畜疫、公衆衛生、さらにはミネラルウォーターや種痘にまでその権能を広げることになる。つまり、フランスにおける一切の医療・医事のいわば総元締めとなったのである。そして同年10月の王令によって、同学会は次の11の分野に再分割される。解剖学・生理学、内科病理学、外科病理学、治療学・自然医学史、外科学、病理解剖学、分娩学、正統医学や医療取締りと関連する公衆衛生学、獣医学、医療物理・化学、薬学。以後、この分類が、フランス医学の枠組みとして機能するようになる（Ibid.）。

(20) A. N. F 79272. ちなみに、このフォルレンズなる人物は、「眼科学教授にして、王立学寮、中等学校、市民病院およびフランス王国各県のあらゆる慈善施設の外科医=眼科医」の肩書きで、1817年10月、バーゼルからオー=ラン県知事のヴューヴィル伯に次のような書状を送っている（A. D. H.-R. 5 M 12）。

「1816年2月に内務大臣閣下が出され、貴職もまたその意見を受け取られたアレテ（命令）は、小職に対し、モーゼル、バ=ラン、オー=ランの3県に赴いて、白内障ないし他の眼疾に罹って施術を求める住民に、救いの手を差し伸べることを認めております。前記2県におけます旅の目的を達成して貴県に出発する前、小職はスイスとバイエルン地方に短期間旅します。そして、バーゼルに戻りましたら、小職は、来る9月最初の5日間、貴県民を治療するためにコルマールに赴いて、快復の可能性があるすべての人々に視力を取り戻す所存であることをお知らせします。つきましては、張り紙や県の広報によりまして、県民たちに小職の来県をお知らせ下さるよう、また、施術を受けるべく出頭します盲目の住民を受け入れるため、しかるべき病院内に場を用意する旨の指示をお出しいただきたくお願い申し上げます」。

(21) A. D. H.-R. 5 M 12.

(22) 拙論「ベルゲムの魔女たち」、《ユリイカ》、1994年2月号、146-153頁。

(23) JACQUET, op. cit., pp. 23-24.

(24) LÉONARD, Médecine, maladies..., op. cit., pp. 95-96.

(25) Olivier FAURE : *Le médecin au XIX$^{e}$ siècle*, in Histoire du médecin, Louis CALLEBAT (dir.), Flammarion, Paris, 1999, p. 212. しかし、こうした手法がつねに成功していたとは限らない。その端的な事例として、たとえば、革命暦11年ブリュメール月（1802年11月）に、アルザス地方中部オー=ラン県の県都コルマールの衛生委員会が、県知事に宛てた次のような書簡がある。「モンベリアールの町長より当委員会に差し出されました書状の写しを謹んで送らせていただきます。内容は、いわゆる無学位医師で、その諸資格がいずれも1791年以前のものであるC・ソニオン氏の件であります。当委員会としましては、モンベリアール町長の求めにそのまま従うべきではないと判断し、本件に関する貴職のご意向を先方にお知らせいただきたく、お願い申し上げる次第です」（A. D. H.-R. 5 M 12）。

(26) 誤解のないよう補足しておくが、当時パリ大学医学部は無学位医師のみを輩出していたわけではなかった。たとえば、『一パリ市民の回顧録』の著者ルイ=デジレ・ヴェロン（1798-1867）は、1821年から市内数か所の施療院で研修医を務めたのち、1823年に同医学部で医学博士号を取得している（Louis-Désiré VÉRON : Mémoires d'un

れるようになった翌月の1807年2月、アルトキルシュ副郡長はオー=ラン県知事に対し、短いが、それでいて重要な意味を帯びた以下のような書簡を送っている。「小職は昨日、衛生局の認可を受けておらず、さらにその医師リストに名前が記載されていないにもかかわらず、当地で薬の処方を行い、郡内のいくつかの村で病人を診察した、デュルランドルフ（アルザス地方最南端）出身のシャルデンブラントなるチュール（平織物）職人を逮捕させました。そして、革命暦11年ヴァントーズ月19日の法律に則って審問をしてもらうべく、この者を主席検察官のもとに連行しました」。

このチュール（平織物）職人の事例は、シャルラタニズムが本業ではないという点で、むしろ後述する「ゲリスール」と呼ぶべきかもしれない。なお、事例は僅かだが、地域の行政当局や住民たちから高い評価を受けているシャルラタンの場合、様相はこれと大きく異なる。たとえば1814年7月、アルザス地方中部のドゥレモン郡の副郡長は、オー=ラン県知事への返信として、次のように報告している。「（…）貴職がきわめて危険なアンピリックだと指摘されております、アルルシェム在住のフリドラン・ヴュストなる人物につきまして、小職は治安判事とアルルシェム村長を招きました。しかるべき情報を与え、必要とあれば、この者の調査を行わせるためであります。同封の調書写しは治安判事によって作成されたもので、村長の申し立ても含まれております。貴職におかれて、これらの調書が裁判所で転写されるべきとお考えかどうか、なにとぞ小職にお示し下さい。なお、治安判事はまた、ヴュスト氏が村の行政当局や住民から高い評価を得ているとも付言しております」（A. D. H.-R.　5 M 12）。改めていうまでもなく、この書状の核心は、シャルラタンとおぼしき人物に対する県知事の穏便な措置を求める最後の一文にある。

なお、同じ一括史料中には、織物職人が医業を営み、シャルラタンとして指弾を受けた事例がほかにもある。1808年6月、アルシュウィレ村の村長がデレモン郡の副郡長に宛てた訴状によれば、ジャコブ・ギュルトレないしギュルトラーなる村在住の職人は、革命期に理髪術や膏肓術、さらに拙いながら刺胳法をも学び、外科学の書を集め、重篤な病人に薬を調合・販売し、さらにおおっぴらに治療も行っていたという。だが、生半可な知識に基づくその医術は、すでに何人も墓場に送っており、住民、いや人類に対する害以外のなにものでもない…。ここまでなら、この事例はありふれたシャルラタン弾劾となるが、村長の狙いはそこにはない。というのも、訴状の末尾に、ギュルトレに内科と外科に関するしかるべき試験を受けさせ、晴れて正統な免許を得させたいとの、村長自身（および村人たち）の希望が開陳されているからだ。つまり、恒久的に医師不足の村にあってみれば、たとえシャルラタン的医師でも需要があったのだ。

なお、18世紀と19世紀の刺胳の実態や方法などについては、Chantal SEAUCHAMP : Le sang et l'immaginaire médical, D. de Brouwer, Paris, 2000を、1600年から1900年までの刺胳については、Jacques LÉONARD : Médecins, maladies et société dans la France du XIX[e] siècle, Sciences en Situation, Paris, 1992, pp. 109-127などを参照されたい。

(19) Jacques LÉONARD, ibid., p. 87. なお、この王立医学アカデミーは、創設9年目の1829年には名誉会員52名、正会員78名、地方在住会員16名、準在住会員64名をた。とりわけナポレオン皇帝の侍医は、じつに5万フランもの年収を得ていたという（Ibid, pp. 129-145 および p. 250 の図表などを参照されたい）。

(8)この薬業（薬事）法によって、パリとモンペリエとストラスブールに薬学校（のちの大学薬学部）――モンペリエの初代校長は、医学部教授で親方調剤師としての資格ももっていたジョセフ=ギヨーム・ヴィランク（1759-1829）――が設立され、以後、薬剤師の専門教育を国家的制度の中で行うことが定められた。これによって、薬剤師になる道が2通りとなる。前記3薬学校のいずれかで正規の課程を修め、所定の試験に合格したのち、3年間薬局で修業し、それから希望する地で開業する道と、正規の薬局で8年間の実地訓練を積んでから、複数の医師と薬剤師とからなる審査委員会が県当局の委任を受けて実施する試験を受ける道である（Christophe LEFÉBURE : La France des pharmacies anciennes, Privat, Toulouse, 1999, p. 36）。この法律はまた、公共広場での医薬の頒布と陳列とを禁じてもいる。治安当局による薬剤店の立ち入り検査は、すでに14世紀初頭より、毎年復活祭と11月1日の諸聖人の祝日（万聖節）に行われていたが、革命政府によるこうした措置は、いずれその実効性を失うようになるものの、露店という医薬品の販売方式を締め出すことによって、シャルラタン的「商法」の一掃を狙ったものともいえる。

　一方、こうして正統な薬剤師の業務が保証され、薬剤師以外の者が薬の調合や販売を行うことが禁じられた（第25条）。にもかかわらず、一部ではなおも違法行為は続いていたようで、たとえばフランス薬局方が誕生したルイ18世下の1818年6月、ベルフォールの薬剤師たちは、前年同様、主席検察官とオー=ラン県知事に訴状を提出し、内・外科医や無学位医師、さらに修道院の修道女たちが、この法律に背いて、自分の患者に勝手に薬を調合・販売していると指弾して、その善処を求めている（A. D. H.-R. 5 M 12）。

(9)Matthew RAMSEY : *Sous la régime de la législation de 1803. Trois enquêtes sur les charlatans au XIX$^{e}$ siècle*, in «Revue d'histoire moderne et contemporaine», ibid., p. 485.

(10)ARRETÉ DU PRÉFET DU DÉPARTEMENT DE L'ISÈRE, CONTRE LES CHARLATANS, P. Cadou& David, Grenoble, le 2 vendémiaire an 10 de la République française.

(11)DUBUC, op. cit., p. 124.

(12)Liste des charlatans, des prêtres, des femmes qui s'immiscient dans l'art de guérir, Arch. dép. Nièvre, M, d'après Guy THUILLIER : Pour histoire du quotidien au XIX$^{e}$ siècle en Nivernais, Mouton, Paris, 1977, pp. 100 et 110 note 6.

(13)Art. 9 de l'arrêté du 30 vendémiaire au XIII, d'après THUILLIER, ibid.

(14)Jean-Pierre GOUBERT : Initiation à une nouvelle histoire de la médecine, Ellipses, Paris, 1998, p. 40.

(15)GOUBERT, ibid., p. 44.

(16)RAMZEY, op. cit., p. 486.

(17)バルザック『セザール・ビロトー　ある香水商の隆盛と凋落』、大矢タカヤス訳、藤原書店、1999年、45頁以下。

(18)たとえば、いわゆる『ナポレオン法典』が『フランス民法典』と改称されて施行さ

# 第七章

(1)Louis-Sébastien MERCIER : Le tableau de Paris, F. Maspero, Paris, 1781 / 1979, p. 282.
(2)MERCIER : Le nouveau Paris, op. cit., pp. 1349-1351.
(3)HERLUISON : *Discours sur le crédit des Charlatans, lu à la séance de la Société d'Agriculture du Département de l'Aube, le 29 Prairial an VIII*, in «Journal de l'École Centrale et de la Société libre d'Agriculture, du Commerce et des Arts du Département de l'Aube», Prairial an VIII, pp. 1-5（B. H. V. P., 12. p. 408).
(4)LUYNES : Mémoires sur la cour de Louis XV, 1735-1768, d'après Toby GELFAND : *Deux cultures, une profession. Les chirurgiens français au XVIII$^{e}$ siècle*, in «Revue d'histoire moderne et contemporain», t. XXVII, juill.-sept. 1980, p. 468. ちなみに、1310年から1329年にかけて、パリの人口約20万のうち、医薬業従事者は総計222人（以上)で、内訳は内科医84人、外科医26人、理髪師97人、調剤師15人だった(Danielle JACQUART : Le milieu médical en France du XII$^{e}$ au XV$^{e}$ siècle, École des Hautes Études en Sciences Sociales / Droz, Genève, 1981, p. 246)。
(5)Jean-Pierre GOUBERT : *The Extent of Medical Practice in France around 1780*, in «Journal of Social History», no. 19, 1977, p. 413. 18世紀のフランスの総人口は全体として増加をみたが、中にはブルターニュ地方のパンポル、サン=ブリウク両地方のように、1776年から1788年までの12年間に、出生が3390人だったのに対し、死亡が3789人、年平均でそれぞれ260人、291人だったような地もある（S. MEYER : Le personnel médical en Bretagne à la fin du XVIII$^{e}$ siècle, Menton, Paris, 1972, p. 200)。
(6)Jacques DUPÂQUIER : *Introduction*, in Histoire de la population française, t. 3, P. U. F., Paris, 1988, p. 1.
(7)André DUBUC : *Précautions sanitaires et remèdes empiriques*, in Le corps et la santé, Actes du 110$^{e}$ Congrès national des Sociétés savantes, C. T. H. S., Paris, 1992, pp. 125-126.
しかしながら、1805年に全県を対象に行われた医師資格の実態調査結果を見れば、約半分の県からの回答ではあるものの、医業実践者の数値は革命時よりかなり少なく、わずか2535名にすぎないという。そのうち、モンペリエで学位をとった者1101名、ランスのそれは156名であり、かつてパリ大学医学部で教鞭を執っていた医学博士は72名だった(LEMAIRE, op. cit., p. 126)。これらの医師の収入は、年収1万-1万2000フランもあれば裕福とみなされていた時代にあって、多くがそれを大きく上回っていラダムスの生涯』（朝日新聞社、1998年）、クヌート・ベーザー『ノストラダムスの万能薬』（明石三世訳、八坂書房、1999年）などがある。

ノスの『医術論』の成功に刺激されて、新しい注釈つきのラテン語版を世に出すことを決意し、1532年、リヨンの書肆グリフィウスからこれが出版された」(Gallien, t. II, Exhortation à l'étude de la médecine & art médical, texte établi et traduit par Véronique BOUDON, Les Belles Lettres, Paris, 2000, p. 155)。また、グリフィウスの出版活動については、宮下志朗『本の都市リヨン』、晶文社、1989年、275-276頁も参照されたい。

(87) ゲルト・ハルダッハ&ユルゲン・シリンク『市場の書』、石井和彦訳、同文舘、1988年、129-135頁参照。

(88) 「リヨンにおけるストライキと救済」、『愚者の王国　異端の都市』、成瀬駒男・宮下志朗・高橋由美子訳、平凡社、1987年、17-35頁。

(89) Guy DEMERSON : Rabelais, Fayard, Paris, 1991, p. 222. その序文の中で、ラブレーは、アヴィケンナをはじめとする伝統的なアラブ医学を「末期的な誤り」だとして批判している。それは、彼がモンペリエ大学で受けた医学教育への異議申し立てを意味した。

(90) 渡辺一夫『フランス・ルネサンスの人々』、白水社、1997年、152頁。

(91) DEMERSON, op. cit., p. 223.

(92) Madeleine LAZARD : *La satire dans Gargantua*, in M. T. JONES-DAVIES (éd) : La satire au temps de la Renaissance, Institut de Rechercehes sur la Renaissance, Univ. de Paris-Sorbonne, Paris, 1986, p. 87.

(93) Arthur HEULHARD : Rabelais, Lib. de l'Art, Paris, 1841, pp. 252-253 および『渡辺一夫ラブレー抄』、二宮敬編、筑摩書房、1989年、156頁以下。

(94) ゲーテ『ファウスト』、高橋健二訳、角川文庫、1967年、32-33頁。

(95) Jean DUPÈBE : Nostradamus. Lettres inédites, Lib. Droz, Genève, 1983, p. 13.

(96) NOSTRADAMUS : Traité des confitures, reprint de l'édition de 1557, réalisée par Chr. PLANTIN à Anvers, Le livre de France, Paris, 1990, s. p.

(97) GOURON, op. cit., p. 58

(98) ピーター・ラメジャラー『ノストラダムス百科全書』、田口孝夫・目羅公和訳、原書房、1999年、80頁以下参照。なお、14-15世紀のイタリアの医学教育については、たとえば児玉義仁『〈病気〉の誕生』、平凡社、1998年が詳しい。

(99) NOSTRADAMUS, op. cit.

(100) DUPÈBE, op. cit., pp. 13.

(101) ラメジャラー、前出、95頁。

(102) DUPÈBE, op. cit., pp. 19-21. 宮下志朗によれば、『1563年版暦』はパリの書肆バルブ・ルニョーから出ているが、これは過去の暦を「勝手に切り貼りした偽版」だという(「16世紀出版文化の中のノストラダムス」、樺山紘一・高田勇・村上陽一郎編『ノストラダムスとルネサンス』所収、岩波書店、2000年、125頁)。なお、『予言書』の解題については、たとえばRobert BENAZRA : Préface, in Michel Nostradamus. Les prophéties, Lyon, 1557, Michel Chomarat, Lyon, 1993, pp. 7-13などを参照されたい。

(103) ノストラダムス(とラブレー)に関する邦文研究書としては、前記のほかに、たとえば宮下志朗『ラブレー周遊記』(東京大学出版会、1997年)、竹下節子『ノスト

p. 39)

(71) Alphonse WOLLBRETT : *Règlements et statuts de Hochfelden*, in «Cahier d'histoire et d'archéologie de Saverne», no. 72, 1970, p. 39.

(72) Ernst Theodor NAUCK : Aus der Geschichte der Freiburger Wundärzte, Freiburg, 1965, pp. 45-46.（d'après BACHOFFNER, ibid., p. 38）

(73) Edme de la POIX DE FREMINVILLE : Dictionnaire..., op. cit., pp. 500-501.

(74) Ibid., pp. 492-495.

(75) ファーヴル＆ディルマン、前掲書、47 頁。

(76) Ernst WICKERSHEIMER : La médecine et les médecins en France à l'époque de la Renaissance, Slatkine Reprints, Paris / Genève, 1905 / 1970, p. 66.

(77) Claude GAIGNEBET : A plus haut sens, t. I, Maisonneuve & Larose, Paris, 1986, p. 372.

(78) Marcel GOURON : Matricule de l'Université de Médecine de Montpellier, Droz, Genève, 1957, p. 46.

(79) Roland ANTONIOLI : Rabelais et la médecine, Études Rabelaisiennes, t. XII, Droz, Paris, 1976, p. 38.

(80) 詳細は、ANTONIOLI, ibid., pp. 40-43. なお、モンペリエ大学医学部の場合、遺体解剖室は 1556 年、解剖学と植物学の講座は 1593 年、解剖助手の制度は 1595 年、そして外科学の講座は 1597 年に設けられている。

(81) 拙著『シャリヴァリ――民衆文化の修辞学』、同文館、1992 年、82-91 頁。

(82) GOFFLOT, op. cit., pp. 6-7.

(83) WICKERSHEIMER, op. cit., p. 69. なお、渡辺一夫氏の指摘によれば、1908 年、アナトール・フランスはこの作品を下敷きとして、同名の戯曲をものしているという（『第三之書パンタグリュエル物語』、岩波文庫、1974 年、訳者略註、431-432 頁）。ラブレーの演劇活動については、たとえば Gustave COHEN : Étude d'histoire de théâtre en France au Moyen Âge et à la Renaissance, Gallimard, Paris, 1956, pp. 271 sq. 参照。

(84) Jean-Louis GOURG : *Un étudiant célèbre, François Rabelais*, in Louis DULIEU（éd.）: La Médecine à Montpellier du XII[e] siècle au XX[e] siècle, Hervas, Paris, 1990, pp. 68-70. および DULIEU : *François Rabelais et ses antiques amis montpellierains*, in «Bulletin historique de la Ville de Montpellier», no. 17, 1993-1, pp. 38-44 やマドレーヌ・ラザール『ラブレーとルネサンス』、篠田勝英・宮下志朗訳、白水社、1981 年、33-38 頁などを参照されたい。

(85) Archives municipales de Lyon B.B. 54（d'après Brigitte ROSSIGNOL : Médecine et médicaments au XVI[e] siècle à Lyon, Presse Universitaire de Lyon, 1990, p. 47）. なお、キュジャスについては、たとえばル・ロワ・ラデュリ『南仏ロマンの謝肉祭』、拙訳、新評論、2002 年、573-574 頁参照。

(86) ガレノスが晩年近くの 193 年頃に編んだというこの医術書のラブレー訳について、仏訳・校注者のヴェロニク・ブドンは、ダンテが『饗宴』（1304 頃-07 年）のなかでガレノスを引用していることを指摘した後、次のように注記している。「2 世紀後（17 世紀）、ラブレーなるモンペリエの若い医学生が、ヒポクラテスの『箴言集』やガレ

(63) Georges DILLEMANN et als. : La pharmacie française, TEC & DOC, Paris, 1992, p. 19. 地中海周域という以外、具体的な地域は明示されていないが、M・G・アムレッティによれば、薬草と同様に穀類も、医薬としてたとえば以下のように用いられている(いた) という。

1. 外用薬——アンギナや直腸炎症用湿布剤。前者の成分は、穀物粉をワインと油で煮たもの、後者のそれは焼いた亜麻の種に油やワインを混ぜたもので、いずれの湿布剤も頸部の気を保護する。挫傷した鼻にとって最上の湿布剤は、ふた月寝かせた小麦粉でこしらえたもの。この湿布剤の粘りが不十分な場合は、これに香ないしゴムを加える。
2. 内服薬——腹部が病んだ際には、冷やした大粒の小麦でこしらえた煎じ薬が効く。また、煮出した小麦粉は一種の弛緩剤とみなされ、粗挽きの小麦粉を炙り、これを食料の代わりに摂取すれば、内臓を収縮させる。子宮がずれた場合には、成熟前の穂がついた小麦を、炙ったケシやセージュ (サルビア)、大麦の籾殻などとともに飲む。手足が硬直した時は、大麦を蜂蜜水と一緒に飲む。さらに、隔膜が収縮したら、大麦の煎じ薬と、よく乾燥させたブドウでつくったワインを服すればよい。20日もすれば治る。二日酔いのあとに襲う頭痛には、できるだけ暖めたパンを混じりけのないワインとともに摂する。この組み合わせは過水症や心臓痛にも効き目がある…。(M. C. AMOURETTI : *Céréales et médecine dans les traités hippocratiques*, in Les céréales en Méditterannée, dir. de Jean-Louis MIÈGE, C. N. R. S. Éditions & Éditions La Porte, Rabat, 1993 / 94, pp. 21-22)

(64) Ibid., p. 17.

(65) DULIEU : La Médecine à Montpellier, op. cit., p. 302.

(66) Ibid., p. 303.

(67) Ibid.

(68) BERGOUNIOUX, op. cit., p. 4.

(69) Paul DELAUNAY : La vie médicale aux XVI$^{e}$, XVII$^{e}$ et XVIII$^{e}$ siècles, Hippocrate, Paris, 1935, p. 302. なお、ファーヴルは本文に挙げた奇書の中で、ペスト治療薬の製法を次のように述べている。「大きな蛙——大きければ大きいほどよい——を捕まえ、後ろ足を紐で縛って火の前に吊るす。そして、その口の下に蠟を引いた鉢を置き、絶命するのを待つ。すると、死ぬ前に、蛙は緑や褐色の小虫や蝿を吐く。それを鉢に受け、溶けた蠟に混ぜる。一方、蛙の死骸は炉の細火で乾かし、潰して粉状にし、前記の吐瀉物と混ぜる。こうしてできたものを蠟で包んで小粒の錠剤状にし、これを胸に乗せておけば、確実にペストを防ぎ、たとえ罹患した場合でも、快癒することができる」(Jean FAVRE : Remèdes curatifs et préservatifs de la peste, 1652, texte d'après Christian TRÉDANIEL : Histoire du reboutement. Du reboutement à l'étiopathie, Éds. Guy Trédaniel / Avenirs des Sciences, Paris, 1999, p. 46)。

(70) Maurice BOUVET : Histoire de la pharmacie en France, Paris, 1937, p. 65. (d'après Pierre BACHOFFNER : *Contribution à l'histoire de la pharmacie en millieu rural*, in «Acta Congressus Internationalis Historiae Pharmaciae Pragae MCMLXXI», Stuttgart, 1972,

て、革命のための先導的な意志表明とはみなされなかった。

(54) Ibid., p. 120.

(55) Alfred BOUGEART : Marat, l'ami de peuple, Librairie Internationale, Paris, 1865, p. 73.

(56) ルメールによれば、革命前夜のフランスにおいて、正統な医師たちが施療院で働くということは依然としてなく、内科医はヴェルサイユやパリ、さらに地方長官管轄区の都市、外科医は大都市の市外区や地方の小都市ないし大型村に住み、農村部は接骨師やあらゆる類のシャルラタン（ゲリスール、後述）――必ずしも無法者というわけではない――を何よりもあてにしていたという（LEMAIRE, op.cit., p. 39）。しかし、こうした普遍化がどこまで一般化できるかは不明である。

(57) 裕福な調剤師を父とするフルクロワの一族は、母校のパリ大学医学部から疎まれていた比較解剖学者ヴィック・ダジュルと縁戚関係にあったため、彼の医学博士号取得は困難を極めた。そして、何とか学位を取得したのちでも、比較解剖学者で先駆的な古生物学者でもあったキュヴィエが、フルクロワの能力や学識を最大限の言葉で称賛したにもかかわらず、医学部はフルクロワに教授職を与えようとしなかった。そこでキュヴィエは、王立植物園内の自然史博物館の化学教授にフルクロワを推挽し、植物園長のビュフォンも進んでこれを受け入れた。こうして彼は、生涯その職を全うするが、医学に対する関心は衰えを知らなかったという（LEMAIRE, pp. 77-78）。

(58) ちなみに、国民公会は、1794年9月に、やはりフルクロワの建策によって公共事業中央学校（のちの国立理工科学校）の創設に関するデクレ（命令）を出し、さらに1795年10月にはもう一つの大学機関が創設されている。この機関は、1845年12月に、「共和国全土からすでに実学の教育を修めている市民たちが招集され、あらゆるジャンルにもっとも精通した教授陣のもとで、教育術を学ばせる」国立高等師範学校となる。今日へと至るフランスの高等教育機関は、こうして1794年から1795年にかけて相次いで誕生したことになる（Almanach des Français, t. I, Encyclopaedia Universalis France, Paris, 1994, p. 240）。

(59) Jean-Charles SOURNIA : Histoire de la médecine, La Découverte, Paris, 1992, p. 200.

(60) Jean LORCIN : *Un observatoire régional des épidemies*, in «Cahiers d'histoire», t. 38, No. 3-4, 1992, pp. 262-264.

(61) A. D. H. D. Apothicaires, reg. des déliber, n° 1, f° 80（d'après François GAY : Une lignée d'apothicaires montpellieraines au XVI[e] et XVII[e] siècles, J. Colas, Montpellier, 1896, pp. 36-38. ちなみに、フェリクス・プラッターは1552年にモンペリエ大学医学部に登録しているが、その際、フェリクスに宿を提供したのは、スペイン出身の改宗ユダヤ人（マラーノ）で、ルターの運動に共鳴していた調剤師のローラン・カタランだという。確証はないが、当時の世襲慣行からして、おそらくこのローランは、ここに登場するカタランの先祖と思われる（モンペリエ時代のフェリクスについては、たとえば Emmanuel LE ROY LADURIE : Le siècle des Platter 1499-1628, t. I, Fayard, 1995, chapitre 3 参照）。

(62) René COURSAULT : La médecine en Touraine du Moyen Âge à nos jours, Maisonneuve & Larose, Paris, 1991, p. 25.

6. ランス大学医学部の規定第32条によって、国王やその一族の貴族たちの侍医に認められているさまざまな特権や権利は、本人の死去に伴って廃止されること。
7. 前記王令の第11条に定められている誓約に従って、ランス大学医学部やその他の機関に対し、医学のさまざまな分野を教える教授陣を支えるべく十全な資金を供与すること。
8. 政府は農村部の住民たちのため、より高度な教育を受けた外科医たちを確保できるような機関を設けること。これらの外科医は、遠隔地にいる内科医に代わって、いつでも必要なときに呼ばれて疾病を治療する。そのため、内科医はこれら外科医の試験に立会い、決定権をもって彼らに必要な知識を問う権利を有する。
9. 王国内のしかじかの大学で哲学を2年間学んだとの証明書を有する医学生は、いつでも自由学芸学部や医学部の受験資格を認められること。
10. しばしば国家から人材を奪い取る由々しき事態を避けるため、砒素をはじめとする有毒物質は専門店でのみ販売されること。
11. （催）吐剤などの調合薬や天然・合成塩は、その化学知識によって、行商人たちの変造物を退けられる調剤師のみがこれを管理し、医師の立入り検査を定める法律に従うこと。さらに、単一成分の薬は香料・薬種商をはじめとする商人が商えるとするが、彼らはこの件についてすでに定められている規則を遵守すること。
12. 各種秘薬の小売商は、パリ大学医学部ないし王立医学会内部に設けられた特別委員会が、独自の検査と判断に基づいて発行する許可証によってのみ、それを販売できるものとすること。
13. 治安判事に対しては、医学の正当な実践に反するような一切の物事を退けて、市民の安全を監視するよう厳命がなされること。
14. 世俗の施療院は、医学教授たちの要請と受領証とがある場合、男女の別や出身地を問わず、医学生の教育・試験用の遺体を提供し、用の済んだ遺体は、当該教授が自らの責任において原状に戻すこと。さらに、前記施療院の敷地内には、医師が公益や教育に相応しいと判断した際に、遺体の解剖ができる特別室を設けること。
15. 慈善院には得業士を2名常駐させること。一方は、親方外科医不在の際に怪我人の応急処置を施し、内科医の往診時に、治療に用いた刺胳や発泡膏および他の内服薬の内容を文書によって報告できる者、もう一方は、パリや王国内の大部分の施療院で行われているように、内科医の往診に同行して、病人の容態に応じて薬や食事に関する処方や指示を書き留め、それらが忠実に守られているかどうかを監視できる者である。
16. 国家の全体的な利益や全国三部会の定期的な巡回開催（…）などに関して、他の組合によってこれまでなされてきた、そしてこれからなされる個別的な要求はいろいろあるが、内科医組合としては公益に資する結論に賛意を示すものである。

ランスでは、親方外科医や調剤師の組合も、独自の陳情書を、内科医たちのそれと同じ3月5日に提出している。しかし、全国三部会に向けられたこれら3通りの陳情書は、あくまでも王政下での医療や薬事の改革を図ったものであり、その限りにおい

(46) MARION, op. cit., p. 92.

(47) LESPINASSE : Histoire générale de Paris, op. cit., p. 625.

(48) MARION, op. cit., p. 92.

(49) LESPINASSE : Histoire générale de Paris, op. cit., p. 626.

(50) 1785年には、この外科学校は10講座、2700あまりの学生を抱えるまでになったという（GELFAND, op. cit., p. 475）。

(51) Pierre VALLERY-RADOT : Chirurgiens d'autrefois. La famille d'Eugène Süe, Ricou & Ocia, Romainville, 1944, pp. 49-68.

(52) 時の国王アンリ4世の王妃マリー・ド・メディシスが郷里のフィレンツェから呼び寄せた、聖アウグスティヌスの教えを遵奉する「神の聖ヨハネ修道会士」たちによって、1603年に創設された救貧施設で、慈善院に次いで古い歴史を有していた。18世紀末まで、慈善院では1つのベッドに患者が数人も寝かされていたのに対し、この愛徳院では、患者各人にベッドがあてがわれていたという。4つある病室は広々としていて、いずれも通気性が確保されており、当初は膀胱結石をはじめとする泌尿器系疾患を有する男性患者を収容していた。1791年からは女性患者も受け入れるようになるが、1935-37年、パリ大学医学部の施設拡充に伴って廃止された。諷刺劇『ユビュ王』（初演1896年）で知られる、シュールレアリストのアルフレッド・ジャリは1907年（享年34歳）、モジリアニは1920年（享年36歳）、いずれもこの愛徳院で息を引き取っている。

(53) Jean-Charles SOURNIA : La médecine révolutionnaire, Payot, Paris, 1989, pp. 116-118.
国内各地の内・外科医組合や薬剤師組合は、革命の直前に、医学の新たな体制作りを図っている。たとえば、バスティーユ陥落の約4か月前、すなわち全国三部会のための代表選挙用招聘状が出された1789年3月5日に、医学部や医学校の教授や内科医たちがパリ北東、シャンパーニュ地方の宗教都市ランスの医学校に集まり、1週間後に第三身分の集会が開かれる市役所に、大略以下のような陳情書を提出している（Jean-Pierre GOUBERT & Dominique LORILLOT : 1789, le corps médical et le changement, Privat, Toulouse, 1984, pp. 68 sq.）。

1. 大学の体制が情況に応じて変革されること。
2. 教育が定められた計画に従ってより規則的になされること。
3. 医学教育の年限を3年から4年に延長すること。また、医学生は4年次に解剖学や化学、植物学などの実践的な医学教育を受けなければならず、そのためには病院の創設が必要となること。
4. 王国内のすべての医学部は、医学教育に関する規約を盛り込んだ1707年の王令を遵守し、と同時に、この規約をまだ登録していないすべての高等法院は、これを速やかに登録すべきこと。
5. 前記王令のうち、とくに外国人に関する第17条は、完全に実施されること。それによって、外国人は王国内のいかなる地においても医術に携わることができず、地元の内科医が求める条件を受け入れない限り、いかなる貴族といえど、これを侍医として用いてはならないこと。

れ』、中山修監修・影山任佐訳、東京大学出版会、1982 年、3-25 頁参照)。これらの施療院についての詳細な紹介は、千葉治夫『義賊マンドラン』、前掲、第Ⅵ章やE・H・アッカークネヒト『パリ病院』、舘野之男訳、思索社、1978 年、第二章に譲りたい。

なお、本文中にある「聖体協会」とは、カトリック信仰の再興を図るヴァンタドール公が、1630 年、慈善行為と聖体崇拝を秘密裏に実践することを目的として、カプチン会士のフィリ・ダングモワやイエズス会士のシュフラン、さらにオラトリオ会士のコンドランらとともに、パリで設立したものである。設立以来 30 年間に会員数千名を擁し、マルセイユやルーアンなど、60 を越える地方都市に支部を設けるまでになったこの結社には、改革カトリックの主要聖職者が次々と加わった。捨て子の養育などに力を注いだヴァンサン・ド・ポール（本書第七章参照)、イエズス=マリア会（北仏カン）や、売春婦の更正施設であるボン=パストゥールを創設したジャン・ウード（1601-80)、当時最高の説教師とされていたJ・B・ボシュエ（1627-1704)、「サン=シュルピス聖職者協会」の創設者で、カナダ布教の指導者でもあったJ=J・オリエ（1608-57）などである。コンティ親王をはじめとする大物貴族や高等法院の廷吏も多数参加した。

パリを中心とする同協会は、共通の規約を有し、至上者と聖職者の指導者、さらに書記を各 1 名置いて、毎週木曜日に集会を開いていた。そこでは、世俗の権力は地上における神の代理として崇められていたが、政治的には中立の立場をとろうとした。しかし、その秘密結社的な性格ゆえ、組織が肥大化するにつれて国家の警戒心を呼び、ついに 1660 年、国家内での「篤信家たちの陰謀団《カバル・デ・デヴォ》」の形成をおそれたマザランによって、解散を余儀なくされる。にもかかわらず、一部の地方支部は、18 世紀中葉まで集会を催していたという。この結社の活動としては、ほかにプロテスタントのカトリックへの改宗運動や公序良俗の維持などが知られている（阿河雄二郎「絶対王制成立期のフランス」、柴田三千雄・樺山紘一・福井憲彦編『フランス史 2』所収、山川出版社、1996 年、196-197 頁および Jean TALLON : Compagnie de Saint-Sacrement, in Dictionnaire de l’Ancien Régime, op. cit., pp. 303-304)。

また、『タルチュフ』上演禁止を巡っては、聖体協会側のパリ大司教アルドゥアン・ド・ペレフィクスと、モリエールの庇護者であるコンデ公との角逐があったという（Olivier CHRISTIN : *Une querelle des mots, une affaire politique-Molière, le roi et les dévots*, in Ordre moral et délinquance de l’Antiquité au XX[e] siècle, dir. par Benoît GARNOT, E. U. D., Dijon, 1994, pp. 287-289)。

(45) HILLAIRET : Dictionnaire..., t. I, op. cit., p. 460. この王令はしばしば破られたが、そこにはまた、王国内に新たに「理髪師=かつら師=蒸し風呂・浴場主」の職を設けることが明記されていた。むろん、理髪師たちの違犯行為を改善するためにである。こうしてパリには 200 人、高等法院を擁する都市や医学都市モンペリエには 20 人、さらにリヨンには 6 人の新たな職が生まれる。だが、パリにおけるこれらの職は、やがて外科医組合に買収されることになる（DULIEU : La chirurgie à Montpellier..., op. cit., p. 102)。

ら封印状の作成代として5スーを支払うこととする。
14. 親方理髪師は職人と徒弟を同時にそれぞれ1人だけ抱えることができる。もし徒弟が3年の年限を待たずに辞めた際は、この徒弟が残した年限だけ、新たに1人徒弟を雇うことができるものとする。これに違反した者には100スーの罰金を課す。
15. 親方代表たちは理髪店を視察し、その技能と王令の遵守状況を確認する。
16. 理髪師たちに王令を遵守させるため、国王役人は筆頭理髪師や親方代表たちに力を貸すこととする。
17. 親方理髪師は同じ町で死去した親方ないし女親方の葬儀に参列しなければならない。これを怠った者には3スーの罰金を課す。
18. すべての親方理髪師は、慣例に従って、死ぬまでに1度、筆頭理髪師に5スーを払うものとする。
19. 親方理髪師は裁判費用のほか、共益を守るため、それぞれしかるべき金額を供出する。
20. 組合のことで組合長に召集された理髪師は、必ず参集しなければならない。これを怠った者には罰金として2スー6ドゥニエを課す。この罰金は組合長に託される。
21. 各地の法官は、主席検察官ともども、筆頭理髪師やその代理人および親方代表たちの権利を擁護しなければならない。
22. 筆頭理髪師は店を出しているすべての親方理髪師に対し、2スー6ドゥニエで年間暦を与えるものとする。

(38) Ibid., p. 135.

(39) Ibid., p. 154.

(40) Ibid., p. 137.

(41) フランス中部トゥレーヌ地方の医学史を扱った著書の中で、ルネ・クルソーは、16世紀末から17世紀初頭にかけてコンビを組んでいた、いずれも世襲の調剤師と外科医の道具立てとして、以下のようなものがあったとしている。「長持1竿、穴開き椅子1脚、盥1つ、フライパン数個、陶器製の箱・瓶40あまり、さらに鏡1枚、ナイフ1本、錫製洗浄器2つ、すりこぎ付きすり鉢2つ、車輪式引き金付きの銃（？）1挺、剃刀3枚、鉗子2本、鋏1丁」（COURSAULT, op. cit., p. 64）。

(42) FRANCO : Chirurgie..., op. cit., p. 88.

(43) FRANKLIN, Dictionnaire..., t. I, op. cit., p. 170.

(44) パリの総救貧院は、男性用のビセートル施療院、男子用のピティエ施療院、女性用のサルペトリエール施療院（旧火薬硝石工場）、さらに収容者たちに日々の糧を提供する精肉・製パン用の旧シピオン・サルディニ邸館からなる、フランス最初の複合施設だった。開業の翌1657年5月には、この施設に5000人あまりの貧者がつめかけたというが、やがてここは一種の強制収容所となっていく（HILLAIRET : Dictionnaire..., op. cit., p. 461）。人道主義的精神医学の提唱者として知られるフィリップ・ピネル（1745-1826）は、恐怖政治時代の1793年にビセートルの、2年後にサルペトリエールの院長にそれぞれ就任し、この両施療院の収容者に対するあまりにも非人道的な扱いに愕然とし、その改善につとめている（アンリ・バリュク『フランス精神医学の流

17 世紀の理想化された理髪店内。右手で楽師がＢＧＭを奏でている。
油彩画、ディジョン市立美術館蔵

(33) SAINT-LÉON, op. cit., p. 146.

(34) LESPINASSE : Histoire générale de Paris, op. cit., p. 622.

(35) Ibid., p. 623.

(36) Pierre FRANCO : Chirurgie. Nouvelle édition avec une introduction historique, une biographie et l'histoire du Collège de chirurgie par Nicaise, Slatkine Reprints, Genève, 1561 / 1972, pp. 136 sq.

(37) Ibid., pp. 159-160 (pièces justificatives). 当時の理髪師がいかなる状況下にあったかを物語る貴重な資料であるため、蛇足との非難を覚悟で、以下にその王令の内容を紹介しておこう。

1. 筆頭理髪師が理髪師組合の代表者となり、王国内の主要都市にその代理人を配することができる。
2. 理髪師組合はその指導者と各都市代表者として、組合構成員の中から3ないし4人を選出する。
3. 親方代表が慣習に従って承認しない限り、何びとといえど理髪業を営んではならない。また、外科医療を行おうとする者は、特定の試験に合格しなければならない。
4. 理髪師およびその妻ないし未亡人は、品行方正で悪評を得ていない場合に限り、この職につける。彼らが不名誉な事態を招いた際は、組合から永久に追放し、その道具を没収する。
5. いかなる者も理髪師の代わりをつとめてはならない。また、蒸し風呂で理髪行為を行った者は、罰金100スーに加えて、道具を没収する。
6. 城郭や村落などで理髪業を営もうとする者は、近隣都市の宣誓親方たちによる試験に合格しなければならない。
7. 親方理髪師は各都市で同宗団を組織でき、(職人) 理髪師が親方に昇格する際には、(一種の資格取得金として) この同宗団に5マール銀貨を納めるものとする。親方たちは聖務日課のために集まることができるが、それには主な国王役人や筆頭理髪師ないしその代理人および親方代表らが立会わなければならない。
8. 理髪師が同業者から小姓ないし徒弟を引きぬいた場合、100スーの罰金をその同業者に払うものとする。
9. 徒弟は親方理髪師の許可なしに働いてはならない。違反者には100スーの罰金と道具の没収に加えて、入牢をも課す。
10. (職人) 理髪師は、親方ないしその代理人が休暇中の場合を除いて、刺胳 (瀉血) と調髪以外の仕事をしてはならず、また、本王令に明記された日に盥を店の外に放置してもならない。
11. 理髪店を構える者は、午後、店内や店の外に血を残しておいてはならない。必要に迫られて午後に刺胳 (瀉血) を行う場合、血は2時間以内に処分すること。違反者には罰金として5スーを課す。
12. 小姓ないし徒弟は、その修業が終わり、親方に対する務めを果たしたことを示す証明書がなければ、親方 (職人?) となることができない。
13. 親方になる者は、筆頭理髪師からの封印状数通を集めなければならないが、これ

ししたのが、「王国内での医学の研究と実践」に関する1707年の勅令だった。そこには、シャルラタンをはじめとする、医師の資格や特性と無縁な者たちによる医業を厳禁するだけでなく、各地の大学医学部における教育改革の一環として、「解剖学とガレノス流科学的薬学」および「薬草研究」の講義を再開することがうたわれていた。必要なら国からの資金援助も仰げるとの一項も明記されていた。

(21) A. GERMAIN : Deux lettres inédites de Henri IV concernant l'École de Médecine de Montpellier, Typographie et Lithographie de Boehm et Fils, Montpellier, 1882, pp. 5-7.

(22) Archives de la Faculté de Médecine de Montpellier, Lib. Congrey., 1557-1598, fol. 135.

(23) GERMAIN, op. cit., pp. 9-11.

(24) 中世ラングドック地方の同宗団については、André GOURON : La réglementation des métiers en Languedoc au Moyen Âge, Droz / Minard, Genève / Paris, 1958, pp. 89 sq. 参照。なお、コンフレリ（confrérie）にはほかに兄弟団、信徒団といった訳語があてられている。

(25) DULIEU : La chirurgie à Montpellier..., op. cit., p. 21.

(26) M. VERDIER : La jurisprudence particuliere de la Chirurgie en France ou Traité historique et juridique des Etablissemens, Réglemens, Police, Devoirs, Fonctions, Honneurs, Droits & Privileges, des Sociétés de Chirurgie & de leurs supôts ; Avec les Devoirs, Fonctions & autorités des Juges à leur égard, t. 1, D'houry, Dodot, Paris, 1754, pp. 442 sq.（B. M. M. 76433）

(27) 彼自身、この聖王に従って1248年の第6回十字軍に参加し、2年後、捕虜となったが、身代金を払って釈放されている。ちなみに、パリ奉行は、警備当局の最高責任者として首都の治安と公共の秩序を維持するだけでなく、その最高位の官吏として国王の権威を体現し、さらに首都財政の管理や行政・司法・立法権をも一手に握っていた。

(28) René de LESPINASSE et als. : Étienne BOILEAU, le livre des métiers XIII[e] siècle, Slatkine Reprints, Paris, 1879, p. 209.

(29) Émile Martin SAINT-LÉON : Histoire des corporations de métiers, Guillaumin, Paris, 1897, p. 184. パリ大学医学部から入学を拒まれていたアンブロワーズ・パレが、1550年代に外科医の免状を得たのが、この学寮だった。なお、聖コームと聖ダミアンは兄弟で、小アジア出身のアラブ系キリスト教徒。患者に無償で外科治療を施し、キリスト教に改宗させようとしたため、ディオクレティアヌス帝時代の287年頃、斬首によって殉教した。壊疽に罹った聖具室係の足に、老衰で死亡した黒人の足を移植したとする伝承などから、内科医や（ヘルニア）外科医、理髪師、歯科医、助産婦などの守護聖人として広く信仰を集めた。祝日は9月26日。

(30) Christian TRÉDANIEL : Histoire du reboutement, Éds. Guy Trédaniel, Paris, 1998, p. 50.

(31) FIERRO, op. cit., p. 772.

(32) ちなみに、マルセル・マリオンの指摘によれば、中世の聖職者たちは教会から血を流すことを禁じられており、それゆえ彼らは外科医になれなかったという（Marcel MARION : Dictionnaire des institutions de la France, Picard, Paris, 1989, p. 92）。

年間でじつに5.3倍（！）に膨れあがり、24年間でも倍増している。この理由について、ボナはフランスと同様に既存の医学部の拡充をあげているが、あるいはそこには目前に迫った戦争、すなわち第一次大戦への機運が色濃く反映していたのかもしれない。

(11) FRANKLIN : Dictionnaire..., op. cit., p. 474.

(12) 医学史家のジョン・フランゴスは、こうしたパリの施療院における運営の変貌について次のように指摘している。「1789年、(…) 貧者に対する慈善的援助をその使命とする、聖職者たちの監視のもとでなおも運営されていたこれらの施療院は、政府をはじめとする世俗の組織による変化への圧力に抵抗することができた。だが、1795年ともなれば、施療院は完全に世俗化され、その独立性を失って（病院化)、厳しい政府の管理下に置かれるようになった。(…) そこでは医師が内部の実権を握り、政府を後ろ盾とする経営者としての地位も得た。こうして病院は病人に奉仕するのみならず、医学生に研修の場を提供し、科学や医学の発展に資する科学的な実験室として役立てるために設立された、医学的な施設として理解・受容されるまでになった」（John FRANGOS : From Housing the Poor to Healing the Sick, Madison & Teaneck / Associated University Press, London, 1997, p. 142)。なお、この書の巻末には、18世紀後葉におけるパリの慈善院の入退院者数や出産・死亡者数に関する貴重な統計資料が掲載されている。

(13) FRANKLIN : Dictionnaire..., op. cit., p. 474.

(14) Françoise LEHOUX : Le cadre de vie des médecins parisiens aux XVI[e] et XVII[e] siècles, Picard, Paris, 1976, p. 434.

(15) Gui PATIN : Lettres, t. II, p. 445（d'après FRANKLIN : Dictionnaire..., op. cit., p. 474).

(16) Léon BINET & Pierre VALLERY-RADOT : Médecine et art de la Renaissance à nos jours, L'Expansion, Paris, 1968, p. 100.

(17) FRANKLIN : Dictionnaire..., op. cit., p. 474.

(18) François LEBRUN : Les hommes et la mort en Anjou aux XVII[e] et XVIII[e] siècles, Flammarion, Paris, 1975, pp. 128 sq.

(19) このキナノキは18世紀には偽物が横行したようで、1735年、王立科学アカデミーの指摘を受けた国務諮問会議は、これが一般大衆に害をなすとの理由で、香料商や調剤師などに対し、その購入や売買だけでなく、王国内への持ちこみも禁じている（A. M. M. HH 194 Arrest du Conseil de l'Estat du Roy, qui interdit l'entrée dans le Royaume, d'une écorce d'arbre appellée Quina faux, ou faux Quinauina, ou Quinauina femelle ; Et fait deffenses à tous Marchands Epiciers, Droguistes & Apothicaires, d'en acheter, & d'en vendre ni debiter, sous les peines y portees)。

(20) そんな彼の考えは、1664年生まれの同名の息子にも確実に受け継がれた。アンジェの医学部で学んだのち、パリの王室植物園で修業した彼もまた、1694年、おそらく父の死去に伴って故郷に戻り、管理役医師となる。そして、父の顰みに倣って、貧しい病人に対する扱い方の改善と解剖学の教育を柱とする医学教育の改革を目指した彼は、その意図を、1718年に著した『新医学講義計画』において明確にする。後押

表2　フランスとドイツにおける内科医学生数の変遷（1836-1914年）

| 年 | フランス | | | | ドイツ | |
|---|---|---|---|---|---|---|
| | 学生総数 | 医学部学生数 | 医学校学生数 | 医学生総数 | 学生総数 | 医学部学生数 |
| 1836/37 | pd. | 2334 | pd. | pd. | 11287 | 2392 |
| 1865/66 | pd. | 1766 | 779 | 2545 | 13621 | 2588 |
| 1875/76 | 9963 | 2629 | 1330 | 3959 | 16640 | 3341 |
| 1889/90 | 16587 | 5843 | 747 | 6590 | 28596 | 8558 |
| 1898/99 | 28254 | 7451 | 1193 | 8644 | 31623 | 7585 |
| 1907/08 | 39800 | 7220 | 1861 | 9081 | 47202 | 7293 |
| 1913/14 | 42037 | 8533 | 1371 | 9904 | 59601 | 15001 |

＊単位：人　pd.：資料なし

毎年の数値がないため、多くを語るのは控えなければならないが、少なくともこの表からすれば、フランスでは学生総数と医学部学生の数が1875年以降確実に増加し、第一次大戦を控えた1913／1914年には、38年前の4.2倍にもなっている。これはまず医学部の新設が相次いだことと（1871年9月リヨン大学、1872年5月ボルドー大学、同年6月トゥールーズ大学、同年7月ナント大学・リール大学、1873年7月マルセイユ大学）、既存の医学部の拡充、つまりボナのいう「大規模大学《ウニヴェルシテ・ド・マス》」への移行とに起因する（Ibid., pp. 95-97&356）。その反面、無学位内科医を養成する医学校の学生数には、さほど目立った増減が認められない。この事実は、表1でみておいた有学位内科医の増大（と無学位内科医の逓減）と密接にかかわる。すなわち、少なからぬ医学校の学生たちが、卒業後に医学部に入って学位を取るという傾向を示しているのだ。さらに、ボナによれば、これら医学生の大学・医学校毎の分布は以下のようになっているという（Ibid., p. 106）。

1866年度（総数4115名）

パリ：71%　ストラスブール：11%　モンペリエ：7%　医学校：11%

1876年度（総数4252名）

パリ：48%　モンペリエ：8%　ナンシー（＋ストラスブール）：4%　医学校：40%

1896年度（総数9228名）

パリ：45%　リヨン：11%　ボルドー：8%　モンペリエ：5%　トゥールーズ：4%　リール：3%　医学校：21%

1866年度の医学生総数については、いささか疑問なしとしないが、この比率の変化は、パリおよびモンペリエ、ストラスブールの3大学を中心として行われてきたフランスにおける医学部（内科医）教育が、年を追ってそれ以外の地方大学に普及・拡散していったことを物語るものといえる。

一方、表2におけるドイツの場合、学生総数と医学部学生数でつねにフランスを凌いでいるが、その差が1万7600と最大になった1913／1914年の医学生総数は、77

| | | | | | |
|---|---|---|---|---|---|
| 1853 | | 6859[1] | 11172[2] | | |
| 1857 | 17457 | 6362[1] | 11095[2] | | |
| 1861 | 17913（pd.） | 2087 | 3313 | pd. | 3067 |
| 1866 | 17192 | 5667[1] | 11525[2] | | |
| 1867 | 17192(pd.) | 2232 | 3397 | pd. | 3456 |
| 1870 | pd. | pd. | pd. | 11334 | pd. |
| 1872 | 15419(4653) | 2341 | pd. | pd. | pd. |
| 1876 | 14376(3633) | 2567 | 3428 | 13728 | 3125 |
| 1886 | 14789(2794) | 2563 | 3187 | 15633 | 2941 |
| 1891 | 14919(2512) | 2570 | 3091 | 19630 | 2564 |
| 1896 | 15017(1605) | 2548 | 2872 | 23910 | 2222 |
| 1900 | 16690(1282) | 2334 | 2524 | 27374 | 2041 |
| 1905 | 18759(1009) | 2092 | 2209 | 31041 | 1961 |
| 1909 | 20141(789) | 1966 | 2037 | 30558 | 2083 |

*単位：人　pd.：資料なし　(　)内および1：無学位内科医数　2：有学位内科医数

この表からすれば、フランスの内科医数（後述する無学位内科医を含む）は、フランスではルイ=ナポレオンが大統領の座につき、ドイツではベルリン3月革命が起きた翌年、すなわち1847年から1909年までの62年間に、わずか2042人しか増えておらず、しかも1861年から1900年までは1847年の数にも達していなかったことになる。この事実は、ドイツの内科医数が1870年から1909年までの39年間で、じつに3倍弱になったのと際だった対照をなしている。

一方、フランスの内科医が1人あたり抱える人口は、無学位内科医と有学位内科医いずれの場合も、普仏戦争後の1876年まで増大し、ドイツより遅れて1886年から減少傾向に入っている。むろんこうした傾向は、それ以前から始まっているはずだが、両者を併せた内科医数で当時の人口を割れば、その数値は、いうまでもなく1876年の2997人が最大、1909年の2001人が最小となる（1999年の国勢調査では、515人)。つまり、約30年間で、フランスにおける人口／内科医の比率は1000ポイント近く下がり、ドイツを凌ぐほどになったのである。

この辺りの詳細な分析はボナに譲ることにして（Ibid., pp. 135 sq.)、ここでは本文後段の議論を先取りする形で、もうひとつの点に着目したい。それは、無学位内科医の数が1876年以降、減少の一途を辿っているということである。おそらく1876年以前では、時期を遡れば遡るほど、彼らの数は多くなっていくはずだが、この現象は医師の学位制度が確実に進んだ事実を端的に物語ると同時に、無学位内科医たちが担っていた「正統」医療の実態をも明確に示している。

ちなみに、そうした医療の現場に送り込まれた医学生たちの数についても、やはりボナの前掲書を参考に一瞥しておこう（Ibid., pp. 92＆93. 一部表記変更)。

上を一部訳出しておこう。彼が扱うのは薬草からつくった軟膏で、骨折、噛み傷、火傷、高熱、悪寒、不快感、耳疾、頻尿、腕痛などに効くという。「さてもお集まりの皆様方、被り物をとり、耳を澄ませ、ここもと取り出だしましたる薬草にご注目あれ。これこそ、聖母マリアがこの地に送りたまえし逸品と心得たい。貧乏人でも金持ちと同じように贖えるよう、安い値段をつけよとは、僕《やつがれ》めへの有難い聖母のお達し。財布の中に1ドゥニエ（12分の1スー）しか入っていない貧乏人に、5スー出せとはどだい無理な話というもの。そこで僕、聖母が仰言るように、これから訪れる土地で通用している通貨の1ドゥニエ分を貰うことにする。パリなら1パリジ（パリ鋳造貨）、オルレアンなら1オルルロワ（オルレアン鋳造貨）、マン島なら1マンソワ（マン鋳造貨）、シャルトルなら1シャルタン（シャルトル鋳造貨）、そしてイングランドのロンドンでは1スターリングを。いや、何ならこの薬草、僕用のパンとワイン、馬用の飼葉と大麦に代えてもよい。(…) 何一つ差し出すものがないほどの貧乏人がいれば、男女の別は問わない。僕のもとに来ればよい。一方の手を神のため、もう一方の手を聖母のため、それぞれ貧乏人に差しのべよう。これからの1年間、聖霊を称えるミサに与るという条件で。ただし、この薬草、(…) かなり強烈で苦い。口に苦いものは心臓に優しい。良薬は口に苦しとはまさにこのことだが、ひとたびこれを手にしたなら、白ワインに入れて3日間寝せてほしい…」(fol. 81)。

(9) FRANKLIN : La vie ..., op. cit., p. 17.

(10) J=P・グーベールが引用する1786年実施の調査結果によれば、住民1万あたりの内科医数は、ノルマンディー地方のカンで1.71(内科医1人あたりの住民数は約5848人)、ブルゴーニュ地方のディジョンで1.45（同6897人)、ピカルディー地方のアミアンで0.56(同1万7857人)、ブルターニュ地方のレンヌにいたっては、じつに0.45（2万2222人）だったという（Jean-Pierre GOUBERT : Médecins, in Dictionnaire de l'Ancien Régime, dir. par Lucien BÉLY, P. U. F., Paris, 1996, p. 812)。なお、19世紀前葉から20世紀初頭にかけてのフランスとドイツにおける医学教育の実態を研究したクリスチャン・ボナは、内科医1人あたりの住民数について、近著『教える、癒す、仕える』のなかで以下のような比較をしている（Christian BONAH : Instruire, guérir, servir. Formation et pratique médicales en France et en Allemagne, Presse Universitaire de Strasbourg, Strasbourg, 2000, pp. 79＆375. 一部表記変更)。

**表1　フランスとドイツにおける内科医1人あたりの人口比率（1825-1909年）**

| フランス | | | | ドイツ | |
|---|---|---|---|---|---|
| 年 | 内科医数 | 人口／無学位内科医 | 人口／有学位内科医 | 内科医数 | 人口／内科医 |
| 1825 | pd. | pd. | pd. | pd. | 3001 |
| 1847 | 18099 | 7456[1] | 10643[2] | | |
| 1849 | 18099(pd.) | 1964 | 3340 | pd. | 2929 |
| 1852 | 18944(pd.) | 1992 | 3222 | pd. | 2638 |

を主題とする第1自由選択論文を提出し、翌1777年3月17日には、「太陽光線の作用は健康に有益か？」を論じた主論文で口頭試問に臨み、さらに同年12月20日には、第2自由選択論文の「医薬品の服用は、秘薬であっても、独断的か？」を提出している。しかし、それで能事足れりとはいかない。続いて翌1778年3月12日、彼はより内・外科的な論文「大きな外科手術を行うに先立って、患者の身体を医学的に整えるべきか？」を提出しているのだ。そして同年8月27日、皮膚科学の先駆者のひとりとされる、伯父（叔父）アンヌ・シャルル・ロリー（1726-83）を委員長とするヴェスペリで、「嵐が病気を生み出すのにより適しているのは、夏季か秋季か？」と、「快癒のためには、成人患者には刺胳、高齢者には洗浄を用いるのがよいかどうか？」の試問を受ける。これを見事通過したアレは、1778年9月14日、やはりロリーの前で、最後の口頭試問に臨む。これに合格し、彼は晴れて医学博士となるが、しかし、それだけで教授資格はとれない。この資格を得るには、さらに乗り越えなければならない関門があった（Jean-François LEMAIRE : Napoléon et la médecine, F. Bourin, Paris, 1992, pp. 31-32）。

(5)FRANKLIN : Dictionnaire..., op. cit., pp. 473-475. ちなみに、考古学的な碑銘研究によれば、紀元1世紀の南仏ナルボンヌ地方（ナルボネンシス）には、医師が7人いたという。フランス最初期の「正統医」とされる彼らは、ほとんどがギリシア出身で、そのうちのひとりセクス・リュリウス・フェリキシムス（Sex. lulius Felicissimus）は、南仏のエクサン=プロヴァンスで医術を営んでいた、セクス・リュリウス・フェリクス（Sex. lulius Felix）の衣鉢を継ぐという。また、フランス東部メッスの考古学博物館には、やはり紀元1世紀のものとされる大理石製の墓碑が展示されているが、そこにレリーフされた女性は、墓碑の上縁部にラテン語でメディカ（medica）の銘が刻まれているところから、女医とみなされている（Danielle GOUREVITCH : *Présence de la médecine rationnelle gréco-romaine en Gaule*, in La médecine en Gaule, dir. par André PELLETIER, Picard, Paris, 1985, pp. 65-67）。

(6)GREIMAS et als. : op. cit., p. 417.　なお、同じmedicusを語源とするmèdzeやmedze、meidze、meidzo、mèze、meigeといった古い地方語も、12世紀末以降「医師」を意味していたが、いずれもmireと同様の運命を辿り、médecinという語が16世紀頃から一般化するにつれて、シャルラタンや民間治療師《ゲリスール》（後述）を指すようになったと考えられる。この変化の過程を端的に物語っているのが、オック語のmètgeである。ルイ・アリベールの『オック=フランス語口語辞典』に収録されているこの語は、やはりmedicusから派生しているが（Louis ALIBERT : Dictionnaire Occitan-Français selon les parlers languedociens, Institut d'Estudis Occitan, Toulouse, 1996, p. 493）、なおも「医師」という原義を保っている。ちなみに「明礬なめし溶液」を指す古語のmégisは、古フランス語で「手当てする」を意味するmegier（＜medicus）に由来しているが、ここにはかつて治療行為と皮なめしとの意味的な連関があったことがみてとれる。

(7)FRANKLIN : La vie privéed'autrefois..., op. cit, pp. 3-5.

(8)RUTEBEUF : Le dit de l'herberie, in Edmond FAREL et Julia BASTIN（éd.）: Œuvres complètes de Rutebeuf, t. I, Picard, Paris, 1959, p. 279. 参考までに、この薬草売りの口

は前もって学部当局に得業士資格要望書を提出し、加えて、呼称ほどには難しくはない総合試験も受けなければならなかった。さらに、学生は個別試験に臨み、エクサミナトゥールともテンタトーレとも呼ばれていた試験官4人からそれなりの評価を得て、はじめて得業士資格志願者《バシュランドゥ》から得業士《バシュリエ》になった。

この個別試験は数日間行われ、最初は哲学と医学、次に医学教育全般に関する学識が問われた。そして、能力が認められた学生は、諸費用を払って宣誓をした後、晴れて得業士となり、アリストテレスやヒポクラテス、ガレノスなどのテクストを公開の場で読み上げて、将来の修士に向けて一歩を踏み出す。この公開講読に対し、後見役の正教授は講評を加え、さらに2通りの質問に答え、2本の学位論文の公開審査を擁護しなければならなかった。すなわち、自由選択論文《テーズ・クォドリベルテール》と、通常は四旬節初旬から諸聖人の祝日、すなわち11月1日にかけて審査された主論文《テーズ・カルディナル》——1452年に設けられたもので、提唱者はパリ大学の改革に与って功のあった枢機卿《カルディナル》エストゥトヴィル（本文後段参照）。呼称の由来はその肩書きからだという——である。このうち、自由選択論文の主題は、1年目は理論医学、2年目は実践医学から選ばれ、主論文のそれは、理論、実践双方の医学を対象としたという。

修士号を得るための試験は、偶数年毎に実施されていた。得業士試験と似通った手続きで行われるこれに通れば、修士志願者《リソンシアンドゥ》は修士となる。ただ、この試験では、志願者は2年間に自らが公開で行った医学書の批評に関する質問に答え、それから試験監督の教授宅で個別試験を受けなければならなかった。こうして新たに修士が誕生すると、医学部は彼と母校とのつながりを強化するため、祝宴を催した。その数日後、（大講堂に）詰めかけた群衆や司祭、小修道院長、高等法院の代表者、パリ大学の4学部長、さらに富裕な商人・ブルジョワ、名士らの面前で、新修士はこれからの覚悟を述べる。やがて、学長の印章が押された学位記が交付される。これがあれば、修士たちは実際に治療を行い、医学を講ずることもできた。しかし、調剤師の修士試験に関わったり、薬局で売られている薬の善し悪しを判断したりすることは禁じられていた。これを行うには、さらに次の段階、すなわち博士号を取得しなければならなかった。この博士号は、2通りのいささか奇妙な手続きを必要としていた。まず、夕方《ヴェープル》（vêpres＜vesperae）に、ヴェスペリ（vespérie）と呼ばれる質疑応答が、指導教授の立会いのもとで行われた。応答は2つの主題を巡ってなされたが、そのひとつは医学とは無関係のものだった。ヴェスペリがしばしば恩師の擁護を得て上首尾に終われば、数日後には、それを祝って指導教授宅で宴が張られた。時には、その場に楽師や歌い手も呼ばれたという。費用は、むろん博士号を認められた志願者もちだった。さらにそれから何日かして、博士用の戴帽式が行われた（Marie-Louise CONCASTY：Commentaires de la Faculté de Paris, Imprimerie Nationale, Paris, 1964, pp. v-xix）。

こうした制度がいつまで存続していたか、筆者は詳らかにしないが、ジャン=フランソワ・ルメールはその著『ナポレオンと医学』で、18世紀後葉の様子を具体的に紹介している。彼によれば、パリ大学医学部出身の内科医ジャン・ノエル・アレの場合、医学博士号をとるまでに、次のような論文を作成しなければならなかったという。すなわち、まず1776年12月19日、彼は「生命体のうちに生命力は存在するか？」

# 第六章

(1)この誓詞は次のような文言からなっていた。「アポロンや医学、アイスクラピウス(医神アスクレピオスのローマ名)、衛生と万能薬（不老長寿の霊薬）の神にかけて、また、あらゆる神と女神たちにかけて、そしてこれらを証人として、私は自らの力と能力に従って、誓約と責務を履行することを誓います。わが医学の師を今日の著述家と同等に置き、わが資産を師と分かち合い、必要とあれば、これを師に供します。さらに、師の子息たちをわが兄弟とみなし、子息たちが医学を修めたいと望むなら、一切の報酬や責務抜きでこれを教えます。私はまた、医学の掟に従って、わが息子や師の子息たち、および責務と誓約によって結びついた弟子たちに教訓と口伝と教育を与えますが、他のいかなる者に対してもこれを行ったりはしません。私は自分の能力と判断とに従って、患者のためになる養生を指導し、一切の悪行や不正を働いたりはしません。たとえそれを求められても、患者に毒を盛ったりせず、また、率先してかかる示唆を行ったりしません。同様に、いかなる女性にも堕胎薬を与えたりはしません。私は自らの人生を営み、自分の技術をしかるべき手術に用います。そして私は、仕事場においては患者のためになることを行い、意図的かつ堕落的な悪行、とりわけ、自由民と奴隷とを問わず、女性や若者たちの誘惑を退けます。わが職業にかかわる治療の間、あるいは治療以外の時に、社会の中で何を見たり聞いたりしたとしても、決して暴露してはならないことについては固く口を閉ざし、かかる場合における義務として、秘密を厳守します。もしこの誓約を遺漏なく履行するなら、私は永遠に人々から敬われるような幸運な人生と職業とを営むことができるでしょう。しかし、背誓や違約をなせば、これとは逆の定めに見舞われるでしょう」。

(2)Olivier FAURE : Histoire sociale de la médecine, Anthropos, Paris, 1994, p. 14.

(3)Ibid. なお、中世の医学教育に関する邦訳書としては、たとえばH・シッパーゲス『中世の医学』、大橋博司・濱中淑彦ほか訳、人文書院、1988年、第7章などがある。

(4)ちなみに、16世紀中葉におけるパリ大学医学部の場合、学生たちは原則的に諸聖人の祝日（11月1日）に登録料を払って入学し、学士号と文学修士号を得るには4年の間――ただし、1学年は9か月――、修養を積まなければならなかった。学生がフランス国内ないし外国の大学から転入した場合、その修養期間は長くなった。だが、この年限規約は、時に教皇の特別許可《アンデュルト》（1543年）や国王の命（1544年）によって無視されもした。定期試験は毎年3月に行われたが、この試験を受けるには、学生たち

(17) A. D. H. 4 E 1 および 4 E 2. なお、こうした大学医学部所属医師たちによる薬剤業務の監視体制は、パリでも行われていたという（Sophie ARMENGOL : *La commensalité à Montpellier au XVII^e siècle. L'exemple de l'apothicairerie-parfumerie royale*, in «Bulletin historique de la ville de Montpellier», no. 17, 1993-1, p. 36）。

(18) A. D. H. 4 E 3.

(19) A. D. H. 4 E 12-518.

(20) A. D. H. 4 E 12-525.

(21) A. D. H. 4 E 12-520.

(22) A. M. M. HH 194.

(23) FARAL, op. cit., p. 89.

(24) Georges DUMAS : *Les spectacles de Chalons-sur-Marne au XVIII^e siècle*, in Théâtre et spectacles hier et aujourd'hui. Époque moderne et contemporaine, CTHS., Paris, 1991, pp. 60-64.

(25) La SALLE D'DFFEMONT : Le mieux contre moral. Les charlatans ou la Foire de Beaucaire, Imp. de la Cne. Balleu, Paris, an VI, p. 155-156.（B. N. 8-Y 2-51430）

(26) 拙著『ペストの文化誌』、前掲、323 頁以下。

はずです。

かかる事態に鑑みまして、貴職におかれましては、なにとぞモンタニャックの町長や参事会員たちに対し、前記若者たちの集会と、以後丸々1週間続いて行われる一切のことを禁ずるよう命じていただきたく、お願い申し上げる次第であります。町長や参事会員たちにしましても、彼らがその結末を危惧する行き過ぎを未然に抑えることはできますが、彼らが小職に申しますに、やはり貴職の命に基づいて行われることが不可欠であり、そしてひとたび命を受けたなら、遺漏なく、しかもできるだけ満足のいくように、その命を実行するとのことです。以上のことからして、貴職におかれましては、前記の町長や参事会員をして、酒場の扉を、ほとんど遵守されず、抜け穴だらけになっている条令に従って夜9時に閉めさせるよう、ご指導いただきたく、伏してお願い申し上げます。貴職が、エタレの廷吏で参事会員でもあります小職の兄弟コネルにお与え下さっているご好意とご高察とを、なにとぞ小職にもお示し下さいますよう。草々。(原文誤記訂正)

文中、騒動の起きるという聖アンドレの祝日であるが、この日はクリスマスまでの4週間、つまり待降節の初日にあたり、革命前までは一般に公休日となっていた。それにあるかあらぬか、しばしば各地で「叛乱」——体制側の用語では「暴動」——まがいの事件がみられ、たとえば1747年のこの日、ラングドック地方西部の中心都市トゥールーズでは、パンの価格高騰に憤った市民たちが、運河に係留されていた船と小麦を運ぶ数台の荷車を襲い、さらには市場や港一帯にある店から小麦を略奪してもいる(Daniel BORZEIX, René PAUTAL et Jacques SERBAT : Révoltes populaires en Occitanie, Les Monédières, Treignac, 1982, pp. 297-298)。

こうしたダンスの規制は古くからあった。たとえば、東西教会大分離期の1393年から94年にかけての十二夜、すなわちクリスマスから1月6日の公現節までの12日間、南仏の古都ニームでは、司教座聖堂内で若者たちが連夜能天気にダンスに打ち興じていた。危機意識を抱いていた聖堂参事会員たちは、それをスキャンダルとみなし、同地の代官代理ジル・ヴィヴィアンに訴え出た。これを受けてヴィヴィアンは、大分離の由々しき状況が続く間、全教会内でのダンスを禁ずるとのオック語による布告を町中に貼り出している(R. SAUZET : *Aux origines du refus des jeux et divertissements dans la pastorale catholique moderne*, in Les jeux à la Renaissance, éds. par Ph. ARIÈS et J.-Cl. MARGOLIN, J. Vrin, Paris, 1982, p. 652)。ちなみに、フィリップ4世時代の1311年に編まれた、パリのアルクール学寮の規約には、学生たちが夜、ダンスに行くことを禁ずる一項が設けられていたという(GOFFLOT, op. cit., p. 5)。

(11) A. D. H. C. 6781-65.

(12) A. D. H. C. 6820-107.

(13) A. D. H. C. 6820-110.

(14) A. D. H. C. 6818-16.

(15) A. D. H. C. 6781-67.

(16) A. D. H. 4 E 12-512.

き起こし、公序良俗に違犯する一切の行為を自ら目の当たりにしてきました。こうしたことに鑑みて、晴れがましくも当市の市吏たちの長たる地位について以来、小職はダンスの許可を決して与えようとはしませんでした。(…) しかしながら、さる日曜日、(ダルボンなる若い市吏は) タラスコンから鼓手たちを呼び入れ、プレでダンスを催しました。それどころか、この男は、ちょうど(同業組合の)祭りを営んでいた指物師たちの笛を奪い取ってもいます。小職としましては、貴職におかれて、(彼らが) 小職の許可なく太鼓を打ったりすることがないよう取締っていただきたく、お願いする次第です。これは町長に課せられた当然の責務であり、1706年12月に定められた条例にのっとった措置でもあります。もとより小職はかかる許可を与えることに何らやぶさかではありません。国王(歓迎)のためのみならず、公的ないし特定の祭りの際にも認めます。つまり、小職が認めないのは、宗教儀礼時のプレでのダンスだけであります。ただし、たとえ認めたとしても、それが多くの若者たちにとって堕落の機会になるということははっきりと認識しておかなければなりません」。

太鼓や鍋釜などを叩いてのラフ・ミュージックや馬鹿騒ぎ(タパージュ)、あるいは、しばしばシャリヴァリやカルナヴァルの際に行われたアゾアド(揶揄や制裁の対象となる人物を、魔女よろしくロバに後ろ向きに乗せ、町村内を引き回して辱める慣行)同様、若者たちのダンスもまた、この事例のように治安・行政当局や教会から抑圧された。筆者はこうしたダンスの事例を少なからず収集しているが、たとえば1749年9月18日、モンタニャックの小修道院長オリヴィエは、毎年荒れることで知られていた聖アンドレの聖人祭(11月30日)の取締りを求めて、ペズナス在住のヴィコント(国王行政官)に次のような書状を送っている。以下はその全訳である(A. D. H. C. 6661-121)。

毎年、この町の聖アンドレ祭で起きる無秩序を止めさせるため、小職は貴職の権威にすがるものであります。この日、無軌道な若者集団が組織され、あらゆる愚行や破廉恥なダンスに夜通し打ち興じ、それに伴うタパージュで地域の住民に多大な迷惑をかけるばかりでなく、酔いに任せて夥しい喧嘩口論に及び、少なからぬ良民がその犠牲となってすらおります。昨年などは、ブレスの連隊長がこの者たちの一部から顔に投石を受け、それ以前には、土地のもっとも重要な人士が、頭に唾を吐きかけられて、精神的に傷ついたこともあります。

さらに、小職といたしましては、貴職に対し、より大きな混乱が起きるのでは、と案じていることをお知らせしなければなりません。と申しますのも、昨年の祭りにおいて、プロテスタントの若者たちがカトリックの若者たちを相手に、ごく近い時期、一悶着起こす準備をしているからです。前者は後者と間違われないよう、帽子に識別印をつけています。もし、若者たちの近くにいるだれか分別のある者がこの印を引き剝がそうとするものなら、かなりの騒ぎとなることを覚悟しなければなりません。まして今年は、その危険にはさらなるものがあります。例年にもまして大掛かりなプロテスタントたちの年次総会が営まれることになっており、そこから集団で戻ってくる彼らは、たまたま道で出会ったカトリック教徒を愚弄したりする

# 第五章

(1)拙論「タラスク再考」、蔵持編著『ヨーロッパの祝祭』所収、河出書房新社、1997年、151頁以下参照。

(2)Marcel CARRIÈRE et Paul MARÉSHAL : La Foire de Beaucaire, Institut d'Études Occitanes, Toulouse, 1949, pp. 39-40.

(3)Arsène FAGES : Beaucaire et sa foire à travers les siècles. Étude littéraire, géographique et historique, d'après le poème languedocien de Jean Michel de Nîmes（XVII<sup>e</sup> siècle）, A. Rey, Lyon, 1943, p. 156.

(4)A. D. H. C. 8618.

(5)CARRIÈRE et MARÉSHAL , op. cit., p. 46.

(6)アーサー・ヤング『フランス紀行』、宮崎洋訳、法政大学出版局、1983年、60-61頁。

(7)ヤング、同上、131頁。ボーケールの南方に広がるラングドック地方は、18世紀中葉に本格的な繁栄へと向かうきわめて大きな転回点を迎えていた。事実、今も重要な地場産業となっている絹織物や綿紡績が活性化したのがこの時期だった。詳細は割愛するほかないが、ボーケールの大市はこれらラングドックの製品が大量に持ち込まれたこともあって、商取引高は17世紀末の600万フランから、1750年には1400万フランへと一気に増大したという（ル・ロワ・ラデュリ『ラングドックの歴史』、前出、113頁）。

(8)«Journal de Nîmes, dédié à son Altesse Monseigneur le Prince Le Rohan-Rochefort», quatrième année, Chez Castor Belle, Nîmes, 1789, pp. 258-259. 取引された絹1400キンタルの内訳は、薄絹600キンタル、アレ産屑繭絹600キンタルだった。ちなみに、18世紀のラングドック地方で最大規模を誇っていた、ペズナス近郊のモンタニャック大市では、1746-51年には綿の売上高が518キンタル（1キンタル＝100キログラム）、羊毛が3548梱だったのに対し、1771-76年にはそれぞれ3713キンタル（7倍強！）、3945梱（1割増）となっている（André NOS : Montagnac 6000 ans d'histoire, Les Amis de Montagnac, Montagnac, 1991, p. 179）。

(9)Ibid., pp. 259-260.

(10)たとえば1775年11月15日、ボーケールの町長クルトワは治安責任者に対し、次のような書状をしたためている（A. D. H. C. 6820-83）。「かねてより司祭や家長、主婦たちは、プレでのダンスを禁ずるよう小職に願い出ているが、小職もまた混乱を引

(40) A. D. H. 4 E 12-539.

(41) Chiristophe LEFÉBURE : La France des pharmacies anciennes, Privat, Toulouse, 1999, p. 26.

(42) 拙著『ペストの文化誌』、朝日新聞社、1995年、207頁以下。

(43) B. M. A 11014-40.

(44) パリ最初の外科医組合は、その規約とともに、国王聖ルイ時代にパリの商人頭（市長）をつとめていたエティエンヌ・ボワローが、1268年に編んだ組合規約集『リーヴル・デ・メティエ（職業鑑）』に紹介されている。また、14世紀初頭から18世紀初頭にかけてのパリの外科医名は、最初の国王外科医ジャン・ピトーを考案者とする『パリ外科医葬祭リスト』（1315-1714）に網羅されている。筆者の手元にあるルネ・ド・レスピナスの『パリ市職業・同業組合』（1847年）によれば、本文にある1699年9月の勅令は、17章150条からなる大部のものだという。ちなみにパリとその市外区における外科医の排他的な医業規定は、第9条にある（René de LESPINASSE : Histoire générale de Paris, op. cit., pp. 622-632）。

(45) 拙著『ペストの文化誌』、前掲、232頁以下。これら聖職者たちの名誉のために付言しておけば、19世紀初頭における一向に浸透しない種痘の普及に、重要な役割を担ったのが彼らだった。詳細は、イヴ=マリ・ベルセ『鍋とランセット』、松平誠・小井高志監訳、新評論、1988年、131-136頁を参照されたい。

(46) A. D. H. 4 E 12-142.

グドック語から仏訳したもので、刊行年は1769年。著者はジローとあるだけで、何者かは不明。題名は「ディアボタヌスあるいは塩性オルヴィエタン」となっており、ディアボタヌスとは薬草から作った薬を意味する。彼はこう記している。「私は名声ゆえに多くの敵を作り、これらの敵は連日のように私を破滅させようと画策している。私はそんな彼らの怒りから身を守らなければならないと思い、パリに向かった。幸いなことに、かなり以前から私は独自の解毒剤の調合法を完成していたため、薬学の世界でそれなりの名を成していた。（中略）数年のうちに、私はパリで、仕事の輝きを保ちながら生きる上で十分すぎるほどの財をなした。しかし、自分が選んだのは、そうした安寧さを不幸な者たちに注ぎ込む喜びだった。そこで私は、自費で薬を調合し、それを住民たちに無償で配った」（GIRARD : Diabotanus ou l'orviétan de salins, Imp. Delaguette, Paris, 1769, pp. 74&103. B. M. M. 63103）。なお、マッフェイ一行が訪れたロデーヴの大市は、1212年以前に始まり、宗教戦争で一時途絶えたものの、1647年、町の守護聖人である聖ヒュルカンの祝日に再開したという（MARTIN, op. cit., p. 233）。

(28) A. D. H. C. 6731. 以下の2通の書状も同じ。

(29) Jacques A. MAHUL : Cartulaire et Archives des Communes de l'ancien diocèse et de l'arrondissement administratif de Carcassonne, vol. 4, Didron / Dumoulin, Paris, 1872, p. 234.

(30) Rémy CAZAL : *Économie, espace et culture sous l'Ancien Régime*, in Jean GUILAINE et Daniel FABRE（dir.）: Histoire de Carcassonne, Privat, Toulouse, 1990, p. 142.

(31) Jean BERNIER : Essais de médecine où il est traité de l'histoire de ma médecine et des médecins, S. Langronne, Paris, 1689.（B. N. 4-T 1-5）

(32) パラケルススの評伝や思想などについては、たとえば種村季弘『パラケルススの世界』（青土社、1979年）、アレクサンドル・コイレ『パラケルススとその周辺』（鶴岡賀雄訳、白馬書房、1987年、とくに111-185頁）、大橋博司『パラケルススの生涯と思想』（思索社、1988年）などを参照されたい。

(33) A. D. H. 4 E 12-529.

(34) Jean BAUMEL : *Publicité d'un maître apothicaire-parfumeur au XVII^e siècle, Montpellier en 1668*, in «La Grande Revue», Paris, 1974, p. 8.

(35) Le Sieur Jean FARGEON : Catalogue des marchandises rares, curieuses & particuliere, qui se font & debitent à Montpellier, Michel Chastel, Avignon, 1668, pp. 6 sq.（d'après J. BAUMEL, op. cit., p. 10-11）. 一説に、この秘薬はルイ14世が死の前夜に服したともいう（FRANKLIN : La vie privée..., op. cit., p. 145）。

(36) ヨハン・ベックマン『西洋事物起源』特許庁内技術史研究会、岩波文庫、211頁以下。

(37) 拙著『ワインの民族誌』、筑摩書房、1988年、238頁。

(38) A. D. H. 4 E 12-124.

(39) ちなみに、トゥールーズ高等法院は、50年後の1741年4月1日の裁決でも、シャルラタンのもぐり売薬人に対する罰金額を1000リーヴルとしている（A. M. M. HH 196）。あるいはこの金額には単なる警告程度の意味しかなかったのかもしれない。

えて、加入ないし医師免許取得年月日も記されている。それによると、最古参は1697年からで、じつに69年（！）も医業を営んでいることになる。だとすれば、年齢はどう若く見積もっても90歳代（！）となる。新人はリスト作成前年の1765年に加入。また、1766年の元日を皮切りに、この外科医師団は毎年メンバーのうちから6人を選んで、2か月間、救貧院での施療奉仕にあたらせ、病や不在など、正当な事由なくこの奉仕を怠った者には5リーヴルの罰金を課し、これを救貧院に差し出すことを明記している。なお、18-19世紀のモンペリエの人口動態については、たとえばEugène THOMAS : Montpellier, Lacour, Nîmes, 1857 / 1988, pp. 47-55などを参照されたい。

(17) Ciliane FRANCK : La vie montpelliéraine aux XVII[e] et XIX[e] siècles, Imp. de la Charité, Montpellier, 1985, p. 171.

(18) 当時のモンペリエ大学医学部における教育水準（？）の一端を示す事例と言えるかどうか定かではないが、筆者の手元には、同学部で医学博士号を取得し、ドイツで従軍医師をしていたレア（リート）なる人物が1767年に著した論文がある。題して、『肺結核症に対する家畜小屋滞在の有効な結果に関する小論』。その前書きによれば、ある2人の召使いが農村に出かけた際、病に罹って衰弱し、早晩死を免れえないと覚悟するまでになった。やがて2人の排泄物が耐え難いほどの臭気を放つようになったため、やむなく彼らを家畜小屋に移したところ、たちまち食欲や力が戻って全快したという。同様の事例がほかにもあることを知ったレアは、家畜小屋の空気の中に動物の生命力と鎮静効果を伴う湿気が含まれており、さらに、その熱気が潰瘍を癒したり激しい咳をおさめたりする効力すら有しているとして、療法の有効性に確信を抱き、自ら「栄養液の消耗ないし衰退によって引き起こされる筋肉部位の疝痛」だとする肺結核症の治療に、この方法を採り入れることを提唱している（M. READ : Essai sur les effets salutaires de séjours des étables dans la phtisie, Rivière, Paris, 1767, pp. 16-26.）。

(19) A. M. M. HH. 196.

(20) Ibid.

(21) Ibid.

(22) ロデーヴの羅紗生産の詳細については、たとえばErnest MARTIN : Cartuaire de la ville de Lodève, Serre et Roumégous, Montpellier, 1900などを参照されたい。

(23) Emile APPOLIS : Le diocèse civil de Lodève, Imp. Coopérative du Sud-Ouest, Albi, 1951, p. 208.

(24) A. D. H. C. 47.

(25) Ernest MARTIN : Histoire de la Ville de Lodève depuis ses origines jusqu'à la Révolution, t. II, Imp. Serre et Roumégous / Laffitte Reprints, Montpellier / Marseille, 1900 / 1979, pp. 249-250.

(26) APPOLIS, op. cit., p. 208. なお、このボナフーは地方長官補佐を1727年から1783年まで、じつに56年もつとめた。

(27) 以下の記述はA. D. H. C. 6763による。ちなみに、当時のオルヴィエタン売りがどのような立場に置かれていたかについては、モンペリエ市立図書館蔵になる次の史料がつとに物語っているところである。「英雄=喜劇譚」と銘打ったテクストは、ラン

# 第四章

(1) Gérard CHOLVY : Histoire de Montpellier, Privat, Toulouse, 1984, p. 191.

(2) André DELORT, op.cit., pp. 22 sq. ちなみに、モンペリエで地方三部会が開かれた（10月）この年の12月22日には、1664年の時よりも巨大な彗星が西空から出現し、その数日前には、アンリ3世にも拝謁したというカプチン会修道士で、町の造園にも携わっていたジャン某が、じつに108歳（！）の天寿をまっとうしている。

(3) B. M. M. FF. reg. de 1676 à 1681, fol. 216.

(4) MEYSONNIER : Discours de l'origine des Charlatans, cité par Dr. CABANÈS : Remèdes d'autrefois, Nlle. éd., Maloine, Paris, 1910, pp. 150-151.

(5) Ambroise PARÉ : Œuvres complètes, éd. par J.-F.MALGAIGNE, t. III, Slatkine Reprints, Genève, 1840-41 / 1970, p. 319.

(6) A. D. H. C. 4723.

(7) Charles-Denys de LAUNAY : Dissertation physique et pratique sur les maladies, et sur les operation de la Pierre, où l'on traite fort au long de sa formation & de la maniere la plusseure pour la tirer de la vessie ou de l'urtere, Laurent d'Houry, Paris, 1700, p. 101.

(8) André BAUDET : Études historiques sur la pharmacie en Bourgogne avant 1803, Thèse, J. et Tloret, Paris, 1905, p. 312.

(9) A. D. H. C. 4723.

(10) Pierre FRANCO : Traité des hernies contenant, une ample déclaration de toutes leurs espèces, et autres excellentes parties de la chirurgie, assavoir de la Pierre, des Cataractes des yeux, et autres maladies..., Thibauld Payan, Lyon, 1561, 2e partie, p. 29.

(11) Bernard JACQUET : Empiriques et charlatans troyens du XV$^{e}$ au XIX$^{e}$ siècle, Thèse, Imp. R. Foulon, Paris, 1960, p. 31.

(12) アムロについては、J. Balteau（dir.）: Dictionnaire de biographie française, Letouzey, Paris, 1933, pp. 603-604、ブルトゥイユ男爵については、Biographie universelle ancienne et moderne, nlle. éd., t. V, Desplaces, Paris, 1854, pp. 492-493 などを参照されたい。

(13) A. M. M. HH. 196.

(14) Ibid.

(15) Ibid.

(16) A. M. M. HH. 192. このリストには、外科医師団の構成やメンバー各人の住所に加

utiles des amateurs au XVIII$^{e}$ siècle, Presse Universitaire Blaise-Pascal, Clermont-Ferrand, 2000, pp. 59-72 を参照されたい)。こけら落としの出し物は、大掛かりな舞台装置とパントマイムによる、4幕物の悲劇『解放されたエルサレムもしくはルノーとアルミド』。この作品は数週間にわたって上演され、大入りを記録したが、装置や衣装などに金をかけすぎ、収益は大きな赤字となってしまい、ついに1780年、同養成所は閉鎖を余儀なくされた。

(112)ちなみに、このポルト・ド・サン=マルタン座の場所は、曲馬場（1670-76年)、外国人プロテスタント墓地（1720-62年)、オペラ座の装飾品店（1767年以降）として用いられていた。

(113)Jouslin de LA SALLE, PHILADELPHE-MAURICE & DE CHAVANGES : La famille du charlatan, Pollet, Paris, 1824.

(114)恋多き女性だった彼女は、1831年、愛人デュマの新作で、2人の関係を下地にしたような姦通物『アントニー』で、道ならぬ恋の果てに恋人に刺殺されるアデール役を見事に演じきり、その名声を確実なものにしたという。

(115)岩瀬・佐藤・伊藤、前出、139頁。

(116)Henri LAGRAVE : *Privilèges et libertés*, in Le théâtre en France, op. cit., p. 298.

(117)詳細については、たとえばE. Le Roy LADURIE : Histoire du Languedoc, Col. «Que sais-je ?», PUF, Paris, 1962（エマニュエル・ル・ロワ・ラデュリ『ラングドックの歴史』、和田愛子訳、白水社クセジュ文庫、1994年）などを参照されたい。

赤鼻に大きな口、だぶだぶのズボンに巨大な靴という、われわれにも馴染み深い出で立ちの「オーギュスト」として一世を風靡した。イギリス出身のトム・ベリングを嚆矢とするこのオーギュストは、明らかにクラウンから派生したキャラクターで、しばしば酩酊による逸脱行為を擬《もど》くパントマイムや曲馬で会場を沸かせた。クラウンからは、さらに白面に円錐形のトンガリ帽子をかぶった「ブラウン」も分かれている。そして、この「オーギュスト＝痴愚」と「ブラウン＝賢明」とのからみが、さながら掛け合い漫才のように展開していくところに、近代サーカスのもうひとつの愉しみがあった。

(103)以下のニコレに関する記述は、とくに指摘がない限り、主にCHAUVEAU, pp. 2967 sq. による。

(104)そんな折もおり、サン=トヴィド大市（本章註77参照）で火災が発生する。1777年9月のことである。炎はたちまち燃え広がり、テュイルリー公園へと至る道筋に連なっていた33軒の商店を焼き尽くした。罹災者に対する援助の手は各方面から差し出されたが、ニコレとそのライヴァルだったオーディノ（後述）もまた、それぞれの劇場で慈善興行を行い、前者は2000フラン、後者は1200フランの収益金を罹災者救済のために提供したという（POUGIN, op. cit., p. 386）。

(105)ジャルはこのニコレの没年を1796年としているが（JAL, op. cit., p. 912）、明らかに誤り。

(106)リビエはのちにルーアンで活躍し、パリ時代と同じ作品を演じて評判を得たという（Pierre FRANTZ : *Théâtre et fêtes de la Révolution*, in Le Théâtre en France, op. cit., p. 514）。ちなみに、ゲテ座の隣には、ナポレオンがライプチヒで一敗地にまみれた1813年、荷車貸しのニコラ=ミシェル・ベルトランとジャック=ジャン・ファビアンの2人が、それまであった粗末な小屋を買い取り、新たに「ヒュナンビュル（綱渡り芸）座」を建てている。同座はその呼称通り、綱の上で踊るロープ・ダンスや跳躍、ヘラクレスの馬鹿力といった軽業や力技を見せる見世物ないし大道芸で評判をとった。

(107)ダンセル、前掲書（下）、48頁訳註参照。

(108)CHAUVEAU, op. cit., pp. 41-42.

(109)Ibid., p. 43.

(110)パリ・オペラ座（ガルニエ座）の歴史は有為転変を極めており、1671年にブテイユ室内掌球場（現カフェ）に開設されて以来、現在の地に落ち着く1875年までの約1世紀間、じつに12箇所も転々としている。詳細はダンセルの前掲書（上）91-94頁参照。

(111)この養成所は、いわゆるグリュック派とピッチーニ派が、それぞれフランス様式とイタリア様式のオペラの優劣を巡って争っていた1779年、地方巡業の役者だったテシエと、王立音楽・ダンスアカデミー（オペラ座）の踊り手アブラハムが、シャルロ通りとの結節部に開設した客席数700あまりの建物で、オペラ座の踊り手たちに実地訓練をさせるためのものだった（最終的にグリュック派が勝利するこの争いについては、たとえばGérard LOUBINOUX : C'est celui qui le dit qui l'est ou l'amateur dans la querelle des gluckistes et des piccinnistes, in Jean-Louis JAM（dir.）：Les divertissements

フランコーニの曲馬。G・ヴェルネ画（出典　A.POUGIN : *Dictionnaire* ...）

むメロドラマ=パントマイムに突出した芸才を発揮するようになる。やがて彼らは、飾り立てた馬を用いて、共和国と帝国のさまざまな戦勝を記念する一大ページェントを繰り広げる。この試みは、しかし膨大な費用を要し、ためにフランコーニ一族は経済的な窮地に追い込まれてしまう。加えて、1826年には火事にも見舞われ、ついには破産に追い込まれてもいる。そして、1835年からは、あのテオフィル・ゴーティエをして「オリオルと並べば猿も形無し」と言わしめた、フランス人天才クラウンのジャン=バティスト・オリオルが、前年「国立シルク=オランピック劇場」と改称したここで、クラウン芸と動物見世物を主体とする出し物を矢継ぎ早に上演するようになる（アストリーとフランコーニ一族については、たとえばMarian MURRY : Circus! , Greenwood Press, Westport, 1956, pp. 79-93＆95-103などを参照されたい）。

1875年にルーヴル宮近くのサン=トノレ通りに旗揚げされた「ヌーヴォー・シルク（新サーカス）座」は、いうまでもなくこの「シルク=オランピック座」の流れを引くものだが、そこではイギリス人のフーティことジョージ・T・ホール（1864-1921）と、スペイン出身のショコラことラファエル・パディリャ（1868-1917）という2人のサーカス道化が名声を馳せた。このうち、前者はコミック・ショーを主とするクラウン芸「アントレ」を集大成して曲馬のパロディを定着させる。そして、社会に内在する人々の不満や差別意識や嘲笑を、サーカスのリングの上で引き受けあるいは具現化することで、脱聖化された「王冠《クラウン》」の擬人化とでもいうべきトリックスターとしてのクラウン像を確立した。一方、その相棒のショコラ(「チョコレート」の意）は、

アストリー・サーカスのパリ興行ポスター。18 世紀末。パリ、国立図書館蔵

-1814）が、騎兵隊の調教師だった自らの経験を生かした軍馬調教の流れをひく曲馬・パレードに、クラウン芸を加味したものを嚆矢とする。1783 年、そのアストリーが、マリー=アントワネットの招きでパリに進出し、この通りに、フランス最初の常設サーカスとなる円形曲馬場、通称「アンフィテアトル・アストリー」を開いたのである。直径 20 メートルあまりのこの曲馬場での出し物に、彼は曲馬や曲芸のほか、中国の影絵も加えた。

だが、穏健・保守派の集会場となっていた「ナシオン（国民）座」——革命時にコメディー=フランセーズ座が改称——の役者たちが大量逮捕された 1793 年（1792 年とする説もある）、イギリスを盟主とする対仏大同盟のあおりをうけて、アストリーは国外逃亡を余儀なくされる。その際、彼はアンフィテアトルの権利を、座員だったヴェネツィア出身の鳥遣いの名手アントニオ・フランコーニ（1737-1836！）に譲り渡したのだった。「シルク=フランコーニ（フランコーニ=サーカス）座」の誕生である。

アミアン条約で英仏間に和約がなった 1802 年、アストリーはパリに戻り、前記アンフィテアトルで活動を再開する。一方、フランコーニは現オペラ座近くのカプチン会修道院の囲い地にリングを設け、ここを新たな拠点とする。そして、1805 年、彼と 2 人の息子は、サン=トノレ通りに新設なった、座席数じつに 2700 を擁する広大な曲馬場に一座を移し、1807 年末、新たに「シルク=オランピック（オリンピック=サーカス）座」の看板で再出発する。そして 2 年後には、曲馬の上演許可を得るようになる。さらにアストリーが他界した 1814 年には、馬を用いたパントマイム劇も認められる。その一部は、エルバ島に流されたナポレオンの栄光の勝利に捧げられた。おそらくそこで繰り広げられた曲馬には、失明寸前のアントニオ（アントワーヌ）の老いた姿も見られたはずだ（HILLAIRET, Dictionnaire historique..., vol. 2, op. cit., p. 430）。

こうして着々と発展していったシルク=オランピック座ではあったが、その後の運命は必ずしも恵まれたものではなかった。1816 年には、財務省の建設に伴ってサン=トノレ通りからの立ち退きを命じられ、再びアンフィテアトル・アストリーに戻るのだった。ところが、コメディー=フランセーズの悲劇作家で、「レピュブリック（共和国）座」の創設者でもあるフランソワ・J・タルマが 63 歳で他界した 1826 年、今度はこの建物が全焼して一切が灰燼に帰してしまうのだ。

翌年、フランコーニとその息子たちの必死の努力で、同座は活動を再開する。後述するフレデリック・ルメートルも、ヒュナンビュル座から移り、以後、対話形式を含帯びていたのだろうか。筆者は詳らかにしない。だが、やはりパリの石工だったミシェル・ジャン・スデヌ（1719-97）が、コメディー=フランセーズ座のために書き上げた、本格劇の『知恵のない哲学者』（1765年）や喜劇の『意外な賭』（1768年）で一躍名を挙げ、オペラ=コミックを芝居の主力に押し上げたのち、喜劇（『王と農夫』1762年）や民衆悲劇（『裏切り者』1769年）、さらに歴史悲劇（『獅子心王リチャード』1784年）でも成功を収めるに至って、ファヴァール時代は終焉を告げるのだった（CORVIN, op. cit., p. 825）。なお、ディドロの忠実な弟子でもあったスデヌは、こうした演劇活動が高く評価されて、1786年、アカデミー・フランセーズの会員に選出されている。

一方、まさに飛ぶ鳥を落とす勢いだったコメディー=イタリエンヌ座にも、そろそろ変化の兆しが忍び寄っていた。積極策が次第に内部分裂の危機を、つまりフランス人主体の歌い手たちと、イタリア人主体の役者たちとの間に抜き差しならない溝を増幅していったのだ。その結果、最終的に同座は「イタリアン」とは名ばかりの、実際はフランス物のみを上演するようになり、革命後の1793年には、国立オペラ=コミック座と改称する。そして、オペラ=ブーフの牙城として、オペラ座やコメディー=フランセーズ座と新たな競合を繰り広げていく。なお、1716年から1793年までにコメディー=イタリエンヌ座が上演した出し物の詳細については、Clarence D. BRENNER : The Theatre Italien. Its Repertory, 1716-1793, Univ. of California Press, Berkeley & Los Angels, 1961を参照されたい。

(93) レオン・ムウシナック『演劇　その起源から現代まで』上巻、利光哲夫訳、美術出版社、1966／1970年、127頁。

(94) JAL, op. cit., p. 1034.

(95) Ibid.

(96) LAGRAVE : Le théâtre..., op. cit., pp. 252-253.

(97) Ibid., p. 257.

(98) John LOUGH : Paris Theatre Audiences in the 17th and 18th centuries, Oxford Univ. Press, London, 1957, p. 77.

(99) LAGRAVE : Le théâtre..., op. cit., pp. 193-194. なお、コメディー=フランセーズ座設立最初の10年間の動員数は、13万〜14万台を推移し、同座がベルトラン一座に干渉した1690年のそれは約13万6000だった（LEROY, op. cit., p. 123）。

(100) ヴォードヴィル（vaudeville）とは、世相諷刺を織り込んだ俗謡を伴う、コメディア・デラルテ風の一幕物の喜劇で、のちには歌とバレエの混じった軽歌劇もこう呼ばれた。起源は、北仏カルヴァドス県のヴォー=ド=ヴィール（Vau-de-Vire）一帯ではやっていた酒の唄とも、ヴォワ・ド・ヴィル（庶民の唄）ともいわれる（岩瀬・佐藤・伊藤、前出、123頁註参照）。コルヴァンはそのバッカス祭的諷刺唄を、オリヴィエ・バスランなる人物の創案になるとしている（CORVIN, II, op. cit., p. 925）。

(101) Pierre GASCARD : Le Boulevard du Crime, Hachette / Massin, Paris, 1980, p. 13.

(102) ちなみに、タンプル大通りに東接するフォブール=デュ=タンプル通りは、フランス・サーカス発祥の地でもあった。周知のように、円形演技場に象徴される近代サーカスは、1770年頃のロンドンで、イギリス人曲馬師のフィリップ・アストリー（1742

か言及しておいたが、ここで改めて確認しておこう。1697年にフランスから追放されたはずの彼らは、1716年、時の摂政オルレアン公フィリップから改めてパリに招かれているのだ。パルマ公お抱え劇団から選ばれた役者たちを率いたのは、役者であると同時に演劇史家・理論家で、コメディア・デラルテの革新者ともいわれたレリオことルイジ・リッコボーニ（1675頃-1753）。パレ=ロワイヤル座に、次いでオテル・ド・ブルゴーニュ座に落ち着いた彼らは、「コメディー=イタリエンヌ座」を結成し、当初のうちは、ルイ14世時代に評判をとったゲラルディ一座の笑劇、とくにアルルカン物を再演していた。

だが、やがてフランス語で書かれた新しい対話劇も採り入れるようになる。前述したように、大市演劇での対話劇や独語劇は禁じられていたが、国王の庇護のもとにある劇場に迎えられた彼らイタリア人役者たちは、その規制とは無縁の存在だった。さらに、コメディー=フランセーズ座による大市演劇の上演禁止権も、むろん彼らにまでは効力を及ぼさなかった。

こうしてコメディー=イタリエンヌ座の役者たちは、イタリア演劇に伝統的な即興性を徐々に廃し、フランス語を話す役者たちを加えながら、マリヴォーやルサージュの大市演劇用に書かれた諷刺劇を、そのままフランス語で上演するようになる。

1723年、庇護者のオルレアン公が他界すると、彼らイタリア人役者たちの多くはフランスに帰化し、競合相手のコメディー=フランセーズ座の役者同様、「国王お抱え役者」となる。それは彼らの身分と生活とをともどもに保証するものだった。しかし、彼らの真骨頂は、イタリア演劇とフランス演劇との融合を図ったところにのみあるわけではない。むしろここからさまざまな冒険を行ったところにあるのだ。すなわち、彼らは大市演劇からオペラ=コミックを借用したり、パロディを積極的に採りいれるなどして、結果的にイタリア演劇と大市演劇とを融和させた、オペラ座には不向きなコミック・バレエも採りいれた。コメディー=フランセーズ座が5幕物の悲劇や喜劇にこだわり続けているのを尻目に、より短い作品を積極的に導入してもいった。さらに、大市演劇のように、一晩で数回上演することも厭わなかった。

サン=ジェルマン大市が火事のために壊滅的な打撃をこうむった1762年、コメディー=イタリエンヌ座はオペラ=コミック座（第二章註96参照）を吸収合併する。当時、オペラ=コミック座を率いていたのは、喜歌劇の『3人のトルコ皇帝妃』などで知られるシャルル=シモン・ファヴァール。パリの菓子職人から大市演劇の戯曲家へと転身した彼は、音楽喜劇を創案し、『アネットとリュバン』をはじめとする田園劇にも突出した力を発揮して、演劇界の寵児となっていた。ちなみに、コメディー=イタリエンヌ座の役者たちは、多くがオテル・ド・ブルゴーニュ座の隣に住んでいた。そのなかには、「ポーランド王の第一ダンサー」との触れ込みで、サン=ジェルマン大市のオペラ=コミック座で初舞台を踏み、1752年以降には、コメディー=イタリエンヌ座の歌って踊れる看板女優となっていた、ファヴァール未亡人（1727-72）の姿もあったはずだ。興味深いことに、そこにはまた、当時9歳だったタルマ（本章註102参照）も歯科医の父とともに住んでいた。

余談はさておき、ファヴァールにとって、はたしてこの合併劇はどのような意味を

Edouard FOURNIER : Variétés historiques et littéraires, t. I, P. Jannet, Paris, 1855, pp. 279-287 を参照されたい。

(80) B. N. ff. 11, 210 f°15 v.

(81) CORVIN, op. cit., p. 577.

(82) Maurice ALBERT : Les théâtres de la Foire, Paris, 1900, réimp. Slatkine Reprints, Genève, 1969, pp. 6-7.

(83) V. BARBERET : Lesage et le théâtre de la foire, Slatkine Reprints, Genève, 1970, pp. 29-30 (version orig., Nancy, 1887).

(84) ドミニクが上演したのは、1709 年、活動を止めたモーリス未亡人から舞台装置や装飾などを含む興業権を譲り受けて独立した、ジャン・レヴェック・ド・ベルガルドとデゲロワの一座だったとする説もある (CAMPARDON, op. cit., p. 121)。ちなみに、ピエール=フランソワがその芸名を継いだ、ボローニャ出身の父ドメニコ（ドミニク、1636-88）は、17 の歳にウィーンのタバリーニ一座で初舞台を踏んだ後、1661 年ないし 62 年にルイ 14 世の求めでパリに来て、コメディー=イタリエンヌ座に入っている。以来、晩年まで、じつに 20 数年もの間、アルルカン役を演じ続け、その間、しばしば宮廷に招かれてもいる。そして 1680 年代には、彼は同座の座長として名声をほしいままにし、ルイ 14 世を名付け親とする長子ルイは、同座の座付き作家として『人間嫌いのアルルカン』(1696 年）などを創作し、「不世出のプリマ・ドンナ」と謳われた長女フランソワーズは芸名イザベル、次女カトリーヌは芸名コロンビーヌとして、それぞれ同座の女優陣を彩った (François et Claude PARFAICT : Mémoires pour servir à l'histoire des spectacles de la Foire, par un acteur forain, t. I, Briasson, Paris, 1743, p. 108)。ベッローニ一座と袂を分かったドミニクは、のちにシチリア出身のジョゼッペ・トルトリティ、芸名パスカリエル（1656 生）一座の地方巡業に加わり、1703 年、その娘と結婚している。その彼がパリに出て、モーリス一座に加わった時期は、アルチュール・プジャンの『演劇とそれに伴う諸芸に関する歴史・図解事典』によれば、1708 年だという (Arthur POUGIN : Dictionnaire historique et pittoresque du théâtre et des arts qui s'y rattachent, Firmin-Didot, Paris, 1885, p. 380)。そして、彼は本文にある出世作『アルルカン・アティ』の成功を機に独立して自ら一座を組織し、1710 年だけでも『不実な女もしくは詐欺的な外見』と『雅宴学校もしくは愛の技法』を、リヨンなどで上演している。

(85) BUREAU：1899, pp. 82-83.

(86) 詳細は POUGIN, ibid., pp. 380-382 参照。

(87) CORVIN, op. cit., t. 2, p. 677.

(88) Martine de ROUGEMONT : La vie théâtrale en France au XVIII[e] siècle, Slatkine Reprints, Genève, 1988 / 1996, p. 266.

(89) POUGIN, op. cit., p. 380.

(90) PARFAICT, op. cit., p. 3.

(91) BARBERET, op. cit., p. 29, n. 2.

(92) 解散といえば、コメディー=イタリエンヌの役者たちはどうなったか。すでに何度

パリ、ヴァンドーム広場のサン=トヴィド大市風景。ゴードン（正面左手）とニコラ（同右手）の芝居小屋が見える。18世紀後葉（出典　A.POUGIN：*Dictionnaire historique et pittoresque du théâtre*）

ちが楽器を演奏する「カフェ・デ・ザヴーグル」を店開きしている。彼ら盲人はいずれも長衣に尖頭帽といった出で立ちで、木靴を履いた中心的な盲人の尖頭帽には、道化帽よろしくロバの長耳がついていた。だが、こうした賑わいは、ヴァンドーム広場周辺の裕福な地主たちの不興を買い、ついに1771年、大市はルイ15世広場（現コンコルド広場）へと移転を余儀なくされ、6年後の1777年、火事のために焼失の憂き目をみることになる。

また、特定の暦日に営まれる大市もあった。たとえば、11月11日の聖マルタンの祝日前後に、パリ市内のいくつかの場所で開かれた大市は、売買に加えて、人々が文字通り牛飲馬食で羽目を外すところから、フランス語の表現で「聖マルタンの祝日をやる（faire la Saint-Martin）」とは、「旨いものをたらふく食う」ことを意味する。この日からクリスマスまでの40日間は、春先の四旬節同様、集団の愉しみ事や祝い事が禁じられていたため、人々はその前に、四旬節直前のカルナヴァルに倣うかのように大騒ぎをしたのである。

(78) ブリオシェ一族に関する以下の紹介は、FOURNEL : Le vieux Paris, op. cit., pp. 293-302 および JAL, op. cit., pp. 472-479 に多くを負っている。なお、この初代ブリオシェを人形遣いとする説がある（たとえば、小学館版『仏和大辞典』など）。必ずしも間違いではないが、おそらくそこには、ボワローの親友でもあった歴史家のクロード・ブロセットが『著作集』の中で犯した混同、すなわちピエールとほぼ同時代に活躍していた、イタリア人人形遣いのジョヴァンニ・ブリオッチ、通称ジャン・ブリオシェとの混同があると思われる。

(79) この事件に関するより詳細な記述については、内容に多少の異同があるものの、ンヌ）の中庭通廊にかかっている 2 枚の油彩画にみることができる。

(62) SCARRON : La foire Saint-Germain en vers burlesques, in P.-L. JACOB, op. cit., pp. 213-214.

(63 BARBIER, op. cit., p. 78.

(64) A. N. Y 9499-749, d'après BIMBENET-PRIVAT, op. cit., pp. 87-88.

(65) のちに「ヴァリエテ=アミュザント座」となるこの一座については、たとえば Joseph LONG : Theatre in Focus. Théâtre des Variétés, Chadwyck-Healey / Somerset House, Cambridge, 1980, pp. 11-24 や CHAUVEAU, op. cit., pp. 529-531 を参照されたい。

(66) コンスタン・ミック『コメディア・デラルテ』、梁木靖弘訳、未来社、1987 年、47-48 頁。

(67) Alfred SIMON : La planète des clowns, La Manifacture, Lyon, 1988, p. 29.

(68) A. N., Série Y, n°195. Registre des publications d'ordonnances du Châtelet, 1594 à 1608, fol. 119 recto. なお、このクルタンは、1598 年 12 月から翌年 1 月まで、短期間ながらブノワ・プティ一座の座員として、オテル・ド・ブルゴーニュ座の舞台に立っている（MONGRÉDIEN : Dictionnaire..., op. cit., p. 52）。

(69) Jules BONNASSIES : Spectacles forains et la Comédie-Française, E. Dentu, Paris, 1875, pp. 7-9.

(70) LAGRAVE : Le théâtre et le public à Paris..., op. cit., p. 370.

(71) Émile CAMPORDON : Les spectacles de la foire, t.II, Berger-Levrault, Paris, 1977, pp. 120-121.

(72) Ibid., t. I, pp. 90-91.

(73) Ibid., t. II, p. 346.

(74) Ibid., p. 251.

(75) A. N. Y 9499-749, d'après BIMBENET-PRIVAT, op. cit., p. 100.

(76) 同大市は 40 年前にも火事に見舞われている。国立古文書館蔵の治安条例史料によれば、火元はアルノーなる人物。おそらく露店商だと思われるが、この不始末によって、彼はシャトレ裁判所から 20 リーヴルの罰金刑を科されている（A. N. Y 9498-208, ibid., p. 207）。

(77) パリの代表的な大市としては、ほかにサン=トヴィド大市があった。場所は、今日高級ブティックが立ち並ぶヴァンドーム広場。1665 年、教皇アレクサンデル 7 世から聖オヴィディウスの聖遺骨を授かったフランス大使のクレキ公が、同広場にあったカプチン会系修道院にこの聖遺物を贈った。爾来、カプチン会士たちは毎年聖人の祝日である 8 月 31 日から 1 週間、彼らの教会の前に聖遺物を陳列した。この聖遺物をひと目拝もうと各地から善男善女が集まり、やがて広場の周囲には、玩具や蜂蜜入りのパン売りや菓子商、あるいは香料商のテントが店を並べるようになる。サン=トヴィド大市の始まりである。1764 年には、新たに加わった宝石商や香料商らのテントも木組みの高級店舗に姿を変え、市の開催期間も 8 月 14 日からの 4 週間となった。この頃には、他の大市と同様に、綱渡りや人形遣いなどの芸人も広場に登場し、人出はいや増す一方だった。たとえば 1770 年頃、ヴァランダンなる人物が 9 人の盲人《アヴーグル》た

1731年　6月28日（木曜日）
1732年　6月28日（土曜日）
1733年　6月30日（火曜日）
1734年　6月26日（土曜日）
1735年　6月28日（火曜日）
1736年　6月27日（水曜日）

(54) HEULHARD, ibid., p. 120.

(55) Dominique LEROY, op. cit., p. 17.

(56) Ibid., pp. 125-126.

(57) Edme de la POIX DE FREMINVILLE : Dictionnaire ou traité de la police des villes, bourgs, paroisses et seigeuries de la campagne, Gissey, Paris, 1769, p. 343. 大市露店内での賭け事を禁ずるシャトレ裁判所の同様の条例は、以後も幾度となく出されている。たとえば1729には2月にサン=ジェルマン大市、6月にはサン=ジェルマン、サン=ローラン両大市での禁令が出され、これに違反した者への罰金は、前者が300ルーヴル、後者が500ルーヴルとなっている（A. N. Y 9498-389, d'après BINBENET-PRIVAT, op. cit, p. 54）。なお、当時の賭け事についての詳細は、たとえばFrancis FREUDENDLICH : Le monde du jeu à Paris 1715-1800, A. Michel, Paris, 1995などを参照されたい。

(58) Robert CHALLE : Les illustres français, compagnie des libraires, s. l., 1713, éd. par F. DELOFFRÉ & J. CORMIER, Droz, Genève, 1991, p. 113.

(59) V. BARBERET : Lesage et le théâtre de la foire, Nancy, 1887, réimp. Slatkine Reprints, Genève, 1970, p. 7.

(60) このmélodrameなる呼称は、1775年にコメディー=フランセーズ座で上演されたルソーの音楽劇『ピグマリオン』を嚆矢とするという。やがて劇作家のピクセレクール（1773-1844）が、19世紀初頭、ブルヴァールで流行したパントマイムとオペラ=コミックが結びついた台詞付きの無言劇や英雄的無言劇をこう命名した。いわゆるお涙頂戴や勧善懲悪をモチーフとする通俗劇（岩瀬・佐藤・伊藤、前出、127-128頁）。

(61) サン=ジェルマン大市の開催時期は、本文に示した暦日に落ち着くまで、時代によって変わっている。創設時の12世紀には、それは復活祭後2週間目に始まり、3週間続いた。パリ大学生とサン=ジェルマン修道院長の警護役たちの間で悶着が起き、死者も出た1278年当時は、復活祭後15日目から1週間、大市が再び同修道院の所有地に戻ってきた1486年には、10月1日から1週間開かれた。この開催日は、さらに聖マルティヌスの祝日（11月11日）や聖母御潔斎の祝日（2月2日）に移されている（FIERRO, op. cit., p. 876）。こうした度重なる開催日の変更には、パリ北郊サン=ドゥニ大修道院の聖職者たちの圧力が大きくものをいっていた。サン=ドゥニでは毎年6月半ばに2週間ほど、羊皮紙の取引きで有名な大市「ランディ」が開かれており、それとの競合は何としてでも避けたいとする聖職者たちが、高等法院にサン=ジェルマン大市の開催日を調整するよう要求したためである。ちなみに、ランディ大市の期間中、大学は休みとなり、学生たちはパリ大学学長を先頭に行列を組んで、羊皮紙を買いにサン=ドゥニまで赴いたものだった。その模様は、今もパリ第4大学（ソルボたとえばMuseo Teatrale alla Scala : La Commedia dell'Arte e le sue Maschera, Milano, 1976, pp. 21 sq. などを参照されたい。

(44) S. W. DIERKAUF-HOLSBOER : L'Histoire de la mise en scène dans le théâtre français à Paris de 1600 à 1673, Nizet, Paris, 1960, p. 86.

(45) 田之倉稔編訳『ゴルドーニ劇場』、晶文社、1983年、7-69頁。また、彼の生涯に関する詳細な研究書としては、たとえばPaul de ROUX（éd.）: Mémoires de M. Goldoni pour servir à l'histoire de sa vie et à celle de son théâtre, Mercure de France, Paris, 1982などがある。

(46) Irène PIHLSTRÖM : Le médecin et la médecine dans le théâtre comique français du XVII[e] siècle（extrait de «Studia Romanica Upsaliensia», 47）, Alaqovist & Wiksell International, Stockholm, 1991, p. 133.

(47) 17世紀の民衆・農民一揆については、たとえばRené PILLORGET : Les mouvements insurrectionnels de Provence entre 1596 et 1715, A. Pedone, Paris, 1975などを参照されたい。なお、フランス南部オック地方の一揆（反兵士・反聖職者蜂起などを含む）は1600年-50年に約230回、17世紀全体では約350回を数える（Daniel BORZEIX, René PAUTAL et Jacques SERBAT : Révoltes populaires en Occitanie, 2[e] éd., Les Monédières, Treignac, 1982, pp. 357-362）。

(48) ギシュメール、前出、79頁。

(49) たとえば1694年、作者は不明だが、ラシーヌに対する誹謗詩が刊行され、その冒頭には「長い間、偶像崇拝の精霊を活気づけてきた、危険な」演劇に対する教会の姿勢が示されている。「ラシーヌよ、芝居は禁止され、間もなくなくなることだろう。／教会は芝居とその大胆な作品を告発しだしている。／この教会の燃えるような情熱はどこからでもみてとれる。／高僧は騒ぎ、説教壇も激しく糾弾する。／そして、芝居を批判する文書を印刷すべく、／すでに何人もの学者が印刷機を軋ませてもいる。／享楽が懸命に芝居を支えようとするが、所詮それは徒労に帰す。／喜劇は廃れ、その空しい擁護者は／ひたすら検閲者の怒りを目覚めさせるだけである」（Epistre sur les condamnations du théâtre. A Monsieur Racine, La Veuve de Jean-Baptiste Coignard, Paris, 1694, pp. 3. B. M. 10370）。

(50) Dominique LEROY : Histoire des arts du spectacle en France, L'Harmattan, Paris, 1990, p. 17.

(51) アンドレ・ヴァルノ『パリ風俗史』、北澤真木訳、講談社学術文庫、1999、136頁。

(52) Claude REBOUL : Piazza Beaubourg, les triburations du saltimbanque, Dagorno, Paris, 1993.

(53) HILLAIRET : Dictionnaire..., t. II, op. cit., pp. 452-453. およびArthur HEULHARD : La Foire de Saint-Laurent, A. Lemerre, Paris, 1878, réimp. Slatkine Reprints, Genève, 1971, pp. 3-12. なお、18世紀前葉におけるサン=ローラン大市の開催日は、次のようになっていた（A.N. Y 9498&9499, d'après BIMBENET-PRIVAT, op. cit.）。

1729年　6月25日（土曜日）

1730年　6月27日（火曜日）

ると考えていたのではないか。

デュ・バリ伯爵とエベール。1789年を挟んで、前者は放蕩三昧の果てに、後者は民衆革命の実現を目指して、この奇蹟小路に至った。その事由は著しく異なるが、いずれも機略と才覚を駆使してやがて歴史の檜舞台に立つ。そんな彼らにとってみれば、まさに奇蹟小路とは舞台裏の意味を帯びていたといえる。

(38)事実、モリエールとシャルラタン=オペラトゥールとの関わりは深い。たとえば1653年、彼はリヨンで美貌の誉れ高かったラ・デュ・パルクこと、マリー=テレーズ・ド・ゴルラ（1633-68）を一座に加えているが、当時、彼女はイタリア人オペラトゥールの父親ジャコモ・デ・ゴルラの仮設舞台に立ち、得意の曲芸を演じて客寄せをしていた。同年、この美女は、同じ一座の花形役者だったグロ=ルネ、本名ベルトロ（1630頃-64）と結婚する。モリエール一座にとって、2人の結婚はきわめて重要な意味を帯びていた。

1658年、ラ・デュ・パルクはコルネイユ兄弟のいるマレ座に移り、翌年には舞い戻ったが、その際、彼女の魅力に籠絡された兄弟もモリエール一座に移っているのだ。そして『スガラネル、または妻を寝取られたと思っている男』（初演1660年）でのセリや、『ドン・ジュアン』（同1665年）のエルヴィル、さらに『人間嫌い』（同1666年）のアルシノエなど、モリエール作品の主要な役どころを見事に演じて、その名声に多いに与って力があった。

だが、1637年、ラ・デュ・パルクは再びモリエール一座を去り、恋人ラシーヌのいるオテル・ド・ブルゴーニュ座に入る。そんな彼女のために、ラシーヌは悲劇『アンドロマック』（初演1667年）を創作するが、翌年、彼女は急死してしまう。一説に、ラシーヌが毒を盛ったためというが、真偽のほどは分からない。

一方、モリエールとイタリア演劇との作劇上の関連はさほど強くなく、『ナヴァラのドン・ガルシア』に、チコニーニ作『ロデリゴ王子の幸運な嫉妬』のプロットを全面的に、しかしフランス風に脚色して採り入れた程度だったという（SMITH, op. cit., p. 163, CORVIN, t. I, op. cit., p. 297ほか）。

(39)詳細は、たとえば以下を参照されたい。Albert-Paul ALLIÈS : Une ville d'États Pézenas aux XVI[e] et XVII[e] siècles & Molière à Pézenas, Les Amis de Pézenas, Pézenas, 1973, pp. 247 sq.

(40)たとえば、1663年に発表した『女房学校批判』は、同年のオテル・ド・ブルゴーニュ座の出し物である、ブルソー作『画家の肖像ないし女房学校反批判』を念頭に置いたものだったという（Jacqueline de JOMARON, éd. : Le théâtre en France I, A. Colin, Paris, 1988, s. p.）。

(41)FOURNEL : Les rues du Vieux Paris, op. cit., p. 474.

(42)ナポレオン=モーリス・ベルナルダンが指摘するところによれば、1604年にはスペイン人芸人、1613年にはイギリス人芸人、さらに1627年にはギリシア人芸人が、それぞれ一座を組んでパリに現れたという（BERNARDIN, op. cit., p. 59）。

(43)Brian JEFFERY : French Renaissance Comedy 1552-1630, Clarendon Press, Oxford, 1969, p. 93. なお、コメディア・デラルテの役どころに関する簡潔な紹介については、

こからともなく無宿者がいつくようになったのだ。事実、フランス革命前、ジャン・デュ・バリ伯爵は賭博で無一文となり、尾羽うちからして「奇蹟小路」に逃げ込み、あろうことか、無宿者相手に賭場を開帳しているのだ。おそらくそこで、彼は元修道女の娼婦ジャンヌ・ベキュ（1743 頃-93）と出会い、愛人にしている。そして 1768 年、彼女をルイ 15 世に引き合わせる。ジャンヌの魅力にすっかり憑かれた 58 歳の国王は、これをジャンの兄弟ギヨームに娶らせて伯爵夫人ジャンヌ・デュ・バリに仕立てて箔づけし、翌年、「前任」のポンパドゥール侯爵夫人が去って久しい宮廷にあげる。こうして国王のもっとも新しい愛妾におさまったジャンヌは、危機的な状況にあった国庫のことなどどこふく風で、あの「首飾り事件」（第二章参照）の発端となる豪奢な生活に明け暮れ、それのみか、たとえばオーストリア継承戦争や 7 年戦争で武勲をあげ、陸海軍を再編して、国内の商業や産業の発展にも大いに寄与したショワズル公爵を国王から遠ざけるなど、宮廷政治にも大きな影響力を及ぼした。だが、1774 年、国王が他界すると宮廷を追われ、修道院生活に舞い戻る。そんな彼女にとって生涯の不運は、1792 年、イングランドを訪れたことだった。それが宝石類を隠すためとの嫌疑がかけられ、翌年、帰国するや、国家の財宝を散逸したという反革命の廉で捕えられ、断頭台の露と消えてしまう。

断頭台といえばもうひとり、奇蹟小路にまつわるエピソードの中で、とりわけ看過してならない人物がいる。1790 年から 4 年間、この小路で民衆的な諷刺新聞《ペール・デュシェーヌ（デュシェーヌおじさん）》を印刷し続けた、ジャック・ルネ・エベール（1757-94）である。デュシェーヌとは笑劇の登場人物で、革命初期からサン=キュロットたちの考えや期待を代弁してきた。その人物名を新聞に冠し、自らそれを筆名とした彼であってみれば、勢い論調は過激に走った。

革命期におけるエベールの活動については、すでに多くの研究があり、ここで詳細に論じる必要はないだろうが、1793 年、彼は共和主義派のコルドリエ・クラブの指導者として、都市ブルジョワジーのジロンド派と対立して逮捕されてしまう。だが、サン=キュロットたちの暴動によって解放され、マラー暗殺後、パリの自治区民の代表として国民公会に影響力を発揮し、貧民救済などを目的とする社会・経済的施策を採用させる。彼はさらに非キリスト教化運動にも参画し、そこに反革命的野望をみてとったロベスピエール率いる公安委員会の疑念と敵意を招いて、1794 年、ついに 17 人の同志（エベール派）ともども断頭台送りとなる。

こうしてエベールは、彼自身、息子との近親相姦を働いたとして断罪したマリー=アントワネットや、その寛容主義を厳しく非難したダントンやロベスピエールらと同様、革命の時代を足早に駆けぬけたが、それにしても、エベールはなぜ奇蹟小路といういかがわしい場所を印刷所に選んだのか。詳細は不明だが、パリの金銀細工師を父として生まれた彼は、弱冠 16 歳で地下出版に関わり、投獄の憂き目に遭っている。にもかかわらず、釈放後も寄席演芸の世界に身を投じ（1786 年）、さらに数多くのパンフレットを発行して革命を訴えている（1789 年）。そんな裏世界に通じていた彼のことである。無法と闇と社会に対する貧民たちの怨嗟とに包まれた奇蹟小路が、自分を守ってくれると信じていたのではないか。少なくともここそが、自分の原点であみ出されたものだとしている。真実なら、教会にとってまことに迷惑千万な話だが、その聖人像への寄進はむろん教会にはいかず、すべて頭目への上納金となった。だとすれば、頭目は司祭王とでも呼ぶべきか。あるいはそこでは、パロディックな宗教共同体が営まれていたのだろうか。

ところで、「奇蹟」という呼称を冠せられた広場なり（袋）小路なりは、17 世紀のパリに少なくとも 12 箇所はあった。そのすべての住人を合わせれば、いったいどれほどの数にのぼるのか。この小路 1 箇所だけで常時数千人——1765 年刊行になる『パリ市およびその周域に関する歴史記述』によれば、「500 家族」（Piganiol de LA FORCE : Description historique de la Ville de Paris et ses environs, Nlle. éd., t. III, Les Libraires Associés, p. 406. B. H. V. P.　$8^{0}$I 4）——が住んでいたところからすれば、どう少なく見積もっても、ゆうに 1 万人、いや、つかの間の滞在者を加えれば数万（？）は越すだろう。興味深いことに、バック通り沿いにあった広場を除けば、そのほとんどがセーヌ右岸に集まっていた。「右岸は消費し《デパンス》、（ソルボンヌやコレージュ・ド・フランスがある）左岸は考える《パンス》」という、パリの特徴をつとに示す有名な地口にもあるように、右岸は昔から首都の主な商業活動と消費生活を支えてきた。何しろここには、12 世紀初頭から 1969 年に郊外に移転されるまで、16 世紀には日に 30 万人分もの食料品が商われたという中央市場もあった。それだけに、詐術や物乞いや窃盗を生存の基盤とする無宿者たちにとって、多少とも実入りが期待できた。右岸に奇蹟の（袋）小路＝広場が偏っていた理由の 1 つは明らかにここにある。そして、古い町並みに特有な迷路に加えて、こうした禁断の場所もまた都市の風景を形作っていたのだ。

グランゴワールの迷い込んだ小路は、これら悪場所の中でもっともおぞましく、それゆえにもっともパリ市民に恐れられ、疎んじられていた。だが、その無法＝治外法権的地位も、1667 年までの話だった。新設されたばかりのパリの警視総監に就いたラ・レニ（本書第二章参照）が、市中浄化策の一環として、900 あまりの通りに 2700 ものランタンをつけさせて町の照明化を図る一方、問題の広場を次々と柵で囲ってしまったからだ。こうして安住の広場から締め出された無宿者たちは、通りに放り出され、やがて監獄や施療院に送られてしまう。1832 年にコレラに襲われたパリの治安当局が、首都の衛生対策として、コレラ罹患者のみならず、疫病の原因となる瘴気《ミアズマ》を帯びているとみなされていた無宿人や老人や娼婦などを、施療院とは名ばかりの強制収容施設に封じ込めたようにである。

パリの近代化が、瘴気の発生源とされていた基盤構造の整備、すなわち陽が差しこまない小路の拡張や悪路の舗装化、排水路の暗渠化などに象徴される都市改造と、瘴気の媒介者として有徴化された無辜の人々の一掃によって特徴づけられるとすれば、こうした「奇蹟小路」の解体とその住民たちの強制収容とは、まさに来るべき近代化への布石だったともいえる。ありていにいえば、それは、正統を攪乱してやまない場所と人間とをともどもに廃すことで実現した近代化にほかならず、その限りにおいて、医学と薬学がシャルラタン的要素を否定ないし払拭して制度的に近代化したことと、過不足なく符合するのだ。

だが、ラ・レニの浄化効果も長くは続かなかった。取締りが一段落すると、再びどむしろシャルラタン・イメージがいずれ辿ることになる宿命と、何ほどか通底するものがみてとれるではないか。このイメージもまた、すでに十分みておいたように、ヒュドラのように触手を伸ばし、正統なるものを取り込んでいったからだ。

だが、奇蹟小路の歴史は詩人の運命以上にシャルラタン的である。悪臭と砂埃と喧嘩口論、そして地底まで直接響くような重い笑いとに満ちたこの広場は、前述したように13世紀からあり、14世紀後葉には、時の国王シャルル5世が築いた、ルーヴル宮西側のセーヌ河岸からバスティーユを経て再びセーヌへと至る、半円状の城壁に北接していた。今でいえば、パリの2区の北側をケール通り（開通1799年）、東側をフォルジェ通り（1800年）、西側をニル通り（1590年）とダミエット通り（1800年）に囲まれた区域、つまりケール（カイロ）広場を含む一角ということになる。はたしてユゴーは、奇蹟御殿と見立てた建物がこの区域のどのあたりにあったと考えていたのか。現在も空隙地となっている南側とも思えるが、そのさらに南側には、本文に述べてあるように、サン=ソヴール教会があった。

シャルラタンときわめて関係が深い喜劇三羽烏がなぜここに埋葬されるようになったのか。その経緯について、筆者は寡聞にして知らないが、あるいは彼らもまた売れない時分には、このすさまじい広場を根城としていたのだろうか。それはともかく、ユゴーも書いているように、人々の哀れみと施しとを誘わずにはおかないあらゆる種類の偽者や泥棒たちは、いったいに独自の掟と言葉とをもっていた。たとえば、フランス語で「隠語」を指すアルゴ（argot）は、そんな彼らの行状を示す語、すなわち「金をせびること《アルゲ》」（arguer）や「かっぱらうこと《アルゴテ》」（argoter＞ergoter）、あるいは古フランス語の「戸を叩いて施し《アルゴテ》を求める」（hargoter）に由来する。さらに中世フランス語にいう「物乞い《アルゴティエ》」（argotier）を原義とする説もある（DAUZAT et als., op. cit., p. 40）。

彼らはまた、クロパンのような頭目を戴いてもいた。この頭目は、フランソワ1世時代の16世紀前葉にはラゴ（Ragot）と呼ばれていたという（HILLAIRET, Dictionnaire, t. I, op. cit., p. 408）。「背の低いずんぐりした男」を意味するragotも、語順を変えればargotになるが、これら広場の住人たちは、毎晩のように稼ぎの1パーセントを頭目に差し出し、残りは飲み食いに使った。宵越しの金は持たない。それが彼らの掟だった。「持てない」という現実の受身形を「持たない」という願望の能動形で表した、そんなレトリカルな掟に従う限り、彼らが都市の負性の部位から正統な部位へと移り住む可能性は、それこそ奇蹟でも起こらない限り、おそらくついに訪れることはなかった。まさにここは、彼らの袋小路となったのだ。

一方、ミシェル・ダンセルは、時代を明示しないまま、頭目がテュニス王を嘲笑的にもじった「テューヌ（施し物、した金）の王」という名で呼ばれていたとし、次のように述べている（ダンセル、前出、81頁）。「鞭と犬を突き刺すための熊手を手にして武装したテューヌ王は、夜の儀式を主宰した。この儀式では、物乞いたちが1列になって聖人像の前を通過し、金だらいにいやいや金を入れた。つまり、昼間の稼ぎに対する上納金を寄託したのだった」（ちなみに、テューヌThuneという呼称は、やがて卑語で5フラン硬貨を指すようになる）。

ダンセルはこの聖人像を隣接する教会、すなわち前述のサン=ソヴール教会から盗ルボン枢機卿の意向を受けて創作した聖史劇《ミステール》『聖母マリアの正しいおさばき』を、パリ裁判所の大広間で上演したところだった。だが、肝心の上演は、裁判所の書記たちや学生、職人、娼婦さらに奇蹟の広場の住人たちなどからなる群衆の妨害で、とんでもない乱痴気騒ぎへと変わってしまった。作者の意図や名誉も完璧に踏みにじられた。それもそのはずで、群集は聖史劇を見に来たのでなく、「ばか祭り」の法王を選ぶために集まったのだった。

西方キリスト教暦によれば、おりしも1月6日は、東方の三博士がイエスの生誕を祝ってベツレヘムを訪れたことを記念する公現祭。子供たちは、親が切り分けてくれた菓子の中にソラマメか小指ほどの人形を探し、幸運にもそれが自分の取り分に入っていたら、仲間たちに王を宣して少年王国を築いた。そしてもうひとつ、この日は、そもそもクリスマスから数えて12日目、つまり本章註2でみたような「愚者の祭」(訳文では「ばか祭り」) が営まれる、十二夜の最終日にあたる。

だとすれば、裁判所でのスラップスティック・コメディーは、公現祭の少年王選びと愚者の祭の無礼講とが結びついた結果ということになるのだろうか。キリストの受難をはじめとする宗教的主題を、教訓ないし信仰のシンボルとして折りこんだ聖史劇が、一場の乱痴気騒ぎに変わったとしても不思議はない。ブルボン枢機卿はもとより、グランゴワールにとっても、まことにこれは予期せぬ不幸な事態だった。正統や権威に反撥し、それを凌駕さえする民衆的イマジネールの圧倒的な力。そして、この裁判所で炸裂したイマジネールが、地下水脈となって3世紀を流れ、最後に革命へと向かっていく。

ところで、『ノートル=ダム・ド・パリ』といえば、ジプシー娘のエスメラルダを巡って繰り広げられる、司教補佐のフロロと親衛隊長のド・シャトーペール、さらにあの鐘撞き男カジモドによる有名な悲恋話が人口に膾炙している。だが、じつはここには、王政に対する民衆の激しい反撥心を描こうとする作者の明確な創作意図が、いわば通奏低音のように響いているはずなのだ——。

文字通り悪場所に迷い込んだ哀れなグランゴワールは、一角の奥まりにある「奇蹟御殿」、すなわち1軒の居酒屋へと連行される。そこには、でっぷりとした赤ら顔の男が肥った女を抱き、偽の傷痍兵が包帯をほどいて足の痺れを癒したり、若い巡礼者が癲癇の装い方を教わったり、あるいは女泥棒が攫ってきた子供を奪い合うといった、「地獄の詩にさえなりそうになかった」風景が展開していた。しかも、牢名主然とした王クロパンが、酒樽の上に鎮座していた。この王こそ、裁判所の大広間で見物人たちに傷ついた腕を差し出して物乞いをし、せっかくの聖史劇を台無しにするきっかけを作った男だった。しかし、グランゴワールにもはやそれをとがめだてする勇気も気力もなく、相手に言われるまま、呪わしくもおぞましい王国の一員になることを約束してしまう。

いくら文無しとはいえ、グランゴワールはパリ奉行から祝婚詩を依頼されていた詩人である。その彼が、精一杯の奸計と機略を用いてぎりぎりの生を刻んでいた無宿無頼の徒の一味に加わる。つまり、言葉とイメージの正統たるべき詩人が、都市の悪を醸成し、日常的に演ずる側に同心するというのだ。そこには、シャルラタンが、いや、

「奇蹟小路」跡（筆者撮影）

にはやがわりするいんちきな病院。つまり一口で言えば、盗みや売春や人殺しなどがパリの舗道の上で演じる、いつの世にも変わらぬあの芝居の俳優たちが、この当時の衣装をつけたり脱いだりしていた巨大な楽屋なのだ」（辻昶・松下和則訳、世界文学全集 39、講談社、1975 年、91-92 頁。表記一部変更）。

場面は、1482 年 1 月 6 日の夕、家賃を滞納している部屋に帰ることもできず、どこかに野宿でもと考えていた詩人グランゴワールが、物乞いたちに付きまとわれながら、迂闊にもクール・デ・ミラクルと呼ばれる袋小路状の広場にさ迷いこんでしまったところ。奇蹟（ミラクル）といういささか厳粛ないし神秘的な響きをもつ呼称は、昼間、松葉杖をついたり、いざったりしながら物乞いをしていた跛者や怪我人や失明者が、夜、広場に戻るや、たちまち松葉杖や添え木を放り出し、二本足で何事もなかったかのように歩き出したりする「奇蹟」に由来する（JAILLOT : Recherches critiques, historiques et topographiques sur la Ville de Paris depuis ses commencements connus jusqu'à présent, Le Boucher, Paris, 1782, p. 90. B. H. V. P. 8⁰I 9）。15 世紀にいたかどうかは不明だが、そこには大泡を吐き出す石鹸芸人や、聖ユベールによって病が治癒したと言い立てるユベール芸人、さらに農村部から出てきた流民などの姿もみられた（ミシェル・ダンセル『パリ歴史物語　上』拙訳、原書房、1991 年、81 頁）。そうした者たちにとって、ここは一種のアジールでもあったのだ。

じつはこの日、詩人はパリに入城したフランドル王の使節一行を歓待するため、ブ文庫、1995年、16頁。

(29) SELIMONTE, op. cit., s. p.

(30) LINTILHAC, op. cit., p. 125.

(31) HOWE et JURGENS, op. cit., p. 191, n. 79.

(32) Henri CHARDON : La troupe du Roman Comique dévoilée et les comédiens de campagne au XVII[e] siècle, Typographie E. Monnoyer, Le Mans, 1870, p. 25.

(33) HOWE et JURGENS, op. cit., p. 191.

(34) この辺りの経緯に関しては、FOURNEL: Les rues du Vieux Paris, op. cit., pp. 457-460を参照されたい。

(35) ちなみに、演劇史家のロベール・ガラポンによれば、1624年頃にオテル・ド・ブルゴーニュ座で上演されていた作者不詳の作品『煙突掃除人』には、少なくともモノローグが19回登場し（そのうちの12回は幕の初め）、それぞれの長さは、オースタン・ディユ版のテクスト（Les Romonneurs, comédie anonyme en prose, éditée par Austin Dille, Didier, Paris, 1957）では、平均で23行だったという。こうしたモノローグの多用傾向は初期のモリエールにもみられた。すなわち、1655年から1663年にかけて発表したモリエールの10本の戯曲のうち、モノローグは33回用いられ、とりわけ『女房学校』では、アルノルフ1人で12回の独白を行い、その長さは作品全体の10パーセント強の190行にもなる（Robert GARAPON : *Les monologues, les acteurs et le public en France au XVII[e] siècle*, in Dramaturgie et Société, éd. par Jean JACQUOT, t. I, C.N.R.S., Paris, 1968, p. 254）。

(36) FOURNEL : Les rues du Vieux Paris, op. cit., p. 451. しかし、ミシェル・コルヴァンの編になる『演劇百科事典』では、ブリュスカンビユは1616年にオテル・ド・ブルゴーニュ座のグロ=ギヨーム一座に入り、1629年に退いたとある（CORVIN, op.cit., p. 141）。その間、彼がパリを去ったかどうかは不明だが、少なくともオテル・ド・ブルゴーニュ座の代名詞ともなった前述の喜劇三羽烏とともに、舞台に立っていたことは確かである。ただ、1629年以降にファリヌが同座の座長だったとする記録は見あたらない。

(37) 四方がそれぞれ60メートルもあったところからすれば、この「奇蹟小路」は実際には「（袋）小路」というよりむしろ「広場」に近かったようだ。これについて、ユゴーは『ノートル=ダム・ド・パリ』（1832年）でこう描写している。「哀れな詩人はあたりを見まわした。なるほど、彼はあの恐ろしい《奇蹟御殿》に来てしまっていたのだ。まともな人間なら、こんな時間にはけっして足を踏み入れたことのないところだ。大胆不敵な手入れをおこなったシャトレの役人たちやパリ奉行の手の者が、散りぢりになって消えてしまった不思議な一角だ。泥棒どものまちなのであり、パリの顔にできた醜いいぼ。都のまちまちにいつも流れ出る悪人や、物乞いや、浮浪人の流れが、朝な夕な流れ出ては、夜になると戻ってきて、悪臭をはなちながらよどむ下水。社会秩序をかきみだすあらゆるモンスススズメバチが、夕方になると獲物をくわえて帰ってくる恐ろしい巣なのだ。ジプシーや還俗修道士や堕落学生などが、また…あらゆる宗派のならず者どもが、体をにせ傷だらけにして、昼間は物乞いをやり、夜は強盗

／1996年、23頁)。

(21) ちなみに、モリエールが他界した（2月）この年の1月初めないし前年末、オテル・ド・ブルゴーニュ座はならず者たちによる破壊行為を受けている。すなわち、剣や銃を手にした一団が芝居の上演中に館内に押し入り、観客をだれかれ構わず退出させた挙げ句、建物に火を放つと脅したというのである。国王はただちに事件の犯人探しを命じたが、ついに首謀者は分からずじまいだった。しかし、こうした行為はならず者たちだけの所業ではなかった。オペラ座をはじめとするパリの主たる劇場には、すでにドービニャックの提言（1657年）に基づいて、こうした乱暴狼藉を予防・監視するために兵士たちが配置されていたが、1658年のオテル・ド・ブルゴーニュ座の公演用張り紙が、兵士たちの館内入場を厳禁していることからも容易に推察できるように、ほかならぬこのガードマンたる兵士たちもまた、劇場内の混乱を仕掛け、あるいは助長した（Jeffrey S. RABEL : The contested Parterre. Public Theater and French Political Culture 1680-1791, Cornell University, New York, 1999, pp. 86&92)。

(22) Jacques HILLAIRET : Connaissance du vieux Paris, Payot / Rivages, Paris, 1951 / 1993, p. 117.

(23) とりわけオテル・ド・ブルゴーニュ座で上演された彼の『アルメニアのドン・ジャフェ』は、コルネイユの傑作を除けば、17世紀前葉で最大の成功を収めた作品だという（CHEVALLEY, op. cit., p. 63)。なお、スカロンのロマン・コミックについては、たとえばJacques TRUCHET : *Le "Roman Comique" de Scaron et l'univers théâtral*, in Dramaturgie et Société, op. cit., pp. 259-266などを参照されたい。

(24) 『滑稽旅役者物語』の邦訳（渡辺明正訳、国書刊行会、1993年）があるスカロンについては、たとえばFrançois POTTIER : De l'écriture à la représentation, essai sur le théâtre de Paul Scarron, Thèse, Univ. de Paris X, 1981、ダンクールについてはA. BLANC : F. C. Dancourt. La Comédie-Française à l'heure du soleil couchant, Narre et Place, Tübingen / Paris, 1984、ルサージュについてはEugène LINTILHAC : Lesage, Hachette, Paris, 1893やA. STRIKER : The Theatre of Alain René Lesage, Columbia Univ. Press, New York, 1968などを参照されたい。なお、ロジェ・ギシュメール『フランス古典演劇』(伊藤洋訳、白水社クセジュ文庫、1999年、44-47、91-96、99-101頁）には、この3人に関する簡潔にして要を得た説明がある。

(25) CHEVALLEY, op. cit., p. 40.

(26) Roger GUCHEMERRE : Visages du théâtre français au XVII$^{e}$ siècle, Klincksierck, Langres, 1994, p. 189.

(27) だが、モンフルリ（子）のモリエール攻撃は功を奏さなかった。その証拠に、1664年、国王夫妻はモリエールの長子の洗礼に際し、その代父母となっている（CHEVALLEY, op. cit., p. 108)。ちなみに、ジャルによれば、アンジェの貴族出身のモンフルリ（父)、すなわちザシャリ・ジャコブ（1616頃-67）は、地方巡業の一座で役者としての腕を磨いた後、1634年頃にオテル・ド・ブルゴーニュ座に入り、4年後には『ル・シッド』に初めて役を得ているという（JAL, t. II, p. 888)。

(28) パトリック・ドゥヴォー『コメディー=フランセーズ』伊藤洋訳、白水社クセジュ

パリの室内掌球場。作者不詳版画、16 世紀（出典 Sylvie CHEVALLEY : *Album Théâtre classique*）

ゲネゴー座はこうして無人となった旧ブテイユ掌球場に入り、以後、パリの劇団はオテル・ド・ブルゴーニュ座とゲネゴー座の 2 つのみとなる。だが、1680 年、再び王命によってこの両劇団は合併され、新たにマザリヌ通りを拠点とするコメディー=フランセーズ座として、以後のフランス演劇を担っていく（本文後述）。一方、マレ座、というよりむしろそれが付設されていた掌球場は、ニコラ・ル・カミュなる貴族の厩舎に変えられてしまう。40 年に及ぶ同座の波乱に富んだ歴史を閉じるにしては、それはあまりにも寂しい結末といえる（なお、革命後の 1792 年、ボーマルシェは、ヴィエイユ=デュ=タンプル通り近くのセヴィニェ通りにあった、ラモワニョン館を新生マレ座として旗揚げし、そのこけら落としに、自作の催涙喜劇『罪ある母』を上演している。亡命フランス人に武器を売ったとの嫌疑をかけられた彼が、オランダとイギリスに亡命を余儀なくされる 1 年前のことである）。

(19) たとえばフロリドールは、1644 年末ないし 1645 年初頭に、マレ座でピエール・コルネイユ作の歴史悲劇『ロドギュヌ』を上演し、自ら主役のアンティクス役で舞台に上がっている。

なお、スペイン王女マリア・テレジアとルイ 14 世との結婚および、ピレネー山脈北東側に位置するルシヨン・アルトワ地方のフランス割譲などを取り決めたピレネー条約の締結を祝って、1659 年に最初の無料公演が行われたのも、このオテル・ド・ブルゴーニュ座だった。

(20) Henri LAGRAVE : Le théâtre et le public à Paris de 1715 à 1750, C. Klincksierck, Paris, 1972, p. 326. 参考までに、30 年ほど後の 1674 年、ヴェルサイユでのフランシュ=コンテ併合記念式典で初演されたラシーヌの悲劇『イフゲニー』の場合、1739-40 年のシーズンで、上演回数 149 回、観客動員数 7 万 6815 人、平均観客数 516 だった（op. cit., p. 325）。ラグラヴはさらに、コメディー=フランセーズ座での上演に関する、きわめて興味深い統計数値をいろいろ列挙している。なお、フランス演劇史家のアントワーヌ・アダンによれば、17 世紀初頭から 1680 年にいたるまでの演劇集団は、平等な劇団員から構成されており、それぞれの取り分は収入から公演費を差し引いた額の均等な配分からなっていた。だが、時代とともに配分法は複雑化し、年功制度も導入されるようになったという（『フランス古典劇』今野一雄訳、白水社クセジュ文庫、1971

ブテイユ室内掌球場跡。1669年、ここに最初のオペラ座が設けられ、1673年にはゲネゴー座、1680年にはコメディ=フランセーズ座の拠点となった（筆者撮影）

りにあるゲネゴー座への移転を余儀なくされてしまうのだ。この合併によって産まれたゲネゴー座の座員は19人。内訳は、旧マレ座から9人、旧モリエール一座から10人だった。後者は新しい劇団で主導権を握ろうとしたラ・グランジュが、急遽3人を補充した結果だった。

ところで、このゲネゴーの芝居小屋は、もとは16世紀末に建てられたブテイユ室内掌球場で、1643年に若きモリエールが「盛名劇団」を旗揚げした、メテイエ室内掌球場と同じ通りにあった。「瓶（ブテイユ）」という呼称の由来は不明だが、リヨン出身の神父ピエール・ペラン（1620？-75）が、1669年、国王ルイ14世の公開状によって、「アカデミー・ドペラ」を設立し、一般に開放されたオペラのための劇場を開いたのがここだった。パリ・オペラ座の歴史の出発点である。1671年、ペランとその仲間たちは、オウィディウスのローマ神話に着想を得た『ポモナ』をもって旗揚げ興行を行い、連続8か月上演という、当時としては稀有の偉業を成し遂げる。だが、その大成功も束の間、アカデミー内部で仲間割れが起き、ペランもまた巨額の借財を負って投獄の憂き目にあう。最終的にペランは、その借財返済と出獄費用を捻出するため、アカデミーの特権を国王の寵を得た作曲家リュリ（本文後述）に売り渡す。これによってアカデミー・ドペラの独占権を得たリュリは、1672年、ヴォージラール通りのリュクサンブール公園近くにあったベル=エール掌球場に拠点をおく、「王立音楽・ダンスアカデミー」を創設するのだった。

マレ座の公演予告貼り紙。1660年2月3日火曜日。演し物はジョドレやスカロン、スカラムーシュらの喜劇。金曜日はコルネイユの作品が上演されるとある（出典　Sylvie CHEVALLEY : *Album Théâtre classique*）

ローマの将軍セルトリウスをモデルにした、ピエール・コルネイユの新作悲劇『セルトリウス』（1662年）で悲劇役者としての頭角を現したデ・ズイエ、本名アリクス・ファヴィオ（1620頃-70）。さらにモリエール一座も、ロレーヌ地方の歩兵隊長出身で、座長ラ・ロックの姪を妻にしているラ・トリリエールことフランソワ・ル・ノワールと、やがて1682年にコメディー=フランセーズ座に入る、ブレクールことギヨーム・マルクロー（1638-85）を引き抜いた。

この時も、マレ座は新人加入によって辛うじて態勢を整え、以後、役者たちの集合離散を繰り返しながら、主に旧作を再演していった。だが、1665年、マレ座は新たな作品で大当たりをとる。すなわち、やはり神話を素材とするクロード・ボワイエの原作、ビュフカンの仕掛け、さらに音楽は、優れた踊り手で当代一流のリュート奏者でもあったルイ・ド・モリエ（1688没）という顔ぶれによる、悲劇『ユピテルとセメレの愛』がそれである。しかも、この悲劇で、ゼウスに愛されてディオニュソスを産んだテーバイの王女セメレを演じたのは、1662年にマレ座に入り、1673年にはコンデ公お抱え一座に移るマリ・ヴァレ、芸名ヴェルヌイユ。ピエール・コルネイユからの高い評価をほしいままにしていた女優だった。

そしていよいよ、マレ座の歴史の最終頁を飾る人物が登場する。パリ生まれの劇作家ドノー・ド・ヴィゼ（1638-1710）である。1724年に創刊された週刊文芸雑誌《メルキュール・ド・フランス》の前身とされる、《メルキュール・ガラン》を1672年に立ち上げたことでも知られる彼は、ビュフカンを擁して、続けざまに大当たりを飛ばしている。まず、3か月のロングランとなった悲劇『ヴィーナスとアドニスの愛』(1669-70年)。次いで、舞台装飾を13回変え、24機の「空飛ぶ機械（仕掛け装置）」を駆使した『太陽の愛』（1670-71年）、さらに、やはり3か月の連続公演を行い、15年後にコメディー=フランセーズ座が再演するようになる『バッカスとアリアドネの結婚』（1671-72年）である。

オテル・ド・ブルゴーニュ座とモリエール一座に挟撃されながら、マレ座はこうして自らの地歩を確実なものとした。ところが、またしても同座は運命の女神に弄ばれる。モリエールが1673年に他界すると、王命によって、マレ座の役者たちは、パレ=ロワイヤル座を追われたモリエール一座の役者ともども、セーヌ左岸のマザリヌ通

因によるものではなかった。ラ・ロックやジョドゥロらの旧勢力と、1654年に座員となったオートロシュことノエル・ル・ブルトン（1616-1707）らの、いわゆる新興勢力との路線対立が原因だった。実入りのよい地方巡業を主張する後者と、あくまでもマレ座にこだわろうとする前者。マレ座主への度重なる賃借料の未払いのため、新たな賃借契約が結べなかったことも、この内紛と無縁ではなかった。事実、マレ座は、同年の復活祭から丸2年もの間、完全に閉鎖されることになる。3度目の閉鎖だった。

やがてラ・ロックらは追われるようにしてルーアンに向かう。フロンドの乱の際、彼らはこの地でも興行していた。折もおり、そこには、パリに戻る準備をしていたモリエールとマドレーヌ・ベジャールもいた。彼らはマレ座での興行を望んでいたが、むろんそれは虚しい希望だった。いや、より正鵠を期していえば、その必要がなかったというべきだろう。彼らにはプティ=ブルボンの舞台が用意されていたからである（本章本文参照）。

1659年、ようやくパリに戻ったラ・ロックだったが、片腕とも頼んでいたジョドゥロやその兄弟のレプシらはモリエール一座に走り、これによって、マレ座創設期のメンバーはラ・ロックを除いて1人もいなくなった。1654年から1655年にかけて、彼に代わって一時座長をつとめたボープレことニコラ・リオンも引退してしまった。そこで彼は新たな座員の補充を行うが、その中にはデュ・パルク夫妻や、マレ座の共同所有者の1人だった故マリ・トロシェの息子で、のちにコメディー=フランセーズ座入りするアンドレ・ユベールもいた。

やがて、マレ座の座主は、賃借料のことで何かと悶着があったトロシュ家から、国務評定官のピエール・オーベールへと替わる。役者たちにとって、それは必ずしも安定した生活を約束するものではなかったが、おそらくこれで何とか落ち着いて芝居に打ち込めるとの思いだけはあっただろう。その必死の思いを、彼らはかつて大当たりをとった演し物に賭した。とりわけ仕掛け芝居を再演することで、新たに客を獲得しようとした。むろんそれには、ビュフカンの参画が不可欠だった。こうして1660年9月、「国王お抱え役者一座」のラ・ロック以下10名とビュフカンの署名が付された契約書が結ばれる。そこには、北仏ノルマンディー地方のヌフブールにあるスルデアック男爵の城で、ルイ14世の挙式を祝うため、ピエール・コルネイユ作の悲劇『金羊毛』の仕掛け芝居をビュフカンが担当し、そのあと、可及的速やかにマレ座でもそれを再演することが定められている。さらに、マレ座側はビュフカンに対し、契約料1200リーヴル、上演ごとに22リーヴルを支払うことも明記されていた（Archives Nationales, Minutier central, fonds XC, liasse 223, d'après DEIERKAUF-HOLSBOER, t. II, op. cit., pp. 291-295）。

目論見通り、再演は大成功を収めた。費用の方も、スルデアック男爵が舞台装置を貸してくれて安くすんだ。それだけではない。ピエール・コルネイユも古巣のマレ座に戻ってきたのだ。今や破竹の勢いとなったマレ座は、『金羊毛』を繰り返し再演し、1662年には国王自身が2度までも足を運び、一座に2000リーヴルを下賜している。この僥倖に嫉妬心ないし危機感を煽られたオテル・ド・ブルゴーニュ座は、またしても老獪な分断策を講じる。今回の狙いは、祖国に背いて部下に暗殺された前1世紀の

れた客を引き戻す。それが彼らの合言葉だった。とはいえ、イタリア人を抱えるだけの経済的余裕はなかった。そこで彼らは、画家で舞台装飾にも非凡な才能を発揮していたドゥニ・ビュフカン（1616-66）を用いた。オテル・ド・ブルゴーニュ座の初代舞台装飾家を父にもち、自ら編み出したクリスパン役で一世を風靡したベルロシュ（レイモン・ポワソン）の甥でもあるビュフカンは、「国王お抱え技師」の名に違わず、ル・ゴルシェらの負託に十分に応えた。事実、バルタザール・ド・ボージョワイユーの悲劇『キルケ』（1647年。1675年にトマ・コルネイユが改作）や、作者不詳の喜劇『アンドロメダとペルセウス』（1648年）、シャポトン作の悲劇『オルフェウスの冥界行』（1648年改作。初演は1639年、オテル・ド・ブルゴーニュ座）、クロード・ボワイエ作の悲喜劇『キルケ島のユリシーズ』（1648年）、さらにジャン・ド・ロトルーの改作喜劇『ヘラクレスの誕生』（1649年）など、ギリシア神話に想を得た一連の大スペクタクルは、ビュフカン苦心の見事な装置と仕掛けのお陰で、いずれも大当たりとなった。

こうしてマレ座は蘇った。しかし、それも長続きはしなかった。1649年、客足が止まってしまったのだ。オテル・ド・ブルゴーニュ座のためではない。フロンドの乱のためである。加えて、トレッリの仕掛けと装置になるピエール・コルネイユの英雄喜劇『アンドロメダ』が、プティ=ブルボンで上演された1650年には、指導者ル・ゴルシェも他界してしまった。翌年、マレ座はトマ・コルネイユの喜劇『今風恋愛』を舞台に上げたが、食物すらままならない首都の住民たちを舞台に呼び込むまでには到底至らなかった。やがてマレ座は、必然的に開店休業の状態に追いこまれる（一時閉鎖を余儀なくされたとの説もある）。

フロンドの乱が終結をみた1653年、マレ座はラ・ロックことレニョー・プティジャン（1595頃-1676）を座長として、何とか再始動へとこぎつける。だが、市民たちの関心と客足は、新作のない同座には向かなかった。向いたのは、マザランが招いたスカラムーシュ率いるイタリア人一座のプティ=ブルボンや、数年前にマレ座を去ったフロリドールを座長とするオテル・ド・ブルゴーニュ座の方だった。マレ座は、過去幾度となく体験したように、所有主への賃料の支払いに困り、やむなく役者たちは舞台の装飾品や仕掛け装置を売って、何とかそれに充てようとした。むろん、これでは興行もならず、翌1654年、ついに一座は捲土重来を期してフランス西部ナントに向かうのだった。

そして1656年、一時座長を降りていたラ・ロックは改めて一座を再編し、同年12月、ルイ14世をマレ座に迎えて、トマ・コルネイユの傑作『ティモクラート』を上演する。この5幕韻文悲劇は、アルゴスを舞台とし、敵のクレタ軍の新王ティモクラートが、どこからともなくやってきてアルゴス軍を援け、王女の心を虜にする正体不明の英雄クレオメーヌだったという、奇抜ないし新奇な着想で「17世紀最大の大当たり」（岩瀬・佐藤・伊藤、前掲書、71頁）をとった。連続上演回数80回。国王からの下賜金も得た。これによって、経済的な苦境に陥っていたマレ座の再興がなったかにみえた。

ところが、1657年、マレ座はまたぞろ問題に直面する。ただし、今度は外的な要

XVIIe siècle, Société d'Éditions "LE LIVRE", Paris, 1927, p. 135)、ドングルマンがマレ座にいたことはないとしている(Ibid. : Dictionnaire..., op. cit., p. 136)。

むろんこの再興劇には、コルネイユ兄弟の存在が大きな力となった。だが、前章で言及した1644年の火災によって、木造の建物はもとより、衣装や舞台装置まで灰塵に帰してしまう。当然、失火の原因と責任を巡って、貸主の掌球場主たちと借主の役者たちとの間で裁判というところまでいったが、幸い双方をよく知る友人たちの仲介で示談となり、ようやく再建への道が拓ける(DEIERKAUF-HOLSBOER, op. cit., pp. 95-97およびMONGRÉDIEN : La vie quotidienne des comédiens au temps de Molière, Hachette, Paris, 1966, pp. 93-95)。

詳細は割愛するが、フロリドールらの獅子奮迅の活躍もあって、芝居小屋は10か月後に再開する。通常の掌球コートとほぼ等しい全長38メートルほどの新しい建物は、以前のものより大きくかつ見事なもので、1500あまりの観客を収容できたという。だが、マレ座が息を吹き返し、多くの観客を集めるようになるのを喜ばなかったオテル・ド・ブルゴーニュ座は、本文で後述するように、またしても3年後の1647年、今度はフロリドールに触手を伸ばし、あろうことかフロリドールもまたそれを受け入れてしまう。しかもこの年、念願のアカデミー・フランセーズ会員に選出されたコルネイユもまた彼と行動を共にし、その作品上演権を手土産代わりに持っていった。こうしてなりふり構わぬオテル・ド・ブルゴーニュ座からの攻勢で、最大の武器と財産とを奪われたマレ座は、以後このライヴァル座と対抗する手段を失う。

フロリドールが去ったあと、明らかに凋落傾向を示すようになったマレ座を率いたのは、フィリベール・ロバン、芸名ル・ゴルシェ。1620年頃、マルセイユでベルローズの一座に入って以来、彼はつねにこの野心的な座長とともにあった。だが、1632年、それまで10年間属していたオテル・ド・ブルゴーニュ座を去り、3年後にマレ座入りしていた。役者としてのル・ゴルシェがどのような活躍をしたか具体的には分からないが、その最大の功績は、経済的困窮のさなかにあった同座の起死回生の一手として、トマ・コルネイユ(ピエールの弟)らとともに、大掛かりな仕掛け芝居、すなわち「ピエス・ア・マシヌ」を導入したことだった。そのきっかけを作ってくれたのが、のちに同座の庇護者となるマザラン枢機卿だった。

事実、オペラ好きの枢機卿は新装なったパレ=ロワイヤルの舞台で、1647年、一大スペクタクルのイタリア・オペラを上演させている。そこでの演し物は、3年前から庇護を与えていたルイジ・ロッシ(1598-1653)の新作オペラ『オルフェオ』だった。音楽付きのこの作品の売りのひとつは、何よりも観客の度肝を抜くような大がかりな舞台装置や装飾にあった。これを担当したのは、イタリア人のジャコモ・トレッリ(1604-78)。建築家で画家でもあった彼は、1637年、リシュリュー枢機卿の依頼で、ルーヴル通りのプティ=ブルボン宮に、幅35メートル、奥行17メートルの1400人を収容する劇場をこしらえ、今また、贅を尽した舞台装置と、いちどきに3、40人を宙に浮かべるといった大仕掛けでマザランと観客とを魅了したのだ。そんな彼を、当時の人々は「大魔女」と呼んだという(DEIERKAUF-HOLSBOER, t. II, op. cit., p. 15)。

ル・ゴルシェらはその仕掛け芝居に目をつけた。オテル・ド・ブルゴーニュ座に流演された2作品、すなわち1636年初演のトリスタン・レルミットの悲劇『マリアンヌ』と、翌1637年に初演されたコルネイユの悲喜劇『ル・シッド』は、フランス演劇史における同座の栄光を確実なものとした。

ところが、好事魔多しとはよく言ったもので、『ル・シッド』の成功を喜ぶ間もなく、1637年8月、今やパリ最初の悲劇役者となったモンドリーは、レルミット作『マリアンヌ』の舞台で、十八番《おはこ》のヘロデ大王役を演じている際に脳卒中に襲われ、舌と右腕が麻痺してしまうのだ。それは彼の役者生命の終焉を意味した。事実、翌1638年のカルナヴァル期間中、彼は王妃とリシュリュー枢機卿をマレ座に迎え、不自由な体に鞭打って舞台に上がったが、もはや主役を演じきるだけの体力は残っていなかった。その時の演し物は『スミルナの盲者たち』。枢機卿の命でコルネイユら5人の作家たちが共同で創作した悲劇だった。

こうして座員たちはもとより、多くのパリ市民からも惜しまれつつ引退を余儀なくされたモンドリーに対し、枢機卿は2000リーヴル・トゥルノワの年金を与えた。ジョルジュ・モングレディヤンによれば、引退後の彼は温泉治療を試みたが回復するにはいたらなかったという。その後、若手役者に朗読法などを教えていたともいうが（MONGRÉDIEN, op. cit., p. 132）、晩年までの14、5年間、はたしてどのような日々を送ったかは不明である。

モンドリーが舞台で不治の麻痺に襲われたのと同じ1637年8月、芝居を愛するパリ市民は、もう一つの悲運に見舞われる。マレ座の創設者でありながらオテル・ド・ブルゴーニュ座に移り、以後3年間、国王劇団の大看板となっていたル・ノワールが他界してしまうのである。遺骸は役者たちが数多く眠るサン=ソヴール墓地に埋葬されたが、夫の死に疑問を抱いた未亡人イザベル・メティヴィエが、4500リーヴルという大金をはたき、7年もの歳月をかけて調査させた結果、それは殺害によるものだったという（HOWE & JURGENS, op. cit., p. 318）。

モンドリーが去り、輝きに翳りが見え出したマレ座を率いたのはクロード・デシャン、すなわち1624年からモンドリーと行動を共にしていたヴィリエだった。1638年には、卓抜した芸才で名を馳せていたフロリドールことジョジア・ド・スーラもマレ座入りした。やがて彼は、ローマ皇帝アウグストゥスを主人公としたコルネイユの『シンナ』（1642年）など、一連の悲劇を演じて名声を馳せることになる。1641年には、開業間もないマレ座を離れ、オテル・ド・ブルゴーニュ座に移籍していた「白粉塗りの笑劇役者」ジョドゥロも戻ってくる。

これにより、マレ座は再び輝きを放つようになる。それはまた、同座がオテル・ド・ブルゴーニュ座の脅威となったことを物語る。そこでまたぞろベルローズが動き出す。1641年、彼は7年前と同じように国王に働きかけ、ヴィリエ以下5人の役者をマレ座から奪い取ってしまうのだ。そこでフロリドールは、かつてのモンドリー同様、残った役者たちと新人たちとによってマレ座の再興を図る――ちなみに、モングレディヤンは1927年に著した『17世紀の偉大な役者たち』で、タルマン・デ・ローに依りながら、フロリドールがドングルマンことデ・バールから、マレ座の座長と芝居の口上役を受け継いだことはたしかだが（MONGRÉDIEN : Les grands comédiens du

同宗団が何ほどか関係していたと思われるが、幸い1か月後の審理で、彼らは興行再開を認められる。ただ、それには重大な条件がつけられていた。1634年4月に満了する掌球場との賃貸契約を更新せず、他所に興行の拠点を求めるという条件である。

これにより、一座はラ・フォンテーヌ掌球場を去らなければならなくなる。一説によれば、折もおり、契約満了前の1634年初頭、同掌球場が火災に遭ってしまったという。真偽のほどはさておくとして、掌球場主のアヴネは「店子」の芸人たちに出ていかれ、当然のことながら賃料が入らなくなってしまう。それを知った彼の娘婿で、マレ室内掌球場の共同経営者のひとりでもあったクードレは、義理の兄弟であり、彼から掌球場と球戯場を1631年から5年契約で借りていたミシェル・メスネルに対し、その施設にル・ノワール一座を迎えるよう話をもちかける。メスネルに異存はなかった。こうして掌球場を芝居小屋に転身させる突貫工事が始まる。一説に、改築作業はわずか2週間（！）で終わったという。そして1634年の3月中旬までに向こう5年間の賃貸契約が結ばれ、座長のル・ノワール以下、男優7名（モンドリーを含む）、女優2名（ル・ノワールの妻イザベル・メティヴィエを含む）からなる一座がラ・フォンテーヌから新たな芝居小屋に移り、ただちにこけら落としが行われた。芝居好きなリシュリュー枢機卿の庇護も得た（DEIERKAUF-HOLSBOER, op. cit., pp. 13-29 参照）。1635年からは国王から6000リーヴルの年金も下賜されるようになった（Georges MONGRÉDIEN : Dictionnaire biographique des comédiens français du XVII$^{e}$ siècle, C. N. R. S., Paris, 1961, p. 176）。

こうして1673年まで、マレ座は「国王お抱え役者一座《トループ・デ・コメディアン・デュ・ロワ》」として、「国王劇団《トループ・ロワイヤル》」のオテル・ド・ブルゴーニュ座とともに、パリの二大常設芝居小屋としての歴史を刻んでいくようになる（じつはサン=ジェルマン地区の掌球場でも、1630年代、ごく短期間ながら常設の芝居小屋が興行していた。その一座はもとはアングレーム公のお抱えだったというが、詳細は不明）。だが、そうなる前、マレ座、というよりは座長ル・ノワールの片腕だったモンドリーは、とんでもない事態に遭遇する。ライヴァルのオテル・ド・ブルゴーニュ座を支えていた笑劇3羽烏のうち、ゴルティエ=ガルギユとグロ=ギヨームとが、1633年と34年に相次いで他界し、その穴を埋めるべく、国王の命で、あろうことかル・ノワール夫妻ら6人（4人とする説もある）の座員がオテル・ド・ブルゴーニュ座に移ってしまうのだ。あるいはこれは、オテル・ド・ブルゴーニュ座の座長になったばかりのベルローズの画策だったかもしれない。1634年末の出来事である。加えて、オレンジ公お抱え一座時代からの仲間だったフランソワ・メティヴィエ（ル・ノワールの妻イザベルの父）もまた、それと軌を一にして退団してしまう。

しかし、モンドリーは不屈だった。態勢を立て直すべく、ただちに座員を補強する。これによって加わった補充座員数名の中には、たとえば1620年代にグロ=ギヨーム一座の座員として、オテル・ド・ブルゴーニュ座の舞台に立っていたフィルベール・ロバン、芸名ル・ゴルゴンシェなどがいた。やがて勢いを取り戻したマレ座は、モンドリーの統率力とこの若手作家たちの革新的な作品によってパリ市民たちを引き寄せ、改めてオテル・ド・ブルゴーニュ座の最強のライヴァルとなる。とりわけマレ座で初

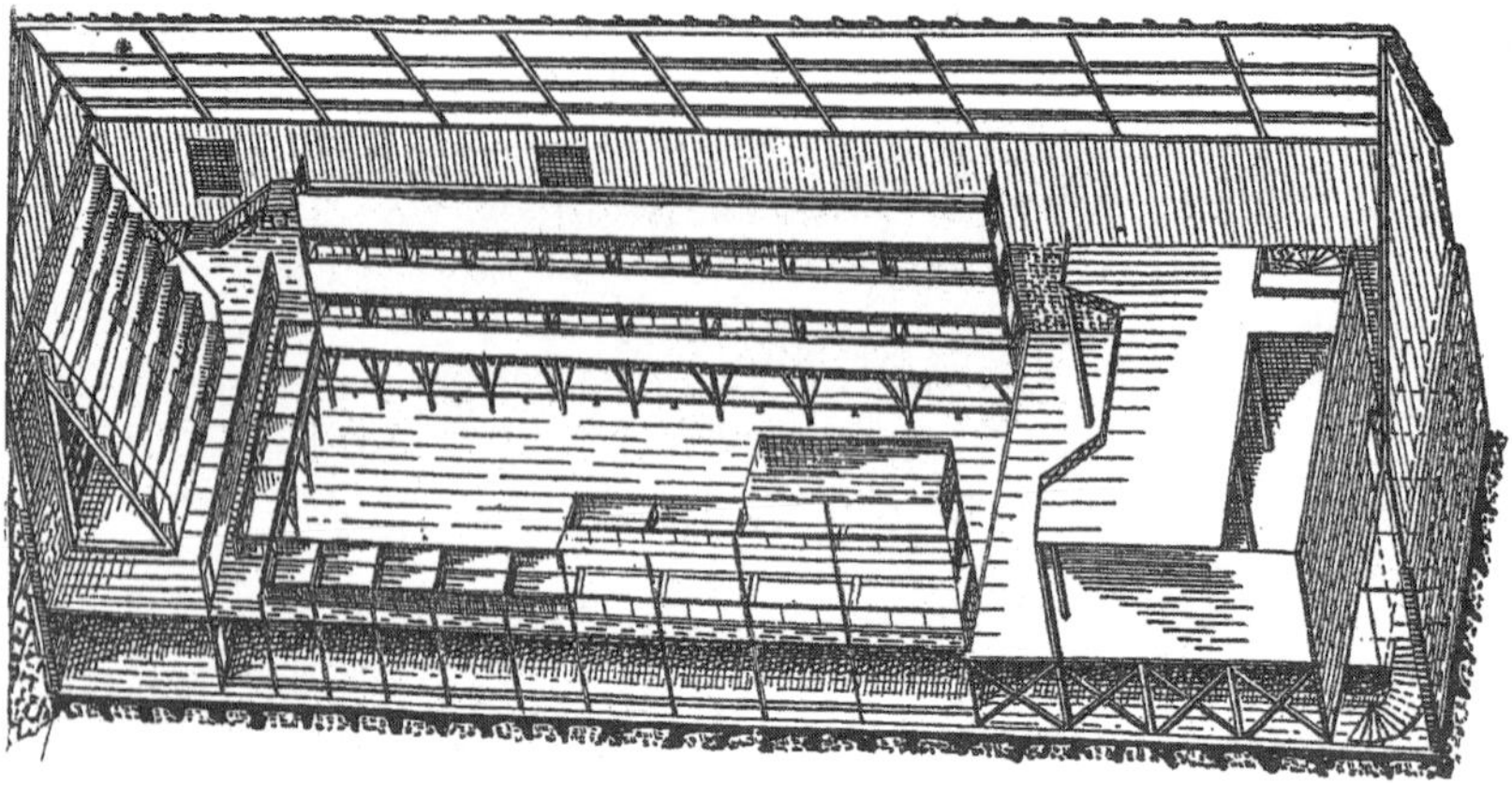

マレ座の構造（出典　DEIERKAUF-HOLSBOER : *Le théâtre du Marais*）

やがてマレ掌球場は、クードレの義父ジャック・アヴネの手に渡る。彼は、そこから1キロメートルとは離れていない、ラ・フォンテーヌ掌球場（ミシェル=ル・コント通り）の持ち主でもあった。本文に述べたように、ロベール・ゲランことグロ=ギヨームの一座がオテル・ド・ブルゴーニュ座の舞台に立つようになった1629年の暮、ボーブール地区のベルトー室内掌球場でコルネイユの喜劇『メリットまたは偽手紙』を上演し、大成功を収めたル・ノワールとモンドリーの一座が、1632年からの新たな拠点として借り受けたのが、このラ・フォンテーヌ掌球場だった（それに先立って、一座は、短期間ながらヴィエイユ=デュ=タンプル通りのスフェール室内掌球場で興行している）。

新進の座付き作家を戴いて意気すこぶる軒昂な2人にしてみれば、その古巣であるオテル・ド・ブルゴーニュ座を本拠としてパリ市内の独占上演権を握っていた受難同宗団の存在などもはやさしたる足枷ではなかった。上演料さえ支払えば、ことがすんだ。事実、ラ・フォンテーヌ掌球場への移転1か月前の1632年2月、受難同宗団から上演権侵害の廉で告訴されたル・ノワールたちは、シャトレ裁判所から、過去1年間におけるベルトー掌球場での135回の興行に対し、405リーヴルの上演料を支払うよう命じられている。むろんこの程度の補償金なら、あえて受難同宗団の上演権を侵害するほうが儲かった。

ル・ノワールとモンドリーの一座に対する妨害は、意外なところから起きた。ラ・フォンテーヌ掌球場周辺の住民が、座主アヴネを相手取り、同掌球場で芝居の上演を禁止し、違反した場合には入牢と4000リーヴルの罰金を課すよう、高等法院に訴え出たのだ。これを受けて、1633年3月、高等法院は一座の上演を禁ずる裁決を出す。ル・ノワールたちにとって、まさにこれは一座の存続にかかわる一大事だった。おそらくこの措置には、国王の庇護を受けていたオテル・ド・ブルゴーニュ座ないし受難

一座の座長として同座の賃借権契約書にも署名を記すようになるが、1626 年、パリを離れ、新たに一座を結成して地方巡業に出ていた。

一方、1594 年、フランス中南部オーヴェルニュ地方のティエールで、第三身分の検事ないし裁判官を父に生まれたモンドリーは、父の後を継ぐべく、パリに出て検察官のもとに身を寄せる。ところがこの検察官、無類の芝居好きで、日曜・祭日には、若いモンドリーに芝居見物に行くようけしかけたという。おそらくそれが契機となって法曹界入りを断念した彼は、1612 年、18 歳でヴァルラン・ル・コントの一座に入り、1622 年、ル・ノワールと相前後してオレンジ公ギヨーム 1 世のお抱え一座に加わっている。だが、2 年後にはこの一座を去り、ヴィリエことクロード・デシャンらとフランス北部やオランダを回る。そんなル・ノワールとモンドリーがどこでどのように再会し、一座を結成したかは分からない。その後の 2 人については、本章註 18 を参照されたい。また、モンドリーの詳細については、たとえば以下を参照されたい。De MONMERGUÉ & Paulin PARIS : Les historiettes de Tallemant des Reaux, 3[e] éd., t. 7, J. Technen Lib., Paris, 1858, p. 170-191.

(16) Claude LE PETIT : La chronique scandaleuse, ou Paris ridicule, P. de la place, Cologne, 1668, d'après P. -L. JACOB, op.cit., pp. 48-50.

(17) GOURIET, op. cit., p. 143. その作品は、E・フルニエによってまとめられている。Edouard FOURNIER (éd) : Chansons de Gaultier-Garguille, nlle. éd., Kraus Reprint, Paris, 1858. ちなみに、このゴルティエ=ガルギユに捧げるため、ソーヴァルなる人物が 1632 年、ルーアンで『トマソン氏のおどけた嘆き節と愉快な演説』なる書を刊行しているが、G・ヒュレ原画になるその所収版画には、彼が、腰に筆入れと巾着を下げ、杖を手にし、フェルト製のベレー帽らしきものをかぶり、足首で紐を縛る細身のキュロットをはき、尻まで届くキャミソルに襟なしのシャツ姿で描かれている。こうした出で立ちで、彼は生まれもったしなやかな体をさながらマリオネットの人形のように自在にくねらせ、見物人の評判をとったというのだ（FOURNEL : Les rues du vieux Paris, op. cit., p. 439）。

(18) HOWE et JURGENS, op. cit., p. 170. ちなみに、マレ（Marais）座の呼称は、ロワシー領主のジャン=ジャック・メムが、1603 年、ヴィエイユ=デュ=タンプル通りに創設した室内掌球場（テニスの原型とされる球戯「ジュ・ド・ポーム」用コート）の呼称「マレ（Marestz）」に由来する。17 世紀前葉のルイ 13 世時代、120 か所を数えていたパリの室内掌球場のひとつだったこの掌球場は、1613 年、国務評定員だったテクシエからパリの錫容器商ジャック・トロシュに、年間地代 1000 リーヴル・トゥルノワで譲渡される。やがてトロシュが他界し、遺産は未亡人や子供たちが相続することになるが、1633 年、息子のひとりジャックが、パリの別の掌球場主で、のちに彼の義父となるジャン・クードレに施設を譲渡する際に作成した所有権移転証書によれば、この掌球場は次のような施設を備えていたという。すなわち、地下倉つきの住宅棟、ホール、台所、対面式の 2 部屋、2 納屋、中庭、裏側にある台所付きの住宅棟、井戸、庭園とその中央部の仕切り壁によって分けられた屋根付きの掌球場 1 面と球戯場《ジュ・ド・ブル》数面、さらに後者の外れに建てられた 2 部屋からなる住宅棟などである。

そして5年後の1577年、アンリ3世は全国三部会のために、そしておそらくは皇太后の意図を挺して、フィレンツェもしくはヴェネツィアから、フラミニオ・スカラを座長とする有名なゲロジ一座を呼ぶことにしたのである。いや、ありていにいえば、国王自身「アルレッキーノ芝居《アルルキナード》」や「パンタローネ芝居《パンタロナード》」を好んでいた。しかしながら、この招聘はまさにドラマティックなものとなった。フランスに来る途中、一座はユグノー教徒に捕らわれてしまったのである。間もなく、座員の2人がプロテスタントに改宗したのち、国王が彼らのために身代金を払ってようやく解放されたのだった（Napoléon-Maurice BERNARDIN : La Comédie italienne en France et les théâtres de la foire et du boulevard, Éd. de la Revue Bleue, Paris, 1902, pp. 8-12）。

こうしてようやくパリに辿りついたゲロジ一座を待ち受けていたのは、役者という点からすれば、おそらく誘拐以上に苛酷な仕打ちだった。たしかに一座は1577年2月にはブロワの王宮で、5月19日にはブルボン邸館で得意の喜劇を上演できた。後者の入場料は4スー。評判は上々だった。ところが、翌月26日に高等法院で開かれた長官主宰の司法講習会、すなわち水曜会議で早くも彼ら一座のことが問題視され、以後、上演が禁じられてしまうのだ。同時代の年代記者ピエール・ド・レトワールによれば、水曜会議の措置は、ゲロジ一座のすべての芝居は、「ひたすら怠惰と不義だけを教えるものであり、パリの若者や娘たちに対する放蕩学校となっている」との理由によるものだという（Pierre de L'ESTOILE : Registre-Journal du règne de Henri III, éd. par Madeleine LAZARD & Gilbert SCHRENCK, Droz, Genève, 1996, p. 117）。

しかし、1か月後、一座は国王の発行になる上演免許状を高等法院に提出し、国王の命令書にも助けられて、以前のようにブルボン邸館での上演が認められるようになる。教育史家のベルナール・ジョリベールは、こうした高等法院の敵意が、その外国人嫌悪と欺瞞的な高踏さとに起因すると推測しているが、ともあれゲロジ一座は翌1578年、パリを去って帰国の途につく。それから10年後、同一座は再びパリに現れる。この度もまた大いに人気を博した。しかし、同年末、高等法院は改めてイタリア人とフランス人の役者たちに喜劇上演を禁じ、違反者には罰金と体刑を課すとの裁決を出すのだった（Bernard JOLIBERT : La Commedia dell'Arte et son influence en France du XVI$^{e}$ au XVIII$^{e}$ siècle, L'Harmattan, Paris, 1999, pp. 52-53）。

(11) Sylvie CHEVALLEY : Album Théâtre classique, Gallimard, Paris, 1984, p. 7.

(12) この辺の事情については、たとえばHOWE et JURGENS, op. cit., pp. 23-26を参照されたい。

(13) 岩瀬孝・佐藤実枝・伊藤洋『フランス演劇史概説』、早稲田大学出版部、1978年、48-49頁。なお、この概説書の巻末には、中世から1960年代までの戯曲110篇の梗概が要約紹介されている。

(14) Bernard FAIVRE : *La profession de comédie*, in Le théâtre en France, dir. par Jacqueline de JOMORON, A. Colin, Paris, 1992, p. 133.

(15) ル・ノワールの初期の活動は不明だが、1617年にはボルドーで、1620年にはフランス最北の地リールで一座を率いて興行していた。1622年、彼はパリに出てオレンジ公お抱え一座に加わり、オテル・ド・ブルゴーニュ座の舞台に上がった。やがて、

(7) Alfred FIERRO : Histoire et dictionnaire de Paris, R. Laffont, Paris, 1996, p. 1172.
(8) CHAUVEAU, op. cit., p. 14.
(9) こうした聖史劇に対する禁令はすでに13世紀からみられ、たとえば1255年のトレド公会議は、頽廃して公序良俗に反するとの理由でその上演を禁じている（Jacques HEERS, op. cit., p. 68）。しかし、本文で指摘しておいたように、その後も聖史劇は創作ないし上演され続けた。これらの作品のうち、『聖ポル（パウロ）の改宗』を含む『聖エティエンヌ（ステパノ）の殉教』（14世紀）や、『聖フィアクルの生涯』（15世紀）の内容については、Édouard FOURNIER : Le théâtre français avant la Renaissance, Burt Franklin, New York, s. d., pp. 1-11（texte orig. 1872, Paris）を参照されたい。むろん1548年の禁令以降も、聖史劇が一切上演されなくなったわけではない。事実、フランス東部のサヴォワ地方では、1551年（リュミリでの『サン=セバスチャンの聖史劇』）から1805年（ジェヨンでの受難劇）まで、計32年間、断続的に上演され続けた。その上演地や題目、テクストの有無に関するリストについては、Jacques CHOCHEYRAS : Le théâtre religieux en Savoie au XVI[e] siècle, Droz, Genève, 1971, pp. XV-XVIIを参照のこと。一方、受難同宗団もまた、パリでは禁じられた受難劇を、ルーアンをはじめとする各地で幾度となく上演している（Jacques MOREL : *Le théâtre français. La renaissance-survivances médiévales*, in Histoire des spectacles. Encyclopédie de la Pléiade, Gallimard, Paris, 1965, p. 752）。
(10) カトリーヌ・ド・メディシスの悲劇嫌いはつとに知られるところだが、それは、1556年に上演された悲劇『ソフォニスバ』が、夫王アンリ2世の早すぎる他界（1559年）など、王室に不幸をもたらしたと信じたためである（ソフォニスバとは、前3世紀、夫王が戦いに敗れ、敵将から求愛されたのを拒んで毒をあおった西ヌミディア王妃。のちにこの戯曲は、モンクレスチャンやコルネイユらが改作することになる）。代わりに彼女は、パリをはじめ、フランス各地で流行していたコメディア・デラルテのザンニやパンタローネ物を好んだ。

16世紀も半ばをすぎると、パリの高等法院と王室との軋轢は抜き差しならないまでに増大しており、禁令こそ出さなかったものの、イタリア人役者たちが放縦かつ怠惰であり、若者たちに悪影響を及ぼすとして、高等法院が基本的にこれに厳しい態度をとったのは、あるいはここに起因するかもしれない。事実、1570年、息子シャルル9世の摂政をつとめていた皇太后のカトリーヌ・ド・メディシスは、故国から芸人たちを招こうとしたが、高等法院の妨害にあってその願いを放棄させられている。だが、翌1571年、カトリーヌは（初代）アルルカン（アルレッキーノ）役で一世を風靡していたアルベルト・ガナッサの一座をパリに招くことに成功する。シャルル9世の挙式で、その芝居を上演させるためだった。ところが、この度も高等法院が介入し、一座の長期滞在を認可しなかった。滞在費がかかりすぎる。それが理由だった。ガナッサ一座はこうして帰国を余儀なくされたが、翌年には再びフランスに招かれる。今度はアンリ3世とマルグリット・ド・ヴァロワとの結婚を祝福するためだった（John Russell BROWN, ed. : The Oxford Illustrated History of Theatre, Oxford Univ. Press, Oxford, 1995, p. 223）。

顔を墨や煤で塗って正体を隠したこれら若者たちの乱暴狼藉は、しばしばとどまるところを知らず、はては教会の外まで繰り出して、通行人に排泄物を浴びせたりもするところまでいった。

むろん、教会当局としても、こうした神を畏れぬ愚行・蛮行を座視していたわけではない。すでに1198年、パリの司教シュリは愚者の祭を禁じ、1212年にパリで開かれた公会議でも、大司教や司教、修道士、修道女たちに対し、この祭を断じて阻止すべしとの決議がなされている。さらに1550年には、シャルトルの司教区会議が、「学童や書記、ミサ答えの少年、聖職者はだれひとり教会内で愚行の類いをしてはならず、（…）芝居の役柄を演じる愚者の大修道院長を教会から追放するように」との通達を各司教区に出している（L.-V. GOFFLOT : Le théâtre au collège du Moyen Âge à nos jours, H. Champion, Paris, 1907, pp. 2-3）。同様の禁令は、フランス各地で再三再四出され、違反者には時に破門という厳罰をもって臨んでもいる。しかし、こうして禁令が繰り返し出されたという事実は、もとよりそれがさほど効力をもたなかったことと同時に、カルナヴァルの場合がそうであるように、民衆がこの祭に強い愛着を抱いていたことを物語る。筆者の調査した限りでいえば、今日でもなおベルギー南部のロンス（ルネ）では、毎年公現節直後の土曜日にこの祭が営まれている。ただし、そのパフォーマンスは仮面仮装者たちによるパレードが中心で、ごく一般的なカルナヴァルと大差はみられない。

若者結社については、たとえばMartin GRINBERG : *Carnaval et société urbaine aux XIV$^{e}$-XVI$^{e}$ siècles ; le royaume dans la ville*, in «Ethnologie française», t. 4, n°3, 1974を参照されたい。

(3)イタリアでも同様で、たとえばG・ビッソーニは、17世紀末から18世紀初頭にかけて、軟膏を売るシャルラタン・ジロラモと15年もの間行動をともにし、客寄せの道化芝居を演じていたが、のちに舞台芸に転じ、喜劇役者として評判をとるようになったという（MIC, op. cit., p. 118）。こうしたシャルラタン役者の事例は少なくないが、わけても変わっているのが、ヴェローナのブオナフェデ・ヴィッタリ（1686-1745）である。上流階級の生まれで高等教育を受け、最初はイエズス会士、次に従軍医者、さらにパレルモ大学医学部教授を経て（！）シャルラタンとなった彼は、薬を売り、科学的・文学的疑問にも答えて人々の評判と信頼を得た。そして、4人の役者に仮面をかぶらせて即興劇を演じさせ、時には自ら書き上げた3幕ものの芝居も上演したという（Ibid, p. 182）。

なお、以下の演劇史全般の記述については、とくに指摘してある箇所以外は、上下2巻からなるMichel CORVIN, op. cit. を参照した。

(4)Jacques HILLAIRET : Dictionnaire historique des rues de Paris, vol. I, Éds. de Minuit, Paris, 1997, p. 483.

(5)Catherine VINCENT : Les confréries médiévales dans le royaume de France, Albin Michel, Paris, 1994, p. 9.

(6)Ibid., p. 27. この同宗団はまた、祝い柱や宝棒を立てて春を寿ぐ五月祭のため、定型の、だがさまざまな主題からなる聖歌を注文したものだった（Ibid., p. 28）。

## 第三章

(1) Jacques HEERS : Fêtes des fous et Carnaval, Fayard, Paris, 1983, pp. 35-38. なおバゾッシュについて、J=B・グーリエは19世紀初頭にこう指摘している。「周知のように、バゾッシュは検察官の書記たちから構成され、仲間うちから選んだ王のほか、さまざまな官吏や法官などを擁している。彼らはこうした（パロディックな）特権を端麗王フィリップ4世から得ているが、(…) 同王はまた、彼らの間で生じたすべての悶着に対する控訴を認めない終審裁判権や、貨幣鋳造権すら与えた」。さらにバゾッシュたちは、毎年裁判所の中庭に五月柱を立て、そのあとで盛大な儀式を執り行ってもいた。そこでは、彼らの「国王」による閲兵式や芝居も催された。この儀式は、すでに数日前に高等法院長や上位法官らに捧げられるオーバード（朝の祭り）で告知され、それがすむと、彼らは正装してパリ郊外のボンディの森で開かれる大市まで馬で赴いた。そんな一行を、河川森林監督府長官は太鼓やラッパやオーボエの楽音で迎えたものだった。やがて何通りかの演説がなされ、森林監督官が五月柱用に指定された木に徴をつけた。バゾッシュたちはまた、ジャン・ダバンダンス作の『東方の三博士』をはじめとするさまざまな聖史劇を自ら上演し、受難同宗団の活動に重要な影響を与えたともいう（Jean-Baptiste GOURIET : Les charlatans célébres, ou tableaux historiques des Bateleurs, des Baladins, des Jongleurs, des Bouffons, des Opérateurs, des Escomteurs, des Filons, des Escnos, des Devins, des Tireurs de Cartes, des Désireurs de bonnes aventures, et généralement de tous les personnages qui se rendus célébres dans les rues et sur les places publiques de Paris, depuis une haute antiquité jusqu'à nos jours, t. I, Chez Lerouge, Paris, 1819, pp. 107-109）。

(2) 愚者の祭とは、クリスマスから1月6日の公現節までの12日間（十二夜）に、伝統的に若い下級聖職者や裁判所書記たち、あるいは若者大修道院といったパロディックな愚行結社を構成する、主に都市の富裕階級の子弟たちなどによって行われていた冬の民俗慣行。中世からの伝統を受け継ぐが、一説に――いささか強引すぎる解釈だが――古代ローマの農神サトゥルヌスを祝うサチュルナリアにまで遡源するともされる。放縦さやスカトロジックな嗜好などで、一部カルナヴァルとも類似するこの愚行祭は、しばしば過激に走り、たとえばその若い参加者たちは、教会の祭壇で牛飲馬食をしたばかりか、あろうことか排泄物を聖所に播き散らかしたり、聖香の代わりにこれを焚いたりもしたという。冒瀆もここまでくれば救いようがないが、仮面をかぶったり、

(115)種村、前出、223 頁。「王妃の首飾り事件」の詳細については、ほかに Frantz FUNCK -PRETANO : Cagliostro and Company, J. Macqueen, London, 1902 や Jean-Jacques TATIN -GOURIER（éd.）: Cagliostro et l'affaire du collier, Presse de l'Univ. de Saint-Étienne, Saint-Étienne, 1994 など、新旧とりまぜて少なからぬ書が刊行されている。

(116)Jean Silbe de VENTAVON : Cagliostro, un franc-maçon au siècle des lumières, Didro, Courtaboeuf, 2001, p. 177.

(117)Georges DUBY : Histoire de la France, Larousse, Paris, 1988, p. 317.

(118)Gérard de Nerval, Mereure de France, Paris, 1917, p. 203.

(119)Denyse DALBIAN : Le conte de Cagliostro, Robert Laffont, Paris, 1983, p. 280.

(100)A. CASTIGLIONI : Histoire de la médecine, trad. par J. BERTRAND et al., Payot, Paris, 1931, p. 538. また、メルシエは動物磁気治療法の考案者であるメスマー(後述)とカリオストロについて、こう記している。「(これら2人の大胆なシャルラタンは)健康な身体の根本的な掟に違犯していたにもかかわらず、善男善女から金を巻き上げたが、これらの犠牲者たちはといえば、辻でオルヴィエタン売りから2スー出して小箱を買う者たちを馬鹿にしていたのである」(MERCIER : Le nouveau Paris, éd. par J-Cl. BONNET, Mercure de France, Paris, 1799 / 1994, p. 268)。

(101)啓明社については、たとえば湯浅慎一『フリーメイソンリー』、中公新書、1990年、77-86頁およびセルジュ・ユタン『秘密結社』、小関藤一郎訳、白水社クセジュ文庫、1972年、126-131頁参照。

(102)Peter DINZELBACHER (éd.) : Dictionnaire de la mystique, Brepols, Bruxelles, 1993 (titre orig. Wörterbuch der Mystik, A. Kröner, Stuttgart, 1989), p. 723.

(103)Pierre CHAUNU : La civilisation de l'Europe des Lumierès, Arthaud, Paris, 1971, p. 294.

(104)種村季弘『山師カリオストロの大冒険』、中公文庫、1985年、92頁。

(105)同、150頁。なお、ストラスブールでのカリオストロについては、たとえばMarie -Joseph BOPP : *Cagliostro, fondateur de la maçonnique égyptienne, son activité particulièrement en Alsace, in* «Revue d'Alsace», t. 96, 1957, pp. 69-103を参照されたい。

(106)MERCIER : Le nouveau Paris, op. cit., p. 269.

(107)Luc NEFONTAINE : Symboles et symbolisme dans la Franc-Maçonnerie, Univ. de Bruxelles, Bruxelles, 1994, p. 27.

(108)Jean TERRASSON : Sethos, histoire, ou Vie tirée des monumens anecdotes de l'ancienne Egypte, J. Guérin, Paris, 1731, B. N. NUMM-67869. テラソンによれば、この書はある外国の図書館で見つけたもので、その図書館の名を伏せることを条件に翻訳出版が認められたという。また、原著者は、おそらくマルク・アウレリウス皇帝(在位161-180)の時代に、アレクサンドリアで活躍していた人物らしいとしている(序文)。

(109)『魔笛』における密儀的要素の分析については、たとえば吉村正和『フリーメイソンと錬金術』、人文書院、1998年、140-155頁を参照されたい。

(110)Étienne FOURMONT (pseud. Ismaël BEN-ABRAHAM) : Réflexions critiques sur les histoires des anciens peuples, chaldéens, Hébreux, phéniciens, Égyptiens, Grecs..., 2 vols., Musier père, Paris, 1735, B. N. G-4148. ちなみに、このフルモンはギリシア・ラテン語はもとより、ヘブル(ヘブライ)語やアラブ語、さらに中国語(!)にまで精通していたという。

(111)Encyclopédie du compagnonnage, Rocher, Lonrai, 2000, p. 439.

(112)HILLAIRET : Dictionnaire historique..., op. cit., pp. 390-391.

(113)国璽尚書(Garde des sceaux)は、アンシャン・レジーム下で国政を担当した国務会議のメンバーで、「大法官」に代わって国王の印璽を保管した。

(114)Daniel ROCHE : Le peuple de Paris, Aubier, Paris, 1981, pp. 76-77.

トの文化誌』(前掲)、209-210頁などを参照されたい。

(90) A. CHEVALIER : *Le grand Thomas,* in «Mémoires de la Société de l'Histoire de Paris et de l'Île-de-France», t. III, Paris, 1880, p. 62. (B. M. M. 1629)

(91) René de LESPINASSE : Histoire générale de Paris. Les métiers et corporations de la Ville de Paris, III, Imperimerie Nationale, Paris, 1847, pp. 624-625.

(92) たとえば1665年、大コンデ(名門貴族コンデ家の第4代ルイ2世)の弟で、ラングドックの地方総督だったコンティ公アルマン・ド・ブルボン(1629-66)は、次のような通行手形を出している。「すべての将軍や下士官、歩兵・騎馬連隊長、さらに都市守備司令官、町村長、参事会員ないし市役人各位に対し、余はピエール・ラリューを姓名とする外科医を自由に通過させるよう命ずる。この者は、所用のため、仕事を休んで、職人と徒弟ともども帰省する。このことに関して、通過を認めなかったり、損害や障害、遅延ないし妨害などの行為をしてはならず、必要ならあらゆる援助や介護の手を差し伸べるよう配慮されたい」(A. D. H. 4 E 12)。

(93) CHEVALIER, op. cit., pp. 62-63.

(94) FOURNEL : Le vieux Paris, op. cit., p. 242およびE. J. F. BARBIER : Journal historique et anecdotique du Règne de Louis XV, publié par A. de la VILLEGILLE, pour la Société de l'Histoire de France, d'après le manuscrit inédit de la Bibliothèque Royale, t. I, chez Jules Renouard, Paris, 1847, pp. 276 sq.

(95) Michel FLEURY (dir.) : Almanach de Paris, t. 2, Encyclopaedia Universalis France, Paris, 1990, p. 288.

(96) オペラ=コミックを名乗る一座は、1714年、サン=ローラン大市とサン=ジェルマン大市の双方に登場している。前者の一座はサン=テドム(ルイ・ゴルティエ)、後者はカトリーヌ・バロンによって率いられ、互いにライヴァル関係にあったが、やがて合体する。こうして誕生した「オペラ=コミック座」は、王立音楽・ダンスアカデミー(オペラ座)に毎年2万5000リーヴルの使用料(1万2000～1万5000リーヴルだったとする説もある)を支払う代わりに、プローザやダンス、バレエ、(楽曲の)パロディーなどからなる小品を上演する許可を得ている(Philippe CHAUVEAU : Les théâtres parisiens disparus, Les Éditions de l'Amandier, Paris, 1999, p. 35)。これらのパフォーマンスは、すべてこのアカデミーが独占権を有していたからである。詳細は次章参照。

(97) より正鵠を期していえば、パリの中央市場における上質の小麦粉1ボワソー(約12.7リットル)が、月平均で35.2スー(約1.76リーヴル)だった1757年、5万5900リーヴルというグラン・トマの遺産は、じつに403.4キロリットルもの小麦粉価格に相当することになる(Steven L. KAPLAN : Les ventres de Paris. Pouvoirs et approvisionnement dans la France d'Ancien Régime, trad. par Sabine BOULONGNE, Fayard, Paris, 1988, p. 309. titre orig.: Provisioning Paris. Merchants and Millers in the Grain and Flour Trade during Eighteenth Century, Cornell Univ. Press, 1984)。

(98) FOURNEL : Le vieux Paris, op. cit., p. 242.

(99) CHEVALIER, op. cit., pp. 73-74.

méditerranéens, I, Mouton, Paris, 1975, p. 399.

(79) この火災の様子について、アミアンやソワソンの地方長官などを歴任したオリヴィエ・ルフェーヴル・ドルメソン（1616-86）は、その有名な『日記』で目撃談をこう記している（Olivier Lefevre d'ORMESSON : Journal, t. 1, pub. par M. CHERUEL, Imprimerie impériale, Paris, 1860, p. 138）。「1644年1月15日金曜日（午後）9時から10時にかけて、役者たちが芝居をしていたマレ掌球場から出火した。もしも強力かつ秩序だった救助の手がなかったなら、火が掌球場全体を燃やし尽くしたことだろう。カプチン会士たちはきわめて適切に動いた。私が掌球場をおそるおそる目の当たりにした頃には、すでに火は大きくなっていた。この火はパリ市のどこからでも見えた。あらゆるところから野次馬が集まってきて、火はさながら真昼の光のようでもあった」。

なお、マレ座の詳細については第三章註18を参照されたい。

(80) FOURNEL : Le vieux Paris, op. cit., p. 198.

(81) ちなみに、抜歯用の鉗子は、早くも前4千年紀のアッシリアないし前3千年紀のエジプトで用いられている。歯牙ブリッジの技術も古くからあり、たとえば1914年にカイロ近郊のギゼで出土した前3千年紀の2本の臼歯と、1952年にやはりカイロ近郊のエル・カタでみつかった1本の犬歯と2本の門歯は、それぞれ金糸で繋がれていた。二例とも当該人物の来世のため、死後に施されたものと考えられている。また、義歯の技術は、前300年頃のエトルリアでも知られていたという（Malvin E. RING : Dentistry, H. N. Abrahams, New York, 1985, pp. 16&44）。

(82) Louis-Sébastien MERCIER : Le tableau de Paris, Paris, 1781-1788（メルシエ『十八世紀パリ生活誌』、原宏編訳、岩波文庫、1989年、67-68頁）.

(83) P. LORENZ（dir.）: Métiers d'autrefois, G. M. Perrin, Paris, 1968, d'après Françoise LOUX : L'ogre et la dent, Berger-Levrault, Paris, 1981, p. 129.

(84) Yves M. KERGUS : Métiers disparus, G. M. Perrin, Paris, 1968, p. 113.

(85) RING, op. cit., p. 157.

(86) Pierre HUARD & Mirko D. GRMEK（éd.）: La chirurgie moderne, ses débuts en Occident, Les Éditions Roger Dacosta, Paris, 1968, pp. 48-49.

(87) Laurence BERROUET & Gilles LAURENDON : Métiers oubliés de Paris, Parigramme, Paris, 1994, pp. 16-17. ケルギュによれば、17世紀前葉のポン=ヌフでの抜歯では、施術の終わった患者は、口腔を清めるため、橋のたもとにある一杯飲み屋「メール・ロゴム」でブランデーを口にしたが、それは無料ではなく、あがりの一部がコミッションとして抜歯人に還元されたという（KERGUS, op. cit., p. 117）。

(88) Charles COURY : L'Hôtel-Dieu de Paris. Treize siècles de soins, d'enseignements et de recherches, L'Expansion, Langres, 1969, p. 73.

(89) Léon LE GRAND : Statuts d'Hôtel-Dieu et de Léproserie , Alphonse Picard, Paris, 1901, pp. 43-55. ただし、17世紀から革命前までは、施療院での診療実績によって親方昇格技術の開陳が免除されることもあった。この外科医を「親方相当外科医《シリュルジャン・ガニャン=メトリーズ》」という（François LEBRUN : Médecins, saints et sorciers aux XVII[e] et XVIII[e] siècles, Temps Actuels, Paris, 1983, p. 65）。なお、慈善院の日々や設備などについては、拙著『ペス

ドールがパリでどれほど荒稼ぎをしたかは、だれもが知っているところである」（DESGORRIS, op. cit., p. 273）。

(62) SCHERER, op. cit., p. 1200.

(63) HOWE et JURGENS, op. cit., p. 266.

(64) A. N. Y 67, fol. 25 v°.

(65) HOWE et JURGENS, op. cit., p. 112 n. シュレによれば、夫と死別したビアンカはこのジャン・サロモンと再々婚したという。もしそうだとすれば、彼女は離婚した夫と復縁したことになる（本章註 31 参照）。ちなみに、ジャルは、サロモンの（最初の？）妻は 1623 年以前に死別したはずだが、その遺骸が埋葬されているサン=バルテルミ教区の教会記録に、彼女に関する記録はないとしている（JAL, op. cit., p. 1163）。

(66) AVENTIN, t. II, op. cit., p. 9.

(67) Ibid., t. I, op. cit., pp. viii-ix, note. 4.

(68) Roland AUGUET : Fêtes et spectacles populaires, Flammarion, Paris, 1974, p. 43 などを参照されたい。

(69) HOWE et JURGENS, op. cit., p. 367.

(70)『タバラン全集』（Ⅱ）の巻末には、対話形式による小冊子の『あの世でのゴルティエ=ガルギユとタバランとの邂逅』（La rencontre de Gautier-Garguille avec Tabarin en l'autre monde, 1634）と、『ゴルティエ=ガルギユの他界行』（L'entrée de Gautier-Garguille en l'autre monde, 1635）と題した諷刺詩が収録されている。いずれもパリで発表されている。書肆の明記がないことからすれば、あるいは出版にまで至らなかったとも思えるが、そこには 1633 年末に逝ったゴルティエ=ガルギユへの追悼の意がみてとれる。少なくともその著者は、すでに 1626 年に死んでいるアントワーヌ・ジラールではありえない。ジャン・サロモンもまた、同じ年ではあるが、ゴルティエ=ガルギユより先に他界している。では、いったいだれが書いたものなのか。謎は深まるばかりである。

(71) LE PAULMIER, ibid., pp. 186-187.

(72) GUILLEMET, Dr. : *Le charlatan à travers les âges, discours prononcé dans la séance du* 23 *novembre 1891*, in «Revue Scientifique», 3e série, 28e année, Nantes, 1891, p. 9.（B. M. 57808）

(73) Emile CAMPARDON : Nouvelles pièces sur Molière et sur quelques comédiens de sa troupe, Berger-Levrault, Paris, 1876, p. 45.

(74) FOURNEL : Le vieux Paris, op. cit., p. 196.

(75) Florent CARTON, dit DANCOURT : L'Opérateur Barry, P. Ribou, Paris, 1702（d'après FOURNEL, ibid., p. 193）および、FRANKLIN : La vie privée d'autrefois. Les médecins, Slatkine, Genève, 1892 / 1980, p. 142 参照。

(76) Jean BARREYRE : Charlatans, Bateleurs & Bonnimenteurs, Flamnmes et Fumées, Paris, 1963, p. 8.

(77) FOURNEL: Le vieux Paris, op. cit., p. 197.

(78) Jean-Noël BIRABIN : Les hommes et la peste en France et dans les pays européens et

き（本文後述）ほど直截的ではなく、何よりもそこには諧謔的な特徴がみられない。

(52) TABARIN : La réponse du Sieur Tabarin au livre intitulé La Tromperie des Charlatans descouverte, S. Moreau, Paris, 1619, in Inventaire Universel des Œuvres de Tabarin, op. cit., pp. 221-222.

(53) SONNET : Les tromperies des Charlatans descouvertes, N. Rousset, Paris, 1619, in Inventaire Universel des Œuvres de Tabarin, op. cit., pp. 205-217. ソネはこの論駁書を次のような言葉で締めくくっている。「彼ら（テリアカ売りやシャルラタンたち）は、甘言のみならず、外見の美しい気取った戯言を弄して（人々を）騙している。まさにそれは贋金作りと同じであり、その驚異の薬はみかけこそ立派だが、使っても何ら価値のない代物なのである」(Ibid., p. 217)。

(54) I. D. P. M. O. D. R（DESGORRIS), op. cit., p. 7.

(55) Ibid., p. 32.

(56) TABARIN : Recueil général des rencontres, questions, demandes et autres œuvres tabariniques avec leurs réponses, A. De Sommaville, Paris, 1622. なお、1623年にはその増補版『タバラン幻想著作集』（次註参照）が、初版と同じ書肆から刊行されている。この著作集は1709年頃（ルーアン）まで、さらに増補を施しながら、じつに17版（！）を数えている。その一方で、増補版所収の一部著作は単独で出版されてもいる。詳細はギュスタヴ・アヴァンタンによる『タバラン文献解題』(G. AVENTIN, Bibliographie tabarinique, op. cit., pp. xix-xli）を参照されたい。

(57) TABARIN : Recueil général des œuvres et fantaisies de Tabarin, concernant ses rencontres, questions & demandes facetieuses, avec leurs responses. Rouen, D. Geuffroy, 1627, pp. 2-4.（B. M. M. L 169）

(58) TABARIN : *Les estreines universelles de Tabarin pour l'an mil six cent vingt-et-un*, in Les œuvres de Tabarin, Nlle. éd., préface et notes par Georges D'HARMONVILLE, A. Delahays, Paris, 1858, pp. 359-366.

(59) Charles SOREL : L'histoire comique de Francion où les Tromperies, les Subtilitez, les mauvaises humeurs, les sottises & tous les autres vices de quelques personnes de ce siècle sont naifvement representez, Louys Boulanger, Paris, 1636, p. 743. なお、渡辺明正訳『フランシオン滑稽物語』（国書刊行会、2002年）は、エミール・ロワ校訂になる初版本（7巻、1623年）の全訳である。したがって、1626年以降の版にみられるタバラン云々の記述（第10巻）はないが、代わりにポン=ヌフ橋のシャルラタン歯医者カルムリーンに関する言及がある（邦訳書266頁）。

(60) Ibid., pp. 790-791.

(61) S. W. DEIERKAUF-HOLSBOER : Le théâtre du Marais, t. I, Nizet, Paris, 1954, p. 57. ただし、マレ座の創設者で、のちにオテル・ド・ブルゴーニュ座に移ったル・ノワールと未亡人の財産目録（1637年8月）には、動産のうち、衣装の内容と評価額が克明に記されているが、その総額は5200リーヴル・トゥルノワあった（A. N., Minutier central, fonds XC, liasse 200. d'après DEIERKAUF-HOLSBOER, ibid., pp. 163-169)。なお、タバランたちの蓄財ぶりについては、次のような指摘がある。「タバランとモン

(44) HOWE et JURGENS, op. cit., p. 212.
(45) Ibid., p. 17.
(46) SCHERER, op. cit., p. 1204.
(47) CORVIN, op. cit., p. 871.（G. FORESTIER による）
(48) SCHERER, op. cit., pp. 1203-1204. この指摘は、これまでみてきたタバランの足跡とも明らかに齟齬をきたしている。残念ながら出典の明示がないため確認できないが、あるいはシュレは、タバランをイタリア出身の役者ジョヴァンニ・タバリーニ、フランス名ジャン・タバランと取り違えているのではないか。ヴェネツィアで笑劇役者として評判を得ていたタバリーニは、1570年代初頭、シャルル9世の時代にパリに出て、皇太后カトリーヌ・ド・メディシスのためにイタリア笑劇を演じ、その愛顧と庇護を得たという（JAL, op. cit., p. 1162）。ちなみに、タバラン＝アントワーヌ・ジラール説を採るものとしては、前述したモングレディヤンとロベールの『17世紀のフランス人役者たち』（G. MONGRÉDIEN et J. ROBERT, op. cit., p. 193）、タバラン＝ジャン・サロモン説を採るものとしては、クロード=ステファン・ル・ポルミエの「封建領主としてのモンドールとタバラン」（Claude-Stephan LE PAULMIER : *Mondor et Tabarin, seigneurs féodaux*, in «Mémoires de la Société de l'Histoire de Paris et de l'Ile-de-France», H. Champion, Paris, 1884, p. 180）などがある。
(49) TABARIN : Inventaire universel des œuvres de Tabarin contenant ses fantaisies, dialogues, paradoxes, gaillardies, rencontres, farces et conceptions, P. Recollet et A. Estoc, Paris, 1622, 98 p.（B. M. M. 33372）. タバランの代表的な著作としては、ほかに『タバランの邂逅と疑問』（Rencontres et questions de Tabarin, Anthoine de Sommaville, Paris, 1623-1624）、『グラットラール男爵の滑稽な邂逅とファンタジア、そして支離滅裂な話』（Les Rencontres, Fantaisies et Coq-à-l'Asne facecieux du Baron de Grattelard, Imp. de Jullien Trostolle, Paris, 1622 / 1623）などがある。
(50) RENAUD, op. cit., p. 8. ちなみに、1637年にストラスブールで初版が出た、『新しい与太話、もしくは滑稽なまでに真面目で真面目なまでに滑稽な閑話の行間を論じる百人組』の中で、著者ダニエル・マルタンもまたこのタバラン＝マント説を採っている。彼はまた、同書第24章「抜歯人について」において、シャルラタンとタバランについてこう述べている。「シャルラタンという語は、本来的には、美辞麗句を用いて悪質な品物を売りつける者、たとえば、タバランやモンドールといった甘言家や饒舌な薬屋のことで、この2人は1623年、パリの島で足場を組み、自らヴァイオリンを奏で、笑劇を演じて人々を集めていた。それから、持参の薬を褒めそやし、愚かで物見高い人々が、これらの薬さえあれば万病が治ると信じて、ハンカチーフや手袋の端に結びつけたお金を足場の上に我先にと投げるのだ。薬の用途や服用法が記されている紙に包まれた小さな餌を手に入れるために、である」（Daniel MARTIN : Parlement nouveau, ou Centurie interlinaire de devis facetieusement serieux et serieusement facetieux..., Strasbourg, 1637, d'après AVENTIN, op. cit., Introduction pp. ix-x）。
(51) *Fantaisie tabarinesque*, in Œuvres complètes de Tabarin, t. I, op. cit., pp. 206-208. こうした語は、しかしすでに通用していたTabarin「道化」という語とタバランの結びつ

inédits, t. II, Slatline Reprints, Genève, 1872 / 1970）に依っているのだろうが、ジャルのほうは娘の名前を「アリエノール」（Aliénor）とし、さらに、1584年頃生まれのジャン・サロモンが1605年にもうけた長女ないし一人娘だったとしている（p. 1164）。もし彼の説が正しいとすれば、アレオノール（アリエノール？）は15歳で38歳前後のゲリュ（ゴルティィエ=ガルギユ）と結婚し、その母ビアンカは、ジャン・サロモンとの間にこの娘をもうけたのち離婚し、同じ一座の座長格だったアントワーヌ・ジラールと再婚したことになる。早婚や「内婚」が一般的だった当時の芸人世界からすれば、決して珍しい話ではないが、筆者としてはやはり公式な記録文書に依りたい（本章註65参照）。

（32）FOURNEL : Le vieux Paris, A. Mame et Fils, Tours, 1887, p. 204. ジャルが精査した教区簿冊には、ゲリュとアリエノールの子供3人の洗礼記録が残されているが、「サン=バルテルミ教区の内科医モンドール」の名は、その次女の洗礼証書に代父として記されている（JAL, op. cit., p. 1162-1163）。

（33）AVENTIN, op. cit., p.x.

（34）Jean BERNIER : Essai de médecine où il est traité de l'histoire de la médecine et des médecins, S. Languronne, 1689.（d'après H. SULBLÉ : Quelques charlatans célébres au XVII[e] siècle, E.-H. Gitard, Toulouse, 1922, pp. 36-37）

（35）A. D. H. 4 H 12-142.

（36）Thomas SONNET de COURVAL : Satyre contre les charlatans et pseudo-médecins empiriques en laquelle sont amplement découvertes les ruses et trompries de tous Thériacleurs, Alchimistes, Chimistes, Paracelistes, Destiliteurs, Ex-Tracteurs de Quintescences, Fondeurs dorportable, Maistres de l'Elixis...et telle pernicieuse engeance d'imposeurs, en laquelle d'ailleurs sont refutées les erreurs, abus et impiétés des Iatromages, ou médecins et autres détestables et diaboliques remèdes, en la cure des maladies, Milot, Paris, 1610, p. 10.（B. M. M. 76437 RES）およびSELIMONTE, op. cit., s. p.

（37）シャルラタンによる同様の火傷芸は、イエロニモの後も受け継がれ、たとえば1703年には、イタリアのモデナで、フランカトリッパなる男が、熱した松脂で背中を焼き、自慢の火傷薬の効能を立証しようとしたという（Constant MIC : La Commedia dell'Arte, Pléiade, Paris, 1927, p. 181）。

（38）SONNET, ibid., p. 24.

（39）Ibid., p. iij.

（40）SULBLÉ, op. cit., p. 22.

（41）ちなみに、ブルの娘フランソワーズは、パリの仕立て職人を父とし、1620年当時、マルセイユで活動していたベルローズ（後述）一座に加わったのち、マレ座の楽師となったシモン・フェリュの妻。

（42）Cardinal Georges GRENTE（dir.）: Dictionnaire des Lettres françaises. Le XVII[e] siècle, Arthème Fayard, Paris, 1954, p. 971.

（43）G. MONGRÉDIEN et J. ROBERT : Les comédiens français du XVII[e] siècle, Dictionnaire biographique, C. N. R. S., Paris, 1981, p. 193.

Médecine de Paris, in «Bulletin de la Société d'Histoire de la Pharmacie», Société de la Pharmacie, Paris, 1928, p. 33.（B. M. 29889）

(18) FRANKLIN, op. cit., t. 2, p. 528.

(19) ジャン・ド・マレッシ『毒の歴史』、橋本到・片桐祐訳、新評論、1996年、210-214頁。

(20) Nicolas HOVEL : Traité de la Thériaque et Mithridat, contenant plusieurs questions générales et particulières, Jean de Bordeaux, Paris, 1573.　1593年にロンドンで発見されたステファノ・フランチェスコのいわゆる『秘薬論』によれば、サント・ロレンツォ図書館に次のようなミトリダテスの製法に関する写本があり、そこにはこの解毒剤の成分として、「7ドラクマ半4オボル（1ドラクマは約3.24グラム、1オボルは6分の1ドラクマ）のカンゾウの根、4ドラクマ2オボルの麻薬、3ドラクマ2オボルのニガクサ、6ドラクマ2オボルのヨモギギク、6ドラクマ1オボルの黒胡椒」など、38通りの薬草が列挙されているという（Stefano FRANCESCO : Mes secrets à Florence au temps de Médicis 1593, trad. par R. de ZAYAS, Jean-Michel Place, Paris, 1996, pp. 154-155）。

(21) F・クライン=ルブール『パリ職人づくし』、北澤真木訳、論創社、1995年、140頁。

(22) Louis Henri ESCURET : Histoire des vieilles rues de Montpellier, Les Presses du Languedoc, Montpellier, 1984, p. 318.

(23) O. P. A. CRÉHANGE : Les livres anciens de médecine et de pharmacie, Les Éditions de l'Amateur, Paris, 1984, s. p.

(24) HOVEL, op. cit., p. 146 r.

(25) Françoise LOUX : Pierre-Martin de LA MARTINIÈRE. Un médecin au XVII[e] siècle, Imago, Paris, 1988, p. 196.

(26) この兄弟説を採るものとして、たとえばAlan HOWE et Madeleine JURGENS : Le théâtre professionnel à Paris 1600-1649, Centre historique des Archives Nationales, Paris, 2000, p. 111がある。なお、コルヴァン編『演劇百科事典』には、タバランとモンドールを「兄弟」とする指摘はない（CORVIN, op. cit., p. 871）。次章本文参照。

(27) 後述する大市もまた、首都で突出した殷賑空間ではあったが、むろんそれは年に一度の市が開かれている時だけだった。

(28) TABARIN : Œuvres complètes de Tabarin, op. cit., p. 10.

(29) Ibid., *De l'origine, mœurs, fraudes et impostures des ciarlatans*, op. cit., V. t. 2, p. 287.

(30) HOWE et JURGENS, op. cit., pp. 370-372.

(31) Ibid., p. 80. フランス演劇史の基本書とでもいうべき『17世紀演劇』で、ジャック・シュレは、このゲリュと結婚した娘を、ポンペ・サロモンの娘アレオノールではなく、ジャン・サロモンの娘レオノールだとしている（Jacques SCHERER : Théâtre du XVII[e] siècle, Gallimard, Paris, 1975, p. 1201）。おそらく、タバランに関して比較的まとまった、だがかなり恣意的な紹介をしているオーギュスト・ジャルの『伝記・歴史考証事典』（Auguste JAL : Dictionnaire critique de biographie et d'histoire. Errata et supplément pour tous les dictionnaires historiques d'après des documents authentiques

(7) A. N. Y 9498-205（ibid., p. 35).

(8) 後述するように、当初イタリアで《コメディア・アンプロヴィソ（即興喜劇）》と呼ばれていたコメディア・デラルテは、16世紀初頭にフランスに進出し、1530年には「イタリア人アンドレ師」なる人物（とその一座）が、アンリ8世とフランス王室のために笑劇を制作・上演する条件で、パリ市当局に召抱えられていたという。また、1549年には、リヨンでイタリア人一座による興行が打たれたとの記録もある（Winifred SMITH : The Commedia dell'Arte, Benjamin Blom, New York & London, 1964, p. 142.）。17世紀のフランスにおけるイタリア人劇団については、本文後段の記述に加えて、Auteurs de l'Histoire du Théâtre Français : Histoire de l'ancien Théâtre Italien, depuis son origine en France jusqu'à sa suppression en l'année 1697, Lambert, Paris, 1753などを参照されたい。

(9) John GRAND-CARTERET : L'histoire, la vie, les mœurs et la curiosité, III, Librairie de La Curiosité et des Beaux-Arts, Paris, 1928, pp. 267-268.

(10) Paul-Yves SÉBILLOT : Folklore et curiosité du vieux Paris, Maisonneuve & Larose, Paris, 2002, p. 375.

(11) Michel SELIMONTE : Le Pont-Neuf et ses charlatans, Plasma, Paris, 1980, s. p.

(12) Jean Georges NOVERRE : Lettres sur la danse et sur les ballets, Aimé Delaroche, Lyon, 1760, p. 48.（B. M. M. 42801）

(13) 詳細はD. WITKOWSKI : Les médecins au théâtre, A. Maloine, Paris, 1905, pp. 224 sq. を参照されたい。

(14) モリエール全集I『恋は医者』、鈴木力衛訳、中央公論社、1973年、183-184頁。モリエールはシャルラタン（香具師）にこう言わせ（歌わせ）ている。「海をとりまく国ぐにの、あらゆる黄金を積まれても、／霊妙不思議なこの薬、どっこい渡してなるものか。／類いまれなるその効き目、治した病気は数知れず、／1年かかって数えても、とうてい数えきれやせぬ。／ひぜん／疥癬／たむしに熱病、／ペスト／痛風、／梅毒はおろか、／脱腸／はしかでさえもぴたりと治る／ああ、ありがたき万金丹！」。なお、医者嫌いのモリエールが例外的に親交を結んでいたジャン=アルマン・ド・モヴィヤンは、オルヴィエタン売りに証明書を書いたことで、やがて自ら学部長となる（在職1666-68年）パリ大学医学部と対立していた（Patrice BOUSSEL : Histoire de la médecine et de la chirurgie de la Grande Peste à nos jours, Ed. de la Porte Verte, Paris, 1979, p. 96）。

(15) WITKOWSKI, ibid., p. 240.

(16) クロード=ステファン・ル・ポルミエは、このオルヴィエタンの秘法が、フェランティの死後、未亡人クラリッサ（第三章参照）によって、その再婚相手だったコントゥギにもたらされたとしているが（Claude-Stephan LE PAULMIER : L'Orviétan. Histoire d'une famille de charlatans du Pont-Neuf aux XVII[e] et XVIII[e] siècles, Lib. Illustrée, Paris, s. d.［1893］, p. 21）、コントゥギがオルヴィエタンの考案者であることは定説となっている。

(17) J. BERGOUNIOUX : Les éditions du Codex Medicamentarius de l'ancienne Faculté de

# 第二章

（1）BERTHOD : La Ville de Paris en vers burlesque, Veuve G. Loyson et J. B. Loyson, Paris, 1655, 1668, d'après P.-L. JACOB : Paris ridicule et burlesque au dix-septième siècle, G. Frères, Paris, 1878, pp. 126-127.（Michel RENAUD : *Beteleurs et charlatans au XVIII*$^{e}$ *siècle*, in «GAVROCHE», No. 8, fév.-mars. 1983, p. 9 に再録）

（2）この竣工時期を 1604 年とする説もある。その最初期の記述は、たとえば次の書にみられる。HURTAUT & MAGNY : Dictionnaire historique de la Ville de Paris et ses environs, dans lequel on trouve la description de tous les monuments & curiosités, t. IV, Moutard, Paris, 1779, p. 100. B. H. V. P. $8^{c}$I 16.ちなみに、この書によれば、ポン=ヌフ橋は当初「涙の橋《ポン・デ・プルール》」と呼ばれていたという（ibid.）。

（3）Édouard FOURNIER : Histoire du Pont-Neuf, E. Dentu, Paris, 1862, p. 238. カルトゥーシュについては、たとえば Gilles HENRY : Cartouche. Le brigand de la Régence, Tallandier, Paris, 2001, Robert DELEUSE : Cartouche, prince des voleurs, Dagorno, Paris, 1994, さらに Maurice VLOBERG : De la Cour des Miracles au Gibet de Monfaucon, J. Naert, Paris, 1928, pp. 113 sq. などを参照されたい。ちなみに、大義賊マンドランは、1755 年にドーフィネ地方のヴァランスで処刑されたが、首都圏を中心に跋扈したカルトゥーシュとフランス南東部の農村地帯を舞台としたマンドランは、民衆本とも、また表紙が青いところから《青（表紙）本》とも呼ばれる、安価な行商本に格好のテーマを提供した（第八章参照）。また、マンドランを描いた民衆画にも、明らかにカルトゥーシュのイメージが反映されている。詳細は千葉治男『義賊マンドラン』、平凡社、1987 年、153 頁ほか参照。

（4）Pont-Neuf 1578-1978, Exposition organisée par le Musée Carnavalet et la Délégation à l'Action artistique de la Ville de Paris, 1978, p. 7.

（5）Victor FOURNEL : Les rues du vieux Paris, Lib. de Firnin-Didot, Paris, 1881, p. 524.

（6）A. N. Y 9498-151.（d'après Michèle BIMBENET-PRIVAT（éd.）: Archives Nationales. Ordonnances et sentences de police du Châtelet de Paris, Archives Nationales, Paris, 1992, p. 29）同様の治安条例は 1740 年にも出されており、そこではポン=ヌフ橋の商売人たちが、4 月 1 日から 10 月 1 日まで、毎晩その商品や露店を撤去しなければならず、違反者は商品没収に加えて 100 リーヴルの罰金が科せられる、となっている（A. N. Y 9499-660, ibid.）。

(21) Jean de Bigot PALAPRAT : Lettres sur la comédie des empriques. Les Œuvres de M. de Palaprat, Briasson, Paris, 1711 / 35, p. xxv（B. M. M. 54405）.ただ、これには異説があり、たとえばディド兄弟の『新世界人名事典』によれば、シャルミヨンは1295年にトロワの町の遍歴楽師・詩人の王に選ばれたにすぎないという（Firmin DIDOT Frères : Nouvelle biographie universelle, t. IX, F. Didot Frères, Paris, 1854）。

(22) Edmond FARAL : Les jongleurs en France au Moyen Âge, H. Champion, Paris, 1987, p. 64.

(23) Société de Savants et de Gens de Lettres : La Grande encyclopédie inventaire raisonnée des sciences, des lettres et des arts, t. V, Lamirault, Paris, s. d., p. 753.

(24) Alfred FRANKLIN : Dictionnaire historique des arts, métiers et professions exercés dans Paris depuis le XIII[e] siècle, t. 1, J. Laffitte, Marseille, 1905-06 / 1987, p. 72.

(25) 拙著『異貌の中世』、弘文堂、1987年、61頁。

生したプロヴァンス語のalantaを挙げている（ibid., p. 64）。こうした語源説で一風変わっているのは、K・H・マンジュ（Manges）とA・R・ニクル（Nykl）の仮説で、彼らはciarlatanoの語源をトルコ語の動詞dzar-laないし名詞dzarlamakに求めている（Jean-Claude MARGOLIN : *Sur quelques figures de charlatans à la Renaissance*, in Devins et charlatans au temps de la Renaissance, Centre de Recherches sur la Renaissance, Univ. de Paris-Sorbonne, Paris, 1979, p. 38）。

(10) ロジェ・シャルチエ『読書と読者』、長谷川輝夫・宮下志朗訳、みすず書房、1994年、302頁。

(11) ハイナー・ベーンケ「流浪者追放」、ベーンケ＆ロルフ・ヨハンスマイアー編『放浪者の書』所収、水野藤夫訳、平凡社、1989年、85-87頁。

(12) TABARIN : *De l'origine, mœurs, fraudes et impostures des ciarlatans*, in Œuvres complètes de Tabarin, t. I, éd. par Gustave AVENTIN, P. Jannet, Paris, 1858, p. 249.

(13) Jacques AMYOT : Les vies des hommes illustrés..., 1567（Albert DAUZAT et als. : Dictionnaire étymologique et historique du français, Larousse, Paris, 1963 / 1993, p. 143）. なお、Algirdas J. GREIMASとTeresa M. KEANEは、『中世フランス語辞典』（Dictionnaire du moyen français, Larousse, Paris, 1992, p. 105）の中で、同じアミヨが1572年に出した『プルタルク著作集』（Œuvres de Plutarque）を初出としている。

(14) C. N. R. S.（éd.）: Dictionnaire de la langue du 19e et du 20e siècle, Klincksierck, Paris, 1977, p. 557.

(15) Walter VON WARTBURG : Französisches Etymologisches Wörterbuch, B. II, J. C. B. Mohr, Tübingen, 1940, p. 607.

(16) MISTRAL, op. cit., p. 64.

(17) シャルラタンの用語法に関する以下の記述は、Edmond HUGUET : Dictionnaire de la langue française du seizième siècle, t. II, Ancienne Honoré Champion, Paris, 1932, p. 203や、Frédéric GODEFROY : Dictionnaire de l'ancienne langue française et tous ses dialectes du IXe au XVe siècles, t. 10, Lib. des Sciences et des Arts, Paris, 1938による。なお、以下も参照のこと。Guillaume BOUCHET : Les Sérees, t. II, Poitiers, 1584, Slatkine, Genève, 1969, p. 217 ; Philippe de MARNIX : Tableau de la différence entre la religion chrétienne et le papisme, liv. I, t. iv, Lyde, 1599, p. 7 ; Étienne PASQUIER : Lettres, Amsterdam, t. X, 1723, p. 7 ; André THEVET : Cosmographie universelle, G. Chaudière, Paris, 1575, p. 10 ; Pierre LE LOYER : Discours et histoire des spectres, t. VIII, Paris, 1608, p. 11.

(18) Jean BODIN : Les six livres de la République, 1583, éd. et prés. de G. MEIRET, Livre de Poche, Paris, 1993.

(19) VON WARTBURG, op. cit.

(20) 前記語源辞典には漏れているが、17世紀の派生語としては、たとえばアグリッパ・ドーヴィニェの『世界史』第14巻に、「（演説家の）欺瞞」を指すために用いたシャルルリ（charlerie）が知られているにすぎない（Agrippa D'AUBIGNÉ : Histoire universelle, t. IX, 1594-1602, Liv. 14, chap. 24e, éd. et notes de André THIERS, Daroz, Genève, 1995, p. 175）。

# 第一章

(1)I. D. P. M. O. D. R. (Jean DURET / Jean DESGORRIS) : Discours de l'origine des mœurs, fraudes et impostures des Ciarlatans, avec leur descouverte. Dedié à Tabarin & Desiderio de Combes, Denys Langlois, Paris, 1622, p. 1. (B. M. 27024)

(2)Louis COQUELET et als. : Critique de la charlatanerie, divisée en plusieurs discours, en forme de panégyriques, faits & prononcés par elle-même, Chez la Veuve Mergé, Paris, 1726, pp. 5, 27&57. (B. M. 55796)

(3)DIDEROT et D'ALEMBERT (éd.) : Encyclopédie ou Dictionnaire raisonné des sciences, des arts et des métiers, Paris, 1751-1757, vol. I, Readex Microprint Corp. Paris, 1969, p. 534.

(4)RAMSEY, op. cit., pp. 21-28.

(5)E. Jourdan de PELLERIN : Lettres de Jourdan de Pellerin, médecin, chymiste privilégié du Roy, en forme de dessertatoion contre les Charlatans, Empryques, ou Gens à prétendus secrets, dans laquelle on trouvera des observations sur la nature du Mercure, sur ses bons & mauvais effets & sur l'origine des maladies. Pour servir de réponse à la lettre de H. de Torrès, médecin de feu S. A. S., Monseigeur le Duc d'Orléans, sur la méthode de guérir les maladies vénériennes, 1754, pp. iv&4-6. (B. N. 8-Te 23-43).

(6)William BUCHAN : Médecine domestique, trad. J. D. DUPLANIL, t. 5, G. Desprez, Paris, 1780, pp. 115-116.

(7)VOLTAIRE : Dictionnaire philosophique, t. I, 1764, in Œuvres de Voltaire, éd. par M. BEUCHOT, t. XXVI, Lefèvre, Paris, 1829, p. 24.

(8)Nadine PENOUILLAT : Médecins et charlatans en Angleterre (1760-1815), Presses Universitaires de Bordeaux, Lille, 1991, p. 120.

(9)ちなみに、語源学に巨歩を記したデュ・カンジュは、さらにラテン語の ceretanus(薬の行商人)をシャルラタンの語源として挙げている(Dominio DU CANGE : Glossarium mediae et infimae latinitatis, t. II, Didot Fratres, Paris, 1842, p. 293)。中には、ミストラルのプロヴァンス=フランス語辞典『フェリブリージュ宝典』のように、語源をイタリア語の ciarlare「話す」に求める説もある(Frédéric MISTRAL : Lou Trésor dóu Félibrige, Culture Provençale et Méridionale, Raphèle-lès-Arles, 1878 / 1979, p. 533)。なお、ミストラルはシャルラタンの同義語として、ラテン語の alazon(ほら吹き、偽善家)から派作ロベール・ラムルー）がロング・ランを続け（2003年3月現在)、さらに本書第二章で登場する、「シャルラタン王」タバラン自身の原作になる笑劇『魅惑的仮装行列』（1630年代）が、ブリュッセルのエヴェイユ劇場で、カルロ・ボソ演出によって翻案・公演されている。

Cardinal Georges GRENTE（dir.）：Dictionnaire des Lettres françaises, Arthème Fayard, Paris, 1954, p. 971 などを参照されたい。

(15) Michel CORVIN（éd.）：Dictionnaire encyclopédique du théâtre, t. 1, Bordas, Paris, 1995, p. 345. ちなみに、今日 150 篇あまりが残されている笑劇の大部分は、1450 年から約 1 世紀にわたって書かれたものだが、500 行を超える長編は稀である。すぐれてカーニヴァル的な逆さまの世界を現出させるこれらの作品の特徴は、いったいに白粉で厚化粧をし、時に仮面をつけた数少ない登場人物が、基本的に騙し騙されることによって笑いを生み出すところにある。なお、farce の語源は、一般に後期ラテン語の farsus（farcîre「詰める」の過去分詞）に由来する、古フランス語の fars「詰め物をすること」にあるとされるが、さらにこれを同じ古フランス語の fart「詐術」に求める説もある（語源に関する詳細な考察は、たとえば Bernadette REY-FLAUD : La farce ou la machine à rire, Lib. Droz, Genève, 1984, pp. 147-170 を参照されたい）。

しかしながら、farce という呼称自体は、当初は悲劇的な冒頭部と愉快な内容の最終部からなる一連の詩を指していたという。この呼称は、14 世紀末から芝居としての笑劇を意味するようになるが、通常仮設舞台で演じられるそれは、まず 100 行あまりの韻文からなる客寄せのクリ（cry）から始まり、次に諧謔的なモラリテ（moralité）、さらに政治的思想を揶揄するソティ（sottie）へと続くが、一般に「阿呆（愚者）劇」と呼ばれるこのソティ劇では、愚性を表す鈴のついた伝統的な衣装をまとい、道化杖を手にした「阿呆《ソ》（sot）」や「愚母《メール・ソット》（mère sotte）」らが登場した。そして上演の最後を締めくくるのが喜劇的なファルスで、そこでは奸計や駄洒落、騙し、瞞着などからなる、一種のスラップスティック《どたばた》劇が演じられた（Cedric E. PICKFORD : article “Farce” in Dictionnaire du théâtre, Encyclopaedia Universalis, A. Michel, Paris, 2000, pp. 326-328）。

15 世紀初頭には、これらの笑劇はパリをはじめとする高等法院の若い書記、すなわちバゾッシュたちによって上演されたが、これについては第三章註 1 を参照されたい。

(16) フランスものではないが、シャルラタンを主人公とする映画としては、たとえばエドモンド・グールディングの『悪夢の小路』（1947 年。仏題『シャルラタン』）がある。透視術によって成り上がり、やがて破滅していく主人公を演じたのは、オリンピックの水泳選手からターザン俳優となったタイロン・パワー。また、ノーベル文学賞作家であるシンクレア・ルイス原作の『エルマー・ガントリー』（1927）を映画化した、リチャード・ブルックの同名の作品（1960 年）では、バート・ランカスターが主人公のシャルラタン＝偽善的宗教者ガントリーを演じている。音楽では、たとえば、原作チャールズ・クライン、音楽ジョン・フィリップ・スーサによる 3 幕物のコミック・オペラ『シャルラタン（チャーラタン）』（1898 年 8 月、ニューヨークで、ド・ウォルフ・ホッパー・オペラ・カンパニーによって上演）や、チェコの作曲家パヴェル・ハースの悲喜劇オペラ『シャルラタン』（1936 年）などがある。一方、演劇の世界では、2002 年 8 月にパリのサン=ジョルジュ劇場で、現代フランスの名優ミシェル・ルーとジャック・バリュタンが、それぞれいかさま師を演じる『シャルラタン』（原

てしまうためのトリック的要素が必要だ」(71頁)。

(11)以下の記述において、とくに指摘がない限り、医師は「内科医《メドゥサン》」ないし「外科医《シリュルジャン》」を指し、調剤師《アポティケール》は「薬剤師《ファルマシアン》」や「薬種商《ドロギスト》」の意味も含むものとする。なお、フランス語で「内科医」を指す médecin は、ラテン語の medicus に由来するが、後者を語源とするもうひとつの、しかし今ではほとんど使われることがないフランス語ミール(mire)は、「医師、調剤師」を意味する。一方、フランス語の用語法では、まずアポティケール(apothicaire)が、エティエンヌ・ボワローの『リーヴル・デ・メティエ(職人鑑)』(1268年、本書第六章参照)に初出し、14世紀に、ギリシア語で「毒、薬」を意味するファルマコン(phármakon)から「下剤」(farmacie)が、さらにそこからファルマシアン(pharmacien)が派生すると、両語は競合して用いられるようになる。だが、18世紀後葉にアポティケールは後発のファルマシアンに取って代わられ、今日では軽侮的な意味でしか使われなくなっている。ルネ・ファーブルとジョルジュ・ディルマンの『薬学の歴史』(3訂版、奥田潤・陸子訳、白水社クセジュ文庫、1994年)によれば、アポティケールはギリシア語の「別々に《アポ》(ápó)置いた《エテーカ》(éthêkha)」を語源とし、教皇ペラギウス2世(在位579-590)は、聖職者の禁止行為の一つとして調剤(アポテカリイ)を挙げているという。さらに、10世紀には、修道院の中で薬事(や医事)に携わっていた修道士は、しばしばアポテカリウス(apothicariusu)と呼ばれていたともいう(28-29頁)。

(12)ホメーロスが生んだギリシア神話最強の戦士アキレウスは、馬に姿を変えたクロノスがオケアノスの娘ピリュラと交わってもうけ、長じて医術や音楽、武術など、あらゆる分野に秀でるようになった半人半馬のケンタウロス族ケイロンから、傷の手当てや薬草の秘法を学んだという。トロイア戦争の際、彼はヘラクレスの息子テーレフォスに不治の傷を負わせたが、「傷を負わせた者がそれを癒す」との神託が成就して、彼を治療する。アキレウスはまた、矢を受けた親友パトロクレースの腕の傷も治療している。そうした彼の治療行為とそれを描いた造形表現については、たとえば Mirko GRMEK & Danielle GOUREVITCH : Les maladies dans l'art antique, Fayard, Paris, 1998, pp. 67-73 を参照されたい。

(13)「民間医学」、「民衆医学」などの謂でもあるこのメドゥシヌ・ポピュレール(médecine populaire)なる語は、マチュー・ラムゼイによれば、1824年に発表されたフィリップ・コロンの学位論文(Philippe COLON : *Essai sur la médecine populaire et ses dangers*)を初出とするという(Matthew RAMSEY : *Magical healing, witchcraft and elite discours in eighteenth and nineteenth-century France*, in Illeness and Healing Altenatives in Western Europe, ed.by Marijke GIJSWIJT-HOFSTRA, Hilary MARLAND and Hans DE WAARDT, Routledge, London, 1997, p. 27)。ただし、英語の相当語 popular medicine の文献初出がいつかについては、筆者は寡聞にしてつまびらかではない。ちなみに、英語で「いかさま師」や「にせ医者」を意味するクワック(quack)は、オランダ語からの借用語であるクワックサルヴァー(quacksalver、初出1579年)の短縮形(初出1628年)とされている。

(14)シャルラタンたちの仮設舞台を大市演劇の起源とする説については、たとえば

## 序章

(1) A. M. M. HH 196.

(2) 19世紀に刊行されたアンドレ・ドゥロールのモンペリエ市史『17世紀のモンペリエ回想録』によれば、1633年9月には両腕のない一組の男女が同市にやってきている。おそらく新地方総督の就任を祝う祭りを当てこんでのことと思われるが、いずれも両足を器用に使い、男の方は鼻をかんだり、財布の紐を結んだり、さらにはカードやサイコロまで巧みに捌いたりして、また女の方は髪を梳かしたり、着・脱衣をしたり、あるいは針で服を縫ったり、ハープを演奏したりするなどして、人々の好奇心を呼んだという（André DELORT : Mémoires inédits d'André Delort sur la ville de Montpellier au XVII[e] siècle, 1876, Laffitte Reprints, Marseille, 1980, p. 91）。

(3) モンドヴィルとその主著『外科学』に関する詳細は、Marie-Christine POUCHELLE : Corps et chirurgie à l'apogée du Moyen Âge, Flammarion, Paris, 1983を参照されたい。

(4) 黒死病と聖ロック信仰については、拙著『ペストの文化誌』、朝日選書、1995年、134-136頁参照。

(5) Louis DULIEU : La chirurgie à Montpellier de ses origines au début du XIX[e] siècle, Les Presses Universelles, Avignon, 1975, p. 17.

(6) J. DUVAL-JOUVE : Histoire populaire de Montpellier, C. Coulet, Montpellier, 1878, pp. 183-184.

(7) Jean BAUMEL : Montpellier au cours des XVI[e]-XVII[e] siècles. Les guerres de Religion（1510-1685), Eds. Causse, Montpellier, 1976, p. 257.

(8) Félix et Thomas PLATTER : Felix et Thomas Platter à Montpellier 1552-1559, Camille Coulet, Montpellier, 1842, pp. 189-190.　なお、邦訳紹介のある『放浪学生プラッターの手記』（阿部謹也訳、平凡社、1985年）は、兄弟の父トマス・プラッターの自伝。

(9) Archives municipales de Dijon, B 287, fol. 371 r[o]（Louis IRISSOU : *Les charlatans et les opérateurs à Montpellier*, in «Bulletin de Pharmacie du Sud-Est», oct. / déc., 1926-fév. 1927, p. 4).

(10) 広瀬弘忠『心の潜在力プラシーボ効果』、朝日選書、2001年参照。この書の中で、広瀬はこう述べている。「プラシーボ効果とは、わたしたち人類が長い時間をかけて体得してきた、生き残りのための心身機能の一つである。その機能を活性化させるためには、あえて別のものを見ること、すなわち視点の転換という、自分の世界を変え

# 註

＊古文献の表記は原著に倣うため、しばしばアクサン抜きとなっている。

＊イタリックは論文題名。

＊出典略称

A. D. H.：エロー県立古文書館 Archives Départementales de l'Hérault（Montpellier）

A. D. H.-R.：オー=ラン県立古文書館 Archives Départementales du Haut-Rhin（Colmar）

A. M. M.：モンペリエ市立古文書館 Archives Municipales de Montpellier

A. N.：フランス国立古文書館 Archives Nationales（Paris）

B. H. V. P.：パリ市歴史図書館 Bibliothèque Historique de la Ville de Paris

B. M.：マザラン図書館 Bibliothèque Mazarine（Paris）

B. M. M.：モンペリエ市立図書館 Bibliothèque Municipale de Montpellier

B. N.：フランス国立図書館 Bibliothèque Nationale（Paris）

# あとがき

本書の主題は、筆者がこれまで行ってきたフランスの祝祭・民俗研究の過程で出会ったものである。資料の収集には正直かなりの年月を要したが、面妖なことに、シャルラタンに関する事例紹介は夥しくあるにもかかわらず、これを彼らが深く関わった医学史や演劇史、さらには民俗文化などの中に位置づけて本格的に分析した先行研究は、卑見する限りほとんどない。それほどシャルラタンは歴史の「瑣事」とみなされてきたともいえる。本書の狙いは、まさにそうした瑣事から近代史の再構築を図ろうとしたところにある。はたしてその狙いがどこまで達成されたか、省みていささか心許ないが、歴史からいわば置き去りにされた者たちとその世界にこうして目を向けることで、少なくとも民衆文化のひとつの形を紡ぎ出せたのではないかとの思いはある。

だが、擱筆に際していささか気になるのは、本文もさることながら、新書本一冊の分量にも相当するであろう註の長さである。あるいは読者を辟易させる所業かもしれないが、それでもまだ書き足りなさ、言い足りなさは残る。事実、本書で用いた一次史料は、手元にある全体の半分にも満たない。少なからぬ文献を十全に活用できなかったとの悔いも残る。改めて自らの非才さを思い知らされるばかりである。まして、なにぶんにも歴史学の門外漢である筆者のこと、事実誤認や短絡的な理解もあるだろう。古文書の解読についても、思わぬ誤解をしているかもしれない。読者諸賢の忌憚のないご批判・ご指摘を仰げれば幸甚である。

最後に、本書の資料収集でいろいろ便宜を図っていただいた、モンペリエ第三大学（ポール・ヴァレリー校）民族学教授のジョスリヌ・ボネ氏、早稲田大学教授・演劇博物館長の伊藤洋氏、筆者の教え子で、モンペリエ第三大学博士課程のフランス民族学者・出口雅敏君と、早稲田大学人間科学研究科博士課程の出海肇君（アイルランド留学中）、さらにエロー県立古文書館やモンペリエ市立古文書館、モンペリエ市立図書館、オー＝ラン県立古文書館の館員諸氏に、心から感謝の意を表するものである。また、本書の刊行を快諾され、丹念な編集作業にあたられた新評論編集部の山田洋、吉住亜矢の両氏にも、深甚なる謝意を捧げたい。

なお、本書は早稲田大学特定課題の助成を受けた研究の成果であることを付記しておく。

二〇〇三年五月

恩師窪田般彌先生のご冥福を祈りつつ

著者　識

人形芝居（marionette） 163, 164, 165, 166, 172, 175, 180, 181

ハ

バゾッシュ（basoche） 116, 296, 三(1)
抜歯人(arracheur de dents) 5, 25, 34, 38, 85, 87, 88-92, 145, 162, 163, 164, 172, 246, 267, 342
バトゥルール(bateleur) 16, 27, 29-30, 143, 182, 212, 236, 303, 343
バルサム(baume) 40, 68, 75, 81, 100, 219, 342
パレ=ロワイヤル（Palais-Royal）座 127, 174
パントマイム劇(無言劇、黙劇)(pantomime) 154, 155, 159, 170, 178, 180, 183, 184, 185, 243, 248, 296
悲喜劇（tragi-comédie） 11, 117, 121, 125, 183
悲劇（tragédie） 117, 125, 128, 187, 248
フリーメイソン（franc-mèçonnerie） 102-103, 104, 105-106, 107, 110, 112
ブルヴァール（boulevard）演劇 147, 154, 172, 179-188
プロテスタント（protestant） 4, 190, 233, 258, 262, 286, 381
ペスト（黒死病）(peste) 5, 81, 82, 83, 92, 145, 212, 225, 226, 250, 286, 294, 298, 305, 306, 308, 349, 399, 425, 六(69)
ボーケール（Beaucaire）大市 230-240, 246-250, 五(7)(10)
ポルト・ド・サン=マルタン（Porte de Saint-Martin）座 185, 187, 三(12)

マ

マレ（Marais）座 82, 122, 124, 125, 128, 129, 130, 134, 137, 176, 二(79), 三(18)
見世物(spectacles) 145, 146, 147, 150, 153, 155, 156, 161, 162, 163, 167, 168, 174, 175, 176, 179, 180, 195, 354, 426, 432
ミトリダテス(mithridate) 44, 46, 192, 219, 221, 238, 241, 二(20)
民間医療（médecine populaire） 11, 19, 26, 281, 370, 372, 373, 383-384, 388-403, 407-416, 425, 431, 序(13), 九(4)
民間信仰（croyance populaire） 294, 397-403, 414, 八(3)
無学位医師（officier de santé） 280, 317, 321, 330-334, 336, 六(10)
無言劇→パントマイム劇
メージュ（maîges） 374-375
黙劇→パントマイム劇

ヤ

薬学（pharmacie） 11, 208, 220, 254, 280, 285, 286, 289, 290, 308, 326, 331
薬剤師（pharmacien） 11, 25, 216, 227, 242, 281, 290, 291, 316, 317-318, 319, 321, 327, 334, 336, 410, 序(11), 七(8), 八(29)
薬(種)商（droguiste） 215, 216, 219, 240, 241, 242, 282, 序(11)
薬草（plantes médicinales） 43, 221, 222, 256, 285, 299-300, 307, 313, 373, 389, 410, 九(1)
薬局連合会（Collège de pharmacie） 280, 290
陽気連（Société joyeuse） 116

ラ

理髪師（barbier） 93, 208, 222, 226, 227, 254, 263-267, 268, 269, 270, 271, 272, 274, 303, 316, 六(37)

ワ

若者修道院（Abbaye de la Jeunesse） 116, 296, 三(2)

326, 345, 351, 354, 356, 358, 359, 363, 394, 395, 415, 418, 429
高等法院(Parlement) 50, 94, 120, 125, 145, 158, 174, 204, 209, 210, 219, 222, 223, 224, 225, 226, 241, 242, 244, 269, 271, 273, 274, 300, 三(10)
香料商(épicier) 181, 222, 223, 240, 241, 242, 254, 282, 285, 289, 290, 329
黒死病→ペスト
コデックス・メディカメンタリウス(Codex medicamentarius) 42
コメディー=イタリエンヌ(Comédie-italienne)座 130, 139, 153, 169, 173, 177, 三(92)
コメディー=フランセーズ(Comédie-Française)座 81, 126, 130-131, 140, 149, 153, 156, 157, 158, 160, 168, 169, 170, 171, 174, 177, 178, 267, 三(18)
コメディア・デラルテ(Commedia dell'arte) 11, 39, 40, 83, 120, 125, 138, 163, 401, 二(8)
コレージュ・ド・フランス(Collège de France) 268, 280, 293

## サ

サーカス(cirque) 154, 155, 426, 三(100)
サン=ジェルマン(Saint-Germain)大市 142, 143, 145, 146, 147-153, 154, 155, 157, 158, 160, 161, 162, 163, 166, 167, 168, 171, 172, 173, 174, 176, 180, 230, 243, 三(61)
サン=トヴィド(Saint-Ovide)大市 180, 三(77)
サン=ローラン(Saint-Laurent)大市 94, 142, 143, 144-147, 148, 150, 153, 154, 158, 159, 160, 161, 162, 163, 164, 165, 167, 168, 171, 172, 173, 185, 230, 243, 408, 三(53)
慈善院(Hôtel-Dieu) 50, 92, 197, 261, 270, 275, 276, 298, 301, 376
シャリヴァリ(charivari) 8, 9
受難同宗団(Confrérie de la Passion) 119, 120-121, 122, 130, 155
掌球場(jeu de paume) 82, 122, 128, 149, 157, 165, 172, 174, 三(18)
笑劇(farce) 5, 11, 40, 46, 47, 49, 54-56, 79, 81, 117, 120, 121, 124, 131, 132, 133, 138, 140, 141, 146, 157, 178, 180, 183, 248, 296, 序(15)
ジョングルール(jongleur) 27, 28-29, 342
刺胳(saignée) 267, 271, 338
スカラムーシュ(Scaramouche) 126, 157, 159, 165, 170
聖史劇(mystère) 119-120, 155, 248, 三(9)
聖職者(prêtre) 92, 218-219, 222-224, 225-226, 250, 256, 302, 360, 364-369, 372, 383, 384, 388, 409-410
聖人(Saint) 6, 144, 243, 265, 285, 286, 294, 296, 372, 373, 378, 398-399, 400, 407, 414, 八(2)(3), 九(4)
接骨師(rebouteur) 26, 89, 267, 384, 387, 390, 391-394, 413
施療院(hôpital) 146, 225, 226, 244, 258, 270, 272, 275, 289, 291, 298, 317, 329, 375, 399, 六(12)
総救貧院(Hôpital général) 169, 271, 六(44)
ソルボンヌ(Sorbonne) 293, 299

## タ

地方総督(gouverneur) 4, 137, 203, 234
地方長官(intendant) 199, 200, 201, 202, 204, 205, 210, 212, 213, 214, 215, 217, 234, 236, 238, 239, 317
調剤師(apothicaire) 11, 25, 43, 46, 62, 132, 178, 191, 205, 208, 209, 215, 216, 219, 220, 222, 223, 225, 226, 227, 238-242, 244, 254, 265, 281-287, 288, 289, 290, 307, 308, 309, 序(11)
テリアカ(thériaque) 8, 26, 27, 43-44, 46, 47, 145, 192, 219, 221, 224, 238, 239, 241, 243
同宗団(confrérie) 264, 265, 267, 270, 285, 289
得業士(bachelier) 92, 256, 257, 268, 270, 272, 297, 298, 六(4)

## ナ

内科医(médecin) 10-11, 20-21, 25, 50, 62, 75, 136, 178, 191, 195, 205, 208, 209, 218, 244, 254-263, 268, 269, 272, 273, 274, 275, 279, 280, 285, 286, 287, 289, 316, 318, 320, 321, 324, 325, 327, 329, 333, 334, 336, 338, 340, 376, 382, 390, 序(11), 六(10)

331, 340, 345, 373, 375, 380, 382, 384, 389, 392, 416, 417, 425, 六(53)
医学部（Faculté de médecine） 5-8, 92, 188, 193, 220, 224, 239, 246, 254, 256, 258, 260, 261-263, 265, 267, 268-269, 271, 273, 274, 279, 280-281, 283, 285, 286, 287, 288, 289, 294, 295, 305, 306, 317, 331, 336, 六(4)(10)(53)
医学校（École de médecine） 246, 254, 257, 279, 280, 317
衛生学校（École de Santé） 279
大市（foire） 30, 83, 142, 143-178, 179, 182, 188, 193, 212, 213, 230-251, 288, 299, 318, 336, 342, 343, 413
大市芝居（演劇）（théâtre de la foire） 117, 131, 142, 153-187
オテル・ド・ブルゴーニュ（Hôtel de Bourgogne）座 38, 39, 51, 56, 80, 82, 117-131, 132, 133, 134, 135, 136, 137, 138, 155, 158, 174, 三(18)(21)
オペラ=コミック（喜歌劇）（opéra-comique） 147, 150, 171, 177, 178, 180, 184
オペラ=コミック（Opéra-Comique）座 94, 139, 168, 177, 二(96)
オペラ（Opéra）座 130, 148, 154, 158, 160, 169, 170, 171, 177, 178, 185, 三(18)(110)
オペラトゥール（opérateur） 4, 27, 30, 34, 42, 49, 53, 75, 84, 85, 88, 90, 132, 133, 134, 136, 141, 142, 162, 163, 164, 172, 190, 191, 192, 199, 200, 201, 205, 206, 208, 209, 210, 214, 227, 230, 244, 246, 247-250, 274, 288, 289, 313, 321, 322, 323, 324, 340, 380, 三(38)
親方（maître） 92, 93, 219, 220, 222, 223, 225, 239, 254, 255, 264, 266, 268, 269, 270, 271, 272, 273, 274, 276, 277, 281, 283, 284, 285, 286, 289, 333
オルヴィエタン（Orvietan） 17, 26, 39, 40, 42-43, 44, 47, 49, 51, 81, 83, 84, 131, 132, 145, 190-192, 195, 205, 206, 208, 209, 210, 212, 213, 244, 246, 250, 二(16), 四(27)

### カ

学寮（collège） 265, 267, 270, 275, 277, 296
カトリック（catholique） 4, 120, 262, 271, 286, 301, 361, 367, 381
カフェ・プロコプ（Café Procope） 149-150
カルナヴァル（Carnaval） 37, 64, 148, 169, 170, 292, 296
軽業師（sauteur） 30, 54, 154, 165, 166, 169, 173, 174, 180, 183, 246
喜劇（comédie） 11, 121, 122, 126, 128, 131, 139, 140, 141, 142, 146, 148, 157, 159, 170, 175, 178, 180, 183, 184, 248, 354
喜劇戦争（guerre comique） 131, 156, 157-158
奇蹟小路（cour des Miracles） 136, 三(37)
祈禱治療（traitement de prières） 372, 389, 395, 400, 407, 408-409, 414, 八(42), 九(7)
客寄せ芝居（parade） 10, 11, 39, 40, 136, 138, 141, 162, 177, 313, 323, 363
救貧医療（médecine des pauvres） 169, 261, 269, 375-380, 383
行商人（colporteur） 133, 145, 146, 237, 240, 378, 380, 八(12)
愚者の祭（fête de fous） 116, 297, 三(2)
首飾り事件（affaire du Collier） 108-110, 184
（同業）組合（corporation） 51, 93, 225, 226, 238, 239, 240, 241, 242, 254, 258, 262-264, 265, 268, 271-272, 273, 275, 281, 282, 283, 284, 285, 286, 288, 289, 290, 316
外科（学）（chirurgie） 225, 254, 260, 265, 267-270, 272, 274, 275, 276, 278-280, 285, 286, 295, 326, 331, 332
外科医（chirurgien） 50, 53, 92, 93, 100, 154, 191, 193, 195, 197, 208, 209, 219, 222, 223, 224, 225, 226, 227, 242, 246, 254, 263-280, 287, 289, 303, 316, 318, 319-320, 321, 325, 327, 329, 332, 334, 380, 391, 392, 序(11)
外科医=理髪師（chirurgien-barbier） 6, 51, 90-91, 263-264, 266, 272, 286
ゲテ（Gaïté）座 181
解毒剤（antidote） 43, 44, 81, 132, 208, 244
ゲネゴー（Guénégaud）座 128, 130, 三(18)
口上（boniment） 10, 12, 16, 40, 44, 46, 47, 58, 76, 79, 81, 87, 89, 101, 111, 133, 134, 136, 141, 143, 157, 166, 192, 208, 256, 300, 302, 309,

パレ（Ambroise Paré） 35, 90, 163, 192, 269, 270
ピタール（Jean Pitard） 265, 266
ヒポクラテス（Hippocrate, Hippokratês） 254, 297, 298, 302, 306, 349, 377
フェランティ（Hiéronime Férranti） 42, 51, 131, 132
フーケ（Marie Fouquet） 380
プラッター（Thomas & Felix Platter） 8, 261, 297
ブリオシェ（Brioché） 162-164, 172, 180
ブリュスカンビユ（Bruscambille） 74, 132, 133-134, 三(36)
フロリドール（Floridor） 124, 125, 129, 三(18)
ペルシー（Pierre-François Percy） 391, 392
ベルトラン（Alexandre Bertrand） 157, 172-174
ボワロー（Étienne Boileau） 265

## マ

マダム・サキ（Madame Saqui） 183
マリー=アントワネット（Marie-Antoinette） 108, 185
マリー・ド・メディシス（Marie de Médicis） 37, 54
マレシャル（Georges Maréchal） 274
メスマー（Franz Anton Mesmer） 385, 二(100), 八(27)
メルシエ（Louis-Sébastien Mercier） 86, 104, 312, 314
モリエール（Molière） 11, 42, 53, 82, 83, 119, 126-129, 132, 136, 137, 141, 158, 162, 165, 170, 175, 176, 193, 257, 271, 423, 二(14), 三(18)(35)(38)
モーリス未亡人（Veuve Maurice） 157, 167-169, 173, 174
モンドヴィル（Henri de Mondeville） 5
モンドール（Mondor, Montdor） 39-40, 46, 47, 48, 49-51, 53, 54, 56, 60, 63, 64, 66, 76, 77, 78, 79-80, 116, 133, 145, 162, 204

## ラ

ラ・トリリエール（La Trilière） 129, 130
ラ・マルティニエール（La Martinière） 44, 277
ラ・モット（La Motte）夫人 108-109, 110
ラシーヌ（Racine） 53, 128, 129, 130, 158, 176
ラスパイユ（François-Vincent Raspail） 281
ラブレー（François Rabelais） 6, 23, 49, 118, 188, 261, 291, 292-304, 309, 六(89)
リシュリュー（Richilieu）枢機卿 4, 37, 125, 127, 203, 230, 234, 357, 三(18)
リュトブフ（Rutebeuf） 256, 296
リュリ（Jean-Baptiste Lulli） 129, 148, 166, 170, 174, 175, 三(18)
ルイ14世（Louis XIV） 119, 126, 130, 131, 145, 158, 160, 163, 164, 165, 170, 176, 225, 226, 271, 272, 274
ルサージュ（Alain René Lesage） 126, 147, 394
ルメートル（Frédéric Lemaître） 182, 184, 187, 354
レザン（Edme Raisin） 176
レトワル（Pierre de L'Estoile） 150, 163
ロアン（Rohan）枢機卿 104, 106, 108-109

## 事項（除、シャルラタン、ゲリスール）

## ア

愛徳院（Hôpital de la Charité） 277, 六(52)
アヴァンチュリエ（aventurier） 101, 108, 113
青（表紙）本（bibliothèque bleue） 21, 378-382, 八(16)
アカデミー（Académie） 274, 275, 276, 278-279, 280, 290, 326, 329, 330, 412
アカデミー・フランセーズ（Académie Française） 105, 158, 357
アルルカン／アルレッキーノ（Arlequin） 121, 126, 131, 152, 154, 157, 158, 159, 169, 170, 171, 180, 184, 三(10)
アンビギュ=コミック（Ambigu-Comique）座 181, 182, 187
アンピリック（empirique） 19, 23, 27, 92, 258, 312, 313, 319, 320, 390
医学・医術・内科（学）（médecine） 5-8, 11, 19-21, 25, 26, 52, 62, 65-66, 90, 136, 208, 218, 226, 260, 265, 280, 294, 306, 316, 326, 330,

### ラ

ラングドック（Languedoc） 4, 8, 108, 137, 188, 190, 193, 195, 199, 203, 210, 214, 232, 234, 235, 238, 239, 242, 376, 400
リヨン（Lyon） 105, 116, 232, 233, 234, 238, 254, 298, 299, 300, 301, 379, 380, 412
ルルド（Lourde） 335, 414-415
ロデーヴ（Lodève） 210, 212

## 人名

### ア

アストリー（Philip Astley） 154-155, 三(100)
アラール（Alard）兄弟 157, 160, 165-166, 168, 170, 172, 173
アレクザンドル（Nicolas Alexandre） 383
アンリ3世（Henri III） 35, 82, 120, 148, 269
アンリ4世（Henri IV） 36, 93, 148, 259, 261-263
ヴァンサン・ド・ポール，聖（Vincent de Paul, Saint） 145, 383
ヴィエンヌ（Nicolas Vienne） 182
ヴィック・ダジュル（Vicq d'Azyr） 279
ヴィルヌーヴ（Arnaud de Villeneuve） 376-377
ヴィンセンシオ・ア・パウロ→ヴァンサン・ド・ポール
ヴォルテール（Voltaire） 20, 149, 163, 418, 424
ウド（Oudot） 133, 379, 382, 八(16)
オーディノ（Nicolas M. Audinot） 181

### カ

カタラン（Roland Catalan） 283-286
カリオストロ（Cagliostro） 101-108, 109-113, 387, 二(100)
カルヴァン（Calvin） 23, 303
カルトゥーシュ（Louis-Dominique Cartouche） 37, 352, 二(3)
ガレノス（Claude Galien, Claudius Galenus） 5, 69, 218, 298, 306, 377
ギベール（Philbert Guibert） 379
ギヨ=ゴルジュ（Guillot-Gorje） 136-138, 141
グラン・トマ（Grand Thomas） 85-88, 92-100, 112, 116, 170, 204, 260, 287, 309, 313, 424
グリマルディ（Gioseppe Grimaldi） 154
グルジェフ（Georgej Ivanovitch Gurdjieff） 385, 387
クロカンバル（Croquimballe） 354-359, 362
グロ=ギヨーム（Gros-Guillaume） 121, 122, 123, 125, 134, 138, 三(18)
コーム，聖（Côme, Saint） 265, 372, 六(29)
ゴルティエ=ガルギユ（Gaultier-Garguille） 49, 50, 56, 77, 78, 80, 121, 123, 134, 136, 三(17)(18)
ゴルドーニ（Goldoni） 138-140
コルネイユ（Pierre Corneille） 122, 125, 126, 127, 128, 129, 134, 176, 三(18)
コントゥギ（Contugui） 42, 132, 二(16)

### サ

サポルタ（Antoine Saporta） 261, 262, 297, 306
サン=ジェルマン（Saint-Germain）伯爵 111, 112, 387
ジャンヌ（Jeanne de Valois）→ラ・モット夫人
シュ（Jean-Joseph Süe） 275-278
ショーリアック（Guy de Chaurillac） 6, 295
スカロン（Scaron） 126, 131, 150

### タ

タバラン（Tabarin） 16, 22, 46, 47, 48, 50, 53-80, 112, 116, 133, 138, 145, 204, 287, 309, 345, 351, 378, 379, 二(48)(49)
ティソ（Samuel August André David Tissot） 373, 375-376, 377, 八(6)
テュルリュパン（Turlupin） 123, 134, 136, 138

### ナ

ニコレ（Jean-Baptiste Nicolet） 180
ノストラダムス（Nostradamus） 6, 188, 291, 296, 304-309

### ハ

バーナム（Phineas T. Barnum） 426, 431
バリー（Bally） 42, 80-85, 192

# 索引

＊50音順
＊事項表記は原則としてフランス語を採用
＊漢数字（アラビア数字）は各章註を表す（例：三(12)→第三章註12)

## 地名

## 著者紹介

蔵持 不三也（くらもち　ふみや）

1946年、栃木県生まれ。早稲田大学文学部卒。パリ第四大学（ソルボンヌ校）修士課程修了。パリ高等社会科学研究院DEA課程修了。博士（人間科学）。現在、早稲田大学人間科学部教授。フランス民族学専攻。

【主要著書】『祝祭の構図』（ありな書房）、『異貌の中世』（弘文堂）、『シャリヴァリ』（同文舘）、『ワインの民族誌』（筑摩書房）、『ペストの文化誌』（朝日新聞社、朝日選書）、『ヨーロッパの祝祭』（編著、河出書房新社）、『神話・象徴・イメージ』（共編著、原書房）ほか。

【主要訳書】D・ホワイトハウス『世界考古学地図』（原書房）、E・バンヴェニスト『インド=ヨーロッパ諸制度語彙集 I・II』（共訳、言叢社）、J・アタリ『時間の歴史』（原書房）、A・ヴァラニャック『ヨーロッパの庶民生活と伝承』（白水社クセジュ文庫）、J=L・フランドラン『農民の愛と性』（共訳、白水社）、A・ルロワ=グーラン『先史時代の宗教と芸術』（日本エディタースクール出版部）、同『世界の根源』（言叢社）、N・ルメートル他『キリスト教文化事典』（原書房）、E・ル・ロワ・ラデュリ『南仏ロマンの謝肉祭』（新評論）ほか。



シャルラタン——歴史と諧謔の仕掛人たち

（検印廃止）

2003年7月25日　初版第1刷発行

著者　蔵持　不三也

発行者　武市　一幸

発行所　株式会社　新評論

〒169-0051　東京都新宿区西早稲田3-16-28

TEL 03-3202-7391／FAX　03-3202-5832／振替　00160-1-113487

http://www.shinhyoron.co.jp

装丁　山田英春

本文・付物印刷　神谷印刷

製本　河上製本

定価はカバーに表示してあります

落丁・乱丁本はお取り替えします





ISBN4-7948-0605-1　C0022

Printed in Japan